五代十國文獻叢書　杜文玉　主編

全五代十國文

四

杜文玉　編

鳳凰出版社

吳

吳王楊行密

　　吳國的創立者(852—905)，廬州合肥(今安徽合肥)人。少年時為盜，後投軍為隊長。淮南節度使高駢署為廬州刺史。經過長期征戰，占據了淮南地區，任淮南節度使。唐昭宗拜其為檢校太師、守中書令，封吳王。朱全忠曾派軍進攻淮南，被其擊敗，從而保護了這一地區不再被戰火摧殘，有利於生產的恢復和發展。被唐封為吳王，天祐二年(905)卒。其子楊渭稱帝後，被追尊為太祖武皇帝。

舉史實牒

　　敕：淮南觀察使東南諸道行營都統牒左押衙充右弩隊都指揮使溧陽洛橋鎮遏使知茶鹽榷麴務銀青光禄大夫檢校刑部尚書兼御史大夫上柱國史實，牒奉處分，前件官譽馳鄉里，才達變通，禦邊徵以多能，緝兵戎而有術，加以洞詳稼穡，善撫蒸黎，賦興深見其否臧，案簿窮知其利病。以久無宰字，尤藉招携，俾分兼領之榮，庶養新歸之俗。儻聞報政，別議酬勞。事須差兼知溧陽縣事准狀牒舉者，故牒。天復三年十一月九日牒，使檢校太師守中書令吳王押。

原載《全唐文》卷 128

吳睿帝楊溥

　　吳國皇帝(900—938)，楊行密幼子。楊行密死後，其長子楊渥繼位,後被權臣張顥殺害。其弟楊隆演繼位,稱吳王,改元武義,夏鬱而終,楊溥繼位。順義七年(927)稱帝,改元乾貞。權力掌在權臣徐知誥手中,楊溥實同傀儡。昇元元年(937),楊溥遜位於徐知誥(李昇),稱爲讓皇帝,被遷至潤州丹陽宮。次年十一月卒,追謚曰睿皇帝。

褒贈聶追道詔

詢諸贈典,繫乃彝章,啓有厥由,予何不舉。故淮浙宣歙管内道門威儀逍遥大師問政先生爲國焚修大德賜紫聶師道,早通元理,夙契真風,野鶴不群,孤雲自在。昔太祖創基之際,已命焚修,及元勛匡國之初,早曾瞻敬。眷言素業,實冠元關,雖昇遐屢歷於光陰,而遺懿益隆於寰宇。況教門上請,臺輔奏陳,且將啓元壚,即回故里,是用加之峻秩,錫以崇階,式表休恩,庶昭往行。可贈銀青光禄大夫鴻臚卿問政先生。

原載《全唐文》卷128

楊 夔

唐末爲宣州田頵客,善爲詩文,多流傳世。

烏程縣修建廨宇記

叔孫昭子聘於晉,晉受邾人之愬,執昭子實於箕,使吏藩之。昭子不以拘爲意,止之舍,有壞必葺,去之如始至,故春秋賢之。今有受九重之命,母百里之民,凋瘵者系之以綏,訛弊者藉之以移。既休於公館,睹其隳摧圮漏。忍而不治者,無乃取譏於君子乎?丹陽余公,以再命尹於烏程。降車之期月,察訟決獄之暇,周視縣署。其門傾,其廳攲,其墙圮,其廡偃。頹檐側楹,倒桷相倚。風雨罔庇,寒暑是窘。公嘆曰:“建之者何人? 壞之者何心? 既叨守邑,其敢不力自懋以圖嗣修乎?”

然屬天末悔亂,兵火猶熾。專城而居者,其可無備乎? 故我郡儲甲數萬，以戒不虞。而軍須軍餼，斂賦於縣。務繁力匱，久莫克舉。公乃宵分而寐，五鼓而興。行忖坐惟，不遑所安。近越於時，方克僝功。於是節冗費之用，鳩贖辟之金，儌力於農休，徵功以厚賞。聽斷之餘，策杖以巡。慰其勞者，勖其惰者。設茗及飧，日自省視。由是工操其斧，如蟻集羶。備運其材，如水赴泜。財以儉而蘊，故其用給。人以悅而使，故其功倍。不期年而衆宇鼎新矣。有若換大門、中門，修大廳、小廳、東閣、西閣。新押司錄事院，建人吏祇候房。砌縣之外城，凡百餘雉。創宅之周垣，近一百堵。修衆僚之宅五，造廳庫之橋六。疏西亭之污池，制公廨之什物。有遺罔不增構，其尤赫赫者。如每歲徵賦，主胥類於廳之西廡，以其輸賦駢湊，逋逸是虞。乃編筊接軒，櫂間隔之，訖賦則毀去，厥費頗夥。公乃增廡之一楹，構木爲欄，以限其內外，俾永絶妄耗。此以見公謀之經久也。縣之西北隅，舊有帳院，蓋鄉吏團集里書之所。歲月綿遠，崩陊無幾。每遇霖潦，則束席就燥，以避其沾濕，亦有時矣。加以往來者御奔走泥淖之患，舉邑是病，無户而革。公於是歷揆其損，以籌完葺。正傾支摧，增新易壞，類夫重構。復建修廊，以達於都門。雨有依，暑有庇，從役者不知其勞矣。此以見公情之恤下也。公帑摧敗，下冗下濕。周垣雖設，腐不爲固，易所以刺慢蓄而誘盜也。公乃擇堅以革枯，選宏而化陋。厚厥墉，嚴厥闕，此以見公志之防閑也。縣之圜扉，頹墤莫治。彼犯大辟得系者，豺狼野心，脱走是勝。苟閉閡不謹，墙垣不慎，是遺肉於虎吻也。或有縈墮，事由微眚，蓋俾其懷過而省非也，豈使敵於見善，毒於暱枕哉？而糞壤狼籍，穢不可邇。彼罪無輕重，俱執於此。不其酷歟？公乃剗積弊，滌宿污，明壞牖，圬毀墉。席以潔其榻，食以茹其餕。苟獲戾而入，如宴於此。以見公之處心愛物也。

　　先是縣之秋曹尉蘇許公頲釋褐之官也，公始至，兼戎曹務。遇上已節，郡有角觗之戲，郡守出觀，則司戎者職其事。因乘小艇往來，以檢馭不整。郡治之南，溪波浩洋。許公馭楫以涉，而舟覆焉。衆皆駭愡，謂不可援。俄聞空中有言曰："無損蘇公。"忽有幹流以出其舟，而許公存焉。彼同溺者，俱不爲水困。俗旌其地爲蘇公潭。大曆中，縣令李晤，則故相國紳之先也。相國誕於縣署，幼弄之歲，墜於縣之東池,逾數刻,忽若有物翼出於池面,相國略不爲苦。二者皆縣之故事,而圖經不載。公乃檄請於邑人太學博士丘光庭,編緝遺墜。其或善未書、能未紀者,罔不畢録,此以見公興廢而繼絶也。凡此數事,豈前政之未知乎?抑知而不爲乎?非公勤於理,敏於用,視公猶私,曉夕匪懈,何以及此哉?

始公之臨,承授政之後,人稔於易,衆務煩猥,綱在而目紊。公乃肅之以整,嚴之以恪。遏强字弱,優老恤匱。旌别枉直,屏空奸慝。不逾月而法令如一,勸賞分明。清静簡當,内外祇肅。鞭樸閣於庭,争訟息於野。宣尼所謂慢則糾之以猛,猛則濟之以寬。猛寬相濟者,余公得之矣。前是公纔再稔而報代,鄉之老,肆之長,咸賴撫導。數百人列狀,墻立於郡庭以乞留。太守隴西公以代其任者特敕之命,不可有滯。然私器其能,頗自憾不偶良吏,以共育㾗瘠。公遂退寓於德清屬邑,駕水軒,釀春醪,治蔬圃,修釣艇,以吟醉自逸。明年冬,爲縣者以譴停其任,杖媒依勢求代用者,檄累於几上。隴西公至而弗視,且曰:"烏有民病方急,而擯良醫乎?"遂飛簡以召公。洎其至,隴西公提印以授曰:"子之前治邑,其及物之澤,被於廛野。未得盡子之術,貽吾中悔。今還舊邑,其爲我撫其疲,遏其酋。俾民獲蘇,無替初心。"公三讓而後即縣。張弦易調,新其户牖。剔蠹抉弊,刮垢磨頑。不次不序,咸復舊貫。凡利於民,濟於公,事無巨細,必自我始。

丙辰春,公將受代。吏民等以爲受其教庇,而忘諸載祀,俾後之人不得詳其俶落,是食其旨,廋其處也。於是列其狀,謁言於弘農楊夔。夔學於《春秋》,固當以紀功書績爲勇。公前任日,崇修先聖之祠,爲文贊功,刻石於縣岸。今復紀此宏烈,蓋欲慰縣人久久之虔思也。況公以民吏之勤請,不可拒絶。兼凡所革易創製,皆力殫心罄而後克濟。且慮夫什器,後之人不同乎慎惜也。恐其傾陊,後之人不同乎繕治也。苟沮衆請,何以鏡將來耶?由是采石鎸勒之費,莫不悉自於清俸,益以見慎而有立也。嗣厥理者,可不懋乎?乾寧丙辰秋七月記。

歙州重築新城記

天祐丁卯歲月直辛亥,有星自積水流入於輿鬼。知天者曰:"輿鬼之宿,是爲鶉首。於辰在未之衡,日丑爲星紀,則牛斗之分也。據茲星祥,秦之鄣郡,漢之丹陽,其有水爲沴乎?厥應當在戊辰之丁巳。"明年夏四月辛丑,宣歙睦雨,周一甲子。平地水丈餘,四日而後止。新安郡之新城,繼爲暴水所汩。雉堞咸圮,郡帥太尉潯陽公周視其壞,色沮神戚。將捐去而莫修,則功存之可秘也。將徵役以完舊,則民勩之可憚也。迫於兩月,不遑發命。又念强敵未殄,方礪鏃伺間,豈可惜費重力,慢蓄輕守,以速寇心乎?秋八月,乃頒役於五邑。先降簡於邑令,且誡其程功,無使隱民厄於豪族擅諸利,俾率怨於下以益上者,匪德也。邑令承命,躬自閲籍。功之延促,事之繁簡,由寡向豐,罔有弗均。於是五邑之民,不再命而麕至於新城之下。凡板幹畚築之用,皆未令而具。初公巡壘觀設,審頤厥由。且嘆其雖新水之異以害茲城,亦始構之疏以稔其失也。烏有於泛沙流石之上,而能爲永永之基哉?乃命指揮使劉贇、徐璋、三城使朱環及節級等,各畫分而督役。遂諭以城之舊址,浮而斯濫,今當發深一仞,抉去砂石,實以精壤,重加鎮築,然後廣其宿基,增諸石版。必使堅永,侔於鐵壁。役或務棘,棘則民瘵。築或務戚,戚則民疲。弗棘弗戚,繫爾曹寬猛之有中也。無以苛忍相矜,無以遄速爲代。諸侯受教,夙夜胥勖。勉於恪勤,以勵厥躬。故執畚者繩繩,操斧者詵詵。輦壤輸財,蟻列子臻。笑語忻忻,爭先有期。自旭及晡,役未嘗懈。遠而望之,則疊巘層巒,屹如天設。迫而視之,則崇岡連阜,捷若神化。迴合叢倚,崖束山抱。建邦則險,此焉是觀。自八月庚子興役,暨十月之壬寅而役罷。工者函斧,築者閣鍤。太尉潯陽公建斾而巡諸,乃曰:"城之完,屋之新,實麗實堅。非諸邑之奉公,焉得民不擾而力齊乎?非諸校之盡節,焉得役不煩而功速乎?所以見二三子之忠勤,以佑吾政也。"

自公之臨是邦也,法明而兵勁,刑審而罰中。故民樂其化,安其土。及徵庸,而屬邑之民,父誨其子,兄教其弟。以公之問俗也,未嘗有猾吏之擾。以公之撫封也,未嘗有外寇之虞。以公之治戎也,葵藿之禁,無敢有觸者。以公之獎善也,鱗介之美,無敢有侵者。故十五

餘年,綽綽焉如鱗之潛遇其廣淵,雍雍焉若禽之獲栖其蒙翳。絕釣網
之慮,無畢弋之患。《詩》所謂"愷悌君子,民之父母",見於我公矣。
今水壞城壘,重興畚築,苟或進退不副公之用,是謂奸慈父之命,其爲
悖戾,神豈爾容哉?故民不俟令而爭集,不勞促而自課。非恩信之昭
感,何以迨乎此哉?於戲!事有奇,績有異,不克稱頌以流於裔,秉筆
者之過也。閬鄉楊夔,自勝弁力學,以暨於髮落齒墮。屬兹喪亂,泊
在民伍。獲承公殊衆之遇,每嘆其有志無時。許將其促鱗弱介,游泳
於豐沼。無以酬獎之意,敢撰《重築新城記》以獻。時歲在降婁周正
之月十一日記。

原載《文苑英華》卷 811

湖州録事參軍新廳記

　　度材者定曲直於繩,較物者決輕重於衡。蓋繩無欺,衡無私,故
人所取鏡也。今使五邑之吏,枉正無所逃,千里之情,毫釐無所差,束
其内外,必蹈乎規矩,戢諸桀黠,知攝於刑憲,斯郡主簿有繩衡之無
私,爲得其任矣。

　　高陽許鏞,以前秋曹椽端於讞獄,詔寵之,遷陟斯任。自兵興十
五載,事隳宿貫,守國之法制,稟朝之政令者,由關而東,郡亦無幾。
惟吳興遵國經,體舊章,上下謙敬,確然不渝。然此數萬衆兵之所給,
固繫於土賦。俾其役不重,歛不煩,吏不苛,民不疲,萬目自正者,全
在提其綱乎?君制事以義,制心以禮。節不爲勢易,志不爲强奪。靜
以督其下,故其下肅。恪以莅其事,故其事簡。由是衆吏畏而庶務
集,僅致於訟息而刑置矣。廣明中,妖巢揭竿以犯帝閽,遂俾翠華有
西南之狩。梁鄭周秦之甲,皆閣手無所敵。凡五改火,鸞駕外駐。甲
辰年,今太守以彭門之師,擒巢於萊蕪。提其顱薦於成都。明年春,
玉輦還闕,遂以功牧於吳興。帝念殊庸,位不配德,詔加防禦,以高其
位。始開幕延賓,增吏拓制度。是取督郵之舊署,爲防禦使院。然後
合功廥户三掾之廳,移居視印繩墮於此。夫檐楹迫則耳目泥,居處
蕪,則思慮昏。今兹視於前則淺而露,覘於後則湫而陋,得無泥與昏
乎?而又藁葼雜卉,蔭翳階序。列衙者亂其次,授事者喪其局。交肩

駢足，褻禮虧敬。君乃命梓人，擇瑰材，敞前楹，豁南榮，砥中唐，嚴層扃，設外屛以肅其入也，構環廊以莊其位也。撤舊增新，擁隘咸革。列目之物，罔不完美。睹其顯敞，則夏奪其暑。居其奧密，則冬却其寒。地斯清，境斯勝，足以豁聽視，爽精神，導中和之性，增冲澹之趣矣。君子是以知蘊智者於事敏，負才者應用周。如水於器，方員無所滯。如絲於色，元黃無不入。如是則化圮爲完，易卑爲高。蓋出於餘力乎？況君行己之道，及物之利。其察也鑒焉，臧否無匿。其信也潮焉，朝夕不忒，俗茹其正，吏飫其直。叔向所謂明察之官，忠信之長者，於此而見矣。

斤塗畢役，君以褒業於文，且謂“紀年表事，春秋之曩志也。茲廳之立，既始於我，而載祀莫紀，無乃取議於將來乎？其爲我書之，無虛美，無加飾，惟實是編，足以貽後”。遂謹而日之。請題於東埔，以記廳之始。

原載《文苑英華》卷 803

烏程縣修東亭記

故相國趙郡李公諱紳，寶曆中廉問會稽日，以吳興僧大光有神異之迹，爲碑文托郡守敬公建立於卞山法華寺。會昌中，詔毀佛寺，此寺隨廢。時縣令李式其碑，述相國先人曾宰烏程，遂移立於縣之東亭。迨今五十載，其碑毀折。

汝南周生，以明經賜命，重宰烏程。睹其廢逸，遂求於故老，獲舊文，比類於折碑，所失者數字，因重刊於石。所闕文字，不敢臆續，蓋所以避不敏，遵宣聖不知而作之誡也。兼其舊傳云：東亭之池，始相國誕於縣署。學弄之歲，乳母惰於保持。俾相國墜於池，人莫之覺。食頃，如有物翼出於池面，家人方得以拯焉。衆方懾駭，而相國笑語無替於平日。人咸異焉。初有石數尺勒其事，歲月綿遠，石失其處。故汝南生廣其亭，濬其池，再刻其碑，重叙厥由。蓋欲存縣之故事也。生中和初宰此邑，及期而代。居閒閉關，淡薄自得。郡帥隴西公潛使人伺其所爲，知其安於貧，樂於道，閱百代而自娛，未嘗以闕物爲撓。由是官有乏，必俾承乏，而生所至以静理聞。癸丑夏，復詔生宰烏程，民吏欣欣,再遇寬政。閣鞭聽訟,事簡庭閒。君子哉汝南,學古入仕,有其經矣。

生家於陽羨,數世以經明獲禄,後群從昆弟并一舉而捷。凡浙右之士,因以饗風國庠。聞其名,咸亦推先焉。夫善爲政者,雖欲人安而俗阜,必當於事有立,於意不忘,以羽翼厥道也。今徭賦既調,風俗既安,逋逸有歸,惸子有依,然後搜遺文,刊墜碑,此所以見興廢之心也。建新亭,疏洿池,此所以見繼絕之志也。於戲!當大兵之後,民困於繁役。克俾其民康,其務均俗,固毋視於尹長矣。今施政之暇,人有餘力,然後興起廢墜,彰明故事,非圖遠經久者,孰能爲此哉?生既重立大光上人之碑,遂命某紀其年月,別立於石,且以旌新亭之興替有自也。

原載《文苑英華》卷826

小池記

弘農子始卜居於前溪,得地數畝。構草堂竹齋,植修篁。竹齋之前,有地周三十步,因命僮執鍤穴爲池焉。逗前溪餘派以漲之。流或時涸,則汲井以滿。環池樹菊及諸菜果,可以左右俎樏者。暇則散襟曳箭,修吟自怡。或從風微瀾,或因雨暗溢,則江湖之思滿目矣。弘農子性潔,不喜淆雜。故一卉一木,爽静在眼前。池之上,未嘗許片葉寸梗,頃刻浮泛。以是耕僮頗厭其役。

客有知者,誚其勤懇跬步之地,何所裨哉。廣不羨丈,深不逾雉。竭其水不足以澤生物,窮其深不足以安龜黿。無蒲藻以潛其魚,無波瀾以方其舟。孜孜矻矻,虚耗僮力。言未訖,弘農子舉頤而答曰:“爾以此小而無用乎?以其潔而魚鼈不宅乎?以其狹而舟艫非便乎?吾豈不欲深及於淵,以滋液畦圃耶?豈不欲周植其蒲,以繁育魚蝦耶?豈不欲廣導其流,以乘風沿泝耶?吾恐利於生植,其見乎疏決無窮矣。聚夫鱗甲,則動夫竭澤之魚矣。湊其舟艫,則起夫濟涉之爭矣。籾夫植其物,則有蕡菼以盗其澤者。叢其藻,則有虺蜮以附其伏者。利其濟,則有重載以掇其溺者。嘻!水之利也衆矣,其害也亦深矣。故吾所以獨潔此沼,亦以鏡其心也。將欲撓之而愈明,揚之而不波,决之而不流，俾吾性終始對此而不渝。豈效夫瀦其水以豢鱗蓄介爲觴醆之備，亦曰池而已矣？”

溺賦

元微先生，澹慮澄情。樓倚岳陽，湖觀洞庭，渺漫兮若與乎天平。遠指君山，一螺黛清。遥覘湘浦，一片雲明。輕楫巨舸，載縱載横。或楚歌以應櫂，或漁唱以齊征。雖云吴楚之闊，於焉瞬息之程。俄而濃雲興，猛吹作。訇訇兮雷霆，零零兮雨雹。波勢兮奔騰，波聲兮淙濩。或若積雪，或若裂壑，樓炭粲兮地如落。攲檣側帆，倏出欸入。烟馳霧驟，神號鬼泣。忽翼舉，忽蟲蟄。波而解浪而傾者，亦一瞬而俱及。雨既霽，風亦止。呀呷餘波，振蕩未已。俄有呈其板而流者。碎其篷而飄者，彼緘縢之篋，扃鐍之櫃，委翳波間，罔知所秘。或一竹以脱命，或舉族而咸墜。沿汀繞濱，零落在地。元微子指而泣曰：“其嗜利則孟子所以惡交争也，其欲速則仲尼所以悲不達也。孰有輕命若糞，重賄如山，用一縷無繼之力，涉萬仞不測之川，踐險冒危，既蔑履冰之誡，殞身覆族，空銜没齒之冤。”弘農子聞其言，同其嘆。此則以江以湖，没不可援。

今復有非波非濤，溺不可算，窺之則茫然無岸，由古及今，陷者如貫。元微子矍然其詞，泫然其悲。何陸之爲溺，而不維不持。紛吾緒而亂余曲，爾其辨而析之。乃曰：“麴蘗是惑，沉湎無時。混淆先後，顛倒矩規。惟誕是習，莫禮是持。散髮裸體，以遨以嬉。泯親疏，兀尊卑。情所至則至，意所爲則爲。可慶者忽其慶，可悲者忘其悲。龍章莫保，鳳德何衰。光逸則獨竇求入，伯有則壑谷忘歸。子反不謀於軍前，敗非天作。正平不拘於席上，禍乃自貽。但驕其氣，益亂其機。隋兵濟江，玉樹方舞。越人入户，金甌猶飛。所以爲酒之溺也。至若貝含其齒，雲聳其鬢，苞藏其戾，矜持其妍，斥巧若拙，移曲成端，爲媚斯極，荷寵益堅。陳靈以衵服戲朝，俾君臣受禍。驪姬以歸胙獻毒，使父子成冤。齊莊以盗室取斃，郤犨以奪儷不全。此所以爲色之溺也。至若伊義莫顧，惟賄是務。以譎以回，不軌不度。溝壑難滿，錐刀必聚。莫興知足之慚，蔑有惡盈之懼。其帑溢，其帛蠹，其貫朽，其粟腐。營營尚恐其力窮，汲汲不思其日暮。復有白版爲侯，黃金作輔，南宮變屠賈之行，西園成闤闠之路。求金求劍，曾無就木之心。鬻爵鬻官，但欲齊天之富。壬夫死而方覺，雍子戮而未悟。此所以爲貪之溺也。至若專國之柄，操天之軸，任其性情，隨其嗜欲。其喜也沉者浮，其怒也贏者縮。易否爲臧，化直爲曲。雖山重而可迴，雖海深而可覆。其門若市，其帑如谷。背者斥，向者錄，言張其機，笑孕其毒。譽之則銖而爲鈞，訾之則歌而爲哭。屏內外之氣，側天下之目。稽其莽卓，考其産禄。謂兵鈴之在己，將神器之有屬。國璽行竊弄之手，宮闈開盜視之目。自謂其投蓋之力可圖，殊不知燎原之火難撲。既衆叛而親離，竟噬臍而齧腹。此所以爲權之溺也。是四者，匪橫其流，匪駕其舟，有溺者，孰究其由。其毒也必漬於骨髓，其痛也亦甚於戈矛。雖扛鼎之力，觸山之酋，亦不能杙之以出，而況於纖離之儔哉！"

元微子乃曰："始吾觀涉水而溺，則恍然而內惕。今復聞不波而沉，則瞿然如大敵。且酒不可甘，甘之則沉，吾命酒曰甘波。色不可愛，愛之則溺，吾命色曰愛河。衣所以被體，食所以充腸。苟朝脯而不匱，寒暑而有裝，豈假積粟於廩，儲貨於囊。且藥所以攻百疾，百疾蠲而藥不止者，鮮不及其殃，吾命財曰藥江。士患不達之名，不立之身，苟達苟立，在守其真，何必競昇沉之路，爭輕重之鈞。狼子野心，暱之害人，吾命權曰狼津。噫！生於世，不溺於四水者，吾謂夫顔閔之倫。"

刑議

議曰："刑可以立乎？堯舜不能去，不亦深乎？"曰："貳於法而行之。苟違之者，是不由砥。終而紊之，則孰若嚴刑而使知畏。姑以一宇言之，立其墻垣，崇其閈閎，猶有穴而入者，而況於不設乎？漢輕其法，穽民於禍矣。之而不是乎更疑嗚呼！致金於路，坐拾者以盜否？"

焚舟議

秦伯伐晉,兩用孟明皆敗績。用之不怠,復伐於晉。晉人不出,遂封殽尸。霸者以武爲功乎? 昔楚子敗晉□□,京觀以昭武功。楚子不從。曰:"所以稱武者,以有七德也。我無一焉,其可稱哉! 今稽秦師,忽蹇叔之忠諫,納杞子之狂謀。勞師欲以襲國,殽及彭衙之敗,隻輪不返。渡河焚舟,示其致死。晉不與敵,遂霸西戎,亦未爲勝也。況兩敗一勝,與敵乃亡尺全寸,焉足爲功哉!"夫饑虎餒狼,一意於吞噬乎? 吾見晉之懸門不發者,君子多矣。

原載《文苑英華》卷 770

復宮闕後上執政書

子雲有言曰:"琴瑟鄭衛調,俾蘷因之,亦不可以致簫韶。"故董仲舒云:"琴瑟不調,甚者必改而更張也。"舜承堯禪,當太平至理之後,猶且放四凶,舉八元八愷,而後百揆四門,方克調序。當今承百王衰弊之末,繼萬法隳散之餘,皇綱不序,事無舊貫。閣下掌國之鈞,提人之柄,將循其舊而就爲治乎? 將擇其善而漸以化乎? 將新其轍而革其弊乎? 某誠不敏,粗達利病之源。常欲得布露蘊蓄於執政,以助教化。則與躪人之喜慍,隨聲而是非者,固不同其軌矣。夫廣引古事,以黷左右,蓋類庸醫,不審疾病,掊聚衆藥,合爲一法,希有或中耳。況今下筆者,言登庸之善,則皋蘷蕭曹,語字牧之能,則龔黃卓魯。此亦閣下飫於聽視矣。今不敢遠爲徵譬,請質而言之。

閣下將循其舊而就爲治耶? 且四海生靈,火陷密網,舉手搖足,如在桎梏。其懷革弊剗訛之政,如旱苗之待甘雨。若循其舊不爲之制,信其治不爲之憂。蠹不剔則壞及根本,毒不抉則疽及骨肉矣。以此知循舊之難也。閣下將擇其善而化以漸耶? 且知人之道,聖哲猶難。故仲尼有以貌以言之失,則閣下所爲善者,其欲詢於人乎? 其欲取於言乎? 取於言,言未必信。詢於人,人未必誠。蓋澆競日久,煽爲朋黨,内則巧詐萬變,外則絜矩自任。同於己者,互推互挽。出於己者,擠辱如仇。訪於人有是有非,聽於人有端有曲。雖秦鑒之明,堯羊之觸,未免其撓且惑。此以見擇善之難也。閣下將欲新其轍而革其弊耶？在今日時之訛，俗之壞，況大兵久役之後，救其衰殘，未有首於此也。前車已覆，後車豈可躡而行之。固當改轍易塗，以取其不傾不躓。道路之人，亦知此爲至計，況廊廟帷幄之畫，豈不以是爲急哉？然民困已久，如涸澤窮鱗，噞喁餘喘。更沃之沛澤，則有蘇活之望。若顧而哀之曰：“吾未能卒致其澤”，命貫而挈之，俟有水之地，則捨而放諸，則是魚之反不如噞喁於涸澤矣。此以見新轍之難也。

然則爲政之道，固在乎人。其人存則其政舉，其人亡則其政息。今大兵之後，生民陷於塗穽。九州四海，固仰首於吾君吾相，以待其脫塗出穽也。使吾君爲堯爲舜，固在吾相之左扶右翼。齊桓公任管仲，九合諸侯，一匡天下。任豎刁易牙，則國亂而無主，身殁而不殯。如此則匡持裨贊，繫於臣不繫於君也。今閣下莅事以來，以爲天下安乎？危乎？賈誼居漢文昇平之代，猶言今所安者，抱火而厝於積薪之下，而寢其上。矧今日生民，首未去其壓，足未釋其縛，乃欲循常之轍以安輯還定，猶爲饑僕者譚翊日之膳，將何所濟哉？夫欲安其民，則莫若擇守宰。夫欲固其本，則莫若去奢侈。夫欲官之治，則莫若爲官而擇人。夫欲弊之革，則莫若限田而定賦。夫朝廷之立，在固本根。本根固則兆庶安，兆庶安則盜賊息。盜賊息則基於太平矣。欲安其兆庶，莫若擇守宰，守宰良則人民安。人民安則無逋逸，如抱沉痼者偶所親之衛養，焉肯捨其親而從疏乎？苟不精擇其守，慎選其宰，信虛聲，徇請謁，是致禍於民，而思其安，如挾彈以驅林，惡禽之驚也，決防以涸泉，怪魚之逝也。故漢宣帝詔曰：“與我共治天下，其惟良二千石乎？”故承平之代，號爲得人。內外肅穆，時風一變。如是則守宰之任，其可容易乎？其可輕受乎？今遠方郡邑，民抱愁痛，嗷嗷然如嬰兒之望父母也。朝廷命牧守，選邑宰，以何道而取耶？其有忘慈惠之心，蘊聚斂之志，不思疾痛，但恣刻剝。役尫瘵以從欲，飾廚傳以邀名。天路高邈，叫訴無所。居者以遠而吞氣，行者以賂而設譽。縱使貪過桀跖，亦可高枕夷柳。如此則流毒於下，豈有既乎？故曰欲安其民，莫若擇守宰也。

夫世態驕奢，競相扇習。生民益痛，時風益訛。昔有諫舜用漆者，以其漆不已至於象，象不已至於珠玉。夫塞其源，絕其流，猶有浸瀆瀆防之穴，而况決其源，疏其流，其可罪諸洋溢乎？且古者車服僕隸，悉繫於位。上不得逾制，下不得僭上。故貞觀、開元之初，位至丞相，其導從不過十數人而已。迨林甫秉政，内挾邪以固寵，外托勢以立威。勝己者巧法以誅之，異己者倚公以斥之。内外畏惡，林甫亦自審其曲。由是出入嚴其兵衛，如見大敵。自後執政者，嗣其餘風，至今不衰。下至散班冗職，但力可致者，即前有驅，後有殿，固莫問於品秩矣。至於崇德雅望，亦不能復其本，縱心有所惡，皆有類聚者瞽惑，不得固其節矣。且月俸既有限，餘給既無數。以有限之入，供無度之費，俾其分一職，當一位，不掊不歉者，亦鮮矣。車服僕隸之爲費，尚且如此，矧復後庭曳綺羅飾粉黛者，其費如何哉？故因賂而仕，由賄而達。牛驥皂隸，汨爲一流。居外者恃内之權，恣其刻削。居内者恃外之遺，益其侈靡。耗民之生，如城之狐。蠹民之力，如社之鼠。枯骸朽皮，盡取後已。閣下其不痛心乎？其不扶泣乎？夫四方程式，自輦轂出，儻閣下克己以行。俾四海知所法，則其爲革弊剗訛，不啻沃湯於砌雪也。故曰欲固其本，莫若去奢侈也。

自大駕南巡，官失其守。冀販繒織畚之伍，有安劉滅項之才。於是爛羊續貂，首尾顛倒。苟無董正，是紊國經。元宗平内難，有功者多橫行自負。姚梁公當國，引光武故事，請不任功臣以政，優其禄秩，實於散地，使不干禁忌，無韓彭葅醢之戮，保子孫爵禄之慶。閣下不以是爲慮乎？《書》曰：“官不必備，惟其人。”國家設庠序之官，蓋説禮敦詩之本也。苟非其人，焉可妄授？今貴游豪胄，耻言國庠。凡受其官，意若獲譴。故朝廷職事，亦以爲尋常，莫知大學爲國之本。本顛則枝葉從之矣。焉有文明之代，輕易儒學，齒其位者？曾不知書之顛倒，而欲以此發明大義，闡揚大道，是猶責瞽者以元黄，語聾者以律呂。舉是一隅，則百辟其選。豈可不擁其名責其實也？故曰欲官之治，莫若爲官擇人也。

今天下黔首，不憚徵賦，而憚力役。明敕屢降，非不丁寧。州縣奉私，曾不遵稟。既因循未用，亦有所未盡焉。蓋僑寓州縣者，或稱前賢，或稱衣冠。既是寄住，例無徭役。且敕有進士及第，許免一門差徭，其餘雜科，止於免一身而已。今有僥倖輩偶忝微官，便住故地。

既云前曾守官州縣，須存事體。無厭輩不惟自置莊田，抑亦廣占物產。百姓懼其徭役，悉願與人。不計貨物，只希影覆。富者稱物產典貼，永絕差科。貧者以富籍擠排，助須從役。利入私室，害及疲民。無利潤者，轉見沉淪。有膏腴者，坐取安逸。衣冠戶以餘慶所及，合守清廉。既恃其不差不科，便恣其無畏無忌。且古畫地之數，限人名田。一則量其貧富，一則均其肥瘠。今凡稱衣冠，罔計頃畝。是奸豪之輩，輻輳其門。但許借名，便曰納貨。既托其權勢，遂恣其苞囊。州縣熟知，莫能糾摘。且州縣所切，莫先科差。富貴者既黨護有人，貧困者即竄匿無路。上逼公使，下窘衣資。怨嗟之聲，因傷和氣。苟權利之路絕，請托之幸除，即民必泰，俗必阜矣。何以塞其門，杜其隧，在定其稅額而已。自一品至九品，各限其田。田有恒，即賦有限，無路廣占矣。既絕其廣占，即富者無苟免之徭，貧者無非次之役，則凋瘵何有夫不蘇，時俗何有夫不安？故曰欲弊之革，莫若隨田而定賦也。

　　是四者，固爲政之綱也。將欲安其人，豐其俗，實未有先於此道也。復有急於是者，蓋朝廷之法也。夫法者。士庶之所以共，固不以士則廢，庶則用。所以一而行之者，欲人之鮮過也。苟輕者以賂而重，曲者以勢而直，縱朝廷示於人，雖一子不爲信，而況有勢有賂者，焉肯凜畏哉？今朝廷之法，不及州縣之條。州縣之條，違者必有刑，所以人知懼。朝廷之法，犯者未必罪，所以人莫畏。是以冠履雜處，首尾倒置。國君之威，不行於世。牧伯之令，反信於時。如此則風俗日已漓，國柄日已陵，不其痛歟？不其惜歟？今爲政者，未嘗以此爲痛，蓋各急於私，不計於法。設有其行典者，悉貧而寡援。俾其受罰而興怨，蓄憤而不能訴。鬼神有知，固納其訴，則伏陰慾陽，繁霜苦雨，豈不職於此哉？且石碏殺其子，君子以爲義。叔向戮其弟，仲尼以爲直。今閣下當此大柄，豈有捨其義與直，而混其名與齷齪者爲偶哉？

　　今法不患不制，而患不行。事不患不立，而患不公。苟以用法必公，不以豪強而曲直，則不出戶可以見四方之承稟，不下席可以知兆庶之休戚矣。代宗朝用楊綰爲相，綰性清儉，時論推之。及爲相，郭汾陽爲河中節度使，憚之，妓樂減半。驗於此，即四方凜畏當國者操守耳。陳平對漢文云："宰相者，上佐天子爕理陰陽，内親附百姓，外鎮撫四夷，使御史大夫各得其職。"今陰陽調乎？百姓親乎？四夷柔乎？内外之職各得其任乎？欲陰陽之調也，獄無滯訟，官無濫政，農桑無失時，公府無加賦則里有歌，巷有頌，和聲達於上，休氣屬於下，陰陽何有於不調哉？欲百姓之親也，不奪其力以營臺榭，不劫其才以具土木，不掠其糧以給犬馬，不賦其財以資交結；聞民之病，如子之病，聞民之餒，如已之餒；百姓何有於不親哉？欲四夷之柔也，省刑罰，薄賦歛；謹庠序之教，申孝悌之義；鄉里識尚齒之敬，道路知事長之禮；然後固其關防，禁其侵掠，橐其戈革，示以恩信；四夷何有於不柔哉？欲内外之職得其任也，命各舉所知，隨材引用；不以位微而不録其言，不以地寒而不取其行。稱文者授以文學之任，然後考其文之臧否。稱武者授以兵衛之任，然後驗其武之勇怯。稱理者授以親人之任，然後責其理之優劣。稱錢穀者授以度支管榷之任，然後課其錢之盈虛。實者昇之，不副者黜之。其昇黜皆及其所舉，故人不以黨而進，亦不以獨而退，則内外之職，何有不得其任乎？

自元和以降，宰相閉關不接士夫，游其門昇其室者，非有世故，非有媒薦，固不可偶頃刻之語。周公一沐三握髮，公孫宏開東閣，邴吉不以吐車茵爲過，而乃致理平。故太平之基，非一士之功也。借如大廈崇崇，誠柱石棟梁之力。然捨其欒櫨榱桷，此爲何室哉？今天下有倒懸之急，實閣下夜以繼日籌其事，坐以待旦思其用，忘寢食以待往來，捐金帛以給貧困之秋也。某家且貧，讀書著文之餘，以漁獵奉甘滑。今閣下居密勿啓沃之地，輒以漁獵爲諭焉。夫漁於澤，遍水而布罟，獵於林，被野而設置。不遍不被，是闕其具也。及其獲魚得兔，非一日之力。今内外百執事，亦置罟之衆目焉。焉可一一責其獲，又焉得以不獲而不設也？然能不縱其躍，不漏其走，亦足助爲漁獵矣。苟或不掩其走，不蔽其躍，即捕之無虧其綱紀，則後日之漁獵，不患於遺矣。惟不以詞之繁，試一二垂省，幸甚幸甚。

原載《全唐文》卷 866

題望春亭詩序

夫樓閣亭榭之建，其名既殊，其制亦異。至於瞰江流，跨嶺脊，延親賓，合歌樂，晴朝月夕，肆坐放懷，蓋其致一也。然則有以位名之者，以氏名之者，以景名之者，以意名之者。取近而言，以位名之，於洪州滕王閣是也。以氏名之，於江州庾樓是也。以景名之者，於鄂州黃鶴樓是也。以意名之，今見望春亭焉。望之名，愚知之矣。或曰，志其始建之時也。其未然乎？四時相序，春實稱首。春德發生，德合仁也。愛民之務，莫先於仁。仁以合天，天以合仁，治道盡矣。意望者其在兹乎？於是賦五言詩一章八句。

原載《全唐文》卷 866

文選樓銘并序

文選樓者，梁昭明太子選文之地。時逾四代，年將五百。清風懿號，藹然不泯。況廣陵乃隋室故郡，遺事斯存。求之於今，陳迹盡滅。斯猶巍巍，久而益新。其不由以學而立道者，道則不朽，以文而經業者，業則不磨乎？弘農子經於是樓，提筆路絕。且慮夫不文不典者肆而處，乃泣以銘云：

峨峨萬宇，匪歌則舞。美哉此樓，獨以文修。自由名貴，不以華致。雖超千古，靡有顛墜。孰堪其登，必精必誠。孰可以居，必賢必明。無聚優以爲娛，無習伎以稱榮。吾恐其素德，懷辱於冥冥。

原載《文苑英華》卷 788

倒戈論

予讀周書至武王滅紂，倒戈歸馬，示天下不復用，迹其事惑焉。以武王之聖，有望旦之輔。滅獨夫紂，旌其功於一時可矣。且曰終不復用，其未然乎？夫上古淳，結繩知禁。中古樸，赭衣懷畏。末俗巧，嚴法不化。故淳散而樸，樸散而巧。巧之變萬詐生焉，則内荏外剛之心，詎革於干戚之舞乎？周之祚七百，誠曰永久。然以臣臨君，以兵向闕者多矣。齊桓南伐楚，北伐戎。晉文取叔帶於温，定襄王於鄭。非二國崇示大順，尊獎王室，則周之社稷，存若綴旒。自漢而下，有國者罔不以兵力。秦以黷武而滅，梁以無備而亡。我太宗究滅亡之源，委房、杜以政。房、杜以天下之大，不敢決於胸臆。於是敢諫則先王魏，論兵則讓英衛。深謀宏法，來代有準。洎林甫即明皇既安之日，隨旨順色，以稔君惡。乃以羯夷勇暴之卒，專我兵柄，竟使獸心，爲國禍本，其爲黷亂國常，褻慢武義，不亦甚乎？且蒐苗獮狩，所以講武經，閱戎事也。故曰預備其不虞，有備而無患。則武之道，豈可一日而忘諸。烏呼！班子之善斲，不能以鉛刀攻其堅。造父之善御，不能以朽索制其逸。則有國者可以棄兵乎？

原載《文苑英華》卷 743

二賢論管仲、晏嬰

　　子貢以管夷吾之奢、晏平仲之儉，質於宣尼。宣尼以管仲之奢，賢大夫也，而難爲上。晏平仲，賢大夫也，而難爲下。蓋譏其僭上逼下之失。或謂無所輕重，予敢繼其末以論先後焉。夫齊桓承襄公之失政，接無知之亂常。久亡於外，自莒先入。有國之後，銳心以求其治。及叔牙言夷吾之能，脱囚服，秉國政，有鮑叔之助，隰朋之佐。遂能九合諸侯，以成霸業。此逢時之大者也。若平仲者，立於衰替之朝，有田國之强，有欒高之侈。時非曩時，君非賢君。當崔杼之弑也，能挺然易其盟。陳氏之大也，能曉然商其短。獨立於讒諂之伍，自全於紛擾之中。人無間言，時莫與偶。若桓公九合諸侯，不以兵車，信夷吾之力也。使晏子居桓公之世，有鮑隰之助，則其尊周室，霸諸侯，功豈減於管氏乎？以其鏤簋而朱紘，孰若豚肩不掩豆？以其三歸而反坫，孰若一狐裘三十年？矧國之破家之亡者，以奢乎？以儉乎？《語》曰："奢則不遜，儉則固。"與其不遜也寧固，然後知聖人輕重之旨斯在。

原載《全唐文》卷 867

創守論

　　貞觀中，文皇帝聽政之暇，問房、魏以創業守文之難易。房對以創業，魏對以守文。蓋房以經緯之始，備極勤劬，所以見創業之難矣。

魏以昇平之後，率多懈怠，所以見守文之難也。

然則創業之初，雄豪未賓，生民嗷嗷，惟德是歸。所以開基之主，皆乘釁而起。睹覆車之轍，焉肯更循其軌哉。當其雲雷未亨，天地猶蒙，龍虎交馳，烟塵晝昏，故得一士則前席以待問，聞一言則傾耳而聳聽。用人若不及，從諫若轉圜。勇於得而悚於失，冒履鋒鏑，涉歷險危，其取也既勞，其得也亦勤，誠爲創業之難也。及乾坤霧霽，山河有主。四海之內，罔不臣妾。言而必從，如影之附。欲而必至，如響之應。愛之可以昇九霄，怒之可以擠九泉。順意者駢肩，逆耳者畏忌。好惡之情，不由其臧否。賞罰之道，匪關於功過。下懾以求命，衆怒而莫諫。此所以爲守文之難也。

然則自漢而下有天下者，孰不始則孜孜以親萬機，將傒乎治？及時既平，俗既康，以泰自逸，怠於庶務者多矣。其終而不惰者，則幾希矣。且創業之主，既得之後，猶隳厥志以壞大業，而況求既治之後，即已安之朝，其能納讜言，任正人，屈己以順衆，抑心以從下者，不亦鮮乎？魏文貞公守文之難，豈初心盈中心戾也。總而論之，療饑者易爲食，其創業乎？醫者難爲藥，其守文乎？

原載《全唐文》卷 867

公獄辨

搢紳先生牧於東郡，繩屬吏有公於獄者，某適次於座，承間咨其所以爲公之道。先生曰："吾每窺辭牒，意其曲直，指而付之，彼能立具牘，無不了吾意，亦可謂盡其公矣。"某居席之末，不敢以非是爲決，因退而辯其公。

且《傳》曰："君所謂否，臣獻其可。君所謂可，臣獻其否。"是謂彌縫其不至也。及君可亦可，君否亦否，故平仲罪丘據踵君之意，叔向譏樂王鮒從君者也。所以智詢於愚，以其或有得也。尺先其寸，或有長也。皆庸其涓滴，將助其廣大也。況末世纖狡，內外荏剛，烏有不盡其辭而能必究其情乎？使居上者得其情，屬踵而詰之，可謂合於理，未足言公也。忽居上者異於見，遠於理，亦隨而鞫之，取叶於意，所謂明於不法，烏可爲公哉？且不師古之言，非不可爲也，爲之不能遠。不由禮之事,非不可行也,行之不能久。故君子盡心法古,動必本禮。將遠而不泥,久而不亂也。若乃告諸獄任意以爲明,其屬徇己以爲公。是使懷倖者有窺進之路,挾邪者有自容之門矣。刓藂棘之內,辛苦備至,何須而不克,而況承執政指其所欲哉?

　　嗚呼!欲人之隨意者,吾見亂其曲直矣。樂人之附己者,吾見汨其善惡矣。而猶伐其治,譽其公,無乃瞽者衘別諸五色乎?

原載《文苑英華》卷 361

原晉亂説

　　晉室南遷,制度草創。承永嘉之後,嚚風未除。廷臣中猶以謝鯤輕佻,王澄曠誕,競相祖習,以爲高達。卞壼屬色於朝曰:"帝祚流移,社稷傾蕩。職兹浮僞,致此隳敗,猶欲崇慕虛誕,污蠹時風。奏請鞫之,以正頹俗。"王導、庾亮抑之而止。噫!西晉之亂,百代所悲。移都江左,是塞源端本之日也,猶乃翼虛駕僞,崇扇佻薄。躡諸敗踪,踵其覆轍。以此創立朝綱,基構王業,何異登膠船而泛巨浸,操朽索以馭奔駟乎?設或行卞壼之奏,黜屏浮僞,登進豪賢,左右大法,維持紀綱,則晉祚亦未可量也。其後王敦作逆,蘇峻繼亂。余以爲晉之亂,不自敦、峻,而稔於導、亮。

原載《全唐文》卷 867

植蘭説

　　或植蘭荃,鄙不遄茂。乃法圃師汲穢以漑,而蘭净荃潔,非類乎眾莽。苗既驟悴,根亦旋腐。噫!貞哉蘭荃歟?遲發舒守其元和,雖瘠而茂也。假雜壤亂其天真,雖沃而斃也。守貞介而擇禄者,其蘭荃乎?樂淫亂而偷位者,其雜莽乎?受莽之僞爵者,孰若龔勝之不仕耶?食述之僭禄者,孰若管寧之不位耶?嗚呼!業圃者以穢爲主,而後見龔管之正。

原載《全唐文》卷 867

蓄狸説

敬亭叟家毒於鼠暴,穿埇穴墉,室無全宇。咋齧筐筐,帑無完物。及略於捕野者,俾求狸之子,必鋭於家畜。數日而獲諸汴,歡逾得駿,飾茵以栖之,給鱗以茹之。撫育之厚,如字諸子。其攫生搏飛,舉無不捷。鼠慴而珍影,暴腥露羶,縱横莫犯矣。然其野心,常思逸於外,罔以子育爲懷。一旦怠其縱,逾垣越宇,倏不知其所逝。叟惋且惜,涉旬不弭。弘農子聞之曰:"野性匪馴,育而靡恩,非惟狸然,人亦有旃。梁武於侯景,寵非不深矣;劉琨於匹磾,情非不至矣;既負其誠,復返厥噬。"嗚呼! 非所蓄而蓄,孰有不叛哉?

原載《全唐文》卷 867

紀梁公對

天后幽中宗之後,有不下閫闈移六合之志,故徐敬業、唐之奇等於揚州起兵,以興復唐室。然皆不旋踵而敗,遂引用酷吏,開羅織之門,以懾伏内外。一日,狄梁公獨對。天后曰:"吾自用俊臣思正來,朝臣知所懼否?"梁公曰:"朝廷小人,不達天命,或有異議。然陛下以木有一蠹之蠹,將剪樹而棄之乎? 錦有一點之污,將全匹而燔之乎? 養隼者誠欲其鷙於烏鳶乎? 鷙於鸞皇乎? 鷙而無别,不如不鷙矣。"天后默然。

原載《全唐文》卷 45

善惡鑒

衆曰善,未必善,觀其善之爲也。衆曰惡,未必惡,觀其惡之由也。行詐以自衒,取媚於小人,其足爲善乎? 任直以獨立,取惡於非類,其足爲惡乎? 故擇善采於譽,則多黨者進。去惡信於言,則道直者退。王莽折已以下士,而諸父失其權。彼言善者可憑乎? 京房守正以極諫,而嬖倖指爲逆。彼愬惡者可聽乎? 故能鑒其善者,必觀於衆之所惡。能鑒其惡者,必取於衆之所善。所以衆謂之悖也,非孟子之賢,無以旌章子之孝。衆謂之智也,非國僑之明,無以誅史何之詐。嗚呼! 道之大,非遇於賢明,何常不汨哉?

原載《文苑英華》卷 361

較貪

弘農子游卞山之陰,遇鄉叟。巾不完,履不全,負薪仰天,吁而復號。因就訊緒,抑有喪而未備乎?抑有冤而莫訴乎?何聲之哀而情之苦耶?叟致薪而泣曰:"逋助軍之賦,男獄於縣,絕糧者三日矣,今將省之。前日之逋,已貨其耕犢矣。昨日之逋,又質其少女矣。今田瘠而貧,播之莫稔。貨之靡售,且以爲助軍之賦,豈一一於軍哉?今十未有二三及於戎費,餘悉爲外用。又黠吏貪官,盈縮萬變。去無所之,往無所資。非敢懷生,奈不死何?"弘農子聞其言,且助其嘆。退而省於世,萬類中最爲民害者,莫若虎之暴。將賦之以警貪吏,庶少救民病。是夕夢驇獸而人言曰:"爾欲警於貪,將以吾爲首。雖爾之潔,奈辱我之甚乎?"余曰:"賊人之畜,以自飽腹。爾不爲貪哉?"獸曰:"不豢不農,何以給生?苟不捕野,無實吾嗛。吾以其饑而求食之,苟或一飽,則晏然匿迹,不爲謀矣。豈爾曹智以役物,豢之畜之,畋之漁之,以給其茹也。桑之育之,經之營之,以供其用也。一物之可求,一貨之可圖,汲汲爲謀,孜孜繫心。如壑如溪,莫滿莫盈。豈與吾獲一飽則晏然熟寢,而欲比方哉?"弘農子驚而寤,諦而思。若然,則人不如獸也遠矣。

原載《文苑英華》卷 347

止妒

梁武平齊,盡有其內。獲侍兒十餘輩,頗娛於目。俄爲郗后所察,動止皆有隔抑。拗其憤恚,殆欲成疹。左右識其情者進言曰:"臣嘗讀《山海經》云:'以鶬鶄爲膳,可以療其事使不忌',陛下盍試諸?"梁武從之。郗茹之後,妒減殆半。帝愈神其事。左右復言曰:"願陛下廣羞諸以遍賜群臣,使不才者無妒於有才,挾私者不妒於奉公,濁者不妒其清,貪者不忌其廉。俾其惡去勝忌前皆知革心,亦助化之一端也。"帝深然其言,將詔虞人廣捕之。會方崇內典,誠於血生,其議遂寢。

原載《文苑英華》卷 378

汪台符

吳國文士，歙州（今安徽歙縣）人。博學多才，力田不仕。因得罪徐知誥謀士宋齊丘，被其害死。

歙州重建汪王廟記

天不欲蓋，地不欲載，兩曜不欲凝，萬根不欲生。玉石一塵，賢愚一丘。則神人不得不降，聖人不得不作。我唐不得不興，越公不得不起。起而不失進退存亡者，越公得之矣。隋鹿不醒，群雄率起。公矯翅一鳴，聲著千古。提山掬海，沃沸顛危。掃平反側之源，歸我唐虞之際。武德四年，高祖下制曰："汪華往因離亂，保據州郡，鎮静一隅，以待寧晏。識機慕化，遠送款誠。宜從褒寵，授以方牧。可使持節歙、宣、杭、睦、婺、饒等六州諸軍事。"感天人知已，趨玉闕言懷。龍劍一沉，死而不朽，貞觀二十三年也。有棠棣之詩，無良人之難。固得父老，請建祠堂，在廳之西。大曆十年，刺史薛邕遷於烏聊東峰。元和三年，刺史范傳正又遷於南阜，即今廟是也。中和四年，刺史吳公圖克荷冥應，復新棟宇。迄今司空潯陽公景慕英塵，經始靈宮。凡三遷三飾，物不告勞，民惟求舊。濟於時，死於國，功宣教化則祭之，其餘不在祀典。狄梁公按察江淮，焚淫祠七百所，朝野韙之。所謂能執干戈以衛社稷。越公欲蓋而彰，雖焚不可得矣。且湯不乾，堯不濕，曷顯聖人之政。唐歷十有九帝，二百八十年，其間時有奴狂僕醉，觸破王化。洎僖皇歲庚子，盜起曹南，逆塵犯蹕，我淮王弘農公大叫義聲，千里奔命，宣池濠壽，舒廬滁和，十有九郡。繞我馬箠，分我君憂。苟無將將之雄，莫破錚錚之膽。我司空潯陽公獨庉仁義禮樂，餌舒池常潤，於歙最多。爲政第一，慰本城之人，築久長大本，豈矜壯麗一時，企望六郡？直在乎開物成務，遺愛金石者也。台符越公之裔，潯陽之吏。祖能神，主能賢，辭或不直，作神之羞，辱主之命。咨我邦人，同歸典實，庶可與言。文論政矣。龍集壬戌十二月十有一日謹記。

原載《全唐文》卷 869

田 頵

吳國大將(？—903)，廬州合肥(今安徽合肥)人。與楊行密同鄉，二人共同合力，擊敗孫儒，初步平定了淮南。任寧國軍節度使，鎮守宣州。累遷檢校太保、同中書門下平章事。自以爲功大，不滿已取得的地位，舉兵反叛，被楊行密派兵鎮壓。

移吳太祖書

侯王守方以奉天子，譬百川不朝於海，雖狂奔猛注，澶漫遐廣，終爲涸土，不若順流無窮也。況東南之鎮揚爲大，塵賤刀布，阜積金玉。願公上恒賦，頵將悉儲峙，具單車從行。

原載《全唐文》卷 841

危全諷

唐末任撫州刺史、兼御史大夫。天祐六年(909)，率軍攻洪州，被吳兵擊敗，生俘全諷。

撫州衙宅堂記

當州刺史宅，自唐乾符中因諸道亂離，有巨寇黃巢■柳彥璋等奔突焚燒，略無遺堵。爾後封疆俶擾，城邑荒凉。洎中和五年春三月，全諷莅郡之始，制置之初，以其宅僻倚西隅，而甚欹側，乃易其舊址，遷此新基。高而且平，雅當正位。於是芟去榛棘，草創公署。此際多以舊木權宜製之，於今十有四年，卒就摧朽。今則躬親指畫，再□基場。□□重堂，傍竪厨庫。西廊東院，周迴一百餘間。纔涉數旬，切扁俱畢。雖虹梁□□，不獲飾焉。而鈐閣郡齋，□□壯觀。建□□續益稱■城■叙其由故記壁。

原載《全唐文》卷 868

重修撫州公署記

當州昔爲臨川,郡城在此城之北,古堞猶存。寶應中,太守王公圓以不便於民,卜遷於此。然所立郡宅,未叶地形。昃倚城西,低臨水際。頗更年代,莫議遷移。洎乾符初,寰海沸騰,兵寇焚爇,略無遺堵,靡認餘基。中和乙巳歲,全諷奉詔分符,拜官本郡。傷凌夷之累政,嘆榛棘以經時。且召伯臨人,憩息只依於棠樹,而謝公爲郡,餘閑尚築於經臺。得不革故從新,去彼取此?既獲其形勝,又叶此夷隆。凡廨署之中,而公廳在首。此際雖當建立,猶是權宜。每視事之時,或延賓之際,常因目擊,但蓄心期。未辦增修,二十年矣。今則聚力於三農之隙,求材於千仞之林。獲楠梓而皆良,招郢匠而畢集。是用拓開基址,高建棟梁。恢張而雅稱參衙,壯觀而無餘法則。盤勝概而咸歸萬象,鎮嚴城而更益三威。立事立言,必垂名於不朽。乃積乃業,冀貽美於將來。豈爲耳目之娛,而勤土木之事者哉!

原載《全唐文》卷 868

盧延昌

吳國百勝軍節度使。天祐八年(911),被其部下所殺。

上梁太祖表

郡小寇迫,欲緩其奸謀,且開導貢路,非敢貳也。

原載《舊五代史》卷 6

朱德孫

吳國官員。撰此志時署前睦州館驛巡官、鄉貢進士。

唐故張府君(康)墓志

前睦州館驛巡官鄉貢進士朱德孫撰

府君諱康,字德堯,清河郡人也。漢室高門,晉朝茂族。枝葉遍流於江左,簪裾不絕於人間。或修文以佐時,或崇武以匡難。自今及古,何代無人?

曾祖諱宙,昆山縣令,賜緋魚袋。祖諱夒,鹽鐵蘇州院官。祖妣吳興郡姚氏。考諱願,淮南監軍院十將。妣博陵崔氏、潁川陳氏。府君即願之第四子也,淮南節度醫院散兵馬使、銀青光禄大[夫]、檢校國子祭酒兼御史中丞、上柱國。長兄實,不仕。次兄符,鎮海節度孔目官。次兄信,州軍事衙推。妻陸氏。男二人:長曰修本,次曰胡子。女三人:長女明氏;次女王氏;小女,年未及笄。府君性本柔和,家惟孝悌。冀千齡之永福,豈二豎之爲灾。享年五十,以天祐十二年三月十九日,終於私第。殁未越旬,葬於江陽縣道化坊。嗚呼!生死不恒,光音若箭。骨肉號慟,鄉里悲哀。遂刻貞石,乃爲銘曰:

家傳儒術,胤習武經。珪璧方潤,椿松折齡。德雖顯著,魂何杳冥。千秋萬歲,窀穸長扃。

原載《揚州近年發現的兩方五代墓志》

張藺如

吳國官員。撰此志時署將仕郎、前守黃州武昌縣主簿。

唐金紫光禄大夫檢校司空使持節黃州諸軍事黃州刺史上柱國樂安縣開國男食邑三百户孫彦思墓志并序

將仕郎前守黃州武昌縣主簿張藺如撰

公其姬姓也,與周同祖,是吳主權十九代孫矣。爰從國祚數窮,宗枝星散,或游官路,或隱山溪。迄至周隋,家於京洛。降及唐代,因避安史之亂,旅寓合肥。其於家風世德,令問芳猷,擁朱軒服紫艾者,不可勝紀。

曾祖儔,皇承奉郎、舒州宿松縣令。祖溵,皇登仕郎、襄陽縣令。考迺,皇將仕郎、溫州司馬。公即始平郡馮氏之生也。弱冠中婚於太原郡王氏縣君。竊以縣君女工婦禮,玉潔蘭薰,雍睦絲蘿,唱隨琴瑟。三從備著,已膺封邑之榮;四德具聞,早顯肥家之譽。公幼尋經典,長值干戈。四海多艱，中原無主。是以捐文習武，許國忘家。自始及終，從□至暮，擁驍銳數千之衆，匡淮海三十餘年。本自貂蟬，昇於曳履。尋從僕射，便拜司空。亦曾掃妖孽於句水之濱，亦曾討烟塵於青河之口。凡爲徵發，莫匪身先。七縱七擒，皆憑豹略。成□□□，畫者麟臺。天祐癸酉歲，竊值湘潭，忽興寇盜。黃寧偶失於防守，烏合遂縱於奔衝。闤闠□空，鄉閭略盡。王庭選公爲黃州制置使。分憂志切，奉國心專。版築城池，興修廨署。招安戶口，勸課農桑。甲戌歲，承昭皇御札，就拜當州刺史。乙亥歲，又承制加樂安縣開國男，食邑三百戶。本謂福海長深，壽山永峻。豈料懸弓露影，關蟻聞聲。潛爲疾疢之端，便作沉痾之苦。非不尋方肘後，求療秦中。其奈二竪縱橫，難爲面得；三彭勇躍，不受筋懸。於天祐丙子歲五月十三日薨於公署，其年五十有二。比謂泰山峻而難崩，何期蟾桂圓而易缺。秦雲斷處，叫天路以寧迴；楚水分時，泣夜泉而安及。

　　有子一人曰智榮，年二十有三。孩孫一人曰惠兒，年六歲。嬰孫二人：長曰態兒，年四歲；次曰通兒，年二歲。比恒山之四鳥，永訣難勝；似巴峽之孤猿，長號不絕。縣君以齊眉義重，結髮情深。劍恨龍分，琴悲鶴去。莫不抱棺氣咽，撫意心摧。□傍松封，豈睹平生之日；悲臨逝水，唯傷永別之魂。今則選以良辰，卜其宅兆。輀車不駐，長辭□路之間；蒿里將臨，永閉泉扃之下。當年十月廿七日，葬於潤州丹塗縣信義鄉石門村石門□□地，用錢貫文，於處買得其地之廣也，東西五十五步，南北四十五步，以爲塋域之所矣。嗟乎！歷陽地陷，已作平湖；遼海波乾，終爲古岸。不刊滕公之石，何記王果之崖。□謬忝詞人，竊叨屬□，五言是業，四字非攻。蒙命微才，得陳備述。銘曰：

　　渺覯前言，深窮茂族。周代分枝，吳朝建國。虎踞石頭，龍分鼎足。地響金聲，窗明雪燭。文武相參，冠冕相續。惟公堂堂，官崇行篤。光繼前踪，不隳往躅。或縮兵權，或爲郡牧。謀深韓白，政比龔黃。赤心奉國，苦節勤王。修興廨署，版築城墙。懸魚譽遠，去獸名彰。志懷恭儉，節守温良。凡爲舉措，盡體規章。年雖知命，髮未白霜。人無金石，壽有短長。忌鵬興調，疑弓得療。二竪生狰，三彭狄貉。何佛不求，何神不拜。顏子命終，宣尼夢怪。至藥無徵，名醫不差。泰山其頹，梁木其壞。風燭難停，夕陽倏邁。身歿幽冥，魂歸上界。已拋世路，將奄泉臺。三月而葬，三年而哀。抱棺氣絶，撫臆心摧。長歸幽壤，永葬瓊瓕。丹旐前去，陰風後催。魚燈雖照，泉扃不開，三罡已往，萬古□□。人生至此，□□□□。

原載《隋唐五代墓志彙編》（江蘇山東卷）

殷文圭

吳國官員，池州（今安徽池州）人。早年爲宣州田頵部下從事，田頵死後爲楊行密效力，任淮南掌書記。武義元年（919），拜翰林學士。

後唐張崇修廬州外羅城記

禹貢別九州之廣，揚鼎居先。淮夷控七郡之雄，廬邦最大。真四塞山河之國，乃一方禮樂之鄉。地勢壯而金斗高，人心剛而風土勁。洎皇唐光宅四海，奄有八紘。窮日月之照臨，皆臻仁壽。混車書於華夏，咸屬文明。視赤子以如傷，播洪鈞而不比。眷惟刺史之任，獨曰親人之官。凡當出牧是邦，必選良二千石矣。昔故相歇馬之所，今通侯建隼之區。

太守清河張公，乾象降靈，人龍命世。一劍躍而蛟斷，六鈞挽而猿號。忠自孝基，勇由義立。爰從稚齒，便奮雄心。庚子歲，巢寇陷秦關，僖宗幸蜀部。王綱弛壞，國制搶攘。瞻烏載飛，走鹿爭逐。救疲民之焚溺，資間代之英雄。先吳忠武王虎步江南，鷹揚肥上。汪汪偉量，涵一萬頃之澄波。落落洪襟，包九百里之夢澤。是以多士之歸也，如百川赴海。群材之用也，若衆腋成裘。勤求卓犖之倫，肇建龐洪之業。下痊民瘝，上報國恩。以太守張公英俊不群，鄉關素友，隸職帳下，責效軍前。入委腹心，出舒羽翼。由余之拓十二國，多賴宏規。耿弇之屠三百城，略方殊績。以至潰趙相國鍠七萬之衆，先拔句溪。破孫司徒儒五倍之師，次收淮甸。不獨身先百戰，抑亦謀贊六奇。故得擢自偏裨,昇於列校。亟更職任,累拜專城。天祐三年,承制檢校司徒守常州刺史,而毗陵杭越接境,梁汴連衡。公纔駐熊車,潛施龜畫,早曾修城築塹,杜漸防萌。寒暑未遷,金湯遽設。功用未畢,王澤迭加。以績效轉官檢校太保,授廬州刺史兼本州團練使。天祐四年八月到任,公自臨錦里,即建羅城。謀雖貯心,言未出口。蓋以先王卧龍之地,謹合繕修。君子變豹之風,詎宜卑陋。況西連襄漢,北接梁徐。秣馬訓兵,靡忘寢食。勸農習戰,誓静氛埃。今吳太師嗣茅土全封,紹彤旒重寄。旌賢寵善,念舊策勛。雖承制以褒酬,迭進秩於保傅。淮南行軍司内外都軍使鎮海寧國等軍節度使檢校太尉兼侍中東海徐公,首輔大政,力启霸圖。遜德推功,先人後己。纖粟之勞必録,錫予之美無偏。公執玉而歸覲王庭,鏘金而入陪相閣。語家國之至計,屬西北以介懷。遂咨稟廟謨,增修戰壘。鋪舒妙見,商較遠圖。且曰:“居安慮危,聞於聖哲。爲主制客,宜賴城隍。”乃知恃陋弗修,莒子蹈危亡之運。一日必葺,叔孫留忠恕之機。懿彼肥川,舊有羅郭。自咸通十年盧諫議出牧此州,值彭門用軍,鄰封多警,累拜表章之請,遂興版築之功。綿歲月以滋深,致締建之匪固。漸成崩潰,難禦奔衝。況今稼穡豐登,烟塵貼息。宜當農隙,潛募子來。嘉言上沃於王心,成算允諧於臺畫。繇是量材度費,揆力興工。設窑竈於四郊,燒甎礫於億萬。蒸沙似鐵,運甓如山。千畚雲翻,萬杵雷動。役五丁而神速,甃百雉以天横。粉堞既全,湯池是瀎。潴長壕於四面,斟巨浪於長江。其城周回二十六里一百七十步,壕面闊七十丈至六十丈,深八丈,城身用甎砌高三丈,置窑竈五十五所。其甎每口長一尺三寸、闊六寸。建造羅城門十三所,及大弩樓都共四十四所。公旦暮檢轄,躬親指揮。以饌以觴,且酣且飲。致勞勇兼集,公私允諧。

天祐六年十二月終,版築向圓,開鑿始半,汴賊寇彦卿將領馬走徒黨五萬餘人,乘修勵未辦之間,恣倉卒奔衝之計。夜驅群孽,直渡城隍。搭長梯於女墻,攢霜矛於鵲垛。人皆凶懼,公獨晏如。遂開廬江、潛橋兩門。親領馬步鋭師,當處殺敗逋逆。或麏驚而塗地,或狼狽以投壕。死溺如麻,生擒若市。押背黏襲,遠過獨山。棄甲聯翩,高齊峻嶽。諸郡收奪槍甲不少，招降人馬甚多。仍值積雪連天，陰風刮地，寒僵餓殍，僅滿平川。匹馬隻輪，偶漏元惡。天祐十年孟冬月，汴將賀壤與王彥章，復驅甲騎四萬，直抵羅城西獨山門，排列至瓦步門，延亙數里。此際堅堳漸備，濬洫已周。巨堞屹而山橫，大弩發而雷吼。雖群偷飂至，暴客狂衝，萬騎鷄連，千戈蟻潰，但昂頭而嘆息，咸破膽以逋逃。尋屬淮海行軍侍中東海公親統大軍，徑追勍寇。縱七擒於淮岸，破十寨於戎河。非楊府之大幕雄軍，不足以平欺敵國。非肥水之深壕高壘，不足以外挫賊鋒。致我師競願北驅，彼衆不敢南牧。立中流千年柱石，壯吳部一面山河。昔司馬宣王統晉國車徒，覽諸葛武侯渭川營壘，而嘆曰：“真天下之奇士。”今清河公，良可匹矣。高燕公頃築西川羅城，皆破上供錢米。當其無事，尚以爲能。清河公今繕理重垣，疏導百穀，廣通商而貿易，咸竭產以經營。上下無私，方圓有術。不蠹府庭之尺素斗粟，無妨黎庶之易耨力耕。從容蔵事，則首尾一年。周旋僝工，則歌謠五邑。永賀覆盂之固，免虞拾瀋之譏。或聽訟之餘，或訓戎之暇，憑高送目，選勝延賓。三重之雉堞延登，四望之秋毫必見。西風獵獵，撒豹騎於平蕪。冬日融融，竟牛耕於曠野。此外水蠹蒙衝之艦，陸轟霹靂之車。十年之儲蓄有餘，千弩之金繒足用。且獨山秀而峭，肥水清而靈。宜有異才，同正霸業。大則仗戎節駕廉車，次則剖竹符參蓮幕。其間燕趙多奇士，豐沛皆故人。千載風雲一時會合。而公志惟尊主，務切經邦。摧陣敵若私仇，視玉帛無停蓄。尚季布之然諾，篤仲由之信誠。吳漢之不離公門，袁安之每念王室。凡諸廨宇，久歷星霜，多至摧頹，咸新剖劂。荀郎中湘，五十五年前常典玆郡，建東水閘門，虹梁朽而蟉蝀沈，碧瓦爛而鴛鴦碎，公皆表裏修換，躬親指南。壯軍城而金翠相鮮，耀水柵而舟車倍湊。並建兩畔挾樓都一十四間，換門樓橋柱十三虹。公又深惟久要，永欲流傳。別運十綱，散令回貨。廣市於楠櫚杞梓，遍修於寺廟橋梁。不箕斂於王民，盡圓融於私帑。所建州內廨舍，間架甚繁，兼添置梵舍琳宮，神祠儒廟，及造明教橋一所，次造市橋一所，次造縣橋一所，次造通遠橋一所，次造西水閘門一所，奇妙難名。龍身蚴蟉於波間，雁齒參差於川上。往來咸濟，不勞鄭產之輿。揭厲無疑，如假傅巖之楫。

郭內官路,造小史橋一所,次造赤欄橋一所,東正門橋一所,崇化門橋一所,懷德門橋一所,都共造橋一十一所,并用楠欄杞梓。鶴柱雕欄,畫檻縱橫,洪流直道。有利於物,知無不爲。

乙亥歲孟夏月,畫圖入覲,告厥成功。相府僉諧,王綸賞重。承制就加都團練觀察處置等使守刺史,餘勛階如舊。至天祐十四年四月二十七日,蒙恩轉授武寧平難軍節度滁宿等州觀察處置等使,依前權淮南行軍副使知廬州都團練觀察處置等使。餘官勛如故,褒勤蓋也。且兵書所尚,地利居先。霸國圖安,人和是最。兼茲二者,不其久乎? 一品之秩自才昇,萬鍾之祿由勛進。安於固晉陽之險,墨翟拒宋國之圍。楚興燧象之師,齊奮火牛之陣。設奇應變,以逸待勞。何代無人,有備誰患。文圭墨徒摩楯,筆愧如祿。近駕輶車,曾趨戟牖。目擊連雲之巨壘,神驚截海之深壕。聊得直書,無非實錄。雕鏤琬炎,敢期八字之褒稱。易變桑田,幸記千年之城郭。同部轄都頭節級僚吏名銜,並勒碑云耳。天祐十四載歲次丁丑七月戊申朔二十六日癸酉建立,淮南節度掌書記殷文圭文。

原載《全唐文》卷 868

徐景迢

吳國官員。武義元年(919),任朝議郎、檢校兵部尚書,封上黨郡公。

東林寺題名

武義元年十一月二十七日,朝議郎檢校兵部尚書賜紫金魚袋上黨郡公食邑一千户景迢,自京城隨侍伯父江上歸郡,獲從家兄桂陽郡公訪茲絕景。時春林鬥芳,晚雨新霽。躍步忘倦,塵心頓清。竟日方還,故紀於此。昇元三年太歲己亥三月二十三日書。

原載《全唐文》卷 871

釋道弘

吳國僧人。撰此志時署右街慧照寺譚論法師。

吳故左龍威軍先鋒馬軍指揮使鉅鹿郡公(陳贇)墓志銘

右街慧照寺譚論法師道弘述

粵興亡在數,人莫改焉;盛衰計時,士匪惻矣! 故身有患,何逃去爾。

鉅鹿公諱贇,潁川人也。即唐相國文貞公之後,世爲貴胄。其系族顯赫,此蓋不書。曾祖諱僅,皇任絳州録事參軍。祖諱□,□任汝州別駕。烈考諱平,棄筆從戎,受忠武軍節度押衙。鉅鹿公天授英明,神資妙略。提三尺之白刃,幾静氛埃;竭一□□赤誠,繼安宗社。泊先武忠王起軍金斗,巨展義旗。公綿歷星霜,久親紅旆。收孫破趙,力戰身爭。致國霸主昌,而匡大業。公累遷美秩,旋捧絲綸,授左龍威軍先鋒馬軍指揮使、銀青光禄大卿、檢校尚書左僕射、左驍衛將軍、兼御史大[夫]、上柱國、守黄州長史。於戲! 榮禄及親,人倫所重。福壽俱至,在世幾何。公偶縈疾疹,砭醫莫療。俄嘆逝川,竟乖色養,已武義二年夏六月十二日,薨於吳國右街贊賢坊私第,享年五十有八。

公娶清河張氏,貞潔霜明,慈嚴日至。慶鍾令胄,光繼德門。長子承嗣,左軍衙前虞候、充左龍威先鋒馬軍指揮第三都副兵馬使、銀青光禄大[夫],檢校國子祭酒、兼御史中丞、上柱國,義氣無雙,忠孝邁古。外摧鋭旅,内整彩衣。次子承規,右軍衙前十將、充左龍威先鋒馬軍指揮第二都虞候、銀青光禄大[夫]、檢校國子祭酒、兼侍御史、上柱國。孝愛心濃,悌尊俱美,日承嚴誨,問禮無虧。當我公疾□之中,躬陳孝道。霜刀暗割,雪刃潛剜,血染衣紅,匪聞告苦。其□□懃遺,俄乖顯效。一女曰蘇婆,年當襁褓,未諧丱角之春。用其□閏六月十四日,葬於江都縣同軌里金匱山之後,歸於禮也。□□圭量瑉窺,文慚班馬。敢書其事,紀已桑田之變。銘曰:

德業光被兮派緒彌長,生榮禄養兮寵澤殊光。既壽且福兮淹年高堂,慶流令嗣兮千載無疆。

原載《五代墓志彙考》

汪少微

吳國文士,歙州(今安徽歙縣)人。順義元年(919)撰此銘文。

歙眉子硯銘

松操凝烟,楮英鋪雪。毫穎如飛,人間四絶。

原載《唐文續拾》卷7

沈　顔

吳國官員,湖州德清(今浙江湖州)人。天復初,舉進士第,授校書郎。仕吳爲淮南巡官,累遷禮儀使、兵部郎中、知制誥、翰林學士。順義中卒。

碎碑記

乙巳歲冬十二月,客鍾陵,由章江入劍池,過臨川。時天久愆雨,水泉將涸。風不便行,維舟於岸左。岸左有小渚,小渚之間,垂舟之介揭厲而獲碑。爲介者異而告,發而視之,字殘闕,存者十七八。考其文,則故臨川内史顔魯公之文。識者以爲公牧臨川日所沈碑。其文亦多載魯公之德業,輒碎敗而已。會同濟者謂余曰:"且魯公沈是碑也,必將德業不稱於後世,故沉之。今子既不能文而補之寫傳之,亦不可復沈之於瀋流。俾後人睹是碑者,抑亦昭魯公之德業也,子亦蔽人之善歟?不然,胡碎之而已。"余曰:"吁!秦嬴政初併天下,天下大定,海内一統。於是出行郡縣,登諸名山,刻石記功德焉。及其仁政不修,後之人語及秦嬴政者,咸以爲虐君也。堯舜無爲而治,巍巍蕩蕩。俾鑿井耕田者,不知帝力。歷千萬紀,厥道愈光。今之人語及堯舜者,咸以爲聖君之至。若峴首之碑,睹者墮淚。斯乃荆之人感羊公之德化,故泣而思之。設使羊公之德化不及於荆人,則是碑也不能感荆人之泣矣。且魯公之德業,史傳載之矣,遺俗傳之矣。夫德業者,病不著於當世,豈病揚於後世乎?苟魯公德業,史傳不載,雖全是碑,亦不能揚魯公德業於後世。夫如是,碎之何傷?"

原載《墨池編》卷 4

宣州重建小廳記

界江南,宣州實爲奧區。凡厥貢之盛,厥土之饒,則古所良也。暨鉅盜起芒砀,環弊於四方。是邦載罹窘厄,雖城隍僅免,而外無孑遺矣。及兵部裴公慶餘去任,竇常侍聿自池牧來臨。莅事未幾,遽爲秦彦所據。奸連鄰執心,一旦擁兵渡江,引黨趙鍠以代己任。是歲南徐劉顥作亂揚州,繼喪師律,二境流離,人不堪命。弘農王方作自泚水,爰奮義旗,詢於同盟,則田公司空首決宏謀。及維揚克定,秦彦就誅,宣人有言曰:"何獨後予,傒其來蘇。"弘農王允憫是誠,我公復勵兵進討,鍠悉銳逆戰,亟爲崩之。及追躡保曑,兵食内空,而外不絶商,市無改肆。鍠知人和在彼,乃冒圍宵奔。我公追擒之,自此江表略定。大順元年建子月,孫儒大據維揚,又來寇我。舉不以義,自老厥師,復爲我公擒之,其衆盡潰。弘農王去寧揚土,我公嗣總藩條。天子嘉公之勛,就轉左僕射兼觀察。於是明年建甯國節度,又明年加司空。宣城薦屬戎事,便廳久缺,司署者進言曰:"盍葺諸。"公曰:"民室未完,民逃未復。"於是用文德以來之,既來而安之,不期歲,車者闐闐,舟者聯聯,比屋滯貨,盈市溢鄽。司署者復進言曰:"民室完矣,民逃復矣。"公曰:"倉廩未實,田野未闢。"於是薄其賦而省其徭,給其乏而賑其饑。不期稔歲,荷耰秉犁,橇蟠於泥,如雲之稼,穰穰在畦。司署者復進言曰:"倉廩實矣,田野闢矣。"公乃許。然後度材相址,不愆匠事。横梁虹亘,山節峰峙。嶸嶸崇崇,觀者改視。公喜,退顧人曰:"凡事之治不治,無賢愚貴賤,顯然知異。觀此,當其未治,人咸慊之。及其治也,人咸榮之。則吾於爲政也,豈不榮乎治哉?我今欲刊成績,宜付所能,則沈氏子以文售,子其何可辭焉?"乾寧二年乙卯秋九月八日記。

化洽亭記

寧國臨縣徑之東南,古勝地也。頃屬兵興以後,盡目蕪焉。稂莠蔽川,嘉樹不長。氛烟塞路,清泉不發。幽埋異没,誰復相之。是邑汝南長君,治民有瘳,任人得逸。乃卜別墅,就而營之。前有淺山,屹然如屏。後有卑嶺,繚然如城。跨池左右,足以建亭。丘隴高下,足以勸耕。泓泓盈盈,漣漪是生。蘭蘭青青,疏篁舞庭。斯亭何名,化洽而成。民化洽矣,斯亭乃治。長君未至,物景頹圮。長君既至,物景明媚。物之懷異,有時之否。人之懷異,亦莫如是。懿哉長君,雅識不群。愚不紀之,孰彰後人。時乾寧三年仲夏月十有九日記。

視聽箴

人一其視而不一其明,故目有時盲。人一其聽而不一其聰,故耳有時聾。蓋目之盲,由物亂其睛。耳之聾,由聲惑其聰。且玉者咸知其玉也,石者咸知其石也,而砆碔亂焉。宮者咸知其宮也,商者咸知其商也,而鄭衛惑焉。夫人者,孰欲棄真而取僞,背正而歸邪?諒視不詳,而聽不審耳。俾視不詳而聽不審者,豈不以砆碔鄭衛之故乎?吁!天下之大,萬物之衆,其亂目惑耳者,非特砆碔鄭衛而已。則知非聖賢,其不惑於視聽者稀矣。

妖祥辨

凡所謂祥者,必曰麟鳳龜龍,醴泉甘露,景星朱草。所謂妖者,必曰天文錯亂,草木變性,川竭地震,冬雷夏霜。或者以察王道之廢興,國家之治亂,則乩考於是,而不知君明臣忠,百司稱職,國之祥也。信任讒邪,棄逐讜正,刑賞不一,貨賂公行,國之妖也。三代以後,廢興之兆,理亂之故,鮮不由此矣。若嚮所祥者果祥,則周道衰而麟見;妖者果妖,殷道盛而桑穀生庭;不其明與。

時辯

論者以五帝不追於三皇,時變也。三代不追於五帝,時變也。五霸不追於三代,時變也。孰曰:"時其在君乎? 在臣乎? 在民乎?"沈子曰:"在君不在臣,在臣不在民,在民不在君臣。"古若羲若軒,若陶若虞,時在君也。若殷武丁,若周武王,若齊桓公,若晉文公,時在臣也。若夏之桀,殷之辛,周之赧,秦之二世,時在民也。故時在君則爲皇爲帝,時在臣則爲王爲霸,時在民則爲禽爲虜爲禍矣。夫君德日勤,時在於君。君德不申,時在於民。愚故曰在君不在臣,在臣不在民,在民不在君臣。吁! 唯明君而能知時之所在乎?

祭祀不祈説

夫祭典之興,所以奉祖宗而表有功也,非所以祈明神而邀福佑也。故王者郊天地而立七廟,諸侯奉社稷而置五廟,士庶人各以其家。功施於民則祀之,以死勤事則祀之,以勞定國則祀之。昔列山氏之子曰柱,能植百穀,夏興也,周繼之,故祀於稷。共工氏爲九域,其子曰后土,能平九土,故祀於社。舜勤事而野死,鯀障洪水而殛死。冥勤其官而水死,有虞氏禘黃帝而祖顓頊,郊堯而宗舜;夏后氏亦禘黃帝而祖顓頊,郊鯀而宗禹;商人禘舜而祖契,郊禹而宗湯;周人禘嚳而郊稷,祖文王而宗武王;故所謂奉祖宗而表有功也,非所以祈明神而邀福佑也。必以明神可祈,福佑可量,則三代不易世,秦漢不更氏,王者無明暗,卿士無賢愚,能盡其祭祀,則享其福祚矣。神必私於禱祈,悦於肥腯,而降其禧祥,則王者盡堯舜也,侯者盡桓文也,水不爲潦也,火不爲災也,年無壽夭也,民無貧富也,戰無不勝也,守無不固也,禍無不殄也,疾疹不生也,國家無危亡也,宗祀無廢絶也。是皆祈而不得,禱而無應明矣。然則經百代而不易其俗,傳百王而不革其風者,誠有以也。夫兩國相持,必有其勝也。萬邦各治,必有其康也。

祈年者必有其豐也,祈病者必有其瘳也。祈仕者必有其遷也,祈貨者必有其饒也。有一於此,咸以神之佑也。而不知人事之起,匪成即敗,匪得即失。用之有巧拙,智之有先後。歲有豐儉,運有否泰,非神之所置也。於是廢業而不爲非,竭產而不爲悔。奸巫乘之,以語禍福,竟不能明,寖以成俗。得非上失其正,下效其爲者乎?

原載《全唐文》卷 868

登華旨

嘗讀李肇《國史補》,云:"韓文公登華嶽之巔,顧視其險絶,恐慄度不可下,乃發狂慟哭,而欲縋遺書爲訣。"且譏好奇之過也如是。沈子曰:"吁! 是不諭文公之旨邪,夫仲尼之悲麟,悲不在麟也。墨翟之泣絲,泣不在絲也。且阮籍縱車於途,途窮輒哭,豈始慮不至邪? 蓋假事諷時,致意於此爾。前賢後賢,道豈相遠? 文公憤趣榮貪位者之若陟懸崖,險不能止。俾至身危踣蹶,然後嘆不知稅駕之所,焉可及矣?"悲夫! 文公之旨,微沈子幾晦乎。

原載《唐文粹》卷 48

象刑解

舜禹之代,象刑而人不敢犯。言象刑者,以赭以墨,染其衣冠,異其服色,凡爲三等。及秦法苛虐,方用肉刑。鋸鑿笮樸,楚毒畢至,而人犯愈多,俗益不治。其故何也? 非徒上古醇樸,人易爲化,亦由聖智玄遠,深得其理故也。夫法過峻則犯者多,犯者多則刑者衆,刑者衆則民無恥,民無恥則雖曰劓之刖之,笞之撲之,而不爲畏也何以知其然也,夫九人冠而一人髽,則髽者慕而冠者勝,九人髽而一人冠,則冠者慕而髽者勝。民不知冠之髽之爲勝,但見衆而爲慕矣。今免者多而刑者少,人尚慕其多矣,及刑者多而免者少焉,以少爲勝乎。故曰法過峻則犯者多,犯者多則刑者衆,刑者衆則民無恥,民無恥則雖曰劓之刖之,笞之撲之,而不爲畏也。凡民之心,知恣其所爲,而不知戒其所失。今辱而笞之,不足以爲法也。何者? 蓋笞絶則罪釋,痛止則恥滅,恥滅則復爲其非矣。故不足以爲法也。虞舜染其衣冠,異其服色,是罪終身不釋,耻畢世不滅,豈特已以爲耻也?人之見之者,皆以爲耻也,皆以爲戒也。愚故曰非徒上古醇樸,人易其化,亦由聖智玄邈,深得其理故也。

原載《唐文粹》卷46

時日無吉凶解

古者國家將有事乎戎祀,必先擇時日以定其期。是用備物於有司,習儀於禮寺,俾臻其慮而戒其誠,非所以定吉凶決勝負也。後之惑者,不詳其故,惟考時日,妄生穿鑿,斯風不革,拘忌益深。至使凡庶之家,將欲越一溝隍,拆一蒉蕘,必待擇日而後爲之。構一衡宇,薙一榛蕪,必審方位而後爲之。且凶吉由人,焉繫時日。夫四達之衢,輪蹄未嘗息也。五都之市,貨賄未嘗絕也。萬家之邑,斤斧未嘗斷也。七雄之世,戰伐未嘗已也。其凶也必由於人,其吉也必由於人。故吉人凶其吉,凶人吉其凶,一於人之所爲而已矣。然則惑者不知其在人,有一不知則罪於時日矣。且以不謀之將,不練之士,有能以時日勝者乎?不耕之土,不實之穀,有能以時日種者乎?以鐵爲金,以石爲玉,有能以時日濟者乎?是皆不能也。則時日於人何有哉!夫王者之兵以德勝,霸者之兵以義勝。其次以智,其次以勇。故古之名將,未嘗不以此而戰勝也,未嘗不以此而立功者也。

原載《文苑英華》卷377

讒國

知佞之讒讒忠,不知佞之讒讒國,故人君弗爲意也。且曰:"彼誠佞耶,予不過寵一臣。彼誠忠耶,予不過黜一臣。予受天命有天下,豈少若人乎?奈何咈予心?"而不知寵一佞而百佞進,黜一忠而百忠退,矧忠者寡而佞者眾乎?是以宰嚭讒子胥而吳滅,趙高讒李斯而秦亡,無極讒伍奢而楚昭奔,靳尚讒屈原而楚懷囚。愚故曰"知佞之讒讒忠,不知佞之讒讒國",悲夫!

原載《唐文粹》卷49

頓　金

吳順義時人,任袁州刺史。

仰山加封記

中書門下牒,先據袁州刺史王安狀申,伏以當州名山古迹,南仰靈祠。擬巨嶽以齊高,聳群峰而迥出。福流一郡,威播四方。凡有啓祈,無不響應。頃以本州郭内,頻遭灾火,人户不安,苗稼亢陽,泉源涸竭。遂虔誠禱祝,專詣殿堂。乞火燭頓銷,人心寧帖。及希降於雨暘,遂許具狀申聞。伏見此廟七郎,先朝天祐十一年内封感勝侯禮部尚書,九郎封司農少卿。既靈異以昭彰,宜遷崇於爵秩。伏乞特加封贈,庶助境疆。冀祈雨順風調,永保鴻圖帝業。伏候指揮者,奉敕。民爲神主,神乃民宗。苟有昭彰,諒宜封贈。袁州仰山廟,宅於萬仞,奠彼一方。秉聰明正直之風,納黍稷馨香之薦。無所不應,有感則通。矧乃本州,列其靈祐。乞加旌獎,以福蒸黎。贈禮部尚書感勝侯蕭某宜加贈尚書右僕射,仍進封廣惠公,贈司農少卿蕭某宜加贈工部尚書,仍封昭靈侯。其所贈公侯,仍下所司,準令咸製造冠裳等給賜。牒至准敕故牒,順義五年十一月三日記。

原載《全唐文》卷 869

危德輿

吳國官員。任將仕郎、前福州閩縣丞。

有吳太僕卿檢校尚書左僕射舒州刺史彭城劉公夫人故尋陽長公主 (楊氏) 墓志銘并序

將仕郎、前福州閩縣丞危德輿撰。

夫甘露降,醴泉生,則知顯國祚;讖明朝,使四方,服我聖后。度其時,甘醴應瑞叶祥,乃長公主焉。公主則弘農楊氏,大吳太祖之令女,國家閨室之長也。太祖以劍斷楚蛇,手揮秦鹿,建吳都之宮闕,復隋氏之山河,功蓋鴻溝,變家爲國,編史載籍,其可盡乎。是知玉樹盤根,聳金枝而繁茂;銀漢通□,瀉天派以靈長。將符碩大之詩,必誕肅雍之德。太后王氏,坤儀毓秀,麟趾彰才,既諧典慶之祥,乃產英奇之女,即尋陽長公主也。公主蓬丘降麗,桂影融華,稚齒而聰惠出倫,笄年而才名穎衆。既明且哲,早聞柳絮之詩;以孝兼慈,夙著椒花之頌。國家詳觀令淑,用偶賢良。敦求闔閭之門,須慕裴王之族。我彭城大卿代承勛業,世茂英雄。先君首匡社稷於吳朝,尋擁麾幢於江夏。由是王恭鶴氅迥出品流,衛玠神清果符僉議。蓋標奇於枰象,遂應兆於牽牛。潛膺坦腹之姿,妙契東床之選。我公主輀軒降於天漢,鸞鳳集於閨門。在內也,則班誡曹箴,克修女范;配室也,則如賓舉案,岡怠婦儀。奉蘋藻以恭勤,佩苣蘭而芬馥。常遜言而撫育,每恪謹以事親。寬慈則僕隸不鞭,娣姒則仁明是敬。星霜浸換,慈愛無渝。助君子之宜家,實諸侯之令室,皆公主之賢達也。而況敦睦氏族,泛愛宗親。不以公閨之貴驕人,不以奢華之榮傲物。既而榮光內外,道合鸞凰,感吉夢於熊羆,肇芳華於桃李。育男六,育女六。長子曰匡祚,受鎮南將軍節度討擊使、撫州軍事押衙、銀青光禄大卿、檢校國子祭酒兼侍御史、上柱國。貌方冠玉,才蘊鏗金,雅承慶於鯉庭,叶好逑於虎帳,乃聘於撫州都指揮使、司空、太原王公之愛女也。王氏以彩闈襲美,蘭闈傳馨。克奉孝慈,肅恭禮敬。次曰匡業,試秘書省校書郎。光融氣秀,瑜潤德清,纔親秘閣之風,益顯侯門之美。聘雄武統軍、潁川侍中之愛女,即陳氏焉。雖通四德之規,未展二儀之禮。次曰匡遠、匡禹、匡舜、嚴老,並幼而岐嶷,志定堅剛,蘭牙即俟於國香,驥子仁追於駿足。長女年當有字,容謂無雙,娉婷融蕣槿之英,婉戀叶絲蘿之咏,適柯氏。柯氏,受右軍討擊使。詩書立性,禮樂臻身。鄧艾書誉,必弘遠大;劉琨夜舞,定建殊功。次女,納鍾氏禮。鍾氏器重珪璋,材親廊廟,入仕纔趨於宦路,登龍必履於朝廷,任洪州南昌縣主簿。喜氣雖通於銀漢,雲車未會於鵲橋。次女四,並天資柔惠,神授冲和,瑞分瑶萼之華,慶稟瓊枝之秀。苟非公主義方垂訓,秉範整儀,峻清問於聖朝,著聲光於王闕,則以順義六年中春,太僕卿自洪井副車秩滿,皇恩降命除郡臨川。隼旗方耀於章江,熊軾俄臨於汝水。入境已聞於静理,下車頓肅於山川。四郊而襁負還鄉,萬井而飛蝗出境。豈止懸魚著咏,佩犢推名。可以與杜邵齊肩,共襲黃并轡。公主同驅綉轂,内助政經,佐寨帷露冕之功,贊察俗撫民之化。或發言善諫,則蕙馥蘭芳;或静慮澄機,則珠圓月皎。俾連營將士,皆欽如母之謡。比屋黎民,咸戴二天之惠。豈料霜凋瓊樹,月墜幽泉,祥雲易散於長空,彩鳳難留於碧落;嗚呼!鬒髮方盛,莽顔未央,俄夢蝶於莊生,忽貽灾於彭矯。爰從寢疾,遘致膏肓,腠理難明,欻歸冥寞,何期天道,曾不憖遺。以順義七年七月廿六日薨於臨川郡城公署,享年三十八歲,箕帚二十二春。悲乎!自有古今,不無生死,奈其修短,禍福難裁。何神理之微茫,曷榮枯之倏忽。我太僕卿以鸞分隻影,劍躍孤鳴,痛哽襟靈,韻悲琴瑟。自是政行千里,聲徹九重,别擁旌旄,去迎綸綍。奉親王之傳印,寵亞前朝;承聖上之優恩,榮超太古。公主權叢福地,傍揖魏壇。而大卿亟赴名邦,正臨瀏嶽。諸子以情鍾陟岵,恨切如荼,哀號而泣血崩心,踊擗而柴身骨立,吁嗟遑遑,駭嘆人倫。里巷爲之輟舂,士民爲之罷社。則以乾貞三年二月二日苟護靈柩,以其年三月廿四日,窆於都城江都縣興寧鄉東袁墅村建義里莊西北源,式建封樹,禮也。舉朝祭奠,傾國塗蒭,送終之禮越常,厚葬之儀罕及。所謂乎我彭城公代著八元,家傳五鼎,榮驅貔虎,坐擁橐鞬,據康樂之城池,播廉公之襦袴,則何以名光傅粉、譽振傳香,偶良匹於龍宮,見起家於鵲印。不有懿戚,曷光令猷。所謂類以相從,合爲具美者也。德輿識學荒蕪,躬承厚命,直旌厥德,焉敢讓陳。乃爲銘曰:

赫赫太祖,聖曆符祥。厥生令女,貴異殊常。二儀合運,四德賢良。金枝玉葉,蕙秀蘭芳。降於侯門,彭城劉君。奪瑶圃玉,遏巫山雲。宜家慶國,襲美垂勛。尋陽公主,中外咸聞。鸞鳳雙儀,遽愴分飛。人間永别,冥路旋歸。陰雲颯颯,夜雨霏霏。泉扃一閉,無復閨闈。

原載《金石續編》卷12

陸元浩

吳大和時人，仕宦情況不詳。

仙居洞永安禪院記

述曰：堯舜爲君，仁化唯該於域内。周孔設教，軌儀但備於寰中。尚乃千古從風，百王稟敬。而況釋氏興世，妙用難思。慈悲遍洽於含生，行願廣宏於沙劫。智即權實，相顯有無。運六舟而橫截四流，嚴萬德而高超三界。於五險空聚示一大事因緣，由是多子塔前，迦葉授無法之法。震涅國内，達摩傳非心之心。印印相承，燈燈不絕。咸歸實際，運照無窮。祖宗之源派既分，解脱之法門永闢。厥有特稟異氣，別包粹靈。生法王家，爲如來子。當後五百歲紹彼元風者，則惠從長老其人也。師生緣漳水，允嗣夾山。早獲衣珠，游泳而安閑若海。已收髻寶，捲舒而自在如雲。兩入五臺，再游三楚。顧巨廬之名嶽，實釋道之所依。翹心於五老峰前，駐迹於大孤山側。

永安院者，唐乾寧中高僧如義卜焉。結茆單栖，屢更寒燠。嘗有龐眉之叟，不知何許而來。四望巖巒，三興嘉嘆。曰：“斯之勝地，後必聚徒。”義公省自道孤，乃讓鄰德。甲戌歲，遂往執袂付院，傳券檢田。此則擁錫而來，彼則挈瓶而去。仙居禪宇，自是聿興。參學之流，遠邇輻湊。鄙其舊制，易創新基。芟闢荒蕪，締建精舍。袪彼茆茨之陋，儼其鴛瓦之容。迴廊掩正殿香厨，虛檻枕法堂僧室。洞源深處，樓臺而屹若仙宮。雲霧開時，境界而迥殊人世。布露不唯於心匠，土木悉自於躬親。師又運四無量心，行四攝法事。以詩禮而接儒俗，以衣食而求孤惇。來者安之，終者葬之。其間羇旅書生，咸成事業。告行之日，復遺資糧。登禄仕者甚多，榮朱紫者不一。施食施法，爲渚爲洲。枯木寒灰，外形骸而是幻。碧潭秋月，指影象以非真。所坐道場，別承靈睨。托嘉言於物象，寄妙旨於筌蹄。其遠則迅雷疾風，其致則渾金璞玉。而又體其莊老，會彼元真。恢欲投機，啐啄相應。所謂得語言三昧，獲無礙辯才。三界寒暄，唯一布毳。二紀林麓,不適人烟。

泊大吳大和三年歲次辛卯,江州資福禪院闕下尊宿宏持,時節度使德化王敬奉釋門,興隆遺教,仰師法眼,思挹真風。既多景慕之心,乃切請迎之志,遂遣左排衙使江鼎動持書達命。師性便泉石,不樂城隍。抗彼使人,未從嘉召。以至封函數四,俛仰旬餘。下風之禮既堅,開士之情尋允。到日列闔郭緇俗,備幡蓋威儀,如自雪山,迎歸舍衛。親王降駕,人天共瞻。復陳香積之筵,以慶醍醐之説。洪鐘任扣,響應隨機。王深味元津,愈生珍敬。由是法輪宏敞,真範高傳。契王侯匡護之心,賴龍象誕生之德。鬱興舊院,仍改額爲“悟空”師雖處廛闤,終思巖穴。約與猿鳥相狎,畢此浮生。指期故廬,禺俟迴錫矣。弟子恒迷覺路,靡究真空。久居曠野稠林,杳隔菩提彼岸。雖逢善友,難求罔象之珠。縱遇醫王,莫味阿伽陁藥。唯當敬奉隨順,親近善知識而已。幸居幕職,每接慈顏。不度短材,爰述斯記。庶使名山勝概,永載貞珉而不朽。其本院所有山林界至,及買置常住新舊田園物業,并具土名界段碑陰,冀於他時,免有侵越。時大和四年歲次壬辰八月己酉朔六日庚戌題。

原載《全唐文》卷 869

孫 霽

吳國官員。大和五年(933)爲海州團練衙推、將仕郎、試秘書省校書郎。

大吳國威敵將軍光禄大卿檢校司徒使持節海州諸軍事守海州刺史充本州團練使兼御史大憲上柱國天水縣開國子食邑五百户趙公名思虔夫人太原縣君王氏墓銘并序

團練衙推掌表奏將仕郎試秘書省校書郎孫霽撰

有吳大和五年歲次癸巳八月乙巳朔二日丙午,太原縣君王氏疾殁於海州官署,享年四十一矣。以其年九月甲戌朔二十九日壬寅,葬於當州朐山縣朐山鄉,禮也。縣君皇曾祖諱謐,不仕。皇祖諱裕,不仕。皇考諱茂章，攝淮南節度副使、宣州觀察使、特進、檢校太保。母梁氏，封安定郡君，早亡。縣君即其長女也。及笄，適司徒天水趙公。公事君忠節，佐國功名，已顯於竹帛間，此不備載矣。始刺袁州，縣君即封太原縣君，從夫貴也。生男一人，小名羔兒，未能御也。生女一人，小名陳八，未及笄焉。縣君在家之時，生知孝敬；從夫之後，衆仰蕭雍。不侮慢於孤貧，不驕矜於富貴。奉蘋藻以精潔，誡兒女以貞廉，接姻戚以柔和，御姬妾以整肅。丹青女史，祥瑞閨門，故得公敬之如賓，期於偕老。無何筭促，遽以疾終。悲傷倍撓於肺懷，葬奠必循於故典。兒女皆絶漿泣血，茹痛銜哀，慈訓使然，孝道至矣。於戲！生也如夢，死也如歸。死生雖念於殊途，今古實爲於常事，但慮歲時深遠，陵谷變遷，俾貞石以勒名，任窮塵而化骨。霽，幕吏也。奉命揮毫，乃爲銘曰：

　　爰有淑氣，鍾於貴宗。誕生貞質，配合英雄。鳳凰和鳴，絲蘿相托。既偶家肥，遂從夫爵。蕣華未謝，薤露俄晞。幽冥莫測，魂魄何歸。荒草茫茫，悲風凛凛。萬古千秋，永安玄寢。

原載《中國國家博物館館藏文物研究叢書·墓志卷》

郭　松

吳國官員。大和中，任將仕郎、守秘書省校書郎。

吳故隴西李（娥）氏墓志銘

　　大吳尋陽陶公故夫人隴西李氏墓志銘并序
　　　知左右軍簡詞、將仕郎、守秘書省校書郎郭松撰書
　　　大和甲午歲建酉月二十有五日，朝散大卿、檢校尚書右僕射、守大理卿、通判左右軍公事、柱國、賜紫金魚袋陶敬宣夫人，隴西李氏寢疾，終於都城私第，享年二十有九。以是歲冬十月戊辰朔十八日乙酉，葬於江都縣界長樂里，禮也。夫人諱娥，字惠容，其先涼武昭王玄成之後也。姓分苦縣，道濟群生。有子有孫，允文允武，世享榮禄，門益蕃昌。曾祖諱思勛，唐涿州刺史。祖諱仲方，唐潞州大都督府右司

馬、檢校兵部尚書。考諱承嗣，皇淮南節度副使、特進、檢校太尉、使持節楚州諸軍事、守楚州刺史、充本州團練使，兼御史大憲、上柱國、隴西郡開國公、食邑二千戶，贈雁門節度使。母沛國朱氏，累封本郡太君。皇考太尉韜略縱橫，胸襟豁達，弱冠屬唐之季年，以豪俠之氣，詞辨之用，應命於晉王（時鎮太原後復稱唐），累遷至領將。兩以戎機，入奏都下，召對便殿，詞旨詳明。僖宗佳之，暨回授汾州刺史，再除洺州刺史。值青齊作亂，渝晉之盟，遂統雄師出討逋孽，篼兗鄆之地，擁步騎萬餘。號令霜明，攻必克俊。時太祖武皇帝龍興沘水，奄有江淮，威罾鄰封，聲振天下，響風慕義者不可稱紀。公洞識時數，推誠於多事之秋，遂引戎旃，咸歸太祖。太祖以英特見遇，置之初筵，每贊奇謀，決勝千里。迨武皇晏駕，烈宗紹立，時有巨逆，弑主虐人。及齊王奮發，大忠誅平凶黨，參厥籌畫，公惟冠焉。爾後事機多賴英斷，旋除楚州刺史，獎茂績也。到郡撫悍獨，遏豪強，草偃德風，民歌善政。適蘇疲俗，遽染沉痾。中年雖謝於明時，慶胄皆登於朝貴。今朝散大卿、檢校尚書右僕射、守鴻臚卿、柱國、賜紫金魚袋匡祚，朝散大卿、行尚書水部郎中、雲騎尉、賜紫金魚袋匡祐，皆夫人之兄也，將仕郎、試大理評事、賜緋魚袋匡禪，即夫人之弟也。苟龍賈虎，一酪一蘇，能克紹於良弓，盡昇榮於顯位。夫人即掌武之弟三女也，幼遵師傅，長實貞莊，法內則之言，有關雎之德，賢和允著，仁孝外彰，既備女功，旁資惠性。音律得文姬之妙，篇章齊道韞之才。佳配是求，高門斯得，笄年歸於陶公。公乃故淮南行軍司馬、武昌軍節度使、知歙州團練觀察處置等使事、特進、檢校太尉、同中書門下平章事、尋陽郡開國公、食邑三千戶、贈太師，封楚國公，謚惠，公即太師之弟四子也。太師在太祖取威之際，領貔虎之師、副心膂之用，戰無不捷，圖必有成，爰立大勳，尋遷巨鎮。屬郡黎元樂其化，連營士卒懷其恩。慶溢閨門，是生秀茂。月卿爲人也，閑禮樂，敦詩書，厚德冠於品流，文翰垂於簡牘。不以勳貴傲物，不以才智驕人。顯陟清途，兼倅二廣，剖判無滯，聲稱日新，益振家風，大美時論。夫人爰從合巹，頗葉宜家蠲潔，蘋蘩雍睦，伯仲恒守，如賓之敬，不虧中饋之儀。鏘鏘和鳴，灼灼垂訓。有子五人、女二人，皆有才有藝，如圭如璋，騫翥之程，霄漢可致。夫人適臻多福，矧在妙齡，期須彤管之榮，將駕魚軒之貴。無何疾疹，俄遘纏綿，盡藥石之名，公歷暄涼而不驗，以致薤調濃露，蓮拜秋池。月卿傷奉倩之神，愛子泣子皋之血。庭除以之慘沮，親戚以之悲催。輀車將赴於玄宮，懿美是刊於翠琰。松早緣末職，備熟德門，雖紀遺音，深虞漏略。謹爲銘曰：

李氏之源，其濬且澈。垂及後昆，唯英與哲。仁德無際，功勛不絕。是生淑女，克播貞烈。其一

爰托高門，配乎賢德。秦晉匹敵，鸞鳳接翼。宜彼室家，不渝閫閾。女功婦容，流之法則。其二

能遵詩禮，嚴奉蒸嘗。寒暄靡倦，筐筥斯張。命何夭促，疾遘膏肓。類紅蘭兮息茂，同曉月兮沉光。其三

吳江北浹，蜀嶺東傍。青鳥告吉，白鶴稱祥。寒風蕭瑟，冬日蒼茫。卜玄宮兮在此，期千載兮無央。其四

原載《江蘇揚州楊吳李城墓的考古發掘及出土墓志研究——兼及徐鉉撰〈唐故泰州刺史陶公墓志銘〉》

楊德綸

吳國官員。大和中，爲前攝池州團練巡官、文林郎、前守右領軍衛倉曹參軍。

大吳金紫光祿大卿檢校司徒行光祿卿使持節潁州諸軍事潁州刺史兼御史大憲上柱國太原王公（仁遇）墓銘并序

前攝池州團練巡官文林郎前守右領軍衛倉曹參軍楊德綸撰

公諱仁遇，字望卿，潁川人也。即自肇啓鴻濛，姬祖文王之裔矣。而後喬荊引翠，巨壑分源。奮鎁戈而顯扈金龍，載光秦室；應寶運而克生銅馬，爰革漢圖。諒彼華宗，代有賢傑。公風雲鋭氣，雕鶚奇姿。浩蕩襟靈，五夜之黃陂浸月；忠貞節操，千秋之青桂凌霜。而由世習五戎，幼親三學。見丘明文武之道，蘊張儀辯静之才。爰自弱齡，即懷强智。值封疆多難，遂適江淮。旋屬吳太祖龍躍沘川，鷹揚淮甸，

務求英佐，誠協權謀。既當一見奇材，擢居三院職列，時則文德初歲也。及太祖橫戈宛水，仗鉞廣陵，凡稍繫於機微，必委公之籌畫。備觀忠赤，深寄腹心。至景福二年，銀青光禄大卿、檢校國子祭酒、充衙前虞候。爾後亟彰勞效，疊轉職名。於天復二年八月，制授檢校右散騎常侍。以公近事，深聞讜議，昇陟多見越資。至天祐二年，驟加工部尚書，轉充通引官。至四年五月，以汝南周公統師蘇臺，以公爲之監撫。俾歸外寇，務委良能。公夙叶時機，頗彰勤績。泊迴戈甲，復轉授檢校兵部尚書。尋又轉檢校右僕射，充排衙總管。公自此率多承命，專往四方，究形勢於邊隅，認奸回於風物。雅膺廟算，繼沐寵遷。至十年十月，轉授右排衙使。十二年四月，轉左排衙使。公才能天授，器度時推。籩豆絲篁，筆制而自明舒卷；饌籠衙壁，乘機而常有變通。至十六年二月，轉司賓轄。縣是唐傾神器，吳變丕圖。於武義元年仲夏月，授英武殿使。至順義二年季春月，轉客省使。時朝庭以博陵崔公久牧壽春，將徵入衛。既迫邊防之險，須資警禦之才。公及彼監宣，示之眞愛，軍民貼爾，□邑依然，爰逮潁川鍾公而交代焉。至六年，自右揆轉檢校司空。公形神魁偉，器量弘深，凡有征行，必兹監署。而自討除安陸，收復南康，於饋運而靡憚風霜，冒矢石而益堅誠赤，頗喧朝論，履奉褒稱。至乾貞元年季冬月，加金紫光禄大卿、守右監門衛將軍，尋授檢校司徒。時皇上以大丞相東海王心勞庶務，力竭四朝。宜分師旅，以建牙旗，列土疆而貴名位。爰持玉節，出鎮金陵。以大和三年孟冬月，聖上御正殿，優詔我公爲金陵營屯馬步諸軍判官，兼就加使持節潁州諸軍事、潁州刺史。公徑赴所職，氣合元勛。可謂金石同堅，魚水相得矣。豈意纔親蓮署，始貿芳春，俄爽節宣，遽纏風恙。而東海王猥陳奏議，蒙恩許就闕求醫。曾未痊瘳，又加授任。至五年仲夏月，詔授行光禄卿。公自嬰微疹，將歷四秋，龜覡罕憑，針砭無療。嗚呼！窮陽有數，大限難移。以大和七年歲次乙未六月甲子朔十一日甲戌，薨於江都府江陽縣布政坊私第，享年六十有七。以其年八月十日，葬於都之西北江都縣興寧鄉馬坊村山之陽，禮也。

曾祖融，皇唐任朝散大夫、行陳州司馬。祖坦，皇唐任銀青光禄大夫、檢校左散騎常侍、吉王府長史。考瑀，皇唐任武寧軍節度推官、銀青光禄大卿、檢校工部尚書。妣天水趙氏夫人。公先婚博陵崔氏，將□紀而亡。再娶符風魯氏，未期歲而亡。後又娉彭氏，封隴西縣君。男四人：長曰延卿，雄材卓犖，峻節魁梧，籌庸方襲於弓旌，壯志遽羅於禍罾，年二十二而亡。先守左軍討擊使、充右軍衙前虞候、銀青光禄大卿、檢校國子祭酒，婚渤海高氏。次曰延浩，忠貞奉主，孝敬承宗，抗大節而有國有家，抱雅器而聞詩聞禮。將期顯煥，俄奄風燈，年二十四而亡。先守殿前承旨、銀青光禄大卿、檢校國子祭酒，婚彭城劉氏。次建業，次建榮。並智高秤象，譽重詢緑，詩書亞張仲之流，敏惠預孔融之列。足光門閥，克紹家勛。方在韶年，未居職守。女六人：長十一娘，適滎陽鄭氏，先守通事舍人，洎衛恩漢國，流罾中途，先數日而逝。次十二娘，不幸早亡。適富春孫氏，見守左軍討擊使、充歙州進奏官。次十三娘，早亡。先適陳留謝氏，見守右軍衙前總管、充廬州防遏黑雲指揮第一都虞候。次十四娘，適隴西李氏，見守右軍討擊使、充隨從步軍第□指揮，實職都知兵馬使。次十五娘、十六娘。未及笄期，皆在於室。孫女翁喜。噫！人稟三才之中，處六合之內，不可敦者，門崇身貴，不可保者，自始及終。公名煥清朝，慶承大族，官居五教之列，位光千里之榮，令子咸襲於班階，愛女悉從於俊傑。洎乎泯鍾漏之夕，舉緒纊之辰，上則萬乘優加，次乃三台賵賻，以至卜其宅兆，獲從靈車，縞素多軍幕官僚，執紼盡朝庭親族。生□之盛昌繼斯焉。德倫謬以匪才，辱之哀托，不慚蕪纇，輒紀徽猷。乃再拜奉命，為銘曰：

嵩少應靈，河隍胤族。雲逐龍澌，風生虎谷。化行千里，祥臻百福。五教是資，八宏克穆。其一。英華貿爾，霜霰俄侵。桑榆景暮，鐘漏聲沉。風馳夜壑，月側寒林。塗芻曉動，曙慘凝陰。其二。露濕銘旌，雲橫總帳。荊璧潛姿，驪珠集藏。郭淚差零，田歌罷唱。蘿翳青廬，墳高白象。其三。崗連巴蜀，地控淮揚，雲屯霧繞，乳噴泉香。玄山聳壯，丙水延長。輝華萬代，慶襲無疆。其四。

歐陽熙

吴國官員。撰此銘時署前守武昌縣尉。

洪州雲蓋山龍壽院光化大師寶録碑銘

前守武昌縣尉歐陽熙述

北海郡漆茂成書

大師俗姓劉氏,法諱懷溢。本無諸倚郭閩縣人也,即巨唐相國彭城劉公瞻之次子也。童年慕道,不習儒宗。時韶齔之歲,厥父携同詣京師,固辭弗往。漸登九歲,俄自發心。棄捐俗務,投立磨山普資院杜禪師門下,求爲弟子,願侍巾瓶。禪師立性孤僻,抱直嚴難,未許昇堂,不容入室。且堅苦節,每勵勞形。涉歷(歷)年華,經逾炎冷。身齊槁木,心類寒灰。一自入山,久淹出谷。十年精□,午夜志疲。師長念及功勤,知爲志器。於年十九,方爲落髮披□結束法衣,遣求和合。恭承嚴旨,高別林泉。星夜登途,望風取路。遥山獨步,峻嶺孤征。時往日來,俄之中嶽會善寺琉璃壇,欣逢法侣,敕啓霜壇。大扇律風,高懸戒月。夙緣諧偶,曩善冥符。下上牛車,便探衣寶。並三衣而爲一衲,棄五事而整一盂。松下冢間,行頭陀行。雖行是行,參問匪忘。遍歷遐方,訪尋知識。無道場不逢古德,有請皆遇宗師。其奈不凑元機,情源擁塞,如渠聚土。狀棘當衢,須議芟薙。終期决抉,而乃直抛衡嶽,專箆灌溪。函杖而誓扣元關,摳衣而立融階雪。澧源和尚一觀奇特,許厠門墙,久而彌芳,漸昇堂室。況乎居猶學地,道未博通。仍於異時,侍立左右。和尚演於法頌云,五蘊山中古佛堂,毗盧晝夜放圓光。大師纔聆妙説,頓入清凉。悟即刹那,迷流沙劫。一言契合,萬慮情亡。豁若雲開,皎同月朗。既除疑滯,不慕游方。遭襲傳燈,嗣何宗禰。即曹溪六祖付法讓大師,讓大師授馬祖,馬祖傳百丈,百丈分黄蘗,黄蘗之林際。得林際密旨者,惟灌溪焉。入灌溪室,續焰挑燈者誰?即雲蓋大師矣。大師然以元天月白,覺海波清。真燈未燭於祖堂,雷振停開於蟄户。維廣明初之上都,值黄戎犯闕。

僖宗皇帝駕幸三峰，暫避狂徒。敕選十員禪律經論詩賦文章大德，駕前供奉。和尚禪宗一位也，敕賜福田禪師。止三峰，再賜大自在禪師。爾後狼烟息熱，草孽停争。時屬太平，寰宇寧静。光宅四海，慶洽萬邦。特軫睿毫，更於歲號。爲光化元年，實謂山呼海蹈，舜日堯雲。百辟稱慶於龍廷，三寶承歡於帝澤。悉銜雨露，亟被沾濡。和尚特光化大師，仍頒命服。禪袍改爲椹色，簡誥迴錫皇恩。旋聞海晏河清，遠播民舒物泰。鑾駕將迴於萬乘，寶位却復於九重。帝續丕昌，龜圖鰲負。皇帝昇於大内，慶叶千靈。金鷄繞樹於琅玕，瑞渥旁流於遐邇。遂抽御橤，揮當玉宸之前。茂發金言，綴向霜篆之上，遂改光化爲天復元年。當年秋上表，乞養疾以歸南。别天顔而出北，既遥鳳闕，堅駐龍沙山二年。時有唐鎮南軍節度使中書令南平王鍾公，作鎮乘時，虚襟扣寂。位崇列土，心仰元門。一禮慈悲，三申延請。洪鐘預扣，難藏衆耳之音。幽谷傳聲，已播多人之口。和尚弗能違命，遂許宣揚。志出池隍，深奇水石。府主鍾公捐清俸鬻白源立山雲□爲稱伐材構院，奏額龍壽。彰名既畢，莊嚴遂陳。延請開堂演法，垂手度人。蟻聚禪徒，蜂來道侶。於兹三十餘載，問法千數萬人。於吳大和六年甲午歲杪夏十一日，示疾松堂，迨於中秋二十八日夜子時，歸真丈室。俗齡八十八，僧臘六十七。當年冬十月二十□日，移龕瘞乎真塔，去院法堂東北隅二十步之外。初終覿覯，馨樹豐碑。事集一時，彌流永古。上足小師充院主道歸典座小師道環維那僧紹微直歲、小師道聰堂中上座僧照照徒衆僧師蕩等，並禪河舟楫。奈菀芝蘭，咸仁分燈，續開籌室。慮以先師歲華迢遠，莫紀芳猷，故鏤貞珉，命爲斯記。熙儒宗後派，學苑微材。恨罔侍於指南，嗟未親於丈室。恭承來命，合掌虔誠。頂想慈悲，敢爲銘曰：

開士垂儀，覺皇真子。洞究元微，達乎志理。不受毫釐，寧容彼此。法嗣灌溪，燈分林際。水上呈轡，長安駿驪。拽杖京師，皈崇明帝。師號紫衣，僖宗恩賜。處世界兮，如把虚空。若蓮華兮，真不著水。故演慈悲，强云出世。南平鍾公，虔迎駐止。群生緣盡，化終已矣。出没難拘，浮沉自在。月隱元天，龍潜覺海。師示來兮，混四生中。師歸去兮，超三界外。勞生戀兮，謾自悲傷。若蟬蜕兮，有何憎愛。

吴天祚二年歲次丙申七月丁亥朔二十七日壬子立。

侍者僧神達、住持院主僧道歸,太原王文通刻字。

原載《金石萃編》卷 122

朱 閎

吴國官員,丹陽(今安徽當塗東北)人。官殿中侍御史。

狼山姚存題名

天祚□□□□

廿四日東

海都鎮遏使姚存上西都朝覲,迥到此。

原載《(民國)江蘇通志稿》

歸解書彭陽公碑陰

古者以死爲歸也。然則豈死者皆得歸哉!故有凶肆之徒,壓溺而斃,貪暴之輩,刑戮以亡。謂之不得其死。不得其死,是不得所歸也!父母全而生之,子全而歸之。不虧其身,不辱其親,是得所歸矣。所歸者猶有數品焉:有跛躄而歸者,有困窮而歸者,有憂鞠而歸者,有暇豫而歸者,有榮顯而歸者,有欣喜而歸者。佞媚於生前而得其死者,跛躄而歸也。愚鄙於生前而得其死者,困窮而歸也。强暴於生前而得其死者,憂鞠而歸也。三者皆艴其歸路也。正直於生前得其死者,暇豫而歸也。敏達於生前得其死者,榮顯而歸也。仁惠於生前得其死者,欣喜而歸也。三者皆坦其歸路也。嗚呼!公昔有遺德於其生前矣,而今之歸也,豈有跛躄困窮憂鞠之苦,而無暇豫榮顯欣喜之逸哉?

公歸之道光矣,予感公之知,獨來吊。作歸解。或曰:“子不識彭陽公而云知,豈誣也哉?”曰:“公尹洛禮陳商,爲鄆薦蔡京,莅京辟李商隱。予偶不識公耳,公之知予,如春潦之奔壑,夏雲之得龍,秋弧之發矢,冬爐之納火,勢豈後於三子哉!是則公亦知予者也,何必識然後知。乃曰:知之也。在道之相望爾。昔殷湯與周公不相識,孔子與周公不相識,孟軻與孔子不相識,揚雄與孟軻不相識,韓愈與揚雄不相識,果不相知哉?伊尹與夏桀相識,比干與殷紂相識,果相知哉?今天下大國之侯,小國之伯,予常識之矣!目且相視,言亦相交,豈得爲予知也哉?"予感嘆碑下,歸解於是書之。

原載《全唐文》卷901

王栖霞

吳國南唐時道士(882—943)。唐末童子科及第,避亂南遷,從道士聶師道學習道法。徐知誥輔吳,召至金陵,館於玄真觀。南唐昇元初,加金印紫綬,賜號元博大師,又加號真素先生。保大元年(943)卒。

靈寶院記

粵靈寶者,空洞赤書之秘號也。鬱勃自然,生天地先,運無爲德,被有爲作。是以太上立德,其次立功。德者乾坤之大生,功者生三中利益也。苟德以潤身,功能濟物,即示輕舉如躚歸徑,革喧囂於蛻脱耳。且校籍所戴,真迹所存,有非常人,立非常功,遂歷古今,芳猷不絶。茅東卿棣鄂,以直道仕,愷悌立身,周物者智,樂静者仁。去黨咸陽,初依恒嶽,尋栖此山,介然掩躁,克奉元寂,陶然若樸,惟德動天。遷綉衣持九錫之文,芝蓋導三清之路,玄鵠下盤,感應無昧,斯積業凤習之感哉!緬維異代同途,繼踵美迹者,諒我公矣!公以踐履德業,游泳忠信,松高韻遠,玉真芒寒。景鐘麟史,臺構襲迹,鳳池龍節,雁序分寵。致君一匡,錫我所履,威臨鐵甕,貴擁朱輪。智發未萌,道了得一。蒲鞭舉而過改,桑附謡而政遐,謂我無欲民樸,我無爲民化。法黄老而熙帝載,考始制而宏象教。乃顧名都,更植世福。

靈寶院者,梁天監歲貞白陶先生宏景所創也,始本昭真其號焉。紫陽觀即長史宅界於東,小茅嶺雷平山列於南,鍾山西朝焉,良常北衛焉。其餘勝概群阜,若衆星之環拱,不可殫論。先是迥臺層漢,攸閣匝雲。秘三洞璚文,集丹丘羽客。門人周仙君子良勤修於是,崇習元風,鍊金石身。騰烟霞轍,時移代優,瓦木之功寖泯。及唐太和中,太尉贊皇李公,每瞻遺躅,屢構遐緣。門師道士孫智清,復討前址,再建是院。尋諸舊號,額曰"靈寶"。爾後既遇兵焰,靈致煨燼,荆棘相森,凡材圍長,狐兔往焉,豺麑往焉,弗芟弗薙,歷五十載矣?

栖霞胄叨素業,幼專不息,雖童丱獲名,而屢厄兵難,迹不遑處,遺構殆空,斷梗杳泊,自北徂南。幸托元化,遐欽茲境,聿諧所適,乃勵畬鋪,忘暫勞,砌壇植松,結茅庇拙,紉蘭餌術,願言終遁。俄奉先齊王旨,命出居會府,齒朝修事。沐浴恩遇、揚歷館礽,甄道銜,表命服,再琯再籥,是綎是鎔。泊我公移鎮是邦,自以風痺厥躬,告從谷隱。公遂捨俸錢一百萬,俾於舊基,別崇利有。禀命之際,亹亹勉勵,夙夜匪懈,思竭克勤,冀荷恩教。噫! 事難謀始,智寡周防。且虎視非一雀之圖,而雀終噪;蟾盈非片雲可同,而雲或掩。時哉理非契也。非台曜覽幽,幾止終廢。繇是度揆經營,月期日就,博邀執靳,量材取制,墙茨必襄,圖蔓必薙。平瓦礫以等阜,屏豺狼而斷群,力工約萬,綿歲靡期,剞劂督奇,丹艧聯妙。造正殿三間,中塑靈寶天尊景從。砌壇三級,三門三間,環繞廊廡,一十六間,并葺壞整頹。降真堂續連於内,重新沼沚,再築垣墙。東北隅即忠義太保。公之季弟,先於舊閣基建瑞像殿,三間兩廈,中塑羊角山應現老君。西南隅向曰"三官堂",三間塑像,岌岌其狀,亭亭其勢,金碧其飾,輪奐其映。瓦疊鴛翠,甍差鳳翹,睟容禮而若旳,侍衛瞻而乍愕。旌幢翻翻,雲鶴軿軿,蓊葧崛起,異疑飛來。非我公願力斯應,象教斯感,即荒鹵之域,安欸睹壯麗乎! 足使真風永布,靈致恒芬,配天地而齊壽,總山川而介福,巍巍烈烈,可久可大。栖霞智慚絶妙,才非述作,蓋受恩於始,受命於此。竭誠竭慮,迨兹成功,聊實記於質文,呈台覽而刊於將來也。時太和三年重光單閼歲九月乙酉朔九日癸巳謹記。

原載《全唐文》卷 928

元　震

吳國官員。天祚三年(937)，爲前攝壽州都督府文學、鄉貢進士。

大吳故右軍散□□□□□隨從步軍第三指揮副指揮使銀青光禄大卿檢校工部尚書右千牛衛中郎將兼御□大憲上柱國吳興郡錢公（匡道）墓志銘并序

前攝壽州都督府文學鄉貢進士元震撰

公姓錢，諱匡道，字佐明，其先吳興人也。宙，皇曾祖也。寬，唐太師，皇祖。先越王霸後，并前數代，皆有追贈。先越王諱鏐，世父也。大吳匡時保定功臣宣義軍節度使、滑鄭穎等州觀察處置等使、知饒州軍州事、特進、檢校太尉、兼侍中、同中書門下平章事、使持節滑州諸軍事、滑州刺史、上柱國、吳興郡開國侯、食邑三千户，謚曰肅。諱鏢，皇考也。隴西郡君，皇妣也。金陵營田副使、司徒李公諱仲仟，皇外祖也。今越國大王，從父兄也。頃者肅公自唐朝覆餗之初，與兄同霸南國，扶危定難，靡不居尤，衆伏其能。尋授數郡，後治涪川，盛績愈彰，官居太傅。杭越之民皆相謂曰：且智仁勇三者，天下之達德也，唯我太傅兼有之，他日爲王之嗣者，非此而誰？王諸子皆憚之。既在猜嫌之地，遂流管蔡之言，公聞之，乃仰天而嘆曰：我深懷吳起之悲。不唯忠孝之心，未畢施於世，歸全之塗，又復如何？所宜避地而已矣。遂俾子靈擇國之計，慕羶而輔之。我高祖宣皇帝一見，自謂爲得杞梓之秋也，乃大用之。故生有將相之榮，殁有謚封之美。公即肅公之長子也，十五而仕，八十而耦。故池州團練使李公太保汶，即公孺人之父也。公自近弱冠已來，每言曰：祁午副奚之舉，我必效之；趙括辱奢之名，吾不爲之。英雄絶伴，卓犖不群，機鈐之外，博習文章。歷宦始自千牛衛長史，終於此官。以天祚二年十二月廿八日壬子卒於都城私第，享年廿有二。嗚呼！顔淵夭折，伯道無兒，共嘆皇天無知，清風莫續。有弟廿三人，除匡時長史已下及幼亡外，見五人：長曰匡德，右軍隨從步軍第三指揮第五都知兵馬使。鬱矣桓生之骨，宛然苟氏之龍，仁繼良弓，永光大業；次曰匡義、匡禮、匡晉、匡霸等。馬史麟經，猶當披閱；孟朱劉驥，不愧時名。姊妹廿九人，除近故長子先適故李公司徒之孫弘敏及幼亡外，諸妹見十人。次適故右靜江統軍、同平章事呂公之孫懷恪，皆在仕。次許嫁江夏黃氏，明州使君、太保之子也。次許嫁宣州觀察判官、司空東海徐氏名景遜，故鎮南軍節度使宣公之子，今齊國殿下之侄也。次許嫁周氏，德勝軍節度使、太尉令公、汝南王之孫也。餘妹或居襁褓，或始髫年，皆興難繼之哀，寔切感鄰之痛。公幼閑射御，夙 抱 忠貞，□也不夭，苗而不秀，雖留名於青史，實飲恨於黃泉。以天祚三年丁酉二月十二日葬於江都府江都縣同軌里，禮也。於戲！厚也茫茫，佳城鬱鬱，中親良友，誰無孫楚之誄，相室皇家，抑有宣尼之慟。震也謬塵樽俎，頗歷歲年。受寵顧以攸多，接高風而最熟。既承嘉命，得以直書。昔日彌縫，匪異載波就海；今辰贊頌，何殊捧土培山。將導悲懷。乃爲銘曰：

維嶽降神，高門之嗣，始欲興邦，何囷即世。痛哉惜哉，寡妻無子。又曰：日當壬子，歲在丙申。天乎不幸，殲我良人。如可贖兮，人百其身。

東西貳拾步　南北壹拾伍步

天祚三年二月十日鐫記

原載《隋唐五代揚州地區石刻文獻集成》

闕　名

楊吳法海院石幢

第一面

會首曹真、魯思、魏景思、李虔、謝溫、劉璠、董立、卞暉、郭珣、王汾、趙鐸、□□□、楊景、顏泰、樂琮、陳勃、嚴舟、張琮、陳厚、吳□、吳實、蘇玩、楊晶、胡思、吳練、戚琮、文師存、趙溫、馮仙、劉成、張洪；會首張威、栽景、馬章、胡瓊、徐思、常溫、鄭彥威、董溫、孫威、張金、李彥偘、李唐、陳建、姚瓊、李球、暢綰、李寔。

第二面

會首□十一娘、李十一娘、馬□□、師五娘、董六娘、周三娘、李師裕、王□□、張暉、王儔、張思、江存、朱景、王彥韜、吳景思、李彥温、高從□、王章、呂二娘、劉遇、□□□、張八娘、唐珪、勝肇、李彥温、郭太、樊思温、□七娘、張□；會首張十七娘、朱五娘、王四娘、石一娘、任八娘、楊師儒、施彥章；會首□志、周恭、王章、夏侯五娘、鄒十三娘、張十娘、鄒十三娘、黃五娘、徐景、□□武、楊壽、張忠、陸弘、蔡篆、張弘肇、何彥威、推弘實、盛一娘、柳六娘、周十六娘；會首蔣藴、呂通、徐言、林瑃、楚旺、□□□、李實、陳通武、孫十一娘、鄒弘□、劉八娘、謝六娘、孫建、張珣、張十一娘。

第三面

□□□□、李約、李皋、何□、馬琮、李弘章、王致福、周瑜、龔璠、□□、陳用、孫□、朱禮、冷二娘、□□寄生、孫□、萬簡、殷贊；會首陳彥温、賀儒、□□、楊十一娘、李十一娘、祝□、胡三娘、張一娘、孔四娘；會首龔八娘、劉十五娘、陳四娘、全五娘、姚八娘、包四娘、朱四娘、何□；會首馬旺、杜泰、丘詮、周八娘、石本、蒲三娘、王初、邙四娘、高彥暉、朱實、□□、王一娘、苻彥珠、徐約、崔儒、李環、周楚、鄭恩、程十二娘、孫十二娘、陶春、蔡文、徐約、鄭本、陳稜、左車、孟五娘、李十二娘、□儒、葛三娘、許旺、李□；會首王恭、姚真、□□□、□□、高五娘、張全、李可求、張暉、□□、王温。

第四面

蕭全、樊訓、陽師建、徐璋、劉十四娘、劉三娘、徐十二娘、趙十二娘；會首示彥、劉孝恭、孫□言、□□、魏璠、趙温、萬簡；會首徐述□、周十四娘、宋縮、沈彥興、徐遷、趙十二娘、趙十四娘；會首鄭從文、高詮、胡受、王霸□、李十娘、王十二娘、子真、王思；會首曹儒、同節度副使充習馬都知孫敬武、季言、段迺、王同章、崔綏、趙存、丁實、劉攀、朱太、姚璠、常令璠、王□、□□、崔弘、陳章、徐□、湯威、熊裕、姜琮、□□、□十二娘、申二娘、□四娘、□七娘、于十二□、□四娘、趙十二娘。

第五面

暢璠、王章、滕□言、張敬武、張言、徐璠、魏贇、周師蚖、張殷、盛言、劉璠、王人彦、郭武、吕儒、賈琮、陳逯、陳泰、張□、□用、張彦忠、□師□、□璠、秦璠、王璠、劉翚、萬從、趙璠、殷贊、盛二娘、□四娘、□十三娘、張十□娘、王五娘、曹七娘、徐四娘、王二娘、卞氏、李實、□暉;會首□□瓊、傅景思、張郅、李暉、陳彦、黃□立、□皋、馬景璠、張彦璋、衡二娘、趙弘度;會首朱□□、劉十四娘、□十一娘。

第六面

會首□□、□師□、徐珂、秦武、朱□、高師聰、王貴、徐暉、戴瓚、朱彦、趙實、茅思、秦式、王□、高章、陳逢、張大娘、陳士□、李實、□□、陳言;會首□□、張從實、楊暉、朱瓊、吳□思、王錫、桂□、梅□、□稠、楊暉;會首王者温、李暉、梁勃、郝琮、王彦暉、陳思、章言、張□、張茲、范三娘;會首陳晊、趙章、秦行全、徐□、唐儒、韓存、何□、蘇宗、戴供、□十五娘、□五娘、王十娘、卞十四娘、趙十□娘、孟七娘、王二娘、賀十一娘、趙十一娘、□十一娘、□五娘、姚□娘、陳四娘、龔□厚、□□□、□十一娘、陳一娘。

第七面

右弟子等布□□來,無爲路遠,依正法之□□,備修餚之資糧。今乃召募有□□誠聖會供陳三寶,自備珍羞,□奏十□時。陳香餗全收□兮之□預入一生之□□憑□福□録勝因依托真□□彰□□,立望幢於斯日。采烈芳銜,會□□於朱明,用申慶□。時天祐五年正月中□建造題記。

法海院主僧惠恩建造,幢子會主僧仁□。

第八面

□粥主僧師憲、供養主僧守因、典座僧智圓、□殿主僧□衛、院主僧宗里。

□□天祐十二年(九一五)歲次乙亥閏二月壬辰五日■馬軍都指揮使、金紫光禄大夫、檢校■孟璠墓志銘并序

□□明主,王時忠臣,定亂■光後代屬於故平■瑯琊郡王氏■山河每著■河■鳳■班階■狂凶蕭■誠專縚■青史□名光■田單子俊

吹噓武■渡爲世上嘉祥九幽■述而銘曰：

□□□□，□□□雲。量包河嶽，儀彩分明。容□□落，□□□
□。其一。□□有忠，無諂無惡。墮雁烏號，斬蛟龍鍔。□□□□，
□□□□。一帶山河，盡曾開拓。其二。孝敬奉上，恩威臨下。□□
□□，□□王化。定難金批，擒凶鐵馬。清譽標書，神儀入畫。其三。
□□□□，□義徇人。心唯倜儻，志在清勤。千征爲主，一世榮身。
玉函金□，寵□頻新。其四。大國喪賢，中霄翳月。擎天柱隤，匡時
肘折。君既傷儀，臣唯灑血。淮北江南，流傳英烈。其五。

原載《全唐文補編》卷 156

陳留郡謝府君買地券

維天祐十五年歲次戊寅四月癸卯朔十九日辛酉，没故亡人陳留
郡謝府君天命壽終時，用金銀錢九萬九千九百九十九貫文，買得楊州江
都縣同軌地界墓地一所。具界至如後：東至甲乙青龍，南至丙丁朱雀，
西至庚辛白虎，北至壬癸玄武，上至天倉，下至黃泉。中安亡人之宅，山
神土地不得止障，若止障者分付河伯知當，保安萬歲。伏願安厝已後，
子孫得大富貴吉昌。保人歲月。□人：年日直符使。急急如律令敕。

原載《隋唐五代揚州地區石刻文獻集成》

吳宣城墓志罐

維武義二年歲次庚辰二月己卯廿七日庚申，府從安厝，母親春秋
六十有七，忽染疾亡。義莊郡羅氏夫人，生子二人。長男小名張三
官，名珍。女子一人，娶於施氏。本居湖州烏程九流鄉曹灶之東原居
住，爲緣本州刺史高率配，供輸不及，遂於天祐九年七月内陪領母親
投於樂土。何其不幸，用錢買得南社羅十舅山原之地，已爲萬代之墳
墓。珍手業作窰燒，主人劉贊灶。此年熟米一斗一百文。

原載《宣城發現的墓志罐與多角瓶》

康司馬法買地券

維順義四年歲在甲申四月己巳朔廿三日辛卯，晉昌郡没故亡人

康司馬法用金銀銅鐵等錢於江都縣同軌北界買得塋地一段,其四至如後:東至甲乙青龍,西至庚辛白虎,南至丙丁朱雀,北至壬癸玄武。上至黄天,下至黄泉,中安亡人之宅。山川土地並不得止障,如有指障,分付河伯知當。保人:歲月。知見:今日直符。合同陰陽符一道,急急如律令!

原載《江蘇揚州市秋實路五代至宋代墓葬的發掘》

□□匡義贊明功臣□左右拱衛聖軍統軍光禄大卿檢校太傅□□□□上柱國趙郡開國伯食邑七百户李濤故妻潁川縣君汪氏墓志銘并序

[門]吏將仕郎前□□□□□書

□君□□□□年,齊□童子踦執干戈,衛社稷■□□冑,代有□人,後居潁川而爲望焉。皇王父諱□。皇考諱□,朝議郎。皇曾祖王母許氏。皇王母趙氏,皇■縣君。因長史守官句水,遂■祖官,有家譜焉。有嗣子五人,或職■咸曰老成。有女四人■。縣君自許嫁之年,便歸太傅,■户簾垂,不以奢侈爲意,緑窗■太傅縱宏謀而殄長蛇,蛔巨槊而■。分茅歷陽,剖符吉水。■縣君。乃於故唐天祐二年承■臍之貴也。於大吳順義四年十月■私第,享年五十有二。以當年十二月■之原,禮也。嗚呼! 松欲秀而風折,■問。親族凝恨,中外痛心。■將防於谷變陵遷。■勒■或從。其詞曰:

■酸茹嘆,染筆■。人生百年,惟榮與貴。■關雎顯德,麟趾傳芳。■衣□□□□嬰肌,人已云亡,薤露日晞,歌悲□□。行潔閨閫,事光簡牘,其□如□,其人如玉。霜殞秋蘭,風驚曉燭。懿範空存,感傷親族。■白草□□,黄雲結愁。五尺荒墳,千秋萬年。

原載《(民國)江蘇通志稿》

李贊買地券

維大和三年歲次辛卯七月丙戌朔廿四日己酉,南瞻部州大吳國廬州都督府合肥縣永寧鄉□直都營故歿渭州隴郡李武善君贊,壽年八十一,辛未生。不幸於七月十六日,爲佛采花,隔天露霧,游荒不還,因命兹終券。生居城邑,死安宅兆。生時未有葬地,死後買於府

地西□□□一□□之内,安厝宅兆。殁故隴西郡府君,昔時在日,就
東王公、西王母買得此地。已年□□□□□□□□□永作墳塋。謹用
錢□□□□,謹地主但訖約立此□券。□□□有日月之□使□□地
久久之後□無人奪土下二千石□□□□□□□□□□□□□□相
擾奪,□□□□□□□□□張堅故、李定度、蒼林君等處不□□人
□吊,證見人東方□。天知地見,三光七曜、廿八宿,保佑爲主。東合
麟麟,南合鳳凰,西合章光,北合玉堂,上合吉晨,下合福。合四時,順
五行。東不犯魁,西不犯罡,南不侵陰,北不侵陽。前得功曹後送,徑
路通利明堂。□□大會,不相□利,日吉安殯,陽□無病,陰□無□。
出入行藏,常樂吉慶。合千秋而永吉,保萬歲而平安。若問誰人書,
保永□□垂水中魚。誰人讀,山中虎。虎入山無還,魚入水而無回。
□券□急急如五方五帝使者女青詔書律令。

原載《安徽合肥出土的買地券述略》

汲府君買地券

　　維南瞻部州大吴國廬州合肥縣永寧鄉右廂武德坊,殁故亡人汲
府軍(君),不幸於大和六年,歲次甲午九月戊戌朔十六日癸丑,身以
亡殁。生時未有葬地,殁後宜於縣城西南去城十五里琼姓坊村之原安
厝,宅地謹用金銀錢萬萬九阡九佰九十九貫文,兼用五彩綿□□絲紉
繒、鷄穀豆魚及鷄子,就土府將軍買得□□之堲(岡),[以]作墓園。宫
前東至甲乙青龍,西至庚辛白虎,南至丙丁朱雀,北至壬癸玄武。内方
勾陳,分掌四方。立成十□丘丞墓伯,封步界畔。道路將軍,齊整阡陌。
千秋萬歲,[永作]宅[兆]。若有人忏咨,今以牲牢酒飯,百味香新,共
爲信契,財地交主。修營安厝之後,[永保休吉]。見人歲月主者,保人
今日直符。故氣邪精,先居永避萬里。若違此契,地府主吏,自當其
禍。[主人内外],存亡安吉。急急如五帝[使者女青詔書律令敕]。

原載《安徽合肥出土的買地券述略》

趙氏娘子買地券

　　維天祚三年,歲次丁酉正月甲寅朔廿五日戊寅,天水郡趙氏娘子

行年十九,謂彩花去而不返,來時迷亂不知家人身受菩薩戒,今用銅錢萬萬九千九百九十九貫,就閻羅王買此龍刊一所。東至青龍,西至白虎,南至朱雀,北至玄武,上至蒼天,下至黃泉,四至之內並是買詣。謹詣土官土府土下二千石,土下若先有居者,並是亡人鄰里,若是小而吊爲亡人所使。證見人張堅固,證見人李定度。誰謂書,鳥;誰謂讀,魚。將鶴書亦了,龍昇天;讀亦了,魚入泉。東傳落,西非燕。生死路殊。□所見一依青烏女書之。契券合同。

原載《安徽合肥出土的買地券述略》

郭氏夫人墓志銘

　　■六,故光禄大卿、檢校司徒、使持節■同正、上柱國陳公唐■郡郭氏夫人疾,終於金陵府私第□,享■。烈爵崇勛,史諜標載,故略而不紀。跋之■。祖諱竆,□□書;考諱澂,■,即爲許州人也。夫人以蘭菊芬芳,松筠貞固,■三□女行□系□史書■懿範,■太保匡君□□瞻定難功焉,仰之以七德,□韜■,修短以難,□棄勛榮而奄逝。有男四人,長曰令□,■親忠,誓殺身報國,弓裘襲藝,爵禄□勛,授以左■指揮使、檢校尚書右僕射、池州刺史;次曰令宣,授金陵■都統兵馬使,■夭折;次曰令□,■王行■盧■令城■氏,即□軍指揮使■子也;次適張■長子也;次適王■武軍都統,太尉相國之長子也。次適王■使,太尉相國之次子也。夫人自■先太保即世從■,柔淑遷播,□□誠■人乎■,夫■扉曠温清,囑行■撰承■是恭■陟岵■,卧冰魚而寡驗,微□媵理,迨入膏肓,葉祀■哀纏五内於哀懷■儀,優贈倍殊,聿加常等。□尋■宅■辰■。葬於江寧縣丹陽鄉梅頂皐西南原,去府城一十三里,■北■也。可聲逝,從■,峰岫以彎環,克子孫而昌盛,乃書銘云:

　　蘭菊兮□□,□□兮白玉。德行兮□□,柔順兮□□。□□兮□□,□鳳兮深谷。太原兮□□。潁川兮□□,□□兮□□。□□兮親族,淳□兮□□,□□兮□□。

原載《南京新發現五代楊吳國〈郭氏夫人墓志銘〉簡析》

南　唐

南唐烈祖李昇

　　南唐開國皇帝(889—943)，徐州彭城縣(今江蘇徐州)人。世本微賤，初爲楊行密收養，爲楊氏諸子所不容，於是楊行密將其交給大將徐溫收養，取名徐知誥。知誥對徐溫極盡孝道，才能亦勝徐氏諸子。徐溫死，知誥代主執吳政。昇元元年(937)，徐知誥受吳“禪讓”，稱帝，國號大齊，兩年後，改國號唐，史稱南唐，改元昇元，以金陵爲都。自稱唐室後裔，恢復李姓，改名昇。南唐建國後，追尊徐溫爲義祖。李昇統治時，南唐達到全盛，其版圖廣袤達數千里，南方諸國無與比者。李昇統治時期，南唐政治清明，經濟發展，社會穩定。然其餌食金丹，以至疽發於背。昇元七年(943)二月病逝，葬於欽陵，廟號烈祖。

宋王妃改氏南平制

　　南平王，國之元老，婚不可離，信王妃可改氏南平。

原載馬令《南唐書》卷9，《五代史書彙編》

却符瑞詔

　　譴告在天，聰明自民，魯以麟削，莽以符亡。當謹天戒，猶懼或失之，符瑞何爲哉！皆抑而勿揚。

原載《十國春秋》卷15

勿議討伐詔

知足不辱,道祖之至誠;革廓則裂,前哲之元龜。予嘉與一二卿士大夫共服斯箴,討伐之議,願勿復關白也。

原載《釣磯立談》,五代史書彙編

獎太子詔

守廉退之風,師忠貞之節,有子如此,朕復何憂。

原載陸游《南唐書》卷2,《五代史書彙編》

賜宋齊丘書

朕之性,子嵩所知。少相親,老相怨,可乎!

原載陸游《南唐書》卷4,《五代史書彙編》

奏晉帝書

久增景慕,莫會光塵,但循戰國之規,敢預睦鄰之道？一昨安州有故,脫難相歸,邊校貪功,乘便據壘。矧機宜之孰在？顧茫昧以難申。否臧皆凶,乃大《易》之明義;進取不止,亦聖人之厚顏。適屬暑雨稍頻,江波甚漲,指揮未到,事實已違。今者猥沐睿咨,曲形宸指,歸其俘獲,示以英仁。其如軍法朝章,彼此不可,揚名建德,曲直相懸,雖認好生,匪敢聞命。其杜光鄴等五百七人,已令却過淮北。

原載《舊五代史》卷79

恤農詔

比者干戈相接,人無定主,地易而弗藝,桑隕而弗蠶,衣食日耗,朕甚憫之。其嚮風面内者,有司計口給食,願耕植者,授之土田,仍復三歲租役。於嘻! 仁不異遠,化無泄邇,其務宣流,以稱朕意。

原載《全唐文》卷128

享太廟詔

禮莫重於享帝,孝莫大於隆親,事實重大,承以輕眇,可謂無其德而用其事,祗加畏焉。於嘻! 爾公爾侯,各揚厥職,不供迺事,國有常典。

原載《全唐文》卷 128

禁上尊號詔

朕以眇躬,托於民上,常懼弗類,以墜高祖太宗之遺業。群公卿士,顧欲舉上尊號之禮,朕甚不取,其勿復以聞。

原載《全唐文》卷 128

罷李建勳詔

右僕射兼中書侍郎同平章事監修國史李建勳,幸處台司,且聯戚里,靡循紀律,敢黷彝章,其罷歸私第。

原載《全唐文》卷 128

南唐烈祖李昇投龍玉璧銘

大唐皇帝昇謹于東都内庭修金籙道場,設醮謝土,上仰玄澤,修齋事畢。謹以金龍玉璧投詣西山洞府。昇元四年十月日告聞。

原載《南唐烈祖李昇投龍玉璧相關史實考據及銘文釋讀》

舉用儒吏詔

前朝失御,強梗崛起,大者帝,小者王,不以兵戈,利勢弗成,不以殺戮,威武弗行,民受其弊,蓋有年也。或有意於息民者,尚以武人用事,不能宣流德化。其宿學巨儒,察民之故者,嵁巖之下,往往有之。彼無路光亨,而進以拊偄爲嫌,退以清寧爲樂,則上下之情,將何以通? 簡易之政,將何所議乎? 昔漢世祖數年之間,被堅執銳,提戈斬馘,一日晏然。而兵革之事,雖父子之親,不以一言及之,則兵爲民患,其來尚矣。今唐祚中興,與漢頗同,而眇眇之身,坐制元元之上,思所以舉而錯之者,甇甇在疚,罔有所發,三事大夫可不務乎? 自今宜舉用儒者,以補不逮。

原載馬令《南唐書》卷 1,《五代史書彙編》

旌張義方直言詔

孤始任義方以風憲,乃能力振朝綱,辭皆讜切,可宣示朝野,賜義方衣一襲,以旌直言。

原載《全唐文》卷 128

遺詔

乃公乃侯,越百執事,欽承嗣命,命爾保元子璟,祗肅天鑒。社稷宗廟永有終,我不敢知;曰其基永昌,我亦不敢知;曰墜命罔後,天不爾諶。祐於有德,厥位艱哉。

原載《全唐文》卷 128

南唐元宗李璟

南唐皇帝(916—961),烈祖李昇長子。初名景通,昇元七年(943)二月,烈祖去世,即皇帝位,改名璟,改元保大。在位期間,改變烈祖既定政策,西滅楚,南伐閩,致使國力大損。周世宗繼位,三次親征,對南唐淮南地區用兵。經過慘烈的戰爭,後周奪得淮南十四州土地,雙方以長江爲界。自此,南唐奉後周爲正朔,遣使修貢,不失外臣之禮。建隆二年(961),李璟病卒,葬於順陵,廟號元宗。李璟多才藝,好讀書,善填詞,在我國文學史上占有一定地位。

賜陳況手札

欲以綾綺賜卿,卿必不受。今賜朕自服紬縑衣三十事,卿其領之。

原載陸游《南唐書》卷 7,《五代史書彙編》

賜周繼諸金鋤手札

是朕苑中自種藥者,今以賜卿,表卿高尚之節。

原載《江南餘載》卷下,《全宋筆記》

答喻儼等手札

昊天不吊,降此鞫凶,越予小心,常恐弗類於厥德,用灾於厥躬。故退處恭默,思底於道,而壅隔之蔽,以爲卿憂。惟予小子,實生屬階。

原載馬令《南唐書》卷 2,《五代史書彙編》

讓太子表

古之立太子者,所以崇正嫡,息覬覦。如臣兄弟,禀承聖教,實爲敦睦,願寢此禮。

原載馬令《南唐書》卷 1,《五代史書彙編》

賜宋齊丘書

明日之行,昔時相許,朕實知公,故不奪公志。

原載《資治通鑒》卷 283

恤民詔

保大八年春正月,詔曰:《春秋》:日食地震、星孛木冰,感召靡爽。比灾異頻仍,豈人君不德以致之耶? 抑亦天心仁愛,而譴告之也? 朕甚惕焉。曩者兵連閩、越,武夫悍將,不喻朕意,務爲窮黷,以至父征子餉,上違天意,下奪農時,咎將誰執? 在予一人。其大赦境内,窮民無告者,咸賜粟帛。

原載馬令《南唐書》卷 3,《五代史書彙編》

賜周宗詔

崧嶽降靈,誕生良弼,佐我先朝,施及朕躬,尚賴保釐,底於成績,乃遽爾請罷,豈朕不能優禮勛舊而致然也? 昔蕭何守巴蜀,高祖無西顧之患;寇恂守河内,光武無分民之嫌,今任公以何、恂之事,宜强飯扶力,以副朕意。於嘻! 國之安危,惟兹淮甸,慎始成終,非公而誰? 所請宜不允。

原載馬令《南唐書》卷 3,《五代史書彙編》

上周世宗第一表

臣聞捨短從長，乃推通理；以小事大，著在格言。實徵自古之來，即有爲臣之禮。既逢昭代，幸履良途。伏惟皇帝陛下體上聖之姿，膺下武之運，協一千而命世，繼八百以卜年，化被區中，恩加海外。虎步則時欽英主，龍飛則圖應真人。臣僻在一方，謬承餘業，比徇軍民之欲，乃居后辟之崇。雖仰慕華風，而莫通上國。伏自初勞將帥，遠涉封疆，敘寸誠則去使甚艱，於間路則單兩獻。載惟素願，方俟睿慈，遽審大駕天臨，六師雷動。猥以遐陬之俗，親爲跋履之行，循省伏深，兢畏無所，豈因薄質，有累蒸人。伏惟皇帝陛下義在寧民，心惟庇物，臣倘或不思信順，何以上協寬仁！今則仰望高明，俯存億兆，虔將下國，永附天朝。已命邊城，各令固守，見於諸路，皆俾戢軍。仰期宸旨纔頒，當發專人布告，伏冀詔虎賁而歸國，於雉堞以回兵。萬乘千官，免驅馳於原隰；地征土貢，常奔走於歲時。質在神明，誓於天地，庶使闔境荷咸寧之德，大君有光被之功，凡在照臨，孰不歸慕。謹令翰林學士、戶部侍郎臣鍾謨、工部侍郎、文理院學士臣李德明奉表以聞。

原載《冊府元龜》卷 232

上周世宗第二表

伏自上將遠臨，六師尋至，始貢書於間道，旋奉表於行宮。虔仰天光，實祈睿旨。伏聞朝陽委照，爝火收光，春雷發音，蟄戶知令。惟變通之有在，則去就以斯存。所以徘徊下風，瞻望時雨，載傾捧日，輒叙攀鱗。伏惟皇帝陛下受命上元，門階中立，仗武功而戡亂略，敷文德以化遠人。故得九鼎慶基，復昌於寶位；十年嘉運，允正於璿衡。實帝道之昭融，知真人之有立。臣幸因順動，敢慕文明，特遣翰林學士、尚書戶部侍郎臣鍾謨、尚書工部侍郎、文理院學士臣李德明同奉表章，且申獻贄，請從臣事，仍備歲輸。冀闔境之咸寧，識人君之廣覆，不遙日下，恭達御前。既推向化之誠，更露繾衷之願。臣伏念天祐之後，率土分摧，或跨據江山，或革遷朝化，皆爲司牧，各拯黎元。臣繇是克嗣先基，獲安江表，誠以瞻烏未定，附鳳何從。今則青雲之候明懸，白水之符斯應，仰祈聲教，俯被遐方。豈可遠動和鑾，上勞薄

伐,有拒懷來之德,非誠信順之心。臣自遣鍾謨、李德明入奏天朝,具
陳懇款,便於水陸皆戢兵師。方冀寬仁,下安億兆,旋進歷陽之旌旆,
又屯隋苑之車徒。緣臣既寫傾依,悉曾止約,令罷警嚴之備,不爲捍
御之謀。其或皇帝陛下未息雷霆,靡矜葵藿,人當積懼,衆必貪生。
若接前鋒,偶成小競,在其非敵,固亦可知。但以無所爲圖,出於不
獲,必於軍庶,重見傷殘。豈唯瀆大君亭育之慈,抑乃增下臣咎釁之
責,進退維谷,夙夜靡遑。臣復思東則會稽,南惟湘楚,盡承正朔,俾
主封疆。自皇帝陛下允屬天飛,方知海納,雖無外之化徒,仰祝於皇
風;而事大之儀闕,卑通於疆吏。惟憑玄造,俒念後期。方今八表未
同,一戎茲始,儻或首於下國,許作外臣,則柔遠之風,其誰不服? 無
戰之勝,自古獨高。臣幸與黎人共依聖政,蚩蚩之俗,期息於江淮;蕩
蕩之風,廣流於華裔。永將菲薄,長奉欽明,白日誓心,皇天可質。虔
輸肺腑,上祈冕旒,仰俟聖言,以聽朝命。今遣守司空臣孫晟、守禮部
尚書臣王崇質部署宣給軍士物,上進金一千兩、銀十萬兩、羅綺二
千匹。

原載《册府元龜》卷 232

謝遣王崇質等歸國表

　　臣叨居舊邦,獲嗣先業,聖人有作,曾無先見之明;王祭弗供,果
致後時之責。六龍電邁,萬騎雲屯,舉國震驚,群臣惴悚。遂馳下使,
徑詣行宮,乞停薄伐之師,請預外臣之籍。天聽懸邈,聖問未迴,通宵
九驚,一食三嘆。由是繼飛密表,再遣行人,叙江河羨海之心,指葵藿
向陽之意。皇帝陛下自天生德,命世應期,含容每法於方輿,亭育不
遺於下國。先令副介,密導宸慈,綸旨優隆,乾文炳焕。仰認懷來之
道,喜則可知;深惟事大之言,服之無斁。

原載《册府元龜》卷 232

進奉錢絹茶米等表

　　臣聞盟津初會,仗黃鉞以臨戎;銅馬既歸,推赤心而服衆。一則
顯周君之雄武,一則表漢后之仁慈,用能定大業於一戎,紹洪基於四

百，兼資具美，允屬聖君。伏惟皇帝陛下量包終古，聖合上元，子育黎民，風行號令。以其執迷未復，則薄賜徂征；以其向化知歸，則俯垂信納。仰荷含容之施，彌堅傾附之念。然以淮海遐陬，東南下國，親勞翠蓋，久駐王師。以是憂慚，不遑啟處。今既六師返旆，萬乘還京，合申解甲之儀，粗表充庭之實。但以自經保境，今已累年，供給既繁，困虛頗甚，曾無厚幣，可達深誠。然又思內附已來，聖慈益厚，雖在照臨之下，有如骨肉之恩。縱悉力以貢輸，終厚顏於微鮮。今有少物色以備宣給軍士，謹遣左僕射、平章事臣馮延巳、給事中臣田霖部署上進。

原載《冊府元龜》卷232

進買宴錢第一表

臣聞聖人制禮，重尊獎之心；王者會朝，宗燕享之事。是以此日，輒薦微誠。竊以臣幸能迷復，方認懷來，決心既嚮於皇風，注目每瞻於清蹕。伏自陪臣入奉，帝誥薦臨，頓安下國之生靈，俱荷大君之化育。雖復尋令宰輔，專拜冕旒，少傾貢奉之儀，仰答含容之德。然臣靜思內附，欣奉至尊，既推示其赤心，又迴隆於乃眷，豈將常禮可表深衷。是以別命使臣，更伸誠懇，俾展犒師之禮，仍陳買宴之儀。躬詣行朝，聊資高會，庶盡傾於臣節，如得面於天顏。伏惟皇帝陛下承天子民，溥恩廣施，四海識真人之應，萬方知王澤之深。固以包括古今，絲綸典則，盛矣美矣，無得而稱，凡仰照臨，孰不歡悅。今遣客省使臣尚全恭專詣行闕，進獻犒軍買宴物色。

原載《冊府元龜》卷232

進買宴錢第二表

臣幸將下國，仰奉聖朝，特沐睿慈，俯垂開納，已陳鮮禮，請展御筵。因思盡竭於深衷，是敢別陳於至懇。伏以柏梁高會，宸極居尊，朝臣咸侍於冕旒，天樂盛張於金石，莫不競輸庭實，齊獻壽杯。而臣僻處遐陬，迴承乃眷，雖心存於魏闕，奈日遠於長安，無緣親咫尺之顏，何以罄勤拳之意。遂令戚屬，躬拜殿庭，庶代外臣，獲參執事。納忠則厚，致禮甚微，誠慚野老之芹，願獻華封之祝。謹差臨汝郡公臣徐遼部署宴上進獻物色詣闕。

請令鍾謨歸國表

臣謬承先業,僻在一隅,不識天命,得罪上國。困而後伏,何足可多,許以不亡,臣之幸也。豈意皇帝陛下辱異常之顧,垂不世之私,外雖君臣,內若骨肉。殊恩異禮,無得而言,退日揣循,何階及此。且古人有一飯之恩必報,臣竊慕之,故自結髮已來,未嘗敢輕受人惠。雖往事君父,亦嘗以退讓自居。不圖今辰頓受殊遇,此臣所以朝夕慚恨,恐上報之無從也。然天地之功厚矣,父母之恩深矣,而子不謝恩於父,人且何報於天? 以此思之,則惟有赤心可酬大造。況臣常嗟世網,別貯素懷,方以子孫托於陛下,區區之意,可勝言哉! 兼臣比乞鍾謨過江,蓋有情事上告,鍾謨又已奉聖旨,許其放回。伏乞纔到京師,即令單騎歸國,庶於所奏,早奉敕裁。瞻望冕旒,不勝懇禱。

請改書稱詔表

臣聞天秩有禮,位已定於高卑;王者無私,事必循於軌轍。倘臣下稍逾名分,則朝廷實紊等夷,情所難安,理須上訴。竊以臣比承舊制,有昧先機,勞萬乘之時巡,方傾改事;慶千年之嘉會,固已知歸。伏惟皇帝陛下稟上聖之姿,有高世之行,囊括四海,澤潤生民。明目達聰,道均有截,東征西怨,化被無垠。已觀混一之期,即仰登封之盛。而臣爰從款附,屢奉德音,陛下煦嫗情深,優容義切,全却藩方之禮,惟頒咫尺之書。粵在事初,便知恩遇,向者未遑堅讓,今茲敢瀝至誠。且臣頃以德薄道乖,時危事蹙,獻誠以奉陛下,請命以庇國人,獲保先基,賜之南服,莫大之惠,曠古未聞。微臣退思,所享已極,豈於殊禮,可以久當。伏乞皇帝陛下深鑒卑衷,終全舊制,凡迴誥命,乞降詔書。庶無屈於至尊,且稍安於遠服,乃心懇禱,無所寄言。

上漢帝書

先因河府李守貞求援，又聞大國沿淮屯軍，當國亦於境上防備，昨聞大朝收軍，當國尋已徹備，其商旅請依舊日通行。

原載《舊五代史》卷 101

奉大周皇帝書

願陳兄事，永奉鄰歡，設或俯鑒遠圖，下交小國，悉班卒乘，俾乂蒼黔，慶雞犬之相聞，奉瓊瑤以爲好，必當歲陳山澤之利，少助軍旅之須，虔俟報章，以答高命，道塗朝坦，禮幣夕行。

原載《舊五代史》卷 116

南唐後主李煜

南唐皇帝（937—978），字重光，號鐘隱。南唐元宗李璟第六子，後繼父業爲南唐皇帝，世稱"李後主"。在位十五年（961—975），政事不修，縱情享樂。國亡後，遷至汴京，過了幾年俘虜生活，於北宋太平興國三年（978）七夕，相傳宋太宗趙炅賜牽機藥，服後毒發而亡，年42 歲。李煜具有多方面的藝術才華，既善詩文，又妙解音律，還能書畫，尤工於詞。其開拓了詞的藝術表現力，在我國詞壇上占有重要的地位。

遺吳越王書

今日無我，明日豈有君？一旦明天子易地賞功，王亦大梁一布衣耳。

原載陸游《南唐書》卷 3，《五代史書彙編》

答張泌諫書手批

古人讀書，不衹爲詞賦口舌也。委質事人，忠言無隱，斯可謂不辱士君子之風矣。朕纂承之始，德政未敷，哀毀之中，智慮荒亂，深虞布政設教，有不足仰嗣先皇，下副民望。卿居下位，而首進讜謀，十事煥美，可舉而行。朕必善初而思終，卿無今直而後佞，其中事件，亦有已於赦書處分者。二十八日。

原載《江表志》卷3,《全宋筆記》

批韓熙載奏

言嫣而辨,古人惡之。熙載俸有常秩,錫賚尚優,而謂厨無盈日,無乃過歟!

原載馬令《南唐書》卷13,《五代史書彙編》

書述

壯歲書亦壯,猶嫖姚十八從軍,初擁千騎,憑陵沙漠,而日無全虜。又如夏雲奇峰,畏日烈景,縱橫炎炎,不可向邇,其任勢也如此。老來書亦老,如諸葛亮董戎,朱睿接敵,舉扳佳作睚隨,以白羽麾軍,不見其風骨,而毫素相適,筆無全鋒。噫!壯老不同,功用則異,惟所能者可與言之。又云:"書有八字法,謂之撥鐙。"自衛人人并鍾、王傳授于歐、顏、褚、陸等,流於此日,然世人罕知其道者。孤以幸會,得受誨于先王。奇哉是書也,非天賦其性,口受要訣,然後研功覃思,則不空其奧妙,安得不秘而寶之。所謂法者,擫、壓、鈎、揭、抵、拒、導、送也。此字亦有顏公真卿墨迹尚存於世。余恐將來學者,無所聞焉,故聊記之。擫者,擫大指骨上節下端,用力欲直,如的千鈞。厭者,捺食指著中節旁。鈎者,鈎中指着指尖,鈎筆令向下。揭者,揭名指着指爪肉之間,揭筆令向上。抵者,名指揭筆,中指抵住。拒者,中指鈎筆,名指拒定。導者,小指引名指過右。送者,小指送名指過左。

原載《書苑菁華》卷20,《文淵閣四庫全書》

即位上宋太祖表

臣本於諸子,實愧非才,自出膠庠,心疏利禄。被父兄之蔭育,樂日月以優游,思追巢、許之餘塵,遠慕夷、齊之高義。既傾懇悃,上告先君,固非虛詞,人多知者。徒以伯仲繼没,次第推遷,先世謂臣克習義方,既長且嫡,俾司國事,遽易年華。及乎暫赴豫章,留居建業,正儲副之位,分監撫之權,懼弗克堪,常深自勵。不謂奄丁艱罰,遂玷纘承，因顧肯堂，不敢滅性。然念先世君臨江表，垂二十年，中間務在倦勤，將思釋負，臣亡兄文獻太子從冀，將從内禪，已決猶心，而世宗敦勸既深，議言因息。及陛下顯膺帝籙，彌篤睿情，方誓子孫，仰酬臨照。則臣向於脱屣，亦匪邀名，既嗣宗枋，敢忘負荷。惟堅臣節，上奉天朝。若曰稍易初心，輒萌異志，豈獨不遵於祖禰，實當受譴於神明。方主一國之生靈，遐賴九天之覆燾。況陛下懷柔義廣，煦嫗仁深，必假清光，更逾曩日，遠憑帝力，下撫舊邦，克獲宴安，得從康泰。然所慮者，吴越國鄰於敝土，近似深讎，猶恐輒向封疆，或生紛擾，臣即自嚴部曲，終不先有侵漁，免結釁嫌，撓干旒扆。仍慮巧肆如簧之舌，仰成投杼之疑。曲構異端，潛行詭道。願回鑒燭，顯諭是非，庶使遠臣得安危懇。

原載《宋史》卷 478

乞緩師表

臣猥以幽孱，曲承臨照，僻在幽遠，忠義自持，唯將一心，上結明主，比蒙號召，自取愆尤。王師四臨，無往不克，窮途道迫，天實爲之。北望天門，心懸魏闕。嗟一城生聚，吾君赤子也；微臣薄軀，吾君外臣也。忍使一朝，便忘覆育，號咷鬱咽，盍見捨乎？臣性實愚昧，才無異稟，受皇朝獎與，首冠萬方，奈何一日自踵蜀漢不臣之子，同群合類而爲囚虜乎？貽責天下，取辱祖先，臣所以不忍也。豈獨臣不忍爲，亦聖君不忍令臣之爲也。況乎名辱身毀，古之人所嫌畏者也。人所嫌畏，臣不敢嫌畏也。惟陛下寬之赦之。臣又聞鳥獸微物也，依人而猶哀之，君臣大義也，傾忠能無憐乎？倘令臣進退之迹，不至醜惡，宗社之失，不自臣身，是臣生死之願畢矣，實存没之幸也。豈惟存没之幸也，實舉國之受賜也。豈惟舉國之受賜也，實天下之鼓舞也。皇天后土，實鑒斯言。

原載《東都事略》卷 23

不敢再乞潘慎修掌記室手表

昨因先皇臨御，問臣頗有舊人相伴否，臣即乞徐元梀。元梀方在幼年,於箋表素不請習,後來因出外,問得劉鋹曾乞得廣南舊人洪侃。今來已蒙遣到徐元楀,其潘慎修更不敢陳乞。所有表章,臣且勉勵躬親。臣亡國殘骸,死亡無日,豈敢別生僥覬,干撓天聰? 只慮章奏之間,有失恭慎,伏望睿慈,察臣素心。

原載《四六話》卷下

送鄧王二十六弟牧宣城序

秋山的翠,秋江澄空,揚帆迅征,不遠千里,之子于邁,我勞如何? 夫樹德無窮,太上之宏規也;立言不朽,君子之常道也。今子藉父兄之資,享鐘鼎之貴,吳姬趙璧,豈吉人之攸寶? 矧子皆有之矣。哀淚甘言,實婦女之常調,又我所不取也。臨歧贈別,其唯言乎,在原之心,於是而見。噫,俗無獷順,愛之則歸懷;吏無貞污,化之可彼此。刑唯政本,不可以不窮不親;政乃民中,不可以不清不正。執至公而御下,則憸佞自除;察薰蕕之稟心,則妍媸何惑? 武惟時習,知五材之艱忘;學以潤身,雖三餘而忍捨。無酗觴而敗度,無荒樂以蕩神,此言勉從,庶幾寡悔。苟行之而願益,則有先王之明謨,具在於緗帙也。嗚呼,老兄盛年壯思,猶言不成文,況歲晚心衰,則詞豈迨意? 方今涼秋八月,鳴根長川,愛君此行,高興可盡。況彼敬亭溪山,暢乎遐覽,正此時也。

原載《全唐文》卷 128

却登高文

玉斝澄醪,金盤繡餻,茱房氣烈,菊芷香豪。左右進而言曰:"維芳時之令月,可藉野以登高,矧上林之伺幸,而秋光之待褒乎?"余告之曰:"昔時之壯也,情槳樂恣,歡賞忘勞,悁心志於金石,泥花月於詩騷,輕五陵之得侶,陋三秦之選曹,量珠聘伎,紉彩維艘,被牆宇以耗帛,論丘山而委糟,豈知忘長夜之靡靡,累大德於滔滔? 愴家艱之如燬縈離緒之鬱陶,陟彼岡兮企予足,望復關兮睇予目。原有鴒兮相從飛嗟予季兮不來歸,空蒼蒼兮風淒淒,心躑躅兮淚漣洏,無一歡之可作,有萬緒以纏悲。於戲噫嘻! 爾之告我,曾非所宜。"

原載《全唐文》卷 128

昭惠周后誄

天長地久，嗟嗟蒸民。嗜欲既勝，悲嘆糾紛。緣情攸宅，觸事來津。貲盈世逸，樂鮮愁殷。沈烏逞兔，茂夏凋春。年彌念曠，得故忘新。闕景頹岸，世閱川奔。外物交感，猶傷昔人。詭夢高唐，誕誇洛浦。構屈乎虛，亦憫終古。况我心摧，興哀有地。蒼蒼何辜，殲予伉儷？窈窕難追，不禄於世。玉潤珠融，殞然破碎。柔儀俊德，孤映鮮雙。纖穠挺秀，婉孌開揚。艷不至冶，慧或無傷。盤紳奚戒，慎肅惟常。環佩爰節，造次有章。含顰發笑，擢秀騰芳。鬟雲留鑒，眼彩飛光。情瀾春媚，愛語風香。環姿禀異，金冶昭祥。婉容無犯，均教多方。茫茫獨逝，捨我何鄉？昔我新昏，燕爾情好。媒無勞辭，筮無違報。歸妹邀終，咸爻協兆。俛仰同心，綢繆是道。執子之手，與子偕老。今也如何？不終往告。嗚呼哀哉！志心既達，孝愛克全。殷勤柔握，力折危言。遺情眄眄，哀淚漣漣。何爲忍心，覽此哀編。絶艷易凋，連城易脆。實曰能容，壯心是醉。信美堪餐，朝饑是慰。如何一旦，同心曠世。嗚呼哀哉！豐才富藝，女也克肖。采戲傳能，弈棋逞妙。媚動占相，歌縈柔調。兹鼗爰質，奇器傳華。翠虬一舉，紅袖飛花。情馳天際，思栖雲涯。發揚掩抑，纖緊洪奢。窮幽極致，莫得微瑕。審音者仰止，達樂者興嗟。曲演來遲，破傳邀舞。利撥迅手，吟商逞羽。制革常調，法移往度。翦遏繁態，藹成新矩。霓裳舊曲，韜音淪世。失味齊音，猶傷孔氏。故國遺聲，忍乎湮墜。我稽其美，爾揚其秘。程度餘律，重新雅製。非子而誰，誠吾有類。今也則亡，永從遐逝。嗚呼哀哉！該兹碩美，鬱此芳風。事傳遐禩，人難與同。式瞻虛館，空尋所踪。追悼良時，心存目憶。景旭雕甍，風和綉額。燕燕交音，洋洋接色。蝶亂落花，雨晴寒食。接輦窮歡，是宴是息。含桃薦實，畏日流空。林雕晚籜，蓮舞疏紅。烟輕麗服，雪瑩修容。纖眉範月，高髻凌風。輯柔爾顔，何樂靡從？蟬響吟愁，槐凋落怨。四氣窮哀，萃此秋宴。我心無憂，物莫能亂。弦爾清商，艷爾醉盼。情如何其，式歌且宴。寒生蕙幄，雪舞蘭堂。珠籠暮捲，金爐夕香。麗爾渥丹，婉爾清揚。厭厭夜飲，予何爾忘。年去年來，殊歡逸賞。不足光陰，先懷悵快。如何倏然，已爲疇曩。嗚呼哀哉！孰謂逝者，茬苒彌疏？我思妹子，永念猶初。愛而不見，我心毀如。寒暑斯疚，吾寧御諸？嗚呼哀哉！萬物無心，風烟若故。惟日惟月，以陰以雨。事則依然，人乎何所？悄悄房櫳，孰堪其處。嗚呼哀哉！佳名鎮在，望月傷娥。雙眸永隔，見鏡無波。皇皇望絶，心如之何？暮樹蒼蒼，哀摧無際。歷歷前歡，多多遺致。絲竹聲悄，綺羅香杳。想渙乎忉怛，恍越乎悴憔。嗚呼哀哉！歲云暮兮，無相見期。情督亂兮，誰將因依。維昔之時，兮亦如此。維今之心，兮不如斯。嗚呼哀哉！神之不仁兮，斂怨爲德。既取我子兮，又毀我室。鏡重輪兮何年？蘭襲香兮何日？嗚呼哀哉！天漫漫兮愁雲曀，空曖曖兮愁烟起。蛾眉寂寞兮閉佳城，哀寢悲氛兮竟徒爾。嗚呼哀哉！日月有時兮龜蓍既許，筆笴凄咽兮旂常是舉。龍輀一駕兮無來轅，金屋千秋兮永無主。嗚呼哀哉！木交枸兮風索索，鳥相鳴兮飛翼翼。吊孤影兮孰я哀？私自憐兮痛無極。嗚呼哀哉！夜寤皆感兮何響不哀，窮求弗獲兮此心隳摧。號無聲兮何續？神永逝兮長乖。嗚呼哀哉！杳杳香魂，茫茫天步。扙血撫櫬，邀子何所？苟雲路之可窮，冀傳情於方士。嗚呼哀哉。

原載馬令《南唐書》卷6,《五代史書彙編》

書評

善法書者，各得右軍之一體。若虞世南得其美韻而失其俊邁，歐陽詢得其力而失其溫秀，褚遂良得其意而失其變化，薛稷得其清而失於拘窘，顏真卿其筋而失於粗魯，柳公權得其骨而失於生獷，徐浩得其肉而失於俗，李邕得其氣而失於體格，張旭得其法而失於狂，獻之俱得之而失於驚急，無蘊藉態度。

原載《全唐文》卷128

遺南漢主劉鋹書

頃者天朝南伐，因復楚疆，交兵以來，遂成釁隙。詳觀事勢，深切憂懷，冀息大朝之兵，永契親仁之願，引領南望，于今累年。纍命使臣入貢大朝，大朝皇帝果以此事宣示云：且彼若以事大之禮而事我，則何苦而伐之;若與興戎而爭我,則以必取爲度矣。見今大振師旅,仍以上秋爲期。深料大朝之心,非有唯利之貪,蓋怒人之不賓,而足下非有不得已之事,與不可易之謀,殆一時之忿而已。觀夫古之用武,而必戰者有四:父母、宗廟之讎,此必戰也;彼此烏合,民無定心,存亡之機,以戰爲命,此必戰也;敵人有進,必不捨我,求和不得,退守無路,戰亦亡不戰亦亡,奮不顧命,此必戰也;彼有天亡之兆,我懷進取之機。此必戰也。今足下與大朝非有父母宗廟之讎也,非同烏合存亡之際也,既殊進退不捨奮不顧命也,又異乘機進取之時也。既大朝許以通好,又拒而不從,有國家利社稷者,當若是乎。況大朝皇帝以命世之英,光宅中夏,方且遏天下之兵鋒,俟貴國之嘉問,則大國之義斯亦善矣,足下之忿亦可息矣!若介然不移,有利於宗廟社稷可也,有利於黎元可也,有利於天下可也,有利於身可也。若無一利焉,何用棄德修怨,自生仇敵,使赫赫南國,將成禍機,炎炎奈何,其可嚮邇。煜近奉大朝諭旨,以爲足下無通好之心,必舉上秋之役,雖善鄰之心,期於永保,而事大之節,焉敢固違!恐煜之不得事足下也。

原載《東都事略》卷 23

南唐文獻太子李弘冀

南唐皇太子(? —959),元宗長子。初封東平郡公,進位南昌王。元宗繼位,弘冀留守東都。徙鎮潤州,封燕王。以討吳越功,立爲太子。顯德六年(959)薨,謚文獻。

崇聖院銅鐘銘

蓋聞聲叶洪鈞,功垂浩劫。集善之利,惟兹可嘉。因發乃誠,是爲良願。上所以祝君親富壽,將日月以齊休。下所以期官庶興居,與山河而共泰。由衷之念,永永何窮。

原載《全唐文》卷 870

南唐吉王李從謙

南唐皇子,字可大,元宗第九子,後主同母弟。歷封鄂國公、宜春王,進吉王,出鎮江州。南唐向中原稱臣後,降封鄂國公。歸宋後,歷任右領軍衛大將軍、神武統軍,遷右龍武大將軍。淳化五年(994),上言貧不能自給,求外任,以本官充武勝軍行軍司馬。

夏清侯傳

侯姓干氏,諱秀,字聳之,渭川人也。曾大父仲森,碧虚郎。大父挺,凌雲處士。父太清,方隱於幽間,輒以卓立卿自名,衣緑綬,佩玉玦秦聞之,就拜銀緑大夫。秀始在胚胞,已有祖父相。生而操持,面目凌然。僉曰:“鳳雛而文,虎韊而斑斑,秀之謂也。”不日間,昂霄聳壑,姿態猗猗,遠勝其父。久之,材堅可用。時秦王病暑,席温爲下常侍,不稱旨。有言秀甚忠,能碎身爲王,得之必如意。王亟召使者,駕追鋒車,旁午于道。既至引對,王大悦,詔柄臣金開剖喻秀以革故鼎新之義。然後剖析其材,刮削其龐,編度令合。又教其方直縝密,於是風采德能一變。有司奏上殿,王宣旨云:“恨識卿之晚。”賜姓名爲平瑩,封夏清侯,實食嶰谷三百户。瑩以賜姓名,改字少罩。自此槐殿虚敞,玉窗邃深。瑩專奉起居,往往屏疏妃嬪,以身藉瑩。向之喘雷汗雨,隱不復見。如超熱海,登廣寒宫。王病良愈,謂左右:“瑩每近吾,則四體生風,神志增爽。雖古清卿、清郎,何以尚兹。”寵遇益隆,偓曹侍郎羽果、支頭使沉水、養足功臣添憑,皆出其下。瑩暇日沐浴萬珠水,醮酣百穗香,辟穀安居,咏籜兮之詩以自娱。感子猷此君之稱,嫌牧之大夫之謗。回际作甲者勞於魏武,爲冠者小於漢高。白虎殿之虚名,童子寺之寡援,未嘗不傷其類而長太息也。不懈于位,前後五年。秋歸田園,夏直軒閣,功日大。無何,秦王有寒疾,不可以風。席温再幸,兼拜羅大周爲斗圍監。蒙厚中爲邊幅將軍,同司卧起。瑩絶不占踪迹,卷而不舒,潦倒塵埃中。每火雲排空,日色如焰,則憶昔悲今,淚數行下。乃上表乞骸骨,得請以便就第,終王世不用。

子嗣節襲國,有罪,除其封,人以凝秋叟呼之。既不契風,雲但以時見於士庶家,亦得人之歡心。後世尚循瑩業,流落遍於四方。惟西北地寒,故轍迹所不至云。

原載《清異録》卷3

孫□□

南唐官員。昇元二年(938),任團練衙推。

大唐青陽制置使司徒江府君(延穗)墓志銘并序

■團練衙推孫□□撰

嗚呼! 天地之形,留憂崩陷;日月之質,□□滿盈。若非道事虛無,理通寂滅,孰泯短長之嘆。須拘生死之期,□□靈□□□,□□西□,□□□□。自□我司徒事主公,忠於家,孝□□,禀冲■力未衰,齒發尤壯。纔纏□床■明□乃■□主興□□□□□孫號殞□娯■究。於有唐昇元二年歲次戊戌二月己卯二十五日癸巳辰時,薨於堂■石□。江氏諱延穗,字義光,其先濟陽人也。晉元東渡,遷於宛陵。皇考諱芳□,□□鎮□軍節度押衙鹽麴院使都倉鈐轄,清列洪勛,門□□□,載于家諜,此益繁云。□□一十六,□皇姚常氏,婦德母儀,柔姿淑態,具述先府君墓志銘□□□□并終於潤州■丹徒縣寶蓋山之陽。司徒即先府君之長子也。□□□□□英姿無□良■先齊王豹變,委以繁難,尋屬今天子龍飛,付之縉轂,歷職則從微至□□□□□成多四十年,勤苦奉公,三百戶酬勞□績。自禮部右□□□紫司藍鈿□□□盈■手提制印,集作福星。自鎮臨城,頓蘇疲瘵,法不亂舉,刑不浪效,無賦□□,自然□□,□神□□,□省咨嗟,庭絶鵲喧,門無犬吠,一同政化,百里清風,公道既平,民曹□静,□馳□□,譽美新都,正在忻忻,俄鐘戚,□彭遘禍,三□興□,五教□臨,光泉俄生,福星奄耀,□鏡沉光,遺表素箋,遠通青漢。是乃□□□騎雲■製詞德□□□布■延義左軍□職,監□銅官,場鎮在權,富壽當路,生靈□泰,□□和平。□□□□置副使曹僕射女、司徒首婚汝南縣君曹氏,淑德有

聞,貞姿□□,歸于翠□,良佐□家。先於□□五年,登於逝駕,殯于
上都鐘山之右。有男陸人:長曰弘道,職□左軍□□神武將軍□□人
質堂□□故羅城使許僕射女;次男弘□,□□□□親衙佐贊指揮當□
都幕□□,不廢旨甘,自光忠孝,婚左軍都督衙守黃州刺史□太保女;
次男弘裕,名□右軍,職居當直,赤心奉上,勵節親衙,可爲二龍,同匡
久要,□□□□國李公孫女;次子弘晊,殿頭高品,監察群寮。外贊天
機,内承□□,□□□露,手付絲綸,親侍龍□,不離宸□;次曰弘智,
□哥,蘊積禮儀,將調羽□。有女二人:長曰十四娘,出嫁左宣威軍都
知兵馬使張氏;次曰十五娘,年始在笄,未離□□。司徒繼室亦汝南
縣君周氏,天界真姿,人中令節,名親上□,信□小君,有男一人。□□
不□司徒,國將委□,人賴廬麻,夢蝶不還,吊鶴斯切。以昇元二年□月
二十日,左軍衙前押衙□□制置使、光禄大卿、檢校司徒、行右領軍衛將
軍、濟陰縣開國男,食邑三百户,府君江氏,年五十有五,葬于上都江寧
縣梓桐原,禮也。嗚呼! 痛埋天地之英靈,哭□曹劉之□量。余才藝荒
蕪,謬承青眼,命述斯志,有辱貞珉,海變陵移,終禦□□。銘曰:

　　奇哉英傑,降迹于唐。王兮委任,出鎮青陽。明逾樂鏡,□□秋
霜。□愛□□,黎元樂康。福星忽墜,民庶蒼惶。玄關□□兮難問,
青山■松風切,千萬年兮永難别。唯將貞石刊勛名,□□陵□。

　　　　　　　　　　原載《新中國出土墓志》(江蘇南京卷)

褚仁規

　　南唐官員(? —941)。歷任泰州刺史兼鹽鐵兩監都院使、光政副
使。昇元五年(941)被烈祖處死。

泰州重展築子城記

　　蓋聞乾列星曦,斡運三皇之力;坤浮嶽瀆,鎮流九禹之功。是知
福地會時,神州有主,其爲盛矣,可略言乎。竊以當州,即漢朝舊海陵
制邑也,自丁酉歲仲冬月奉□□□□□□□□□□□□□□□□□□
敕旨改爲是郡。莫不□□□□□天文焕舉,光數百載之鎡基;地利顯分,

富一千里之黔庶。鹹鹺贍溢,職賦殷繁。可謂水陸要津,咽喉劇郡,以茲昇建,爲屬勛賢。□□□□□□□□□□□□□□
當今皇帝以仁規早事□□□□□□□□□□□□□□□□□□□聖明,素懷廉潔,特飛□□□鸞詔,委授魚符。對五馬而愧此叨榮,向六條而慮其疏失。豈敢以愛憎徇性,豈敢以富貴安身。但緣□□□王事疚心,鼎彝繫抱,欲將整齊士旅,是宜固護嚴城。今則上奉□□□天書,旁遵□□□□王命,改更舊壘,別創新基。以時之務不勞民,量力而人無倦色。功徒蟻聚,畚鍤雲屯,曾未五旬,儼全四面。其城高二丈三尺,環回四里有餘。其壕深一丈已來,廣闊六步不啻。中存舊址,便爲隔城,上起新樓,以增壯貫。仰望而疊排雉翼,俯窺而細瞆龍鱗。瑞氣朝籠,祥烟暮集。雖此時之良畫,盡合玄機,在千古之英聲,願標青史。輒刊翠琰,用紀厥功。時有唐昇元二年龍集戊戍暮春月二十五日壬申記。

　　知泰州軍州事,兼鹽鐵兩監都院使、本州都指揮使、東都東南東北面都游弈使、金紫光禄大夫、大卿、檢校司空、行右監門衛將軍、充本州屯田使兼御史大憲、上柱國、河南縣開國男、食邑三百户褚仁規。

原載《隋唐五代揚州地區石刻文獻集成》

張匡濟

　　南唐官員。昇元二年(938),任文林郎、前守歙州司士參軍。

南唐宣威軍都虞候檢校太保右領軍衛大將軍某府君墓志銘
　　■文林郎前守歙州司士參軍掌表奏張匡濟撰
　　■永嘉之季,夷狄亂華,洪源本枝,靡不散■武之道,代不乏賢,家諜祖風,莫可具紀。□■陽縣大君。府君卓出,奇姿挺生,威武負氣,弦直■乙巳之歲,始筮仕于合肥。當龍蛇起陸之時,是寰海稱■皇佐命昌期。府君識運祚有歸,知神器斯□。■險阻,每見先登,蠻蜑畏威，士卒懷惠，有膽勇爲■張，霸業預控，遏之嘉謀，鐵石其心，寒暑無忒，遂得徽猷，克■左右殿直、捧宸等軍軍使，兼右衛使，授光禄大卿、檢校□■緹騎，復拜魚符。天祚丙申夏六月，授知歙州軍州事□■使持節歙州諸軍事、守歙州刺史。自爾□□部■我□之■府君以戴、■加授雄武統軍□□清河縣開國男，食邑三百户，不離■昇元戊戌秋八月，朝庭以方恩録舊，適在□人，□■器，欣然曰：三年爲郡，政且無苛，一日歸■宣威軍都虞候，加檢校太保，□右領軍衛大將軍，官次□□■彌堅，時謂英豪，人欽□侮。内隴西縣君李氏雍■□於肥家而自頃年俄悲□卒。有子六人：長曰彦洪，位右軍■銀青光禄大夫、檢校工部尚書、兼御史大憲、上柱國，娶■馬第二指揮都知兵馬使、銀青光禄大卿、檢校國子祭■右軍□□副使，充左右宣威軍小直都都虞候、銀青■西李氏；次曰彦潛、彦澴、彦溶，未冠，而並風神倜■毗陵秦氏，名處□；次十二娘，適龍安蔣氏，名建■女既冠適人，或已仕於戎轅，或早歸於佳援，暐□■和，以□□疾，偏徵名藥，一無所瘳，大夜重泉，□■以□於斯，汝等勉力圖功，無■是年□月廿五日，薨於臺城官舍，享■京城之南隅、梓桐之西阜□■村洪茂塘源，禮也。嗚呼！功名之盛，人誰不圖；壽考■君乘時立身，見機奉義，位高太保，年及縱心，歷官秩三■誠可貴歟？誠可貴歟？長子彦洪將思刊勒，泣送篋封，爰■表揚□子之心，唯賢者能之，匡濟内顧，諛■庶幾遵稟敬述銘言：

■芳猷；府君之光兮，孰可與侔。其一。■華有赫；府君之功兮，書于史策。其二。■穆如；府君之德兮，光彼簪裾。其三。■哲人斯喪；府君之薨兮，莫不凄愴。其四。■水周旋；府君之終兮，千年萬年。其五。

原載《新中國出土墓志》（江蘇南京卷）

陳希聲

南唐道士。撰此銘時，署右街道門。文章大德，主祈謝章奏，賜紫。

[唐故]上清法師范君玄城銘

右街道門文章大德主祈謝章奏賜紫陳希聲述

維保大六年，太歲戊申七月戊申朔十九日丙寅，上清法師南陽范君可保□□□□羽化于都城紫極宮之道靖，春秋七十有一。是歲中秋八日，藏□□於上元縣建康鄉方山前，禮也。懿哉上士，體道隱顯；自我君子，乘時□□□異；如雲如龍，情狀莫測；若蘭若桂，芳貞不同。托形受生，其來非報；□□藏□，其去非空。即知汗漫之程，誰測變通之道？斯則法師顯映容德、生滅去來之旨也。法師氏自陶唐，姓封晉邑，名高相越，德邁豢龍。祖考隱倫世居建(康)，□□之慶，惟賢是生。九歲依于玄德大師智明先生楊君匡翼，□□初，詣淮甸逍遙大師問政先生聶君師道，披戴相次，三洞經□□□□君師門，道性圓通，仁風播淑，虛襟接物，和炁流人。教法指歸，若□□之赴會；言行端美，如眾卉之春融。天祐初□□□□即朱方重師□守，尋鎮秣陵，築室延□□以副教佐師闡揚武□□□□□□聖□建極寵頒章，□昇皇□正，昇元元祀□□□□□□□□□□旌玄真懿號，其餘履歷道職，提總玄網□□□□□□弟子□之瞻禮接踵。是歲中元節謂弟子曰：“吾期至矣。宜□□□禮，不□□□□有日。”言訖沐浴，間日而逝；膚色柔潤，尸解之至也。□□□□□□五入。子上清三洞法師高朗照、賀朗然；繼□□□□，予早□聽講億□，□爲之辭，文愧不倫，稽首銘曰：

玄黃之精，得之者生。氣象既兆，孕之者靈。天挺聖人，嗣□之庚。神降仙才，輔教之卿。龜鏡吾宗，□□□□。□□其誰？問政先生。度師惟誰？尊稱智明。□□□□，□□□□。旭日轉影，真駕迴程。國人瞻仰，□□□□。秦淮曲折，天印盤縈。松檜陰森兮陵谷秀，□□□□兮□□□。師孫正一，道士高惟正勾當，太原王萬宇造。

原載《金陵碑刻精華》

徐　鉉

南唐大臣(917—992)，祖籍會稽(今浙江紹興)，生於廣陵(今江蘇揚州)。初仕吳起家校書郎。烈祖時官秘書省秘書郎。元宗即位，任知制誥,因得罪宋齊丘,被貶泰州司户掾,後召歸朝。

毗陵郡公南原亭館記

人生而靜,性之適也。若乃廟堂之貴,軒冕之盛,君子所以勞心濟物,屈己存教,功成事遂,復歸於靜。用能周旋於道,常久而不已者也。有唐再造,俗厚政和,人多暇豫,物亦茂遂,名園勝概,隱轔相望。至於東田之館,西州之墅,婁湖張侯之宅,東山謝公之游,青溪賦詩之曲,白楊飲酒之路,風流人物,高視昔賢。京城坤隅,爰有別館,百畝之地,芳華一新,舊相毗陵公習靜之所也。其地却據峻嶺,俯瞰長江,北彌臨滄之觀,南接新林之戍,足以窮幽極覽,忘形放懷。於是建高望之亭,肆游目之觀,睨飛鳥於雲外,認歸帆於天末。四山隱見而屏列,重城邐迤而霞舒,紛徒步而右回,闢精廬於中嶺,倚層崖而築室,就積石以爲階。土事不文,木工不斲,虛牖夕映,密户冬燠。素屏麈尾,榧几黎床,談元之侶,此焉游息。設射堂於其左,湛方塘於其下。虛楹顯敞,清風爽氣襲其間;碕岸縈迴,紅蕖翠荇藻其涘。至於芳草嘉禾,修竹茂林,紛敷翳蔚,不可殫記。凡厨庫之室,厨廩之區,賓燕所資,不戒而具。每良辰美景,欣然命駕,群從子弟,結駟相追,角巾藜杖,優游笑咏,觀之者不知其爲公相也。古人有言,朝廷之士,入而不能出。況於輕鐘鼎之貴,徇山林之心,將相之權不能累其真,肺腑之親不能係其遯。道風素範,豈不美歟! 又以鉉無事事之情,有善善之志,見徵拙筆,用勒貞珉。是時歲次辛酉冬十月十日記。

原載《徐鉉集校注》卷 14

前虔州雩都縣令包府君(咏)墓志<small>鉉序鍇銘</small>

昔者鄭都涕産,知懷仁之有誠;孔門慟淵,見福善之無驗。遺恨千古,可勝言乎?

君諱咏,字義修。其先延陵人,漢大鴻臚咸之後也。曾祖章,祖岌,皆眷戀本土,卒於縣僚。考洎,遇故侍中寶之亂,乃去,仕唐吉州長史,入吴終和州歷陽令。政有遺愛,故家焉,今爲歷陽人也。

君幼而岐嶷,長而學問。孝敬自律,名利弗嬰,安貧怡然,綽有餘裕。順義末，丁先府君憂，泣血絕漿，杖而後起。朝廷獎勸善政，砥礪淳風，即起君爲歷陽主簿。秩未滿，移知含山縣令。先是，兵興之後，循吏用稀。君簡法舒刑，約廉敦信。縣無逋事，吏不能欺。莅官七考，清嘯而已。選授知虔州雩都令。西楚之地，南際殊鄉。本之以蠻蜑之風，因之以敖攘之衆。長鯨之戮雖久，碩鼠之刺猶繁。君下車，考政經，察人病，矯異俗，均地征，常爲諸邑之最。吏民上書借替，期求真命者無虛歲矣。而懋賞弗臻，成功輒去，解印之日，單車即塗。君素多疾，至是增劇。以己亥歲秋九月十九日，終於歷陽馴翟里之私第，享年四十有一。以其年冬十一月六日，葬於本縣本鄉許思里，祔先君長史之塋，禮也。君前娶潁川陳氏，後娶樂安花氏，皆良家之子，淑德不爽。二子曰德容、德鈞，二女皆佩觿丱角之歲。君天資貞吉，立性和雅，尊敬師友，敦睦親姻，移之於官，故所至皆理。而位不參於朝籍，年不登於下壽，能無遺恨乎！鉉兄弟少孤，長於舅氏。親承撫恤，勉以進修，門構不傾，君之力也。嗚呼！渭陽之贈，已矣寧追；西州之嘆，哀哉何極！故拂貞珉，紀述遺德，庶深谷以徙遷，見清芬之未泯。其詞曰：

懿哉華族，鴻臚有聞。家餘厥慶，世濟其文。祉祚鍾積，實生我君。惟君之生，資性天成。清譚變馬，寶思凌雲。道光表式，才中銓衡。爰職縣符，政閑務舉。旋緩二邑，鳬飛鸞舞。天亦難諶，俄悲物故。驚波易邈，陽露難收。荒郊落日，宿莽窮秋。銘兹幽壤，永樹芳猷。

原載《徐鉉集校注》卷 16

唐故德勝軍節度使檢校太保同中書門下平章事扶風馬（仁裕）匡公神道碑銘

夫道被萬物，處其中者，是曰賢人；功濟橫流，讓其先者，方稱君子。施之則開物成務，興廣業而同歸；卷之則保族宜家，垂令名於必大。是以長沙吳芮，繁祉邁於三雄；南陽賈復，貴寵隆於四七。歷代以降，靡不由之。

迄於我朝，則扶風公其人矣。公諱仁裕，字德寬，其先扶風人。

子孫或從官於徐方，今爲彭城人也。粵若萬邦作乂，益有佐禹之功，因封受氏，奢有却秦之績。公侯必復，關西靡孟起之威；文武未墜，南郡被季長之德。存乎譜牒，無俟闡揚。曾祖某，祖某，皆以鹵介之氣，當屯蒙之運，不履王侯之事，歸全父母之邦。考某，少負雄名，爲武寧軍裨將。才高位下，厥用弗昭，累贈尚書右僕射。《傳》曰：“有明德而不顯當代，後必有興者。”故其餘慶集於我公。

惟公克稟粹靈，凤彰奇應。方娠而神貺協夢，既生而異氣充庭。宗族相驚，閭里交慶。識者謂之曰：“不意英物復鍾此兒。天將啓之，馬氏爲不朽矣。”長而爽邁，輔以博聞。善無常師，器以虚受。乃皇圖中否，赤縣淪灾，戰國縱橫，争求策士，孔門堂奥，半作家臣。公負先見之明，審擇君之義。舉旗沛澤，即授中涓。定難京城，仍參主簿。而上方從歷試，允懋臣功，經綸草昧，咨訪遺闕。公親侍左右，日奉謨猷。能知四國之爲，且掌賓客之禮。勞無伐善，凤夜不離於公；美則歸君，論議莫窺其際。出入二紀，懋肩一心，車服以庸，寵禄來假。乃昇朝序，乃掌禁師，以左領軍將軍兼總丞相之兵衛。申令惟一，任衆惟睦，推以恩信，先之勤勞，周廬既嚴，軍事以簡。考績稱最，帝用嘉之，遷檢校司徒，遥兼宿州刺史。夫千騎之長，可以圖功；百城之權，可以觀政。中外迭處，仰惟舊章，即授楚州刺史、本州團練使。甸服之際，邦賦是繁；長淮之衝，戎寄爲急。公奉揚王略，遵舉詔條，人不易方，計日而治。徵爲右衛大將軍，復領舊兵，以衛相府，董齊之略，有逾於初。明年，改右金吾大將軍，以扶風縣三百户爲封邑。執金之職，歷代雄重，綿禩虚位，公首居之。内訓却非之士，外察苛留之禁。熊羆宣力，輦轂無塵。及上允膺内禪，光啓建業，寺府軍衛，半存舊京。委公留臺右師，俾率東夏，即遷檢校太保，改右天威副統軍，進爵爲伯。陝服從入，公有力焉。及參告類之儀，益光求舊之舉。寵開幕府，遥領徐方，進封郡侯，定食千户。左輔之地，王業所基，藩屏京師，惟公攸賴。乃移使節，往鎮京口。公慈惠著於郡國，威德洽於士心。由是齊人向風，期年報政，加同中書門下平章事、廬州節度觀察等使。自南北分隔，戎華交馳，合淝之郊，常制衝要。故有台階之命，以增外閫之威。公於是謹斥堠，審號令。習組練之士，則聲如飆馳；嚴堡障之備，則勢若山立。虜不敢犯，邊是以寧，而察俗之方，如南徐之理。方當矢謨帷扆，薄伐關河，渡江之誓既陳，沂渭之舟已具。嗚呼！良圖未展，景命不融。春秋六十有三，昇元六年閏三月五日，薨於廬州公署。上省奏震悼，廢朝三日。即用玄甲之數，式擬鐵山之功，給於官司，臨以中使。奉常以視履考祥之義，循貞心大度之美。詳協公論，易名曰匡。即以其年四月七日，備鹵簿儀衛，葬於廬州合淝縣鄉里，禮也。

公娶同郡萊氏，封彭城郡君。麗穠李之華，親采蘩之職。理內協鵲巢之咏，從貴有魚軒之華。某年月日先公而逝。嗣子右弓箭庫使光庭、東頭供奉官光祚、閤門承旨光紹，皆稟義方，無忝遺烈。家承膏粱之後，而恭順克修。職在紈綺之間，而雅素自若。君子謂扶風公其有後乎？夫碑頌之設，有自來矣。琬琰之細，既垂於苕華。盤盂之微，又參於警戒。若乃道合天眷，忠存王家，累輔翼之功，而鐘鼎之報罔闕；享將相之賞，而帶礪之誓弗渝。時無間言，沒有餘位，故其宗廟之紀，金石之銘，昭示來雲，不可誣也。小臣不學，奉旨刊文。庶使計功稱德，代遠而愈信；披文相質，事久而彌芬。峴首之懷靡盡，昆吾之烈長存。嗚呼哀哉！其銘曰：

益作朕虞，實曰元凱。崇基締業，明德攸在。維趙于蕃，封移族改。祚實刊山，源長巨海。因枝別代，峴渭來遷。導德絳帳，勤王跕鳶。流光襲祉，映後昭前。懷黃結紫，著簡成編。誕發材英，肇惟明懿。鼎角膚奇，龜文履異。博容泛愛，入孝出悌。運有屯蒙，器無凝滯。爰初發迹，雲從潛泉。濯纓職幟，拊翼中涓。良驥處服，忘歸在弦。樞機言行，無競維賢。繾綣從君，匪依履屨。勤愍前殳，周旋陛戟。居國必聞，在身無擇。帝爰允諧，胙乃丕績。惟彼淮泗，疆以獼夷。維此京浙，纘以邦畿。封淮表浙，惟惠惟威。椒蘭在俗，轅轍興思。群舒待理，獷犷孔棘。帝謂侯氏，纘服新息。式固爾猷，惠此廬國。乃陟台階，俾藩于北。龍旂四牡，鉤膺鏤錫。命服有煒，光聲載揚。獷狄弭耳，蚩旺繃方。上儀象物，下謡飛蝗。梁木或顛，通川有逝。長城既嚴，哲人永瘁。像著雲臺，風存遐裔。轗春盡思，瞻山隕淚。信結殊俗，悲深上旻。丹碑既刻，列鼎書勛。祁連不泯，庸器長存。丕顯百代，惟子有臣。

原載《徐鉉集校注》卷 11

唐故朝議大夫行尚書禮部郎中柱國賜紫金魚袋太原王君墓志銘

　　君諱某，字某，其先太原人也。昔者諸侯共職，起末運於髭王；儲后上賓，示靈期於瞽史。緃山維嶽，啓顭貢之崇基；汾水遂荒，導沈渾之遠派。其後金行云季，貴種言還，行者制禮樂於土中，處者保丘園於淮左。世濟之德，鄉人所宗，故今爲盧江人也。

　　曾祖，盧江令；祖，洪州長史。皆有廉讓之風，純粹之行，得禄於仕，不累於高。考，吳尚書左司郎中、贈太府卿，負適用之才，獲愛人之譽。應星辰而列位，道邁朝倫；視河海以命官，禮優贈典。君則府卿之第三子也。門風漸教，天質孕和，翼翼服勤，真保家之主；惛惛若訥，多長者之言。墨妙筆精，固稟於性，奕思琴德，咸是所長。幼有令聞，獲鍾慈愛，及加冠之歲，以門子叙資。漢室孝廉，方從令史；晉時英俊，更屈下僚。晨昏之養有歸，州縣之勞靡憚。乾貞二年，自黃州司馬遷洪州都督府別駕。治中懋績，屏星煥其增華；公府見知，佩刀由其受賜。俄拜尚書度支員外，再遷虞部郎中，皆判吏部、兵部事。夫當官匪懈，伏閤之勤也；照奸得情，坐曹之能也。前史所躤，君皆則焉。頃之，以親累解官。君雅好玄言，夙尚閑適。由是角巾私第，閉關却掃，交游罕得見其面，窮達不以介其懷，用晦而明，居貞以利。高皇帝受禪之始，牽復疏恩，拜工部郎中，轉禮部郎中，寓直中書省，豫聞機密。彤庭宏敞，禁垣清切。絲綸之出，堯言於是惟行；樞機之微，省樹由其勿泄。方將振鱗溟渤，驤首雲霄，而生也有涯，仁而不壽。昇元六年夏六月二十有二日，卒於建康翔鸞里之官舍，享年五十有一。嗚呼哀哉！惟君孝於事親，悌於承長，和以接上，廉以在公。胥吏臣僕，靡不被仁恕之惠；家人妻子，未嘗見喜愠之容。學古觀書，如恐弗及；恤舊敬老，周知其疲。三德聿修，五福斯闕，即世之日，遺愛存焉。卜遠不從，旅殯京邑。後四歲春二月五日，嗣子延紹、延貞等，始備大葬之禮，窆於江都縣某鄉里，從先卿府君大塋，與夫人李氏合祔焉，禮也。鉉以世親之舊，承子妻之知，怨明德之不常，痛祖行之斯在,退食自公,薄送於畿。刊樂石以爰紀,庶令名之不虧。嗚呼哀哉!
其銘曰:

汾川溶溶,淮源渢渢,興我宗兮。世濟其美,家餘其慶,生我公
兮。靖恭正直,言行名迹,存南宫兮。與義相扶,知命不憂,永考終
兮。邙城之右,蜀岡之陽,馬鬣封兮。道不虚行,有令之子,遵遺
風兮。

原載《徐鉉集校注》卷 15

故平昌郡君孟氏墓志銘

太歲癸卯五月十有九日,大行皇帝諸妃,平昌郡君没於大内之別
院,享年四十有三。嗚呼哀哉! 昔天保未定,大東啓其疆;魯道有蕩,
三桓紀其政。實始孟氏,代爲强宗。德厚流光之符,祥發慶膺之效,
宜乎來裔,生此淑人。曾祖某,祖造,父及,皆以含道居貞,遁世無悶,
克家垂訓,式永門風。郡君麗窈窕之容,秉肅雍之德,游依漢水,氣兆
河間,乃膺八月之求,入預良家之選。璧門受職,彤管服勤。恭順之
心,奉坤儀而得禮;明惠之智,導宫教而無遺。爰屬造邦,遂崇封邑,
路寢之後,柔芳載揚。既而千載上仙,宫車晏駕,號遺弓於萬國,感餘
香於九御。沈哀共極,美疹獨繁,不延幽夛之期,重惻上宫之念。嗚
呼哀哉! 即以其年六月日,葬於江寧縣安德鄉德信里之原,禮也。青
烏既吉,覆斧斯營。永光烈女之風,盡紀佗山之石。詞臣奉詔,謹勒
銘云:

杳杳平野,蕭蕭一丘。原松積靄,隴吹臨秋。吁嗟淑女,於此藏
舟。委貞質兮厚夜,奉靈駕兮仙游。惟惇史兮未泯,豈餘芳兮不休。
嗚呼哀哉!

原載《徐鉉集校注》卷 17

封保寧王册

維保大元年八月丁未朔某日,皇帝若曰:稽古夷庚,祗叶皇極。
建侯樹屏,保乂王家。用能乘運會昌,歷世重光。先哲所以啓後,列
辟所以時憲者也。我思立愛,宜有加焉。咨爾二十弟某,中和萃靈,

寬裕成德。戲必俎豆之禮，學無城闕之游。聰明仁智，仰遵前訓。孝
友姻睦，率由生知。昭此玉音，應於《麟趾》。朕以不德，凜乎丕承。
文武之功，期無獨享，契龜祚土，抑爲舊章。今使某官某持節，册爾爲
保寧王，食邑二千户，敬之哉！昔我文考對越上帝，敷佑下民，克儉於
家，無縱於逸，再造之業，與世無窮。予以爾有邦，膺受繁祉。今爾尚
迪遺烈，保終令圖。無從非彝，無狎非正。耆老是聽，訓典是師。綏
寧乃封，以永元吉。

原載《徐鉉集校注》卷 9

故昭容吉氏墓志銘

天子建内官，必先令德；九嬪掌婦學，以教六宫。是故壼則成風，
漢濱流化者矣。昭容吉氏，麗瑶姬之質，富班女之文。治絲枲以服
勤，宫功有序；徹粢盛以舉職，祀禮無愆。用能妙簡皇心，光膺盛典。
頃錫粉田之賦，因開左輔之封。嗣服之初，日不暇給。視月卿而命
秩，近正朝恩；閲逝水以成川，俄悲異物。春秋三十有三，保大三年秋
七月二日，薨於別宫。皇帝悼之，廢朝一日。遣奠之禮，有加等焉。
即以其年月日，葬於上元縣龍城鄉之原，禮也。

昭容諱某，字某，東海朐山人也。曾祖徵，朗州龍陽縣令。祖黨，
壽陽縣令。父彦輝，海州懷仁縣令。咸膺鄉里之選，屈從州縣之勞。
有利物之能，不享其位；垂積善之慶，克茂其宗。著籍金門，移家戚
里，昭映惇史，不其美歟？詞臣奉旨，式揚懿德。庶使高深自改，長延
丹砌之恩；金石無虧，仰慰璧臺之念。其詞曰：

吉甫作頌，穆如清風。儲慶炳靈，實生昭容。史曰明智，詩云肅
雍。内職以理，柔芳有融。閲川宵奔，燃膏曉滅。西陸移景，涼風殺
節。虞殯流聲，遣車成列。苕華不磨，蘭菊無絶。

原載《徐鉉集校注》卷 17

追封許國太妃册

維保大三年太歲乙巳七月乙未朔某日，皇帝若曰：昔在徂后，法
象天明，旁求淑女，式敷陰教，并建内職，以麗外朝。故其先德之舉，

顯魂之命,比爰庶尹,無不及焉,蓋敬終貽後之旨也。咨爾故汝南郡君周氏,恭儉執中,明智資性。頃諧法相,入奉先朝,紘綖之勤,夙著於彤史;湯沐之寵,竟飾於泉扃。粵予纂承,祗稟茲訓。家道既正,國風以理。仰蹈成式,永懷舊人。是用釐舉闕遺,追崇名數。昆吾舊宅,太岳全邦。申畫四封,以光懿德。今使使某官某持册封許國太妃。嗚呼! 令問不忘,盛典無替。昭昭復魂,聞予此言。

原載《徐鉉集校注》卷 9

大唐故匡時啓運功臣清淮軍節度壽州觀察處置等使特進檢校太傅使持節都督壽州諸軍事壽州刺史御史大夫上柱國彭城威侯贈太尉劉公(崇俊)神道碑

聞夫郊圻内理,牧萬民者,是曰諸侯;夷狄外攘,守四方者,其惟猛士。然則安危異任,文武殊塗。故天下方爭,韓、彭、英、吳,橫雕戈而震耀;群生待理,龔、黃、寇、賈,擁皂蓋以從容。及夫昭格寰區,紛綸簡冊,其歸一也,代有人焉。若乃總是全謀,覃於奕葉,流光受社,潛齊累將之家;崇德計功,下視慚卿之族。古難具美,我則兼之。公諱崇俊,字德修,其先彭城人。高祖昇,調補山陽淮陰尉,遂家焉,即爲縣人也。岳峻洪基,海疏遥派。陽城相土,千齡侯伯之封;沛澤中興,兩代帝王之胤。懷黃結紫,論鼎甲以盱衡;刻像圖形,誓山河而捧袟。國史家牒,披卷可知。

頃者,聖運中微,群方暫擾。驪山之北,犬戎興戲水之師;踐土之庭,天子屈河陽之召。公路擁南陽之衆,僭號仲家;隗囂據隴右之圖,坐論西伯。勤王問罪,吳太祖始定揚州;賜脤專征,昭皇帝遂加殊禮。於是揚旌北討,遷寇迹於淮濱;闢土西封,謀守臣於諸將。命我顯祖,作牧鍾離。乃固保障之嚴,載施犬馬之備。軍無粃政,將期十萬之行;師有見糧,即聚九年之蓄。方圖大舉,已伏前殳,永年不登,未幾而殁。長山群盜,舊畏來公;西域故營,願從班勇。復命烈考,嗣膺使符,不還渭水之兵,誓卒龍門之托。故蓼城之戰,斬獲過當;汝陰之圍,策勳居最。先零委質,鬭充國以無由;獫狁驚蒐,射邲都而不中。酬庸錫羨,建清淮軍以壯中權;加禮慎終,贈太尉公以光幽穸。既而

鼓鼙凄愴，部曲徘徊，家有遺恩，人思世德。帝曰："崇俊，惟爾恭儉孝
友，誠明惠和，任則中軍帥，位則文昌長。誕舉攸職，予惟汝嘉！濠梁
之郊，控扼遐裔，惟乃祖金，克懋厥始，乃考仁規，克慎厥中。肆予命
爾，克成厥終。往哉汝諧，無廢朕命！"公衘恤奉詔，墨絰即戎，鋪陳政
經，討閱軍實。思有以光大前緒，播揚國風。初，二先公之理也，屬洛
邑再遷，浚郊作梗。僞新竊據，仍延十五之期；黃武開元，始創三分之
業。犬牙之地，蠆尾常搖，鋒鏑縱橫，車徒奔走。摧牙獸困，尚遥匡復
之謨；賴尾魚勞，未暇綏懷之術。逮公之理也，寇皆遠遁，民仡息肩。
千里風從，四方聳聽。以爲格物必在於立制也，故減貢賦以息貪暴之
端，暢刑章以拯奸宄之極。賞不虛授，罰其必行，以爲富邦必在務本
也。故使民以時，相地之利，持未熟之稻，游惰自遷，班再易之田，兼
并絶倖；以爲邊寧不可以忘武備也，故修斥候，浚溝隍，竹與木而靡
遺，膏與苦而畢給，亭障屹峙，軍聲隱然；以爲强兵必在於實王畿也，
故招懷邊甿，講習戎事，游兵冀馬，俱爲無犯之容，晉勇齊雄，并集選
和之下，歲揀精銳，歸之京師；其餘庶政常經，門見戶睹，斯可略而
言也。

　　高皇帝禮均元老，寵冠列藩。受禪之初，則進上公之秩；肆類之
際，則委廉使之權。言必見從，無再却之奏；君常高枕，忘北顧之憂。
皇上欽奉重熙，聿遵無改，毗倚尤重，親敬有加。初，先太尉公之薨
也，西北小鷩，戒嚴從便，因詔執事，移清淮軍於壽春。及是復立定遠
軍，即命公爲節度使，仍以公少子匡符尚永嘉公主。留侯操印，初躋
上將之壇；帝子吹簫，即降王姬之館。禮優伯舅，望重懿親。於時公
莅濠梁十有七年矣。米鹽皆序，丞史當才。閉閤罕爭，舉烽無警。朝
廷以公能光前烈，雅得邊情，清淮之師，遺風仍在。俾盛一家之美，載
嚴萬里之城，改壽州刺史，充清淮軍節度使。鄧侯倏去，鷄鳴傷父老
之心；長者聿來，虎渡息鄉閭之患。能事畢舉，考功再期。方將建大
斾以風驅，指函關而電掃。雲中鷄犬，八公之迹徒存；夢裏膏肓，二豎
之妖遂作。春秋四十，保大四年夏六月十有六日，薨於壽春公署。皇
上翦鬚靡及，穿壁方遥。投綠沈之瓜，悲哀竟日；賜黃銀之帶，慷慨沾
襟。廢朝三日，中使護葬。詔兵部侍郎李貽業持節册贈太尉，賜謚曰

威。即以其年秋九月十五日,備鹵簿鼓吹,葬於濠州鍾離縣大化里之原,禮也。前夫人李氏,後夫人隴西郡君李氏,皆太師趙忠懿王女也。賴鄉仙李,即開柱史之源;參野飛龍,遂紀宗卿之籍。勛庸六鎮,時高謝氏之門;師範兩朝,室有班姬之訓。荃蘪蘭蕙,映戚里以芬芳;藻荇蘋蘩,播婦儀而昭晢。門内之理,夫人有焉。子八人,二子幼。長子節,早亡。次範,滁州刺史。次簡,次策,次霸,時未仕。次符,秘書郎。或得公之政事,或得公之兵鈐。學禮學詩,惟忠惟孝。皆推酥酪之味,咸有芝蘭之芳。所謂積善餘慶,世濟其美者也。

惟公山河龍鳳,凝粹彩於神姿;緯候風雲,集淵謀於靈府。議公家之事,不以身爲;行將軍之令,每由剛克。卒祖禰之成業,可謂聿修;膺牧伯之寵章,訖無虛授。所以始終匪玷,福禄攸歸。同族之間,朱輪結軌。季父仁贍,作鎮夏口。弟崇祐、崇僖,更典晉陵。其餘將軍、列侯,中郎、校尉。銀黄照爛,光浮通德之門;珩佩陸離,響雜高陽之里。苟非自天攸相,與國無疆,其孰能與於此乎?向使享大年,敷遠略,鴻飛鵬舉,功未可量也。天命不然,能無永悼!昔者荆州從事,猶牽墮淚之悲;大宰舊僚,亦有懷鉛之請。況乎世功丕顯,揭日月以高驤;帝念惟隆,會雲龍而下濟。欲垂萬葉,可不務乎?微臣職典絲綸,詞非清潤。持赤管以承詔,拂貞珉而投刃。庶使蚩蚩萌隸,觀迹而長懷;眇眇來雲,披文而盡信。其銘曰:

惟彼陶唐,有此冀方。自天祐之,後嗣其昌。侯遷魯縣,帝隱芒碭。猗那大族,嵩華配長。瀰瀰彭城,興我遐祚。顯顯山陽,著我高祖。高祖伊何,仁而不遇。慶鍾令孫,聿來用武。皇運中否,諸侯起爭。浚郊怙亂,淮壖不庭。吳王奮發,受鉞專征。命我顯祖,守濠之城。濠城嚴峻,濠兵驍勇。顯祖帥之,群凶震恐。將軍下世,邊烽亦聳。乃命象賢,荷時之寵。荷寵伊何,載大其功。蠢蠢梁寇,言言潁墉。是馘是俘,兵無頓鋒。爰有奇略,集於威公。威公嗣侯,不墜其訓。戎事之隙,民功是振。爲之中典,著之令聞。泗上風移,高師河潤。帝曰伯舅,予嘉乃勛。扞境則武,安邦則文。乃降王姬,於爾慶門。乃改乘轅,於彼西軍。西軍何在,鎮彼衡霍。威公來思,式遏寇虐。胡馬已遠,將星俄落。百身寧贖,九原誰作。明明天子,惻愴聞鼛。歲云秋止，返斾遲遲。二藩士女，泣涕漣洏。賢侯逝矣，吾誰與歸。黯黯塗山，湯湯淮淚。駟馬悲鳴，滕公所閟。甘棠勿翦，召伯攸憩。是用刊碑，永告來裔。

原載《徐鉉集校注》卷11

大唐故中散大夫檢校司徒使持節泰州諸軍事兼泰州刺史御史大夫洛陽縣開國子賈宣公(潭)墓志銘

公諱潭，字孟澤，洛陽人也。周先同姓，即列國之諸侯；漢得名臣，乃洛陽之才子。攀鱗河北，豈須方面之功；借箸譙都，自有良平之策。源長派遠，德厚流光，史不絕書，後將必大。當先天之內禪也，我七代祖黃門侍郎、平陽公曾，實演盃命。及至德之中興也，我六代祖黃門侍郎、晉國公至，實贊大猷。曠古已還，一家而已。五代祖蓀，衡州刺史。高祖種，司門員外郎。曾祖昶，太子司議郎。祖琛，河南密令。皆有輞世之量，濟衆之仁，大位不躋，餘慶斯洽。考翃，以經術擢太常第，以才用爲諸侯卿，捍寇輸粟，有勞王室。於是佩金紫，升朝廷。上疏論邠寧節度王行瑜恃功恣橫，坐貶愛州掾。及行瑜就戮，優詔徵還，復出常州刺史、鹽鐵江淮留後。屬宗社中絶，官司解弛，計吏未上，哲人其萎。公有世德之資，負鳳成之器，風神爽邁，智術通明。景福二年，以學究一經，射策高第。釋褐京兆府參軍事，遷秘書郎。侍從南遷，進修不懈。天祐丁卯歲，居先君憂，服喪過哀，宗黨稱孝。楚、泗郡守，宣城廉使，虛左交辟，三府馳名。俄丁內艱，戚憂如禮。藝祖武帝，創基分陝，側席求才，素與公周旋，即加禮命，奏記書檄，一以委之。內贊謨猷，外爲詞令，出應盟會，入陪樽俎，霸功光赫，公有力焉，十有餘年，任用無間。既而楚雲告變，穆醴不陳，已酬國士之知，亦得退人之禮，改宣、池觀察判官。烈祖高皇帝，受命中興，不忘舊德，徵拜秘書少監，充儀禮副使，遷中書舍人，崇英翰林學士。周慎密命，潤色王言，公望無渝，朝獎彌厚。保大嗣統，拜兵部侍郎、知制誥，學士如故，充永陵儀禮副使。同軌胥會，大禮無違。遷兵部尚書，修國史，考定郊廟之樂，褒貶歸正，擊拊允諧。會六夷南侵，天眷北顧，命公持節使於契丹，宣大國之威神，得諸戎之要領。及軺軒還軫，而控弦出塞矣。報命稱旨,時論具瞻。於是避寵台衡,就安關輔,除泰州刺史。視事數月,丕變土風。遘疾還京,保大六年九月二十有一日,卒於江寧永安里官舍,享年六十有八。皇上軫悼,再不視朝。飾終之禮,務從加等。太常考行,賜諡曰宣。以某年月日,葬於某所,與夫人楊氏合祔焉,禮也。

長子朝散大夫、行大理司直彬,次子泰州司倉參軍穆,少子修等,咸負當世之才,皆爲保家之主,種德垂範,未易可量。長女用文,適水部員外郎楊元鼎,不幸早世;次曰用柔,適膳部員外郎、知制誥張緯;次曰用光,適進士姜某;少曰季芳,尚幼。惟公事業富壽,昭映一時,族望婚姻,熏灼當代。自非天監與善,孰能若斯?雖大用未光,而能事畢矣!鉉以世親之舊,執隨行之敬,服義承教,惟公在焉。刊勒論撰,蓋感遇之萬一也。其銘曰:

於維茂族,實有世德。七葉繼軌,嘉猷允塞。亶矣君子,其儀不忒。修辭立誠,以匡王國。言以文行,兵由威克。東畿之政,爲邦之則。天地長在,春秋代遷。今朝喪善,何日生賢?蒿里誰地,佳城許年。永安舊里,門館依然。寢丘傳邑,京兆開阡。勒名泉石,以配青編。

原載《徐鉉集校注》卷 15

唐故泰州刺史陶公(敬宣)墓志銘

公諱敬宣,字文褒,其先尋陽人,因官徙籍,今爲合淝人也。西京作相,開國封侯,於是貽孫南國,主盟長沙,公兹焉不朽。籬邊黃菊,解縣印以言歸;嶺上白雲,掛朝衣而莫返。光靈攸屬,固無得稱之;丹青所存,可略而言也。

高祖復,右監門衛將軍。曾祖琳,建州錄事參軍。祖晟,青州博昌縣令。皆天縱其能,世濟其美。韋韋君子,屈迹於驍游;縉紳先生,折腰於州縣。積善餘慶,明德後興。考雅,武昌軍節度使,贈太師,楚惠公。雲雷構屯,龍虎冥會。橫珊戈而蕩寇,功冠一時;裂鶉尾以疏封,禮優萬户。公即太師第四子也。幼而岐嶷,長而俊茂,非禮勿動,時然後言。天祐中,門廕起家太子校書,遷至府長史,賜緋魚袋。丁先公憂,時年十四,孝心昭感,喪禮無違。釋服,除都官郎中,賜紫金魚袋,改大理少卿。青縑寓直,時推伏閣之勤;丹筆持平,人絕署門之嘆。俄遷江都少尹。趙張治劇,由來表則之司;淮海分疆,自昔輕揚之地。公處之貞固,行以廉平,愛民則忠,事長以順。一圻欣賴,三載有成,遷大理卿,仍兼尹事。烈祖孝高皇帝,允釐百揆,實總六師,爰求鄭國之良,以貳楚人之廣,奏請君判左右軍事。丁酉歲,堯咨文禪,禹迹中興,徵舊德於角犀,考官成於喉舌,拜工部尚書。今上嗣位,加金紫光禄大夫、檢校太保。會閩人作梗,王旅欲南,聲實所資,豫章為急,故輟公副,總判軍府。及羽檄四出,羽挽相尋,民以悅而忘勞,事有備而無患。嶺表既定,洪人亦康,復移宛陵,仍兼棣州刺史、海陵郡守。海陵為甸服之地,邦賦最優,歲比不登,民用胥怨,除泰州刺史。公以清浄為理,仁恕積中,視吏民其如傷,守法令而畫一。餘糧栖畝,無庚癸之呼;白駒過隙,感辰巳之歲。春秋五十有二,保大八年夏四月十有八日,卒於位。上省奏傷悼,輟朝兩日。有司考行,賜諡曰順。即於其年月日,權窆於東都,明年某月日,葬於江都府縣里,與前夫人合祔焉,禮也。惟公冲和體質,仁孝為基,立身有常,與物無忤。尤善聲律,聞音而知樂;頗好篇咏,下筆而成章。身後不留餘財,所任必有遺愛,求之作者,斯亦難能。嗣子泰州司倉參軍崇鼎、崇諒、崇倫等,皆勤修令名,夙奉成訓,君恩靡替,家法如初。鉉昔在朝行,實惟舊好;今從左宦,仰繫東道。痛死生之已矣,感意氣以何報! 延陵掛劍,願保於不欺;峴首刊碑,終慚於絕妙。銘曰:

淮沘之靈,衡霍之精。必有賢傑,為時而生。乃伯乃仲,乃侯乃卿。望冠六事,風馳百城。人生有涯,大命夙傾。不見君子,猶存政聲。遠日既吉,靈輴既行。寂寞公館,蕭條古堈。哀哀郡人,泣涕沾襟,嗚呼彼蒼,不知福善之胡明!

原載《徐鉉集校注》卷 15

唐故檢校司徒行右千牛衛將軍苗公（延禄）墓志銘

公諱延禄,字世功,其先上黨人。昔者,楚多淫刑,賁始逃難,晉賴謀主,苗受其封。高門之慶,雄視樂、郤,綿綿瓜瓞,翼翼孫謀。存諸簡編,可以揚榷。延洪於我七代祖、中書舍人延嗣,光大於我六代祖、太師晉卿。源流繁衍,蔚爲甲族。中朝喪亂,後裔播遷,匿迹淮楚之間,今爲盱眙人也。

先公諱鄰,生於兵戈之間,長習旗鼓之用。遭遇英主,建功立事,出爲泗州防禦使,入爲靜江軍統軍。世卿之祀,衰而復振。公即靜江之長子也。弱不好弄,壯而有立。負雄勇之量,不以驕人;秉剛直之資,未嘗忤物。持重善戰,默識寡言,時輩推之,以爲君子。初,先公奉王略,領偏師,南破山越,西定江楚,東絕滄海,北捍徐戎,弓不解彄,兵不匣刃。公年甫弱冠,實參其間,搴旗斬將,所向披靡,宣力用於君父,舒壯氣於風雲。然而職以序遷,蓋歸美於先公也。烈祖孝高皇帝中興大業,疇咨舊人。命公領泗上精兵,入爲宣威軍裨將。六卿之選,以翼京師;八屯之權,實資宿衛。歷紀受任,一心靡渝。今上祗嗣鴻圖,益宣朝寄。總千牛之士,以爲心膂;假五教之秩,以崇班列。會侍中燕王以帝子之重,兼鎮兩藩,詳求命卿,以事大國,俾公提步卒,屯宣城,凡甲兵壁壘之事,皆聽於公。夙夜惟勤,燥濕生疾。春秋六十一,保大九年十月七日,卒於宣州公署。上省奏傷悼,爲之罷朝。送終之禮,有以加等。即以其年十二月二十七日,葬於江寧府縣里,禮也。

夫人王氏,淮南裨將唐之長女也。先公負游俠之氣,有征討之功,勇冠三軍,力制奔虎;夫人麗桃李之質,襲蘭蕙之芳,婦禮聿修,遺訓無墜。君子以孝慈率教,夫人以嚴正克家,閨門之理,實有內助。以保大八年五月一日,先公而逝,今始祔焉。子全厚、全贍、全節、全義、全海,皆有父風,苗氏爲不朽也。鉉本自世親,早爲姻族。嘆侯封於李廣,發哀詞於杜篤,刻翠炎於荒阡,擬高陵於深谷。其銘曰:

才之俊兮將之雄,位之侯兮壽未中。天難諶兮人云亡,川既逝兮歲將窮。素車兮丹旐,白草兮青松。悲雄心與壯氣,漸荊棘兮蒙籠。

原載《徐鉉集校注》卷16

唐故道門威儀玄博大師貞素先生王君(栖霞)之碑

原夫至道之先,邈哉希矣,書契以降,可得而云。黃帝堯舜澄其源,故垂衣恭已,在宥天下;伯陽仲尼道其用,故建言立德,憲章無窮。赤松、羨門,神而明之,故輕舉上賓;留侯、商皓,變而通之,故解景滅迹。順是已下,莫不由之。故有縉紳端委,利萬物於廟堂之上;葛巾蕙帶,全陰功於塵埃之外。隱顯殊志,趨舍同歸,其人有終,其魄不死。閬風、元圃,群帝之密都;赤城、華陽,仙聖之治所。光靈胼釂,若在左右,仁人君子,往往至焉,見之於貞素先生王君矣。君諱栖霞,字元隱,華宗繼世,積德所鍾。生於齊,得泱泱之風;長於魯,習恂恂之教。七歲神童及第,十五博綜經史。闕黨童子,靡敢并行;東方諸侯,爲之前席。而仙才靈氣,禀於自然,塵纓世網,不可拘繫。每名山獨往,神契感通,奇怪恍惚,衆莫能測。天祐丁卯歲,避亂南渡,至於壽春。感四海之分崩,想八公之遺迹。於是解巾名路,委質玄門。問政先生聶君師道,見而奇之,授以法錄。是日有彩雲皓鶴,翔舞久之。既而窮方士之遐游,得東鄉之勝境。道無不在,善豈常師,又從威儀鄧君啓遐。受大洞真法,玄科聖旨,動以咨詢;福地仙源,因而栖托。誅茅穿徑,枕石漱流。身既退而名愈彰,道已寂而節彌苦。桑田自改,桂樹長留。烈祖孝高皇帝,方在賓門,實來作鎮。紫氣表真人之應,青雲符好道之占。君鵠書被徵,褐衣來見,談天人之際,講道德之源,靡勞牧馬之迷,自契順風之問。因從敦請,來止建康。有元貞觀者,陳宣帝爲臧矜先生之所作也。殿堂岑寂,水木清華,游焉息焉,以遂其好。每竹宮望拜,玉牒秘詞,叩寂求真,必君是賴,嘉祥靈應,世莫得聞。聖曆中興,恩禮殊重,加金印紫綬,號玄博大師。烈祖嘗從容謂君曰:"吾不貪四海之富,惟以蒼生爲念。"君對曰:"夫古之聖人,修其身而後及天下,天下待一人安而後乂安。今天子勤勞萬幾,忘寢與食,身且不能自治,豈能治蒼生哉!"帝善其言,以百金爲之壽。其識度諒直,又如此焉。今上嗣清净之基,尊玄默之化,咨諏賓敬,有逾於前。而君茅嶺夙心,老而彌篤,比年抗表,請歸舊山。優詔惜之,又加貞素先生之號。既而玉棺有命,紫素告期。葛洪見留,不成大藥;少君捨去,先夢綉衣。保大壬子歲夏四月甲寅,隱化於玄真觀,春秋六十有二。恩旨痛惜,賵錢二十萬;道俗嗟慕,會葬數百人。

　　初,君之處茅山也,即良常洞之前,相雷平山之下,披榛翦穢,面

蕡臨流。除地爲壇,表朝真之位;因丘設隧,卜安神之室。至是歸葬,
符夙願焉。六月發自京師。泝淮而上。時畿内久旱,川塗可揭。是
日大雨洪注,騰波却流,驀長堤,逾重堰,飄然利涉,人不知勞。昔周
王有樂水之朝,宣尼有四川之應,校靈比德,其殆庶乎!君傳法度人,
數逾累百。有若元真觀主朱懷德,名先入室,道極嚴師;首座孫仲之,
章表大德劉德光,參受經法,豫聞玄秘。永懷在三之義,願垂不朽之
風。威儀王可德,首座陳希聲,并仰高山,共刊貞石。鉉也不佞,夙承
教義。雖復仙凡異迹,靜躁殊途,而誠心所感,素交斯在。徘徊祠宇,
邈若山河,敬書峴首之悲,以俟遼城之嘆。詞曰:

於鑠子晉,上賓於天。亦有令孫,窮神體玄。昔我來思,世稱其
賢。今我往矣,人謂之仙。至道希夷,孰知其然、華陽洞府,句曲風
烟。林芳橘葉,地即芝田。披文相質,億萬斯年。

原載《徐鉉集校注》卷 12

復三茅禁山記

華陽洞天,金陵福地。群仙之所都會,景福之所興作。故其壇館
之盛,薦享之殷,修奉之嚴,樵牧之禁,冠於天下,其所由來舊矣。聖
曆中微,官失其守。望拜之地,多所荒蕪。若乃真靈翔集,玄覯肸蠁,
興復之迹,必假異人。天祐丁丑歲,貞素先生王君栖霞始來此山,恭
佩上法,徘徊地肺,偃息朱陽,永懷舊規,期在必復。先生潛德内映,
符彩外融,名士通人,道契冥會。凡縞紵之贈,脆信之資,悉奉山門,
以成夙志。於是由良常洞至雷平山,十里而近,入於萌隸者,盡購贖
之。芻蕘不得輒至,墟墓不得雜處。藝樹蔽野,植松爲門,川梁必通,
榛穢必翦。建方壇於雷平之上,造高亭於良常之前。朝修有致誠之
地,游居有稅駕之所。姜巴古陌,秦望舊封,肅然清光,復如開元、天
寶之歲矣。先是紫陽之右,有靈寶院焉。真臺故基,鞠爲茂草。先生
殫罄資用,克構殿堂。有開必先,無遠弗届。都督武陵康王奉錢百
萬,梁王造殿一區。向道之徒,咸助厥事。曾未周歲,惟新厥宮,皆先
生之力也。昔大隗致襄城之駕,庚桑化畏壘之人,是知道心惟微,其
應如響。時則有若,道士經若虛、協規同志,是攝是贊,幹事以恪,感

物以誠，績用不忒，斯實攸賴。先生以保大壬子歲夏四月，悉書夫屋之數，疆畔所經，請命於京師，申禁於郡縣，以授茅山都監鄧君栖一。能事既畢，數日而化，期命元應，昧者不知。

夫仙階感召，諒非一揆。若乃神清氣靈，骨籙標映，受之於天也；心虛器冲，玄德充蔚，基之於性也；昭真垂教，啓煥靈迹，行之於勤也。故策名紫素，飛步黃庭，流功儲慶，必參相合。然則先生之道，其殆庶乎？雖欻駕不留，冥昇日遠，而高風可迹，遺範在人。進而紀之，翰墨之職也。鄧君企慕前躅，見托直書。己未歲秋八月日記。

原載《徐鉉集校注》卷 13

唐故左諫議大夫翰林學士江君（文蔚）墓志銘

公諱文蔚，字君章，其先濟陽考城人也。昔高陽恢若水之靈，光有萬國；伯益獲箕山之護，克成夏功。故其子孫，延祚丕顯，茅土錫允，圭組流光。在漢者爲孝子，在宋者爲忠宰，在梁者爲烈將，在陳者爲詞臣。長城既封，淮水亦絕。辭周粟而遠騖，避嬴亂而深藏，徙籍建安，世爲大姓。至於我王考毗、考秦，皆以隱德清操，垂爲門風。

惟公嗣奕葉之賢，負生知之異，幼挺奇表，夙韜殊量。殫儒墨之秘奧，窮文史之菁英。閭里歸仁，宗黨稱孝。於時天下未一，遐方不寧。公鄙尺鷃之爲，從黃鵠之舉。類延州之觀樂，同太史之探書。升名俊造，從事河洛。衰俗難佐，天壤不支。我烈祖孝高皇帝，王業始於江東，仁風被於四裔。公杖策高蹈，款闕來儀。府朝肅以生風，臺閣藹其增氣。署宣州觀察巡官，試秘書郎，遷水部員外郎，賜緋魚袋。王國初建，改比部員外郎、知制誥。於時天人協應，獄訟攸歸，舜禹相與言，游夏不能措，潤色之任，我則無慚。既受禪，遷主客郎中、知制誥如故。俄而真拜，仍賜金紫。今上嗣位，大禮聿修，徙公爲給事中，判太常卿事。時同軌胥會，有司失職，公與司門郎中蕭君儼、博士韓君熙載，協力建議，周行翕然。由是祖功宗德之位定，大行昭名之義允。功著高廟，與天無窮。明年，拜御史中丞，矯枉持平，無所顧憚。坐廷劾宰相，其言深切，貶江州司士參軍。初，國朝自王義方之後，曠數百年，憲署之舉，間無廢職，然未有危言激論，如此之彰灼者也。故權右振疏,朝野喧騰,傳寫彈文,爲之紙貴。人心既爾,天鑒迹迴。前所劾者,或免或黜。公就加江州營田副使,頃之徵爲衛尉卿。俄拜右諫議大夫,充翰林學士,權知貢舉。出納密命,樞機靡失;登進造士,衡鏡無私。聳禁署之清風,著春官之故事。薦賢之賞,行及於台司;曳杖之期,奄先於朝露。春秋五十有二,保大十年八月二日,卒於京師官舍。皇上痛惜,爲之廢朝,送死恤孤,一從公賜。有司考行,易名曰簡。即以其年九月十三日,葬於某縣某里之原,禮也。長子壽,秘書省正字,次子騫;皆早卒。今以從子翹爲嗣。嗚呼哀哉!

公心平氣和,貌古神正。雅好玄理,有方外之期;尤善詞賦,得國風之體。去華簡禮,不以位望驕人;憐才誘善,不以威名傲物。操履堅正,靡得動搖;襟懷坦夷,初無蒂芥。謫居江楚,恬然自足。孜孜色養,烝烝孝心。嘗爲詩云:"屈平若遇高堂在,應不懷沙獨葬魚。"此其心也。江州節度使賈公崇,以武立功,以剛肅物,事公如師傅,親公如兄弟。時皆服公之重名,而賢賈之樂善也。既歸京,寓居公廨,無以家爲。二子繼亡,一慟而已。齊生死於夢覺,遺寵辱於錙銖。古之達者,何以過此。嗚呼!凡我僚舊,均哀共戚。入黔婁之門閭,覽伯喈之經籍。睇落日以流慟,愬秋風而沾臆。企景行於高山,勒哀詞於樂石。其詞曰:

高陽之裔,伯益之孫。展矣君子,載大其門。爰翔爰集,樂我樹檀。影縈幕府,振藻西垣。禮儀卒獲,風憲攸端。道行在時,業隆自我。英英若人,見義必果。直指烈烈,宮鄰璨璨。死生以之,何適不可!允矣天鑒,明哉主恩。乃還宣室,乃入修門。從容禁署,密勿王言。得才爲盛,知人則難。求尸宗伯,載善其官。人必有終,古無不死。嗟嗟若人,風流永矣。徐庶有母,鄧攸無子。闤里諸生,荊州故吏,謂之何哉?啜其泣矣!秋風落木,逝水成川。昨朝飛蓋,今日荒阡。一丘殘照,萬古愁烟。素車自返,寶劍高懸。高才兮直道,共盡兮何言!

原載《徐鉉集校注》卷15

喬公亭記

同安城北，有雙溪禪院焉。皖水經其南，求塘出其左。前瞻城邑，則萬井纚連；却眺平陸，則三峰積翠。朱橋偃蹇，倒影於清流。巨木輪囷，交蔭於別島。其地豐潤，故植之者茂遂；其氣清粹，故宅之者英秀。聞諸耆耊，喬公之舊居也。雖年世屢遷，而風流不泯。故有方外之士，爰構經行之室。回廊重宇，耽若深嚴，水瀨最勝，猶鞠茂草。甲寅歲，前吏部郎中鍾君某字某，左宦兹郡，來游此溪，顧瞻徘徊，有懷創造，審曲面勢，經之營之。院主僧自新，聿應善言，允符夙契，即日而裁，逾月而畢。不奢不陋，既幽既閑。馮軒俯昒，盡濠梁之樂；開牖長矚，忘漢陰之機。川原之景象咸歸，卉木之光華一變。每冠蓋萃止，壺觴畢陳，吟嘯發其和，琴棋助其適，郡人瞻望，飄若神仙。署曰喬公之亭，志古也。

噫！士君子達則兼濟天下，窮則獨善其身，未若進退以道，小大必理，行有餘力，與人同樂之爲懿也。是郡也，有汝南周公以爲守，有潁川鍾君以爲佐，故人多暇豫，歲比順成。旁郡行再雩之禮，而我盛選勝之會；鄰境興閴户之嘆，而我賦考室之詩。播之甿頌，其無愧乎！余向自禁掖，再從放逐，故人胥會，山水窮游，良辰美景，賞心樂事，有一於此，宜其識之。立石刊文，以示來者。於時歲次乙卯、保大十三年三月日，東海徐鉉記。

原載《徐鉉集校注》卷 14

楞嚴院新作經堂記

君子才足以治劇，惠足以安民，見危致命，以死勤事。有一於此，然後可以薦信於無方之神，儲慶於必大之門。噫！楞嚴院經堂之作也，其庶幾乎？

平陽柴君，諱進思，字昌美，故太尉、中書令尋陽靖王之孫也。少而爽俊，長而忠愨。尤善騎射，頗曉兵書。靖王愛之，出則典親兵，居則專家政，幹蠱之美，宗族稱之。王薨，始爲公臣，累遷旅帥。鴻圖再造，金革寢威。上以其才能可任，故以爲内宴副使。乘軺建節，將命四方，盤根錯節，所至皆治。改鄂岳觀察巡官，知永興縣事。縣有山澤之徵,榷管之利,歲終考績,倍於前人。遷泰州軍事判官、兼營田、鹽監。平蠱政,決庶獄,勞農督課,潔己律人。民不告疲,公有餘利。除勸農使,復監池、吉二郡,護武昌軍。千里晏安,上流靜謐。會梁人入寇,我武未揚,東畿陷沒,群情震駭。命君爲行營應援軍使,率舟師數千,鼓行而東。平難濟口,復海陵郡。於是淮泗之地,聲勢始通,乘勝長驅,因迫隋苑。前茅接戰,群帥後期。振臂奮身,有死無二。雖破竹之勢,敗於垂成,而東道清夷,本由君之一舉也。江都克復,歸葬京師。天子憫焉,贈左千牛衛將軍,賻贈加等,禮也。嗣子殿前承旨廷遇等,棘心在疚,荼蓼倍兼,以爲苴麻苦凷,飾哀之期有終;烝嘗封樹,追遠之禮有數。復欲圖不朽之績,徼無邊之福。則金仙之教,世之所崇,宗旨在於經文,威容存乎像設。於是擇奇勝之地,補闕遺之事。構經堂六間,塑地藏菩薩像一軀。几席什器之類,華而備,精而固,耽然其質,煥乎其章。深嚴足以遠世喧,虛明足以昧玄旨。其全節之風也如彼,其集靈之所也如此。然則冥冥之祐,綿綿之慶,豈誣也哉!余頃歲左宦海陵,君盡傾蓋之分。感忠臣之事主,嘉孝子之奉親。刻石紀事,以聳善也。援筆淒愴,無心於文。保大丁巳歲春三月日,東海徐鉉記。

原載《徐鉉集校注》卷13

唐故銀青光禄大夫檢校國子祭酒御史中丞包君（諤）墓志銘

君諱諤,字直臣,丹陽延陵人也。粵我長源,發於夏后。分封受代,著于會稽,司農而後,代有賢哲。轉徙旁郡,遂家延陵,種德流光,世爲大姓。曾祖章,丹陽令。祖潤州錄事參軍。考洎,和州歷陽令。業官之美,播於氓頌。公以廣明庚子歲生於丹陽,長於戎馬之間,遂好金鼓之政。氣質慷慨,而孝於事親;材用敏幹,而慎於畏法。命不我與,事多無成。高皇帝兼總六師,以輔王室,署君牙門右職,將進用之,君以歷陽府君喜懼之年,辭歸就養,因隸歷陽軍中。自是服勤祇役,多在外郡,家貧援寡,仕不求聞。三十餘年,有勞無過,養心知命,以保遐齡。交泰元年春二月日,卒於鄱陽舟中,春秋七十有九。

夫人危氏,故賀州刺史諱德卿之女也。婦道以順,家政以嚴,內慎有光,六姻是則。子三人,曰會宗,曰穎,曰銳。皆敬述先志,勤修令名,號奉靈輴,俯就成制。即以其年月日,葬於江寧縣某里,禮也。鉉感深自出,名謝貴甥。載悲渭陽之詩,永痛西州之壑,敬書遺懿,以鏤貞珉。其銘曰:

猗歟府君,世載其聞。有道無命,與俗同群。代耕得禄,全和保真。享壽八十,下從先人。乃整歸舳,秦淮之濱。乃卜玄宅,句金之陵。不可不識,封丘勒銘。悠悠餘慶,永永芳塵。

原載《徐鉉集校注》卷16

唐故鍾氏太夫人太原縣太君王氏墓銘

夫人太原祁人也,因官徙籍,遂居豫章。自緌嶺肇基,晉陽錫壤,光靈繁祉,蔚爲大宗。圭組簪纓,與世升降,聖曆中否,我亦不彰。故祖某、考某,皆蘊道居貞,流謙毓德。夫人有金玉之質,桃李之姿。柔順睦姻,以奉慈訓;組紃織紝,聿勵家風。宗族里閭,莫不稱美。先公司徒,纘戎嗣服,實臨我邦。夫人誕昭四德之華,用光九女之選。門内之理,實皆聽之。家人尚嚴,婦道貴順。主饋以敬,均養以慈。契闊夷險,始終若一,邦君内則,皆取正焉。嗚呼! 昊天不庸,路寢即順,夫人棘心蓬首,實由舊章。素尚空玄,益所明習。常齋居晏處,諷誦真文,雖祁寒盛暑,未嘗廢也。又以恭儉孝悌,文學道義訓勵子弟,皆成其名。保大年,詔封太原縣太君,從子貴也。二子,長曰懷建,由校書郎歷東府掾,以群從百口,家於豫章,於是辭禄公朝,歸綜司政,因除洪州都督府司馬。次曰舊,以屬詞敦行,從事戚藩,累登臺郎,爲集賢殿學士。會中令齊王避親讓寵,受鉞臨川,朝廷慎選英僚,以光幕府,除撫州觀察判官、檢校屯田郎中。既拜而夫人疾亟,交泰元年春二月十八日,卒於京師嘉瑞坊之官舍,享年七十有五。即以某年月日,歸葬於洪州某縣某里之原,禮也。嗚呼! 富壽戩穀,天所以祐善也;金石銘撰,世所以垂範也。二者無愧,可謂賢哉。鉉早奉世親,晚連姻好,景行懿德,敢用直書。其銘曰:

緌山不傾,清淮不湮。故我王氏,實生令人。衛姬之智,孟母之仁。光裕祖襧,垂慶來雲。西山之陽,章江之濱。靈仙攸宅,松檟相因。遐壽歸全，以反吾真。

唐故太原府君夫人彭城劉氏墓銘

夫人麗窈窕之容，蘊幽閑之德，孝敬肇於天性，明惠本於生知，光乎六姻，是謂賢女。初，我大父殷，考遇，皆立功興運，蔚爲將臣，婚姻之盛，冠彼當代。故夫人既笄，歸於我府君。君諱承進，壽州節度使相國公之第三子也。二族斯睦，百兩是將。婦禮之嚴，家道爰正。府君性疏直，喜賓客，理劇如簡，不以世務嬰心。行已取適，不以家財爲重。鐘鼎之族，化爲簞瓢。夫人雅性冥符，怡然自足。慈和待物，恭儉飭躬。子孫以之而克家，僕御以之而服教。及罹蓬首之痛，誓全柏舟之節。柔芬方遠，景命不融，春秋四十有九，戊午夏六月某日，終於京師濱江坊里第。子某等俯就成制，號奉靈輈，即以某年月日，葬於某鄉，祔府君之塋，禮也。鉉幸參諸婿，獲從外姻，載陳執紼之儀，仍奉懷鉛之托，敢書懿範，以鏤貞珉。其詞曰：

嗟淑女兮，仁慈肅雍。伊君子兮，亮簡疏通。合二姓兮，五侯之宗。垂内則兮，素士之風。悲秋霜與冬霰，摧女蘿與青松。念光塵之倏忽，獨天長兮無窮！

宣州開元觀重建中三門記

夫清净玄默，道之基也，宮館壇墠，道之階也。生知者因基以成構，勤行者升階而睹奧。故君子德業元挺，仁慈積中。必廣馴致之方，乃形兼愛之迹。爲科誡以檢其情性，爲象設以致其誠明。情性平則和氣來，誠明通則靈符集。由是登正真之境，入希夷之域，曠矣無際，薰然大和。斯實興化致理之方，還淳反樸之本，豈與夫延方士、尚秘祝、求長生以自奉者同年而語哉！

宣州開元觀，遠擬清虛，獨標形勝。敬峰崇峻鎮其後，句谿澄澈經其陽，鍾一方淳粹之精，結三素氤氳之氣。當泰陵之尊道，揭聖歷於華題，藹爾殊庭，居爲福地。及運纏百六，數偶三災，雖棟宇不渝，而制度多闕。靈踪必復，有待而興。主上嗣位之七年，皇室再造之一紀，今儲后徇臧、札之操，讓德承華，體間、平之賢，總戎藩服。首台司而握師律，鎮京口而領宣城。其爲政也，質以先正，咨於耆老。義以果斷，仁以發生。民力不偷，闕政咸舉。而斯觀路門久廢，遺址將蕪，非所以敬教尊祖、會昌建福者也。乃命執事，即從經度，民多暇日，府有羨財，勤而不勞，成而勿亟。巨棟山立，層檐翼舒，六扉洞開，方軌并入。重廊助其迴合，秘殿表其深嚴。十絶之幡，拂文楣而絢彩；九龍之驂，軋金鋪而振響。瞻之者有凌雲之氣，經之者疑駕欻之游。信足以勵上士之進修，福蒼生之仁壽。既而功宣納麓，望集撫軍，大壯之制斯成，重離之位亦正。貞符允塞，盛德宜書。道士孫洞虛，素業淳深，至誠敦懇，發揚真迹，啓迪嘉猷。永爲不朽之功，願紀它山之石。宮臣執筆，以謹歲時。戊午秋九月庚申記。

原載《徐鉉集校注》卷 13

文獻太子哀册文

維顯德六年太歲己未九月癸卯朔四日丙午，文獻太子薨於東宮延春殿，以其年十有二月壬申朔十三日甲申，遷座於文園，禮也。象輅差階，龍樓向曙。肅仗衛以將引，儼疇疊而不御。主上感深守器，念極賓天，痛玉符之靡召，悲銀榜之空懸，詔下臣於信史，載盛德於瑤篇。其詞曰：

於昭我唐，誕受帝祉。舊邦維新，令問不已。亦有積慶，載生賢嗣。平王之孫，吾君之子。越在綺紈，芳若蘭蓀。綠車表慶，寶玉疏恩。東平錫壤，南昌啓藩。耆老咨訪，丘墳討論。文以行禮，時然後言。敬愛表於天性，信厚由於自然。運屬重熙，地惟明兩。古尚達節，吾先德讓。剖符分陝，居東作相。封燕禮縟，副戎業廣。績著保釐，道高寅亮。敬亭南屏，浙水東馳。是惟關輔，以衛京師。乃移節鉞，建此藩維。擇其令典，導以由儀。仁薰俗厚，化洽風隨。國步中艱，文身怙亂。鎮以高臥，制之長算。取彼鯨鯢，戮爲京觀。吳門載同，輿詞協從。天之眷命，我豈矜功？乃正皇統，斯惟至公。爰撫軍而監國，亦納揆而登庸。業彌盛而學彌廣，望益高而禮益恭。不言而信,有感則通。多壘以之而罷警,四門以之而除凶。反淳和於國儉,致符瑞於年豐。天亦難諶,胡寧不惠?枉矢流蒼震之野,火耀奄前星之次。捨内竪之問安,進浮丘而把袂。九重增慟,萬邦銜涕。冥茫少海之波,寂歷洊雷之肆。嗚呼哀哉!感神飆之遠至,嘆芳歲之云徂。違太學之齒胄,啓佳城而下居。建采章於綢練,儼備物於塗芻。經武帳之剡旆,據青龍之鬱紆。嗚呼哀哉!苦霧閉塗,窮陰殺節。重雲之旭日如晦,大壑之層冰似雪。指京口而不臨,背都門而永訣。萬目愁而旆旌慘,群心感而笳簫咽。嗚呼哀哉!瞻榣山之落木,聽元圃之迴風。臺思子以何極,宮長男而遂空。集荆門之故吏,會商嶺之悲翁。淚淋浪而灑袂,氣怨結而盈胸。嗚呼哀哉!歷邃古以逷觀,考令猷於三善。孰仁孝之昭著,復功名之丕顯。惟筆史與虰頌,配長天而日遠。寧騁麗於東田,豈較能於文選、嗚呼哀哉!

原載《徐鉉集校注》卷 14

唐故奉化軍節度判官通判吉州軍州事朝議大夫檢校尚書主客郎中驍騎尉賜紫金魚袋趙君(宣輔)墓志銘

　　君諱宣輔,字仲申,其先天水人也。累世從宦,不常厥居。曾祖全真,工部員外郎、滕州刺史。祖倚,太子校書。考台,歙州海寧令。君即海寧府君第三子也。生於廣陵,長於江左,幼而俊敏,博綜群書,尤善名法之學。烈祖輔政,方申明紀律,君以是中選,釋褐補江都府文學,直刑部。明年改信州司法參軍,察獄詳刑,號爲祥練。久之召赴闕,以本官權參元帥府法曹事。逾年,改大理評事。元宗嗣服之初,精心庶獄,權要舉不附己者,因中傷之,君坐黜爲饒州司士參軍。明年,王師伐閩,護軍查公表君才可煩,使以本官判軍司事。時頓兵深入,自冬涉秋,經束馬懸車之塗,督飛芻挽粟之役,事集師克,君有力焉。師還,加朝散大夫,行常州義興令。推誠率下,民用協和。丁憂去職,復爲江州録事參軍。時連帥議浚溢浦,以屯舟師,詔從之。君以無益戎備而勞民力,乃指陳利害,抗疏極論,上甚嘉之,即命止役。由是遷大理司直,通判蘄州軍州事。明年,遷檢校水部員外郎,充建州觀察推官、通判軍府事。會越人闖邊,使間誘建民,將以爲亂。

君廉得其實，盡按誅之。優詔褒美，賜衣一襲，遷檢校屯田員外郎。三年，徵拜守水部員外郎、判度支。時師旅薦興，軍食不給，命君爲沿江催運使。輻傳所至，轉輸如流。朝議以姑孰居畿甸之間，實供億之始，徙君爲當塗令。逾月復徵爲主客員外郎，判大理寺，賜紫金魚袋。始君以理官得罪，至是上知其無私，故復任焉。守官循理，挺然中立。轉工部員外郎，仍判寺事。今上嗣位，上疏論時政，以爲刺史縣令，親民之先，而考績掄才，未盡其理。上深然之，遷朝議大夫、户部員外，充宣、歙、常、潤等道安撫使。以刺舉無避，爲權臣所排，宸鑒昭明，故得無咎。使還，以本官判兵部事。廬陵群盗充斥，州兵不能制，上憂之，亟命君爲奉化軍節度判官，判吉州事，轉主客郎中。擒奸摘伏，克舉其職。其年秋九月七日，遇暴疾。翌日，終於郡之官舍，享年六十有一。明年春二月，歸葬江寧府某所，禮也。夫人查氏，吉王府長史昌之女，工部尚書文徽之妹。婉嬺之德，閨房之秀，内助著美，士林所推。子七人：長曰鈞，袁州新喻尉；次曰錯，樞密院承旨；次曰鍾，舉進士；次曰銓，前國子監三禮；次曰鋸、鉞、鏌，皆國子監生。女一人，適秘書省正字周希定。君有孝悌之性，聞於宗族；敦然諾之信，稱於友朋。守己有常，事君不詔。位未達而知足，禄雖優而彌貧。其當官持事也，必盡己所長，不爲利回，不爲威惕，故屢失大臣意。然好直之士，亦以此多之。鉉久塵近職，熟君操行，直筆聳善，以告後人。故銘其墓曰：

　　英英趙君，松茂蘭薰。應用以法，飾身以文。道直詞正，心平氣純。如何不淑，今也爲塵！金陵仙鄉，古多名人。歸骨於是，與善爲鄰。泉臺不曉，壟樹空春。勒銘挂劍，慷慨沾巾。

原載《徐鉉集校注》卷 15

岐王墓志銘

　　天地之靈氣，發爲賢人；邦家之積慶，鍾於公族。其或富老成之智，促殤子之年。感群情者，自出於天資；垂英聲者，非由於事業。是以蒼舒軫悼於魏祖，表行曰哀；夏王鍾愛於明皇，錫名爲一。中興在運，代有人傑，見於岐王矣。王諱仲宣，今上之第二子也。文武儲慶，日月輪祥，實太姒之子，如魯桓之貴。天資秀發，神機内融。亦既免懷，未遑就傅，問安長樂，視膳寢門，承歡愛於瑶齋，極友悌於朱邸，成人之量，宛由生知。三歲受封，爲宣城郡公，假大司馬之秩。維城之望，日以光矣。不幸遘疾，甲子歲冬十月二日。薨於閤内，年四歲。主上痛幼敏之異，極天慈之懷，詔輟朝七日，册贈司徒，追封岐王。既而感上聖之忘情，遵先王之從儉，節哀簡禮，以厚古風，即以其月十有八日，備鹵簿鼓吹，葬於江寧府某縣某里之原。有司諡曰懷獻，禮也。惟王以褓襁之年，蘊金玉之度，異迹昭灼，可得而言。至於禁中娛侍，常在左右，或異宮一日，則思戀通宵，翌旦未明，必親至御幄，須奉顔色，然後即安。其孝也如此。上每罷朝稍晏，莊色未回，王則儼然侍立，不安言笑。須天顔悦懌，則趨就膝下，怡怡稱戲，不失其儀。中宮以上之鍾愛，恐漸於驕，故撫字之方，威克於愛，每加教訓，過於嚴屬。而王凛然祇畏，初不壞容，退或見上，乃啼而自悔。其敬也如此。始二歲，上親授以《孝經》雜言，雖未盡識其字，而每至發端止句之處，皆默記不忘。至於寢疾，近數千言矣。時聽奏樂，必振袂擊節，咸中律度。工人試中變其曲，王輒止之，曰："非前曲也。"雖周郎之顧，何以加焉？其慧也如此。受封之日，見於内殿，音詞宣朗，容止閑習，觀之者咸嘆重焉。其敏也如此。凡玩好之物，意有欲者，瞬目賞譽，未嘗求索，或識其意，持以與之，必再三推却，不肯即受。其毅也如此。上曰："昔人謂王勔爲神仙童子，今此兒近是乎？"及其薨也，悼念之甚，曰："吾見佗人賢子弟猶惜之，豈惟父子之性乎！"中宮哀慟，至於加疾。自非英姿感動，孰能臻此哉！議者以爲列宿淪精，高真降迹，表瑞王室，今復還矣。嗚呼！凡我臣庶，暨乎藩戚，瞻飛蓋之何期，慨神理之難測！寧盡美於稱贊，庶騰芳於簡册。詞臣奉詔，謹勒貞石。其銘曰：

粤我仙源，流光慶延。公族之異，惟王生焉。禮詩仁孝，斯之謂賢。夙習非學，生知自天。既與之智，胡奪之年？瞻庭蘭刈，顧掌珠捐。孟冬寒氣，京兆新阡。鼓吹蕭蕭，旌旗翩翩。跩逸躅於稚齒，閟藩房於夜泉。已焉哉！庶彭殤之一夢，豈没世之無傳。

嗚呼！庭蘭伊何，方春而零。掌珠伊何？在玩而傾。珠沈媚澤，蘭隰芳馨。人猶沮恨，我若爲情！蕭蕭極野，寂寂重扃。與子長訣，揮涕吞聲。噫嘻哀哉！

書岐王墓銘後

又銘一首，至尊所作。上省"庭蘭""掌珠"之句，謂得比興之實，遂廣其意，發爲斯文，親迂宸翰，批於紙尾，足以厚君親之義，行孝慈之風。是用勒石，永光泉户。謹記。

唐故金紫光禄大夫檢校司徒行少府監河南方公（訥）墓志銘

公諱訥，字希仁，其先河南人也。後世從官，徙籍新安，支派繁衍，遂爲郡之著姓。迨公數世，皆以儒雅退讓，播爲門風。曾祖顗，登州文登縣令；祖亮，左武衞兵曹參軍；考穀，榮王府司馬。母聶氏，追封河南縣太君，問政先生師道之長女也。公承積善之慶，負鳳成之智。砥節礪行，好學能文。時然後言，非禮勿動。鄉曲之黨，翕然稱之。太師陶公，來守新安，撫納人士，署爲郡吏，委以典籤，恪恭詳敏，甚稱所職。歷事累政，其志如初。烈祖肇基王業，元宗實綜軍政，管記之任，勤擇其人。聞公之名，召致幕府。王國初建，署寧國軍節度館驛巡官，掌都統表奏。皇室再造，慶賞遂行，擢拜虞部員外郎，掌元帥表奏。數歲，以皇孫就傅，命公侍讀。講道贊德，勵禆益之誠；端己直躬，盡表微之節。俄遷水部郎中。明年，皇孫封南昌王、東都留守，以公爲留守判官。遷主客郎中，參贊政務。事無違者，改司農少卿，依前充職。明年，王移任宣、潤二州大都督，復以公爲浙西營田副使，通判軍府。六載匪懈，庶職交修，懋官之賞，詔命疊委，累遷至金紫光禄大夫、檢校司徒，封河南縣男。俄拜泰州刺史，充本州屯田監院使。正身而令，悉心爲理，公無遺利，民自從風。屬强敵深侵，東京失守，而州兵盡出，人心大搖。於是士庶老幼，盡室南渡。公自歸闕下，坐是除名。數年，除歙州團練判官。上曰："戰争之際，吾豈以武勇責書生哉？軍法不得不爾。"即召拜太子右諭德。今上嗣位，遷少府監。

丙寅歲正月十六日,卒於京師美仁坊官舍,享年七十七。上爲之廢朝
一日,賜謚曰定。以某年某月日葬於某所,禮也。前夫人謝氏,早亡。
繼室施氏,封沛縣君。長子前,宣州寧國縣主簿;次子志,饒州文學。
公以名教爲樂,以矩矱自任,行必中立,居無惰容。縉紳之間,推爲純
行。公之外祖,得道之士,故公頗以朝禮修養爲務。鷄鳴而起,孜孜
不倦。年俯悼耄,體常康強,及屬纊之晨,無伏枕之疾,斯亦力行之報
也。鉉也不佞,早辱交契。昔先君從事黟、歙,公適仕本部,及公策名
郎署,鉉亦忝官聯。既熟其素履,願垂於不朽。附於史氏,以永令猷。
其銘曰:

聖人四教,文行忠信。惟公似之,光有令聞。秉筆贊畫,登朝典
郡。寵至若驚,道喪無悶。年俯中壽,官參列卿。歸全委順,終吉永
貞。宰樹長在,高臺自傾。用刊圓石,閟此佳城。

原載《徐鉉集校注》卷 15

唐故印府君墓志

君諱某,字某,其先京兆人也。因官徙牒,遂居建康。曾祖知章,
無禄早世。祖某官,考某官。君幼而勤學,長而力行。孝悌著於家
庭,信義行於州里。弱冠明經擢第,釋褐太子校書。千里之行,時輩
推許。會上國喪亂,遂南奔豫章。連帥鍾公見而悦之,辟爲從事。豫
章府變,始歸建康。井邑更移,親舊泯没。君慨然悲世難之未已,感
宦路之多艱,於是抗志衡門,息機世表。樂山水,寡言語,極談不過經
籍之事,足迹不游卿相之門。篤好六經,歲誦再遍。雖憂慘疾病,未
嘗廢也。孜孜焉修善如不及,恂恂焉與人無間言。保大丙寅夏四月
日,考終命。臨終訓勵諸子,備有嚴誡,如魏顆之命,無莊舄之吟,春
秋六十有九。夫人徐氏,通儒書,有婦德,先君而逝。即以其年月日,
合葬於某所,禮也。子崇禮、崇粲,舉進士。崇簡,明法及第,爲舒州
司法參軍。秀茂之業,聞於場中,咸以爲印氏之門,其後必大。諸子
以我宗之自出,故銘撰是求。銘曰:

於惟穆氏,代有君子。恂恂若人,亦既克似。退不丘壑,進不朝
市。體道居貞,全高没齒。俊造之學,施於後嗣。昭昭令名,與石

無已。

原載《徐鉉集校注》卷 16

唐故客省使壽昌殿承宣金紫光禄大夫檢校太保使持節筠州諸軍事筠州刺史本州團練使汝南縣開國男周公（廷構）墓志銘

　　君諱廷構，字正材，洛陽人也。岐山至德，綿瓜瓞者萬邦；洛宅舊都，守枌榆者百世。簪組相繼，譜牒存焉。曾祖侃，太常博士。祖潛，深州樂壽縣令。避亂南徙，因家廣陵。考延禧，明經擢第。有吳之霸，受辟爲淮南巡官，累官至戶部郎中，與殷文公、游貞公同掌文翰，無禄早世，故大位不躋。君即戶部第四子也。幼而岐嶷，長而篤厚，躬行孝悌，餘力學文。以蔭釋褐，補弘文館校書，試吏爲池州司戶參軍，改宣州寧國縣尉。烈祖在藩，乃眷舊族，聞君修謹，復有吏能，因表爲黃州長史，寵以朱綬，置之府朝。及受禪，遷通事舍人。鴻業肇興，王澤遐布，贊導之任，實寄司聰。護戎修聘，觀風按獄，受命而出，勤罔不臧。歷事兩朝，任遇彌厚，賞賜既數，階勛累遷，而通事之任如故，蓋惜其能也。保大七年，轉將作少監，判四方館事。浩穰之地，尹正爲難，復以本官判江寧府事。其間監諸侯之典者十，通四方之命者三，攝州府之政者六，按枉撓之獄者四。或敷惠於新附之俗，或投身於危亂之地，本於忠而後動，忘其生而後存。元宗嘉之，以爲客省使。今上嗣位，深惟舊勞，特加金紫光禄大夫、台州刺史。常御壽昌殿視事，中外之人，咸得引見，又以君爲壽昌殿承宣。出爲忠義軍監軍、泉南等州宣諭使。還，遷筠州刺史、本州團練使，仍充客省使。君以備嘗艱危，復逼遲暮，懇辭繁劇，恩旨不從。丙寅歲十月二十二日，終於京師某里之官舍，春秋六十有六。詔廢朝一日，賜諡曰某。明年正月日，葬於某所，禮也。夫人天水縣君姜氏，輔佐之勤，率由婦禮，訓誨諸子，備有義方。子，大理評事崇儉、太常寺奉禮郎崇素及崇順、崇信等，皆有儒謹，能不墜其先。鉉家世通舊，嘗接姻婭。淡成之分，終始不渝。何以寘懷，是用刊德。其銘曰：

　　猗嗟周君，世濟其名。展如之人，克嗣厥聲。受任幹蠱，臨難忘身。居中處約，全和保真。與物皆化，萬古同塵。松楸勿伐，蘭菊惟新。刊石表墓，吁嗟善人。

唐故文水縣君王氏夫人墓銘

夫人諱畹，字國香。其先太原人，今爲廬江人也。祖潛，左司郎中，贈太府卿。考坦，禮部郎中。皆以貞幹純懿，見稱於時。夫人麗窈窕之容，秉明慧之性，幼失所恃，事繼親以孝聞。在家不違於姆師，移天不失於婦順。初，先姑之治家也，嚴而有惠，通而得禮。夫人觀形稟教，莫不率循，故三十餘年，門風家法，凜然如舊。性尚静退，不樂世喧。始愚之在要職也，夫人憂形於色，及其居貶所，反欣然忘貧。此其所以爲異也。雖門族素盛，而世塗多故，禄賜所入，賙給無遺，豐約同之，親疏如一。至於澣濯之儉，組紃之勤，蘩藻盡敬，儒玄勵操，環佩中節，始終不渝。少善秦聲，長亦捨棄。每晨興，誦《五千言》而已。享年五十，戊辰歲八月一日，終於京師舜澤里之官舍。其年十月二十三日，歸窆於西山洪崖鄉鸑岡里，從先姑大塋，禮也。有子曰夷直，女曰神華、林華。嗚呼！愚常以體道委命爲懷，而情之所鍾，不知其慟。銜涕秉筆，庶不泯其聲塵焉。銘曰：

緱嶺之靈，生此淑人。洪崖之濱，寄此新墳。生與道俱，没與仙鄰。悠悠精爽，豈或爲塵？嗚呼！吾信積善之必爾，故攄恨於斯文。

唐故常州團練判官檢校尚書左僕射劉君（鄩）墓志銘

夫資忠全孝，含貞履潔，君子所以没身而守之，聖人所以屈己而申之，其道可傳，其風可仰。嗚呼，劉君其殆庶乎。君諱鄩，字巨源，其先彭城人，徙居廣陵重世矣。曾祖永，澧州司户參軍。祖審，不仕。考瓌，檢校户部尚書，贈右僕射。君生而岐嶷，有異常童，五歲而孤，即稟至性。年在幼學，卓然老成。初先君仕吴，實幹近職，而太夫人王氏，與貞穆皇后復有姻舊，故宣帝命君使事丹陽公。府公龍飛，以君爲殿前承旨，便蕃左右，靖恭夙夜，動必稱職，人無間言。二十年間，累遷檢校禮部尚書，充崇賢殿使。及軍府代謝，衆或將迎，君侃然正色,有死無二,游說之詞不能入,權利之勢不能動。於是閹豎希旨,以飛語中之,坐除名流池陽郡。明年,有唐受禪,烈祖嘉君盡忠,亟召之還,除常州長史,悉還其官階田宅。未幾,又改和州長史,聽歸廣陵舊居。初,元宗方在膠庠,吳帝使君召拜郎中,賜以章綬,自爾至於爲相,每朝謁,必先見君而後入。及元宗即位,召至京師,復命太夫人入禁中,如貞穆之時。謂曰:"吾受吳朝恩禮,不敢忘也。今猶數夢讓皇帝,執臣子之禮。吾觀當時近臣,唯夫人兒爲長者,帝意親之。今復得在吾左右,良足慰也。"君聞之,遂稱足疾,不任趨拜。上仍賜第以居之,歲時賜賚甚厚,時使親近諭旨,竟不能移。上乃加太夫人封邑,召君受命於朝,固辭以疾。上嘆息曰:"此子至孝,今以其母故,召之不來,是必然也。此亦古人所難,吾何爲奪其節耶?"久之,以君爲常州團練判官,不使之任,優其祿而已。今上嗣位,加檢校右僕射。君家承鐘鼎之富,少居綺紈之職,時逢革故,年甫壯室,而遂閉門却掃,高謝人間,孜孜色養,怡怡自得。姻族以之肅穆,士友以之景仰。名節終始,清風邈然。丙寅歲夏六月某日,終於建安某坊之私第,春秋五十有九。初,君葬太夫人於茅山良常洞之西,因自卜塋地,即以其年月日葬焉,禮也。前夫人張氏,早亡。今夫人吳氏,實有萊妻之賢,能從伯鸞之操,天資玉映,令問薰蘭。子昭嗣,女某等,善慶所鍾,家聲不隕,愛敬哀戚,在禮無違。嗚呼!令人其必有後。鉉家世通舊,復連懿親,常以君抗節遺世,既近代之孤標,而元宗推誠聳善,又列辟之難事,足以激揚薄俗,垂示將來。乃爲銘曰:

忠於事君,孝於養親。逢時有道,以義衛身。隱不絕俗,居能保真。我永終吉,誰爲古人?地肺之原,小茅之麓。左盼崇岡,右瞻柳谷。欒棘新吹,松楸再卜。令問昭顯,流光似續。刻此苕華,永芳蘭菊。

原載《徐鉉集校注》卷16

唐故中書侍郎光政殿學士承旨昌黎韓公 (熙載) 墓志銘

公諱熙載,字叔言,其先南陽人。《傳》稱武王之穆,詩美韓侯受命,晉以六卿升降,漢以三傑重輕。至東晉末,征西從事延之,以忠義之節,踐艱屯之運,避亂遠徙,遂家昌黎。餘慶流光,最爲繁衍。曾祖鈞,太僕卿;祖殷,侍御史;考光嗣,秘書少監淄青觀察支使,故又爲齊人。

公秉夙成之智,負不羈之才,文高學深,角立傑出。年始弱冠,游於洛陽,聲名藹然,一舉擢第。同光之亂,藩郡崩離,公以國難方興,家艱仍構,瞻烏擇木,杖策渡江。烈祖孝高皇帝納麓在辰,側席時彥,得公甚喜,賓禮有加。於時有吳肇基,庶事草創,公以俊邁之氣,高視名流。既絳、灌之徒弗容,亦季、孟之間不處。以校書郎釋褐,出爲滁、和、常三州從事。公亦怡然不以屑意,咏風月,游山水而已。中興受命,上嗣撫軍,以公有七子之才,膺四友之拜,徵爲秘書郎,掌東宮文翰。元宗深器之,及踐位,以爲虞部員外郎、史館修撰,賜緋。又以大禮繁疊,加太常博士。時有司議孝高廟宜稱宗,司門郎中蕭君儼上疏論之,公與給事中江公文蔚,協同其議。凡書疏論難,皆成於公手。由是廟號尊謚,定於一言,君子以爲真博士也。頃之,以本官權知制誥。初,公但以文章際會,未嘗與政,及其當維新之運,感知己之恩,未及聽政,章疏相屬。或駁正失禮,或指摘時病,由是大爲權要所嫉,竟罷其職。丞相宋公,朝之元老,勢逼地高,公又廷奏黨與,詞旨深切。天子優容之,而用事者滋怒,旋貶和州司士參軍。數年,移宣州節度推官。徵還,復爲虞部員外郎,遷郎中、史館修撰,賜紫。儀而拜中書舍人,從時望也。公雖才識優贍,而質性疏散,凡在位者,道復不同。於是深居移病,罕與朝謁。時兵興之後,國用不充,公援古酌今,請以錢爲幣。時獻封者甚衆,元宗獨以公議爲長,即拜戶部侍郎,充鑄錢使。今上踐位,改吏部侍郎,兼修國史。初,鑄錢之作也,自宰執而下,相與沮之,故百司不供,久未能就。上爲之曉譬事理,親加督責,而公猶不勝其忿,嘗因對見,聲色俱厲,因徙秘書監。不逾年,復拜吏部侍郎。新錢既行,大濟經費,詔賜錢二百萬,拜兵部尚書,充勤政殿學士承旨。公少而放曠,不拘小節,及年位俱高,彌自縱逸。擁妓女,奏清商,士無賢愚,皆得接待。職務既簡,稱疾不朝,家人之節,頗成寬易。雖名重於世,人亦訝其太過。上不得已,左遷太子右庶子,分司南都。於是謝遣伎樂,單車首路。留之未幾,復爲兵部尚書、學士如故。是時歲比旱歉，主上憂勤，公復論刑政之源，明防救之術，又上《格言》五篇，手詔嘉納，即拜中書侍郎，充光政殿學士承旨。初，上選近侍數臣，直宿禁中，常御光政殿召對，夜分乃罷，故命公此職，以寵異之。霖雨之望方深，鐘漏之期遽逼。春秋六十有九，庚午歲秋七月二十七日，没於京鳳臺里之官舍。上省奏震悼，爲之涕流。有司奏當輟朝三日，手批："天不愁遺，碎我瑚璉，辭章乍覽，痛切孤心。嗟乎！抗直之言，而今而後，迨不得其過半聞聽者乎？可别輟朝一日，贈右僕射平章事，仍官給葬事。"士庶聞之，知與不知，莫不爲之悲嘆。有司考行，易名曰"文靖"。即以其年九月某日，葬於某所，禮也。夫人隴西郡君李氏，生簪纓之族，有桃李之芳，内則有光，夜川先逝。繼室北海縣君蔣氏。長子疇，爲奉禮郎，早卒；次子伉，爲校書郎，聰慧夙成，無忝世德；次曰佩，曰份，曰儼，曰侹，曰儔，曰俛。女四人，或作儷公族，或爲尼出家。嗚呼哀哉！

公之爲人也，美秀而文，中立不倚，率性而動，不虞悔吝。聞善若驚，不屑毀譽。提獎後進，爲之聲名，片言可稱，躬自諷誦。再典歲舉，取實去華，故其門人，多至清列。屢從譴逐，殆乎委頓，俯視權倖，終不降心。見理尤速，言事無避。凡章疏焚藁之外，尚盈編軸焉。審音妙舞，能書善畫。風流儒雅，遠近式瞻。向使檢以法度，加以慎重，則古之賢相，無以過也。俸祿既厚，賞賜常優，忘懷取適，不事生計。身殁之日，四壁蕭然，衣衾槥櫝，皆從恩賜。詔集賢院編其遺文，藏之秘閣，凡所開卷可知也。鉉與公鄉里遼僾，年輩相懸，一言道合，傾蓋如舊，綢繆臺閣，契闊江湖，區區之心，困而獲雪。一生一死，何痛如之！援毫反袂，識彼陵谷。其銘曰：

猗嗟韓公，有蔚其文。俊才絶俗，逸氣凌雲。高名直道，玉振蘭薰。猗嗟韓公，天賦忠規。君臣之際，言行俱危。其身可辱，其節寧虧？猗嗟韓公，屈亦能伸。松寒益茂，玉焚始真。乃感明主，乃爲大臣。送往事居，不緇不磷。嗚呼韓公，胡爲而然？閟此相印，歸於夜泉。茂陵遺簡，京兆新阡。斯文不朽，此別終天。哀哉郢匠，已矣牙弦！勒銘圓石，永識桑田。

唐故左右静江軍都軍使忠義軍節度建州觀察處置等使留後光禄大夫檢校太尉右威衛大將軍臨潁縣開國子食邑五百户陳公（德成）墓志銘

　　公諱德成，字仲德，其先潁川人也。帝嬀餘烈，侯滿崇封。盛德之祀，綿邈於百世；光遠之慶，蕃衍於萬國。故我洪胄，代雄建安。王室中微，閩方角立。網羅英異，弘濟艱難。我曾祖茂新、祖滔，皆以雄才勇略，奮揚忠力。將領之任，生表其策勛；督護之名，没垂於飾壞。父誨，檢校太尉兼侍中、建州刺史、忠義軍節度使，謚忠烈。殊勛大節，有信史豐碑存焉。公即忠烈公之長子也。鍾粹和之氣，秉冲淡之心。通習《孫》《吴》，固其家法。酷好《墳》《典》，乃自天資。就傅之年，已著名譽。先公剖符劍浦，威信洽聞，諍子之助，實有其力。弱冠爲本郡禆將，先公以身守邊郡，心存本朝，累表遣公入宿衛，即擢拜右千牛衛將軍，充殿直指揮使。恭命畏法，修身擇交。先公每言邊事，常密疏於紙，遣公上啓，默識强記，敷奏閑習。元宗甚嘉之，累遷右静江指揮使。值淮上兵起，王師不振。公屢上書自奮，詔隸西北面行營，以舟師趣濟難，破其屯戍，遂入海陵，與諸軍會，勵兵固守。强敵日益，公連戰破之，虜獲千計。圍兵既遁，乃涉長淮，指下蔡，别率戰艦，分擊浮橋，三中流矢，神色自若。自秋徂冬，且戰且前。凡五進軍壘，皆以衆寡不敵之勢，當輕悍卒至之師。臨難忘身，每戰必捷。而元戎逗撓，逆臣携叛，群帥失道，公全軍而還，遷右宣威軍厢虞候。制曰：“獨此一軍之衆，堪爲百戰之師。”其見稱如此。數月，爲和州刺史，又爲左天威軍厢虞候。明年，改池州刺史。是時疆場甫定，閭井未完，公奉法循理，正身率下，庭無滯訟，吏不生奸。鐵軸牙檣，無忘水犀之備；輕裘緩帶，常爲峴首之游。賦詩紀頌，粲然可述。元宗南狩，從至石牌。上每登臨置酒，必命公陪侍，訪山川之形勢，問風俗之美惡。應對詳敏，咸有條貫，捧觴上壽，進退由儀。求解印囂躍，優旨不許。今上嗣服，屢表乞還，徵爲右天德軍都虞候。舊制，常以舟師爲下軍，至是詔旨以南國之用，尚於舟楫，今而後知非是，乃簡練精鋭，置龍翔軍，以隸親衛，命公爲龍翔都虞候。舟師之重，自兹始也。會先君來朝，卧疾邸第，公親侍醫藥，躬執煩辱，容貌瘠損，衣不解帶。客至問疾者，不知其已貴也。及丁憂制，哀毁過禮，扶護靈柩，歸於建

安。詔起爲歙州刺史、本州團練使。視事三載，其理如初。秩滿復爲
右龍翔諸軍都虞候，遷都指揮使。每仲秋講武訓兵，仲冬而畢。進退
號令，由公指顧，威容嚴整，睹者肅然。頃之，又爲虔州巡檢使、知州
事。五嶺之際，地廣民悍，内據谿洞，外接蠻夷，告訐敓攘，習以爲俗。
於是申以刑政，示以嚴明，廣視聽，審情僞。吏以微文出入者，皆面詰
其狀，莫不惕息而退。弊爲之革，人以之和。於是浚溝隍，嚴壁壘，出
私帑以助費，因農隙以僝功。書勞考績，此其昭昭者也。尋拜池州觀
察使。以其秩居虔州。上以建安之地，人思舊德，且欲以晝錦之盛，
顯公之能，乃除忠義軍節度使、建州觀察處置等使留後。公以違奉歲
久，無以私爲，抗表來朝，固辭不拜，改右威衛大將軍，充左右靜江都
軍使。又轉光禄大夫、檢校太尉。奉以建州之禄，歲計千萬。甲第厩
馬，賜與優渥。俄而被疾，自識終期，申告理命，備有規度。中使問
疾，但曰：“世受主恩，未有以報，唯此爲恨耳。”又親問門吏草遺奏，既
成，自益兩句曰：“苟游岱之有知，必結草以爲報。”上省表震悼，手詔
答之。公猶捧詔向闕，稽首流涕。壬申歲秋七月十有二日，卒於建業
濱江里之官舍，春秋四十。上痛惜之至，再不視朝。贈安南大都護，
遣中使監護葬事，皆從官給。有司考行，易名曰“烈”。即以其年九月
日，葬於某所，從理命也。夫人信都郡君刁氏，故昭武軍節度使能之
女。容德之美，閨房之秀，宜家睦族，光此門風。子倩，孝弟聰慧，修
詞好學，以蔭起家，授著作佐郎。必大之慶，其在於是。嗚乎哀哉！
　公生於戎馬之際，長承鐘鼎之業。修文習武，全孝資忠。風格端
莊，襟懷夷直。嫉惡獎善，如恐不及。穆親念舊，無有所遺，先人之
費，公私畢給，出入數載，家爲之貧。在公之餘，手不釋卷，篇咏詞筆，
皆傳於時。近代儒學將，唯公而已。凡四理藩郡，皆有借留去思之
美，民到於今稱之。由是恩顧特隆，委遇無間。修塗方騁，大年不登。
知與不知，皆爲悲嘆。鉉與公非故，特以道義相期，雖復出處不齊，班
序致隔，金蘭之分，終始不渝。寢門流慟，痛生死之永已；圓石表墓，
患陵谷之靡常。亦公之遺言，以此見托。豈非慷慨之氣，思振發於知
己哉。故爲銘曰：
　龍泉之靈，武夷之英。生我儒將，垂兹令名。臨戎有勇，察俗有

聲。爲臣之節，與世作程。位逼建牙，秩參掌武。才實膺時，忠惟得主。鬱此雄圖，溘然中露。謂天蓋高，不可以愬。悲哉俊氣，永已荒丘。鳳臺遺館，梅嶺窮秋。樹惟挂劍，地即眠牛。餘芳不泯，淮水長流。

原載《徐鉉集校注》卷 16

唐故朝請大夫守尚書刑部侍郎柱國賜紫金魚袋喬公(匡舜)墓志并序

　　士有放懷夷曠，介然中立，外物無累於心，没齒不違於道，吾友喬公嘗從事於斯矣。公諱匡舜，字亞元，廣陵高郵人也。曾祖譚，祖泰，皆不仕。考鴻漸，本縣尉，家世清操，州閭稱之。故其子孫，必有興者。公少好學，善屬文，弱冠游京都，詞藻典麗，容止都雅。烈祖輔政，見而器之，補秘書省正字。丞相宋楚公初獲進用，位望日崇，聞君之名，辟置門下。每爲文賦詩咏，輒加稱賞。由是名譽日洽，而卿士大夫皆前席待之。累遷大理評事、司直、監察御史、屯田員外郎。從宋公出藩，爲江西、浙西掌書記。府公告老歸九華山，公乃昇朝爲駕部員外郎。未幾，守本官知制誥，就遷祠部郎中、中書舍人。典掌樞機，周慎静默，凡十餘年。值邊境俶擾，師出無功，詔旨親征，中外憂懼。公上疏極諫，坐沮撓軍勢，黜居臨川。頃之，宋公獲譴，又以故吏爲累，由是累年沈廢。今上即位，徵爲水部員外郎，改司農少卿，判太常寺，轉殿中監，修國史，拜給事中，權知貢舉，又兼獻納使，遷刑部侍郎。公自徵還，數年間連歷清望，蓋舊齒直道，上簡聖心，至是，以老病不堪朝謁聞。上知其家貧，詔以貳卿之秩養疾。壬申歲九月二十有三日，卒於京師濱江里官舍，享年七十有五。遺命以《周易》《孝經》置棺中。太常考行，易名曰貞。即以其年冬十月二十有三日，葬於江寧縣某所，禮也。夫人太原縣君郭氏，代公玄孫晉陵令喻之女也。餘慶所備，門風甚高，婦德母儀，聞於宗族。一子僧孺，秘書省正字，早卒。孫諝，亦爲正字。

　　公之爲人，寬簡真率，常以詩酒自適，不以勢利縈心，毀譽讒慝之詞，聞之晏如也。從事楚公府殆二十年，凡爲府公見知者，皆詭譎傾側，公獨淡然無營，守正不諂。故但以文藝知賞，未嘗任用。烈祖下詔公卿，舉可以親民者，楚公所薦非其人，烈祖甚不悦，謂給事中常公夢錫曰：“吾望其薦匡舜也。”常公及中書侍郎韓公熙載嫉楚公如讎，而與公善。嘗相謂曰：“宋公誤識亞元，正可怪也。”公之歷任，奉法循理，似不能言者，及其臨危擊節，抗詞忤旨，侃侃然有古人之風。黜官奪禄，甘貧守約，凡五年，不形於言色，恂恂然道家之流也。故能享老壽，保康寧，歸全委順，斯可貴矣。公臨終數日，舍弟往候之，怡然言曰：“吾往矣，君兄弟可各爲一詩哭我。”翌日，復告門生曰：“吾已得徐君兄弟許我詩，餘無事矣。”其忘懷死生也如此。嗚呼！絮酒之禮，已隔平生；挂劍之信，永界穿壤。故以二章爲志，閟於九原。所撰集七十餘卷，編紀之任，屬於門人，此不備書也。其詩云：

舉世重文雅，夫君更質真。曾嗟混鷄鶴，終日異淄磷。詞賦離騷客，封章諫諍臣。襟懷道家侣，標格古時人。逸老誠云福，遺形未免貧。求文空得草，埋玉遂爲塵。静想忘年契，冥思接武晨。連宵洽杯酒，分日掌絲綸。蠹簡書陳事，遺孤托世親。前賢同此嘆，非我獨沾巾。

鍇詩云：

諸公長者鄭當時，事事無心性坦夷。但是登臨皆有作，未嘗相見不伸眉。生前適意無過酒，身後遺言只要詩。三日笑談成理命，一篇投吊尚應知。

原載《徐鉉集校注》卷 16

盧山九天使者廟張靈官記

開元中，尊崇至道，伸嚴祀典，詔置九天使者廟於匡廬之山。真靈咸秩，率由科教，應門左右，圖五百靈官之像焉。天祐初，江西連帥南平王鍾公，遣道士沈太虚設醮於廟。太虚醮罷，恍然若夢，見圖像一人前揖太虚曰：“我張懷武也，常爲軍將，有微功及物，帝命爲靈官。”既寤，訪懷武之名，無能知者。歸以語進士沈彬。彬後二十年游醴陵，邑令陸生客之。方食，有軍吏許某後至，話及張懷武，彬因問之。許曰：“懷武者，蔡之裨將，某之長吏也。頃甲辰歲大饑，聞豫章獨稔，即與一他將各率其屬奔焉。既即路，兩軍稍不相見。進至武昌,釁隙大構。克日將決戰,禁之不可。懷武乃携劍上戍樓,去梯謂其徒曰:'吾與汝今日之行,非有他圖,直救性命耳。奈何不忍小忿,而相攻戰哉?夫戰必强者傷而弱者亡,如是何爲去父母之國,而死於道路耶?凡兩軍所以致戰者,以有懷武故也。今我爲汝等死,兩軍爲一,無構難矣。'遂自刭。於是士衆皆慟哭,乃與和親。比及豫章,無逃亡者。"許某但懷其舊恩,不知靈官之事。沈君好道者也,常以此語人。鉉始在膠庠,預聞斯論。辛酉歲,扈從南幸,獲謁祠宮。道士童處明出沈君所述傳,求潤色之,以刊貞石。

嗚呼!古之君子,體至公,綜萬殊,虛心存誠,事至而應。道苟行矣,何必在己。物既濟焉,何必享利。故有歸全以爲孝,殺身以成仁。此兩者同出而異名,同謂之玄,非清貞之氣不能衛其義,非靈仙之位不足寧其神。昭報動乎上,肹蠁應乎下。然則天之愛民甚矣。咨爾百代,高山仰之。於是歲次癸酉上元日記。

原載《徐鉉集校注·補遺一》

故唐慧悟大禪師墓志銘并序

士有佩服聖道,闡揚師訓,進不累於軒冕,退不滯於丘樊,務勤身於濟衆,不養高以絶俗,其唯仁人矣。大禪師名冲煦,字大明,姓和氏。昔者,帝堯光宅天下,我祖世掌天官,保姓受氏,冠冕百代。在漢則調鼎之重,在晉則專車之賢。末葉湮沈,徙居固始。先君從郡豪王氏,南據閩方,今爲晉安人也。大禪師生禀異氣,幼挺玄機,年十有五,詣鼓山興聖國師出家,即具戒品。博覽經史,雅好文詞。郡多俊秀,咸見推仰。證無爲之理,演不言之教,綽爲先達,端然妙門。居城北之昇山。於時王氏衰淪,亂臣專恣,淫刑飛語,虐及善人,大禪師杖策去之,適臨川郡。中書令宋公齊丘,作鎮南楚,頗尚空玄,聞師之來,遠加延納。言意不合,拂衣而行。下至池陽,郡守王公繼勛,鄉國之舊,賓禮甚渥。時季唐二葉,像教方興,嗣君聞其名,召與之語,移晷而罷,眷矚殊優。命居光睦禪院,復遷長慶道場,俾與儲貳游處,實羽翼也。後主即位,恩旨加隆,特賜法智禪師之號。廬山開先禪院者,嗣君所創,真容在焉,命大禪師居之。精嚴修奉之儀,以申罔極之感。居數年，召還建康，止報恩禪院，加號慧悟大禪師，名其所化曰智度堂。精廬櫛比，選勝而處，禮秩之數，有逾於前。出則居奉先道場，入則居净德内寺。開寶七載夏六月寢疾，旬餘，乃大衆與論生死之理。十九日清旦，上疏告辭，後主遣使問之，至則化矣。享年五十有九，住法四十四年。即其月二十五日從西域之禮，收靈骨葬於鍾山之陽。禮物官給，中使監護。至某年月日，弟子省才遷於廬山某所，遵理命也。大禪師風骨秀整，機神穎悟，博該衆藝，綜以玄談，王公大人咸所欽尚。鉉非學釋氏者，不能言其道業，徒以傾蓋之分，久要不忘。今京師復與才公胥會，才公以文藝精敏見重於時，永惟嚴師之義，願刊不朽之迹。嘉其偉志，爲作斯銘。銘曰：

慧悟禪師，釋雄之奇。有文飾己，有道膺時。生延世寵，没有遺思。歸舟翩翩，九江之湄。鑪峰勝境，蓮社餘基。門人禀訓，遷神於兹。衰翁懷舊，勒銘志之。蘭菊無絶，高深與期。

原載《徐鉉集校注》卷 30

重修筠州祈仙觀記

筠州祈仙觀者，東晉黄真君上升之地。因爲道館，綿歷代祀，互有增修。國朝保大中，元宗皇帝奉爲吴讓皇再加營構，金石具刻，此不備書。夫言意假象，故立朝修之所。形器有壞，故資繕完之工。此觀當荆、楚之要津，實郵傳之便道。過賓税駕，游子解裝。憧憧往來，罕或虚月。加葺之後，二紀有餘，閒閬垣墉，頹落且半。道士羅自正，總攝真侣，啓焕元風。以爲道由人宏，德以勤維。不飾不美，人其謂何。於是心謀躬行，節用畜力，授其徒之可任者，會其士之好道者。月省歲計，經之營之。即舊謀新，興廢補闕。十有餘歲，其績大成。凡建聖祖殿、黄真君殿各一區，峙瑶壇，範洪鐘。造横橋於通津，植茂樹而蔽野。其修舊振壞者，層樓重廊，二十餘間。其取材也時，其擇匠也良。程之以壯，督之以固。瓴甋瑛碱尚其密，藻繪丹雘尚其麗。帑廩不費，工庸不勞。焕然新宫，峙此靈境。君子是以知其能也。

夫神仙之事，史臣不論。豈不以度越常均，非擬議所及故邪？仲尼書曰食星隕，皆略其微而著其顯，慮學者之致惑也。又况於希夷恍惚之際乎？然而載籍之間，微旨可得。《書》云“三后在天”，《詩》云“萬壽無疆”，斯皆輕舉長生之明效也。及周漢而降，則事迹彰灼，耳目不誣。天人交感，民信之矣。於是通儒洪筆，始著於篇。至如許君黃君，通幽洞冥，窮神極妙，逮爾姻族，與夫家人，乘景上隮，超然絶俗。故墟舊井，真氣裵回。至其鄉而思其人，仰其道而踐其迹。斯觀之盛，豈徒然哉！鉉頃歲扈從南巡，有事於游帷之觀。二宮相距，兩舍而遙，使指有程，瞻望弗及。逮今一紀，無日忘之。會羅君狀其功績，圖其形勝，見托紀述，欣然而書。開寶七年九月二十四日記。謹按開寶七年，爲南唐後主十四年。

原載《全唐文》卷 883

筠州清江縣重修三清觀記

元氣既判，天地乃位。氣之清明靈粹者，鍾乎洞天福地名山大川之間。真聖之所庥也，景福之所興也。然則游居走望，乃建道館焉。通都大邑，往往而在。豫章之地，實曰奧區。帶豫章之通川，據西山之雄鎮。鬱映磅礴，神異所栖。高真十二，震曜方夏。揚靈軌轍，摩迤蟬聯。保大庚戌歲，詔復高安縣爲筠州，析其北鄙爲清江縣。而三清觀負新邑之左，瞰長江之濱，形勝高奇，壇宇嚴淨。聞諸故老云：“昔吳、許二君，嘗游兹地。夜睹青氣，上屬於天。”相與嘆曰：“此非凡地，當爲神仙之宅。”及二君登晨之後，邑人追感前言，共構茅茨，歲時薦獻，衆目爲草堂道院。函關紫氣，事往名存。蓋屋草樓，人非郭是。年世彌遠，增修益崇。開成中，始詔賜號三清之觀。自時厥後，又逾十紀。運逢治亂，道有污隆。中興已還，百度咸復。官得其守，人盡其能。道士吳宗元，允迪元風，克堪道任。以爲朝禮域，飆欻所臨，不飾不美，衆將安仰。於是月考歲計，庀工飭材，補廢扶傾，無所不至。建三清之殿，造虛皇之臺，設待賓之區，敞飯賢之室。範華鐘之鏗訇，聳層樓之岩亭。回廊複道，重深奧秘。於是飾儀衛，備器用，肅然必洽，焕焉可觀。夫其誠至者其禮備，其守固者其事舉。道不遠矣，人焉廋哉？宗元又以雲境昭回，祥符胕蠁，思刻貞石，以貽後人，不遠千里，見訪論撰。嘉尚其意，故爲直書。時甲戌開寶七年十二月

十二日記。南唐後主十四年

原載《全唐文》卷883

唐故隴西李氏夫人墓銘

夫人諱某，字某，其先太原人。故左司郎中、贈太府卿諱潛之孫，今太弟洗馬裔之第三女也。伯仲世父，皆踐歷臺閣，抑揚聲實，相糾以孝，相高以讓，芝蘭桃李，閨庭粲然。夫人襲圭組之英，發爲秀色；鍾姻睦之氣，凝爲淑性。柔而有則，愛而不驕，紃組之工，翰墨之妙，禀自天性，能必過人。及長，歸於李君。君名俛，故楚州刺史諱承嗣之孫，今禮部尚書度之少子也。舅甥之親，齊魯之匹，好合之美，潘楊之風。夫人移天睦族，率由典禮，不恃舊以廢職，不矜能以怠敬。門內之理，清芬穆然。嗚呼！嚴霜春零，蕣華朝墜，享年二十有五，某年月日，卒於京師某里之寓居。二族悲慟，六姻悽愴，仁而不壽，古則有之。以其年某月日，葬於江寧縣某鄉里之原，禮也。東海徐鉉，以世親之舊，實維私之敬，執紼永悼，列石爲銘。銘曰：

天之命兮不可知，生此賢女兮鍾淑姿，嬪於盛族兮昭令儀。與之才兮不與之壽，永凋落兮芳時。儼黼翣，道靈輀，小江村兮長江湄。千秋萬代兮草離離，空餘初月如蛾眉。

原載《徐鉉集校注》卷17

述祖先生墓志序

門生彭汭，江夏人，既登第還鄉，明年補本郡司倉掾。嘗豫社祭，宿齋於郡之延慶院，獨處一室。既寢而精爽不寧，展轉至四更，乃得寐。夢一白衣書生入戶，謂汭曰："某嘗述少文詞在此室中，司倉當見之也？"汭辭以未見。書生曰："試爲讀之。"言訖而去。及寤，猶四更也。因呼僕秉燭，周視墙壁間，意謂有留題者，而都無所見。惟戶扇下有石，方尺有咫，泥土覆之。就視，仿佛有"賀監"字，乃知此是也。祀事既罷，移置階前，以水滌之，文字依然，即進士許鼎所撰《祖先生墓銘》也。問其人，云："十年前，院側數十步，官置瓦窰，掘地得之。而掌役者軍吏也，不能周知，但見其有文，因惜不毀，而置於是。"案賀監以天寶二年始得還鄉，既而天下多事，遂與世絶，至於吳越，故老亦不能知其所終。微彭子之夢，則賀監輕擧之迹與祖君高尚之節，皆埋没矣。夫史臣不書神仙之事，先聖亦不以此爲教，然其清心煉氣，全神保精，冥然與天地合德。聖人出於自然，賢人可以積習，老氏之玄旨不可誣也。真靈之意，欲使殆庶之士自然不息，故必存不朽之迹，以示於世，此許生所以見夢也。彭子性恬淡寡辭，安貧好學，故能自奮於白屋之下，而神交於古人，亦可尚也。愚甚奇其事，因爲之序。

原載《徐鉉集校注·補遺一》

頌德賦東宮生日獻

伏惟先王之建國，體皇極而垂制。仰則觀於辰象，俯則察於地義。前星爲帝座之輔，蒼震乃少陽之位。非明德與茂親，不足膺兹主器。故萬邦以貞，而本枝百世。是必天錫嘉祉，神輸百祥。山河資其正氣，日月分其融光。膺期運以載誕，配乾坤而永昌者也。

惟我儲后，昭明俊德。黄裳元吉，沉潛剛克。鈎深致遠，曾莫揖其津涯。問安視膳，每或形於顏色。在昔冲讓，高追太伯。乃剖麟符，保釐東宅。受道師傳，稽疑典册。化自誠心，風行邦國。乃擁干旌，南徐之城，左撫勾吳，前對敬亭。京師河潤，盛德日新。其畏如夏，其惠如春。謝傅圍棋，静一方之沴氣；條侯高卧，息萬里之驚塵。今聞孔昭，元功莫二。人情不可以久鬱，皇統不可以終避。乃畏天命，允兹儲貳。鳴玉軟以徐來，與春郊而總至。龍樓霧廓，雞戟風生。珍符疊委，和氣交迎。百度以之而式序，多壘以之而載清。史書有年，衢傳頌聲。豈人事之協贊，信宗祐之降靈。於是元圃凝陰，瑶山密雪。宣猷之緹幕半下，濛汜之層冰乍結。爰書慶誕之日，始遇嘉平之節。麗正晨啓，重明鳳設。調護之客，娱侍之臣，峨冠煒煜，佩玉璘玢。咸稽首而再拜，獻多福於萬春。有宮坊之下吏，乃捧觴而進稱曰：

自古聖賢，率由輔導。伊徇名與課實，故成敗之異效。粵若成王，史侁周召。左右前後，惟仁與孝。靡過不擧，無善不告。兹君臣之一體，故風聲之克劭。降及後代，亦慎厥初。實聘四老，復延二疏。

咸由古道，以佑皇儲。若乃征和庆圍，有思臺、博望之盛。貞觀承乾，有玄齡、魏徵之重。或有其禮而無人，或有其人而不用。何擇禍之忘輕，信非賢而罔共。英英副君，鑒古知今。百揆在乎手，萬務經其心。朝廷之所寄者重，蒼生之所望者深。既賞興王之諫，亦訪百官之箴。故曰生民在勤，好問則裕。不躬不親，人將孰信。一游一豫，樂有常度。節八音以導其和平，調五味以適其喜怒。情義兼於家國，故知無不爲。愛敬極於君親，故惟道是諭。儉以足用，而施捨不可不行。仁以接物，而刑罰不可不具。冗官宜省，而才不可遺。疆事漸寧，而備不可去。居安思危，睹灾而懼。上分一人之憂，以成天下之務。俾中外之禔福，與宗祧而永固。伊下臣之不佞，蒙國士之殊遇。實含和而吐頌，豈登高之能賦？願降鑒於芻蕘，庶效誠於塵露。

原載《徐鉉集校注》卷1

木蘭賦并序

　　頃歲，鉉左宦江陵，官舍數畝，委之而去，庭樹木蘭因移植於宗兄之家。及鉉徵還，席不遑暖，又竄於舒庸。吾兄感春物之載華，擬古詩而見寄。吟玩感嘆，謹賦以和焉。雖不足繼體物之作，庶幾申騷客之情爾。

　　伊庭中之奇樹，有木蘭之可悦。外爛爛以凝紫，内英英而積雪。芬芳兮謝客之囊，旖旎兮仙童之節仙人有紫旄節。許蒲茸之竊比，聽蘭芽之並列。於是辭下土之卑濕，歷上京之繁華。恥衒價於豪門，乃托根於貧家此樹木自歷陽移植於庭中。資幽人之賞豫，有好事之稱嗟。一旦逐客程遠，君門路賒，削闓籍與印組，豈獨留乎此花。噫！人屢遐棄，花猶得地。分兔苑之餘蔭，向藩房而吐媚。授簡多暇，攀條屬思。持香草以予比，效騷辭而我寄。感此生之百憂，何斯物之足貴。悲夫！館客長吟，山城夕陰。想馨香之不改，嘆歡宴之難尋。憑歸夢於飛翼，寫商歌於素琴。歌曰：光景兮愁暮，別離兮易久。真宰兮無黨，貞心兮不改。誠知異日，重滋田氏之荆；但恐相逢，共嘆桓公之柳。

原載《徐鉉集校注》卷1

新月賦庚午歲宿直作

五月五日,繁陰乍晴,倬彼新月,麗於太清。映玉繩而絢彩,撟銀漢以騰精。對鳲鵲西南之影,步明光東北之楹。歷歷遲漏,悠悠我情。雖萬古之不易,感一年而始生。乃有姝女癡男,朱顏稚齒。欣春物之駘蕩,登春臺之靡迤。雜佩璀錯,輕裾颯襹。紛乎拜祝,怡然宴喜。人歲歲以潛換,景年年而若此。昔我當年,胡云不然?世路多故,流光暗遷。易壯心於大觀,變元髮於華顛。顧一毛之無濟,愧兩綬之徒懸。況乎萬象虛明,九門奧秘。對宣室以方罷,閱通宵而不寐。憂心似醉,既慷慨於君恩;急景如馳,更淒凉於往事。想愬月以長歌,遂抽毫而見意。

原載《徐鉉集校注》卷1

劍池頌并序

歲次辛酉,月躔仲冬。王人徐鉉,揚旆於銅柱之鄉,稅駕劍池之廟,慨嘆靈迹,徘徊故墟。或曰:"龍泉、太阿,安得為寶?出也不為當世之用,佩之不免亡身之災,天下固有虛名而無實效者歟?"愚以為不然。夫聖人之於天下,亦物耳,所稟受者異,故能與造物者並而為天下王。是以聖人之作也,天不愛其道,地不愛其寶,同聲相應,同氣相求。人謀鬼謀,皆為聖人用,無功無迹,豈尋常所能識乎?然則集陰陽之英,萃山澤之精,窮爐冶之妙,極鋒鋩之利,宜其冥合玄造,弼成聖功者也。昔黃帝法月滿而鑄鏡,用能照燭怪魅,辟除不祥。大禹收貢金以鑄鼎,使民知神奸,以遠不若。漢高祖佩斬蛇之劍,以撥亂除害,奄有天下。是三者皆人力之所為也,咸能輔佐興運,與時隱見,其可誣乎?在昔三分叔世,咸有昏德,天命將改,寰宇混同。斯劍知之,故靈發於下,氣浮於上,應帝王之符命,矚識者之觀瞻。亦猶伊尹負鼎於莘墟,仲尼動色於魯相。千載一會,聖賢所以汲汲也。向使晉武能誕若天意,克明俊德,判忠邪之路,絀驕侈之心,則賢能盡其才,神靈效其用,淳耀之烈可續,七百之期不爽。而王猷既鬱,亂本既成,百姓失望,群龍沮色。於是斯劍也,委質張、雷之鑒,一泄其憤;遠迹劉、石之醜,復歸於潛。其出也,所以示神之不亡;其去也,所以示唯德是輔,則其爲用也遠矣。昔者周過其數,秦不及期,是知天命之精微,可以人事而延促,前哲論之備矣。若夫精真之誠修於內,感召之致應乎外,自然而然,有道存焉,不可以智求,不可以言達。王者得之,則三五之功,其餘事耳。然則天下至寶,本非人臣所服。變化無方,神物之事也;忘身徇國,忠臣之烈也。兩造其極,求仁得仁,復何怨哉!廟在豐城故縣,俯瞰池岸,壯武侯、雷府君之像祀焉。去今縣四十里,而龍泉、太阿之廟,別在中路。棟宇綿久,皆將傾頹。邑人朱輝等,洽重熙之化,感百世之祀,獎率同志,唯新壽宮,千載光靈,煥然如在。縣令孟賓于、尉孫舉,皆以文行之懿,中賢良之選,接武連事,惠此王畿,推誠於民,薦信於神,風雨不愆,耕鑿咸若。先賢遺躅,其不泯也宜哉!是池廣不終畝,深才數尺。父老云:“近歲旦暮往往有雲霧蒙覆其中,恍惚之理,不可測已。”今中興三葉,聖政惟新,豈非靈命孔昭,元睨將集?天命不僭,弘之在人,使臣司言,敢告有位。乃爲頌曰:

周室既衰,仁獸率臻。晉祚不融,龍劍效珍。神化無方,天命無親。德之不建,與運俱淪。歸潛厚載,以俟真人。惟劍之神,惟賢之識。湛湛靈沼,綿綿廟食。瑞氣長在,玄符靡測。垂兹頌聲,永永無極。

原載《徐鉉集校注》卷 14

保寧王制

門下:昔先王聰明時憲,文質載周。親親之義,莫之或改。乃知封建之重,宗社攸賴。友愛之美,風教攸先。寅奉舊章,敢忘循舉?二十弟某,禀質冲粹,慎德孝恭。出言有章,好學不倦。故我文考,慈訓備隆,而能踐修嘉猷,惠迪前哲。卓爾令器,時惟老成。粵予眇冲,肇當纘服。賴貽謀之啓後,仰垂鑒之在天。尚念多艱,懼弗克荷。是用睦懿親以佑凉德,班宗彝以懷萬邦。錫爾以山川,表爾以車服。師長之任,申而寵之。敦叙之恩,於是乎在。於戲!苴茅侯社,禮莫縟焉。連華棣萼,親莫眤焉。履信思順,可以無悔;尊師重道,事以多聞。盡愛敬以奉親顏,極惠和以厚宗室。勿恍勿墮,有初有終。服我訓詞,永光懿烈。可。

原載《徐鉉集校注》卷 6

南昌王制

門下：昔西周之分陝服，則曰風聲所存。南朝之治楊州，則曰本根攸寄。非親賢碩望，不足以表東夏；非輔相重位，不足以副具瞻。天下爲公，百王不易。肆予敷命，匪敢有私。長子某，敦信厚之風，秉孝恭之德。允迪前烈，率由生知。自剖麟符，往綏淮甸。尊敬師保，奉行詔條。有所問而不干，知爲善之最樂。東楚之俗，向風而安。時以爲能，朕亦自慰。夫陟明賞善，有國大典。苟得其所，雖親何嫌。是用特就留臺，寵開相府。崇貴之數，儀制存焉。噫！爲政無他，勤則有繼。舉德甚易，終之實難。無以安佚自居，而忘夙夜之戒；無以驕貴自負，而忽藥石之言。治亂善敗，則有先聖之遺經；憲章文物，則有中朝之成式。咨訪佩服，身先行之。敬哉慎哉，無忝多訓。可。

原載《徐鉉集校注》卷6

張居咏制

門下：昔在先王，任賢尚齒。出將入相，所以任賢也。尊師重傅，所以尚齒也。况乎擇藩屏之寄，膺轉導之求。高步承華，誕揚師訓。克堪其選，我有人焉。某負貞幹之才，禀純厚之德。亟更庶尹，歷事累朝。昇元始基，賴其獻納。故陟鸞臺之位，爰立作相；保大逾歲，藉其綏懷。故委龍節之權，受脤于社。戀乃嘉績，叶於朕心。殿邦政成，輯瑞來覲。方圖位著，爰得僉諧。而昔自故相，已嘗爲保。重煩耆德，俾傅東朝。尊敬之儀，典章斯在。噫！昔者叔孫、疏廣，善於其職。克繼來躅，可不慎哉！勉著嘉猷，以副時望。可。

原載《徐鉉集校注》卷6

撫州節度使馬希崇除舒州節度使制

門下：姬周同德，曹叔封於王畿；炎漢功臣，楊僕恥居關外。是知藩翰之重，所寄必同；遠近之差，以斯爲寵。我有成命，爾其敬聽。某識度恢弘，風猷茂遠，家勛蓋世，不怙貴以驕人；多難薦臻，每忘身而濟物。知能適變，仁足庇宗。來庭不俟於七旬，保境豈徒於五郡。劉總舉全燕之地,弘正輸雄魏之邦。故實攸存,懋章何吝？是用加之飫賜,尊以上公。陟負璽之崇資,委建牙於列鎮。虛襟而見,前席與談。言語有章,威儀可則。既叶跂予之望,且堅戀闕之心。藹爾誠明,形於表疏。愈嘆忠勤之操,宜更節制之權。而永泰全軍,舒庸舊國。地望無慚於汝水,封疆密邇於王城。用諧日近之言,尚資河潤之福。俾迴新命,往受中權。於戲！大義昭彰,朝恩渙汗。千里之地,可以觀政。三軍之帥,可以圖功。永樹風聲,無忘多訓。可。

原載《徐鉉集校注》卷 6

駕部郎中馮延巳兼起居郎屯田郎中閻居常兼起居舍人制

敕:朕凝旒端冕,以臨萬邦。而左右史臣,執簡近侍,言動得失,注記無回。故布政罔不臧,承化罔不若。惟聖攸賴,慎簡難虛。某官馮延巳,君子之儒,多聞爲富。發之爲直氣,播之爲雄文。某官閻居常,行顧樞機,學臻精博,得廷臣之體,多長者之言。而皆踐彼周行,奉予元子。或奏記有翩翩之譽,或讎壘多亹亹之談。藹然清風,叶此時望。是宜兼領郎署,咸躋掖垣。於戲！君舉必書,朕敢忘於恭己？無德不報,爾勿怠於懋官。各振公才,副茲多訓。可。

原載《徐鉉集校注》卷 7

太弟太保馮延巳落起復加特進制

門下:爵賞之行,憲章斯在,急於務則適其變,終其事則歸於禮。將軍重位,足以奪孝子之情。特進崇班,自昔冠諸侯之上。申爲懋典,允屬公才。某官馮延巳,儒雅積中,機神應物。風雲夙契,魚水冥符。處多士之朝,副具瞻之望。及移相府,出鎮臨川。封境綏懷,聲猷茂遠。頃集蓼莪之痛,俯從金革之權。露冕有誠,輯瑞來覲。疇咨舊德,保佑東朝。北疏傅之在前,允諧擬議。類魯公之拜後,適就變除。俾進崇階,庶申優寵。於戲！將相之重,資爾以惟聖;儲兩之尊,縈爾以成德。知人則哲,予用弗疑。勉揚令圖,無忝多訓。可落起復冠軍大將軍加特進,餘并如故。

原載《徐鉉集校注》卷 6

林仁肇浙西節度使制

門下:建侯樹屏,有國之攸先。崇德報功,百王之所共。斯爲令典,予敢忘之?鎮海軍節度、浙江西道觀察等使留後、金紫光禄大夫、檢校太傅、濟南縣開國伯、食邑七百户林仁肇,禀此星芒,鬱爲時幹。鼓鼙之氣,指勍敵而愈高。金石之心,因時艱而益壯。故能灼殊功於南部,夷多壘於東門。元戎所行,績用昭著。及總留務於浙之西,成師著無犯之威,察俗有惟清之化。屹爾京口,殷然長城。予惟汝嘉,俾正藩守。因爾才略,樹之風聲。雄師大邦,所以屏王室;尊官盛典,所以懋官成。惟惠惟和,有嚴有翼。使予無東顧之慮者,繫其賴焉。克堅一心,以永百禄。可依前檢校太傅、兼御史大夫、使持節都督潤州諸軍事、潤州刺史、充鎮海軍節度使、浙江西道管内營田觀察處置等使,功臣散官勳封如故。

原載《徐鉉集校注》卷 6

紀國公封鄧王加司空制

門下:宗子維城,良臣惟聖。故有王社之數,鼎司之權。親親賢賢,古之大訓也。我有成命,時惟至公。第七子某,識度淹通,器質清粹。就傅之歲,威儀不忒,出閤已來,聞望所著。向由邦政,入踐中樞。内形將順之規,外盡彌綸之業。人知親附,俗待和平。邦家之基,斯實攸賴。今六騑巡守,萬乘啓行。方資扈蹕之勤,宜有疇庸之典。畫南陽而錫壤,掌邦土以命官。並加馭貴之資,益峻具瞻之望。於戲!義極君父,愛敬之道兼焉;任綜文武,弛張之政存焉。爾其佩服前訓,咨詢舊德。勿驕勿惰,有初有終。永樹風聲,以保元吉。

原載《徐鉉集校注》卷 6

上太后尊號制

門下:膺昊天之眷,荷宗祐之重。何嘗不嚴奉慈訓,聿循孝理。所以化成天下,弘濟多艱。親親尊尊,教之大者也。況沉潛之德,丕顯於國風。輔佐之勤,光昭於王業。今遺恩累洽,靈鑒在天,俾予小子,恭踐大寶。思弘任姒之烈,紹恢三五之基。彝章盛典,敢忘祗奉。

宜上大行國主皇后尊號爲太后。

太子少傅徐運授太子太保制

門下:崇德尚賢,推恩録舊。兹惟令典,允屬時英。予以眇躬,嗣承丕業。戚藩之望,羽翼之恩,敢忘寵章,用光師道。某清直禀氣,忠厚爲資,實戚里之所榮,歷累朝而見重。敬慎即保家之主,恭儉無出位之思。爰自京口臨藩,克貞師律。鸞臺作相,足厚時風。留侯旋務於退身,疏受更聞於稱職。純誠益著,雅望攸高。昨者預奉綴衣,導揚末命,忠貞以濟,典禮無違。顧惟冲人,懼德弗嗣,當此承祧之日,益堅重傅之懷。是用就改崇資,仍加食賦。於戲! 班崇一品,秩視三師。苟非賢臣,孰克臻此。永期納誨,無替令猷。可。

朱業江州節度使制

門下:古者諸侯之賢,入爲卿士;上公之寵,出爲方伯。故中外之任,踐更攸宜。我有勛臣,咸曰名將。藩維宿衛,夾輔冲人。肆予仰成,是用申告。某家傳武略,天賦純誠。名因勇聞,位以材致。周旋數紀,佐佑累朝。由裨將以統元戎,勛勞滋茂。自百城而登連帥,聲政洽聞。寵益盛而若驚,位益高而愈讓。予纂服之始,駿奔來朝。且堅戀闕之心,因處周廬之任。忠貞彌固,夙夜惟寅,輦下肅清,時乃之力。永言舊德,豈忘予懷? 會九江元侯,入奉朝任,中流之寄,非賢不居。是用輟蘭錡之權,付金符之重。往分巨屏,更佇殊庸。噫! 簡師旅以壯軍聲,明紀律以宣庶政。可畏可愛,富之教之,是汝所長,無替前效。陟明有典,厥惟欽哉。可。

朱業宣州節度使制

門下:車服之寵,所以報功。藩閫之權,可以觀政。兹爲令典,允屬信臣。某智勇推高,忠貞特立。秉武經以致用,服戎政以居多。誠悃洞然,終始一揆。及分符出守,持節主留。恩信并行,詔條畢舉。
蕭連營而無犯,視赤子以如傷。所臨之方,去思仍在。向鍾多難,入
衛京師,憂國忘家,令行禁止。群情自固,戎事以寧。肆予仰成,時乃
之力。今疆埸俯静,蒸黎未康。宣城奥區,國家巨屏。方當謀帥,是
用策勛。資果毅以壯先聲,假惠和而蘇疲俗。付爾節鉞,往鎮撫之。
惟爾慈儉足以安民,剛正足以行法。必當望風自理,投刃皆虚。宜弘
寬大之規,以集中庸之德。勉兹具美,永振嘉猷。可。

原載《徐鉉集校注》卷 6

朱業加中書令宣州節度使制

　　門下:予嘗顧藩屏之重,思黎獻之康。欲使折衝之威,迭行於封
略;惠和之化,普及於方州。既報政之屢聞,乃改轅而敷寵。咨爾賢
帥,聽吾話言。某武毅致身,忠厚成性,踐更事任,昭著勛庸,倚若金
湯,誓之帶礪。自持使節,出鎮中流,恢簡易之風,立嚴明之令。仁而
有斷,吏不敢欺,故使萬井阜安,連營輯睦。藹爾殿邦之績,叶予進律
之文。率是通才,何適不可。予以宣城列鎮,甸服奥區。久闕元戎,
未孚王化,藉爾有成之政,副吾共理之懷。右相之崇,宰司所重,申爲
殊獎,以極朝恩。於戲! 有惠於民,有功於國。中台貴位,累鎮劇權。
苟非純誠,何以臻此? 爾尚守益恭之節,勵匪懈之心,永懋嘉猷,以光
時望。

原載《徐鉉集校注》卷 6

泉州節度使留從效檢校太師制

　　門下:望高於朝,則享師保之任;惠加於物,則進土田之封。所以
啓佑沖人,藩屏王室者也。我有寵數,屬於元侯。某山嶽儲精,星芒
稟異。挺全才而應用,激大義以致身。而自際會先朝,奮揚奇策,静
一方之多難,越萬里以來庭。故得倚作藩宣,誓之帶礪。而能恩威洽
著,紀律修明。戎政有經,理聲日遠。黎獻有不欺之頌,朝廷無南顧
之憂。茂績忠規,古難其比。粤予眇質,嗣德弗明。賴我友邦,越乃
賢帥。推誠翼戴,克荷景靈。涣汗之恩,唯恐不至。是用增以井賦,

崇爲太師。美號峻階，併伸殊渥。噫！乞言之禮，可以觀德；殿邦之
寄，可以樹勛。勉揚令圖，永錫繁祉。可。

右揆嚴續除司空兼門下侍郎平章事制

　　門下：天作司牧，必生丞弼。非君臣同體，道則不明。非律呂交
感，功則不濟。粵予眇質，負荷景靈。不有時賢，豈戡多難。敬若先
意，疇茲舊臣。某純粹炳靈，惠和成性。襲台鼎之慶，連肺腑之親。
歷奉累朝，亟更庶尹。憂國家之事，知無不爲；經夷險之間，中立不
倚。言必由於忠信，行必自於誠明。勞而弗矜，謙以自牧。先朝鑒其
誠志，任以腹心。頃當巡守之初，俾貳主留之寄。盡規竭慮，夜思晝
行。京輔以寧，時乃之力。及奉揚末命，以佑沖人。送往事居，禮無
違者。忠勛茂績，人無間然。今二后在天，萬物思理。予方乃眷，民
亦具瞻。是用命作司空，倚爲左相。兼國史樞機之任，進昇階食賦之
資。豈曰寵章，是同憂責。嗚呼！受遺作弼，厥惟艱哉！爾其崇遠大
之謨，布簡寬之政。詢箴諫之士，塞便佞之言。滿假自賢，則其智益
蔽；虛懷接物，則其猷益光。念茲在茲，以底於道。可。

信王改封江王加中書令制

　　門下：唐堯之聖也，既以序九族爲先；漢祖之隆也，亦以守四方在
念。矧予小子，弗堪多艱。實賴群后，共康烝民。粵有賢侯，亦在諸
父，庸勛表德，敢或愛焉？第二十叔某，天賦機神，生知禮樂。肇開朱
邸，則孝敬之道昇聞。出建齋壇，則威和之風遠振。況五嶺之際，俗
雜地雄，吏服其明，民安其教。煦如冬日，隱若長城。孤以不明，祗奉
丕構，咨乃庶尹，至於友邦。師保之規，既自家而刑國。《蓼蕭》之澤，
當由親而及遠。是用正左相之位，崇三司之儀，增賦進封，併伸寵數。
於戲！昔我文考，并建懿親，藩屏所繫，社稷是衛。燕翼之旨，可不勉
歟！敬仁嘉猷，以永繁祉。可。

謝匡策加特進階增食邑制

門下：王者均慶推恩，無遠弗及。矧有舊德，居然將臣。方申求舊之懷，豈吝疇庸之典？某素推勇氣，夙負壯圖。立功旗鼓之間，發迹風雲之會。出分符竹，入守關防，翼衛天門，董齊蘭錡。咸著在公之績，可觀適用之材。享此期頤，保茲優逸。臻富壽之福，全終始之名。比之古人，不可多得。孤以眇質，嗣守慶基，方資無改之規，式重後凋之節。俾昇階序，仍進戶封。於戲！二品崇資，三朝貴仕，人臣寵禄，何以過斯。勉荷朝恩，永揚令聞。可。

原載《徐鉉集校注》卷 6

鄭王加元帥江寧尹制

門下：睦親尊賢，王者之盛業也；中臺上將，有國之重任也。是必疇咨公議，稽若前經，舉而行之，謂之令典。我有愛弟，時維宗英，論道經邦，勛德滋茂。肆予有命，允叶厥中。某挺命世之才，秉生知之哲。機神穎邁，器宇冲深。自寶玉分封，緇衣授職。內蘊清明之德，化宣寅亮之功。持謙下之資，以親附百姓；體勤儉之節，以表率時風。學問該通，每咨詢而自益；忠誠孝悌，常將順以無違。昔者三后叶心，十亂同德，允茲古義，非爾而誰？粵予眇躬，惠迪先訓，獲守大業，汔臻小康。實繫手足之賢，以集股肱之寄。無德不報，雖親何嫌？是用誕舉渥恩，就加名數。夫元帥者，民之司命；中樞者，國之宗臣。尹京所以表則四方，增封所以藩輔王室。毗倚之重，何以加斯。於戲！義兼國家，權總文武。動靜之際，治亂繫焉。所先者在乎弼諧，所慎者在乎聽受。清如止水，故是非之說不可欺；平如懸衡，故善惡之徵不能惑。有犯無隱，非好異也；不違如愚，非苟合也。惟公是務，惟道是從，所務必老成，所親必端士。服茲多訓，永樹英聲。可。

原載《徐鉉集校注》卷 6

左司郎中陳繼善可工部侍郎制

敕：國有六職，百工與其一焉。我朝已來，其選尤重。矧自尚書郎而擢拜者，不其鮮歟？某官陳某，以幹蠱之才，克構之美，亟更庶尹,遂歷省垣。委之以繁雜之務,而事益明;兼之以權筦之司,而利不匱。弘羊心計,亦莫加焉。屬朕出震嗣圖,施令布慶。二卿之任,頗難其人。今以繼善爲之,爾其可以稱職。噫! 大僚之體,存乎簡易。興利之要,在乎廉平。無渝乃誠,以撓吾法。可。

原載《徐鉉集校注》卷 7

馬在貴加官制

門下:盡忠於國者其報深,有勞於事者其澤厚。方切念功之義,仍當均慶之初,不有寵章,孰先懋典。馬某深沉有勇,質重寡言。少推學劍之能,早識擇君之舉。自策名旗鼓,受任疆場,履險身先,有功不伐。向分符竹,實制要衝。化行於富庶之時,節著於艱難之際。純誠懿績,時論多之。入總禁營,遂成優秩。富壽之福無闕,敬慎之風愈高。予惟汝嘉,思有以勸。屬此推恩之際,俾昇掌武之資。噫! 忠勛既明,寵禄亦至,終始之義,今古所高。勉揚令猷,以享元吉。

原載《徐鉉集校注》卷 6

游簡言左僕射平章事制

門下:昔在明王,膺圖嗣統,雖復格天光表,繼文下武,猶曰"實相以濟",又曰"克艱厥臣"。矧惟寡昧,疇咨庶尹。若乃承弼之重,毗倚之隆,詢於具瞻,敢或輕授。游某世濟文雅,挺生公器。中興之始,即爲辭臣。重熙在運,亟更近署。忠爲令德,實浮於名,藹然直聲,允洽時望。先皇帝省方展義,分命群司,藉爾重臣,輔予小子。直躬無避,正辭不諂,翊從行闕,克申其勞。至於受命交兵之間,抗節履危之際,繇義以濟,知無不爲。此皆古之所以爲艱,予之所以嘉尚者也。間歲出於獨斷,命長南宮,議者但高其盡公之誠,未許其理劇之用。遂能正身而令,當官不迴。屬風霜之威,以糾其慢;堅夙夜之節,以率其勤。請托不行,紀綱自舉。群議由是咸伏,六職以之孔修。風雨不渝,始終一致,實爲國器,想見古人。而躬親簿領之間,遽成勞勩;從容廟堂之上,未盡謀猷。酬庸之典,予所多愧。是用命作左相,陟茲鸞臺。進金紫之崇階,典圖書之秘府。勛爵井賦,並示寵名。於戲!

釋細務足以導節宣之和,恭大政足以暢彌綸之業。緊爾致君之效,成我知臣之明。往維欽哉,無假多訓。可。

原載《徐鉉集校注》卷6

李匡明御史大夫等制

　　敕:御史所職,實爲紀綱。百官之邪得以糾正。衆目不理得以舉明。使朝廷凜然,罔懈於位。兹朕之攸賴,而和庶政也。向者治刑不暇,官業靡申,遂用省其訊鞫之煩,委以澄清之寄。庶循理本,諒在得人。通議大夫、守吏部尚書、柱國、賜紫金魚袋、隴西縣開國子、食邑五百户李匡明,學術優深,德望清重,可副丞相,以鎮時風。中散大夫、守右常侍、判御史臺事、柱國、賜紫金魚袋趙丕,自掌憲司,克勤於職。而侍從之列,朝夕論思,期於弼違,宜在專任。今以庶獄,移從理官,可歸騎省,以備顧問。各踐乃位,允期懋功。匡明可御史大夫,丕可守本官,罷判臺事。

原載《徐鉉集校注》卷7

李匡明舒州刺史制

　　敕:通議大夫、守御史大夫、柱國、賜紫金魚袋、隴西縣開國子、食邑五百户李匡明,向緣時望,命長憲臺。既歷歲時,亦聞敬慎。方仁茂績,以光大猷。遽睹拜章,固辭重位。俾全寵遇,宜輟準繩。尚賴分憂,無忘守節。可檢校司徒、兼御史大夫、使持節舒州諸軍事、守舒州刺史、充本州團練使,餘散官賜邑如故。

原載《徐鉉集校注》卷7

前舒州刺史李匡明可中書侍郎制

　　敕:朕以不德,恭承丕基。思聞獻替之言,以自開悟,故於侍從之列,尤用簡求。矧乃職奉詔命,地參公輔,歷代精選,可虛授乎?某以風度爽邁,克嗣遺構;以文章宏雅,累踐清途。先皇器之,任遇尤重。故其冠翰苑,掌天官,長憲臺,肅千里。靖恭於位,績用有成。舒人既康,執壁來覲。宜加疏等之命,擢爲鳳閣侍郎。敬之哉!夫出爲諸侯，非不貴也；入首三品，非無位也。持重足以鎮物，納忠足以報我。匡正不逮，予有望焉。

宋齊丘知尚書省制

敕：兩掖南官，樞密之地也。元台上公，股肱之寄也。況親賢在位，中外具瞻，式叙彝倫，爰申明命。夫真宰之重，大政咸歸，出納王言，固當綜錄。侍中壽王某，向兼南省，未叶舊章，宜罷判尚書省，便領中書、門下兩省事。太保齊丘，雖道在經邦，方資納誨，而事殷會府，兼藉允釐，可知尚書省事。大元帥齊王，總納百揆，以貞萬邦，凡曰謨猷，悉關獻替。其三省事，并取齊王參決。朕允思恭己，以荷景靈。用一國之才，敢辭則哲。成天下之務，庶叶無爲。方俟以沃心，豈勞多訓。

劉崇俊等起復制

敕：匡時啓運功臣、威邊將軍、濠州都團練觀察處置等使、光禄大夫、檢校太傅、使持節濠州諸軍事、守濠州刺史、渦口兩城使兼御史大夫、上柱國、彭城縣開國子、食邑五百户劉崇俊，濠上觀風，克昭祖服。光禄大夫、檢校太保、持節常州諸軍事、守常州刺史兼御史大夫、上柱國劉佑，晉陵守土，允茂政經。而皆夙練軍聲，習知邊要。方深朝寄，遽屬内艱。永言護塞之權，宜舉墨縗之制。俾加寵命，改授階資。勉抑孝心，以從王事。并可起復雲麾將軍，餘如故。

禮部員外郎馮延魯可中書舍人勤政殿學士制

敕：侍從無職，總同清要。若乃參書殿之列，備切問之重，使如綸之命，式光人文，無詢之言，不入吾耳，所寄若是，其選可知。某惟望與才，皆副是任。況東畿亞府，有理劇之用；南宮禮典，多伏奏之勤。俾膺簡求，必叶虛佇。夫前言往行，爾所祇服。正辭讜論，予之嘉聞。

無從非彝,以忝多訓。

馮延魯江都少尹制

敕:朝議郎、行尚書虞部員外郎、武騎尉、賜緋魚袋馮延魯,頃者尹縣留都,首變田制。克勤於事,以利於人。自歸朝行,已逾周歲。如聞衆庶,未甚樂成,矧彼浩穰,所宜均一。是用假爾亞尹,往畢舊功。其在條理得中,厚薄無橈。俾乃比屋,咸遂所安。止於刑讞之繁,亦以公平爲用。務令稱職,無忝加恩,可以本官判江都少尹公事。

王彥儔加階制

敕:王者旌董戎之功,重殿邦之任,疏寵之命,因事有加,所以勸能而仁效也。佐時衛聖功臣、建威將軍、康化軍節度、池州觀察處置等使、起復雲麾將軍、檢校太尉、兼侍中、使持節池州諸軍事、池州刺史、上柱國、太原郡開國侯、食邑二千户王彥儔,作鎮方隅,克揚威信。師謀不撓,庶政有常。肅爾先聲,宣我朝命。向者起於哀制,授以崇階,禮適就於變除,寄方隆於藩屏。俾從增邑,式示推恩。勉揚令圖,無替丕績。可光禄大夫加食邑一千户,餘如故。

江州判官趙丕可司農卿制

敕:王者之正百官也,黜其有過;其肆大眚也,許以自新。則邦典行而朝恩浹矣,某官趙丕,謹行以處衆,克勤以在公。臺省踐更,誠心不替。故先皇獎用,寄以準繩。而靡達官常,自罹常憲。朕纘承鴻業,廣布慶恩。以其久列班行,偶因迷謬,特申渥澤,俾授正卿。勉勵乃心,仁揚令望。

趙丕御史中丞制

敕:朕以御史未理,庶政靡清,思得良臣,副吾慎選。中散大夫、守右散騎常侍、柱國、賜紫金魚袋、天水縣開國子、食邑五百戶趙丕，再履憲署，欽若攸司，迭爲侍臣，匡予不及。俾授格心之寄，宜膺獨坐之權。夫才識兼通，然後能得大體；公正無黨，然後能肅百司。糾正失中，則紀綱撓；顧避不言，則職業隳。爾其欽哉，無辱朕命。可御史中丞，餘官勛賜爵邑如故。

原載《徐鉉集校注》卷 7

陳褒制

敕：出身事主，忠之效也；以年致政，古之制也。淳風將振，斯道復行。朕用嘉焉，宜示優寵。宣徽使某官陳褒，以敬慎之操，俊乂之才，輔予潛九之初，叶我司總之寄。出納惟允，佐佑盡規。勤勞王家，數紀於是。永念耆德，方注虛懷，遽從知退之言，亟有懸車之請。雖面諭難抑，豈舊功可忘？而司衛列卿，秩崇務簡。俾退辭近侍，猶在立朝。勉迴高尚之心，式重君臣之義。可衛尉卿。

原載《徐鉉集校注》卷 7

杜昌業江州制

敕：十連之帥，百城之長，藩屏王室，其揆一也。隨時省置，何常之有焉？朕祇荷慶基，戀循古訓，迭用舊德，以頒詔條。交修予違，踐更爾位。肆因大慶，式舉朝章。金紫光祿大夫、上柱國、京兆縣開國子、食邑五百戶杜昌業，始以明敏肅恭，服勞近密。出納惟允，固慎無違。先帝用能，委之邦政。明九伐以恢王略，堅一心以迪大猷。六事允諧，時乃之用。將圖爾效，且盡其才。朕以中流之寄，九江爲重。控五嶺之衝要，鎮百蠻之驛騷。屬予相臣，入總樞務，惟爾公望，克嗣其勛。是用輟夏官之崇，膺外臺之職。尚虛使節，以便理戎。其往慎乃攸終，遵我成憲。簡易以申令，恩信以即師。惟惠惟忠，無忝朕命。依前檢校太保、兼御史大夫、使持節江州諸軍事、江州刺史、本州團練觀察使，散官勛如故。

原載《徐鉉集校注》卷 7

招討妖賊制

朕聞先王之静人也，四夷咸賓。尚先慎德之誠，一夫不獲，則軫納隍之心。是故導以仁聲，浹之惠澤，猶不可化，遂威有刑。昨者嶺表遺甿，聚爲寇盜，違其上命，犯彼戰鋒。而敢乘我國哀，伺我邊隙，侵迭我封部，誘惑我黔黎。保據溪山，肆爲剽掠。朕以肇膺丕業，先洽德音。矧彼狂徒，皆吾赤子，弗忍盡殺，冀其自新。所以雖命師徒，且令招撫。而凶愚不革，結聚愈繁。暴害吏民，攻圍縣邑。一至於此，其能久乎？國有常刑，吾又何愛？仍聞衆軍致討，累有殺傷，平人無辜，曝骨於野。興言及此，永惻朕心。況常賦及期，三農失業，特申矜恤，更示懷來。虔州今年應屬省租税，並可放免。仍委諸縣長吏，安存編户，宣示國恩。防護警巡，勿令擾動。

妖賊張茂賢，首爲劫盜，罪在難容。若能束身歸降，亦與洗滌收録。如聞命之後，因循未賓，即令招撫諸軍，分路進討。如所在百姓及徒黨中，有能擒斬茂賢者，不計有官無官，并賜三品，賞錢一萬貫、莊一區，并已分產業，並永放苗税差役，傳之子孫，此恩不改。若能同心計畫，及數内或擒獲得稱王、稱統軍、軍使之屬，并次第首級止於一隊一寨頭領者，即約此例等降優賞，放免苗税差役。或能自出身歸投，有田畝者各令歸業，仍放三年賦租。無田者委本道録奏，各與逐便優穩安排，及重加賞賚。如凶惡不回，爲諸軍擒獲者，不問人數，即便處斬。明申威信，汝自擇焉。諸軍將士，有能斬獲茂賢，殺戮支黨，官賞之制，並越常規。予不食言，爾宜自勵。朕永惟止殺，許彼悛心。且妖賊等燒毀倉儲，蹂踐禾稼。聚食則資糧立盡，外取則穀實不收。進則大軍扼其前，退則領兵掎其後。況烏合之衆，本不同心。緩則苟避征租，急則各圖恩賞。函首來獻，翹足可期。咨爾群黨等，自保家鄉，共思寧息。與其碎身於鋒刃，孰若樂業於閭里？咨爾將士等，各奮驍雄，早成功績。與其暴師於境上，孰若受賞於轅門？體我深懷，速清邊徼。布告本道，咸使聞知。

原載《徐鉉集校注》卷 7

魏王宣州大都督制

敕：惟先王體國經野，建邦設都，并立懿親，以蕃王室。當畿服之地,則任輔翊之重。有戎昭之績,乃增督護之威。是以王略恢而諸侯和矣。宣城重鎮,陪京之南。制天險之津梁,據三楚之襟帶。境環千里,邑聚萬民。我朝以來,戎寄尤切。太師魏王,受鉞先帝。建牙是邦,宣導皇風。董齊師律。生殖茂遂,禮讓興行。時惟懋功,叶此時論。粵朕小子,懼德弗堪,允乎大猷,其在叔父。雖師保之命,已迪茂章。而刺舉之名,未極公望。宜昇大府,式壯中權。於戲! 立愛之恩,予不敢怠;敬保之義,王其謂何? 勉啓乃心,以底於道。可昇宣州爲大都督府,以魏王爲宣州大都督府長史,餘并如故。仍編入册命宣降。

原載《徐鉉集校注》卷 7

王崇文劉仁贍張鈞并本州觀察使制

　　敕:守邊之要,在乎崇垣翰而重威令也。任能之方,在乎因善政而加寵秩也。懋迪斯道,時惟令猷。金紫光禄大夫、檢校太傅、使持節吉州諸軍事、守吉州刺史、兼御史大夫、上柱國、太原縣開國男、食邑三百户王崇文,儒雅飾身,威猛宣用,入奉旅賁之列,出申刺舉之能。光禄大夫、檢校太傅、使持節袁州諸軍事、守袁州刺史兼御史大夫、上柱國劉仁贍,沉厚有謀,明斷能理,護塞之略,歷任弗遷。光禄大夫、檢校太傅、使持節歙州諸軍事、守歙州刺史、兼御史大夫、上柱國、清河縣開國子、食邑五百户張鈞,踐履班行,昭著聲問,守土之效,一心靡違。而皆克嗣乃勛,誕揚我武,協比成績,勤勞王家。朕以眇躬,欽承鴻業,實賴良將,綏爰四方。肆於布慶之辰,而有加等之命。就昇使職,并駕兼車。仍崇馭貴之封,增立將軍之號。并申寵寄,尚示克終。無懈乃誠,以底於理。陟明有典,予不敢忘。崇文可光禄大夫,依前檢校太傅、使持節吉州諸軍事、守吉州刺史、兼御史大夫、充本路都團練觀察處置等使,進封開國子,食邑五百户,仍賜號威勇將軍,散官勛如故。仁贍可依前檢校太傅、使持節袁州諸軍事、袁州刺史、兼御史大夫、充本州都團練觀察處置等使,封彭城縣開國男、食邑三百户,仍賜號貞威將軍,散官勛如故。鈞可依前檢校太傅、使持節歙州諸軍事、守歙州刺史、兼御史大夫、充本州都團練觀察處置等使,進封開國伯、食邑七百户，仍賜號武威將軍，散官勛如故。

原載《徐鉉集校注》卷7

高逸休壽州司馬制

敕：朝議郎、行袁州司馬、賜緋魚袋高逸休，立身謹行，聞於朝廷，負才好謙，老於州縣。先皇獎異，錫以銀章，優秩自居，十數年矣。其子焴，秉乃直筆，爲吾史臣。適當均慶之初，先有腰金之命。而愛敬之切，發於中誠。乞循迴授之文，庶遂顯親之義。辭旨懇激，覽之惻然。俾允所陳，且成其美。仍加寵秩，以就懸車。噫！望族舊人，唯爾而已。睹本朝之恢復，拖紫綬以優游。孝子克家，耆年致養。兹惟盛事，足慰爾心。可檢校尚書水部員外郎、壽州都督府司馬致仕，賜紫金魚袋。

原載《徐鉉集校注》卷7

宣州營田副使兼馬步都指揮使李萼可節度副使罷軍職制

敕：王者官人之旨，必褒賢能而均勞逸也。列辟垂憲，予弗之忘。某官李萼，夙負壯圖，少爲裨將。餘勇可賈，有勞不矜。泗水剖符，邊候寧晏。宣城從帥，連營輯和。而將領之權，久煩耆德。毗贊之任，未極初筵。俾援尚齒之文，就疏加等之命。勉承朝獎，無替忠誠。可。

原載《徐鉉集校注》卷7

馮偁可秘書省正字制

敕：五品子馮偁，蘭臺圖書之府，起家而預之。自非有才，孰克處此？以爾早服嚴訓，實揚令名。勵學檢身，如恐不及。成爾嘉器，富我士林。俾授初資，以漸清貫。無忘《詩》《禮》之學，以益刊正之勤。可。

原載《徐鉉集校注》卷8

侍御史王仲連可起居舍人監察米崇楷可右補闕制

敕：朕嘗思古先哲王，所以致理區中，垂憲萬祀者，蓋有史臣以記其過，有諫官以弼其違。或面諍於庭，或舉書於册。故政令所及，罔不化成，而怠惰之心，無自入矣。將振斯典，必求其人。某官王仲連，爰藉才能，亟參秩序。正已而率下，盡節而向公。某官米崇楷，早負時名，尋昇閨籍。佩韋以臨事，慎獨以修身。而並服豸冠，咸司綱憲，或立朝多按劾之奏，或典刑有欽恤之心。叶我懋章，宜昇右掖。勉修官業，以副簡求。直筆正言，無有所諱。可。

原載《徐鉉集校注》卷 7

水部員外郎判刑部查文徽可侍御史知雜制

敕：秦漢以御史掌四方之記，我朝以雜端正百官之邪。其名則同，所職實重。副是慎選，其惟通才。某官查文徽，克負美名，早從交辟，尋陟郎署，昇爲王臣。法讞之難，俾其參决，而察情無不當，持議無不平。俾上絕濫刑，下知恥格。率是幹用，使持憲綱，在能振舉霜威，肅清朝序。爾其直躬而處衆，正己以當官，糾謬繩愆，無或顧避。陟明有典，可不懋哉。可。

原載《徐鉉集校注》卷 7

知雜御史查文徽可起居郎樞密副使制

敕：秉記言之筆，以侍左右；受司聰之寄，以典出納。并居二職，其可非才？某官查文徽，儒雅表文，忠厚成質。早踐華貫，時爲名臣。以南宮清望之資，當憲府雄極之任。提綱有序，而衆目以理。正身自處，而周行以清。物論與之，予用嘉尚。居中理極，不亦可乎？噫！爲朕腹心，注人耳目。執節一懈，悔咎隨之。爾其慎之，無忝吾命。可。

原載《徐鉉集校注》卷 8

兵部侍郎張義方可左常侍制

敕：某珥貂服冕，侍從獻替。騎省之任也，必以儒學大僚，端方名士，入膺茲選，允叶懋章。而爾義方可謂能矣。踐歷臺省，抑揚聲實，純誠直道，造次靡忘。今予眇躬，嗣守丕訓，弗惠厥德，思聞讜言。乃均慶恩,命爲常侍。從容左右,敬仁嘉猷。爾其念哉,無渝乃節! 可。

原載《徐鉉集校注》卷 7

左常侍張義方可勤政殿學士制

夫珥金貂直騎省,以備顧問,非不重也,而文學之選,宜又加焉。某是號名儒,久登華貫。臺閣踐歷,聲實相符。侍極以來,當官無撓。朕祗奉先烈,勤求大中。咨訪闕疑,藉爾稽古。特加近職,以示開懷。順美弼違,無忘讜直。

原載《徐鉉集校注》卷 7

楚州刺史劉彦貞可本州觀察使制

敕:懋官之旨,非增秩不足以示寵;行邊之任,非進號不足以申威。施之其人,是爲令典。某寬厚得衆,深沉有謀。克荷家聲,累膺朝寄,百城觀政,三郡底寧。而長淮上游,地雄師衆。刺舉之職,未極當官。廉問之權,實諧僉議。因是敷寵,更仁厥成。噫! 千里之長,三軍之帥,任遇斯重,勛庸是圖。爾其敬哉,無隳乃力。可。

原載《徐鉉集校注》卷 7

外祖母追封某國夫人制

敕:昔帝欽明,義先敦序。九族既睦,萬邦以懷。矧乃推自業之恩,疏漏泉之澤,有光茂典,式表孝心。外祖母李氏,麗德坤儀,垂訓內則。儲慶漸生民之什,顯魂開石窌之田。肆予眇躬,弗忘祗稟。而嗣膺鴻業,若涉大川。奉長樂以自寧,過濯龍而軫念。追遠之數,宜有加焉。是用進啓大邦,載崇懿號。昭示戚里,知予永懷。可。

原載《徐鉉集校注》卷 7

大理卿判户部刁紹可工部尚書制

敕:周禮六卿,皆有軍政,漢制尚書,奏事禁中。歷代親重也如是。今予有命,亦屬其才。某官刁紹,始以幹能,屢參繁劇。向由卿寺,踐歷省垣。制國用而無違,登生齒而有羨。丕顯成績,是爲才臣。

今朕祇嗣丕圖，永懷司會。俾率諸吏，表於南宮。爰陟冬卿，式申慶澤。爾其欽承彝訓，修舉官司。無忘克終，以忝殊渥。可。

太常少卿李貽業可宗正卿制

敕：先王睦親也，必求宗姓之賢者，朝行之名臣，爲之表儀，序其昭穆。今我有命，時惟舊章。某官貽業，學以潤身，文以行禮，貞以幹蠱，直以事君。有一於此，是可嘉尚。矧備四者，非所謂名賢乎？今朕嗣續丕基，敷遵慶澤。是用選於掌樂，爲我司屬。使吾宗室有信厚之風，非貽業而誰？勉修厥官，無忝多訓。可。

水部郎中判刑部蕭儼可祠部郎中賜紫制

敕：某官蕭儼。夫王者之爲政也，任能舉直，理刑懋功，如斯而已矣。今秋官卿佐皆闕，爾儼實專其司，定法察情，克舉攸職，切言直氣，屢聞於朝。靡私厥躬，何其愛朕之深也。方將圖效，適屬均恩。是用就昇名曹，仍加命服。俾擢省闈，時予寵章。爾其念哉，無易乃心，無回乃行。決獄以寬簡，當官以公平。一心克終，予慎嘉汝。可。

屯田郎中李景進可工部郎中制

敕：某官李景進。昔漢館陶公主爲子求郎而不得，何者？非其人也。今汝景進，亦吾外戚。而謹願儒雅，好學善言，久爲臺郎，頗副時望。故均慶澤，擢轉名曹。彼漢推公，而吾獎善。兩得其道，不亦宜乎？

太府卿張援可司農卿兼大理寺事制

《書》曰：任官惟人。又曰：惟刑之恤。朕服斯道，因舉而行。某官張援，爲性端方，處衆和雅。貞亮足以以幹事，哀矜足以得情。亟更攸司,弗易時用。因予有慶,期爾盡才,命爲大農,俾掌廷尉。於戲!庶獄之慎,不可忘也;單辭而行,不可爲也。平反伏念,夜思晝行。尚於措刑,體我求理。敬之哉!

原載《徐鉉集校注》卷8

權知江都令李潯正授制

敕:四京令之重也,其選惟一,是必試可以進之,均慶以寵之。蓋欲慎厥官而安其政也。某官李潯,屢爲長吏,綽有能名。東夏之理,不易其操。事簡俗便,予甚多之。爰用加恩,俾從真授。勉欽朝獎,無懈乃心。可。

原載《徐鉉集校注》卷8

和州司馬潘處常可金部郎中制

敕:先王之制官刑也,過無所隱;其肆大眚也,善靡有違。無私之義,於是乎在。某早服時望,亟更臺郎。予在東朝,列於賓席,旋貳廷尉,實奉邦刑。偶違伏念之言,遽貽一黜之命。今朕祇嗣丕業,誕敷慶恩。豈以職事之愆,遂忘鑄俎之舊。是用召自近郡,陟於南宮。勉承寵光,以永無咎。可。

原載《徐鉉集校注》卷8

浙西判官高越可檢校水部郎中賜紫制

敕:王者之建藩輔也,必命重臣以臨之,又擇賢士以佐之。政成當遷,留而增秩,古之制也。高越以儒學淹雅,見稱於時。頃自南宮,直於東觀,筆削之言方勵,弓旌之禮是求。從事大邦,率多婉畫。有嘉令望,爰屬慶恩。俾假正郎,仍紆紫綬。服我加等之命,無懈盡規之心。

原載《徐鉉集校注》卷8

安陸郡公景達檢校司空太府少卿制

敕:夫太上立德,其次親親,能兼之者鮮矣。惟是具美,屬於我

朝。某孝友資身，貞幹爲質。守樞機而無悔，居富貴而不驕。藹然善
聲，成此嘉器。朕肇襲丕業，廣覃慶恩。矧有名臣，近在宗屬。是用
假以空土，列於亞卿。仍進崇階，并示優寵。於戲！行爲民則，爾其
忽忘。愛克厥威，朕不敢尚。服我多訓，永揚令圖。

原載《徐鉉集校注》卷 8

保定郡公景迪可朝散大夫檢校左僕射賜紫制

敕：朕歷選列辟，見其睦親。名器之難，必當慎簡。信不可私於
其屬也。故我疏寵，務先推公。保定郡公景迪，静惟端方，動必孝敬。
佩師友之訓，成信厚之風。宗室之間，問望尤著。屬我嗣服之始，叶
於立慶之恩。爾其率循令猷，惠迪前烈。勿驕勿惰，以永乃成。

原載《徐鉉集校注》卷 8

右拾遺鄭延樞可清江縣令賜緋制

敕：夫邑令之有聲者，入奉清列；諫官之滿歲者，出宰百里。蓋朝
廷憂民立政之意也。某官早歷宦緒，無廢官常。擢參禁垣，克服彝
憲。而南楚大邑，長吏尤難。命自周行，往宣朝旨。仍加朱紱，以示
殊恩。無易乃心，勉修所職。

原載《徐鉉集校注》卷 8

浙西判官艾筠可江都少尹制

敕：天下之大，建親分陝以尹之；東夏之重，選能設貳以維之。兹
用安民而政舉也。某官艾筠，識量純素，學術通明。奉我東朝，周知
其善。輙借侯幕，載揚令名。海隅之康，筠有其力。夫以亞尹之難如
彼，而有適用之才若此。俾膺慎選，不亦宜乎？勉勵公方，更施勤績。

原載《徐鉉集校注》卷 8

閻度可江寧府參軍制

敕：鄉貢明經閻度，士子起家而預清級者，蓋亦有之。自非才地
兼茂，則不能光朝命而叶時論矣。以爾名父之子，自强不息，學業履

行,實浮於名。屬予出震之初,成我多士之世。俾掾天府,以漸亨衢。無忘益恭,更揚令問。

舒州司馬李景述可虞部郎中制

敕:王者用士,其要惟公。苟得其才,近親何避?某官李景述,承茂勳之後,秉素士之風。頗有美名,聞於戚里。郡丞之任爲久,臺郎之位爲宜。俾疏慶恩,改授清級。無忘師友之訓,以奉朝廷之儀。

江西推官成幼文可主客員外郎制

敕:諸侯之佐,命於朝廷,而治績有勞,奏課稱最者,則當昇閨籍,補爲省郎,蓋勸能取士之旨也。某從事大鎮,於茲累年。本以誠明,濟之通敏。論不阿諂,政無頗邪。一方允釐,爾實有力。今予寵爾以立朝之位,命爾以司藩之官。爾其敬哉,無忝我陟明之典。

洪州判官袁特可浙西判官制

敕:袁特。朕以關輔之大,控制要津,出保傅之重鎮之,以屏王室。擇賓從之賢佐之,以齊政經。而特尹縣神州,理甚簡便。運籌盛府,言必端詳。叶於束求,宜授斯任。夫潤之民,固與洪無異,而爾之操,當與初不渝。則官業允釐,而朝獎無替矣。敬服斯訓,往勵乃司。可。

洪州掌書記喬匡舜可浙西掌書記賜紫制

敕:喬匡舜。朕以師傅之重,敬而不違,式遂便安,俾臨關輔。而軍旅之事,不可無佐;奏記之任,不可非才。聞匡舜以高文受知,以直道從事,歷歲斯久,宏益居多。故因其賓席之資,加以紫綬之貴,改轅東適,從吾上公。無替初心,以忝朝命。

潤州丹徒令顧彥回可浙西推官制

敕：長人之吏，親職爲勞；觀風之佐，坐籌爲異。均其所任，是曰優恩。某官顧彥回，以清節士風，嘗恭王府。以耆年篤行，出字齊民。課績尤異，自當優寵。驅馳州縣，非爲所宜。俾陟賓階，奉我元老。優游盛府，足以光華。

原載《徐鉉集校注》卷8

撫州刺史周弘祚可池州刺史制

朕以將復淳風，務先理道，思得良二千石，以安吾民。倘副簡求，迭授大郡。斯蓋布政懋官之旨也。某官周弘祚，勛臣之子，雅有父風。自服佩恩華，踐更事任，訓齊武力，能得士心。綏懷邊戎，克壯兵略。俗阜秩滿，序勞當遷。朕觀其才，可謂良矣。青陽名郡，控制中流。前所任者，咸屬重望。今以授爾，爾其欽哉。進爵昇階，式示兼寵。苟勤節弗易，池人來蘇。考績策勛，吾有彝典。

原載《徐鉉集校注》卷8

吉州判官鮑濤可虔州判官制

敕：虔之爲鎮，俗雜地廣，化不可一，時生寇攘。萑蒲既平，閭井思乂，可以佐吾良帥而寧吾齊民者亡聞。某官鮑濤，久倅列郡，克舉官常。從政以和，理劇無滯。況虔、吉鄰郡，聲績素彰。便道之官，率舊爲用。副茲慎選，誰曰不然？爾其敬承，無忝明訓。

原載《徐鉉集校注》卷8

給事中閻居常可金紫檢校司空充廬州節度副使制

敕：王者推念舊之心，申優賢之旨。官序出處，從其所安，諒不可滯於一方也。某官閻居常，執心沖粹，爲學精博。修賢人之業，多長者之言。粵予纂承，實重舊德。俾掌駁議，直於瑣闥。而無妄之疾未瘳，貞退之請彌切。重違誠願，抑此朝恩。俾佐藩方，式便頤養。金印紫綬，邦土憲司，并申寵光，以示優渥。陟明之典，當俟有瘳。可。

原載《徐鉉集校注》卷8

虞部員外郎史館修撰韓熙載可太常博士制

敕:某官韓熙載。朕以因心之感,同軌有期,嚴恭禋祀,仍從此始。求所以節豐儉而振廢闕者,屬於禮官,慎選其人,必在時彦。以熙載學問精贍,辭氣亮直。本以通識,濟之奇文,惟名與實,咸副是命。故輟自東觀,列於曲臺。使代稱禮樂之盛,吾實有望於爾。勉之哉。

原載《徐鉉集校注》卷 8

虞部員外郎史館修撰張緯可句容令制

敕:爲政之要,在乎安民。長人之吏,在乎慎選。故吾用古道,擇尚書郎而命之。某官張緯,學問該通,辭藝精絶。自東朝載筆,石室抽文,朝論藹然,以爲名士。矧又洞識理體,周知物情。是爲通才,何適不可?王畿大邑,既庶而富。藉爾敏惠,爲吾教之。仍假臺郎,以申朝獎。苟聞報政,豈吝加恩。可。

原載《徐鉉集校注》卷 8

浙西判官高越可水部郎中制

敕:多士之世,副臺郎之選者,前代謂之賢。乃知三署之屬,例無輕授。某官高越,早踐朝序,嘗爲史臣,當官有聲,聚學不倦。頃屬上將,出臨大藩,輒參入幕之資,備觀理劇之用。府罷赴闕,時名益高,司川之秩,俾從真授。無忘職業,以荷朝恩。

原載《徐鉉集校注》卷 8

左監門將軍趙仁澤可寧國軍都虞候制

敕:南藩之寄,宣城爲最。師勁而衆,地近而雄。故朝命列校,以貳軍事,所以重其威令也。某官趙仁澤,名將之子,頗有父風。在軍積年,武略精練。出寧大邑,歸預禁營。副予簡求,俾隸宣部。往綏乃績,無替前勞。

原載《徐鉉集校注》卷 8

左司郎中高弼可元帥府書記制

敕：某官高弼。王者之用師也，必先以文告之命，訓誓之辭，故戎車之往，記室爲重。而朕前委愛弟，實司邦政。今命爾弼，使典軍書。任才責功，其意斯在。矧弼嘗參西掖，尋履南省。所歷之任，藉藉有聲。今能奮雄辭而塞慎選，陟明之典，予豈忘哉！

原載《徐鉉集校注》卷 8

左領軍將軍孔昌祚可泗州刺史制

敕：左領軍衞將軍、甲仗宮城營造等使孔昌祚。朕以長淮北偏，隔閡戎夏。惟彼泗口，實當要衝，凡爲守臣，罔不慎選。而昌祚以貞幹事，以勤懋德。周廬巡徼之政，宮禁繁劇之司，董齊典理，靡有違者。歷歲且久，秉心不渝。朕觀其才，可爲邊將。授以符竹，付之臨淮。爾其揚我武威，修乃郡政。登於考功之籍，以塞任能之恩。可。

原載《徐鉉集校注》卷 8

水部郎中方訥可主客郎中東都留守判官制

敕：某官方訥。朕以分陝之任，非親賢不可，故迭用子弟以居守。復以佩觿之齒，唯訓導是務，故慎選名德以從行。而朕在東朝，先皇命爾訥列我賓席，恭慎文雅，抱其風度，將順規諷，揖其忠誠。尋又奉予愛子，益固是道。今所授任，非訥而誰？客曹正郎，留臺幕職。往示兼寵，爾其敬哉。乃心不渝，懋典寧忘。

原載《徐鉉集校注》卷 8

秘書郎田霖可東都留守巡官制

敕：某官田霖。朕命愛子，表正東夏。管記之任，鐏俎之間，唯才與行，乃可是選。而朕在儲貳，則嘗知霖，文藝直心，綽有餘裕，累參載筆之任，近登秘籍之司。列於王官，頗叶時望。故授以留臺之職，副茲托乘之求。爾往敬哉，無忝予命。

原載《徐鉉集校注》卷 8

前山陽縣尉張師古可秘書省校書郎制

敕:王者之行慶也,獎能振滯,赦過責功,如斯而已矣。某前爲縣佐,以公事罷免。而聞其立身修己,有足多者,故從其滌瑕之命,昇諸秘籍之司。往服乃官,勿重而悔。

原載《徐鉉集校注》卷 8

江州録事參軍王崇昭可江西觀察衙推制

敕:某官王崇昭。西南大藩,庶政繁會。獄訟之理,欽恤是先。重輕一隳,手足無措。必得朝士以典掌之,而聞崇昭可當斯任。往莅乃職,無忘益恭。

原載《徐鉉集校注》卷 8

前舒州録事參事沈翶可大理司直制

敕:某蔭藉從仕,以儒術資身。蓬閣曳裾,早揚聲問。侯藩載筆,亦懋勤勞。向事圭符,實司綱紀。州縣之職,非其所長。既失儀刑,遂從罷秩。今慶賞斯浹,一眚咸矜。復爾名籍,俾參棘寺。吾不記過,爾其自修。

原載《徐鉉集校注》卷 8

歙州觀察推官翟延祚可水部員外郎制

敕:某以外諸侯吏,入爲尚書郎者,非推恩酬勞,何以臻此? 聞爾宰百里,佐廉車,皆有政能,宜當選任。往祗乃事,無忝予恩。

原載《徐鉉集校注》卷 8

大理司直唐顥可監察御史制

敕某:夫御史之列,皆一時之清選,而貴仕所由漸也。聞爾執心有常,從事以直,持刑甚平允,當官有勤勞,故昇諸朝廷,俾之察視。爾其懋乃才用,修我紀綱,無傾側糾訐以爲能,依阿顧避以自守。勿貽爾悔,以忝予恩。

原載《徐鉉集校注》卷 8

筠州刺史林廷皓責授制

敕：恥過作非，言不顧行，爲臣如此，在法難容。某頃自歸朝，頗推有勇。俾之爲將，所以圖功。及封疆多難之時，車徒四出之際，遂能激揚壯節，措之師旅，付以圭符，而畏懦屢聞，遁逃不暇，震驚城守，詿誤軍謀。當此之時，已宜行法。予以義深罪己，功在止戈，既屈身以弭兵，乃含垢而務德。復移郡寄，仍縮使權。苟奏課之有聞，亦在人而何棄。未終考績，爰掇訟辭。猶且累上素章，屢言構陷。洎遣制使，明徵其辭。乃自滁、陽罷郡已來，筠州移郡之後，侵漁公帑，積數且多。干犯詔條，爲罪不一。證據明具，詞理并窮。殊不省非，更爲文過，謂競廝養爲恥，以對獄官爲羞。欲蓋彌彰，侮我何甚。其武勇也既如彼，其誠心也又如此。倘猶弘恕，何以律人？尚以君臣之間，務全終始，特從薄貶，庶克自新。勉荷寬恩，無重而悔。

原載《徐鉉集校注》卷 8

蔣莊武帝册

維年日月，皇帝若曰：稽古皇極，訓民事神。詔大號以崇正直之威，垂大名以紀昭明之德。牲幣有數，典禮不愆，政是以和，神降之福，莫不由斯者已。若乃以死勤事，没而不朽。流光儲祉，蔣帝有焉。惟帝冥符靈氣，孕毓玄造。嘉猷雄略，昭映前人。在昔潛耀大川，躍鱗下邑。著艱難之節，所以事君；彰變化之神，所以顯俗。惟德是輔，感而遂通。建福會昌，以戡時難；豐功厚德，以享帝郊。史臣執簡於無窮，工祝正辭於不絶。顧惟寡昧，祇嗣庞鴻，敢忘人謀，以叶靈貺。瞻言神嶽，作鎮皇州，興運惟新，禎符丕顯。而位極於炎昊，名謝於康惠。墜典未舉，予用慊焉。濮陽諸姬，實纂服之舊邦；克亂除害，乃庇人之盛業。合爲縟禮，申告祠庭。今使使某官持節奉册追謚曰蔣武帝。嗚呼！丹青懿烈，光光如彼。簡册廟貌，昭昭如此。永爲民正，無乏神主之望焉。

原載《徐鉉集校注》卷 9

追封安王册

維年月日，國主若曰：稽古大猷，啓迪來裔。藩翰之寄重事也，不以親屬爲嫌;寶玉之分盛典也,不以死生易節。昔在有魏,蒼舒早世。降及我唐,子雲無禄。咸用追啓王社,飾於泉扃,垂爲憲章,肆予遵舉。咨爾某,稟信厚之德,持謙下之資,在傅不勤,爲善最樂,烝烝敬孝之性,恂恂友悌之風。及苴茅北藩,授仕殿省,別六尚之名物,參九伐之政令。行以正直,持之公平。諸御知方,群校競勸。職修事舉,朕甚多之。爵止極於公封,位未登於六事。流光不待,時望慊焉。申予有慟之懷,加爾飾終之禮。冬卿峻秩,楚澤全封。丕舉茂章,永光餘烈。今命使某持節册贈工部尚書,封安王。嗚呼! 延吴之懷,予用多愧;間平之德,人其識諸? 簡册無虧,丹青不泯。昭昭後魄,亦克知之。

原載《徐鉉集校注》卷 9

追封豐王册

維年月日,國主若曰:名器之重,典册之崇。不以親疏爲嫌,至公之舉也。不以生死易節,歸厚之道也。先哲彝訓,我儀行之。咨爾某,挺岐嶷之咨,稟山河之秀。亦既就傅,時惟老成。迪祖宗之猷,不愆不忘。奉詩禮之學,惟幾惟勤。公室所推,藩屏攸寄。秀而不實,凋此妙齡。天性所鍾,永悼何已! 真王異數,護塞雄藩,舉爲寵章,飾彼幽壤。今使使云云。嗚呼! 分以寶玉,苴以白茅,弗及圖功,猶足表德。尚爾不昧,知予此心。

原載《徐鉉集校注》卷 9

衛王劉仁贍改封越王册

維年月日,國主若曰:忠臣之事君也,歿且不朽;王者之念功也,久而弗忘。故賢哲應期,風烈所及,千載之下,若旦暮焉。矧先朝舊臣,藩方賢帥,雄名大節,震耀區中。粵予纂承,敢忘褒寵。咨爾故某,命世英傑,奕葉勛庸,便藩寵遇,茂著聲實。間者輒自離衛,鎮於壽春,導德申威,罔不率俾。國步中梗,邊烽載驚。介然孤城,橫制險地。威略所奮,以戰則靡亢;恩信所加,以守則彌固。社稷是衛,豈惟封疆。嗚呼! 壯圖中奪,而英氣動於二國。奇表長謝,而中規流於百

代。肆我文考，爰極寵章。崇爲帝師，建以王社，大名備物，無不及
焉。咨予小子，敬想先正。聞釁之感斯極，飾壞之禮未行，是用越於
彝章，再光贈典。山陰大國，會稽遺墟。申畫四封，永旌懿烈。今遣
使某官持節改封越王。嗚呼！忘身徇國，其至如彼；慎終追遠，其厚
如此。永錫繁祉，子孫保之。

原載《徐鉉集校注》卷9

慶王進封陳王贈太尉册

維年月日，國在若曰：古稱王者之貴，必有先也。豈不以在原之
助，義切於邦家；陟岡之恩，情均於存殁。自非贈飭之寵，寧申敦叙之
懷？稽迪前經，式揚盛典。咨爾某，受天正氣，爲國宗英。器量川停，
機神秀出。縱横之智，發爲事業；儒雅之度，播爲文辭。自錫壞侯藩，
調兵蘭錡，行令惟一，撫下憔仁。周廬不驚，宸極甘寢。天覆形於鍾
愛，時望極於維城。景命不融，儀表長謝。壯圖大略，嗟時運之難並；
遺文餘烈，綿歲序而常存在。粤予小子，祇荷丕構。奉慈訓於長樂，
頒分器於懿親。友于之恩，追懷何已。是用修嚴縟禮，申告九原。以
王有文雅之稱，故改封於陳社；以王有重厚之器，故建號於上公。光
昭令猷，永垂不朽。今命使某云云。噫！花萼之游，宛成今昔。寶玉
之數，遂隔平生；尚想明靈，鑒兹永悼。

原載《徐鉉集校注》卷9

追贈留從效父册

維年月日，國主若曰：立身揚名，君子所以顯父母也；慎終追遠，
王者所以厚風俗也。政之大者，其可忘乎？咨爾清源軍節度使留某
父贈郇州都督彦雄，行當於躬，量韜於世。修誠明而應物，積善慶以
流光。實啓高門，誕生賢嗣。建節風雲之會，致身藩翰之權。清寧一
方，表率群后。歲勤職貢，恭守朝經。位崇帝師，勛在王府。向非稟
訓有自，膺期而生，則功勛所昭，何以及此？雖褒贈之典，已賁於九
原，而督護之名，未光於大府。俾加縟禮，薦洽朝章。今遣使云云持節
册贈爾爲潞州大都督。於戲！節鉞之貴，命屈於生前；典册之崇，禮

符於不朽。既足以光爾之有後，亦所以表予之推恩。昭昭有靈，知我
斯意。

齊王贈太弟哀册文代喬侍郎

維年月日，天策上將軍、太師、尚書令、臨川牧、齊王，薨於臨川府
之正寢。主上追先皇付托之意，表叔父遜讓之風，乃下明詔，册贈太
弟。即以其年十一月日，葬於江州某縣某鄉廬山之原，從理命也。絹
幕夕陳，虞歌曉引。改兔園之賓館，設龍樓之桂楯。閟靈儀以愈遠，
窮哀端而靡盡。愴永恨於宸襟，俾誕揚於令問。其詞曰：

皇天眷祐，錫唐良輔。時惟宗英，裔自文祖。孝悌敦愨，機神穎
悟。昔在中興，爰當就傅。申畫宛水，錫兹茅土。德望日躋，邦家是
毗。鈎陳宿衛，宮籥攸司。於惟淮甸，實始皇基。導之以禮，董之以
威。俗賦《甘棠》之頌，人歌《樂職》之詩。運屬繼明，業隆二聖。首
輯瑞玉，來參大政。乃爲左相，其班上台。乃封夏口，其賦千乘。赫
矣元后，炙哉古風！不私其子，天下爲公。并命叔仲，奮兹顯庸。或
踐我舊藩，或陟爾青宮。辭不獲命，處之益恭。晉鄭之勛，推而更融。
臧札之操，久而彌崇。若泰伯之讓，異周公之東。京江汝水，旄節從
容。皇統既正，靈符允答。國步清謐，群生欣洽。復大道於三古，永
文昭於萬乘。越我嗣君，尊尊親親。極以呂望之高位，崇以貞觀之舊
稱。賜書不詔，贊禮不名。曰予小子，實繁叔父。維藩維翰，宗社之
故。永錫難老，日新王度。謂天蓋高，命亦靡常。台階殞宿，河月沈
光。慟東堂之哀臨，輟南國之春相。與聖賢而共嘆，獨天地之何長。
嗚呼哀哉！知生若寄，臨凶奢於蜃炭。舉士庶而均哀，頌聲猷於無
間。嗚呼哀哉！歸虎節於王府，靡鸞旌於雉門。閒西園之風月，慘猴
嶺之烟雲。象輅迴兮遵塗遠，歸帷整兮逝水奔。賓友散兮霰雪積，巾
箱故兮經籍殘。嗚呼哀哉！身殁壞存，道悠運促。贈今日之典册，閟
當時之寶玉。全大義以經國，激清風而被俗。昭遺烈於千齡，寄玄堂
於陵谷。嗚呼哀哉！

光穆后謐册

維年月日，嗣國主臣某，再拜稽首言：臣聞體厚德而母萬物，存乎尊位；騰耿光而蕃百世，繫乎鴻名。繼統廣業，莫斯爲重。顧惟小子，懼忝貽謀，對越祖宗，敢揚公議。伏惟大行聖尊后，姜任顯族，皇英茂德。作合元聖，長發祥符。秉婦禮於儲闈，正嬪則於四海。孝心天賦，惠問川流。祚啓重熙，尊歸理内。率循陰教，欽若皇猷。順承利坤元之貞，輔佐流周南之化。慈撫公族，仁懷六宮。清净廣於真風，戒慎刑於外戚。用能永錫繁祉，弘濟多難，保佑冲人，克荷丕構。某仰繫慈訓，方恢景福。靈臺告祲，永樂長違。罔極之懷，觸緒荒殞。恭惟尊名節惠之典，載考儒臣禮官之稱。咸以爲光大孝悌之懿，肅雍賢德之盛，昭映前烈，垂示無窮。列辟承式，弗敢失墜。謹奉玉册、琼寶，上尊謐曰光穆皇后。伏惟威靈如在，鑒兹縟禮。延九廟之積慶，與二儀而長存。嗚呼哀哉！謹言。

原載《徐鉉集校注》卷 9

百官奏請行聖尊后册禮表

文武百官臣某等言：伏奉制旨，以聖尊后册禮，奉令旨俟百日後上進者，仰承嚴命，固合遵行。但以事有未安，理須陳奏。中謝。伏以歷代已來，嗣極之主，禮之大者，尊奉上宮。倘或正儀未行，庶事莫敢先舉。所以陛下裁膺册禮，即下制書，長樂歸尊，已先孝理。百司承式，將撰吉辰。及金輅言還，六宮即叙。惟憂典禮，已屬稽遲。遽睹絲言，備聽慈旨。在苴麻之次，誠極感傷；然吉凶之儀，本無妨礙。歷觀前載，遍考儒臣，法度具存，事體至大。况涣汗之澤，普及諸侯，簡册之行，便當相次，未修大禮，交慊群情。伏乞陛下，再禀嚴慈，俯迴聽允。臣等幸列有位，庶免曠官。冒瀆冕旒，無任云云。

原載《徐鉉集校注》卷 20

賀德音表

文武百官某等言：伏睹御札，崇尚儉約，克己庇民。節省服用，去金玉之飾；减放嬪御，屏聲色之娛。供進珍羞，制作奇巧，中禁賜與，內門資用，并從損廢，以緩征徭。宸翰章明，德音流布。凡百卿士，至於兆人，歡呼感動，倍百常品。中賀。臣聞文武之政，方冊存焉。知之非艱，行之不易。故自三代已降，繼體之君，有師保之訓以制其情，有諫諍之臣以救其失，及其行也，猶未臻焉。豈有發自宸衷，出於獨斷，乾文昭煥，至德宏新，聳動四方，如此之盛者也？伏惟陛下重熙撫運，下武膺期，翼翼小心，乾乾夕惕。寅畏所感，人神罔弗和；仁明所加，細大罔弗理。然猶勞謙訪道，虛已求才，日照天臨，山藏海納。體唐堯之仁以親九族，極虞舜之孝以奉上宮，率天下之尊以承顏問安，居四海之富以扇枕調膳。德既充矣，化亦孚矣。然後恤小民之艱食，閔群吏之急徵，息澤虞之征，釋公田之禁。崇足用之本，近取諸身；致九年之儲，無求於外。斥靡曼之色，咸遂物情；除珍玩之飾飭，率由舊典。去淫巧以急用，罷私積以歸公。生人之耳目惟新，風俗之澆浮立變。先皇帝貽翼子之訓，垂聖人之資，言有所未宣，行有所未遠。陛下奉揚先志，推而行之，數年之間，盛美斯備。向若非陛下之孝心廣達，無以見先帝之聖作惟幾。巍乎煥乎，不可得而名已！昔者成湯因歲旱而罪己，周成動天威而責躬，咸能即致時雍，永錫繁祉。豈若陛下春秋方富，中外方寧，制於幾先，行此難事。宗社之降靈可見，邦家之流祚何窮，率土之濱，孰不幸甚！則臣向所謂知之非難，行之不易。陛下既能行之矣。臣又聞行之甚易，終之實艱。願陛下慎而守之，則登三邁五，夫何遠耶？臣等幸塵班列，無補盛明。徒慚充位之譏，但賀蒼生之福。措詞有盡，順美難周。臣等無任瞻天仰德，歡呼躍踊之極云云。

原載《徐鉉集校注》卷 20

謝詔撰元宗實錄表

臣鉉伏奉詔諭，以《元宗皇帝實錄》命臣修撰。才微任重，恩厚責深，拜捧絲綸，若臨冰谷。中謝。臣聞握圖御宇，既憲章於在昔；創法垂統，亦啓佑於後昆。然則至德無名，玄功無迹。惟日用而不竭，豈淺局之能量。是以良史之才，歷代爲重。以南、董之直，而無聞於成編；如遷、固之能，而不絕於浮議。則知鋪陳王業，昭灼皇圖，求之當仁,豈易輕授!伏惟元宗皇帝紹中興之統,承累洽之基,大孝邁於有虞,仁恕逾於漢祖。愛人節用,得孝文之風;重學崇儒,有建元之烈。東京則光武、章明,以憂勤立政;魏室則太祖、陳王,以文藻化人。綜是全功,允昭聖德。對越上帝,敷佑下民。二十年間,慎終如始。陛下嗣膺寶曆,欽若天明,以累聖之資,輔生知之哲,導揚休命,啓煥貽謀。故得畏軒后之神,更延三百;配文王之祀,永奉明堂。必將著以丹青,播於金石。斯爲重任,宜在鴻儒。如臣者,章句末流,記問微學,遭逢之便,塵玷司言。豈意天鑒不遺,宸慈過聽。猥加寵寄,及此非才,進退莫遑,怔忪失次。然臣祇事先帝,常忝近司,沐王澤以滋深,欽皇風而永久。報大君之厚德,誠有愚心;厠作者之清塵,其如公議。戴恩愈極,揣分彌驚,未識津涯,徒知慶躍云云。

原載《徐鉉集校注》卷20

謝賜莊田表

　　右:臣伏蒙宸慈,念及闕乏,特降宣旨,爲置莊田,仍且於少府監賜熟米二百石者,望外之恩,莫知所自,撫躬拜命,終懼且驚。伏以臣禀性頑愚,觸塗疏拙。幸緣際會,早玷清華。禄秩之資,既爲過量;吉凶之備,皆沐優恩。空費稻粱,寧裨海嶽。但以家傳清白,族有羈孤。雖欲居常,終慚逼下。蓋亦暗於世務,非敢竊效古人。伏惟陛下明極燭幽,仁深廣覆,親加寵諭,曲軫殊私。昔者葛亮薄田,不聞君賜。孫弘脱粟,尚獲時譏。如臣非才,何以致此?辭讓則有辜憫惻,祇受則更覺貪饕。徒承推食之恩,轉積素湌之懼。乾坤之施,無可上酬。螻螘之軀,惟知畢命。

原載《徐鉉集校注》卷20

與韓熙載請誅陳覺等批答謝表

　　伏讀批答,曰:"卿等憂國情深,除奸意切",是陛下知其奸也。又曰:"永從流放,與死何殊",知陛下必不用也。既知而棄,雖在何爲?

原載《徐鉉集校注·補遺二》

昭惠后謚議

臣聞廣莫極於坤元，則含容光大，擬議著焉；尊莫隆於皇后，則窈窕思賢，咏歌發焉。是以上德無名，而稱謂流於百代；至道無象，而儀刑表於四方。此固天理出於自然，聖人所以無避者也。矧惟節惠之禮，百王盛典，述德之議，史臣至公，誕昭耿光，敢揚懿德。伏惟大行國后，生商遺烈，安劉積慶，淑質奇相，惠問英才，光映台華，作儷公族，紹隆藩閫，載輯儲闈。世子專寢門之禮，孝心不匱；大君以家人之慶，天覆有加。誠由肅雍之德，叶此睦媚之盛。言內則者，以爲美談。及屬運飛天，尊歸配地，嚴恭匪懈，稟母儀於上宮；慈惠積中，率婦道於天下。澣濯是服，而六衣有煒；環佩中節，而九御有倫。思脫簪之誡，以成憂勤之政；躬大練之飾，以輔純儉之風。陰教既孚，王化茂遠，方與告變，椒風永悶。慟結長樂，哀纏紫宸。龜筮叶從，攢塗將啓。旌德之號，彤管斯存。若乃山河表德，而文之以禮；金玉其相，而守之以恭。垂訓以慈，進賢以哲。至於誦經習詩之敏，審音知樂之明，超然遠識，優絕終古。勤行孝養，下自從化，故寬裕懷於六宮。天資明惠，學無不通，故遺愛鍾於宸眷。載稽具美，實光前烈。謹案《謚法》，德禮不愆，容儀恭美皆曰"昭"；慈哲遠識，寬裕遺愛皆曰"惠"。仰惟實録，足表鴻猷。謚曰昭惠后。謹議。

原載《徐鉉集校注》卷9

薦處士陳禹狀

右：臣伏睹國家哀采群才，搜揚片善，有上書言事者，猶有可取，必加甄録。廣納之意，遐邇知恩。然臣竊嘗觀之，率皆淺近。止於采取金寶，檢榷賦租，製作舟車，斬伐材木，巡察關禁，收捕寇攘。既利害相參，亦虛實略半，食禄者衆，成務者稀。若乃先王教化之源，朝廷刑政之本，謂之迂闊，竟爾寂寥。得人之盛，未可致也。去夏有布衣陳禹，詣獻納院上疏，獨與衆異。其言曰："五常之教不立，度量之器不均。"又曰："江鄉之民，存不事之以禮，没不祭之於室。"斯實有意於教化，而不汩於流俗者也。臣於是訪其爲人，則鄉曲無過；延之與語，則靜默寡詞。倘使行顧其言，才副其識，則古之循吏，何以逾之？

願陛下以親民之職，試其爲理，考績之際，自有常科。臣忝預銓司，顧慚則哲。謬妄論薦，俯伏兢惶。謹奏。

原載《徐鉉集校注》卷 20

故朝散大夫守禮部尚書柱國河內縣開國男食邑三百户賜紫金魚袋常公（夢錫）行狀

　　曾祖某，不仕。祖浤，邠州宣禄縣令。考修，成都府户曹參軍。京兆府萬年縣洪固鄉曹貴里常夢錫，字孟圖，年六十一狀。

　　公宇量恢宏，識度寬廣。質重有氣，博學多聞。初舉秀才，值世亂，不克隨計。西州群后，羔雁交辟，累爲秦隴諸郡判官。岐王茂貞據有扶風，傳國二世，承制除公寶鷄縣令，兼監察御史。是時京洛屢變，幕府驟更。公審擇木之所宜，乃瞻烏而來止。烈祖肇基王業，物色異人，得公甚喜，授大理司直。今上初秉機務，慎求賓從，公實預焉，允塞時望。既受禪，選殿中侍御史，改禮部員外郎，寓直中書，預聞機密。周慎詳敏，冠於當時。烈祖深器之，擢拜給事中。封駁奏議，無所顧憚，由是始爲當塗者所疾。今上嗣位，恩禮甚優。公以發號之初，四海瞻望，幾微所慎，宜在斯時，盡規極言，如恐不及。於是大忤權貴，貶佐池州。明年徵爲户部郎中，復拜給事中，仍充翰林學士，知貢舉。天子以典司詔命，最宜親密，乃別置宣正院於内庭。以先朝選授，公爲稱職，俾以内任，專掌是司。秋霜之操，歲寒不易，凡敢言之士，皆依賴焉。甲辰歲，諫臣皆貶，公亦罷院事。公深惟君臣之義，思全進退之禮，稍儲伏臘，將卜優游。又除吏部侍郎，領御史臺事。上復置文理院，爲司聰之寄，以公爲文理院學士承旨。公以椒蘭不雜，絳、灌方隆，從容中道，守正而已。明年以疾固辭，乃遷户部尚書，領商州刺史。上以公問望夙重，足以坐鎮雅俗，强起令知省事，而病久不覆，公私廢失，爲宰相所劾，坐貶饒州。上以羸療憂之，詔留東都，以便醫藥。逾年小愈，徵爲吏部侍郎、翰林學士，改禮部尚書。戊午歲冬十一月，方與客談，奄然而逝。主上念藩邸之舊，追亮直之誠，罷朝悲悼，贈送優渥。以嗣子方幼，詔中使監護其喪。惟公誠純性剛，文高學富。詞賦典麗，而執筆甚稀；名理精覈，而吐論甚簡。多識故事,洞明政體。自昇元中至保大之初,便蕃密勿,有犯無隱。門絕私謁,出則詭辭,獨見先覺,邈然靡及。政先古義,而時方尚權;論舉大體,而人工捷給。彼衆我寡,故不能克。主恩方重,莫果歸田之心;世路未夷,竟鬱濟時之用。耻爲狷介之行,以邀皦察之名。畜伎樂,飲醇酒,怡然自得,聊以卒歲。啓手足之際,無呻咕之聲。古之達者,正當此耳! 丕以名法之學,獲選丘門,固非良史之才,曷記賢人之德? 庶爲實録,以俟易名。謹狀。此文與門生樹丕作。

原載《徐鉉集校注》卷20

爲蕭給事與楚王書

世事推移,長塗圮隔,違離軒砌,二十餘年,追念生平,有覵心目。伏承大王英謀奮發,妙略宏施。長驅伐叛之師,克正奪宗之罪。奉大朝之正朔,慰全楚之謳歌。成功上簡於帝心,惠澤遠敷於疲俗。風猷所及,慶快同深。儼早被恩私,今通信問。欣躍之極,倍萬常情。

原載《徐鉉集校注》卷20

又代蕭給事與楚王書

儼聞君子退人,忠臣去國,舊君有反服之禮,交絕無惡聲之嫌。以義始終,今古一也。某受性無術,暗於事機,佩師訓以周旋,忘時態之險易。追惟疇昔,受遇先王,國士之知,何嘗暫忘。某復曳裾侯館,委質府庭,松楸所依,兄弟少長,大義若此,乃心如何? 而世事推移,讒言交構,忠信獲罪,干戈日尋。某雖不才,非敢愛死。過君以求名則不忍,苟生以失節則不能。誠恐蕞爾之身,終爲執事之累,所以仰冒嚴禁,逃還故鄉。出魯國以悲歌,向西河而下泣。子鮮去衛,非欲立朝。梁鴻適吳,本期自質。先皇帝恩深善貸,義極綏懷,采鄉曲之棄妻,收荆岑之遺璞,遂得服勤州縣,歷職朝廷。始望初心,豈將及此? 但封疆優隔,玉帛不尋,奕世君臣,一朝胡越。愧三州之父子,羨五部之弟兄。外覥交朋,俯慚章綬。每春秋代序,霜露交零,飛江南之群鶯,嘶代北之朔馬。悲興觸緒,淚落沾襟。自分没身,長懷永嘆。而天將厭亂,人或與能。大王以命世之資,克清家難;聖上以至仁之

舉,大濟橫流。車書既同,冠蓋相望。方承大王念紉蘭之逐客,哀叢
棘之離人,煦以恩光,感之意氣,乘軒食肉,有若平時。始聽音塵,猶
疑夢寐,且悲且慰,五情無主。苟非大人之德,不以細故介懷,則惠好
所臻,孰能若是!某又聞:善父母者,必推錫類之感;善兄弟者,必廣
《棠棣》之風。故能功冠生民,道濟天下。大王英謀遠略,弘量深仁,
上國仰其嘉猷,全楚被其渥澤。如某昔年事分,曾無蔕芥之嫌。今日
支離,合在昭蘇之數。況東西一體,道路無虞。倘蒙閔以懸旌,全斯
大造,兄弟子侄,并許還朝。存者荷二天之恩,没者釋九原之恨,則生
死骨肉,未可比量,瀝膽隳肝,寧申萬一。某以學古爲家業,以感義爲
素懷,空言虛詞,且非説客,皇天后土,實鑒此心。猶覬拭玉張旃,或
從行人之末;捧禽執贄,重趨典客之傍。丹悃獲申,微願斯畢,雖復身
填溝壑,猶望魂魄知歸。攬筆陳詞,悲來橫集。

原載《徐鉉集校注》卷20

復方訥書

　　鉉以疏拙之性,頑滯之資,厠於人曹,無足比數。然以荷先人之
業,猥踐清貫;讀往聖之書,頗識通方。累朝舊恩,漸於肌骨。至於行
道濟物,立身揚名,報國士之知,成天下之務,竊不自揆,頗嘗有心。
故膺耳目之寄,當津要之路,侃然受任,不以爲憂。而才與心違,命與
運背。言出而不能寤主,身廢而無足救時。三年之中,百艱備歷,干
戈擾於内地,烽火照於闕庭,奔走道路,容身靡所。當此時也,苟得耕
於南畝,齊於一民,以斯終焉,尚爲幸也。而副君將聖,王道漸亨。博
采遺賢,以濟多難。贊論之任,首及非才。拜命以來,翻自憂愧。何
者?儲后踐納麓之重,而處於承顔之地;有從諫之善,而立於無過之
場。徒欲持秭米以實太倉,秉爝火以助羲御,恐不足以副上德之舉,
塞故人之望也。但當正身潔己,徇公滅私,使内不愧於本心,外不違
於所學而已。閤下德我太甚,期我太深。歷陽郡佐白君至京,辱貺手
札,慶譽優渥,勖勵殷勤。知己之情,無以過此。然此日副君之垂顧,
乃昔時閤下前席題品之所致也。緘藏佩服,何日忘之?今兵難少寧,
烝民未泰,頂踵利物,斯實其時。閤下高卧已久,群望頗鬱,宣室之

召,斯在不遠,勉慎興居,以副翹企。栖栖之意,遲用面諭。不宣。某再拜。

答左偓處士書

月日。東海徐鉉答拜稽首復書處士足下:鉉讀聖人之書,探作者之意,出處語默,信非徒然。故高臥堯舜之代,不爲背時;濡足楚漢之際,不爲趨利。嗟夫! 天下兵起,百年於茲。立功名、取富貴者有之,貞苦節、安徒步者,何寂寞而無聞也? 愚常疑廉恥之風,於是乎絕。而足下負磊落之氣,畜清麗之才,褐衣韋帶,賦詩自釋,介然之操,其殆庶乎? 悠悠之人,尚未識其所謂,惟韓君叔言知之。以鉉愛奇好古者也。故屢稱足下之行。亟誦足下之詩,相視欣然,以爲今猶古也。然鉉才名地望,遠謝韓君,故望廬息心,不敢當隱君子之厚顧。足下德我太甚,惠然而來。咫尺之書,則古人之道在其中;百篇之詩,則作者之序冠其首。先以溢美之贈,益以謙光之詞。發緘欣玩,不能自已。又念昔之隱者,消聲物外,絕迹時人。今足下高蹈如彼,自屈若此,得非以吾道臧否,思發憤而振起之爾? 鉉誠淺劣,不足以堪。願契素交,歲寒然後盛集,續當歸納。不宣。鉉再拜。

答林正字書

十二月日,復書正字足下:辱貺長箋,詞高旨遠,循環捧讀,欲罷不能,見顧之深,良足愧也。吾子以老成之智,蘊救世之心,一言悟主,俯拾初筮。雖位未充量,然昇聞特達,超然獨異,亦古之所難也。推是而往,其道可知。鉉也不才,猥廁先達。雖復識不能見之於未兆,才不能濟之於已形,然而振天下之公議,舉天下之公器,推轂後進,心無適莫,庶幾不下於昔賢,吾子異日當知爲不妄。其古今之變,安危之勢,忽乎微哉,未可一二以言語盡也。謹俟暇日,當接餘論。聊奉還答,伏惟鑒悉。徐鉉白。

御製春雪詩序

臣聞堯尚文思，《書》有永言之目。漢崇儒學，史稱好道之名。所以澤及四海，化成天下。其後迁闊王道，蕩搖淳風。正始之音，闕而莫續。魏帝"浮雲"之句，不接興詞。王融《曲水》之篇，無聞聖作。將興古義，允屬昌期。

我皇帝陛下常武功成，右文業廣。明逾日月，不以聖智自居；思掞雲天，不以才能格物。其或南薰有懌，東作無憂。民思秋稼之娛，物茂冬蒸之禮。恩覃在鎬，調振橫汾。天籟發音，疇非聳聽；乾文垂象，寧隔仰瞻。信可以暢列聖之謨猷，變生人之耳目者也。於是歲躔作噩，序首青陽，元鳥司啓之明晨，白獸稱觴之節日，有唐中興之一紀，皇上御曆之七年，地平天成，時和歲稔。衢樽之味，普洽玄風。《擊壤》之聲，散爲和氣，同雲暗野，朔雪飛空。急勢隨風，影亂東郊之仗；凝華接曙，光浮元會之筵，星躔既移，雲疊乃啓。太弟以龍樓之盛，入奉垂旒；齊王以鳳沼之崇，來參鑾几。霞軒結轍，革履齊趨。唯陳《韶濩》之音，無取魚龍之戲。喜油油之既洽，顧奕奕之方呈。筆落天波，言成帝典。七言四韻，宣示群臣。乃命太弟太傅建勛、翰林學士給事中朱鞏、常夢錫、翰林學士中書舍人殷崇義、游簡言、吏部尚書毗陵郡公景運、工部尚書上饒郡公景遜、左常侍勤政殿學士張義方、諫議大夫勤政殿學士潘處常、魏岑、駕部員外郎知制誥喬舜、主客員外郎知制誥徐鉉、膳部員外郎知制誥張緯、光禄卿臨汝郡公景邍、鴻臚卿文安郡公景游、太府少卿陳留郡公景道、左衛將軍樂安郡公弘茂、駕部郎中李瞻等，或賡《元首》之歌，或和《陽春》之曲。如葵心之曲日馭，似蟄戶之向雷門。二十一篇，咸從奏御，皆所以美豐年之兆，申萬物之情，非徒載笑載言，一咏一吟而已。昔者《白雲》之唱，七萃驅馳。《黃竹》之詩，萬人凍餒。王猷且塞，後嗣何觀？孰若偃仰大庭，優游六藝？初筵有秩，而六宮不移；夜漏未央，而百官已事。被之樂府，授以史官，焕乎文章，無得而稱也。有詔爲序，以紀歲月，御批云："宿來健否？酒醒詩畢，可有餘力？何妨一爲之序，以紀歲月。呵呵！"天慈過聽，猥屬微臣。徐樂上書，徒慚暮入；其日內宴，臣鉉迨夜方赴。安國作序，幸冠首篇。狂簡僅成，兢憂罔措。謹上。

原載《徐鉉集校注》卷 18

御製春雪詩後序

昔者,漢宮故事,著成王負扆之圖;魯殿宏規,紀黄帝垂衣之象。用能昭文昭物,雖十世而可知;如玉如金,更百王而不易。况乎天統建寅之首,皇猷累洽之晨,上瑞方呈,宸游載穆。拱北極而衆星咸在,祝南山而萬壽無逾。明皇花萼之樓,風流不泯;德祖中和之節,雅頌常垂。實奕世之耿光,爲中朝之盛觀。固當騰之竹帛,飾以丹青,襲六藝以同明,與天文而共麗。皇太弟重離普照,博望凝思,敦古道以致君,法前經而作事。命千秋而指畫,召立本以趨馳。粲然後素之功,焯爾彰施之象,煦如就日,肅不違顔。萬國式瞻,若奉衣裳之會;群臣仰止,似聞輿馬之音。盛德形容,於斯大備者也。初外朝既罷,内宴方陳。赴召者上自副君,逮於戚里。銅壺已晏,聖藻爰飛。或逡巡而載歌,或蹈咏而不作。既而有詔,出示群官。臣建勳、義方、鉉等,聞命在前,援簡先就,因承中旨,入奉斯筵。而兩省衆篇,翌日咸集。故奉和者二十一首,而侍宴者十有四人。前序闕遺,被令重述。謹上。

原載《徐鉉集校注》卷 18

御製雜説序

臣聞軒后之神也,畏愛止乎三百;唐虞之聖也,倦勤及乎耄期。文王之明夷也,爻象周於六虛;宣父之感麟也,褒貶流於百代。乃知功利之及物者,與形器而有限;道德之垂憲者,將造物而常新。是故體仁者必懇懇於立言,務遠者必勤勤於弘道。然則封泰山,告成功,七十二家;正禮樂,删詩書,一人而已。大矣哉,立教之難也。

有唐基命,長發祥符,舊物重甄,斯文不墜。皇上高明博厚,濬哲文思,既承累聖之資,仍就甘盤之學。鴻才綺縟,理絶名言,默識泉深,事符影響。自祇膺眷命,欽若重熙,廣大孝以厚時風,勵惟精而勤庶政。宥萬民而罪己,體百姓以爲心。俗富刑清,時安歲稔。其或萬幾暇豫,禁簫晏居,接對侍臣,宵分乃罷。討論墳典,昧旦而興,口無擇言,手不釋卷。嘗從容謂近臣曰:“卿輩從公之暇,莫若爲學爲文;爲學爲文,莫若討論六籍,游先王之道義,不成,不失爲古儒也。今之爲學，所宗者小説，所尚者刀筆，故發言奮藻，則在古人之下風，以是故也。”其高識遠量，又如此焉。昔魏武帝有言“老而勤學”，而所著止於兵書。吳大帝亦云“學問自益”，而無聞述作。風化之旨，彼其惡歟？屬者國步中艱，兵鋒始戢，惜民力而屈己，畏天命而側身。静慮凝神，和光戢耀。而或深惟邃古，遐考萬殊，懼時運之難并，鑒謨猷之可久。於是屬思天人之際，游心今古之間，觸緒研幾，因文見意。縱横毫翰，炳煥縑緗。以爲百王之季，六樂道喪，移風易俗之用，蕩而無止，惱心埋耳之聲，流而不反，故演《樂記》焉。堯舜既往，魏晉已還，授受非公，争奪萌起，故論享國延促焉。三正不修，法弊無救，甘心於季世之僞，絶意於還淳之理，故論古今淳薄焉。戰國之後，右武戲儒，以狙詐爲智能，以經藝爲迂闊。此風不革，世難未已，故論儒術焉。父子恭愛之情，君臣去就之分，則褒申生，明荀彧，俾死生大義皎然明白。推是而往，無弗臻善，皆天地之深心，聖賢之密意，禮樂之極致，教化之本源。六籍之微辭，群疑之互見，莫不近如指掌，煥若發蒙。萬物之動，不能逃其形；百王之變，不能異其趣。洋洋乎大人之謨訓也。夫天工不能獨運，元后不能獨理，故有道無時，孟子所以咨嗟；有君無臣，鄭公所以嘆恨。庶乎斯民有幸，大道將行，舉而錯之域中，則三五之功，何遠乎爾？

臣又聞將順致美，鋪陳耿光，布堯言於萬邦，稱漢德於殊俗，蓋詞臣職也。若乃嚮明而理，負扆而朝，慶賞威刑，豫游言動，則有太史氏存焉。又若雅頌文賦，凡三十卷，鴻筆麗藻，玉振金相，則有中書舍人、集賢殿學士徐鍇所撰《御集序》詳矣。今立言之作。未即宣行，理冠皇墳，謙稱《雜説》。臣鉉以密侍禁掖，首獲觀瞻，有詔冠篇，勒成三卷。而三卷之中，文義既廣，又分上下焉，凡一百篇，要道備矣。將五千而並久，與二曜以同明。昭示孫謨，永光册府。謹上。

原載《徐鉉集校注》卷 18

北苑侍宴詩序

臣聞通物情而順時令者，帝王之能事；感惠澤而發頌聲者，臣子之自然。況乎上國春歸，華林雨霽，宸游載穆，聖藻先飛，雷動風行，君唱臣和,故可告於太史,播在薰弦。帝典皇墳,莫不由斯者已。歲躔己巳,月屬仲春,主上御龍舟,游北苑,親王舊相,至於近臣,並儼華纓,同參曲宴。時也風晴景淑,物茂人和。望蔣嶠之嶔岑,祝爲聖壽;泛潮溝之清淺,流作天波。絲篁與擊壤齊聲,醉竽共君恩與醉。乃命即席,分題賦詩。睿思雲飄,天詞綺縟,文明所感,蹈咏皆同。既擊鉢以爭先,亦分題而較勝。長景未暮,百篇已成。自揚《大雅》之風,豈在遒人之職。奉詔作序,冠於首篇。授以集書,藏之金匱。謹上。

原載《徐鉉集校注》卷 18

文獻太子詩集序

鼓天下之動者在乎風,通天下之情者存乎言。形於風,可以言者,其惟詩乎? 粵若書契肇生,《雅》《頌》乃作。達朝廷邦國之際,其用不窮;更治亂興替之時,其流不竭。六義浸遠,百代可知。若夫王公大人,居尊履正,其行道也無迹,其成務也不宰,所以可則可象,有功有親。非夫咏言,何以觀德? 周文陳王業之什,召穆糾宗族之篇,聖人輯之,皇猷備矣。子桓振建安之藻,昭明總眾作之英。體有古今,理無用舍。夫機神肇於天性,感發由於自然。被之管弦,故音韻不可不和;形於蹈屬,故章句不可不節。取譬小而其指大,故禽魚草木無所遺;連類近而及物遠,故容貌俯仰無所隱。怨惻可戒,贊美不誣,斯實仁者之愛人,智士之博物。

王室光啓,人文化成,上去删詩,綿二千祀。其用益廣,其制益精,絶其流冗,結以周密。王言帝典,炳蔚於縑緗;詞人才子,充溢於圖牒。若乃簡練調暢,則高視前古;神氣淳薄,則存乎其人。亦何必於苦調爲高奇,以背俗爲雅正者也。殿下挺生知之哲,有累聖之資,道冠三才,學兼百氏。虞庠齒胄,騰聲於就傅之年;侯社錫圭,底績於爲邦之際。隨城封壤,人歌召伯之棠。浙右控臨,時賴京師之潤。戎機鞅掌,曾不勞神;間館娛游,未嘗釋卷。深遠莫窺其際,喜愠不見於容。唯奮藻而摛華,則緣情而致意。至鍾山樓月,登臨牽望闕之懷;北固江春,眺聽極朝宗之思。賞物華而頌王澤,覽稼事而勸農功,樂清夜而宴嘉賓,感邊塵而閔行役。沈吟命筆,顧眄成章。理必造於玄微，詞必關於教化。或寓言而取適，終持正於攸歸。著於簡篇，凡若干首。及玉符來覿，玄圃歸尊。臨飛閣之華池，即洊雷之講肆，斯文間作，盛德日新，蓋曠代之宗英，實一時之師匠。以鉉幸塵贊論，嘗典絲綸。謂可言詩，因令視草。聽鈞天之奏，徒欲動心；酌滄海之波，唯知滿腹。敬抽短翰，式繼頌聲。謹序。

翰林學士江簡公集序

士君子藏器於身，應物如響。成天下之務者，存乎事業；通萬物之情者，在乎文辭。然則日月不知，人亡政息。瞻之則渺然在羲軒之上，蹈之則肅然若旦暮之間。自非遺文餘教，則作者之道，或幾乎息矣。

嗟夫！天地長久，英靈超忽。鄴中才子，與樂事以俱淪；江左名臣，及玄譚而共盡。清流可挹，勝氣猶生。閱盡簡以凄涼，撫絕韋而慷慨。斯文未喪，何代無人？濟陽江公，鍾川岳之粹靈，體角犀之奇相。芳蘭十步，本自天資；建木千尋，非求外獎。弱齡聞道，夙歲馳名。竹箭稱美於東南，來充王府；天馬擅奇於西北，入奉乘黃。於時聖曆中興，賢才間出。公從容冠蓋之際，頡頏臺閣之間。文高學深，識優理勝。虛襟接物，簡易多通。正色當官，直方無擾。定祖宗之大號，功補神明；端風憲之直繩，氣懾奸宄。身可屈而名不辱，用即行而捨即藏。故叢棘三年，雅懷自若。承明再入，時望彌高。人無間然，道亦光矣。嗚呼！運逢上聖，年在中身。人之云亡，空嗟殄瘁。死而可作，誰與同歸？《詩》所謂“胡不萬年”，《傳》有云“古之遺愛”者也。昔襄陽孟浩然，年五十有二，疾發背而亡。公豈其後身歟？何符合之若此？

惟公以進士擢第，以詞賦馳名。事藩邸參管記之司，登朝籍專掌綸之任。奏議表啓，時然後言；詩筆歌頌，和者彌寡。絕文場而遠騖，橫學海以孤飛，綜南北之清規，盡古今之變體。優游兩制，不亦宜乎？然而初無簡編，文乃亡逸。嗣子魁、門生王克貞等，或搜諸經笥，或傳於人口，或焚藁之外，或削材之餘，彙聚群分，凡得十卷，授之執友，以命冠篇。鉉族近情親,官聯迹密。每西垣景晏,北第風清,忘形樽俎之間,得意筌蹄之表。西江東海,俱爲賦鵬之鄉。北門右掖,并對受釐之問。嗟乎! 相如既往,空存封禪之書;季子云來,但有心期之劍。寢門流慟,已隔生平。都門長送,遽成今昔。追托言於夙契,申永悼於斯文。援毫悲吒,存諸梗概云耳。

原載《徐鉉集校注》卷 18

蕭庶子詩序

人之所以靈者情也,情之所以通者言也。其或情之深,思之遠,鬱積乎中,不可以言盡者,則發爲詩。詩之貴於時久矣。雖復觀風之政闕,遒人之職廢,文質異體,正變殊塗,然而精誠中感,靡由於外獎;英華挺發,必自於天成。以此觀其人,察其俗,思過半矣。比夫澤宮選士,入國知教,其最親切者也,是以君子尚之。蘭陵蕭君,江左之英,詩苑之精。其爲人也樂易,其處世也靜默,忘形衡泌之下,苦節戎馬之間。其道日新,其名益震。諸侯虛左,五府交辟。今晉王殿下樹藩作相,樂善愛才。幕府初開,君實首冠,由典校書至儀曹郎。出入兩宮,官無虛授。優游多士,交必正人。每良辰美景,登高送遠,適莫不存於心府,勢利不及於笑談。含毫授簡,唱予和汝。其性淡,故略淫靡之態。其思深,故多清苦之詞。大雅之士,何以過此? 鉉與君爲友,幾將二紀,其間聚散窮達,罕或寧居。淡成之懷,終始若一,靜言投分,想見古人。丁巳歲,撫王高讓承華,出分陝服,君以宮省舊德,復踐初筵。撰行之夕,俾予視草。鉉也不佞,無足揚君之美,徒欲申別恨,叙交情,故作斯文,冠於篇首云爾。

原載《徐鉉集校注》卷 18

成氏詩集序

詩之旨遠矣,詩之用大矣。先王所以通政教,察風俗,故有采詩之官,陳詩之職。物情上達,王澤下流。及斯道之不行也,猶足以吟咏性情,黼藻其身,非苟而已矣。若夫嘉言麗句,音韻天成,非徒積學所能,蓋有神助者也。羅君章、謝康樂、江文通、丘希範,皆有影響,發於夢寐。今上谷成君亦有之，不然者，何其朝捨鷹犬，夕味風雅，雖世儒積年之勤，曾不能及其門者耶？逮予之知，已盈數百篇矣。睹其詩如所聞，接其人如其詩。既賞其能，又貴其異。故爲冠篇之作，以示好事者云。戊戌歲正月日序。

原載《徐鉉集校注》卷 18

送謝仲宣員外使北蕃序

　　自昔新都盜國，撓我中州，建武開元，越在江左，日月之照，不及河洛之地者，四十年矣。主上方恢遠略，弘下武，聖作物睹，有開必先。故使僞邦失政，胡馬大入，山泉反覆，羌渾沸騰。五州遺甿，二京故老，引領南望，庶幾撫予。天子聞之憫然，故命大司馬賈公使以觀變，儀曹郎謝君副焉。儀曹別予。應曰：美哉是行，蒼生之福，在斯舉矣。始予及子同省，予弟又與子同府，交道深矣。今子將之絕域，無以爲贈，請贈以言：夫格天地，充四方，莫先乎禮。昔我太宗文皇帝革暴隋，一宇内，屈己濟物，虛心納諫。故四夷君長，歷代不賓，稽顙闕下，可謂德矣；聲明文物，垂三百年，絕而復續，可謂禮矣。苟使逾百千代之有國家者，猶當企竦下風，奉行不墜，況中興之嗣君乎！周秦宮闕，是本朝二宅；貞觀德禮，是本朝家法。若棄之而不念，委之而不修，非天子之意也。主上躬行於内，而使二君順之於外。今强胡入貢，中原無主，聖人不能違時，時至不可失也。子其勉之哉！思聖意，顧人心，犬羊百萬，以攻戰爲事，不可以威武服也；酋豪聚首，以奸詐爲常，不可以智力勝也。子其將之以德，慎之以禮。衣冠餘緒，必觀光於使臣。一睹漢官威儀，必感泣頓服，宅心南向。苟或不爾，是絕蒼生之望也，可不慎歟！鉉自束髮從宦，側聞長者之論，盛言爲戰國者，必以權道。子視商周以降，誰非戰國，寧有以權道躋太平乎？而言以人棄，故事與願違。今子王府元僚，居可言之地，遠使上介，當可行之時，勉之哉！故人之願，蒼生之望，在此而已。行矣文昌，春風二月，征塗萬里，捨游宴之適，就鞍馬之勞。征虜亭下，南朝送別之場；臨滄觀側，茂弘思洛之所。叙離懷古，寧無情乎？剗軺車所經，觸緒牽思。渡長淮則想“清流映月”之景，過睢園則思“愁雲零雪”之興，望鞏洛則傷《麥秀》之詩,指唐晉則感《大風》之歌。綏懷之暇,彈琴咏詩,以袪鬱陶之慮。還軫在邇,不復多陳,聊序鄙志爾。

原載《徐鉉集校注》卷 19

送贊善大夫陳翊致仕還鄉詩序

夫進退之機,大易稱首。止足之誠,玄文所宗。君子動必乘時,故言行而事立;靜惟體道,故身貴而名全。然則知之非艱,行之不易,去聖既遠,引年益稀。是以古之明君,爰有成式,重辭祿之士,優懸車之禮,賁飾寵秩,靡限常均,所以崇德尚賢,激貪勵俗者也。皇風所及,我有其人。太子洗馬陳君翊,江浙炳靈,鄉閭獲譽。栖遲下位,而昇聞自高;便蕃寵任,而祇畏日積。時方多難,寄切司聰,將命無私,臨事能斷,盤錯必解,風雨不渝。及少海告符,瑤山表慶,天下之本既正,四郊之壘亦罷,於是咏遂初之賦,決高謝之懷。京口之西,先有別墅。前臨廣陌,却枕長江,田逾二頃,桑都八百。戴仲若軒懸之地,不遠風烟;蒲真人鹿迹之鄉,依然川域。誅茅築室,素欲終焉。其所闕者,飛泉而已。嘗因暇日,策杖尋幽,爰有道人,指示巖溜。百步之內,一道懸流,其清可鑒,其味如醴,縈崖漱石,滌慮蠲痾。信山川助其好尚,亦心府資其瑩濯。既而挂冠請命,伏閤陳詞。優詔嘉之,竟允其請,錫金紫之服,昇贊善之資。輕舟東浮,盡室而去。副君執手流涕,似宜都之別弘景;群公供帳祖餞,若都門之送二疏。知與不知,莫不稱嘆。殿下調高雅頌,文動星辰,賦詩一章,以寵行邁。掩鄴中之舊制,流樂府之新聲,足以厚君臣之情,敦風化之本。縑緗麗色,丘壑增華。自周行之人,與觀光之士,靡然投贈,粲爾成章。遠比《河梁》之篇,近擬《白雲》之集。夫其貞退之節,樂善之風,實教義之所臻,亦咏歌之盛觀也。鉉名參望苑,迹本騷人,敢言能賦之才,濫奉言詩之賜。敬序麗則,冠於首篇。

原載《徐鉉集校注》卷 19

送張佖郭賁二先輩序

君子所以章灼當時,焜燿來裔者,必曰進士擢第,畿尉釋褐。斯道也,中朝令法,雖百王不移者也。自聖曆中興,百度漸貞,能興此美者,今始見張、郭二生矣。則知九仞之勢,千里之行,凝雲逐日,未可量也。鉉也不佞,生於先賢之後,進在二子之前,此美不兼,可以嘆息。然有事同而時異,請試論之:噫! 詞場陞廢五十年矣。故老之言議殆絕,後生之視聽惛然。今百辟有司,達於郡國吏,徒見趨走公府中一尉耳,焉知其餘哉! 而二君子調高才逸,年少氣盛,將以俊造之業自重,責人以既廢之禮;又將以堯舜之道爲用,議政於俗吏之間。如是,將與時大乖矣。嗚呼! 彼衆我寡,或者難以勝乎! 君子之道,無施不可,舒之彌四海,卷之在掌握。日磾見奇於牧馬,元楊知名於水磑,彼二人即公輔大器也,豈以耻辱爲累哉? 愚願二君子反己正身,開懷戢耀,無望人以不知,無强人以不能,如斯而已矣。今天子重文好古,諸生懷才待用,所以蒼生未蒙福者,上下之勢殊,中有間耳。大易之義,物不終否,否極必泰。泰之時,在上者其道下降,在下者其道上行。君臣相合,然後事業遠矣。吾以爲斯道之復不遠,吾子其勉之。句曲仙鄉,廣陵勝地,多難將弭,春物將華。琴棋詩酒,足以爲適。贈言之旨,盡於斯焉。

原載《徐鉉集校注》卷 19

送武進龔明府之官序

古人有言:"士君子志意既立,名譽不聞,蓋朋友之過也。"嗚呼! 予於龔生有之矣。始予居獻納之地,生已爲赤縣尉,嘗竊議謂生宜參諫垣、憲府之任,而未果拔茅之志,遽爲賦鵬之行。生不旋踵,亦左授天長用武之地。朝廷置建武軍於其所,使爲將者治之。習兵與儒,其志不通也;處長與佐,其勢不鈞也。軍市之征,日困於民;王澤之流,不被於俗。及生之至,官聯始舉,删煩革弊,丕變舊風。逾年告歸,舉邑之民,相率遮道不聽去。乃潛匿佛廟室中,耆耋葷索而獲焉,扶之上車,擁之而還,竟不得已,中夜而遁。異哉! 遺愛之風若此,考功之吏弗聞。丙辰歲,予避兵於池陽,遇生侍親郡中,勉之東下。是時甘泉有烽火之急,天子下哀痛之詔。予謂生必自致青雲之上,以解天下之倒懸。而出入三年,始爲武進宰。噫! 非朋友之過乎? 嘗試論之曰：才不才在我，用不用在時。道之所存，其人乃貴，功名寵禄，何足算哉！苟澤及於民，教被於物，則百里之廣，千室之富，斯可矣。與夫楊、孟之徒，坎軻閭巷，垂空言於後世者，不猶愈乎？行矣襲生，苟有良田，何憂晚歲？贈言之要，其過此乎？

原載《徐鉉集校注》卷 19

送劉生序

彭城劉生爲南畿令，天官侍郎昌黎公作序以送，盛稱歷陽宰楊員外光儒之爲政，以勖之。鉉與楊君有姻，深知其内行。君清簡仁愛，心無適莫。自妻子僕妾及家族吏民，接之無親疏之隔，求之於形骸之外。蓋真純之氣充，而感召之應遠。民之好競者，皆相與言曰："衆若嚚訟，必撓吾員外矣。"嗚呼！其古人乎？今劉生才俊於楊，學優於楊，觀其政績等，然生猶有耿介不平之氣。觀吏部之勖子與予之贈言，蓋爲是也。子其平心藏用，滔然與道合，在古人上矣。矧西山神仙之宅也，旌陽其遠乎？僕故倦談，生停驂已久，故揚推以論之。九月一十七日，中書舍人徐鉉序。

原載《徐鉉集校注》卷 19

和送鄧王二十六弟牧宣城詩序

夫政成調鼎，寄重於蕃。蓋欲聖主之恩均於遠邇。賢人之業浹於中外。故所以命丞相鄧王從鎰，佩相印，被公衮，擁雙旌，統千騎，揚帆江寧之浦，弭節敬亭之區。若乃割友悌之懷，輟股肱之侍，所以示天下之至公也。凤駕已嚴，前驪將引。既辭復召，重賜餞筵。所以極大君之恩也。敦睦之義，於斯有光。申詔侍臣，述叙賦詩云爾。

原載《徐鉉集校注·補遺一》

游衛氏林亭序

建康西北十里所，有迎擔湖，水木清華，魚鳥翔泳。昔晉元南渡，壺漿交迓於斯；今中興建都，人烟櫛比於是。其間百畝之地，宫率衛君瀚沐之所也。前有方塘曲沼之勝，後有鮮原峻嶺之奇。表以虚堂累榭,飾以怪石珍木。悅目之賞,充牣其中;待賓之具,無求於外。庶子王君、諭德蕭君、贊善孫君與上臺僚嘗游焉,賢衛君也。陶陶孟夏,昊昊初日。虛幌始闢,清風颯然,班荊蔭松,琴奕詩酒,登降靡迤,關臨駘蕩,熙熙然不知世與我之爲異矣。嗟乎! 天生萬物,貴適其性。君子有屈身以利物,後己而先人,或行道以致時交,或效知以濟世用,斯有貴乎自適者也。朝市丘壑,君得中道焉。下雍道污智劣,無益於事。山資弗給,歸計未從。每尋幽選勝,何遠不屆,一踐茲境,杳然忘歸。凡我同游,皆爲智者,徵文紀事,其有意乎! 壬子歲夏五月,祠部郎中、知制誥徐鉉躊躕慨嘆之所作也。

原載《徐鉉集校注》卷 19

常州義興縣重建長橋記

聖人作川梁以濟不通,舟車所及,纚連棋布。若乃形勝傑大,名聞天下者,亦無幾何,陽羡長橋其一也。夫英賢之所躔次,邑居之所瞻望,山川之精粹宅焉,里城之神靈憑焉。廢而興之,圮而葺之,豈惟備政,足以徵福。是橋也,徵諸圖牒,則後漢邑令袁君創造,國朝永泰中,令丘君新之,其他無聞焉。中興之初,邑有義夫曰吳濛、吳滇,率以私帑,備加營構。人賴其利,逾三十載。丙辰歲,國步中梗,百越寇邊,邑人敗之。燒營而遁,飛焰旁及,宏梁半摧。甲寅歲,著作佐郎劉君,來爲邑長,視其制度,知非民力之所能濟。乃狀其事,白於有司。上聞嘉之,詔賜錢八十萬。君信而好古,寬而得衆。尉盧蕢,鼎甲餘慶,俊造策名。政是以和,事無不舉。乃相與敷王澤,因民心,備物致用,程工揆日,器利工善,材良事時。戊辰歲冬而栽,明年暮春而畢。長五十步,廣七步。對縣樓而直出,跨荊谿而橫絕。丹腹其飾,宛偃蹇而虹舒;崇高其勢,邈若亭而山立。朱輪方軌,駟馬連騎,營營市井,憧憧往來。有衽席之安,無揭厲之患。昔者,乘車濟涉,聖人謂之無教;橋梁弗修,賢相知其不能。以今方古,勝負分矣。夫書云考績,傳載稱伐。庸庸善善,其可廢乎? 刻之貞珉,以示來者。庚午歲春二月十五日記。

原載《徐鉉集校注》卷 13

金陵寂樂塔院故玄寂禪師影堂記

士有切問强記以修其内,和光退節以晦其外,而人自仰之,名自歸之,不知所以然而然,見之於玄寂禪師矣。師名澄玘,姓陳氏,番禺人。既生而孤,天骨奇秀,岐嶷之態,有異常童。常端居静念,如學道者。七歲,復失所恃,母臨終以托其姑曰:"此兒幼有奇應,法當出家,儻果斯願,吾無恨矣。"年十一歲,遂詣本郡從師,十七歲,韶州南華寺正度。於是造詣先達,請益質疑,歷游名山,無遠弗届,不違類於顏子,起予同於卜商。丁未歲,來止舒州山谷寺,遍閱經論,師門之學,無所不通,然未嘗爲人言也。是時季唐二葉,像法大興,凡聚徒講學者,所在奉之,以爲長老。禪師徇狎鷗之志,慕争席之風,雖衆人與居,而群望自集,道俗敦請,抗志不從。郡守周公,因人之心,封章上啓,嗣君嘉賞,以詔書命之。周公延至郡齋,親爲致禮。師不得已,乃攝齊即坐,音詞宣朗,僚吏屬目,士庶咸歡。還處精廬,宴居如故。丁巳歲,避難南渡,止於廬山。嗣君召致建康,累徵乃至。迭處名寺,咸敷講席,恩禮優渥,賜號玄寂禪師。時之名流,無不景仰。至於誘進後學,開導真筌,激勵憒悱,皆得所欲。乾德五年冬十一月,終於建康龍光禪院,春秋六十有一。後主遣中使護葬,贈送甚優,葬於都城東南隅鳳臺鄉。門人弟子廬於墓次,誅茅構宇,遂成道場,儼設靈儀,式觀遺愛。鉉頃自禁掖,放逐舒庸,閉關却掃,不豫人事,時游灊岳,因獲觀止。容貌閒暇,議論平淡,言意相得,有若舊交。雖慚方外之期,自叶忘形之契,一生一死,已隔於當年,谷變陵遷,復悲於陳迹。弟子嗣昭等,永懷遺範,願勒貞珉,因述斯文,庶申夙分。某年月日記。

原載《徐鉉集校注》卷 28

筠州三清觀逍遥亭銘

羽客吳君,心馳窈冥。興隆道館,陟降真靈。綽有餘裕,建兹幽亭。下臨曲池,甘泉清泠。環植嘉樹,群芳苾馨。俯瞩長川,滄波帶縈。前睇仙山,奇峰翠横。游者忘歸,居之體寧。君子修道,物境與并。必有福地,居爲殊庭。勤行不已,可臻層城。我聞其風,用刊斯銘。

原載《徐鉉集校注》卷 24

宣州涇縣文宣王廟記

　　昔夫子祖述堯舜，憲章文武，扶東周於已絕，拯蒼生於既墜。其迹屈而道愈大，其人亡而教愈遠，則生民以來，未之有也。其在祀典，法施於人則祀之。矧褒聖之祀，其可忽乎？然則中人不足以語上，下士聞道而大笑。故斯教也，衰於戰國，廢於嬴政。漢魏以降，續而復絕。夫仲尼日月，重昏千祀，非聖人孰能廓之？故斯教也，興於武德，盛於貞觀，極於開元，理自然也。

　　兵興以來，大化湮替。先王禮器，傾頹於勝、廣之站；閭里諸生，恓惶於絳、灌之下。矧厥祠宇，其存幾何？天之愛民，不當墜絕。皇統再造，六藝始修。太歲丙午，重熙在運，宣城雄鎮，帝之叔父在焉，故幕府之選殊重。尚書郎吳君光輔，奉詔佐廉部，兼理於涇。既涖事，乃被儒服，謁先師，闢荊棘，歷壞垣，以造於茅茨之間，仰瞻俯觀，喟然而嘆。於是奉開元之成制，采泮宮之舊章，經之營之，是卜是築，維新秘殿，嚴飾睟容，入室昇堂，森然如在。籩豆有位，賓主由序，表著咸列，門衛肅然。於是青衿裒服之子，有從師觀藝之場；鮐齒鮐背之徒，識養老慈幼之節。欣欣然其化之大者歟！越明年秋，君奏計如京師，因得其實。

　　嗚呼！聖人在上，群賢畢舉，使三代之風達於邑里，不其偉哉！余承君之歡，美君之志，刊石紀事，實於祠庭。後之君子，無忘企及。其餘理畝籍，察庶獄，闢污萊，遏陂塘，則有考功之吏在，故不書。於時太歲丁未冬十月九日，尚書主客員外郎、知制誥徐鉉記。

原載《徐鉉集校注》卷 13

紫極宮新建司命真君殿記

　　夫金闕琳房，不可階而昇也，惟至誠能通之；靈符景福，不可企而望也，惟至行能致之。故君子行道於時，宣力於國，敷惠於民，貽範於家，此人之極致，自天所祐也。又況考集靈之地，崇列真之宇，薦納約之信，勵勤行之誠。然則希夷眇邈，超言象之表矣。有若故司空相國馮翊懿公，承世功之緒，襲重侯之業，地親於副馬，美繼於緇衣，便蕃臺閣，夷險一心。中立不倚，金石貫其心；唯力是視，風霜盡其節。故四綜會府，再踐中樞，三殿方鎮，一平邦土。慎終如始，没有遺忠，激楚之樂雖窮，通德之門不改。嗣子太僕少卿俊等，祇奉慈訓，弗敢失墜。以爲公之純誠冲氣，本道家者流，而仁政令典，近浹於三茅之境；高齋甲第，凤鄰乎玄元之宮。故栖神植福，必先於是。爾其冶城峻址，西州舊署，忠貞公之遺隴，郭文舉之故臺。九原可作，盛氣如在。乃相形勢，補廢闕，建司命真君之殿於宮之艮維。披真蘊以立程，集國工而考藝。瞻星揆日，不勞而成。崇高壯麗，重深藻繪，焕如也；凝旒端簡，負斧仍几，穆如也。珠襜絳節，紛披乎左右；空歌洞章，蕭寥乎晨暮。真聖以之而臨御，純嘏以之而蕃錫。賢人有後，孝子奉先，無以加於此矣。鉉始以事分通舊，從子弟之游；終以禁掖具員，陪僚屬之末。及公之啓手足也，復忝國士之許，辱寄托之任。知己之厚，何日而忘？短篇叙事，蓋感遇之萬一也！

原載《徐鉉集校注》卷13

攝山栖霞寺新路之記

　　栖霞寺山水勝絶，景象瓌奇，明徵君故宅在焉，江令公舊碑詳矣。高宗大帝刊聖藻於貞石，紆宸翰於瓊題，焕乎天光，被此幽谷。先是兹山之距都也，五十里而遥，方軌并驅，崇朝可至。及中原構亂，多壘在郊，野無牧馬之童，歧有亡羊之僕。義祖武皇帝潜龍兹邑，訪道來游，始命有司，是作新路。金椎既隱，玉馱言還，桐山之駕不追，回中之道亦廢。於戲！聖人遺迹，必將不泯，微禹之嘆，夫何逮哉！保大辛亥歳，時安歳豐，政簡民暇。粤有寺僧道嚴，名高白足，動思利人；百姓莊思悰，家擅素風，積而能散。嗟亭候之不復，閔行旅之多艱。乃相與翦荆榛，疏坎窞，闢通衢之夷直，棄邪徑之迂迴，建高亭於道周，跨重橋於川上，鑿甘井以救喝，立名表以指迷。草樹風烟，依然四望。峰巒臺榭，肅肅前瞻。由是江乘之塗，復識王畿之制矣。余職事多暇，屢游此山，喜直道之攸遵，嘉二叟之不懈，爲文刻石，用紀成功。

俾後之好事者，以時開通，隨壞完葺。此碣有勒，斯文未湮，不亦美乎？其年八月一日，兵部員外郎、知制誥徐鉉記。

原載《徐鉉集校注》卷13

重修徐孺亭記

至矣哉，天之愛民甚矣。雖數有治亂，而常生聖賢，故得其位則功加於時，舛其運則教垂於後。雖銷聲滅迹，全身遠害，不德而德普，逃名而名揚。擁篲築宮，禮重於列國；式閭表墓，道光於無窮。舉善而教，政之大者也。恭維我祖，炳靈南國，舊宅界乎仙館，高臺峙乎澄陂。孺亭之稱，海內瞻仰，名公良牧，代加崇飾，千載之下，猶旦暮焉。頃屬邦君非才，敗我王度，翦焉層構，鞠爲茂草。噫！百世之祀，誰能廢之？庚申歲始建王都，辛酉歲遂遷清蹕。肆覲群后，疇咨先賢。餘基未傾，偉人將至。既而鼎湖在御，桐圭錫壤。丞相、司空鄧王，以茂親之重，膺分陝之權，思老成之典型，仰高山之景行，同言而信，不肅而嚴，乃命經營，將從締構。九成方起，百堵未周，甲子歲入秉國鈞，以武昌連帥、侍中濟南公、代司宮籥。公致用以武，從政以文。祗奉蕭規，率由周禮。再廣成制，詳考舊基，夷坎窞而就平，裨崖岸而增固。乃崇堂奧，乃加藻繢。嚴罇坫之序，左設庖膳之區。前臨康莊，旁眺城闕。平湖千畝，凝碧於其下；西山萬疊，倒影於其中。依然懸榻之場，想見致芻之狀。與大洪崖之館，絢彩於烟霞；滕王之閣，騫飛於雉堞。南州之物象備矣，前哲之光靈萃焉。嗟乎！君子興一役，建一事，於時必可頌，於後必可觀。茲亭之作也，都人朋悅，過賓矚目。紀於方國之史，播於樂職之詩。鉉也幸承燕翼之謀，獲參翰墨之任，俾垂不朽，敢憚蕪音。

原載《徐鉉集校注》卷14

九疊松贊并序

同安郡南二十里，古城南隅有松焉。拳曲擁腫，勢若九疊，交柯聳幹，無不蟠屈者。其地高迥，旁無壅閼，莫知其何由如是。或曰："下有頑石，根不得舒，氣脈債興，故爲此狀。"好事者以爲盛觀焉。余始聞其名，今至其下，睹之而眙，曰："嗟夫！草木麗地，禀天之和，條暢秀茂，固常也。若乃原隰之宜失，陰陽之候違，柔脆之姿則離披枯瘁，貞勁之質則抑鬱盤錯。生理乖矣，獨有瑰奇之貌。"嗚呼！失其所乎？昔在太古，君臣强名，賢愚同域。洪洪洞洞，是謂大和。降及後代，聖人有作，顯仁義，建功名，扶衰拯敝，不得已也。於是有愛惡，則象生焉。其甚者，飭行以矯時，執方以違俗，考槃閭巷，聲重王公，上德喪矣，獨有高世之譽。嗚呼！荀、孟、屈、賈之徒，豈斯松之類邪？感物徘徊，因爲之贊：

吁嗟彼松，孰爲而生？天枉其性，屈折其形。人實我貴，我非所營。噫嘻！淳風曷歸，大道安行？吾欲與汝，各全其真。作此好歌，以告騷人。

原載《徐鉉集校注》卷 14

高侍郎畫像贊

穆穆清真，不緇不磷。文高學富，道直誠純。昭質已邈，斯猷愈新。丹青畫像，以永光塵。棠陰峴首，瞻仰沾巾。

原載《徐鉉集校注》卷 14

四皓畫贊

君子道行，必資其位。邈哉四賢，隱居救世。皤皤之貌，丹青假志。爾無素湌，睹此知愧。

原載《徐鉉集校注》卷 14

野老行歌圖贊

昔在陶唐，光宅萬國。下或知有，帝將何力？鼓腹擊壤，嬉游無極。自然而然，忘適之適。中古道薄，親仁懷德。末世政亂，奸宄寇賊。淳風不還，可以嘆息。丹青志古，存諸往則。嗟爾有位，鑒兹王式。

原載《徐鉉集校注》卷 14

武烈帝廟碑銘

臣聞昊穹凝命，玄化不宰。司契牧民之重，授以聖功；益謙輔德之明，顯諸神道。玉燭景風之瑞，所以報憂勤；天時地物之妖，所以警安逸。是以古之聖人，睹災而懼，因敗而成。撥亂反正之勛，偃武修文之業，延洪光大，皆有幽贊者焉。故禹奠九州，受蒼水綉衣之命；武師牧野，接五車兩騎之神。或假靈於五將三門，或取象於長庚北落，奇怪恍惚，歷代有之。然則潔粢豐盛，崇名紀號，欽若天意，丕顯陰功，元元本本，政之大者也。茲我后所以側身修德，允濟時艱；武烈帝所以御災捍患，光膺帝服。人神合應，豈不偉哉？

惟帝才冠生民，道高振古，登賢能於鄉老，論昭穆於本朝。若夫忠孝文武之風，信智言行之懿，提綱按部之績，夷凶靜亂之勤，論道經邦之猷，宮縣錫馬之寵，忘身徇國之節，警愚顯俗之奇，固已炳煥丹青，鏗鏘金石。用能高標明祀，大庇烝民。犧牲玉帛，數有加於群望；備物典冊，禮遂縟於真王。是知妙極無方，數均不測，告禎符以元后，集景命於舊邦，豈徒雪霜風雨，禳祈雩禜而已！我唐之中興也，南司天，北司地，命羲和而治歷，法鳲鳩以安民，令行而風雨不愆，澤廣而禽魚允若。無文咸秩，墜典由是孔修；有開必先，百神於焉受職。及運鍾下武，慶洽重熙，二聖相承，載光明德，五材並用，誕告多功。御名正而泰階平，王澤流而頌聲作。人將登於壽域，時已洽於淳風。數或推移，唐堯有懷襄之患；天將警戒，周成有雷雨之災。丙辰歲，金革爰興，師徒四出，師屯細柳，火照甘泉。蠢茲越人，伺隙稱亂。焚我郊保，軼我封陲。宵災御亭，晨圍武進。天子為之旰食，東郊於是弗開。於時令儲后以長子帥師，以九命作伯，風行京口，氣懾勾吳。激大義以推心，授成謀而警衆。右武衛將軍柴克宏，見危致命，臨難忘生，總率禁兵，星言赴援。人懷國恥，如報私仇。軍政肅而上下接和，人心感而神祇助順。若昆陽雷電之震耀，淮沘草木之形勝。兵勢颼馳，醜徒冰泮。冥眹彰灼，有如此焉。當是時也，以承平之人，鄰貢獻之國，爛燧卒至，溝隍未嚴，首尾方畏，衆寡非敵，摧堅如拉朽，擒寇如拾遺。崇朝之間，邊鄙克定。匪大君之昭感，豈人力之獨能？雖通幽洞靈，實聖哲之所務；而問神語怪，非典冊之攸先。故揚搉而論，蓋史臣之職也。主上以功成弗處，無德不報，增封晉號，厥有舊章。乃下詔册贈武烈帝，備名數，禮也。於是正南面之尊，窮大壯之勢，耽耽新廟，奕奕崇堂。雉門兩觀之嚴，左城右平之制。龍旂鸞輅，雲罕軒懸。兼三代之盛儀，抗五郊之殊禮。與夫周人革命，止陳玄牡之祈。晉室主盟，但用朱絲之禱。報功之典，不亦盛乎？常州刺史何重貴，初領前軍，獨當强寇，以忠貞爲甲胄，以恩信爲金湯，首挫賊鋒，力全郡壘。褰帷之任，因以酬庸；坐樹之風，更成德讓。皆足以光昭雅頌，垂示來云。後之君子，知天命不可以智欺，大福不可以力勝。幸災怙亂，鬼得而誅；背盟奸好，人將誰與？覆車斯在，殷鑒匪遥。類委土以爲師，樹豐碑而紀事。下臣奉詔，謹勒銘云：

玄功不宰，帝德無爲。化機冥運，群動交馳。必有神道，鑒而董之。董之伊何？惟帝之職。恍惚有象，陰陽不測。如岳降祥，配天輔德。保我烝民，莫匪爾極。偉哉間傑，多藝多材。名馳八紘，位重三槐。祀典光啓，王封肇開。人思邵樹，俗畏軒臺。洪惟我后，積仁累慶。運啓再造，功宣二聖。金鏡在握，璿璣以正。陰陽既和，人神交應。時災有數，孰克違斯？靈命自天，疇能問之？盜兵竊發，玄眹冥期。風雲鼓蕩，氛屬殲夷。蔣侯助順，霍山啓道。卑聽非遠，誠明則到。上曰欽哉，享兹昭告。帝服加尊，大名紀號。多壘既平，連營既寧。奕奕新廟，崇崇百城。民罔疵癘，年斯順成。庭有備物，時殷頌聲。禍福何常，惟人所擇。棄信毁義，恃衆與力。上帝不蠲，明神是殛。勒石嚴祠，敢告萬國。

原載《徐鉉集校注》卷10

武成王廟碑

下臣伏讀前史，窮探政經，莫不以兵戰爲危事，目干戈爲凶器。異達人之格論，蓋曲士之常談。若乃上考洪荒，遐觀擬象，九疇垂範，何嘗棄從革之功；五緯麗天，詎可淪長庚之耀。春生夏長，非秋無以收成；雷動風行，非霜不能肅殺。先王設教，疇敢渝之？垂衣裳以正其本，爲弧矢以申其用。阪泉戡難，所以見軒后之神明；丹浦庇人，所以成帝堯之光宅。七旬來格，本由舞羽之仁；八百同辭，始自葬枯之惠。故修文廟堂之上者，武功之始；折衝千里之外者，文德之形。好仁而忘兵，則西夏、偃王以之而殞；恃力而棄義，則夫差、嬴政由是而亡。乃知文德不修，則武功不立；武功不試，則文德不昭。相須而成，其揆一也。故立其教者謂之聖，大其業者謂之賢。聖則應天順人，西伯受代殷之任；賢則開物成務，太師有佐命之功。當其息朝歌，盤桓渭水，量恢宇宙，既處困而能通；才冠生民，亦俟時而後動。雲雷之屯已構，天人之契冥符。曆數有歸，君臣相遇。投釣而起，同車以還。尊爲王者之師，我無慚德；加之百官之上，人絶異言。大矣哉！聖哲膺期，無德而稱已，故能式遏亂略，大拯橫流。把白旄而誓師，操黄鉞而助斷，解倒懸之困，釋比屋之誅。大統既集，天保已定，然後式廬表墓，歸馬放牛，申義風於夷齊，授成事於旦奭，宏開四履，高祀五侯。及其德澤將衰，風流已遠，猶使紀侯大去，不遺九世之讎；周室既卑，更賴一匡之業。自非道充四表，功濟三才，孰能丕顯烈光？若斯之盛者也。

　　其後聖人既没，真風漸離，戰國如焚，群生殄瘁。先王利器，舉爲爭奪之資；闕里諸生，率用縱橫之説。遂使中都憤嘆，聿興未學之詞；柱史傷嗟，始發不祥之論。流遁忘返，積習生常，則我武、濩之音，將墜於地。夫至公所以應群動，上德所以綜萬殊。達其旨則左右咸宜，迷其本則弛張兩失。自漢參霸道，魏濟奸雄，藐爾千年，荒哉七德！國家參墟發命，扈水膺圖，群黎興徯后之辭，八表有宅心之地。高祖奉天革政，扇牧野之高風；太宗屈己師臣，躡渭濱之盛軌。施其法則致其報，入其國則思其人。貞觀年中，始於磻溪立廟。玄宗祇若先訓，奮發神謀，平内難於女戎，嗣鴻圖於代邸，永言遺範，重事嚴禋。開元中，詔京師及天下州府并立太公廟，著良辰於上戊，抗縟禮於虞庠，而復歷選前修，式崇配享。得其體者，參入室昇堂之列；蹈其迹者，儼樞衣函丈之容。穆矣皇風，焕乎甲令。肅宗來朝走馬，初嚴避敵之師；九五飛龍，遂荷在天之命。澆戈既戮，商奄猶驕，方資戡定之勤，更舉褒崇之詔。禮尊南面，位極真王。取其大告之稱，以定易名之典。歷代之闕文備矣，聖皇之能事焃哉。故得靈鑒孔昭，群臣競勸，諸侯供職，函夏同文，中興之功，配天齊古。雖復運逢興替，時有安危,造周之德既隆,思漢之人常在。烈祖沉潛剛克,神武有徵。靜氛癘於蕭墙,功高庖正;掃欃槍於丹徼,業茂賓門。由是四海樂推,三靈眷命,光復舊物,洪惟至公。大道將行,皇猷累洽。

今上允文允武,克長克君。自出震見離,發號施令,雷行天下,豐宜日中。信及豚魚,仁沾行葦。若夫尚齒尊賢之教,宵衣旰食之勤,制禮作樂之文,返樸斲雕之質,固已紛綸。帝籙掩映,瑤編猶復,叶比臧謀,疇咨庶政。以爲五材並用,廢一不可,天下雖平,忘戰必危。是故簡萬乘之人,申九伐之令,六官聯事,百度惟貞。副君以介弟之尊,當撫軍之任,威而不猛,動必以仁;大元帥齊王,明德茂親,由諸王而宿衛;副元帥燕王,敦詩說禮,以長子而帥師。用能啓迪大中,張皇下武。其餘西京名將,霧集星羅;北府奇兵,飆馳電騖。並列雲臺之像,咸開長水之營。地利人和,思深慮遠。域中無事,則用之於進賢興功;四方有變,則用之於吊民伐罪。故出車駟駱,則係以長纓;鞠旅衡湘,則舉爲内地。皆所以拯其塗炭之患,息其沈閟之爭,非徒夸大兵威,並兼土宇而已。至於篁竹、萑蒲之聚,田、昭、屈、景之宗,或粗舉先聲,或聊分偏校,莫不厭角稽顙,請命即刑。史不絶書,野無遺寇。斯乃聲明文物之外,廟堂帷幄之間,思未半之,功已倍矣。加以爲而不宰,讓德於天。潔粢豐盛,靡遑於時事;春蘭秋菊,遠被於無文。乃顧戎韜,式嚴邦政。以爲三王四代之事,罔不從師;前哲令德之人,必將崇祀。列聖盛典,實啓孫謀,乃復舊章,爰作新廟。於是宗伯建位,梓人授規。入端門而右迴,旁太學以西顧。瞰康莊而列屏,因爽塏而營基。他山之石咸移,中伐之材畢萃。成之不日,自比靈臺;揆彼方中,寧慚楚室。崇堂屹以特起,高門豁其洞開。筵有籩豆之區,階有賓主之位。干戈在序,鐘鼓在庭,繹然觀藝之場,藹爾致誠之地。春秋二仲,時和氣清,醴醆交羞,牲牷不疾。鶡冠碭劍,展告虔薦信之儀;玉戚朱干,儼象德達神之列。中軍元帥,出建靈旗;六郡良家,來登勇爵。旆旌鐃吹,桓桓推轂之威;金石絲篁,穆穆宴毛之序。觀之者亂臣知懼。比夫漢尊黄老,詎臻清浄之源;秦用刑名,徒有深刻之弊。中庸之德,其在兹乎?

嗟夫!聖人没而微言絶,王澤竭而頌聲息。奚斯路寢,諸侯之事

何觀？吉甫清風，衰世之音孰尚？豈若帝圖光赫，聖祚宏新，人知鼓
篋之方，家識止戈之漸。固可著之金石，列在鼎彝。微臣學愧常師，
用慚兼備。承明再入，固無經國之才；宣室徵還，幸對受釐之問。將
使延州聽樂，長聞雅正之聲；圯上受書，世出帝王之佐。敢揚丕訓，敬
勒貞珉。其銘曰：

　　於惟基命，建用皇極。實有武備，以昭文德。弗惠弗迪，是糾是
殛，天地剛柔，惟帝之則。是則是效，文王武王。惟師尚父，時維鷹
揚。匡正天下，綏爰四方。微禹之烈，於湯有光。肅肅牽牲，皇皇表
海。簡禮從質，因民不改。難老曰壽，專征爲大。泱泱之風，至今猶
在。大道既隱，明王不遭。走鹿爭逐，頳魚告勞。泯若四屨，紛吾六
韜。我思古人，心焉忉忉。天或愛民，物無終否。率此叛國，歸於聖
帝。自葛初征，至牧乃誓。君子萬年，本枝百世。鴻圖再造，二聖重
光。亦既大賚，寧惟小康。六事允釐，四維孔張。夢寐卜獵，咨嗟釣
璜。虎踞之陽，龍藏之涘。爰作新廟，畢崇明祀。設栢交戟，朱門納
陛。嵬嶵穹崇，重深奧秘。名光大告，禮重真王。侑神祀食，入室昇
堂。威儀文物，容貌采章。列聖有作，兹焉不忘。膠庠既成，教義既
明。三湘即序，百越來庭。馬無南牧，人怨東征。烈烈政典，洋洋頌
聲。商郊車騎，灌壇風雨。績用不泯，威神若睹。鏤金石以表德，薦
馨香而受祜。春蘭兮秋菊，無絕兮終古。

原載《徐鉉集校注》卷 10

舒州新建文宣王廟碑文序

　　鉉嘗讀文中子所著書，竊觀其建言設教，憲章周孔，有道無位，故
德澤不被於生民。然而門人弟子，如房、魏、李、杜輩，皆遭遇真主，佐
佑大化，元功盛烈，亦云至矣，猶以爲禮樂不興，未能行文中子之道。
嗟乎！使顏、閔之徒，遇貞觀之世，舉聖人之業，成天下之務，豈不益
大乎？時運不并亨，聖賢不世出，可爲長嘆息已矣！夫太羹玄酒，足
以通神明，而不能競適口之味；《大咸》《雲門》，足以和風俗，而不能
高娛耳之聲；五常六藝，足以興國家，而不能勝捷給之數；釋菜合樂，
足以祈永貞，而不能掩福田之説。李斯，荀卿弟子也，而爲焚書之酷；

德彝，文皇上宰也，而沮王道之議，況其餘哉！故用兵已來，郊庠鄉
塾，委而不修者有年矣。皇唐中興之一紀，天子乃崇學校，養庶老，舉
六德，教胄子，旁達郡國，靡然向風。舒州，古諸侯之封也，其地廣，其
任重。太傅周公，舊勛碩望，來頒詔條，武以貞師，仁以行政，動必資
於前訓，舉必順於人心。前吏部郎鍾君，頃登銓管之司，實參侍從之
列，論思典治，必以名教爲先。泊從左官，來爲佐職。神交主諾，人無
間然。始一年而旱暵作，二年而百穀登，三年而上下和。既富而教，
爰修廢典。乃嚴社稷，則播殖之功報；乃祀箕畢，則風雨之候時。乃
即黌堂，謁先聖，寢廟卑而將圮，袞冕陋而不度。政之大者，烏得已
焉。於是庀功庸，示儀制，堂奥戶牖，巍乎大壯，山龍藻火，煥乎有章。
重門以深之，周垣以繚之。俎豆昇乎筵，干戚由乎序。侁侁衆賢，是
配是侑；肅肅燕毛，以衎以樂。間伍之屬，耆幼之倫，惠澤漸乎肌膚，
風教移乎情性。惜其所治者百城耳，推是而往，何所不至哉？鉉也不
才，放逐至此。蒙地主之惠，接故人之歡。博我以文，宜無所讓。屬
役既具，冠篇將畢，會鍾君召還京師，祖行之夕，視草以送。且曰：“敬
教勸學，非大君子不能行；計功稱伐，非大手筆不能任。”吾友紫微郎
韓君，即其人也。托之銘頌，以永清風。

原載《徐鉉集校注》卷 12

舒州周將軍廟碑銘

　　將軍諱瑜，字公瑾，廬江舒人也。《吳史》列傳，功炳乎丹青；皖城
遺祠，頌闕乎金石。嗚呼！皇天有造物之柄，有愛民之仁，必待聖人
而後行；王者有承天之德，有濟世之量，必待聖人而後發。故天人合
應，聖賢相須，民之司命，闕一不可。雖復凌雲之構，非一木之材；千
金之裘，非一狐之腋。然其建大號，運長策，總攬英傑，弘濟艱難，亦
一二人而已。故革夏者，九有之師，而伊尹爲阿衡；翦商者，三千同
德，而呂望爲尚父。秦爲無道，高祖誅之，則酇侯蓋於群后。莽據閏
位，光武正之，則仲華冠於四七。漢宗失御，孫氏奮發，破虜討逆，繼
志勤王，而將軍傾蓋於千載之期，濡足於百六之會。策名江左，宣力
中朝，殊勛盛烈，曠代齊契，何其偉哉！於時王業始基，群凶方熾，國

難薦及，人心屢搖。將軍情發於中，義形於色。履艱危之際，貞節彌堅；率振蕩之衆，伸威方厲。推誠以明大義，故逆折游説之鋒；屈身以表至公，故首定君臣之敬。摧赤壁之陣，勢動九州；建漢中之謀，量包四海。於是强敵懾迹，群生延頸。奸雄之智，無所施焉。漢室之隆，未可量也。嗚呼！天未悔禍，國之不幸。修塗止於偏師，大命殞於巴丘。流慟於當時，遺恨於終古。豈四百之祚，曆數難移；三分之基，疆宇有限？不然，何雄才大略，神授之如彼，短命促齡，天奪之若此？忽乎茫昧，不可得而詳也。

夫英聲由於茂實，元功出於全德。威棱所及，非勉强之攸能；績用斯存，豈毀譽之可奪。有吳爲新造之國，柴桑乃觀望之師，大帝非爭衡之才，子布有私室之顧。將軍投袂而起，横戈以出。魏、蜀二主，天下英雄，或垂翅而宵奔，或俛首而求救。降兹以往，烏足道哉？至於分財推宅之仁，觀樂審音之妙，知人先覺之哲，存交服物之懷，實天縱其能，亦行有餘力矣。嗟夫！民墜塗炭，真主所以瘝瘝；天造草昧，良佐所以驅馳。非君臣同體，不足以濟大業；非帷幄共斷，不足以制横流。將軍能沮幼生之譚，而吳主亦能拒敵國之間；將軍能畫不世之策，而吳主亦能破群疑之心。故得丕顯霸功，若斯之盛。當此時也，如趙士之碌碌，漢相之齷齪，徒使有若林之會，安能施一繩之維？又況於市道之交，署門之客哉！此義夫節士所以感激於風雲，惆悵於時運者也。

嗚呼！微管之績，既耀於中區；盛德之祀，遂崇於東夏。歷世逾遠，善慶彌彰，翼子謀孫，徙封移社，而支庶繁衍，故在舒庸，召樹猶存，魯堂無壞，光靈不泯，實生太尉、中書令、西平恭烈王焉。半千之運，懸符祖德；萬夫之望，允濟時屯。始爲定亂之雄，終爲佐命之老，而仁風所被，多在故鄉。王與嗣子鄴皆節制廬江，今仲子祚復刺舉灊部。過里門而載軾，瞻廟貌而長懷。命梓人以新其堂奧，督里宰以除其徑術，教祝史以絜其籩豆，率宗屬以薦其孝思。肇建豐碑，以永前烈。懿哉！象賢之美，共理之勤，民用接和，歲則大有。庶夫不佞，敢作頌云：

皇天上帝，敷佑下民。既命賢主，亦生賢臣。有若將軍，救時之

屯。仗義秉信,資忠輔仁。堂堂定策,謇謇忘身。雄飛夏口,橫薦江
陵。將軍猶生,漢室不傾。將軍既没,天下三分。盛德之享,嚴祠未
陘。壯夫擊節,義士沾巾。猗歟舊國,赫矣雲孫!嗣勛纂服,長戟高
門。壽宫有焕,靈貌如存。我紆蘭佩,來挹犠罇。懷賢慷慨,用獻
斯文。

原載《徐鉉集校注》卷11

蔣莊武帝新廟碑銘

　　臣聞南正司天,授宗祝史巫之職;春官掌禮,詔犠牲玉帛之儀;皆
所以别類人神,統和上下。三時不害,力穡以之普存;百物阜安,薦信
猶其多品。用能舉明德而徼景福,播和樂以致靈祇。三五已還,皆是
物也。若乃混元宣氣,山岳成形,雲雨於是乎生,財用於是乎取。故
有毳冕之服,璋邸之符。或以肆瘞垂文,或以展懸著法。虞舜,聖帝
也,而有"遍於"之祀;周武,明王也,而有"惟爾"之祈。至於祊田高
邑之都,藻莝桑封之秩,稅稌有羡,蘭菊無虧。大典奇篇,論之備矣。
後王徂帝,聞斯行諸。

　　金陵山者,作鎮楊都,盤根福地,峙天險之左次,瞰臺城之北隅。
陽嶺前瞻,包舉青林之苑;陰崖右轉,經營玄武之池。絶巘崟岑,蔽虧
日月;深巖窈窕,吐納風雲。層臺累榭臨其巔,涌泉清池湛其下。白
鹿麚麕騰其藪,鴛雛孔翠栖其林。豫章杞梓之材,橘柚櫨梨之實,赭
堊丹青之美,錫銀金碧之饒,固以事異假珍,富兼諸夏,登於軌物,掌
以虞衡。矧復奇怪中潜,絪緼上屬。真人來應,瘞雜寶以祈年。智士
攸同,指盤龍而建國。亦何必嵩丘發峻,始號降神,岷嶺騰精,獨稱建
福。自時厥後,代富靈游。刺史還都,即有栽松之地;諸生肄業,非無
講學之場。岫幌雲關,訪徵君於幽谷;鹿巾霞帔,集道侣於中林。斯
亦群帝之密都,先王之册府者也。在昔霜鐘細品,猶淹耕父之居;反
景微光,尚駐長留之駕。況乎皇州列岳,宅怪儲靈,不有吉神,孰司陰
騭?蔣帝孕清明之氣,禀正直之資,實九德之所生,與五龍而比翼。
自西江考績,謝聯事於玄夷。北部申威,輯庶功於黄綬。於時祚終四
百,運偶三分。人懷塗炭之愁,家有剥廬之痛。帝則勤勞徇物,慷慨

憂時。既援張敞之桴，即振李崇之鼓。赤心未盡，執漢節以忘生；青骨難誣，降北山而受享。飛蟲顯俗，生民之舒慘焉依；白馬耀奇，平昔之威容如在。故使中都之印，式報陰功；長水之營，旁旌同氣。廬宮改命，非因介子之焚；廟貌崇壇，詎比愚公之徙？自是光靈茂遠，代祀綿長。或昭德而降祥，或害盈而致罰。黃旗紫蓋，奉五馬之禎符；朱鬣碧蹄，殄高山之巨盜。賢如謝傅，猶繫草木之形；親若始安，亦假弟兄之助。故得王封錫羡，帝服歸尊。追炎昊以齊稱，躅虞黃以接武。事光典冊，惠浹幽遐。任水木之遞遷，顧高深而自改。國家綠圖受祉，黃鉞庇人，分二牧於土中，包九月有於宇下。雖十聯百里，亟更守宰之權；而四望五郊，不易宗彝之數。

　　及威名暫失，龜鼎中遷，瀛海飆迴，坤輿幅裂，而盤礴之際，常奉周正；封域之間，獨爲漢守。衣冠舊族，宛洛遺甿，咸趨懷德之鄉，共免永嘉之亂。終使皇天眷祐，百姓與能，克昌再造之基，奄有六朝之地。烈祖功逾嗣夏，體濬哲而致中興；皇上德邁繼文，懋元良而恢下武。格天光表，慰率土之歌謠；累洽重熙，漸群黎之肌骨。所以珍符總至，靈命畢陳。極金篋以標年，盡瑤編而紀瑞。襲於六藝，貫彼三墳。矧復聖作無方，神謀不測，殷周損益，文武弛張。制在先機，申於後甲。百吏奉行而不暇，兆民日用而不知。帝典恢宏，天文貞觀，摛華發藻，抉瞶披聾。丹浦非好戰之師，兩階有誕敷之舞。坐知千里，廓清五嶺之氛；役不逾時，底定七閩之難。國風王澤，自北而南，樹立之權，由來尚矣。康無專享，止崇藩屏之封；穆吊不咸，但著急難之咏。未有極至公之舉，正太弟之尊，大義鴻猷，如今日之盛者也。副君膺則哲之寄，有聖人之資，由上德而貞萬邦，用英才而總百揆。麗正繼明之業，仰奉宸謀；持謙敬客之心，俯懷庶品。則有齊藩上寄，紆鼙綬而握兵符；燕邸真王，珥貂冠而掌宮籥。周公則武王之弟，夏啓則吾君之子，故能緝熙帝載，寅亮天工。晏平仲之論和，北宮子之謂禮，自家刑國，草偃風行。上下之際既交，華裔之情如一。黑齒奇肱之俗，款塞來王；碧嵩素潓之濱，除宮望幸。后夔典樂，已播薰弦；司馬進稱，行陳秘檢。功既隆矣，德亦厚矣，尚復往而未止，謙以益尊，政靡不修，思無不及。以爲無文咸秩，訓誥之格言；明祀是崇，春秋之大義。農祥晨正,豐潔四馳,密雲不雨,馨香并薦。載紆睿鑒,爰顧遺祠。詔曰:"蔣帝受命上玄,奠職茲土,力宣往代,澤被中區,所謂有益於人,以死勤事者也。今號位已極,名謚弗彰,闕典未申,朕甚不取。其以勝敵克亂之業,爲民除害之功,因姓開國,追謚莊武。仍令有司修寢廟,備制度焉。"於是即舊謀新,審形面勢,農工告隙,營室方中。或懸水以爲規,或飭材而攻木,搏埴之工麕至,圬墁之伎星羅。徑術常夷,靡薙王孫之草;荊榛舊闢,寧誅宋玉之茅?百堵齊興,旬歲而畢,繚垣十里,重屋四周。樹文玉於庭中,交枝霢靡;挺開明於闃外,詭狀髷髯。納陛逶迤,碧疊元州之石;橫梁夭矯,雪披後渚之梅。豁朱户之曈曨,陽光不夕;閟深宫之霢霧,暮靄常霏。堂上布筵,楹間設奠。笙磬鐘鼓羅於下,籩豆簠簋肆於前。再變之音克諧,永貞之祝無愧。神光倏忽,袯服連蜷。孔蓋翠旌,若有光而罔覿;蕙肴蘭藉,若有云而不亡。用是高揖靈玄,永司純嘏。罔兩魑魅,豈煩夏鼎之圖;風雨雪霜,無待桑林之禱。則知民和而後降福,事理而後不祈,人祇之間,如斯而已者也。粤若先王命祀,神道教人,前哲令德之流,九魁六宗之類,或以公侯視秩,或以户邑奉祠。子晉之爲帝賓,真階匪極;傅説之騎龍尾,景耀未融。斯皆地勢本高,昇聞易達,詎有權輕五校,壤狹一同,而能比鏡軒台,分光堯日?縱質文之迭改,代奉典章;及聖哲之丕承,更加崇飾。故金簡玉字,興王之統可尋;兩騎五車,受職之期斯在。雖將歷選,安得同年?昔者崑閬窮游,尚紀白雲之什;燕然薄伐,亦陳元甲之銘。孰與冥覩昭彰,壽宫宏麗?水通懸圃,萃氣色於閶門;路接白楊,焕丹青於坰野。此而莫述,後嗣何觀?

微臣潤色無功,討論奚取。思問神於先聖,姑欲事君;苟獲罪於玄穹,曷容媚竈。惟於舊史,想見英風。適當罷役之初,爰奉屬辭之詔。西川作頌,誠慚邑子見稱;南國刊銘,或望至尊所改。庶使千八百國,會執玉於兹峰;七十二家,配泥金於此地。其銘曰:

茫茫玄造,萬物資始。一經神怪,一緯人理。先聖則之,以著綱紀。仰觀俯察,上天下地。高卑既定,品物咸宜。宣氣者山,配地曰祇。三公是擬,九牧攸司。天作金陵,蔣帝荒之。巖巖金陵,作鎮上國。陰林巨壑,材生物植。洞穴巖房,逶迤詰屈。隱士無言,仙童不薛荔之服，辛夷之車。運屬多壘，聿祈深福。皇唐膺命，和悅人神。終全王土，以俟真人。沒羽梯航，雕題冠帶。永懷簡冊，欽若昭明。式瞻昏定，昏定既正。加之犛靬，益以章施。匪禜匪祈，歆我惟馨。徒騁騏騄，虛羅甲乙。五衢植木，四照栽花。行觀吉玉，願折疏麻。魯墳無棘，遼城有鶴。

位重天孫，權傾陸吾。翼翼京楊，馮馮輦轂。肸蠁玄功，威蕤帝籙。祥圖雜集，祀典紛綸。陰陽不測，天地交泰。猶防闕典，乃韻遺靈。亦有制度，備於祠庭。虞衡蕭給，般爾交馳。我有常祀，蒸餉薦腥。昔在周家，逮於漢室。載返真風，爰歸聖日。方介十巫，何憂一車。獨我莊武，先紆睿略。

食。洪惟廟貌，奠此名區。若自空桑，來游下都。峻珍堅夷，勛亡景覆。崇名則舊，受職維新。再造延洪，繼文光大。成民致力，祭神如在。克亂除害，膺茲大名。爰揆農時，農時弗虧。新廟既成，神居既寧。三時不害，大庾不盈。純嘏弗臻，斯歆愈失。馳烟驛霧，晦景韜霞。謝傅長逝，王公不作。刻此苕華，永傳嵩霍。

原載《徐鉉集校注》卷10

袁州宜春縣重造紫微觀碑文

若夫聖人有作，沒而不朽。畏其神而向其臺，思其治而戀其樹。故尊道貴德，玄化所以無窮；高山景行，後賢所以不乏。妙門光啓，上士勤行。書契已還，煥乎丹青者可數；邦域之內，表厥宅里者相望。時運與并，人境交得，教之大者，其可忽乎！袁州宜春縣紫微觀者，蓋有晉鄧表真人上昇之地也。左鍾山之奇峰，右洪陽之仙洞。巉巖千仞，蔽虧日月；窈窕百里，畜池風雷。迴岡層巒，崇其基坰；激湍澄溪，宣其氣象。真靈之所游集，邑居之所走望。皇統中否，下國尋戈，齊臺盡傾，魯宅多壞。鹿巾霞帔，藐矣流離；藻扃黼帳，翦焉陷廢。而周德未厭，漢守仍存，舊物既甄，墜典咸復。惟茲靈境，將俟其人。

道士孫去華，殖本康樂之川，從師新吳之邑，清心鍊氣，絕粒忘形，三十餘年，其道彌固。保大中，自所居華林山館，南游此鄉，望佳氣之鬱蔥，躪塊垣之靡池。慨然嘆息，誓志終完。於是面壑依巖，披榛築室。勤身而感物，應迹以化人，鄉閭風隨，峻信日至。節以致用，時而命工。二十餘年，厥功克就。紺殿特立，重廊回合。闢朱户以瞰野，峙瑶壇而在庭。至於像設之尊嚴，仗衛之精麗，厨禀之充牣，居室之清閟，洪纖必周，奢儉中度。美矣顯績，昭哉素誠。夫褒善稱伐，春秋之旨，雖在遐遠，人其捨諸？監察御史李君思義，奉使宜春，稅駕斯館。睹厥成構，嘉其秉心，碑而揭之，以文求我。言意難盡，强爲之銘。銘曰：

袁君之賢，此州乃名。鄧氏之仙，此觀乃形。春華麗絶，真氣融明。允矣奧壤，居然福庭。運逢交喪，地有遺靈。美哉孫師，興廢扶傾。重閣金鏞，還飛火鈴。烟霞聚散，飆欻逢迎。精誠所感，大道方行。用刊樂石，永告雲扃。

原載《徐鉉集校注》卷 12

茅山紫陽觀碑銘

臣聞太初之氣，其生也無始；衆妙之門，其本也無名。積而成形，散而爲器。乾坤運之而兩儀立，王侯受之而天下貞。是故斷鰲鍊石之功，絶地通天之業，衣裳軒冕之后，干戈揖讓之君，雖復遭罹異塗，步驟一致，莫不協契於神明之域，飲和於道德之原。廣無爲之爲，執無象之象，萬物恃生而不有，百姓日用而不知。其迹也，則格天光表，化人而成俗；其本也，則收視返聽，全真而養身。至其玉檢登封，蘿圖啓後，游神象外，脱屣區中。鑄金鼎而乘白雲，登寒門而立玄極。閟宫清廟，式嚴觀德之場；玉洞金壇，別啓下都之所。由是靈符總集，真籙歧分。三元八會之文，潛通髣髴；七映九華之室，密擬形容。足以徵福應於含生，致孝思於時事。

聖人繼作，靈構相望。故茅山紫陽觀者，今上敬爲烈祖孝高皇帝、元敬皇后之所重修也。爾迺星紀儲精，下爲峻極。河圖著録，懸示禎期。自道氣融明，真科流衍，治化宏開於赤縣，符圖廣秘於名山。而華陽洞天，實群仙之都會；金陵地肺，又三茅之福鄉。左憑柳汧，烟霞韜映；右帶陽谷，川源隱轔。伏龍靡迤，鎮以雷平之嶺；鬱岡回合，浸以護軍之潭。郭真人叩舷之池，不遷留岸；許長史鍊丹之井，自洌寒泉。白霧紫烟，照映其上；飆輪鶴馭，往來其間。高真七人，四處兹地。其後貞白真人以玄德應世，肇開朱陽之館；以玉書演秘，爰立昭真之臺。堂構疏基，玄洲之踪可擬；生徒廣業，白龜之迹斯存。金紉鳳羅，代相傳授；龍車虎駕，世有飛昇。及玄靖先生以冲氣含和，體庚桑之歲計。玄宗皇帝以尊師重道，屈軒后之順風。由是天眷遐臨，皇心密契。維新舊館，再易華題。丹鼎洞經，潔修無倦，芝泥龍簡，投奉相望。戶邑之民，豈止奉明之縣；樵蘇之禁，寧惟柳下之墳？故得雲物告祥，芝英表瑞。小周王之“瑤水”，徒咏空歌；異漢帝之“猗蘭”，唯陳甲帳。自茲厥後，代有修崇。上士名人，時時解蛻。雲軿羽蓋，往往降靈。皆著之金石，播於謠頌。

嗟乎！四時代謝，天道盈虛。雖九氣長存，歷劫以資其融結；而三階有象，隨時因表其晦明。則斯觀也，將世運以污隆，與皇圖而昇降。赤明未啓，猶多聞戶之悲；白水方興，始漸高門之慶。孝高皇帝猶龍孕德，指樹垂陰，應樞電之殊祥，有天中之奇表。甘盤就學，和光於百六之初；庖正分官，利見於九三之際。賓門納揆，有大造於當時；彤矢旅弓，允至公於四海。由是法堯受命，祀夏中興。補西北之不周，應東南之王氣。御明堂而揖群后，輯瑞玉而覲諸侯。既治定而功成，更憂深而思遠。乘奔御朽，不以黃屋爲尊；旰食宵衣，惟以蒼生是念。知無爲之無敗，體上德之不德。凝神姑射，端拱穆清。政舉其中，事至而應。愛民重法，敦本訓農。偃革消兵，守好戰必危之誡；卑宮菲食，懼以人從欲之譏。故得百寶效靈，三辰薦祉。遠無不屆，邇無不安。少康、光武之功，獨高帝籙；貞觀、開元之業，更啓孫謀。

今上承績德之基，法自然之道。變化無方之謂聖，神武不殺之謂仁。學洞精微，守謙光而冲用；明昭隱伏，體大度以包荒。動則庇民，不矜功而尚智；靜惟修政，恒務嗇而勸分。聞善若驚，每察秋毫之細；容光必照，寧遺行葦之微？化浹風隨，時和俗厚。嘗以爲天下者，烈祖之天下，憲章者，昇元之憲章。垂裕無窮，永懷罔極。衣冠原廟，未足盡思；聲樂娛神，良非致敬。緬慕在天之駕，因嚴訪道之宮。尋屬長樂上仙，濯龍興感，載咏生民之頌，思宏十亂之功。迪眷靈巖，誕敷明詔。發虞衡之吏，集般爾之工。執藝駿奔，飭材麕至。果園之奈，供其礬斯。北邙之土，給其坊墁。迺新秘殿，秘殿孔碩。黝其黀鬢，屹其穹窿。璇題互照以晶熒，珠網交疏而窈窕。震殷雷於滴瀝，拖宛虹於楣軒，忽陰闔以陽開，乍霞駁而雲蔚。儼若虛皇之御，穆然太上之容。疑馭氣以迴躋，眇陵雲而遐觀。迺立高門，高門有閌。擬金闕之觚稜，洞朱扉而煥照。龍章鳳篆，以之題署；霓旌絳節，兹焉出入。迺建兩序，紛邐迤而重深；迺起層樓，邈岧亭而顯敞。北彌郭阡之路，南亘姜巴之衢。赫光影以燭坤，麗丹青而藻野。速如神運，恍若化工。每至日薄星迴，歲之云暮，桐華萍合，春聿載陽，赤城旋輅之初，白鶴會朝之際，都人士女，舉袂成帷。襲靈風而共洽天和，仰雲構而方知帝力。豈止百年猶畏，獨識軒轅之臺。三壽作朋，永閟姜嫄之廟。大哉至矣。無得稱焉！

夫妙本太無，名垂不朽。挺窮神知化之盛，然後顯通幽洞靈之微；立尊道貴德之教，然後致還淳返樸之理。漸於人爲富壽，被於樂爲聲詩，告於太史爲典册，著於豐碑爲銘篆。耿光丕顯，其在兹乎？爰命下臣，敬書令德。其詞曰：

邈矣至道，悠哉妙門！黽黽無物，綿綿若存。是生清濁，爰闢乾坤。迺生之民，乃作之君。德盛惟皇，功高曰帝。訪道峒山，求珠赤水。下或知有，時稱至理。三正循環，鴻圖資始。於惟基命，赫矣皇唐。運啓再造，天垂百祥。玄德昇聞，既壽永昌。時乘白雲，至於帝鄉。穆穆嗣君，雄雄下武。禮極配天，教明尊祖。明發盡思，優然若睹。敬仁仙游，式嚴靈宇。靈宇何在，句金之陵。丹霞夕映，白霧朝凝。重屋四注，崇臺九層。雲生窈窕，日麗觚稜。三秀交陰，五便分徑。丹砂流液，元洲立靖。柳谷組烟，雷池寫鏡。仿佛九華，依稀七映。至誠則感，有應斯來。含真上客，蕭閑逸才。飆輪倏忽，晨蓋徘徊。浮黎認土，方丈凝臺。昔在聖人，建言敷教。救物以慈，奉先以孝。敬佩真契，恭聞大道。顯妙用於言象，鼓淳風於億兆。薦純嘏於無窮，仰皇猷之克紹。

歲己未十二月一日建，朝議郎、守尚書祠部郎中、知制誥、武騎尉、賜紫金魚袋徐鉉撰並書。

池州重建紫極宮碑銘

　　域中之大曰道，百行之先曰孝。故孝心充乎內，必道氣應乎外。於是有聿修之德，追遠之懷，揚名顯親之善，集靈徼福之舉。用於邦國，則臣節著；施於家庭，則子道光，以之爲政則民從乂，以之薦信則神降福。然則壇館之作，焉得已乎？

　　池州紫極宮者，本東晉之普明觀也。浸之以秋浦，鎮之以齊山。北望陵陽，竇真人飛昇之所；南瞻九子，費徵君栖隱之鄉。玄風徘徊，精氣交感，代有奇士，居爲殊庭。既奉玄元之御，因崇紫極之號，治亂迭運，隆替不常。戊午歲，太守陳公始臨此郡，歷垝垣而嘆息，步遺址而顧瞻，役不徒興，義將有屬。公溈水洪派，太丘舊族，重世避地，徙居建安。祖德門風，冠映圖牒。王師拓境，閩方即叙，撫納歸附，旌訪賢能。惟我嚴君，首奮奇節，芟夷逋穢，弘濟艱難，偏師所指，無往弗克。故十年之間，由裨將歷郡守，登上公，建齋壇，功名之盛，近古無匹。及王室多故，邊城不寧，復遣公督舟師，率諸將，萬里赴援。三年轉戰，算無遺策，兵不頓鋒，威行軍中，勛在王府，舍爵再命，聿來是邦。於是解甲釋兵，頒條布政，事從中興，民用接和，會文賦詩，彬彬然有儒者之風矣。俄而王姚國太夫人凶問至，公孺慕出次，烝烝永懷，以爲柔儀慈訓，實大吾族；鞠育仁愛，兼倍諸孫。嘗藥弗親，執紼且違，欲報之恩，王事靡盬。思所以薦祉於冥莫，求神於希夷。非龜山之宮，必易遷之館。然則琳房金闕，瑤壇檜井，迎列真之御，資閬風之游，仙經不誣，勝事可作。於是瞻星揆日，餝用庀徒。散廉下之金，出荆門之絹，人百其力，工薦其能。易其傾頹，化以壯麗，成於心匠，不愆素期。自某年月鳩工，至某年月訖事。凡出錢若干萬，築室若干間。正殿當陽，三尊負扆，享列宿之位於東序，設三官之堂於西厢，嚴饋奠之室於艮維，所以盡時思之禮；敞閑宴之庭於乾位，所以極坐忘之懷。矢棘雉飛，霞駁雲蔚。璇題行月，焕城邑之晶光；飛甍白日，壯江山之氣色。如是則飆欻之駕，不得不臨；肸蠁之福，不得不集。想見武夷之會，足申令伯之心。至矣哉！善慶孫謀，無得稱已。嘗試論之曰：“神仙者，君子之所歸也。”故真誥云：“至孝至貞之人，皆先受靈職，次爲列仙，歲登降其幽明，如人間之考績矣。”若乃盡忠於君，純孝於親,敷惠於民,歸誠於仙,而不得與夫餌芝術、醮星斗者同躋真階,吾不信也。勖哉夫子,其惟有終!鉉扈駕南巡,致禮名岳,假道過此,仰瞻久之。博我以文,輒不遜讓。其銘曰:

我經池陽,池陽既康。化以至道,民知嚮方。乃新閑館,以奉虛皇。君子薦祉,則惟其臧。我登新宮,新宮既崇。深嚴耽耽,丹彩彤彤。九華散影,十絕盤空。若在宣岳,如游閬風。至道不煩,玄關甚邇。孝享誠敬,奉時祖妣。善慶純嘏,施於孫子。三茅二許,夫何遠已?流芳金石,永永千祀。

原載《徐鉉集校注》卷 12

洪州西山重建應聖宮碑銘并序

先儒有言曰:"山者,宣也。宣氣生萬物者也。"然則崇岳巨鎮,蓋氣之雄者也。其間靈峰奇岫,又氣之粹者也。是故帝以會昌,神以建福,感而生聖賢,宅而爲洞天,奇怪恍惚,非尋常所能測已。西山者,作鎮荆楚,雄視衡巫。勢靡迤而崇高,氣清虛而和暢。動植滋茂,樵隱閑安。物軌之洪崖先生所居於此。洪井之右,澗水之濱,喬木森羅,古壇猶在。長阜迴抱,是謂鸞崗。北隅特高,仍有伏龍之號。唐乾元初,山人申太芝上言,其地有異氣。詔於此立應聖之宮,抗玄元正殿於其前,塑肅宗聖容於其上。繚垣觀闕,仰法於紫宮;路門納陛,取規於丹禁。光靈煥爛,薦獻精嚴。上士勤行,守臣涖職。秩祀之盛,莫之與京。

廣明已還,三灾在運,望拜之地,闕而莫修。遼東之鶴徒還,絳縣之人已老。甲辰歲,有道士王守玄者,緱山仙裔,茅嶺名流,受命藩侯,來膺道任。翦荆棘於高閎之址,構茅茨於隆棟之基,不出焦先之廬,自化庚桑之俗。善言彌遠,馴致其功。二十許年,克甄舊制。入室弟子劉德淳,氣冲貌肅,節苦行高,恪恭以居次,謙和以接物。既嗣其業,遂成厥終。又十餘年,締構云畢。凡内外殿宇百有餘區。材用善良,工藝堅密。其藻飾也,不逾奢儉之節;其廣袤也,足展朝修之儀。秘殿深嚴,靈壇博敞,晬容穆若,列侍參然。鐘磬在懸,苾芬具薦。燦旭景於軒檻,延夕月於甍題。蕭寥空洞之音,希夷飄欻之御。

邈哉真境，無得而名。鉉爰在弱齡，服膺至道。先君頃參戎乘，嘗涖斯邦。依然棠樹之人，自是桐鄉之邑。乃以庚申歲遷奉松檟，卜兆於鷲岡之陽。敢言折臂之祥，願占維桑之地。明年，復以王事，再至山中。祠虛皇於游帷之宮，投龍簡於天寶之洞。所經靈迹，實契幽尋。又，是山有寶光，初至之夕，即上於中峰之上，下至山麓，倏忽聚散，狀如野燎，而精明眩目，不可正視。澗中有盤石，峰石有三藥臼，歲端午日未曙前，常有擣藥之迹，餘滓在焉。水流至此，甘香如蜜，取以灌漱，心府瑩然。斯皆載於舊經，新所覆視者也。此山登晨之士接武，而洪崖爲之冠；列仙之墟連屬，而洪井爲之宗。然則閬風玄圃之在人間者也。定其篆刻金石，永齊穹壤。鄙儒不佞，敢作銘曰：

　　江之右，楚之區。峙靈岳，爲仙都。洪井濱，鷲岡隅。建清宮，應真符。廢而興，神之扶。宮既成，道既行。校三宮，朝百靈。集景福，薦皇明。復淳化，遂嘉生。億萬年，流頌聲。

原載《徐鉉集校注》卷 26

龍山泉銘

　　建康城北有鷄籠山焉，傍帶潮溝，却臨後湖。宋元嘉中改爲龍山，湖曰元武，紀瑞也。雷次宗之儒學，蕭子良之西邸，遺踪可識，爽氣長留。東麓有泉，至清而甘，水旱不增減。道人令隱乃構精廬於其陽，酷愛此泉，以爲靈液。因思前作，皆有銘贊，而此獨闕，常欲補之。無何，夕次松下。恍惚若夢見一人，玄巾素衣，謂隱曰："此泉已有銘矣。"因徵其文，即高吟四句，吟罷不復見。觀其詞意，無以加也。余聞而異之，因篆于石。其詞曰：

　　原發石中，派分塵外。如醴之味，與時而在。

原載《徐鉉集校注》卷 24

許真人井銘

　　長史含道，栖神九天。人非邑改，丹井存焉。射兹谷鮒，洌彼寒泉。分甘玉液，流潤芝田。我來自西，尋真紫陽。若愛召樹，如昇魯堂。敬刊翠琰，永識銀床。噫嗟後學，挹此餘光。

原載《徐鉉集校注》卷14

硯銘

它山之石，是斲是治。荆藍表瑩，雲露含滋。執簡而至，磨鈗在茲。言出乎身，文以行之。噫嗟君子，慎爾樞機。

原載《徐鉉集校注》卷14

告天地文

臣以寡昧，叨嗣慶基。對越上元，申養長樂。側身恭己，靡敢荒寧。而聖尊后自夏秋已來，寢膳違裕，醫藥備竭，禱祠必至，數月於是，有加無瘳，憂勞之誠，不知所措。敢陳蠲潔，仰告威靈：伏惟精懇上通，玄恩錫佑。哀臣烏鳥之志，憫臣樂棘之心。使六氣惟和，百祥薦降。冀於旦夕，速就康寧。臣內顧眇躬，弗明於道。方深慈訓之益，欲報劬勞之恩。炙炙之懷，區區於是。隳瀝肝膽，以俟鑒臨。

原載《徐鉉集校注》卷8

祭世宗皇帝文

稽古靈命，造圖伊始。聖人既生，萬物咸理。玄功格而高謝，令問垂而不已。通玉帛於無外，執豆籩而萃止。蓋百代之不易，言皇猷之至美。恭惟盛德，乃聖乃神。爰初纘服，舊邦維新。瞻顧函夏，實始經綸。三驅示禮，四載彌勤。濟之以武，守之以文。降鑒回慮，全國庇民。既戢兵而禁暴，或服義以歸仁。功成理定，返樸還淳。群賢在位，百度惟貞。方將致宣王之薄伐，焚老上之龍庭。還師袡席，檢玉云亭。何祝壽之無感，忽綴衣之在辰。嗚呼哀哉！神祔軒丘，化流南國，率感義以孺慕，共銜哀而膈臆。日月以之匱曜，烟雲爲之改色。痛輯瑞之長違，恨攀髯而不得。嗚呼哀哉！永惟下國，獲嗣餘基。奉天光而不早，順文告以何遲。仰霆電之震，以警其失；賴陽春之澤，以赦其迷。既賓禮之加厚，亦恩情之過私。大信有千齡之固，承歡無再稔之期。覽訃書而慟絕，捧遺賜以漣而。嗚呼哀哉！集同軌於七月，遏八音於四海。喬山之冠劍長掩，灞涘之川源不改。敢薦忠信，敬陳脯醯。庶有感而必通，願降神而如在。

祭文獻太子文

粵惟上天，降鑒我李，文昭武穆，神孫孝子。赫矣謨訓，昭哉圖史。以濟時屯，以永千祀。恭惟盛烈，仰屬尊靈。惟精惟一，克長克君。有信厚之風，以睦公族。有孝敬之德，以奉天經。避寵崇讓，以正流俗；主留分陝，以樹風聲。惠下之政，爲民慈父；平戎之績，爲國長城。聳多士之耳目，煥萬古之丹青。儲闈既正，鴻獻允塞。雖主器而納揆，更承顏而養德。四海無波，百官成式，光昭興運，允答靈心。宗祊之所托者重，蒼生之所望者深。何國步之已泰，忽神儀之永沈？陽光爲之而晝晦，萬籟爲之而哀吟。惟恩信之所洽，孰憂傷之可任？某等迹備三千，義深凡百；或選自朝廷，或仰由推擇；或方列於宮府，或常陪於賓席。分曹著位，有先後之差；辱顧推誠，無高卑之隔。徒歲月以滋深，愧涓塵之靡益。今也徒御分散，軒墀闐寂，摧傷於望苑之前，慟絕於華池之側。實邦家之不幸，豈臣吏之空惜。嗚呼哀哉！寢園斯啓，遠日將從。儼象輅以帷白，建鸞旗而旒紅。聽寂歷以無睹，視杳冥而遂空。撫躬吊影，涕雨號風。敢寓誠於籩豆，庶寫恨於心胸，願賓天之下降，鑒永慕之無窮。嗚呼哀哉！尚饗！

祭韓侍郎文

維開寶三年太歲庚午九月己亥朔七日乙巳，東海徐鉉謹以清酌庶羞之奠，昭祭於故中書侍郎、贈相國、昌黎韓公之靈：天祐下民，必生賢人。數有治亂，道或亨屯。君子處之，全名保真，窮不易節，達不私身。嗚呼明公，與道爲鄰。其本也忠，其動也仁，折而不撓，屈而能伸。戀此成績，揚於王庭。名聞天下，道合明君。宜若張公，上應台星。宜如衛武，享茲百齡。如何不淑，與世同塵！城郭遺忠，感深紫宸。黔婁之衾，賜從御府；季子之印，佩入泉扃。知與不知，孰無悲辛？嗚呼哀哉！某惟不佞，早奉光容。傾蓋之交，繾綣相從。公之知我，如我知公。何義不協，何言不同？寧懼觸鱗之忤，豈防羸角之凶？先號後笑，無初有終。霰雪既消，陽光乃融。海郡山城，幾憐煦沫。南宮西掖，近見搏風。豈主恩之可報，幸吾道之非窮。今也歲月逌邁，悲歡一空，平生氣宇，夙昔心胸。極視聽而無所，與造化而冥濛。露泫門柳，霜凋井桐。物感於外，悲來自中。生芻表德，絮酒申恭。願貞魂之降鑒，庶丹懇以斯通。

原載《徐鉉集校注》卷 20

祭王郎中文

維年月日，朝議郎、行秘書省秘書郎、直門下徐鉉，謹以庶羞之奠，昭告於故郎中丈人之靈：惟公立身行己之規，理職奉公之節，聞於士友，著在官司。今以銜悲，豈容繁述，伏思頃歲，獨奉深知，獲承子妻之道，追序通家之舊。邕和二族，出入十年，情不間於初終，義實敦於骨肉。去歲天恩舉善，右掖登賢，幸以王事僅同，省垣不隔，陪侍靡違於旦夕，興居常在於見聞。雖無光益之期，且慰因依之望。豈謂悲歡迭代，光景須臾，才周旬歲之間，奄遘終天之痛，追攀靡及，哀慕何窮。嗚呼哀哉！昨聞訃之初，方當臥病。不得親臨易簀，躬奉遺言，徒掩淚於漳濱，但痛心於夜壑。嗚呼哀哉！家存餘慶，念屬帝心，有後之期，自符公議，不孤之任，豈在它人？嗚呼哀哉！故國方遙，良時未卜，王畿寓殯，遠日將臨。霧昏而丹旐悠揚，日落而緦帷蕭索，涼風助慘，行路同悲，瞻望靈筵，酸辛無地。敬陳薄奠，少道深懷，髣髴明靈，一賜臨降。尚饗！

原載《徐鉉集校注》卷 20

與中書官員祭江學士文

維年月日，廣平游簡言、隴西李貽業、清海張緯、東海徐鉉，謹以清酌庶羞之奠，敬祭於故翰林學士江公君章之靈：眇眇玄造，茫茫萬有。若明若晦，爲夭爲壽。顏子不幸，仲宣無後。豈同概之能量，實令名之不朽！惟公之生，俊德高名。一日千里，三頃五城。乃邦之彦,乃時之英,藹然臺閣,存此風聲。惟公之没,音容倏忽。二子繼天,高堂結髮,有女垂髫,摧心裂骨。門館秋風,階庭夜月。哀從中來,云誰能過?簡言固陋,夙奉光塵。廟朝之舊,豈無佗人?西垣並入,禁署相因。二十年中,心同道親。曾無間隙,靡或緇磷。貽業不才,依仁仰德。晚獲同舍,因成近戚。形忘累遣,情深分密。杯酒痛飲,光陰一擲,豈料歡游,遽分今昔。緯在三川,論交早年。才力工拙,詞場後先。與之聲價,借以騰騫。徒欣踐迹,敢曰差肩。佗鄉胥會,舊分依然。倍成感嘆,轉奉周旋。鉉實後生,幸爲同族。聯事之好,友于之睦。以道相許,以義相勖。官路迍邅,天涯遣逐,千里關山,它鄉心曲。自帝里連歸,周行並復,稅駕未安,捨我何速?嗚呼君章,魂游何方?非巫陽之可招,非祖洲之可望。平時笑語,舊日顛狂,何夢覺之不識?何悲歡之不常!惟四友之分義,成終天之感傷,雖山公之無托,豈延陵之可忘?有肴在御,有酒盈觴,死生之會,終於此堂。願公如在,來爲我嘗。長號有慟,迸淚無行,薄奠云畢,哀情未央。嗚呼哀哉!尚饗!

原載《徐鉉集校注》卷20

祭劉司空文

　　惟靈氣禀冲和,志推廉潔,白璧蘊孚尹之美,朱弦含清越之音。操行純深,性克全於天爵;襟懷宏遠,譽早播於人龍。頃自奮迹清朝,策名近侍,既保後凋之節,終諧貞退之心。道因損而益光,名以謙而更著。優游自得,忠孝歸全。求之古人,我復何愧?某等幸承事舊,況預姻連,眷分過私,襟期莫逆。歷歲時而彌固,經夷險而不回,挹淡水以無厭,仰高山而何極!今則佳城將啓,遠日有期,光容有隔於重泉,醊奠聊申於薄奠。仰惟貞魄,俯鑒丹誠。尚饗!

原載《徐鉉集校注》卷20

冊秀才文四首

　　自三五以還,文質迭變,百王之法,六籍焕然。及周室既衰,諸侯異政,俊賢之士,分軌并馳。至如管仲霸齊之功,商鞅強秦之令,申、韓之名法,孫、吳之戰陣,李悝則務盡地力,墨翟則崇尚節儉,此其尤著者也。蓋百家之説,雖其道不同,奉而行之,皆足以致理。子大夫服膺聖道,必盡幽深,試論其中,孰得周孔之旨,可爲當今之用者。悉心極慮,以著於篇。

夫君者,民之表也,天下取則焉,故慎其威儀,定其聲氣,時其憲令,審其好惡,以此示之,未有不化者也。然而唐堯在上,日用而不知;聖祖立言,親譽者其次。夫如是,則寂然不動,澹乎無爲,使蚩蚩之甿,何所則象,而能革其浮僞,驅之仁壽哉?舉要立中,必有其説。

昔太公理齊因其俗,故報政速而後世強;伯禽爲魯易其俗,故報政遲而後世弱。然則商辛淫虐之風,不可不去也;周家仁厚之化,不可不被也。修舊者未見其遷善之塗,革故者豈傷於惟新之義?遲速之效,強弱之由,願聞嘉言,以釋斯惑。

肉刑之法,明王之制,著於《周禮》,垂憲無窮。何故三苗行之以爲虐,秦人奉之以爲暴,漢文除之以爲仁乎?自魏、晉以還,議論間出,理竟不決,法竟不行,豈時運之變有殊,將聖賢之才或異?願聞歸趣,以正古風。

原載《徐鉉集校注》卷 20

稽神録序

自乙未歲至乙卯,凡二十年,僅得百五十事。

原載《徐鉉集校注·補遺二》

徐 鍇

南唐官員(920—974),徐鉉之弟。昇元中,杜門不求仕進。元宗繼位,起家爲秘書郎,齊王景達奏授記室。遷授右拾遺、集賢殿直學士。後主時,任屯田郎中、知制誥、集賢殿學士,改右内史舍人,賜金紫。鍇與兄鉉俱在近待,時號"二徐"。鍇凡四知貢舉,號得人。少精小學,故所讎書尤審諦。南唐藏書之盛爲天下冠,鍇力居多。有多種著述傳世。開寶七年(974)病卒。

先聖廟記

昔夫子禀天地之靈,膺期運之數,體山岳之成形,合堯禹之宏度,跨三五以傑出,邈千載而高步,豈惟民哉!泰山之於丘垤,鳳凰之於飛鳥也。然而日月有薄蝕之運,生民有淪胥之期。老聃已逝,蹈流沙而不返;文王既没,顧天下而誰宗。是以則天以化民,屈己以濟物。使夫子志在於爲君也,則當假道百里,因基一成,受禄以有民,逆取而順守。然後革命創物,錫土苴茅,布子姓於九州,班正朔於四裔,因王法以行禮,假號令以濟人。然而不屑意者,以爲堯湯既遠,武有慚德。樂則有司失其傳,禮則孟孫病其儀。風俗崩弛,皇綱解散。是以周流天下,遑遑列國,一車二豎(原注:疑),訪萇宏而觀周廟;四科十哲,昭日月而播微言。假陪臣以尊周公,修春秋而正王室。匡輔元精,陶冶情性。因國風而正樂,順人情而定禮。萬物既治,我無位焉。此則夫子所受老子之玄言,老子所以釋負而去之之義也。至夫載賛諸境,濡足當時,止璠璵而救季孫,斬侏儒而存魯國。故令君臣懸解,井樹不刊,而地靡立錐,權輕飛羽。諭醢鷄於道室,譬喪狗於東門。野鋪弗糝,門徒菜色。坐席不煖,炊突不黔。其利物也甚豐,其爲已也至約。是以子貢有言:“夫子賢於堯舜遠矣。”豈不謂然乎?夫近道者道亦近之,遠道者道亦遠之。是以七國冰解,嬴秦灰滅。所以夫子欲見於衛妃,諸生發憤於陳涉,有由然矣。漢高甚武,心涵帝度,爲舊君而祖哭,望魯國而輟攻。受天明命,將半周室。其遺言祠祀也,則自闕里而遍寰區,出壁中而寶東序。蓋帝王之崛起,大數之中興焉。夫子非求祀於人,而人皆祀之。非衒書於人,而人爭售之。自非大庇生民,其孰能至於此?

聖曆中否,群雄大馳。衣冠禮樂,不絕如綫。聖皇紹祚,文思累洽。掃大學之煨燼,編羽陵之蠹簡。濟濟焉,煌煌焉。民德歸厚矣,猶慮隈隅未潤,蓬艾未光。慎彼觀風,敬兹有土。保大壬子歲,以樞密院副使兼尚書吏部郎中李君徵古有幃幄之效,克定之謀,俾守於袁。下車視事,解甲息兵。巡省農功,周行廬室。以爲導化有本,振葉由枝。而孔廟頹替,誦堂風雨。顧禮器而艴惡,振儒衣而凄泫。於是考圖牒,徵碑版,蓋天寶中太守房公琯始立廟於州城北門之外五十步，乾元中太守鄭公審始移之，會昌中又遷於州東，大中中復於房公之卜，不常厥所，於今四遷。乃永奠陔次，大興力役。糞墻俱墁，非宰我之難朽；壞屋可炊，知顏生之不惑。迴廊月照，接武雲征。洞户静深，重檐奄靄。徵兩楹而正坐，儼四科而列侍。如嘗不寢，似欲無言。植以美材，綷以藻泳。靈衣兮披披，華蕊兮囊囊。黍稷令芳，籩豆普淖。解危冠於季路，見繪事於卜商。足以目擊而道存，不言而心喻矣。昔魯恭壞宅於舊國，廬陵伐木於孔門。金石爲鳴，父老嘆息。然則夫子之道，得其人而後行；文翁之風，感於心而自化。是以袁江之上，袁山之阿，朝爲崆峒，夕成洙泗，用此道也。

　　若夫敷孔業而無祠宇，是猶棄筌蹄而待貌，叩寂寞而求音；盛趨翔而無至心，是猶依猿狙爲周公，假詩禮而發冢也。是以李君炳筠川之靈，錫鍾陵之秀，行出鄉里，名聞京師。題橋以起途，懷綬而返國。昔之去國而衣錦者，蘇秦無守土之實，終軍無表里之名，君之兼總。其稽古之謂。故分符之際，敕改君筠州萬載縣所居高侯鄉高城里曰懷舊鄉孕秀里。君又以私財百萬，代其鄉輸税，增閭里之氣，爲儒者之華。功成不居，無待刊紀。而庠序之作，所以聳善懲惡。托予叙述吾師也，故爲之記。至其遏寇虐，浚溝湟，則有底績之司，書勳之府焉。唐保大癸丑歲正月二十日廟成之日也。

原載《徐鉉集校注·附徐鍇文》

曲臺奏議集序

　　三代之文既遠，兩漢之風不振。懷芬敷者聯袂，韻音響者比肩。子虚文麗用寡，而末世學者以爲稱首；兩京文過其心，後之才士企而望之。嗟夫！爲文而造情，污凖而粉頰。若夫有斐君子，含章可正，和順積中，而英華發外。周旋俯仰，金石之度彰；摛簡下筆，鸞鳳之文奮。必有其質，乃爲之文。其積習歟？何其寡也？有能一日用其本者，文遠乎哉！我欲仁，斯仁至矣。潁川陳表用，今爲晉安人也。遍讀《七經》，尤明《三禮》。蟠極造化之説，昇降損益之文。徙之不煩於輨車，蓄之彌盈於腹笥。發爲詞令，文之本歟？昔之自遠而至者，陸機以詞章言，譙秀以隱論顯。況以禮律者動足之蹊徑，幹局者爲政之權衡。自入朝爲太常博士八年，動而不阿，静以有守。議之所及，書辭無頗。禮者所疑，援經以對。酌於古而無悖，施於今而易行。君雖急賢，位未充量。道有悠久，豈終否哉！觀其條奏簡墨之文，探索比詳之説，證古者不訐，救時者不諛。簡而周，約而舉。信守官之善作，伸道之名言。知余直筆，訪余爲序。保大丙辰歲六月一日於集賢序之。屯田郎中、知制誥徐鍇述。

原載《徐鉉集校注·附徐鍇文》

茅山道門威儀鄧先生碑

　　原夫性與天道，夫子秘而不言；神之格思，詩人謂之難度。況乎窮幽極奥，錬氣陶形，而庸庸之徒，交臂於遺金，爽口於緣鵠，涂窮於缺甓，智極於轉丸，奔馳莫逢，視聽莫見，真人隱而下士笑者，又焉足怪乎？弘之在人，可得而言矣。故茅山道門威儀鄧君啓霞，字雲曳，其先南陽人，今爲丹陽金壇人也。開元時有鄧天師者，道簡上聖，屈乎下風，光國垂勛，隱景遁化。君即其後也。祖諱文，考諱章，皆不仕。君性理和敬，神識宏深。咸通元年，始詣茅山太平觀柏尊師道泉爲弟子。方羈丱，六年乃披度爲道士。十二年詣龍虎山十九代天師，參授都功正一法籙。乾符三年，詣本觀三洞法師何先生元通，進授中盟上清法籙。何即桃源黄先生洞元之弟子也，與瞿仙童爲同學之友焉。其源流隱顯，著自前聞，固非末學所能談悉。天祐四年，吴太祖旌别玄異，始加簡署。尋爲本山道副，九年爲山門威儀，再賜紫服。華陽洞天，仙聖游集。太平觀，即太宗文皇帝爲昇真先生之所立也。雖神真所處，杳以静深。而外迹繫時，與之崇替。中和之際，寇盗星馳。人力所爲，翦焉將燼。世之後學，無所式瞻。君誓高日月，誠貫金石。周流勸諭，力與志並。人物感其精誠，神明助其尋度。荆棘隕蘀，并爲芝丹。鴟梟革音，復見鸞鶴。像設嚴毖，垣楹輪奂。其所經始，三百餘間。山樓所須，田疇峇庾，什器等率皆稱是。

　　夫紫蓋兆於建業，茅山連於金陵。君之纘修，靈境光復。而有唐中興之業，亦自此而基。神理幽通，不期而會者矣。義祖武皇帝作鎮江表，特加禮異。至誠所啓，罔有不從。是以力役復蠲，樵蘇有禁。

梁懷王藩屏湔右,親圖寫其像焉。君既拱此玄珠,輕其尺璧。内以弘道,外以成人。貞素先生王君,理解清深,墙宇高巋,未嘗不攝齊捧袂,虚往實歸。舒其憤悱,致於夷曠,偏得其道,以居京師。君於世學,多所精詣,體此敏博,冲而用之。既居其實而去其華,養其内而遺其外,故不復爲稱矣。夫流光迅馳,道俗同在。若並巒半嶺,而昇降則殊。及夫百齡有窮,萬物將蜕,衆自此淪厭,君自此躋昇。真俗之間,由是而判。幽冥恍惚,昧者不知。春秋八十有五,太和四年歲在壬辰,解化於山門。君所傳經籙,昭顯於時,則故玄博大師真素先生王君栖霞,惠和大師康君可久,茅山威儀王君敬真,麻姑山威儀王君體仁,表嘆大德賜紫安君光美,左街焚修大德張混成,廬山道副重安寂,並被國寵,翊於道風。入室弟子故太平觀都監陳修一、陳守一,今茅山都監主教門事表嘆大德鄧栖一、監觀倪宏一等,並隨其性習,間參道要。山門教宇,栖一有其勞。君遺世雖遥,貞石猶缺。真迹未勒,門人懼焉。鍇之蒙淺,雖晚聞道,昔嘗逮奉貞素伏申之敬,貞素之上清門人今右街章表大德劉君德光,爲啓霞之友,鄧君栖一因而見托,故鍇不爲讓焉。其銘曰:

大道泛兮,物無不在。人代有敝,真風無改。於鑠鄧君,情遺所宰。惟道是求,惟道是采。脱落畎畝,超登雲海。天作茅峰,人作崟嵒。君始從師,逸而功倍。教法遥邈,君能復之。一匡輪迹,允洽昌期。君既往矣,誰能嗣之。弟子栖一,承兹道基。敬仰高風,刻石爲碑。俾爾後學,高山仰之。

原載《徐鉉集校注·附徐鍇文》

陳氏書堂記

古之學者,家有塾,黨有庠,術有序,國有學。此繫乎人者也。聖王之處士也,就閒燕;孟母之訓子也,擇鄰居。元豹隱南山而成文章,成連適東海而移情性。此繫乎地者也。然則稽合同異,別是與非者,地不如人;陶鈞氣質,漸潤心靈者,人不若地。學者察此,可以有意於居矣。

潯陽廬山之陽,有陳氏書樓。其先蓋陳宜都王叔明之後曰兼,爲秘書少監。生京，給事中，以從子褒爲嗣，至鹽官令。生瓘，至高安縣丞。其孫避難於泉州之仙游，生伯宣，著史記，今行於世。昔馬總嘗左遷泉州，與之友善。總移南康，伯宣因來居廬山，遂占籍於德安之太平鄉常樂里。合族同處，迨今千人。室無私財，厨無異爨，長幼男女，以屬會食。日出從事，不畜僕夫隸馬。大順中，崇爲江州長史。乾寧中，崇弟勛爲蒲圻令。次弟玫，本縣令。能嗣其業，如是百年。勛從子袞，本州曹掾。我唐烈祖中興之際，詔復除而表揭之，旌其義也。袞以爲族既庶矣，居既睦矣，當禮樂以固之，詩書以文之。遂於居之左二十里曰東佳，因勝據奇，是卜是築，爲書樓堂廡數十間，聚書數千卷。田二十頃，以爲游學之資。子弟之秀者，弱冠以上，皆就學焉。自龍紀以降，崇之子蜕、從子渤、族子乘，登進士第，近有蔚文尤出焉，曰遜曰範，皆隨計矣。四方游學者，自是宦成而名立，蓋有之。於戲！文如麻菽，求焉斯至；道如江海，酌焉滿腹。學如不及，仁遠乎哉？

昔北海有邴鄭之風，《離騷》有江山之助者，皆古也。門生前進士章谷，嘗所肄業，筆而見告，思爲之碣。會陳氏之令子曰恭，自南昌掾入仕至都下，因來告別，援翰以授之。時太歲己巳十一月九日記。

原載《徐鉉集校注·附徐鍇文》

奉和送鄧王二十六弟牧宣城詩序

敦牂御歲，蓐收宰時。鄧王受詔，鎮於宣城之地。離宴既畢，推轂將行。時也宵露未晞，涼月幾望，苑柳殘暑，宮槐半晴。滄波起乎掖池，零雨被於秋草。皇上以敦睦之至，聽政之餘，逍遥大庭，顧望川陸。理化風物，咏謝安高興之詩；登山臨水，嗟騷人送歸之景。暫軔征軸，宴於西清。蓋所以申"棣萼"之至恩，徵文章之盛會也。絲簧輟奏，惟擲地之鏗然；組綉不陳，見麗天之焕若。將使宗英臨務，知理俗之以文；朝宰承恩，識太平之多暇。然則明明作則，敦叙之德無疆；濟濟維藩，夾輔之功何已。有詔在席，進叙及詩。下臣不敏，職當奉詔。謹賦詩如左。

原載《徐鉉集校注·附徐鍇文》

義興周將軍廟記

　　君字子隱，義興陽羨人。晉鄱陽太守魴之子。少而跅弛，任俠自處，不護細行，鄉人以爲暴焉。嘗感父老之言，以南山之虎，長橋之蛟，并己爲三害。於是入山殺獸，既而搏蛟，浮沈三日，竟斷之而出。初，里人以爲君之没也，室家相慶。既出，始知人患己之深也。乃入吳，尋二陸而師之。學成義立，以忠烈自處，期年而州府交辟。嗟夫！觀過知仁，則向之所爲，非巨惡矣。吳末爲無難督。及王渾平吳，置酒高會，調吳人曰："諸君亡國之餘，得無戚乎？"君曰："漢室分崩，三方鼎足。魏滅於前，吳亡於後。亡國之戚，豈獨一人。"渾有慚色，荆楚之烈，氣凌太原。兵滅之餘，折而不撓。及爲廣平太守，積紀滯訟，決之一朝。君之果也，於從政乎何有？以母疾罷歸，爲楚内史，徵拜散騎常侍。君曰："古人辭大不辭小。"乃先之楚，化行俗易，然後從徵。及居近侍，多所規諷。遷御史中丞，糾劾不避寵戚。梁王肜違法，君深文按之。齊萬年反，權臣惡君之强直，以君討之。移孝於忠，有死無二。賊策之曰："周君才兼文武，若專斷而來，不可當也。如受制於人，此成擒耳。"嗚乎！盗有道焉，其知之矣。及六陌之役，梁王爲帥，軍人未食，肜促令進，而絕其後繼。君自知必敗，賦詩曰："去去世事已，策馬觀西戎。藜藿甘粱黍，期之克令終。"言畢而戰。自旦至暮，斬首萬計。弦絕矢盡，而援不至。左右勸之退，君以爲鑿門而出，義不旋踵，遂殁焉。夫梁王以宗戚之貴，義兼家邦，非不知良材爲國之所憑，蓋利欲之誘深，而愛國之情淺也。而况悠悠群品，安足言哉！由是而言，君之所按，非深文也。夫奸臣之與直士，其不合有三：佞直不同，嗜好亦異，一也；邪正相形，才望相絕，雖欲企尚，不能效之，撫心内愧，遂成讎惡，二也；以小人之性，度君子之心，以爲善人之進，必來排己，三也。有此三者，至於反兵。賢人既殞，遂及於國。夫剖巢破卵，鳳凰不翔。殺犫損犢，聖人亦逝。將軍既殁，此西晉之所以淪胥也。二子繼德，此東晉之所以光啓也。君既除害，鄉里稱之。又嘗著《陽羨風土記》，則精靈所留，游盼有在矣。鍇以癸亥奉詔爲祠官，東禱山嶽。歷將軍之廟貌，想先賢之高風。周旋徜徉，欲去不忍。惟君之見危授命，當官必理，雖百代之王者，願以爲臣焉。郡縣既以時致祀，敢即其圖像而爲頌曰：

深山大澤，實生龍蛇。左湖右瀆，君子之家。烈烈周君，國之爪牙。梁摧國圮，命也如何！越在童齔，所游非類。見善則遷，過而無遂。眈眈白額，擇肉朱殷。矯矯長蛟，噴沫飛涎。摧斑碎掌，潤草丹川。無文曷行，不學將落。裹足時彦，見機而作。學成德備，揚我王庭。所居成政，所歷傳名。敏而應敵，正以持傾。亦既霜臺，糾斯强御。自親及疏，何吐何茹。翩彼權倖，假國之威。妒賢醜正，言遂其私。取彼賢人，委之豺虎。君實致身，曾無二慮。恭聞仙誥，惟忠是與。仰料將軍，解形而去。遼東千歲，歸鶴來翔。威加四海，魂魄還鄉。籾兹蘋藻，在渚之陽。斯文曷補，實德無疆。

原載《徐鉉集校注·附徐鍇文》

送謝員外往潛山序

淮南有潛霍者，古之南岳也。天柱高山，無物不有於此。藏精降神，觸石吐雲。九光五德，固元聖之所游化焉；浸靈儲慶，亦天帝之所會昌焉。熊熊魂魂，建福上國。秩在祀典，祠官職之。獻歲發春，虹光照渚。帝出於震，肇紀元辰。男邦趣玉帛之程，戚里盛絲囊之會。康衢昧者，常歌不識之力；華封逸人，猶祝千年之壽。況乎英王密戚，體國朝端，薦祉邀祥。既歸靈岳，投金奠玉，允屬元僚。有若記室儀曹郎以風流儒雅之懷，祇莊雍穆之操，抽毫進簡，初起右筵，志慕冲虛，願循長道。輶軒鳳舉，別蓋雲巡。青山萬重，飛雪千里。崗巒回互，寒暑閟虧。非北渚之秋風，即西山之爽氣。流盼之賞，不其猗歟？而青山之陽，翰林之廬室；敬亭之麓，吏部之溝池。才運不齊，心迹若是。長想之際，獨無情哉！下官名與實乖，心爲形累，簪筆無南山之彩，秉耒乏南岡之坡。進辱府庭，退負丘壑。嗟乎！此獨何心，聞飛蓋之往，森然若面林麓之賞矣。登高能賦，方仰矚於行軒。送人以言，敢自誣於薄技。敬賦詩一篇，以爲餞別云。

原載《徐鉉集校注·附徐鍇文》

碑

梁有王八百於此山修道也。

唐太宗時,有棄官服道,結廬於山側,茹之絕粒,三十許年。晨昏諷誦,輒有白蛇白兔,循伏如聽。州里捕獵,則逸豸猛噬,投避焉依。有越太守趙需者,目其廬曰黃寒室,留詩贈茅山道館。有"廣寒蕭閑火浣"之號,需於中取名焉。

晉將軍曹橫所葬,因曰橫山。

橫山本名芳茂山,晉時嘗有紫氣。

原載《徐鉉集校注‧附徐鍇文》

方輿記

梁松征蠻,死於此,遂爲其神。

原載《徐鉉集校注‧附徐鍇文》

夏　謙

南唐官員。昇元二年(938),任西上閤門使、金紫光禄大夫、檢校司徒、行右武衛大將軍兼御史大憲。

東林寺題名

西上閤門使、金紫光禄大夫、檢校司徒、行右武衛大將軍兼御史大憲、上柱國夏謙,叨奉睿旨,封册雄藩。駐泊旬餘,將更歲序。受王恩而重疊,沐臺念以彌深。而又許厠王車,得游化境。時昇元二年正月二十八日,故留題記。

原載《全唐文》卷 871

宋齊丘

南唐大臣(887—959),廬陵(今江西泰和西北)人。少好學,有大志,尤喜縱橫短長之説。烈祖爲昇州刺史時,以其爲謀士,任殿直軍判官。烈祖輔吳時，任右司員外郎，累遷右諫議、兵部侍郎。後除中書侍郎，遷右僕射、平章事，以輔佐元宗。因反對烈祖代吳，故南唐建立後，不得爲相，祇授司徒一官。後以丞相同平章事，兼知尚書省事。出爲鎮南軍節度使。元宗立，召拜太保、中書令，執掌大政。宋齊丘好結黨營私，致使朝廷內部矛盾重重，在對外戰爭中屢屢失敗。顯德六年（959），下詔囚禁其於青陽舊第，自縊死。

仰山光涌長老塔銘

　　夫衆生者，晝則共一明，夜則共一暗。明不爲之缺，暗不爲之分。蓋衆生同一智而共一見也。佛佛相授，祖祖密傳。以兹爲法，實無法也。仰山心偈，天下泳之，正爲此也。然其化導大綱，祖教專用。傳襲源流，謂石亭仰山之宗，則涌公嗣其後也。

　　公法號光涌，豐城縣張氏也。誕生之夕，神光照庭。鄰人以爲珠璧之祥，間而伺之，生男子也。七歲請學儒，詩書禮樂，若有素習。十三請學佛，經論禪智，悉如生知。一旦請游方求師，父母器而從之。於時石亭之颷，風行四海，乃往禮之。石亭爲之剃度，復就開元寺真公傳净名經密旨。十九詣襄州壽山寺戴公受大戒，遂携瓶錫，遍禮有德。以有間斷意，契無間斷心；以有生滅身，得無生滅體。石亭有"似驢"之問，涌公有"非佛"之對。石亭堂見諸方學人來，便問："子來作麼？"學人對曰："禮拜和尚來。"石亭曰："還見和尚否？"對曰："見。"石亭曰："見和尚何似驢？"學人無對。石亭將此語每問，折到學人，未有能對者。石亭乃問涌公云："子來作麼？"對曰："禮拜和尚來。"石亭曰："還見和尚否？"對曰："見。"石亭曰："見和尚何似驢？"對曰："某甲見和尚亦不似佛。"石亭曰："既不似佛，似箇什麼？"對曰："若更有所似，與驢何別？"石亭曰："凡聖兩忘，情盡體露。吾有此語來，近二十年無人决了境。子大利根，當自保任，吾不能盡標。子異日可知而自行矣。"嘗大奇之，謂之肉佛可以化人矣。石亭歸寂，公燃第三指以報法，又燃第四指以報親，皆不群之事也。仍歸止於仰之栖隱寺，紹祖風也。洪帥南平鍾王聞其名若禪師家麟鳳，無有肩其威德者，遂遣使迎止於府下。使者至，師不起。於是州牧邑尹至，亦不起。已而士民皆來，又不起。乃共訴之曰："師如不起，貽郡縣之咎。"由是不得已而後從之。既至，復館師於石亭，繼美名也。是時爲人説法，明色空一相，人佛同種。使士者捨書劍，農者棄耒耜，工者忘糾繹，賈者散金玉。萬務失緒，官不能禁。師之教化明白也如是。天祐十四年秋，還如舊隱。昇元二年夏，順化於禪寢，僧臘七十，俗齡八十有九。門人具梵禮塔於山之西南隅，表至德也。

嗚呼涌公，王者固召不就，因慈悲而後就之，真天人也。將來者多方求知，猶有弗獲，足見涌公不泯其能，蓋力救末法之弊爾。入室弟子彥新，執古之士也。任彼肉耳，聆余廣譽，不遠千里，自袁而來，以行狀授余請銘。殊不知人不勝名，文不勝德。然哀其誠懇，強而應之。其辭曰：

佛佛佛，乃真物。自迷誤，無得失。曹溪歿，仰山出。曹溪髓，仰山骨。曹溪虛，仰山實。佛兮涌，涌兮佛。

原載《全唐文》卷 870

諫不朝群臣疏

臣事先朝，迨三十年。每論議之際，常恐朝廷百官之中，有忠赤苦口之人，壅蔽不得達其意懇。今始即位而不與群臣相見，是陛下偏專獨任，自聖特賢而已。是以古之帝王，一人不能獨聞，假天下耳以聽。一人不能獨明，假天下目以視。故無遠邇群情世態，不必親見躬聞而可得知之。蓋能延接疏越異方之人，未嘗隔絕也。今深居邃處，而欲聞民間疾瘝艱苦，是猶惡陰而入乎隊道也。然臣老矣，墓木亦既拱矣，桑榆之景，而可待以旦乎？

原載《全唐文》卷 870

投姚洞天書

某學武無成，攻文失志，歲華蹭蹬，身事蹉跎。胸中之萬仞青山，壓低氣宇。頭上之一輪紅日，燒盡風雲，加以天步陵遲，皇綱廢絕，四海淵黑，中原血紅。挹飛蒼走黃之辯，有出鬼沒神之機。

原載《全唐文》卷 870

齊丘子自序

廣平宋齊丘，字子嵩，性備讀書，不知古今。然好屬意於萬物，萬物有感於心者，必冥而通之。所以或得萬物之情，或見變化之妙。遂著化書以盡其道，凡六卷百有十篇。上二卷說道與術，中二卷說德與仁，下二卷說食與儉，皆化之旨也。蓋道不足化之爲術，術不足化之爲德，德不足化之爲仁，仁不足化之爲食，食不足化之爲儉。食儉二化，其物甚卑，其名甚微，其教甚大，其化甚廣。可以神道德，奮仁義，厚禮樂，誠忠信。噫！不知萬物之化小人也，不知小人之化萬物也？又不知小人之化化書也，不知化書之化小人也？化之道如是。時大吳大和庚寅歲序。

原載《全唐文》卷870

讓表

　　昔高宗之夢傅說，西伯之獲飛熊，況臣非築巖之相，釣渭之賢，祿位彌重，宜居山野。

原載《江南野史》卷4，《五代史書彙編》

收穀帛策

　　江淮之地，自唐季以來，爲戰爭之所。今兵革乍息，畆黎始安，而必率以見錢，折以金銀，斯非民耕桑可得也，將興販以求之，是教民棄木而逐末耳。乞虛昇時價，悉收穀帛本色爲便。

原載《十國春秋》卷3

劉　津

　　南唐官員。昇元中，任諸縣都制置使、檢校司空。

婺源諸縣都制置新城記

　　伊古之制，列爵惟五，分土惟三。暨周失九區，秦并百二。漢魏以降，晉宋以來，何其不然也。蓋皇王之道漸抑，强霸之政薦隆。得之者三術并施，成之者七德并用。於是或建邑以撫俗，或設壘以保民。當戎戰之時，委筦榷之務。或便以漕運，或利以賦稅。故不束於教，而隨時之義，易簡而治者也。迨於亡隋失德，僞夏僭圖，我唐撥略亂基，肇載天符。提神劍而掃清蕪穢，垂衣裳而治服華裔。應順天人，車書文軌。三百年之皇衢坦蕩，二十聖之帝業巍峨。頒正朔於八荒，列股肱於十郡。永思偃武，常獲承平。豈期王政初微，鯨波遽作。迺諸侯方軌，宗社陸沉。故知天未絕唐，必將有主。潛栖我土，晦伏齊吳。避強數紀之間，建迹三分之內。神州興感，悲禾黍之離離。龍躍待時，應圖謠之密密。且大業不可以終否，彝倫不可以久虧。瑞協真人，祥符王氣。由是遠彎長馭，覃思寬仁。曶世扶顛，獨居多算。沉謀逖慮，衆莫能窺。大勛顯襲於旂常，備物畢承於錫命。法堯舜之內禪，蹕高光之再興。雲龍呈有位之期，道德耀無私之日。庶民悅服，咏維新而再賀唐正。裔夏稱觴，望靈光而咸思禹貢。其有盤桓險遠，偃蹇逃光。文德不歸，武威定取。帝曰："先朝昔爲失馭，故裂其地。今既復矣，可以歸之。"且非財何以聚人。非人何以求霸，非霸何以襲皇王之道。乃以國之東裔，熬天池以爲鹽。國之南偏，攟地利以爲茗。歲貢數百，膳五千師。其諸膠漆之財，玉帛之貨，山川之利，租庸之常，不足紀也。

太和中，以婺源、浮梁、祁門、德興四縣，茶貨實多，兵甲且衆。甚殷戶口，素是奧區。其次樂平千越，悉出厥利。總而筦榷，少助時用。於時轄此一方，隸彼四邑。乃昇婺源爲都制置，兵刑課稅，屬而理之。僕謬以非才，叨斯皇澤。專茲計幹，任此民戎。制置舊有城池，近多摧毀。則以境鄰東夏，歲積貨泉。封略匪遥，備虞宜固。恥云恃陋，是曰曠官。爰選三農之餘，互聚諸縣之衆。同其力役，完此城堙。其西建衡山一營，添新壘三里。其北則築平蛟穴，接此蛇城。周環十里，群來畚鍤。半年之間，閭閻盡易，雉堞皆新。啓昇元二門，建東西兩市。衆聞悅辦，略不告勞。曾無鞭叱之聲，蔑有歹延歹差之患。莫不下屏群庶，上賴爕調。幸畢厥功，何有其績。僕實慚寡陋，又乏討論。敢摛鄙直之詞，徑記歲月之事。唐昇元二年，今上即中興位。歲戊戌十月癸丑五日丁巳，諸縣都制置使檢校司空劉津記。

原載《全唐文》卷 871

張延嗣

南唐官員。曾任汀州刺史。

齊王重修敬亭昭威侯廟記

　　夫神之依人，而聰明正直。人之奉神，必專誠精懇。故立廟貌乎以備致敬，設祭祀乎以祈福應。享致敬而主福應者，其惟昭威侯歟？況乎靈踪所來，異感斯肇。傳之時俗，文諸碑篆者久矣。而以嵐峰背擁，句水傍奔，松林鏁烟，陰物駭魄。於彼江左，乃爲名祠。會昌歲，相國崔公龜從按察當郡，豁當時宵夢，顯兹後明靈。自是禱賽雲臻，牲牢日盛。指骨無慚於青骨，倚山何愧於挂山。其如屢革光陰，旋傾檐棟。雨痕彩壁，塵暗儀形。未偶飾修，罔資輝煥。延嗣自皇帝御極初，叨承寵渥，共佐藩條。時謁祠庭，細觀圮壞。昇元三載秋，暫朝丹闕，以此上奏宸聰，及拜青宮，得不仰聞英聽。伏維大元帥齊王殿下忠符昌霸，孝奉家邦。克崇開泰之功，聿贊昇平之業。遍流恩信，俯念■神俄顧問廟之隳損者，遂虔對以殿堂板閣，廊廡官署。遽降教令，遣齎白金，委之興修，益彼宏壯。一期星律，方畢工徒。餘更彩繪威容，裝換幃帳，添列鞍馬，漆刷門窗。仍置動用所須，并造内外亭子廊屋等，皆已周備。噫！得一之靈儼爾，如在之敬肅然。苟昭感無愆，則欽崇靡怠。用俾乎蘋蘩斯薦，庶幾乎福善是徵。荷雍熙之化無窮，保元良之基永固。延嗣幸濡帝澤，安測神功。對堅珉非叙事所能，銜令旨貴紀於兹在。時昇元四載六月二十一日記。

原載《全唐文》卷 871

孫　峴

南唐官員。昇元末，任將仕郎、守大理評事、中書門下兼直史。

姚嗣駢墓記

將仕郎守大理評事中書門下兼直史孫峴撰

府君諱嗣駢，字霸臣，其先南安人。虞帝之後，餘慶所鍾，綿綿萬嗣，古推茂族，代爲名家，□傑□□。古今相繼，載之譜諜，炳若丹青，厥後因宦徙家，府君即晉陵人也。曾祖諱暢，仕唐殿中侍御史，追贈□□衛將軍。王父諱鎬，仕唐行亳州長史，追贈右監門衛將軍。考諱崇，屬土運中否，天下□□□□□。唱義建號，遂參於武帳，仕吳，累遷官水土，旋遥授宿州刺史。己卯歲，轉授吉州刺史。政簡仁和，授鎮海軍隨使都押衙，追贈開國男、食邑三百户。母太原王氏，封太原縣君，進封縣太君。賢淑著慧，□□□□。育成令器，克襲家聲。自進封之命，蓋從府君之貴。府君即鎮海都校之次子也。元昆諱□，右軍兵馬使、銀青光禄大夫，不幸早世。府君嗣慶，稟性淳直，負氣倜儻，沉謀罕測，實自生知。軍事□□，□□神授，敦詩閱禮，射馬射人。時皆許之，每指謂曰：“養子當如姚氏。”其揚名如此。自唐乾寧之後，□□□隸和門，薦履戎資，益表奇節。洎吳宣帝開國之後，順義三年，丁先公之憂，扶護東歸。□□□□□革無避，苫塊難居。朝廷署右職寵之，欲漸其用也。時主上聿持衡柄，府君曲預指顧，或入參親旅，出莅劇邑。南豐遺愛，分寧布惠。遷任京畿□□□□□，平賦均田，利民資國。累授左右散騎常侍、工部尚書、右千牛衛中郎將，以賞勤焉。尋以□□□□□□鎮，實資列校，以贊戎機。大和五年，遷充壽州右黑雲指揮使。明年，兼右厢馬步都虞候，□□□□□□重，貞幹尤多，入則訓練師徒，出則戒嚴烽候。敵疆既肅，比户用安，丕績昇聞，朝獎爰及，□□□□□散押衙、左雄武軍先鋒指揮使、右千牛衛將軍，尋轉兵部尚書。軍旅之任，輯睦有方，士卒□□，寔謂百夫之特，當先二子之鳴。天祚三年，授尚書左僕射、右領軍衛將軍。主上□□□□□□之命，建都建業，改元昇元。以吳之宮闕爲東都，左右金吾使爲左右巡使。將俾警察□□□□□遂行，徽章兼降。遷左天威軍第七指揮使、兼東都左巡使、檢校司空。誘善如流，去惡若揮。□□□□□以清。二年，上以運復宗枝，禮成郊祀，中外品列，浹洽恩華，轉檢校司徒。三年，□□□□□□□。乃要衝之所，盛屯甲士。恩委良將，差充上淮巡檢都部署，克修邊備，遠振威聲。常思樊噲之□□，□□主之薄伐。既逾暮歲，爰值班旋。五年，歸於東都，戎職如故。府君常自言曰："我國家興復，□□□□。中原失主，尚染羊塵。百戰亡身，固甘馬革，余之勇概，不讓他人。"嗚呼！大器已彰，令圖方遠，而□□□，焉可力爭。如露朝晞，故爲能久。修纏美疹，莫驗良醫。玄報適誣，厭世何速。以昇元六年閏三月□□日，寢疾終於東都懷德坊之私第，享年五十。

娶河東衛氏，不幸早世。繼娶衛氏，又納太原王氏，皆□□□□□相從，偕老不期，鰲居永慟。令季四人：長曰駃，福昌殿使、檢校尚書右僕射、兼御史大夫。次曰□，□□□，檢校尚書右僕射、兼御史大夫。曰驥，殿前承旨院副使、檢校工部尚書、兼御史大夫。乙未歲暴□□。曰馴，爲壽王衙通引官。皆推揚國器，充被朝恩。棠棣之華，於茲爲盛。女兄一人，早歸於太原王氏。女一人，適隴西李公郎中。有子七人：長曰承禮，留守衙前虞候。次承智、承祚與承泰，早世。次曰承道、承□，或已居職序，或尚在童丱，義方成訓，善慶可知。有女三人：長歸於峴，次二人俱在弱齡，將及笄年。當□族有諸侄、諸孫，悉播令問。以松楸有地，旌旐告行。其年五月二十三日，葬於江都府江都縣興寧鄉贊善坊先塋，禮也。且大丈夫處世，患禄不及親，仕不及貴，才不遇時，惠不施下。今府君甘旨畢臻，色養□□，可謂禄及親矣。自偏裨之任，分旗鼓之權，可謂仕及貴矣！以通變之略，歷繁重之寄，可謂才遇時矣。□□□俗，善撫銳師，可謂惠施下矣。其所不足者，莫登上壽，未總百域。棄彩衣於高堂，掩泉臺於昭代，知者傷嗟久之。峴早熟世交，晚叨嘉選。辱嗣子見托，幸勒貞珉。銘曰：

嬀水之後，實爲華宗，綿靈□□，桑裕穹隆。古今相繼，圖史無窮。方知積善，代有英雄。府君生德，克襲門風。如飛電兮擊劍，象圓月兮彎弓。器度□□，□謀變通。繼臨大邑，異政唯公，歷奐列效，英威罕同。入分巡務，出遏邊封。東夏而盡欣去暴，北椽而使敢興戎。衣再，□弩推恭。理家盡孝，許國懷忠。方堅勁節，將圖大功。忽膏肓兮構疾，俄電露兮告終。□□□下，□□□□。嗚呼！□□□□，龜筮叶從。永存貞紀，如對音容。

□□□□,□□□□。

原載《羌族石刻文獻集成》

徐知證

南唐官員,徐溫第五子。在吳國歷任州刺史,至節度使。南唐建立,初封江王,改封韓王、魏王。昇元末,曾任寧國軍節度使、特進、檢校太尉、兼中書令、使持節宣州諸軍事、宣州刺史。

廬山太一真人廟記

道之爲用也,天得之以清,地得之以寧,萬物得之以生,侯王得之以爲天下正。豈唯鞭龍控鯉之游,出日入月之賞,飱霞飲露之妙,長生久視之術而已哉。故聖人知淳朴散而仁義立,智惠出而詐僞興。或托質塵寰,或易名巖谷。斡運元化,鼓扇真風。爲俗梯航,作世陰騭。商山四老,秦莫得而縈維。桂嶺八公,漢何由而屈折。餘芳遺烈,代不無之。廬山董真君廟者,即晉永嘉元年真君種杏之壇,上昇之地是也。真君諱奉,字君異,閩中侯官縣人。其仁也,誘道明而活士燮。其義也,納屈女而儷胡君。其功也,醫貧病而散穀帛。其德也,通元造而垂旱雨。則黃亮行狀,敷暢名實,備綷傳記,此故略焉。天寶元年制下,俾所管載加葺修,以時齋醮。及罹兵火,唯餘鎡基。自是之後,鄉黨取便,遷建於石塘橋。咸通九年,江東牧苗公紳自石塘橋移入山口,且星紀聯綿,殿廡殘毀,狸踪狐徑,殆不堪其憂,予撫江民之五稔也,爰考圖經,得杏壇舊址,靠蓮花峰,鎮咏真洞。榛蕪雖没,林泉可嘉。噫!歷異代而興良緣,損有餘而奉不足。得非徯予哉?於是以故隴西郡君李氏粧奩餘物,俾復靈踪。不日舊壇,盡從新製。造大殿三間,堂廡門屋共一十六間,并塑像銅鐘供養道具等。以昇元三年夏六月聞奏,敕改爲太一真人殿。莫不檐楹鑠日,金碧射人。駕瓦鐵鐵而欲飛,虹梁矯矯以疑動。雨餘秋檻,練拖九派以前驅。雲斂寒空,黛拂五峰而後殿。猿鶴率舞,林麓增輝。足可以伸精懇於希夷,拯香魂於冥寞。克昭靈貺,永奉殊休。予以再任宣城之二載也,是時昇元六祀,歲在壬寅秋七月有六日,應運匡國佐聖功臣寧國軍節度宣州營田觀察處置等使特進檢校太尉兼中書令使持節宣州諸軍事宣州刺史上柱國食邑一萬户韓王知證記。

原載《全唐文》卷870

賈　彬

南唐官員。昇元六年(942),官秘書省正字。

聖母廟記

有唐中興,文軌未一。天子宵旰,惠於烝人。疇兹賢才以理郡,詔瑯琊王公出宰畿甸。訓諭之日,具於綸言,是故圖書但載至止之日。夫溧水者,古之中山也。刊之在石,隸於宣城,瘠而名美。洎我皇出潛駐蹕,編王畿,土厚而俗富。水陸兼濟,鄉黨樂康。比屋可封,非賢不處。瑯琊公自達理隱,頤教化之源,上布皇風,下調民事。閭里相賀,誼讙若爭。公每鄙衆心尚崇淫祀,罔根本末,俱食甘腥。巫覡以之須求,遠近以之敬信。不有取捨,那分否臧。爰采地圖,稽求故事。乃得縣東南勝概,獨立不倚,高而不危,顯著靈踪,藏諸舊史。有若聖母,享於是山。公乃曰:“古之諸侯,今之令長。諸侯得祀境内,以祈有年。有若世運光啓,昭應協從,其名中山,其神后土。將設廟貌,胡爲不然?”不率民財,只憑衆力。紺殿連碧,虹橋跨清。歸百姓之真心,配神作主。俾中山之靈迹,與國咸休。其餘囂浮所完,土木之設,并從毁拆,無或興妖,有以見公之去邪蔑疑,爲政以德。愷悌君子,其在兹乎?惟神正直聰明,不可不報之以介福。蟲霜水旱,不可不助之以陰功。無或儼然,以傷輿論。彬偶熟前事,敢書直言。用紀歲時,以示今昔。昇元六年太歲壬寅仲冬十有九日記。

原載《全唐文》卷871

劉崇遠

南唐官員。任文林郎、大理司直，著有《金華子新編》三卷。

金華子新編序

金華子者，河南劉生。少慕赤松子兄弟能釋羈勒於放牧間，讀其書，想其人，恍若游於金華之境，因自號焉。生自童蒙歲，便解愛人博學。暨乎鬢髮焦禿，而無所成名。凡爲文章，略知宗旨。最嗜吟咏，而所得亦不出流輩。年逾壯室，方莅官於畿甸。繼宰二邑，共換二十餘寒暑。唯知趨趄畏慎，不能磊落經濟。罷秩歸京，得留綴班。家貧窶，在闕三四年，甚窘困，稍暇猶綴吟不困倦，縱情任興，一聯一句，亦時有合於清奇，顧於食玉燃桂，不無撓懷。纔緩紆須，則嘯傲自若。或遇盛友良會，聞人語話及興亡理亂，猶耳聰意悦，未嘗不周旋觀察，冀或湊會警戒。庶幾助於理道者，必慷慨反復，至於逾晷不息。時皇上憂勤大寶，宵衣旰食。致治之切，無愧前代。命有司張皇公道，掄擇材雋。科第取士，鬱然反古。時有以春闈策問舉子對義見示者，睹強國富民之論，今古得失之理，則愧惕雀息，往往汗流。何者？以坐遇明盛時，而抱名稱不聞於世，何疾復甚於斯矣。因念爲童時，侍立長者左右，或於冬宵漏永，秋階月瑩，尊年省睡，率皆話舊時經由，多至深夜不寐。始則承平事實矣，爰及亂離，於故基迹，或嘆或泣，凄咽僕隸。自念髫齔之後，甚能記聽。今唯稚齒變老，耄亡失憶，十可一二，猶存乎心耳。並成人宦游之後，其間耳目諳詳，公私變易，知聞傳載，可繫鉛槧者，漸恐年代浸遠，知者已疏。更慮積新沉故，遺絕堪惜。宜編序者，即隨而釋之云爾。

原載《金華子·序》，《唐五代筆記小說大觀》

烈祖高皇帝贊

我唐烈祖高皇帝，睿哲神明，順天膺運。相羿禍浹，有仍之慶始隆，哀莽毒飫，銅馬之尊是顯。堯儲復正，文廟重新。瀧沉海之斷綸，却成萬目，撥伏灰之餘簡，在序九流。宗周而一仁風，依漢而雜霸道。澆漓頓革，習尚無虚。遂使武必韜鈐，不空弓馬；文先政理，乃播風騷。由是勳伐子孫，知弓裘之可重；閭閻童稚，識《詩》《書》之有望。不有所廢，其何以興？是知楊氏飾弊於前，乃自弊也。烈祖聿興於後，固天興乎！始天祐間，江表多故，洎及寧貼，人尚苟安。稽古之談，幾乎絕侣；橫經之席，蔑爾無聞。及高皇初收金陵，首興遺教，懸金爲購墳典，職吏而寫史籍。聞有藏書者，雖寒賤必優詞以假之，或有贊獻者，雖淺近必豐厚以答之。時有以學王右軍書一軸來獻，因償十餘萬，繒帛副焉。由是六經臻備，諸史條集，古書名畫，輻凑絳帷。俊傑通儒，不遠千里而家至户到，咸慕置書。經籍道開，文武並駕。暨昇元受命，王業赫然，稱明文武，莫我跂及，豈不以經營之大其有素乎？

原載《金華子》卷上，《唐五代筆記小説大觀》

張　翊

南唐官員，京兆（今陝西西安）人。烈祖輔吴時，射策中第，授武騎尉。後在宋齊丘府中任從事。南唐建立，擢虔州觀察判官、西昌令。

潼關賦

維皇王之建國，分中外於上京。憑山河以作固，闢夷狄而騰聲。誠曰咽喉，吞八荒而則大。是稱嚴險，控萬國以來平。周有掌貨之節，禮無關門之征。巨防宵扃，倚洪波而作鎮。重扉擊柝，連太華而爲城。創中代之新號，變函谷之舊名。柱史老聃，擁仙雲而西邁。終軍童子，建使節而東行。文仲不仁，廢六關而興誚。王元有説，封一丸而永清。若用備不虞，取諸繋象。作邦畿之襟帶，杜奸宄之來往。長埔蠹兮雲屯，曾樓赫以霞敞。登臨者有知其地雄，逾越者無漏於天網。亦有孟嘗奔走，長宵未曙。何白馬之不談，學鷄鳴而乃去。逢尉臣之一失，或愚者之千慮。至如楚漢争雄，沛公先入。旗鼓照耀，兵戈翕習。南面則三傑齊驅，東井則五星俱集。實靈命之所應，亦人謀而是及。王道廓而已清，帝業巍乎乃立。窮四塞之艱阻，成百王之都邑。故知建功定霸，期乎此關。武侯矜於固險，婁敬説乎河山。視前烈之軌躅，覽陳迹而躋攀。既登高而能賦，希駟馬而言還。

原載《全唐文》卷 870

吕延禎

南唐昇元時人。

浚治練湖狀

當縣有練湖，源出潤州高麗長山，下注官河一百二十里。當縣丹徒金壇延陵，人户并同潤。臣讀石碑，得聞湖利。訪諸鄉老，咸曰疇昔以湖有爲，故立碑於縣門。其廢於今，將百年矣。當爲湖日，湖水放一寸，河水漲一尺。旱可引灌溉，澇不致奔衝，其膏田幾逾萬頃。昔環湖而居，衣食於魚者，凡數百家，有斗門肆所。洎前唐末，兵亂之後，民殘湖廢。安仁議取斗門餘木，以修戰備。自此近湖人户，耕湖爲田。後來弓量，賦稱租籍。農商失恃，漁樵失業。河渠失利，租庸失計。民思復湖以御災，奈何無所實立焉。苟欲訪其利病，則讀碑可知，觀湖可見。臣頻承條制，葺陂塘，切度其湖，爲利甚博。遂爲材役工，於古斗門基上，以土堰捄。及填補破缺處。初謗議震動，謂臣弗良圖。且廢湖豐已者不十餘家，有湖無災者四縣之地。臣明知利害，獨如弗聞。自今歲秋後不雨，河道乾枯，累放湖水灌注，使命商旅，舟船往來，免役牛牽。當縣及諸縣人户，請水救田，臣并掘破湖岸給水。如將久遠，須置斗門，方得通濟。其斗門木植，須用槐楠。乞給省場板木起建，狀下所司處分。

原載《吴中水利全書》卷 13，《文淵閣四庫全書》

練湖碑銘

不作利物不仁，不弱害物不義。不仁不義，不足爲人。先王投凶於四裔,盡力於溝洫,蓋亦除害興利,以厚生民也。延禎常思致力於人,致身於君。會國家乏使,命爲丹陽令,因舊碑預聞練湖之事。噫!世所嫉害大利小者,其以湖爲田之謂歟?使今之人,不獲其利,而罹其害,旱益枯槁,潦滋昏墊,徒永嘆其災,而莫測其亂也。田無十室之用,湖富四縣之利。智者有以從長,愚者不可慮始。利豈可廢?害豈可留?且湖之興廢,有似隨國之興廢。興於前唐之初,廢於前唐之末。今我唐開國,斯湖豈得廢也?具事以聞,克諧天心。大賚梓材,以充門鍵。傳命遐邇,罔有不悅。待事黔庶,率皆相慶。於是築塞環岸,疏鑿斗門。民若子來,役俟農隙。人不勞而物成,財不匱而用畢。大澤既陂,大水既瀦,物得其利,民除其災。波瀾瀰瀰,魚龍以依。菰蒲莓莓,邑人所資。步之終日,不得其極。望之若海,莫知其涯。雷雨時行,源流歸壑。稼人之功,不愆於穡。乃植柳以助其防,並工以培其闕。歲旱靡俟雩,河源不患竭。丹陽耆舊颺言曰:"昔之復,復其侵。今之復,復其廢。是韋公之平其初,而公以成其終也。事雖殊時,功其一揆。而今而後,民其有望,度幾免於患矣。"愚雖不敏,聊以爲銘:

海大兮波濤溺人,湖深兮潤澤生民。廢興我恐有數,利害孰云奪倫。風動菰蒲靡靡,浪搖黿魚鱗鱗。遠哉韋公兮予將復新,赫赫然帝命兮永敷萬春。

原載《全唐文》卷 871

張居咏

南唐大臣。仕吳,累官至門下侍郎。昇元元年(937),爲中書侍郎、同平章事。元宗立,罷爲鎮海軍節度使。

郊祀議

孔子云:"郊祀后稷以配天,宗祀文王於明堂以配上帝。"此萬世不易之法也。昔長孫無忌請祀高祖於圜丘以配昊天上帝,祀太宗於明堂以配上帝,義爲得之。今國家嗣興唐祚,追尊孝德,而以堯舜爲

肇祀之祖，宜以神堯配天於圜丘，孝德皇帝配上帝於明堂，禮也。其
服物制度，古有常儀，願罷一切僞飾。

原載《全唐文》卷 872

江文蔚

　　南唐官員（901—952），建安（今福建建甌）人。後唐長興三年
（932）舉進士，爲河南府館驛巡官。後南奔爲宣州觀察巡官。南唐建
立後，爲主客郎中，拜中書舍人，判太常卿事。任御史中丞時，上表彈
劾馮延巳、魏岑、陳覺、馮延魯等，被貶爲江州司士參軍，不久召回。
元宗保大十年（952）卒。

劾馮延巳魏岑疏

　　賞罰者，帝王所重。賞以進君子，不自私恩。罰以退小人，不自
私怒。陛下踐阼以來，所信重者，馮延巳、延魯、魏岑、陳覺四人，皆擢
自下僚，驟昇高位，未嘗進一賢臣，成國家之美。陰狡圖權，引用群
小。陛下初臨大政，常夢錫居封駁之職。正言讜論，首罷譴逐。棄忠
拒諫，此其始也。奸臣得計，欲擅威權。於是有保大二年正月八日
敕，公卿庶僚，不得進見。履霜堅冰，言者惴惴。再降御札，方釋群
疑。御史張緯論事，忤傷權要。其貶官敕曰：“罔思職分，傍有奏論。”
御史奏彈，尚爲越職，況非御史，孰敢正言。嚴續國之戚里，備位大
臣，不附奸險，尚遭排斥。張義方上疏，僅免嚴刑。自是守正者得罪，
朋邪者信用。上之視聽，惟在數人。雖日接群臣，終成孤立。陛下深
思遠慮，始信終疑。復常夢錫宥密，擢蕭儼侍從，授張緯赤令，群小疑
懼，與酷吏司馬正彝同惡相濟，迫脅忠臣。高越之於盧氏，義兼親故，
受其寄托，痛其侵陵。訴於君父，乃敢蔽陛下聰明，枉法竄逐。群凶
勢力，可以回天。在外者握兵，居中者當國。師克在和，而三凶邀利，
迭爲前却。天生五材，國之利器。一旦爲小人忿爭妄動之具，使精銳
者奔北，饋運者死亡。穀帛戈甲，委而資寇。取弱鄰邦，貽譏海内。
同列之中，有敢議論，則馮魏毀之於中，正彝持之於外，構成罪狀，死

而後已。今陳覺、延魯，雖已伏辜，而魏岑猶在。本根未殄，枝幹復生。馮延巳善柔其色，才業無聞。憑恃舊恩，遂階任用。蔽惑天聰，斂怨歸上。高審知累朝宿將，墳土未乾，逐其子孫，奪其居第。使輿臺竊議，將帥狐疑。

陛下方以孝理天下，而延巳母封縣太君，妻爲國夫人，與弟異居，捨棄其母，作爲威福，專任愛憎。咫尺天威，敢行欺罔。以至綱紀大壞，刑賞失中。風雨由是不時，陰陽以之失序。傷風敗俗，蠹政害人。蝕日月之明，累乾坤之德。天生魏岑，道合延巳。蛇豕成性，專利無厭。遁逃歸國，鼠奸狐媚。讒疾君子，交結小人。善事延巳，遂當樞要。面欺人主，孩視親王。侍燕誼譁，遠近驚駭。進俳優以取容，作淫巧以求寵。視國用如私財，奪君恩爲己惠。上下相蒙，道路以目。征討之柄，在岑折簡。帑藏取與，繫岑一言。先帝卑宮勤儉，陛下守之勿失。而岑營建大第，廣役丁夫。孽子之居，過於内殿。亭觀之侈，逾於上林。前年建州勞還，文徽入覲。西苑會燕，捨爵策勛。岑披猖無禮，狂悖妄言。與延巳用意多私，行恩不當。俾軍士懷恨怒之志，受賞無感勵之心。將校爭功，誼動京邑。奸謀詭計，誑惑國朝。致漳州屠害使者，福州違拒朝命。百姓肝腦塗地，國家帑藏空虛。福州之役，岑爲東面應援使，而自焚營壁，縱兵入城，使窮寇堅心，大軍失勢。軍法："逗遛畏懦者斬。"《律》云："主將守城，爲賊所攻，不固守而棄去，及守備不設，爲賊掩覆者皆斬。"昨敕赦諸將，蓋以軍威政令，各非己出。岑與覺延魯，更相違戾，互肆威權，號令并行，理在無赦。烈祖孝高皇帝櫛風沐雨，勤勞二紀，成此慶基，付之陛下。比諸鄰邦，我爲強國。奈賞罰大柄，肆奸宄之謀。軍國資儲，爲凶狡所散。昨天兵敗衄，統内震驚。將雪宗廟之羞，宜醢奸臣之肉。已誅二罪，未塞群情。盡去四凶，方祛衆怒。今民多饑饉，政未和平。東有伺隙之鄰，北有霸強之國。市里訛言，遑遑危懼。陛下宜軫慮殷憂，誅鉏虺蜮。延巳不忠不孝，在法難原。魏岑同罪異誅，觀聽疑惑。請行典法，以謝四方。

原載陸游《南唐書》卷10，《五代史書彙編》

二丹入貢圖贊并序

皇帝建西都之歲,神功邁於三古,皇風格於四裔,華夷咸若,駿奔結軌。粵六月,契丹使摩哩尼嚕,東丹使兵器寺少令高徒焕,奉書致貢,咸集都邑。公卿庶尹,拜手稽首稱賀,以爲文德所服,受命之符也。若洒鴻荒以降,驟步相伴,耀武以信威,有所不及,任算以御物,有所不從。《詩》頌太原之師,則用伐矣;漢開朔方之地,則崇力矣。若我宣猷大麓,儷德無私,刑於朝廷,以及於荒服,旃裘左衽,捧日分光,殊方異産,充庭納賮。曰:"垂衣裳而天下治。"斯之謂矣。有司紀美烈於續事。《傳》曰:"主上明聖而德不聞,有司之過也。"臣職在翰墨,親睹隆平,敢獻贊曰:

赫矣聖武,纂堯之緒。要荒之長,駿奔臣附。伏波之柱,單于之台。遺鏃徒費,獻琛靡來。我後穆穆,我網恢恢。重譯日貢,皇哉唐哉。

原載陸游《南唐書》卷18,《五代史書彙編》

劉仁贍

南唐大將(900—957),字守惠,彭城(今江蘇徐州)人。在南唐歷任右監門衛將軍,黃、袁二州刺史。元宗時爲清淮軍節度使,鎮守壽州。後周世宗御駕親征,圍攻壽州,歷久而不能下。在南唐大軍潰敗、外援斷絕的情況下,仍堅守不降。顯德四年(957)三月,其病危,部下僞稱其命,開城投降,周世宗對其封賞甚厚,當日卒。

袁州廳壁記

南唐保大二年春二月,廉使彭城公新建大廳者,所以延賓旅,服不庭也。載筆之士,得以總叙興復叛亂。

始龍蛇之起陸,旋戎馬以爲墟。萬井之桑田垂變,由是群雄角立,諸化風行。而列郡之俗,猶尚草創。爰屬大統,土德中興。漢戀劉宗,寶祚重尊於光武。夏思禹力,鴻圖復霸於少康。我烈祖光文肅武孝高皇帝反正宗祧,光宅寰宇,雲龍自契,風虎相符。乃命我公解印黃岡，擁旌袁水。公半千應運，七葉襲勛。鄭武公則父子匡周，乃賦緇衣之什。賈太守則兄弟理洛，爰刊棠棣之詩。方枝幹以猶疏疏，比源流而未濬。夏日冬日，莫之與並。一酪一酥，俱弗如也。初客省司徒清河公監臨是郡，乃究尋往制，奏復舊基。召良工而方切運斤，奉急徵而遽迴丹闕。公纔臨理所，歷覽區中。公署則頗極欹衺，巷陌而仍多燥濕。翼日，與通判員外中山郎公議葺斯事，且曰："馬文淵所過，都城皆理。叔孫婼所館，一日必葺。豈位居牧守，運叶昌期，而不崇廨署者乎？"刧又輿情攸願，帝命曰俞，乃斸峇廪以市梗楠，創陶冶以備瓴甓。物無苛費，人不告勞。日居月諸，厥功克就。所建立郡齋使宅，堂宇軒廊，東序西廳州司使院，備武廳球場、上供庫、甲仗庫，鼓角樓、宜春館，衙堂職掌，三院諸司，總六百餘間。仍添築羅城，開闢濠塹。所役將士，皆均其勞逸，賑其饑寒。氣等指梅，言如挾纊。同孫仲謀之砌壘，咸矜鐵甕之堅。異皇國父之築臺，取謗澤門之晢。終乃圖施丹雘，表進斯庭。飛章陳戮力之功，丹鳳降紫泥之詔。褒崇迴異，賞賜有差。先是茲郡鬻竹木柴炭者，有耏門之稅。公乃復南頓之免，於是豐財足用。士庶易其居第，二載之內，閭閻櫛比。逮於三載，周而貌輯焉。公儉於身而富於人，孝理家而忠奉國。心惟惻隱。德契清寧。故千里之稼穡登豐，四序之雨風調順。昔漢宣帝有言曰："與我共理者，其惟良二千石乎？"即我唐得斯人也。暨先皇晏駕，聖上御圖，慶賜遂行，無有不當。敕昇袁州都團練觀察處置等使，賜明威將軍，食邑三百戶，褒政績也。邸之大廳，舊有壁記，以紀方伯除任授代。自干戈俶擾，歲月微失其本末，唯存姓氏。乃命筆吏，叙而補焉。故使刊勒，復紀於壁。其年五月一日記。

原載《江西通志》卷122，《文淵閣四庫全書》

章　震

南唐官員。保大中，爲廬州節度使府僚佐。

後唐重建巢湖太姥廟記

伏聞巢居飲血之時，克全朴素。泊鑽火變生之後，漸入澆漓。既失淳元，即分善惡。邇後生於聖哲，制彼禮儀，方設壇場，始嚴祭祀。其或旋聞神聖，亟顯靈通。陰功若被於黎元，青骨永昇於廟食。代將襲矣，世豈無焉？

巢湖太姥者，姓寧氏，則古巢州人也。當漢末魏初之日，值吳強蜀霸之年。國既鼎分，雄爭虎踞。鳧毛墜地，鯨寇滔天。江淮競起於干戈，京洛爭持於劍戟。且桑田變海，今古共論。土地更時，神祇自顯。唯太姥心將陰契，道與冥符。遇聖者於華門，泄神機於語次。其後果見龍王作怒，鬼將興嗔。使彼巢城，陷爲湖水。樓閣皆沉於浩浪，黎民悉没於洪波。而太姥先知，獨登高巘。生則免兹漂溺，殁乃主此波濤。陰功大及於行人，靈驗尋興於廟宇。塑神姿於寶座，列陪位於香壇。丹臉桃紅，雙眉柳綠。掌神兵於水府，呼風伯於山頭。送黎民未濟之舟，救商賈欲亡之難。南北之征帆蔽日，東西之白浪連。雲求之則必遂諸心，禱之則皆從人欲。無偏無黨，有托有依。案前之酒脯無窮，筵上之犧牲不絶。人皆蒙祐，物盡銜恩。雖聖德遐彰，而殿堂且隘。

我府主汝南公，雄傑卓爾，英姿凛然。笑馬援眉龐，徒有當年之譽。鄙姜維膽大，空傳昔日之名。弓開而雁落雲頭，劍拔而蛟亡水底。植亞夫柳，展韓信營。屯赳赳之師，統多多之旅。上可以克清寰宇，下可以壓定封疆。鎮國西門，爲王右臂。且三年布政，千裏行春。蹇賈氏之帷，歌兼公之袴。人唯安堵，物荷昭蘇。公以久别龍庭，欲朝鳳闕。先祈廟貌，次整行舟。櫓聲而十里交連，帆影而幾重相亞。太姥乃大垂靈貺，廣借神功。好風輕吹於雲檣，微浪不生於水面。往來利涉，上下無虞。既感威光，得無酬報。我公乃命其郢匠，召被般輸，相以殿堂，度之材木。造正殿一間兩徘徊，兩面行廊九間，中門一間，并兩挾廊。橫屋四間一徘徊，南臺將軍殿一間兩徘徊，官廳兩間一徘徊。厨兩間，東門一間，利市婆堂一間。周回共二十四間六徘徊，竹木磚瓦并彩畫隊仗等。計用緡錢十萬，工夫五千。不日而成，狀如化出。莫不梁橫蟀蜋，瓦疊鴛鴦。丹楹將畫栱爭妍，刻桷與雕檐鬥耀。時或風清月夜，霧散晴天，疏窗含細浪之聲，曲檻寫餘霞之色。

其次壁描鬼將，廊畫神兵。牙樹霜刀，眉分鐵刺。怒發則山傾海涌，喜來則浪靜風調。壯觀靈祠，匡扶征客。必罄叙兹嚴盛，何由盡此亮端。震也學乏偷燈，才非煮豆。謬提刀筆，忝佐賢侯。在承命以難辭，謹斐然而直迷。時後唐保大二年龍集甲辰八月十日記。

原載《全唐文》卷 871

沈　彬

南唐官員，洪州高安（今江西高安）人。烈祖輔吳時，授秘書郎。元宗時，以吏部郎中致仕。

方等寺經藏記

古者伏羲氏之王天下也，始畫八卦，造書契，由是文籍生焉。而以三墳五典載其前，以鳥官雲紀紀其後。則周文王於羑里而演《易》孔宣父於東魯以刪《詩》以明古今國家之所爲，顯君臣父子之所作。由是吾道逐世而盛，斯文得口而行。則四夷慕中夏禮教而來，聖典緣中土敬信而到。始則周昭王知佛生於中國，後則漢明帝夢佛見於寢時。由緒於今，史册斯在。具司馬遷録古老之語入於正史，郭景純采謡俗之志而以爲書。尚勤萬代博古之賢，討尋懿行。忙六合□□□餘之學，探賾異聞。而又周柱史以道德爲經，本無爲而自化，以清净而自正。體虛無而通元言，杳冥中而有精，以無欲而觀妙。上助皇王之大化，次歸純樸於輿人。其中華之教，有斯史籍，備之載矣。

而後以西方釋氏之教，爰到同化人。僅二千餘年，以諸佛之大説因緣，救衆生之漸深苦惱。以方便之言譬喻，以化度之力慈悲。若非調御丈夫，出廣長舌相，或在給孤園内，或於耆闍崛山，集大衆則此界他地俱來，説大乘則小法邪見頓悟。名爲法寶，志於佛言。以五百四函總三乘十二分教，兼此經文贊誦，付諸國王大臣。約僧以齋戒精勤，化俗無驕奢放逸。復以先朝白馬，嘗負真詮。梵本既來，翻譯相繼。求諸聞見，異代同歸。有土皆行，無君不敬。於以傳真偈於神州海島，啓金文於朝磬暮香。萬方生死之徒，動念者報應堪驗。六道輪迴之類，歸心者超拔無疑。感空王之化誘多門，使群生之歸向有路。遂大和五年六月，則有管內都監長講律大德宏機、尊宿律大德延壽與都勸首韋廣安羅環等，共爲議焉。乃曰："塵世大空，浮生一夢。"論古人則傷心墳冢，看浮俗則彈指風燈。以爲言有四夷，難生中國。上以天人福盡，暫來作富貴英豪。奚知凡世罪多，又去入畜生餓鬼。驗諸佛而既無誑語，修諸善而忍不同心。乃召居縣邑之信仁，住寺院之上德。散請化緣之士，遐招書寫之人。一境共緣，十年告畢。喜經論入衆函而俱滿，念工匠裝寶藏以共成。以金仙居於中心，以風鐸鳴諸四角。言勝絕則如地涌出，觀元妙則自天降來。若使共爲護持，則牢度大神現寶珠於頭上。更以同爲贊嘆，則信相菩薩鳴金鼓於夢中。功德此圓，僧俗相賀。莫不松門白晝，竹牖。良宵。梵音引讀於金文，燈焰延開於寶帙。遂使開禪毳客，入探貝葉之元。停口輪師，來味蓮花之妙。是以一句一偈，聞之者涕淚堪垂。若女若男，信受者歡喜皆大。狀渴鹿而口臨福海，如窮子而手入寶山。使剛強者不煩王法而和柔，令罪業者不經地獄而解脫。

噫！人生須臾歲月，倏忽死生。既貪身衒聰明，共好心先警悟。慳貪作而貧窮是報，人我起而嗔恚復生。手來而空手俱來，身去而空身共去。是人眼見，舉世心迷。預修此日橋梁，何止一生福利。睹斯勝作，善莫大焉。彬八十餘生，三教在念。今幸睹■家再造，禮教重新。先唐允聖於江南，上帝儲休於域內。崇君臣忠敬之道，修寢廟配享之嚴。睹虛空之吉祥雲，報清泰之再中瑞。以遠到者，人自蠻船虜帳。以求貨者，物乃蚌寶蛟綃。化被八方，慶流萬福。寰區有是，士庶幸焉。時乃秋掃陣雲，波澄鯨海。蓮清淨而朝涵玉露，松偃寒而夜喝金風。雁有翼以辭寒，僧無心而入妙。幸於是日，聊以述焉。時唐保大二年八月十五日記。

原載《全唐文》卷 872

釋白西

南唐江陰縣重光院僧人。

重光院鐘銘

大唐都省江陰縣重光院，保大三年歲次乙巳六月十八日銘云：

物匡大信，世指何立。九乳樓鏗，三乘雲集。妙利斯啓，餘功罔及。光澤有唐，良緣永襲。

原載《全唐文》卷921

鄭承遠

南唐時人，撰此志署鄉貢進士。

唐故太原郡王氏夫人墓銘

鄉貢進士鄭承遠述

夫人太原名族也，徐郡即家也。簪纓疊茂，鐘鼎相傳。大則公侯，匡扶聖祚；小則□鳳，羽翼昌期。慶集後昆，光殷百世。父諱卿，泰寧軍節度押衙、檢校工部尚書。勛勞□振，遐邇具瞻。母天水郡趙氏，令淑有聞，坤儀益秀。夫人生符異彩，賢特麾群。詩閱采蘩，好求君子。洎乾寧初年，出適爲故隴西太保之室也。公以兵權在手，英略挺時。岸上風開，寰中譽布。而復知進退存亡，孤虛向背。舉則不失於威勢者，其爲聖人歟？器利刺鍾，勇加破竹，官之帝保，步陟烟霄。實謂功成，俄從朝露而矣。夫人德叶鬽嫠，情同煦日。恩均娣姒，令肅閨門。事舅姑而彌專，諒夙夜而匪暇。著兹懿範，廣示人倫。庶幾爲母之流，悉做於此也。以保大三年十二月十八日，微疾終於廣化鎮寢舍，享年六十六。

有男延禧，充廣化鎮遏使、沿江裏運水軍指揮使，鈐轄諸務事。氣宇深沉，精神磊落。學通稽古，術妙鈐經。蘊文武之全才，占忠孝之雙美。弓裘不墜，位望逾新。笑畢萬之無兒，同臧孫之有後。娶前昫山縣令彭城劉氏女。邕和貞雅，禮則優閑。孫男廷規，右軍衙前總管。賢哉回也，不幸早亡。婚海郡右威勝指揮使陳氏女。有重孫男壇護，女壇女。次孫男廷戩，未仕。女孫十一娘，適泰郡永寧宅鋒□使馬氏男，殿前承旨。女孫十四娘，適東都都羅城使張氏男。女孫十七娘,在□。女十三娘,適龍威指揮教練使夏氏男,留守衙通引官。莫不風雲際會,桃李成□。盛過王謝之家,貴下金張之價。魚水交處,蘭麝相蒸。根深源長,信之有也。餘諸骨肉,並在先太保琬琰鐫銘。夫人以保大四年正月十四日,葬於永貞縣廣化後□鄉附葬塋所莊上,禮也。夫人幼承嚴訓,箴誡昭彰。爲女孝也如是,爲婦順也如是,爲母慈也如是。舉三者百行可知也。於戲!封樹既臻,銘誄得無設乎?由是奉采□示家狀,以予爲志。才非吐鳳,事昧生知。承命抽毫,直紀年月。銘云:

太原名族,徐邦上賢。冠劍馳譽,問望克宣。祖考赫弈,竹帛相傳。而今宇内,孰更爲先。聿生貞質,洞顯門風。蘭芬秋圃,花灼春蕖。箴誡爲佩,德行攸隆。内無險詖,關雎可同。年將有字,素範彌彰。潔齊寒玉,操敵修篁。規循寅暮,服勤蒸嘗。猗歟彤史,自此重光。詩稱伉儷,易量剛柔。位辟仙島,貴匹公侯。鳳食竹實,云從龍游。經綸天地,偕老爲儔。恩流娣姒,訓及子孫。忠惟事主,孝乃敬尊。謙和知己,節慎語言。書諸紳帶,永示後昆。魚軒休視,大夜雲歸。嘉城吐露,荆玉藏輝。悲風切切,壟樹依依。□鏤貞石,式播芳規。

前寧國節度討擊副使歐陽暉書。

原載《全唐文補遺》第四輯

鄭元素

南唐時人,華原(今陝西銅川)人。保大四年(946),任宣德郎、前守尚書膳部員外郎。

開元寺南唐保大四年佛頂尊勝陀羅尼經幢

尊勝陀羅尼經□□宣德郎前守尚書膳部員外郎柱國賜緋魚袋鄭元素書

都料將唐琛元、從十將林仁濬等鐫

(經文略)

管内僧正、臨壇匡教大師、賜紫守涓，管内都監、長講經論大德、賜紫道昭，監寺、講經論大德、賜紫惟嶽，寺主大德僧惟守，都維那大德僧從善，上座傳經持念□□□。通直郎、檢校尚書比部員外郎、柱國、賜紫金魚袋王傳嗣，舍見錢三拾阡文；州司馬、專客務、兼御史大夫陳光嗣，州長史、專客務、兼御史大夫溫仁儼，糧料將御史□□，軍事左押衙、充海路都指揮使、兼御史大夫陳匡俊，已上各舍伍拾阡文；轉運將許延祐、元從押衙楊匡軫、右衙大將王幡、軍將唐弘益、嚴迅，已上各舍銅錢壹阡文□□□；権利院使劉拯，舍伍阡文；管内威儀臨壇大德神毅、講贊法慧大德賜紫文展、粥院□□大德惠斌，各舍壹阡文；勾當取幢傳經大德神悟，舍銅錢柒阡文。

持念大德□□徙移五載，竟未成功，及太尉琅琊公……訪蕭寺遺闕之端，謂前政之何爲，構斯幢而不就，於是遣舟航遠，迢置琬琰。俄瑧選敏手以雕鐫，擇良辰而建置，斯則收其遺而補其闕，無量勝□。三十世宗祧，俾率土以共瞻，與斯幢而永固。將紀其事，爰命直書。

唐保大四年三月二十八日建，歲次丙午。

勾當元從押衙、兼御史大夫李仁檢，功德主英謀葉義定難功臣、光禄大夫、檢校太尉、持節泉州諸軍事、守泉州刺史、御史大夫、上柱國、琅琊郡開國侯食邑一千户王繼勛。

原載《泉州宗教石刻》

梁　震

荆南高氏幕府賓客，邛州依政（今四川邛崍南）人。唐末登進士第。梁開平初歸蜀，道經江陵，節度使高季興留之。與司空薰、王保義同爲賓客，震獨不受辟署，自號荆臺隱士。其爲南唐劉迪撰行狀，不知出於何故。

唐尚書迪公（劉迪）行狀

尚書左僕射、銀青光禄大夫、兼宣提左相劉公，諱迪，字元吉，行第十九，諡恭敏。唐揚州刺史德成公九世孫，山南東道巨容公季子也,母程氏。曾祖近仁,官豐城尉,祖隆道,官太原參軍。孟兄汾,接武父功,官兵部尚書、左僕射,贈彭城郡開國公;仲兄迥,擢進士,爲荊南從事,遷秘書丞。公自幼穎敏魁偉,嘗從游河東柳侍御清直公之門,博學力行,邃於經史。及長,才識過人,嘗以忠孝自薦。光啓二年,登進士第。值巢兵亂,父兄遭中官小馬坊使田令孜、西川節度使陳敬瑄二奸之扼,公遂退隱徐州城北泗亭之南者二十餘年。時兄官鎮南軍節度使,公往信省兄,道經池陽,適遇舊知洪州進士宋齊丘,留宿與語,諷使違仕曰:"方今天下亂離相繼,北司專權,藩鎮逆命,天紀將傾,公累世相唐,奈何不恤國難。"公以田、陳二奸誤陷事告之,然愍時憂國意甚懇切,因謂:"方今天下之弊,患在諸州長史多用武人,不諳文治。爲君者誠能修身以端天下之本,節用以舒天下之財,招賢納諫,去讒遠佞,然後士民歸心,宿將悅服,而天下自安矣。"齊丘曰:"善。"公往信返沛。壬申歲唐天祐九年七月,齊丘以公之策往昇州説見徐知誥,知誥善其策,留幕府爲推官,加督參軍。庚辰十二月,公又往荊南省仲兄迥。荊南節度使高季昌因擢公秘書丞,辭不受。丁酉歲,知誥復姓李,改名昇,即位金陵,建國號唐,改元昇元,以宋齊丘爲相。爲書召公者三,弗得已而往。初授鄱陽宰,務農講武,信賞必罰,公謹廉明,吏民不敢犯。有土民陳姓者,遭巢兵亂,田廬廢失,爲富民張姓所侵,經年構訟莫決。公命部屬按其實,遂退其業,人謂神明。是後,刑清訟簡,黎庶樂業。昇元庚子,公上疏言:"江淮之民自巢兵後十餘年來,民罹疾厄死者萬計,田廬荒廢,税重役繁,民不聊生。請寬税以蘇民困等情。"疏上,竟爲侍郎陳覺沮之。秋七月,烈祖親覽中書故事,見公奏疏,嘆曰:"奇才!奇才!"遂大赦境内,因命公兼管饒州軍民使。自是,饒州長史始有定規。十二月,烈祖遣使按行郡縣,遂命公總督江淮,清理民田,以肥瘠定賦税,裁制均平,江淮之民德之。時方征伐急軍餉,公諭民輸納而用不乏。昇元辛丑三月,閩主王延政遣將潘承祐等寇饒、信,公諭父老率城中子弟固守數日,援兵繼至,共擊走之。諸將以鄉民多從賊,欲屠之,公曰:"民多爲所脅從耳,奈何殺之!"百姓賴以全活者甚衆。事聞,朝廷遣使慰勞。壬寅八月,烈祖自即位之初,興利除害,變更舊法,命法官爲《昇元條例》三十卷行之。悉以公裁制，甚惬興情。又請建南康白鹿書院，置田供給，招延四方文士，以李善道爲教授。冬十月，遷公御史大夫，加吏部侍郎，又爲太僕少卿。陳覺、郎中馮延巳沮之，遂以公兼知宣城王府事掌書記。昇元癸卯正月，遷公尚書左僕射、銀青光禄大夫、兼宣提左相事。二月，烈祖殂，元宗嗣位。眈於權勢，公屢稱疾上疏求退。上賜幣帛甚厚，加朝議大夫致政，御賜錦斕敕書，歸於饒州屬部鄱東曰清溪里和風鄉而居焉。公雖退居山林，慕君懷國之心未嘗忘也。晚年殷富好施，饒城薦福寺、寶應寺皆賴公造就，事具二寺碑記。先娶東湖容官（管）經略使戴叔倫公之女，繼娶潞州判徐戀公女。戴夫人生五子：漢亦、漢交、漢燮、漢方、漢言。公生懿宗咸通壬辰二月初十辰時，卒南唐保大丁未十一月甲子，壽七十六，葬里之南岸太陽山茅塢寺傍之首。兹其嗣子備録公行實，遠來荆南請予爲狀。予以歸休久謝筆硯，然其仲父秘書與予同僚好，義不容辭，遂次第其實，以垂不朽焉。

南唐保大五年丁未十二月之吉，唐進士荆臺梁震拜撰。

原載劉秉楨等《起霞劉氏宗譜》卷首

周惟簡

南唐官員，饒州鄱陽（今江西鄱陽東北）人。後主時爲國子博士、集賢侍講。入宋後任國子周易博士、判監事、虞部郎中。宋太宗時，爲太常博士，遷水部員外郎。

重刊壽州金剛經碑

夫《金剛經》者，乃衆經之源，諸法之本。爲苦空之風骨，爲寂滅之綱□者矣。蓋如來示密，獨在斯文□□□。以歸諸無，見諸無而捐一有。在傳講之遺法者，類圖相以現容也。月在秋潭，智者觀之，不足以爲有。應發空谷，聖者聞之，不得以爲無。實堅高前後之所元，乃指視隨迎之不及。有道禺上人者□□，神秀，語淡行孤。夙持慧劍之鋒，已斷煩惱之縛。早携瓶錫，久涉雲泉。南□□水之鄉，北歷淮湄之道。次於寓泊，受□斯經。□歷耳中，尋了心下。更於研究，轉得元微。可謂繫寂寞之得聲,視恍惚之見物。因昇應而釋松帚,遂啓卷以化聽徒。莫不緇侶雲臻,白衣霧集。如是者周游五六郡,首尾八九年,欸舉□□□□倚錫於桂嶺,遂於此寺,序以安焉。時遇彭城太傅鎮於是府,府主太傅修韓白之謀以衛其國,習周孔之教以飾其躬,游釋老之門以理其性。所以化被四人之内,咸興十著之心。於是上人開講是經日,不唯僧衆,而與俗流,靡不仰上人□真風,俟上人之指授。勤拳□□□□雁序而列之,敬奉側聽者若□而疊之。是以日往月來,週而復始。上人忽一日講餘,謂聽從曰:“道□雖□剖幽微引喻□□尚慮後來者不共與於斯説焉,欲刊□□刻諸兹典,爲不朽之事,化未聞之人,不知以爲可乎?”而且一問未畢,衆諾俱旋。施者求先,咸稱甚善,乃化錢以構此碑者也。遂具狀疏申,達於府主太傅。既覽所陳,亦加欣譽。因役斧□□良匠費楩楠之異材,預建高亭,爲之衛庇。惟簡明請直紀,諸不繁書。

鄉貢進士周惟簡述,壽州營田副使通判軍府公事、金紫光禄大夫、檢校司徒、兼御史大夫、上柱國張訥,右軍散兵馬使、充清淮軍都勾當、銀青光禄大夫、檢校刑部尚書、行壽州都督府長史、兼御史大夫、上柱國章逵鎬,右軍散兵馬使、前軍壽州勾官、銀青光禄大夫、檢校散騎常侍、行引駕兼御史大夫、上柱國、瞿延祚,同申助緣,兼施金貳拾萬。雕割《金剛經》《大雲義疏》一部□卷,印施《金剛般若波羅蜜經》;勾當化緣,建造蜀水長講《金剛經》《百法論》。大德道顯并篆額。

右軍衙前押衙、充清淮軍右都押衙、馬步諸指揮都虞候、右長劍指揮使、羅城使左廂馬步都虞候、金紫光禄大夫、檢校太保、御史、上柱國張德興,右軍散押衙、充衙内步軍諸指揮都軍頭、虞候、兼左隨身指揮使、子城中伏鈐鐲使、金紫光禄大夫、檢校司空、兼御史大夫、上柱國董瑗,衙内親從指揮使劉庭欽,右軍散兵馬使、充衙内右隨身指揮副使甲報,指揮公事、銀主光禄大夫、檢校户部尚書、兼御史大夫、上柱國陳進崇,右軍衙前虞候、充清淮軍衙内隨身馬軍指揮副指揮□、□都指揮公事、銀主光禄大夫、檢校國子祭酒、兼御史大夫、上柱國張韶,清淮軍節度押衙、充寧設使、知都酒坊、兼倉專知官王審能,右軍衙前十將、充三院、銀主光禄大夫、檢校國子祭酒、兼監、上柱國張王審，傔■清淮軍節度衙前總管、充通引官王承祚，右軍討擊副使、充清淮軍通引官張著夑，左軍散十將、充清淮軍客將、銀主光禄大夫、檢校國子祭酒、兼殿中侍御史、上柱國張延縝，右軍散兵馬使、充衙内右隨身揮都軍頭、虞候、右廂虞候、銀主光禄大夫、檢校工部尚書、兼御史大夫、上柱國郭令威；當寺監寺表贊大德侶卿，當寺■講律大德■，當寺在城表贊講論大□□安，當寺文學講經在城表贊大德惠澄，上座長講《上生經》《百法論》僧智新，寺主講《金剛經》僧守顒，都維郍僧守忠，典座僧歸仁，直戒僧。維大唐保大五年歲次丁未十二月辛巳朔廿八日戊申建立。清淮軍左押衙程匡譽、楊宏道鎸，住湘山僧守詵，謹募衆緣重刊，監寺僧法崇。

原載《八瓊室金石補正》卷 81

楞嚴經序

《首楞嚴經》者，自爲菩薩密因，始破阿難之迷，終證菩提之悟。然則阿難古佛也，豈有迷哉！迷者，悟之對也，迷苟不立，悟亦何取。是故因迷以設問，憑悟而明解。皇上聰明文思，探賾索隱，霧散日朗，塵開鏡明，以爲大賚四方，未爲盛德，普濟一世，始曰至仁，或啓佛乘，必歸法要。

原載馬令《南唐書》卷 26，《五代史書彙編》

葉　雲

南唐官員。撰此志時署前攝撫州臨川縣主簿、試太常寺奉禮郎。

大唐故范司空(韜) 墓志銘并序

前攝撫州臨川縣主簿試太常寺奉禮郎葉雲撰

范府君者，建州蒲城縣人也。越丞相范蠡十六代之徐也。祖諱容，迥世英奇，宿習文武，名高德重，舉世咸聞，簪紱垂芳，才能眩古。若麒麟表瑞，比鴛鸞呈祥。遷授□州衙推。祖母徐氏，冠國名家，膚

時令族。傳芳女史，彤管標名。慶襲閨庭，光垂戚里。父諱漢，克之
功，人間罕媲；桓桓之勇，世上難儔。受京告充建州浦城四界指揮使、
臨江鎮使。母乃令淑賢門，緦裾達士，代承勛陰，葉紹弓裘，彭城劉氏
之愛女也。司空閩主荐祚，守歷資階，充浦城左先鋒將。忽遇時妖吳
播叛迹，爲望天負地之輩，作蜂屯蟻聚之徒。而司空測彼狼心，聊同
蠆尾。據臨符竹巖寨，自言恃險憑危。靡□存亡，□依天塹。司空饟
犒師旅，奔赴收擒。似火燎絲，如湯潑雪。吳播潰散，閩主賞功。相
次轉遷上左廂虞候。止庚子年，越兵十萬侵克建州，并重圍浦城西
巖，在巖南門四月餘日。司空行披將律，坐閱兵書，料敵摧凶，詎移分
寸。驅昆陽之戰象，突騎交鋒；同常山之陣地，杜聞奔穴。越兵大敗，
擒戮甚多。殷主賞功，□充保騰西巖指揮使。止壬寅年中，高皇詔
諭，割職信州，充左先鋒實職指揮使。止癸卯年，遷往江州，充左神威
軍第三指揮使。止甲辰年，克復建州，差權征行。謹於建陽戰敵殷
軍，肯饒王潛，下視唐彬。豈在□沙，無慚減竈。動如天助，戰似神
□。潛謂時來，人吉命達。殷軍敗散，境土謐寧。却自部領饒師收破
西巖洞寨。又下建州，於水陸兩路戰退殷軍，漸逼州城，下寨圍繞，却
赴劍州收破城壁。便上建州，共奪水南大寨。數破殷軍，又攻建州城
壘。剿彼凶醜，殄滅妖訛。粗立軍功，彌增課績。聖君激勵，賞典頻
行。稍異常流，安同諸將。輸忠竭節，心原瑩凈於朝霞；罄展劬勞，勁
節堪偕於雪竹。尋歸京闕，濬受皇恩。賞賚尤多，旌獎非少。□遷殿
直指揮使。止丙午年，大發兵師，克復福府。奉敕遷出充浦城靜邊保
勝弓弩等諸指揮軍使，防禦地方。止戊申年，却歸撫州，充□□軍在
城諸指揮軍使職、右軍散押衙、充昭武軍在城諸指揮都軍頭虞候。

　　金紫光禄大夫、檢校尚書左僕射、行右監門衛將軍同正兼御史大
夫、上柱國諱韜。娶臨江鎮判官張郎之愛女九娘。娉娉麗質，西子重
生；婉婉奇姿，□□掩態。楊花頌美，柳絮詞妍。不幸早亡，迨逾十
載。司空有弟四人：弟勝□制置虞候。弟皎□秩銀青、左散騎常侍。
二人閑：五弟名鎮，□弟名訓。各有男女。有姊一人，三娘，嫁黃大夫
名澹。有妹二人：妹嫁張氏名斌，一妹五娘嫁周勾押名曜。姊妹各有
男女，具繫職秩。司空有男五人：長男名仁聿，□福□□護駕散指揮

使。戴仁挹義，韞德懷才。閩主寵憐，異於倫等。爰於建水擊刃，少亡，娉黄鄴女。有男孫二人，一名文顯，一名文祚。次男仁通，在閩受俸，充神武軍右弓箭指揮□軍頭虞候、檢校禮部尚書，婚浦城章太傅弟大衙使女十二娘。有一女孫廿一娘，嫁吴衛都司男章氏，早亡。□醮東□夏官張和進。女□娘有一女孫名僧藝。第三男仁珦，受憲銜銀青、左散騎常侍，婚章琛女六娘。有男孫二人，名助郎、詔郎。第四男名仁遇，受横戈柱日，□手擎天。將略軍謀，光前絶後。輸忠立孝，譽播寰中。果毅賢豪，名居衆上。受俸□充永安軍静邊第一指擇、控鶴都主兵副兵馬使。婚黄績女三娘。芙蕖綻沼，芍藥含春。貌若冰清，顔如玉瑩。動循四德，媚合千嬌。孝事公姑，益光閨壼。有女孫一人，名婆女。第五男名仁衛，旭日初昇，□官乍扇。修文習武，布義行仁，受俸在撫州左長劍指揮，受初職右散軍將。婚撫州牧守危太傅孫□□□危光毅愛女十一娘。有男孫一人名鄒虞。司空有女三人：長女六娘，顔如舜英，志方松竹。言馨蘭茝，德并珪璋。嫁周氏名冲。次女七娘，夜月含輝，池遵□蕊。神情緩慢，止趣姑娟。言有箴規，顔無慚闕。嫁浦城鄭都衙男名贇。第三女九娘，調態殊倫，真淳異世，女□□禮，素有規程，性善情柔，迥無儔侶。嫁笥後將黄懷男仁用。司空天機神智，未罄襟懷；異榮深謀，猶藏□□，永作雄部之柱礎，恒爲聖主之股肱。俟静狼烟，肅清邊鄙。無何，未違善願，神罔矜臧，疾逆膏肓，歘沉□□，□唐保大八年庚戌歲十一月廿六日，疾薨於撫州子州城南門外私第，享年六十歲。本府官具表奏□□□□□□慘龍顔，穹昊何嗇，殞我良將。拾年二月廿七日，卜葬於建州浦城縣敦信鄉仁風里本土庚嚮之□□□□□□□之山川，人間卓絶；猿嘯鳳栖之境域，區内應無。而又夢筆臺存，越王城在。地連勝弢，兆合乾□□□□□□□孫，代生雄傑。豈在重呵神蔡，再問靈蓍，吉叶千齡，永昌萬祀。嗚呼！生爲死本，來爲去期。遽□□□□□□□□雲幸緣萍梗，寓寄藩籬。雖路隔仙凡，而履趣軒扈。時銜悼念，倍切悲傷。諸昆尚書命予□□□□□□□□□雕龍。直筆聊書，未盡善美。乃爲銘曰：

一、岳瀆挺神將，名列劇辛臺。伸手捧日月，啓口喝風雷。□□□□□，□□□□哀。從今一别去，無復更迴來。二、寶劍長歸匣，斛弓不復彈。辭世乾坤静,歸時宇宙安。設帳含□□,□□□□□。□□威風在,凛冽射人寒。三、降世誠非久,都來六十年。喝兵揮羽扇,稿陣劃金鞭。威稜□聖念,□□□□□。□□□□□□□却歸天。四、爰從三島降,來助大唐君。定亂施神武,清平展□文。器宇凡仙隔,神儀□□□。□□□心主,三軍兩淚流。杜聞排戰陣,永絶講良儔。枉棄明□禄,深牽聖上憂。若非歸紫府,應是□□□。□□□□□,□□□衣烟。英魂騰碧落,神櫬掩黄泉。真宰猶垂泣,明君堪憶賢。欲期逢後會,過□□□□。□□□□□,□□□早春。枉爲泉下客,睽阻上清人。聖主之時瑞,邦家喪國珍。三邊如警急,誰爲静烟塵。

原載《全唐文補遺》第七輯

李徵古

南唐官員,袁州宜春(今江西宜春)人。南唐昇元末,舉進士。元宗時遷樞密副使,與陳覺等結爲朋黨,勾結宋齊丘專權亂政。宋齊丘敗後,元宗削其官爵,賜死。

廬江宴集記

江南山水,天下無與争也。匡廬落星,江南無與争也。奇峰秀壑,穹嵓邃室,簡素極辭華之贍,不能紀其一二。圖畫盡丹青之妙,何常狀其髣髴。乾貞己酉歲,予旅游及此,得國朝四門博士庭筠書堂故基。背五乳之峰,帶遷鶯之谷。瀑布在石,分一派以走白。彭蠡在前,凝萬頃以含虚。斯又匡廬閒無與争也。予方肄業,乃結廬而止。俄而長樂從弟兄洎親友十餘人繼至。明年,予倚金印峰,復營小堂以自居。游焉息焉,無復四方之志。當是時,烈祖皇帝猶秉吴政,築大防以壅才俊,張宏綱以罟英賢。近悦遠來,雲附影從。予雖不佞,中於一目。繇是歷秘閣,登郎署,曳裾齊邸,記室在闥,領樞近之任,拒此已二十年矣。今春以疾免職,獲自銓曹郎中出典宜春。之任南去,税駕言歸。駐旌旆於江上,携賓僚於林下。薙蓁莽以俯仰,濃陰詔手植之木。登嶙峋以嘯傲，清音識舊流之泉。谷鳥山鐘，江雲潭月，稱心豁耳，一如曩昔。追懷同志，或在或亡。金章之身，徒皆貴仕。霜華入鬢，已失少年。聖上睿武英文，康濟南服。重湖略定，曾參帷幄之謀。五嶺未通，方荷折衝之寄。王事靡盬，受命忘家。支頹補隟，繕治舊室。因磨翠琬，聊記斯來。巨唐保大十稔太歲壬子三月十日，銀青光祿大夫檢校司徒使持節袁州諸軍事守袁州刺史兼御史大夫柱國李徵古記。

原載《全唐文》卷 872

朱　恂

南唐保大時人。

仰山廟記

夫胚渾肇分，元黃肇判。其覆之者圓蓋，載之者方輿。有晦明寒燠以成其序，有五星兩曜以麗其上。故曰四時行焉，又曰萬物生焉。矧夫神明之道，其來尚矣。古者有弗臧不順之事，則遍走群望。鄭子產亦謂風雨不時，禜於山川。至誠神感，貽厥百祥。抑復善者福之，淫者禍之。總倚伏之綱紐，提慘舒之權衡。施之於人，猶反掌爾。假使以不法之事，而請其神，又胡異於拾瀋，孰能尸之矣？所以王表稱靈，實知休否。阮瞻著論，自賈凶危。或草木化於山頭，或土田化於華地。一顧千里，輔德依仁。簡策所存，事攄非泯。且古猶今也，孰得而論。如此則觀者神凝，聞者髮聳。逖者影響，以至於斯。苟欲窮其理，探其源，又何異張目於暗室，莫認其隅，闚焉默焉，何所視也。

仰山廣惠公廟，漢文之世，而立於山之阿，神姓蕭氏，不知何許人也。其季曰七郎，亦立像於別殿。昔有徐璠，自蕪城歸宜春，繫舟於彭蠡之岸。忽有人附載，自稱曰蕭氏，居於仰山之陰，石橋之右。逮及茲鄉，告別而去，約於石橋。應期而至，璠因訴以無產，思十畝之田以給其家。彼乃信舍之間，驟發大水，漂蕩陵谷，出田五頃，璠即驚駭。他日再往其處，潛覘其形，睹之乃二龍也。方悟其非人也，即仰山之神矣。且龍者，陰陽不測，變化無窮。非史墨無以詳其由，非劉累無以品其性。蓋神之所變，豈不聖歟？厥後靈驗，不可勝記。里民歸之如流水，恃之如慈母，肵饁垂祉。威神愈彰。有唐代宗朝廣德末，神感夢於太守閻公瑜曰："我龍之伯仲也，實姓蕭氏。其祠在仰山，既險且阻，我其徙之，將近爾郊，俾祭禱。"詰旦視之，則盡拔其殿宇，置於山下，去舊祠僅一舍之地，即今新廟是也。朝廷以廣惠公贈太保，其次曰昭靈侯贈司徒，足以旌其神通，歆其血食也。噫！巨靈之擘大華也，萬古以爲聖迹而神之。拔彼棟宇，涌出丘壑，豈非聖乎？袁之嗇夫，實有所賴。其或癘疫潛起，水旱洊臻，九扈告災，六沴迭作，莫不仗二神之力而祛之。瓶甌之禱，隘於軒廡，實千里封圻而受其賜矣。塊圠之内，孰不畏仰？

我皇纂嗣之七稔，刺史邊公鎬以廟貌弗嚴，榱甍漸損，塵侵翠階，苔剥虛廊，像設雖存，簾箔將弊，遂興心匠，重構雕梁。方架重門，旋屬解任。明年，刺史張公承傑下車。是歲微旱，爰請軍事判官駱延卿虔祝二神，更新締建，果獲元覜，乃稱有年矣。因率屬邑，各輸其竹木，僝工鳩力而修之，並命都頭阮洪以蔵其事。由是搜林以求俊材，出帛以徵魯匠。移濕就燥，去舊爲新。未終其謀，而去其職。十年六月，司徒李公徵古自銓曹郎而牧斯郡，求瘝之始，親造其祠。命畢厥工，用成前美。由是召執事者督之，累月而後圓備。雖令尹之九旬，無以加也。平叔猶存，作賦休誇於古殿。由余若在，發言須讓於神功。莫不廣檻長廊，丹楹刻桷。文㼾刊外，藻井懸空。檐高而蟠蜿欲飛，瓦亂而鴛鴦不散。綉栭星拱，彩柱雲趨。前架層樓，旁堆翠巘。引清流而繚繞，面藍岫以參差。豈惟玉女窺窗，可以天人下視。以兹宏麗，固卜延長。然後繢飾其像，迎於二殿。得不仰如在之容，思莫大之福。懿夫雕膴之成，威神之盛，憧憧往來，梟趨鱻集，有以盡其瞻敬矣。自然禬祭加籩，兩無虛日。則知非二神不能垂其祐，非賢侯不能崇其祠。望祀之中，此實爲最，無以繼也。遂命載筆傳文，以紀其事。恂學愧縹囊，才非彩筆。徒奉受辛之旨，實慚狂狷之辭。罔愧直書，用刻貞琬。保大十年龍集壬子冬十二月五日記。

原載《全唐文》卷 871

丁宏道

南唐保大時人。

招隱院新建鐘樓記

　　且以太上元元，虛無闡化。文宣聖父，儉約興宗。雖鼎分枝衍，爰歸寂滅。我竺乾大覺天地之師，啓甘露之教門，演真空之妙行，毈茲化界，逖度群生。儼瑞相於離宮，壯皇王之境土。厥後隋朝嗣主，文帝登軒。頒示畿城，大營香刹。時冀陽衛斯國澤，聿創蓮宮。繇是矣林王蠲其舍宅，越檀信樹爾藍墻。額懸招隱之名，位壓澄江之上。迄於唐代，四百年間，縱值廢興，此不壞矣。時有沙門惠明，欲隆梵閣，迺創鳴鐘。且惠明飲水飧藥，卅奉真仙。道德冠於五乘，學力通於三教。務茲嚴飾，勉力逾年。遂感畢方貢木，表震甸之良材。少昊遺金，耀兌宮之美德。即命澄川般匠，建爾層樓。爰憑桂菀洪爐，陶鎔梵響。矧有焚修院三僧令思及住院緇流，捨財請衆。亭亭修竹，度歲孤青。皎皎雲蟾，終年潔白。共興蓮社，同助化緣。復次都勸首徐可樞、耿承諭、徐玢遠邇檀越等，早悟塵機，俱親妙道。克世上有爲之寶，置禪關無壞之因。咸賫縉資，可題志銘爾。陶鎔既閟，斤斧又停。韻而扣起天聞疑，屹屹而從地踊。鴛鴦疊翼，上覆層檐。蜻蜓分軀，下擎千柱。洪鐘一挂，警塵夢於千秋。翠閣圓成，鎮祇園於萬古。宏道狃居槐市，素乏嘉歆。況乎釋道幽遐，理藪難究。深愧漦涓弱水，爭起波瀾。實慚腐草微光，焉能代燭。幸蒙請命，不敢拒乎。輒序勝因，列於箴記。銘曰：

　　大覺真如，紺目修眉。逾城得道，曩劫懷慈。化胡化越，以法以詞。人間天上，惟佛爲師。矧乎香刹，隋皇創樹。法鼓恒鳴，慈雲式布。地踊祥蓮，天垂甘露。帝祚同昌，金園永固。爰有緇公，狎禪之宗。三垂得趣，十地門通。營之妙閣，創之洪鐘。儼茲勝善，顯爾殊功。院已莊嚴，四百餘年。額挂招隱，位壓澄川。焚修釋子，繼嗣相傳。刊於成事，可久存焉。保大十一載歲次癸丑仲夏月建立，譙國丁宏道撰。

薛文美

南唐官員。撰此文時署寧國軍節度推官、知録鎮事、朝議郎、檢校尚書主客郎中。

涇縣小廳記

余自出周行，來治斯邑。竊觀圖籍，亦睹風土。歷代屢爲郡，復改縣，隸豫章焉。爾後割龍門鄉爲太平縣，沙城鄉爲旌德縣，石埭鄉爲石埭縣。可知古封疆遠近爾。太和中，裴明府鍇惜其山勢雄峭，溪帶奔傾，翠鎖居人，烟和公舍，聞奏依萬年縣廨宇制置。縣署之後，池塘迂折，半里有餘。雖水涸草侵，波瀾不見，而斜灣曲岸，景致宛然。別有亭基五所。古木修篁，交蔭若蓋。睹斯遺址，甚鬱於懷。然則民病未除，官方到任，不可追往，有害於今。終伺豐穰，以續故事。庚戌歲中秋，始創高亭一間兩厦。風來入面，目達四方。危儼鰲頭，静同天籟。乃命曰：“齊雲亭。”小廳者，乃縣之古廳也。不記年代，屢曾增修。柱木傾斜，風雨不蔽。頽毀既甚，坐立非安。議始重興，量功采斫。先有洪水漂出巨材，久在溪墙謂其蠹朽，試請少府邢公楷監工人往視，得直木數條，沿泝而來，如神所惠。爰運斤斧，遄就公廳。榱桷端堅，棟梁宏壯。威儀百里，花焕一方。復於廳後蓋廊屋三間，水閣三間。重梁續柱，架嶮飛空，檐影照波，荷香入檻，曰“來風閣”，東北隅茅亭一所，花卉蓁雜，果實枝繁，翠色長在，嵐光不散，亦重修飾，別是幽奇，曰“烟鎖亭”，因記小廳，乃得總述。非衒功積，要載歲時。大唐保大十一年歲次癸丑七月二十六日，寧國軍節度推官、知録鎮事、朝議郎、檢校尚書主客郎中、賜紫金魚袋薛文美記。

胡仁傑

南唐官員。撰此志時署將仕郎、守江州文學。

□□鎮南軍節度副使光禄大夫檢校太傅兼御史大夫上柱國扶風馬公墓銘并序

將仕郎守江州文學胡仁 傑

□□□□也。□文則懸紗海北，建武則立柱天南。騰芳而金玉華宗，擅價而王侯貴族。源流繼體，威亦符嶽瀆之祥。高祖封孝威王，諱禎。曾祖封景莊王，諱元。積慶垂休，武文應星辰之瑞。祖父封武穆王，諱殷。伯父封文昭王，諱範。昭隆家世，啟拓邦畿，英雄崛起於許田，龍虎騰驤於楚水。廓開四鎮，霸定三湘，枝葉相傳，楚王嗣立，乃武穆第三子。

公即楚王長子，諱光贊，字保圖，昆仲二人。母樂安郡君孫氏，保大十年壬子九月十四日疾薨於鍾陵。公麟鳳仙姿，風雲間氣。備忠貞而許國，全孝悌以承家。定霸爭雄，自得黄老之術；兵機將略，早傳玄女之符。講書而座上星沉，論劍而樽前月落。開襟接物，不遺狼服之徒；辟館延賓，未怠虎靴之客。加以世分茅社，門慶旃裳，知時先項橐之年，入仕早甘羅之日。香囊未解，鈿軸俄分。□北唐同光二年甲申歲，是時，伯父文昭王朝覲歸回，公年五歲，授銀青光禄大夫、檢校太子賓客兼監察御史。長興四年癸巳，其年十四，轉左散騎常侍兼御史大夫。清泰初年乙未，其年十六，轉遷工部尚書。天福二年丁酉，其年十八，授湖南大都督府軍牒，充□騎指揮都虞候。四年己亥，年二十，遷副指揮使。五年庚子，年二十一，改授尚書左僕射、右親衛馬前弓箭指揮使。八年癸卯，年二十四，轉左銀槍指揮使、金紫光禄大夫、檢校司空。十年乙巳，其年二十六，授靜江軍節度隨使、都押衙、鈐轄內外諸軍事。十二年丁未，年二十八，轉檢校司徒、武平軍節度都押衙、在城馬步樓櫓戰棹諸軍使。開運六年庚戌，其年三十一，授武平軍節度副使知朗州軍府事、檢校太傅。方求致理，正慕移風，欲改怙亂之鄉,頓搜昭蘇之化。豈謂人心狠戾,俗態澆訛,蒲鞭□□於凶頑,農器難銷於劍戟,須憑斬伐,始静妖氛。公情本好生,心唯樂善,捐回郡印,自取清途。獲於豺豕之牙,得免噬吞之禍。保全尊幼,脱離憂危,特來詔息,來歸大國。保大十年壬子八月朝覲,改授鎮南軍節度副使、光禄大夫、檢校太傅兼御史大夫。再遇聖明,侍奉乃傾忠孝之道,用答君父之恩。何期良木先摧,嘉苗不秀。才門染疾,散募名醫,針灸難及於膏肓,福利無憑於請禱。保大十一年癸丑夏四月壽薨於官舍,春秋三十有四。聖主輟朝,父王□痛割嘆,盛□而若□此,抛左右以何□。其年八月十二日歸葬江寧縣鳳臺鄉建德里庚向正穴之地。恩賜營奠,禮贈過□,□諡邵州刺史、左領軍衛將軍。先娶武平軍左親從指揮使王司徒長女,封琅玡縣君。女一人,道生,六歲;男一人,伴弟,八歲;一人,藥義,二歲。壬子三月二十四日朗陵長下,先公五日而逝。嗚呼!蘭折香銷,月沉光滅。鶴辭華表,空追遺鳥之悲;劍渡延平,但□化龍之恨。仁傑早奉王旨,趨事台庭,雖□丞未歷於星華,且始粗經於聞見,不留刊勒,恐墜芳猷,輒杼蒭蕘,用紀英烈。乃銘曰:

瀟湘烈國,武穆膺數。六十餘年,廓清封部。間生楚王,歸佐唐祚。爰有我公,紹令其緒。盡忠盡孝,兼文兼武。位亞三台,名□四輔。風燭難留,逝波不住。才始疾沾,□□□路。□□□□,□悲□悲。黄泉杳杳,□□復去。不於石上記□終□誰認王孫公。

原載《五代墓志彙考》

馮延巳

南唐大臣(903—960),廣陵(今江蘇揚州)人。烈祖時爲秘書郎。元宗以吳王爲元帥,用其爲掌書記。此後,深得元宗信任,平步青雲。後爲左僕射、同平章事。與其弟延魯交結魏岑、陳覺、查文徽等把持朝政,時人謂之"五鬼"。其富有文才,尤喜樂府,有詞近百首,爲著名詞人。建隆元年(960)卒。

開先禪院碑記

皇上即位之九年，詔以廬山書堂舊基爲寺。寺成，會昭武軍節度使馮延巳肆覲於京師，上賜從容於便殿，語及往事，顧謂曰：“廬山書堂已爲寺矣。朕在藩時，簪履董唯卿在耳。朕置此書堂之本意，卿亦預知，頗記憶否？”延巳對曰：“陛下真誠，懸諸日月。微臣固陋，何敢忘之。昔在吳邦，唐運中缺。陛下齡方志學，龍潛鼎司，洪惟聖心，邈焉高蹈。咳唾權政，疣贅經綸。慕崆峒之師，幾勞軒拜。聞富壽之祝，亦固堯辭。注念烟蘿，敏每懷宴息。恩尋爽塏之境，以備華胥之游。匡廬天下之名山，江表之勝概。圖諜具載，靈仙咸栖。果有潛夫，來獻兹地。已酬善價，遽闢崇基。纔俾芟夷，未遑畚築。旋則中興在運，夏物重歸。陛下位屬元良，務煩監撫。寢門鷄唱，方視燠寒。嵩高鳳鳴，寧諧好尚。逮乎出震嗣服，雖欲從之，巢許之踪，其可繼耶？堯舜不得已而治天下，豈虛言哉！方今陛下日照天臨，風行草偃。勤儉以化，焦勞思理。求賢草澤，盡善於百王。推公友于，邁德於千古。蟲蝗殞於靈雨，旱暵轉爲豐年。大信既孚，殊方徯后。威惟取亂，仁實懷柔。所以建水僭稱，肉袒而詣吏。楚邦亂略，俛首而來朝。矧彼長沙，恃險與固。隔絕聲教，五紀於兹。一旦砥平，易於反掌。兵不血刃，市不易肆。拓土宇於數千里，復正朔於四十州。可大之功，冠乎史册。猶且納隍軫慮，馭朽兢懷。物暢皇猷，民知王度。洋洋焉，蕩蕩焉。混一車書，豈遠乎哉？”

言未及終，上曰：“是皆然矣。抑朕又聞古先哲王，握圖御宇，惟德是務。與善同歸，俯仰抑揚，不失其正。久於其道，而天下化成。恒沙如來，出世濟俗。依空説性，性外無空。信則修崇，悟則解脱。始乎正法，終乎象教。使人趨清净之域，息貪競之心。民用以淳，理道何遠。是則菩提之教，與政通焉。朕以此寺基，是朕當年思欲遯世之地，棄之草莽則可惜，構之棟宇則無名。不若興建伽藍，以居禪衆，示人至理，亦造化之一端也。其創置之規，奢儉之度，績用之費，卿復知耶？”延巳對曰：“起置之始，適巳上奏。逮兹成寺，臣亦粗知。肇乎程土工，度山木，豫章之材間出，般輸之藝屢獻。運斤若雨，荷鍤如雲。力不勞於中民，財不傷於外府。歲月未幾，厥功已集。駭多寶之涌出,疑化城之突然。遶殿正門,重軒複檻。高墙虬轉,修廊翼舒。香厨房開,僧堂内闢。法筵清净,宛是祇陀之園。方丈精嚴,更類維摩之室。攦菩提之地位,儼如來之相好。功呈敏手,則塑像如生。妙屬良工,則丹青若活。而况依林附麓,左嵒右壑。瀑布懸吕梁之勢,凌雲挺閣崛之形。溪徹溢江,表法流於不斷。峰開石鏡,同慧日之長明。其或寥沉雲收,户庭雨霽,鐘鳴谷響,猿啼樹深。仰上則峻巇連空,寫望則長川無際。僧閑境寂,似出世間。信有爲之勝因,實安禪之嘉所。足使迷者得于逡之漸,逵者得不二之門。苟非聖人用心,其孰能與於此乎?"

上曰:"卿知其始也既如彼,知其末也又如此。文以記事,非卿而誰?"延巳對曰:"臣才學本空,筆硯久廢。雖然,盛德之事,固願咏歌。慚匪當仁,庶符不朽。"乃跪而進頌曰:

彭蠡之陽,匡廬峻峙。積純和氣,竦揵天勢。峰連奇秀,谷藏靈異。鴛洞之前,勝復爲最。懿乎我后,河清運契。仁聖文明,肅恭寅畏。堯舜其心,巢父其志。思憩大庭,因開福地。帝出乎震,龍飛在天。梯航合遝,符瑞駢闐。推公固本,舉正求賢。九功既叙,七德俄宣。貞師一奮,建人來庭。神兵再發,楚邦蕩平。威震四海,疆開百城。日新之盛,無得而名。恢恢睿謨,游刃多餘。因思是境,昔擬華胥。凰心不獲,締構猶虚。改命梵宫,俾奉真如。榛蕪既闢,棟楹崛起。雕甍繡栭,重欄疊砌。後倚層崖,前臨無地。屈曲延袤,高低迤邐。炳焕丹青,端嚴塑像。表上乘法,示天人相。清衆晝閒,禪關夜敞。十二類生,孰不瞻仰。聖君旨趣,古佛因緣。教化之本,治平之原。其功莫京,其福無邊。皇圖帝齡,永永萬年。保大十二年歲次甲寅正月丙子朔十日乙酉,馮延巳奉敕撰。

原載《江西通志》卷 122,《文淵閣四庫全書》

倪少通

南唐時道士。

太一觀董真人殿碑銘并序

原夫自然生道,道生太一,太一生二儀。二儀既立,衘明三景。三景列像,以均四氣。四氣氤氳,潛配五行。五行相屬,而聲六律。六律爰叙,以旋七政。七政將平,而定八方。八方布設,是爲九宫。九宫各據,周羅十極。十極剖判,而成萬彙。萬彙既終,返乎太乙,即太乙孕靈之道,變化還元妙用虚無之旨也。混沌既分,張乾裏坤。中有太乙,虚無之尊,騰闢二氣,散爲真根。清濁異體,元牝通門。道德之祖,自然之孫。即太乙真精灌漑之理矣。右月左日,光輪星質。大游小游,分綱列職。照運寰區,定臨凶吉。寒暑數遷,灾福靡失。唯德可順,唯道無窒,即太乙神處變遷之用矣。動静杳冥,中含一精。冲和純粹,天清地寧。統貫三才,神靈谷盈。春發夏養,秋合冬成。逐道開布,萬化俱生,即太乙神氣覆育之道矣。紫清之上,玉皇御中。有太乙之府,上台之宫。宫有九署,三官所宗。太乙真人、太伯仙翁。定生丹籍,洛死北酆。統制萬靈,玄化無窮,即太乙掌符録權總之化也。故陰陽不測之謂神,神者太乙之祖氣也,是以一大謂之天。故經云:象帝之先,即元元之首矣。

廬山真人殿者,按《仙傳》即太乙真人隱化之所治也。連虎福地,按咏真洞天,上應仙曹,下通陰府,真人逐代降世。魏末晉初,孕靈於閩川侯官,寓姓董氏。名奉字君異,托迹混時,行仁布惠,活士燮於交址,救屈女於柴桑。種杏拯民,蘇苗降雨。攝欺■以威虎,歸貞信以輕金。驗太乙丹符,知非常道,散無功穀帛,遠非常名。真人久處下方,將朝上界。以晉永嘉元年三月十五日,感上帝錫命曰:“太乙真人,歷居凡世,功滿三千,可任碧虚上監,仍掌吴楚人民生死之文,罪福之籍。”旌幢降處,千條之蜺影盤空;羽駕行時,萬朵之仙花出洞。竟望天門,隱隱而上。即知聖人遁世,俗眼何遼;千載累功,一朝現化。暨乎風遺今古,事有改遷,道隱時訛,民囂淳散。巨唐天寶初,制下重加葺修,後值世更,屢經兵火。山□半里,額挂卑祠。少通幸憩名山,訪兹聖境。榛蕪臨道,荆棘漫穿,水石亂基,狸鼠交穴。目凌幽谷,對百鳥傷嗟,情斷孤雲,聽流泉嗚咽。默然憤志,誓續真風。與弟德規,力勤三襆,形忘疲倦,手覺胼胝。迺遇韓王,節鎮江城,仁露野澤，減有餘之俸，助無罄之緣。匠運斧斤，基圓殿宇。時感松凝甘露，山吐靈光，沼綻交蓮，林抽合竹，禎祥異事，郡國咸驚。

即今上皇帝膺嗣明堂，丕圖寶位，堯雲四布，舜日廣昭。仰紫氣於函關，重光道德；敬朱鬃於羊角，繼肅乾坤。文明丕彰，無爲自化。保大十一載，遣北苑使董源，支慶王帑藏錢物計三百萬，大建仙宮。造四殿五堂，重門諸廈，都一百三十間，正字塑五十九品真容。莫不山見良材，巖呈異礎，工勤商伯，匠巧般輸。神助縈勞，元資夙智，首尾四稔，備用都周。繇是梁竦虹軀，檐飛鳳翅，風搖金鐸，巖洞響清。日映朱欄，松筠影翠，麗移崑島，景象蓬瀛。瀑注方池，稱養琴高之鯉；雲鋪疊砌，宜昇索靖之梟。九水民歡，五峰靈暢，山燈夜照，巖香曉歊，文武星攢，緇黃雲集。寶臺齋建，霞分紅杏之原；紺殿晨開，光射白蓮之頂。鯨鯢鎖躍，簾篿龍吟，靈應九霄，道傳萬古。功標丹雀，善記羅鄷；福利幽陰，神超靜冶。冀扶帝座，長慶皇宮。少通受業朱陵，叩興真迹，非邀名譽，貴顯元猷。愧無夙契之人，直紀象先之德，用刊貞石，永固仙壇。誠懇誠歡，勉爲銘曰：

元黃未判，大道爰昇。太乙將兆，萬化俱興。爲而不恃，得而不矜。日用匪測，混然常澄。無象有象，非真是真。道既設教，德乃通神。功動幽壤，福慧生人。聖恩不泯，等劫長春。皇化元化，真功神功。靈光出谷，仙花散空。殿雲香靄，壇星燈紅。天長地久，算福無窮。江嶺甌閩，高仙混塵。丹生冥腐，杏拯孤貧。遺風碧洞，流香紫宸。感乎聖德，像化咸新。溢水城南，咏真天北。晃晃真宮，巍巍聖德。道合昌時，靈扶睿國。自晉流唐，元功靡測。日月輪明，人生萬遍。山無改遷，化有更變。杏擁仙壇，香歊寶殿。實謂瀛州，飛來嶽面。山鎮平原，亭臺秀麗。甘露凝松，祥雲繞砌。天上何殊，人間莫繼。化獎元風，百千萬歲。唐保大十二年歲次乙卯十一月記。

原載《全唐文》卷 928

玉清廣福觀碑銘并序

玉清觀者，法玉清聖境而名。自吳及梁，相續重興。漢文帝之禩，蘇真人耽自郴陽上昇，衆仙迎往元辰，曾游斯地。吳大帝之代，葛仙翁元在句容受道，煉丹於涌泉，亦經於此。不獨實録，具在仙籍，左右靈踪，古今不泯。赤松山畔，曾聞叱石之羊；王喬嶺前，昔現飛鳧之履。鄉鄰白鶴，有傅翁得道之巖；境接赤烏，即施君住宅之址。社連金闕，洞秀玉華，草木長春，烟雲迴秀。黄精遍野，白術盈川。■監臨楊元德、門人王太清，心營半載，箕斂萬緡。山現良材，地呈貞礎，林麓聽丁丁之響，庭除觀矻矻之功，法天上之皇都，布凡間之紫府。■銘曰：

觀本無名，古仙像成。會朝金闕，遂法玉清。寶殿締構，祥雲送迎。元功福蔭，普壽函生。玉清聖化，栖隱名賢。誘彼英信，構兹良緣。福流曠劫，功逮幽元。解釋羅酆，神登九天。栖神之鄉，鄰有冲陽。其道不宰，載之無疆。洞馨蘭菊，林翥鸞凰。表瑞旌祥，福資聖唐。仰觀洞府，靈路稀有。蕩滌妖氛，資崇禄壽。太清太虛，建功不朽。名載碑珉，天長地久。

原載《全唐文》卷 928

釋寂常

南唐僧人。撰此志時署法海鈞士。

大唐國永貞縣徐常侍（延佳）墓銘

法海鈞士寂常撰

噫！日居月諸，晦明定矣；興存有亡，人倫數矣。今此府君五美真人，四科繼飾。性同金玉，學贍經綸。不佐王侯，不忘家節。

公諱延佳，東海郡徐氏之子。祖守，徐州長史。父欽，任吳朝散騎常侍。公娶王氏爲助祭，柔和克備，箴誡傳芳。而誕七子二女。皆才繼曾顏，名勝八座，然性相近，習相遠也。元子承誨與弟遇及諭，脱屣於時，不臣不禄。泛舟養性，因利富家。仲子承隱與承煦，學通文武，善達機權。不失臣節，守職永貞。季子承議、承朗，孝同魚笋之流，未遠趨庭之禮。見有三院新娘，盡詩禮名家，朱紫盛族。女一人，早事舅姑，夭隨雲駕；一人未從箕帚，潔白閨門。孫男匡祚、匡祐、十郎,並氣懷瑚璉,仁孝紀綱。孫女二人,筓年富禮。府君外肅儒風,内皈釋氏,弘十善,持八戒。得夢兩楹之日,臨終言曰:"吾歸彌勒院也。"享年六十一,於甲寅歲仲夏十二日,辭家人而不返,留琴書而菀然。諸子九月枕塊,停柩於家,承聽如在。禮至乙卯歲仲春,玄窆江濱鄉菓園之内。車轝馭轜,緇素汍瀾,馬鬣禮周,龍崗永閉。命余紀實,質而不文。銘曰:

日月晦明,人倫生滅。府君仁孝,剛柔並列。家門嗃嗃,七子貞節。文行忠孝,明代賢哲。山有崩摧,樹高必折。大夢難留,慈顔永別。封樹禮行,簠簋奠徹。識念何之,言歸兜率。

原載《揚州近年發現的兩方五代墓志》

韋 焕

南唐保大末年人,京兆(今陝西西安)人。任職情況不詳。

唐故内門承旨銀青光禄大夫檢校工部尚書兼御史大夫上柱國姚府君(承鈞)墓志銘

京兆韋焕撰,河南芮德□書,太原王廷浩刊

府君諱承鈞,字子平,保大十二年,歲次甲寅夏五月二十九日,遘疾歿於京師私第,享年三十有五。以其年季秋月十九日,葬於江寧縣鳳台鄉小郊村,梓桐山之陽也。曾祖諱制,東洲鎮遏使、檢校左散騎常侍;皇祖諱珪,静海都鎮使、檢校兵部尚書;皇考諱匡裕,静海指揮使、都鎮遏使、檢校吏部尚書;妣夫人李氏。府君之先也,世典東疆,物土静理,洎乎後胤,食禄猶然。今既生於彼土也,府君禮樂之家,孝悌之子,當生有異,與衆不群,咸稱杞梓之林,盡謂瑚璉之器,善於弧矢,曾穿百步之楊。尚以籌謀,素有六韜之術,英奇若是。先考嘉焉,於是申補右軍散將,時大和四載矣。冀期鴻漸,俟振鵬程,益禀義方,轉加恭恪。洎七年,改右軍衙前總管,准制遷静海指揮第二都都軍頭、虞候。纔親戎仆,衆中揚賈勇之聲;既助邊威,境上有望風之懼。尋以國家旁求俊彦,用副僉諧,爰罷邊陲,旋歸上國,奉制遷右軍散十將、充左龍擡指揮副兵馬使、銀青光禄大卿、檢校國子祭酒、兼監察御史、上柱國。仰承天澤，益著忠誠，既品秩以昇隆，始才能而漸展。昇元初，烈祖高皇帝，聖運應數，土德中興，廣布殊恩，爰叨慶澤，改右軍衙前十將，賜秩兼補殿中侍御史。頗增光顯，甚勵勤 勉，唯務治兵，曾無暇日。三年，祀天成禮，雨露再沾，改 右 軍衙前虞候、充龍衛軍左雲翼弟一指揮弟一都，實職副兵馬使。揣修□育之恩，終荷昇平之化。於是遠方來貢，四海晏然。寔當偃武之時，正睹用文之際，固宜知道，是用改途，乞侍階蕡，免於細柳。六年， 授 閤門承旨，戎衣纔脱，御香先得以□身，紫殿初開，玉砌固當於植足，大光門閥，寔快平生爲美，若斯行善所及。旋值高皇晏駕，今上乘乾，纂成大禹之功，復下 如膏之澤。保大元年，授檢校右散騎常侍兼御史大夫，爵秩屢遷，聲華遠播，門庭赫奕，車馬駢闐。十一年，國家選用賢良，舉振淹滯，□兹藏器。足副上心用是，加恩逾次甄獎，轉檢校工部尚書，充内門承 旨，班行所貴，親戚咸歡，皆言大國爵人，悉是選賢住德。恭荷天命，欲報鴻猷。 儀 期藍玉難全，芳蘭易隕。偶斯遘疾，遽止沉淪。天 席未安，夢奠已驗。府君娶徐氏，封 東洲 縣君，即曹王之次女也。克敦孝行，夙蘊賢和，外彰女史之文，内播治家之法。男四人：伯曰繼文，學業將□，懷志頗高，早聞別李之知，以蘊題橋之操；仲曰順哥，叔曰王孥，季曰勝哥，或□ 爵 禄，或始齠年，既承積善之門，盡是保家之至。女二人：長許同僚，隴西李内門之長了也，孝敬有聞，蘋蘩可奉；次女年方總角，言漸解圍。有弟承釗操心奉主，體物無私，習百王之書，曉九流 聖 述；承鈴爲人雅重，立性慈和，既聞筮仕之禎，佇俟策名之慶。於戲！生既有時，死固有地，達人悉能知命，府君得不其然。苟世禄之不隳，有子孫之可繼，獲歿牖下，復何傷乎？焕智不及於生，愚 才實卑於□。鳳幸叨下，請得以宜書。庶彰不朽之名，用表喪賢之地。恭 德 不 建，乃作銘云：

敦孝治家，秉直事主。動靜合常，威儀中矩。克儉克勤，允文允武。譽滿當時，名傳千古。其一。

美秀獨兼，慈惠難倫。解驂矚上，投轄留賓。敦詩閲禮，去華住真。朝廷所貴，朋友稱仁。其二。

量同巨海,心若磐石。立德不回,執信豈易。箭發穿楊,詞能奪席。欲繼餘芳,孰堪踵跡。其三。

梓桐之陽,嶺秀原芳。江寧之鄉,身葬名昌。勒石是紀,幽邃爲藏。君子萬年,永保無疆。其四。

原載《南京新見南唐内門承旨姚承鈞墓志考略》

林　贊

南唐官員。保大十三年(955),任守司士参軍,試太常寺奉議郎。

重修后土廟記

夫大道昭然,運天地無疆之福。神功卓立,持陰陽不測之機。足以助化唐堯,流澤區宇。況屬寶祚中興之日,式當明君嗣業之朝。闢四門而慶洽神人,納萬■而■垂顯晦。緬循古轍,宜演遺芳。遵其相則物理順■設其狀則人倫生敬。將■世俗,爰建祠庭。非莊嚴而豈顯威嚴,儼塑像而方殊衆像。彦能泊旋叨睿渥,任彼藩垣。既陳如在之儀,躬薦惟馨之奠。遽睹兹廟門廊湫隘,軒墀而已半隳頹。堂殿依稀,四面而渾無遮截。因追曩昔,倍感精誠。竊思□□初年竹馬之歲,常游東都大廟,每乃如歸。殿中之花果香毬,或時將去。座右之彝罍祀器,玩弄爲常。爰自繼忝天波,連分閫寄。今逢聖母,別顯當時。顧其此日之昇華,益荷皇家之驅策。合圖葺創,上報慈■知當大國之南隅,乃是元戎之舊鎮。宜加壯麗,以振■綱救恩蘋蘩常潔於二時,豆俎罔遺於千古。□□首每詣虔祈,儻忝嘗之舉匪嚴。則昭感之微■降,特俾重新展換。裏外裝修,■塑聖母真儀。仍置帳座,別添左右部從。共計三十■身,并起遮殿行廊,及畫壁鬼神隊仗二十餘堵■。楹高敞,盤瑞起而每壯金湯。儀衛駢羅,□□□而晴寒毛骨,足以光輝井市,鎮壓■霓■而□□□下遙天顯神通而豐壤九土□□聰哲密布禎祥。萬歲千秋,永霸有唐之日月。澄今焕古,常■汝水之軍民。今則締構成功,彩繪告畢。已成慶賽,皆獲周圓。式仰奇縱,宛昌洪範。莫不昭彰遐邇,興洽往來。丹心既肅於威稜,翠炎宜施於鐫

勒。庶■星紀罔墜興修，固非稱贊徽猷，祇冀直書其事。時太歲乙卯
巨唐保大十三年孟秋月。

陳致雍

　　南唐官員，莆田（今福建莆田）人。博洽善文辭，憲章典故，尤所
諳練。仕南唐，以通禮及第，除秘書監。未幾，致仕還家，清源軍節度
使陳洪進任爲掌書記。

唐故金華大師正和先生劉君碑銘并序

　　先生諱日新，字繼平，閩侯官人也。顯考諱極，本朝將作少監端
州刺史。妣潁川夫人陳氏。先生初年誦詩讀書，對客答義。佩觿獨
立，岐嶷不群。七歲舉童子擢第，釋褐授京兆府文學。執簡對簿，吏
情若縈。振衣彈冠，真趣自逸。在昔避狄出雒，由道涉淮。桑野掛
書，却公府之辟。浮提記柱史之文，出仁義室廬。栖神世表，脱衣冠
桎梏。躅累塵纓，受師於問政先生聶君，即天柱元同先生閭丘君門人
也。絶其私親，道門如其宗祔焉。先生稟太素五神之教，内府孔明。
稽玉帛大曆之符，前修可契。器宇外朗，襟靈内融。雖因文爲世華，
許誰雕僞。縱使迹在人事，俗自喧浮，爾乃釋滯昇虛，句絶元而自牧。
澄源返照，欲勿我生。謂五味口爽，撤桉貶羞。一簣歲暮，終身晏如。
亦何必翦薤腸消，嘁金尸腐者哉？保大十一年夏仲月二十三日，晨起
命易衽席，並几杖履遷於正寢。凡附身者一一陳之，然後秉盥洗漱，
理髮斷爪，勝衣襒袂，湛然肅容。展繞露壇，峻降延閣，降屈屢拜，如
有禱請。即日終於金陵紫極宮，壽七十有六。毀綴則屈身若恒，淹襲
而顔色不變。翽然蟬蛻，宛爾形留。皇上撫几移時，增悼永傷。乃命
有司給喪事，内臣護喪，加禮也。儲后親王，欽順元祖，敬接羽人，恒
於話言，多所師仰。中朝元輔，舊齒名賢，冲素見交，軌迹相結。天不
憖遺，人懷永傷。空懷鶴吊之風，莫問鳧飛之路。門人捧持遺舄，緬
慕彼蒼。臨谷難追，飛筇已遠。以其年六月十二日，歸靈於方山，隱

晦解脱,恍惚其中。綿綿常存,天地長永。銘曰:

微妙之教,立道爲名。精思闡奧,勤行軌程。猶龍難狀,扣寂無聲。夫子務進,階漸而成。愛尚文章,襟抱質素。淆混人事,心節堅固。五味口爽,一簣歲暮。食氣者神,户樞不蠹。養志養神,壽考惟寧。明明理命,寂寂潜齡。元駕一解,飛行不停。誰期汗漫,我出青冥。金陵之鄉,方山之陽。葛仙澤藪,寶華宫房。解節何往,歸形斯藏。松喬鶴老,萬古淒凉。

原載《全唐文》卷 875

左威衛大將軍琅琊太尉侍中王府君(繼勛)墓志銘并序

公諱繼勛,字紹元,琅琊臨沂人,因家爲泉州晉江人也。其先自秦漢至隋唐,累世名德,冠冕蟬聯不絶,國史家牒,莫不詳焉。故所謂仁人之利,本枝百世,昭穆無窮。若夫離翦佐時,寧亂定功於前;渾祥輔主濟民,垂名於後。歸刀示信,誓水指期。或辟王肇基,宏大功業,近則我祖有之也。别宗因地,始封閩王,諱審知,族人尊之,是爲太祖。四世之親,因之追贈。故桂州陽朔縣令、贈司徒諱玉,公之高祖也。司空、贈太師、中書令諱恁,曾祖也。守泉州刺史、贈侍中、追謚武肅,諱審邽,祖父也。福建管内三司發運副使、檢校司徒、贈太尉諱延禎,皇考也。崇國太夫人宋氏,姚也。

公大昂炳靈,祥麟叶趾,弱齡襲爵,寅亮秉躬。我顯祖光宅閩區,功格東表,漢封三越,奕世重熙。修職貢方,不替獻命,中間赤符未集,作帝自娱。維彼哲人,振振公族,矧復闖殘孽,乘釁肆凶。公能刻日指期,對天永誓。果見克殲猾豎,大刷耻讎,再造邦家,疏爵崇命。英蕩華路,鸞鈴飛鑣。加服九章,踐登二事。高陽舊里,繁盛昔時,行部晉安,遺愛未泯。保大四年,諭順祐之理,稽筮遷之徵,寶融適變而動,公臆斷有焉。帝嘉其誠,允答高秩,拜侍中,加特進,賜推忠效節奉聖功臣,食邑三千户。戴蟬珥貂,入侍帝闈,功冠群后,位隆鼎司。五年,領池都團練觀察處置等使,守池州刺史。秩滿,考成績之狀,居奏課之最,再命陟庸,不替厥位。七年,崇國太夫人奔問至,自傷行役,版輿闕奉,陟岵增望,劬勞永思。忽焉哀驚,迨將絶息,羸病扶杖,允莫能興。萬石君純行篤孝，人皆儗倫焉。卒哭告祔，金革從權。起復視事，共治七載。宜民宜人，無怨無惡，惠政誕洽，庶績咸熙。朝拜左威衛大將軍，屯守期門，率屬士校，玉顔鑒物，溫言煦春。遇士大夫有禮，與小人有恩，器度豁然，貴而不佚。兼以書善楷妙，經誥墨迹，餘暇手寫，好學不倦，爲善是稱。招禮耆儒，宏廣經義，通方之訓，隆諸子弟。堂構斯盛，由公負荷，有此之賢，如此之親。嗚呼！天不憖遺，哲人其萎。享年四十有五，以保大十四年七月十二日，薨於京師崇禮坊私第正寢。皇上撫几增悼，廢朝三日，詔鴻臚護葬，司儀禮賵賻加等。啓殯，謚曰敬，禮也。以其年八月二十五日，葬江寧縣安德鄉安宜里。往日卜竁於此鄉先夫人青陵原合祔，禮也。嗚呼！祖庭撤奠，遷柩屬紼。素旒委以曳軺，雲翣翼而蔽輲。笳鼓悲鳴，霜風慘冽。世嗣號而踊絶，虞歌挽以縈紆。嗚呼！既葬皇皇，求而不見。親賓拜以復土，輿仗回而下岡。微陽疏林，歸軒空蓋。

公娶清河郡夫人崔氏，舊朝相國允族孫女也。秀髮景胄，訓承大家，曹謝賢才，維則是效。裴王宗族，作嬪可偕，不幸先公而亡。繼室滎陽郡夫人鄭氏，往歲名推賢淑，翼贊宮闈，玉度有輝，蘭儀誕茂。作儷於王，公從夫爵，禮也。長男傳嗣，池州中軍使，顯居右職，是司鼓鼙，秉同律以聽軍聲，陳旌旗以鞠師旅。在昔宣任，今爲具臣，仁孝之行，天誘其衷。端已屬俗，勤節苦學。寡欲無玩，瑰瑋奇才。或以德進，而必待舉。次男曰傳憲，次男曰傳勛。并冠而未仕，就賢親師，進德修業。吾門以大，其在兹乎？有女二人：長有適人，爲婦之端，次以少未笄。既喪父天，殆無所怙，箴管右佩，婉惠其儀。致雍昔與嚴助同鄉，入見諸任在列，仰覿亮迹，合紀殊庸。拂琬玉以增悲，愧銘頌之陋略。辭曰：

惟閩有雄，冠彼百越。皇皇我祖，昭昭丕烈。景胄流芳，維公則哲。襲爵弱齡，守命邦節。伊昔故土，猾竪肆逆。放弑我君，盗據我國。世祚中零，厥心否塞。潜運神謀，入翦凶慝。泉山紆盤，秀山高峙。大荒東流，禹迹攸紀。帶海一隅，膏壤千里。疇昔賞功，作牧於此。崇徽九命，踐登三事。戴珥貂蟬，帝闥入侍。守郡池陽，風化大治。兩地甘棠，猶咏蔽芾。執親之喪，杖寢在廬。漢文權制，墨縗外除。權從金革,起剖虎符。期門總旅,警衛宸居。學業優備,文武不墜。分袂藏書,永錫來嗣。師禮耆儒,論道説義。階軒柱楹,墨迹猶記。偉哉君子,威儀堂堂。蟬冕照面,玉顏生光。蕙蘭鬱茂,高風隕霜。緬邈不見,人懷永傷。玄堂一閟兮冥寞幽魂,江邊古路兮原頭新墳。青林松柏兮他年子孫,碑存荒草兮傷嗟哲人。

原載《南京市西善橋發現五代閩國王氏族人墓志》

舉故楚武王行册不合儀事奏

右,臣聞君父南面,臣子北面,七代之所不更。凡誥誓之命,使者宣行,禮未安者,故楚國武烈王謚册命,既非在殯之時,約禮合行於廟,使昇詣楹間。今之廟制,出神主於室内北壁下,使若南面統於外,神莫敢安其室。若北面宣制,是失君之位。《禮》云:“時爲大,順次之。”今既非時,合受於庭,宣册付嗣王。既君命得申,於禮甚順。謹具奏聞。

原載《全唐文》卷 873

駁御史指揮習儀著冕服奏

知班御史高熲奏:無祭南、北二郊獻官合習儀,近日多恃其練達,不親行事。自今以後,仍請著冕服習儀。兼儀之禮,自古無明文。牒太常禮院知委者。右。臣得班司轉告,令獻官著冕服習儀。竊以古之習士於澤宮,以觀其容,然後得預祭。《周禮》“大宗伯掌大祭祀大禮”,謂習禮也。欲其慎重,敬事神祇。自漢興,叔孫通列綿蕝於野,以表厥位。習儀之禮,其來尚矣。若以紱冕徽章,接神接神盛服,土坊之中,私相褻瀆,實爲不可。伏乞且遵往式,以便服習儀。仍下尚書省指揮議定。

原載《全唐文》卷 873

序諸衛府折衝官例奏

准中書刺問:“諸衛所管有上、中、下府折衝府都尉。”何爲上、中、下府? 謂十二衛管天下兵在外者,有五百七十五府,每府以人數分爲上、中、下等，各分隸在十二衛。只如左右衛有武成、武安等五十府，十府有折衝都尉各一員，有左右果毅都尉各一員。若除官，則以其名額通稱曰某衛某府都尉。其餘即可知也。

原載《全唐文》卷 873

雅樂奏

臣塵忝曲臺之司，謬■典禮之政。愧其不才，敢謂曠職。臣見太樂署教習，奏其章句，播之管弦，迨二十餘年。每陳設殿庭，宮懸之樂，只用祭昊天郊禮，出入管和均調奏之。諒其褻瀆上元，塗民耳目，謂臣不知矣。近見勾當太樂署曹令虔報，臣今月十八日入德昌宮，與禮部侍郎徐鉉偕來，聽樂非殿庭讌樂也。陛下臨軒，合用逐月均調，讌群臣合用姑洗、蕤賓二調，歌《湛露》《鹿鳴》等章，冊后日會讌則合奏正和之樂，以夷則之調，餘皆用時月之律。且知音審聲，此事尤難。若撰樂章，曲折相中，合其聲調，盡善盡美，且乞喚曹令，問臨軒讌會樂作何聲調，新譜與周詩雅句同否，試奏其樂，復歌其歌詩上下抗墜，曲折和否。

原載《全唐文》卷 873

太廟柱壞奏

臣見太廟署申："十月二十七日夜，元宗室鳴震。及晨撿行，柱礎破裂四片，棟宇如故。"再撿行與前狀同者。臣竊見中夏以來，水潦浸溢，垣墻倒壞。陛下動明發之懷，羌親賢修奉疑。此則又以見陛下虔奉祖宗，非謂簡慢祭祀。今廟室鳴震，柱石破裂，陛下宜遵恭儉之風，克守純固之業。將垂鑒誡，畏敬神靈。

原載《全唐文》卷 873

上音律疏

臣聞羽籥干戚，所以調八風也。金石絲竹，所以正五音也。古先哲王，致人神協和，彝倫攸叙者，鮮不由之。高皇帝再造丕基，顯登大寶。修三代之禮，正八佾之儀。未及下章，遽命置舞童，令樂師導之以節奏，教之以昇降。特備大禮，於今二十年矣。近者兵戎來侵，王師出討。言便宜者，或以舞童食積年之儲，爲無用之具，請並充用士伍，以從討伐。此皆臺隸之言，非聖賢之教也。禮樂者，國之本，安可無之？而又或衣冠之子，或韋布之人，荷戈戟以御戎，執鼓旗而捍寇，非其能也。具其數不過百十人而已，加之以教習積年成功，一旦棄之，後無傳者。存之未必減太倉之粟，廢之豈益國家之師哉！臣竊惜之。仲尼曰："爾愛其羊，我愛其禮。"蓋亦此也。伏惟皇帝陛下酌聖王之盛典，特降聰明■。

原載《全唐文》卷 873

劾中書不許旌表吉州孝子瞿處圭等疏

臣竊聞中書商量，不許旌表吉州孝子瞿處圭等門閭事。伏以上古之時，人民淳素，故可無爲而治。三季澆薄無常行，或可激勸而成。則旌表門閭，是其旨也。中書舍人張緯，不知大體，屢興僻論，以爲鄉閭之民，苟避徭役，旌表則遞相傚效，止塞則永絶其源。此茸吏無識者之所譚，非大臣佐天子興教化之良術也。且有■來孝義著聞者絶鮮。陛下之德所感，相繼有廬墓者三人。而不以爲人化所滋，翻慮其遞相傚效。若相率爲賊，則實害於時。相傚行孝，又何傷於政。懲惡本欲人懼，賞善本欲人勸。倘遞相傚效，則是陛下敦勸之有驗也。如不傚效，又用旌表何爲？今朝野之間，不義不孝者，何嘗不有。風俗若此，正是陛下急於敦勸之秋。或小吏出此無稽之言，猶大臣必須懲絶，況居清切之司，當顧問之地，首創斯議，謬莫甚焉。噫！爲人臣子者，上有君，下有親，何思沮人之爲孝？夫王政之基，無先於學。人倫之本，莫大於孝。去年停貢舉，已沮陛下教人之爲學。此時於激勸，又沮陛下教人之行孝。將順其美，一何疏哉？伏惟皇帝陛下至德感於上元，廣愛刑於四海。邪見詭説，必不能上惑聰明。臣雖不才，而所務者大，所思者遠。恐或有一可之言，是以不敢不奏。

原載《歷代名臣奏議》卷 116

定皇太妃居弟喪儀狀

昭愛宮牒，請定皇太妃居弟改匡智喪事。左右准禮，以尊厭絕私親之服。皇太妃弟體君爲尊，不敢服旁親之服，而況私親乎？請臨喪則素服，入宮則否。假內請准式，謹狀。

原載《全唐文》卷873

奏蕃國使朝見儀狀

右：伏以九州之外，蕃國來朝。正朔之統不加，賓客之儀有異。《周禮》有大行人、小行人之職，而總其屬，即今鴻臚四方館之任也。今月十三日，占城國獻馴象使朝對，列方物爲庭實，所司引進，按《皇唐六典》及《開元禮》禮閣新儀，合中書侍郎詣殿西取表昇奏，置於香案，侍中昇殿，承旨宣曰："朕其受之。"蕃使再拜以退。禮部尚書出奏其國所貢方物，未審付所司，侍中承旨又宣曰："制可"，然後引方物付所司。今未見其儀狀，請下禮部指揮，自今以後，以遵常式。臣職忝禮司，合具奏舉。

原載《全唐文》卷873

議廢淫祀狀

准中書省札檢：諸州城隍神封爲公侯，合行典禮。載詳其事，甚黷彝倫。且城隍之神，實土地之祇。光壽州奏封其祠，甚違典制。皇朝令式，不載前文。且五嶽視三公，四瀆視諸侯。在其地得祀禮，其餘有功於民則祀之。若城隍神無封侯之禮，實見亂於秩宗，等威嶽瀆。臣竊恐諸道州郡，志欲奏請，寖以成俗。淫祀之起，猶茲漸矣。伏惟皇帝陛下纂業以來，今八載。三才允治，六事孔修。革故鼎新，必循於往制。由中及外，咸仰於聖謨。凡降渥恩，在乎名實。其壽州已行封冊，不敢更請改移。或諸道重有奏論，即合永行止絕。

原載《全唐文》卷873

奏制冠狀

臣聞士有衣冠不正，朋友之過。何況天子被衮執圭，儀刑萬國，有不中度者,曷以表於式敬？臣見法服內有通天冠及中單衣內方心曲領,俱不合制度。通天冠三代不聞其説,秦有之,漢因之。降及魏晉,迄於隋唐,元正冬至朝會皆服之。降於衮冕一等,相承只以黑介幘上附十二蟬,如一鷁耳。臣又聞"禮失求之於野",臣今擬喚畫工,尋歷代輿服志中,且造進呈,自餘諸王服遠游冠,相次改制。

原載《全唐文》卷 873

議御史戴豸冠狀

凡冠者,彰别威儀,端委形貌。或簪白筆,或眊貂;或戴豸以觸邪,或竪鶡以表武;各因厥職,盡有其名。修撰高遠所奏,甚協舊章,其冠先已奏聞,製造指揮訖。

原載《全唐文》卷 873

奏排龍墀班狀

右:臣聞名位不同,禮亦異數。尊卑之秩,朝廷有儀。其有未正者,臣忝禮司,豈敢久而緘默。累據通事舍人紀德柔等連狀奏論,以其序立,從前只綴北省供奉班末,尋爲知御史高越奏改通事舍人班位,即日無序立之地。臣竊詳高越當時所奏,末云北省無龍墀班,是使通事舍人以卑處尊之上,甚得不便。竊以中書、門下兩省,近侍之官,所以佐天子而規大政。從容禁中,左右獻替。其或入閣分佐龍墀之上,以宰相分立押班,即今北省侍之制也。於中品秩各不相敵者,立位亦一一不相屬。自殿陛以南分左右省,及御史中丞殿中侍御史前後差次爲位。通事舍人既是中書門下官屬,居贊導之職,亦只於北省供奉班末龍尾道下分作兩行爲位。其南省既各不相統,本以尚書六官爲首,自沙池橫街以南爲位。伏乞皇帝陛下准所奏,遵皇朝舊式,每過前殿朝日,依此排立。仍從班司指揮,紀德柔等過沙池以背稍退後分左右爲位。所冀尊卑有序,禮度無差。謹具奏聞。

原載《全唐文》卷 873

奏皇太弟不合立班狀

右：臣伏見每遇朝會，皇太弟與文武兩班橫行齊拜，未合朝儀。伏以儲后位尊，群僚禮絕。奏樂納陛，鳴鐃出宮。昇降之儀，明著禮令。按《開元禮》班定後皆師保遵從，入拜丹墀，退自路門，然後兩班齊拜。臣職忝禮司，合具奏聞。

原載《全唐文》卷 873

奏金吾班位狀

臣聞《禮》云："行則折旋中規。"周旋中矩，凡百卿士，預於朝謁，鳴佩就列，奏樂入班。昇降之容，不宜遽速。每見金吾將軍奏平安之時，徑道驟趨，且殿庭之儀，與軍中之禮不同。今請隨班入對，揖位立，然後寬翔步直上龍墀，奏訖折旋而行，却歸本位，候退班隨金吾仗出。今册國后排仗日，便依此習儀。

原載《全唐文》卷 873

奏舉翰林學士不合常朝預班序并知貢日不攝祭狀

侍御史知班高熲奏云："翰林學士不合常朝預班序，并郊廟攝祭三公行事，及請假直具奏聞，不具假牒臺省。"右。伏詳皇唐故實，沿革前儀，文官兼翰林學士，武官兼禁官，皆位居內署，職近中嚴。外朝拘班，曾不預列。其或正至大仗大饗燕及纂嚴大禮，服朝服與諸司郎官知制誥例爲位。其或官高者在職事官之上，或假故直具奏聞。學士院使牒御史臺知委郊廟攝祭。准寶曆年敕：應翰林學士及知貢舉在朝參限內并不差。謹具如前。

原載《全唐文》卷 873

奏繖扇制度狀

今檢樂令，繖有四角方者，有六角八角者。乘輿中宮紫繖，皇太子亦然。一品以下青。又繖有方者、圓者、偏者，偏者圓不正之貌，不謂無所從來。恐"偏"字誤書"編"字，非編雉之爲具。乘輿中宮仗內亦偏扇，王妃亦有偏扇，一品以下無雉編扇。

原載《全唐文》卷 873

祖宗配郊位議

臣伏聞禘郊祖宗配食之文，其來有秩。以遠祖而配者，則始封之君是也。若皇唐奉太祖景皇帝冬至配圜丘夏至配方丘，法周人郊后稷之義也。以近祖而配者，受命之君是也。若高祖神堯皇帝孟春配祈穀，法周人祖文王之義也。太宗文皇帝孟夏配雩祀，法周人宗武王之義也。國家憲章三代，專配郊丘，得禮之正也。自開元中不用太祖景皇帝配天地，以高祖神堯皇帝配天地，謂高祖受命之君，有天下不因於景皇帝。至永泰元年，太常博士獨孤及議云："太祖景皇帝於柱國之任，翼周弼魏，肇啟皇業。逮封於唐，高祖因之，以有天下之號，天之所命也。亦猶周后稷始封之祖。若廢配天地，是太祖之廟毀也。"二年，禮儀使杜鴻漸與獨孤及議同。自是相承復依武德貞觀故事，不用《開元禮》文。我烈祖再造區宇，建七世之廟，奉高祖居昭穆之上，景皇帝不在太祖之位，故以高祖配天地，太宗配雩祀。所以配雩祀者，蓋興復以來，未暇祈穀之祭故也。竊以高皇帝廟號烈祖，功格上元。居百世以不遷，繼中興而垂統。禮合躋昇之義，位崇昭配之文。修撰高遠所奏，未協舊章。然則國朝大祀，歲只有三。若上遷太宗文皇帝配皇地祇，是祖宗皇帝之功有差，父子之倫不叙。子雖齊聖，不先父食。周人所以郊祀后稷，宗祀文王，以后稷爲天地之主，文王避祖之位。今或依奏，以太祖配皇地祇，則於禮無謂。未若建孟春祇穀一祭，以太宗從下佐食，然可奉烈祖高皇帝孟夏配雩祀，使尊祖之禮得申，免齊聖之食有黷。考古沿酌，庶協執中。伏請更下尚書省衆官定議。

原載《全唐文》卷 873

衛匡適男入學議

樞密院剌問：壽州都院官衛匡適男乞入國子監修習。奉御批，如此之人得否，下禮院檢上。按《樂經》："國學以教世子及王子公卿大夫元士之子。"謂之國學，俾有道德者而教焉。道德者，今之國子博士掌教文武。官三品已上及國公子孫從三品已上曾孫爲國子監生者。太學博士教文武五品已上及郡縣公子孫從三品曾孫爲太學生者。四門博士教文武七品已上及侯伯子男子爲四門學生及庶人子昇俊士爲之也。國子監太學也；四門，小學也。今太學四門學算學，皆國子監領焉。四門俊士，《禮記・王制》論秀士昇之司徒曰選士，司徒論選士之秀者而昇之於學曰俊士。及按《周禮》：“司徒地官卿也，其屬有鄉大夫。”知鄉人之賢能德行道藝以賓敬之。三年大比考，與之行鄉飲酒禮，昇諸司徒，司徒以賢能之書貢於王，即今隨貢吏上於尚書，擢於禮部，乃可入官也。其有未登者，入四門爲俊士也。司徒地官卿，今户部尚書也。准長壽年敕：“諸府貢舉人皆户部引進。”其衛匡適男既無品廕，即合應鄉舉拔其秀異。或未登禮部試，即入四門學。准皇唐令，皆尚書省補，別載學令條例。

原載《全唐文》卷 873

大儺議

　　某日磔雞於宮門，及國東南西北城四門，每門用雄雞一隻磔懸，又於國門西方設牲用少牢，告祭太陰神曰：“維年月日，嗣天子遣太祝臣某，昭告於太陰之神。元冬已謝，青陽馭節，惟神屏除凶癘，無有後艱。謹以清酌敬薦於神，尚饗。”祭畢，黃門小童年十二歲十三歲以下一百二十人，雜畫衣假熊羆等面，執鞭仗火炬等，分爲六隊。隊師二員執仗鼓，四員持鉦，用桃皮觱篥笛一部。隊師一員，黃金四目，元衣朱裳，揚戈執戟，押侲童立於前殿。隊師指呼十二神名畢，鼓譟入諸宮室，遍逐疫，從西門出，以火授騎士，傳炬疾馳，投火於西門外水次而還。有司設桃梗鬱壘，禮畢。

　　臣致雍謹按《周禮》：“方相氏掌蒙熊皮，黃金四目，元衣朱裳，執戈揚盾，帥百隸而時儺，以索室驅疫。”儺，却也，却逐疫癘凶惡。夫陰陽之氣，不即時退，癘鬼隨而爲人作禍。月令，季春命國儺，謂陰氣至不止，害將及人，故儺陰氣。仲秋天子乃儺，陽氣不衰，亦將害人，故儺陽氣。陽，君也，臣無儺君之道，故稱天子。此二儺，皆爲陰陽氣不退，故國家以禮儺之。季冬命有司大儺，强陰用事，癘鬼隨出害人，故作逐癘之方相，猶倣想也。倣想，畏怕之貌也。司馬彪《續漢書・禮儀志》云：“先臘一日大儺，謂之逐疫。中黃門年十二以下百二十人爲侲子,赤幡皁裳,方相氏引逐禁中。帝御前殿,黄門侲子唱和呼十二神,鼓譟炬火,逐疫出端門。五營騎士傳火,棄洛水中,設桃梗鬱壘,出土牛於丑地,以送寒氣。"《隋志》云:"北齊晦季冬日逐疫,禁中鼓譟出,分六道出郭門。"今禮皆從而行之。執事十二執鞭何?鳴鞭所以警怛疫癘,使之去也。十二者,從天之大數。謂之侲子何?《西京賦》云:"侲童程材。"薛綜《注》云侲,善也。選其銳捷之善者,故云侲子。用太卜太巫師何?儺者扶陽遣陰,太卜主陰陽之事故也。《周禮》:"男巫掌冬堂贈,無方無算。"鄭云:"逐疫贈送不祥,巫與神通言,送使東西遠近,無常節也。"月令,季春命國儺,九門磔禳,以畢春氣。磔犬於九門。犬屬金,所以抑金扶水,畢成春功。東門盛德所在,無所禳也。又季冬命有司大儺旁磔,謂遍十二門也。亦是扶陽抑金助木也。《隋志》:"春季磔牲宮門及四城門。冬季大儺亦如之。其牲每門用牴羊及雄雞一。"今禮不用,但磔雞,雞屬西,爲舍磔之,所以助殺陰也。九門是何門?九門謂皋庫雉應路是五也,國門六也,近郊門七也,遠郊門八也,關門九也。磔謂取白犬磔破其腹。磔猶張也,謂披張其犬於九門也,禳告四方之神,止其灾癘。犬屬金,金克木,所以抑金扶木,畢成春功。東方三門不磔者。春位不殺,且盛德所在,無所禳也。

原載《全唐文》卷 873

禡牙祭議

准樞密院牒:"去年遣李金全統軍太常寺,定有禡牙之祭。今遣親王出征,禡牙之祭,儀式如何。"右。檢歷代遣將出征,漢高祖爲王時,設壇拜韓信爲大將軍,東出陳倉,收略秦地。魏遣將軍授鉞,北齊遣將告廟,授將軍鼓旗,帝親付鉞。後周遣將,太祝以羊告所過名山川。明帝遣大司馬賀蘭詳討吐谷渾,帝告太廟付鉞,如北齊禮。隋皇太子親征及遣大將軍,以猳豚鼓皆告太廟,及宜於社。二十年,又遣晉王北伐突厥,次兵河上,禡祭軒轅皇帝,以太牢制幣陳甲兵,行三獻禮。迨及皇唐之制,天子車駕行幸及親征,遣有司類宜造禡,如開元之禮。今檢《開元禮》無親王出征禡祭之儀。沿革歷代,皇唐所遵法者,以《開元禮》令式爲定。數內李筌太白陰經雖載將軍禡牙,實非典故。又《禮記·王制》云:"天子將出征,類乎上帝,宜乎社,造乎禰,禡於所征之地,謂師祭。"於其地而祭之,本其經義,實天子禡祭。告於上帝,以軒轅皇帝配,諸侯無祭天帝之文。若行禡祭,即合祝文稱天子告於上帝。今閫外之事,將軍專行。天無二統,禡祭但所過山川,作統軍元帥祭文。

原載《全唐文》卷 873

奏郊丘從祀五方帝獻官不合拜議

竊見圜丘方澤大祭五方從祀,獻官已下奠獻皆拜。況五帝者,是昊天之佐,爲尊所厭,不合兼尊於昊天。壇陛雖有降等,而拜敬不逾於上。在昔先儒亦曾議定,伏乞宣下,許依《開元禮》施行。

原載《全唐文》卷 873

正大姑小姑山神像議

准祠部牒,據彭澤鎮申,大姑小姑,乞改神儀者。大孤山,《釋山》云:"獨山曰蜀。"蜀,孤也。今下民訛言,穿鑿浮僞,作爲淫祠,何所尚哉!必也正名,於義安取?且山川之神,博施於民。有功則祀之。其或名山大川,能興雲雨,水旱雩禜,於斯不替,其可廢哉?彭澤鎮所申改正,甚爲允當。中所安排神儀部伍,典式不載,但依常式去婦人位,立山神廟貌。

原載《全唐文》卷 873

乞宣所司製造繡袍橐鞬議

右:臣准《開元禮》凡遇正至大朝及臨軒冊大臣,皇帝衮冕服,文武常參官服。金吾左右將軍隨仗入奉平安,合具戎服,被辟邪繡文袍,絳帕橐鞬。況百僚具服,八音在庭,羽衛盛陳,禮容異備。獨有金吾將軍,只以常服依望入閣班列,於禮未安。伏乞宣下所司,指揮製造繡袍橐鞬二副,逼立大仗日依儀施行。伏聽進旨。

原載《全唐文》卷 873

駁郊祀五人帝不合用匏爵議

右：竊見圜丘配帝從祀，相承酌獻只用匏爵。且五人帝者，人鬼之神，昊天帝者。天神之神。先王所以立法示民，禮有異數，匏太各用，文質有倫。《禮》云："器用陶匏，天地之性也。"豈以匏爵貢獻人鬼，又用之飲福，甚相褻瀆，深所未安。臣今欲止依《開元禮》施行。

原載《全唐文》卷 873

臨軒册封楚王不合執鎮圭議

臣今月日早臨軒發册儀注，先朝廷相承，皇帝臨軒衮冕服，皆殿中監進鎮圭，蓋是誤行，曾未沿革。伏以執圭者所以尊事上帝，嚴敬祖宗。若大朝會及臨軒册封公王，惟端拱凝旒而已。臣遍稽往籍，無臨軒執圭之文，其有不可削去者，先王舊典明矣。已指揮所司，准議施行。

原載《全唐文》卷 873

定虞祭議

右：臣聞古之諸侯，五月而葬，同盟至故也。七月卒哭，自葬反哭，及虞祔成事，禮用七祭，其間相去一十二日始畢。今檢《開元禮》引舊儀，自漢以降，王侯同用士禮，逾月而葬，三月而卒哭，祭用三虞，其來久矣。今之諸侯，地非專統，禮無同盟，畢數之文，已革前載。今月十三日慶王葬及虞，合用三祭。伏請准皇唐《開元禮》施行。謹具奏聞。

原載《全唐文》卷 873

婚禮婿見外舅姑儀議

准禮部牒，議皇子儲君太保見外舅姑餉物。按《開元禮》："婿若不親迎女氏，婿往見，主人於內門之外拜迎。"必見之，謂婚姻禮成，敬之道也。內門之外，親統於內也。若外舅外姑既■女家因婿婦告廟，以榮得禮也。其上先靈銀器衣段，典禮無文。事須具回牒。

原載《全唐文》卷 873

喪冠議

《禮》云：“喪冠不緌，練冠亦不緌。”去冠之飾，不全吉也。雖練冠亦用練，白布爲縞冠，乃衛文公大布之冠。今大祥逾月，吉祭之冠，冠武亦用細布，左辟積而厭，辟積類梁之上也。

原載《全唐文》卷 873

博士高遠奏改顔子祝文議

右：竊以祝嘏之説，已著《開元禮》中，昇降兩義不同，大祝云“敢昭告”，小祝云“昭告”，諒其損益，盡在往典。今高博士請改前經，未敢爲允。既尊其爲師，待以不臣，豈可抑以祀典。援其公爵者，或商容吕迎逸免也。武王式閭，維師尚父。尚當一時君臣，亦不北面爲禮，况顔子德冠師門，道光亞聖，千古景行，一人而已。《開元禮》太宗纂之，高宗述之，元宗定之，垂爲永則，豈合改作？謹議。

原載《全唐文》卷 874

再改正顔子兖國公祝文議

右：臣先據太常博士高遠奏，改文宣王配座顔子兖國公祝文昭告字，援小祀例爲致祭。高遠意者爲與武王祝稱不等，欲不敢御署，蓋迁至尊降屈行拜敬之禮，殊不知中祀云昭告，亦進御署，署訖皇帝不拜。今既昇文宣王爲大祀，兖國公即便是中祀，而况顔子德冠孔門，徇齊聖智，佐食則絶席居前，侑酳乃服袞在上。既禮容以相稱，何貶拂而太懸。武成王祝文，開元天寶中亦云昭告，進署不拜。至正元年，兵部員外郎李紓奏節文云：“太公述作止於六韜，勛業形於一代，豈可擬文宣王之盛哉？”遂改損昭告字云致祭，不進御署。今者國朝以其拯民靖亂，崇德報功，再奉嚴禋，重構廟宇。光靈顯被，聖澤優褒。聖典既修，舊章宜正。臣却請昇武成王祝文，仍舊歸昭告字，國公則不合更貶祝，仍准禮大祝進御署拜。中祝御署不拜，夫禮者，別尊卑，名輕重，奉常沿，酌折衷，後亦何必矯飾閒辭，蕪穢簡牘，穿鑿往事，紊亂彝章。視兹二途，指歸一揆。謹具奏聞。

原載《全唐文》卷 874

定皇太弟服魯國太妃喪儀議

皇太弟繼統儲宮，不得申其喪紀，只服緦麻三月，服三日公除。按《喪服傳》曰："何以緦也？與尊者爲體，不敢私其親。"今據禮經，則是子承父之禮，主乜宗廟，承名器之重，不敢申私親之服。若服則是廢尊者之祭，謂於死於宮中者，三月不舉祭是也。又云："君之所不服，子亦不敢服。"《開元禮》引喪服，比公子爲其母練冠麻衣纏緣，既葬而除。練冠則白練布爲素冠，麻衣纏緣。今之白練布爲衣裳，纏緣其裳也。近代庶俗，多用白布襴衫，非先王喪紀之法服。准令文，三日成服，朝晡五哭止。具成居處飲食，哭位則從其心喪。至葬期反服，既葬除服，禮也。

原載《全唐文》卷874

改正太廟遷祔神主議

臣聞王者之孝，莫大乎尊祖。有國之儀，必先於崇祀。采質文之損益，正宗廟之祧遷。載在前經，垂爲重事。國家中興土運，再造皇猷。雖殷薦之禮孔昭，而正名之典未舉。王良臣因崇清廟，遂上封章。臣備位明庭，攝官禮寺，祇承末議，思盡寡聞。謹具條奏如後。

原載《全唐文》卷874

太祖之廟及不遷之主

《禮》云："天子始受命，諸侯始受封，爲太祖之廟。"國初以景皇帝始封唐公，慶延奕葉，高祖雖撥亂以定天下，其實因唐以爲有國之號，改尊景皇帝爲太祖。然前代諸儒，亦議者非一。愚臣竊以謂高祖神堯皇帝頃在隋季，民實墜塗，而濡足救人，乘時啓運，天命允集，曆數在躬，豐功厚德，比崇三代。洎奸凶僭逆，皇祚中微。九有之民，猶思唐德。本枝百世，貽厥孫謀。故烈祖高皇帝造丕基，光宅大寶。昇元初以高祖有克定之業，實受命之君，尊居太祖之位，是爲不易之典。酌中考古，允得其宜。太宗文武皇帝定策濟時，戡難立極，惠周四海，道冠百王。烈祖考高皇帝仗義中興，應期繼統，功逾嗣夏，化洽重熙。以二聖有大造於人，故兩室居不遷之地，自餘親親之廟。存者四焉。

四親及義祖神主合出太廟

夫承祧繼統，則降其私親。尊祖敬宗，則存其大義。歷代已降，何莫由斯。是以先晉元之中興，而南頓令與瑯琊恭王不祔太廟。於春秋之義，國君即位未逾年而薨者，尚不祔太廟。又神龍中，義宗孝敬皇帝以儲后追尊，入祔太廟，尋從輿論，亦別創嚴祠。而況四親位匪君臨，地非正統。高皇帝既承太宗之後，所謂以義斷恩，叙之昭穆，未合典故。

伏見保大初給事中朱鞏著作郎徐鉉奏引秦漢故事，請定宗孝靜皇帝成宗孝平王惠宗孝安王慶宗孝德皇帝宜准例於潛龍故地別創新祠，以四時而祭，既協尊祖之義，別爲祭禰之宗。其太廟昭穆，請自昭宗已上未祧遷神主祔，并及請遷義祖神主於祠堂，就飾廟庭，別建嘉號，如德明興聖二廟之比者。准其年十二月敕文：“我國家務存孝敬，理在不祧。群官但據典經，故禮當迭毀。予不敢違先皇之命，不敢忘義祖之恩，是降敕書，期同□□勞於寤寐，誠亦未安。何者？先皇御札尚新，言猶在耳，儒者已微典實，議論紛紜，苟歲月既徂，德音漸遠，畢朕之世，雖云厥心不回，後代之人，且憂其意可奪，如是則隳先皇之孝敬，豈無時焉，祧義祖之神靈，信有日矣。誰當執咎，予用悔然。欲其求萬世之永安，未若割一朝之罔極。奉於不祧之地，冀絕親盡之言。嚴恭無斁，告享於舊。上匪違於先旨，下何傷於孝心。咨爾宗親，當體朕意，宜委所司於祠堂別建後殿，安置塑像。其前殿奉遷祖主以居。其寢庭制度祭享之禮，一如舊儀。”永爲不祧之廟者，所爲因時適變，以公滅私。載考聖謀，實符命議。雖義祖之廟，已正於典禮，而四親之主，合同於漢晉。是爲師古，人何間言？其四親廟，臣請依朱鞏等原奏施行，或以潛龍故地稍遠，恐虧嚴敬，只依京都建祀，於禮無愆。其義祖祠建，請准元敕處分。

懿宗已下合祔太廟

伏以懿宗、僖宗、昭宗三室,地未當遷,禮宜祔廟。請依昭穆,以奉烝嘗,五時享焉。

高祖已下祧廟

伏以高宗至宣宗十四室,雖親盡當毀,而禘袷之祭,合叙昭穆。今請各造神主,居於夾室。

右:臣致雍文慚學禮,業昧通經,忝在奉常,恭承議問。須陳管見,敢副宸衷。然而宗廟居尊,祀事爲大,必資時彦,共啓詢謀。伏請更於通班,各徵議狀,然後酌臣可否,繫在睿明。謹具奏聞。

請公除預祭議

右:臣伏見太廟行禮,百官有緦麻服已上,并不預祭。謹按《禮經》:"諸侯絶旁親之服,不敢廢大宗之祭。"謂官未葬者,欲人吉凶不相瀆也。魏晉已降,變行權制,緦麻已上,假内謂之喪服。假滿即吉,謂之公除。今既葬公除,廢葬非也。彼公除者,使人各得其祭,苟私祭不廢,則公除無嫌。請准開元七年正月七日吏部奏,依江左當時知禮者虞譚殷仲堪等議,相承等行之久矣。凡有百執事齋郎室長禮生已來,並擬請申詳前令,行公除助祭之禮。

廟像無婦人配座議

准祠部牒,據禮賓使何延錫狀,爲元應王副嶁公各授官封册,所服冠裳及女人有望像同座共享,兼畫僚屬等,乞賜改正移易,庶合典禮者。右:檢封祠之制,古來有功於民者則祀之,無續容飾貌之狀。自漢魏以降,所在州郡有神祠塑像衣冠人物,有夫婦共座配食之者,未知其所由來也。於禮無文,雖云配祔,宗廟鬼神,孝子感親之所。今元應王遺迹置祠,副嶁公或山川之神,各有受封爵。有受封爵,有其廟宇之制。殿堂之上，左右列侍衛臣僕像人，居然如其諸侯外朝正寢之式。春秋祀享，准令文皆州縣供其牢醴之物，長官拜祭，祀以夫婦配食之義不同。今未委准禮移婦人共座居別座，其王各依准衣服令等降，飾以衮冕九章之服，婦人無爵，衣褕狄九章，於禮爲中，仍請差工人就禮院畫衣服章數制度施行者。

原載《全唐文》卷 874

牒太廟置令釐革請御署齋官不合拜禮議

右：檢今月十四日冬享太廟，伏見攝太尉及亞獻官御署祝版到廟，先於殿前拜，謂之參神，如家人之禮。竊以鳳興行事，裸鬯之後，神靈降止，然後方行拜敬之禮。今未見其所祭，而於致齋之內，造次撩覰，頗甚褻慢。事須舉明，自今已後，便釐革者。

原載《全唐文》卷 874

太廟設甒鉶議

據太廟置令王崧申，凡遇時享，齋郎薦獻，皆是每人兩番或三番，不免紛紜。執事或有差互，獻官寧免淹延。舊例簠簋籩豆罇罍爵斝，並是未明行事之前，烹牲取熟之後，夙設甒鉶和羹與三牲俎，等是裸爵之後獻薦。今欲以三牲俎及毛血准舊例薦獻外，其脟脅并太羹和羹，所司可商議，准果菹饋等享前一時先設。載量變禮，甚合通規。不惟稍簡於排諧，兼得免彰於喧糅。奉判禮院商量者。

右：致雍竊詳郊天以血腥爲始，宗廟以裸饋爲先。既裸奠然後薦熟，今欲和羹之鉶，與脟脅夙設，求其禮情不近，於義實爲未可。謹議。

原載《全唐文》卷 874

邊鎮節度使謚議

夫功成事卒，身歿名垂。平昔茂勛，足以追寵。某人資性忠果，率御有方，久捍邊城，適安堡聚。復於布化，順惠克孚。惟其勛臣，賴此統牧。天不慭遺，喪我元良。卜窆有期，論行可著。功高盛烈，政和安民。按《謚法》云:"有功安民曰烈。"

文臣謚議二首

夫君子誕敷厥德,垂名於世,追美重終,謚而有贈。某人詞源瀿川,德基崇嶽。出光帝載,式冠朝端。服爵增華,言行有範。爰自紫垣演誥,潤色皇猷,明懿孔彰,博聞是謂。按謚法云:"博聞多能曰獻。"

夫實以誄華,名由謚易。既敷前烈,可述來芳。某人襟抱融明,風標秀逸,文爲士表,信在已先。端默持謙,恭仁允惠。請按《謚法》云:"恭仁鮮言曰靜。"

國子監官謚議

夫贈謚厚賢,克敷君惠。平生懿行,可得而書。某人蘊性純和,秉德方直,業通儒術,學任人師。宏益姬風,儀型國胄。敷受之聲不絕,典禮之訓有倫。請按《謚法》云:"典禮不愆曰載。"

勛臣謚議

夫臣下竭力盡瘁,立功於國。國安君寧,能事畢矣。某人器惟正亮,性亦融明。首贊宏謀,力荷王室。而自剖符錫壤,名冠列藩。茂績洪勛,惇史備載。易名之典,謀謚於公卿,曰:"思慮謀遠謂之翼。"

高士謚議

夫逸人遺範,秀士流芳。須示易名,用旌高蹈。處士某人懷真蘊道,嘉遁雲阿。漱石枕流,以激濁世。人尚高節,無以逾焉。謀於■好曰正白先生《謚法》云:"清白守節曰正,涅而不緇曰白。"斯之謂與?

東宮官謚議

夫服勤官次，景行有彰。終身則敬忌不忘，請誄而褒崇匪吝。某人端明立身，公正楷俗。踐揚名級，暉映士林。適自入奉承華，毗荷儲季，克宣令範，廉正有稱。謹按《謚法》云："廉直經正曰敬。"

原載《全唐文》卷 874

吏部官謚議

夫啓殯告謚，德行有褒。追美旌功，於焉斯著。某人度量宏達，秉直在躬。首自贊職銓衡，不遺器任。精裁人物，疏附允中。按《謚法》云："附不黨，疏不遺，是曰平也。"

原載《全唐文》卷 874

諫官謚議

夫生不可奪節，死不可奪名。身歿名垂，旌大厥美。某人忠鯁維亮，風概愈高。端委諫垣，民宗盛貫。極言累進，規正宏綱。是謂直臣，合旌遺烈。按《謚法》云："中正無邪曰質。"

原載《全唐文》卷 874

鎮海軍遙授衢州刺史李萬安謚議

伏以李萬安器度不羈，雄豪獨處，義勇兼著，寬猛相須。嘗毗荷以親賢，率衛兵而整肅。累刺臨於列郡，治封部以乂寧。在昔邊淮之兵，連營棄甲。惟黃之郡，嬰城不拔。却敵之力，萬安有功。謹按《謚法》："決勝壯敵曰毅。"

原載《全唐文》卷 874

和州刺史馬洪謚議

伏以號以表功，謚以表德。慎重厥美，君子有終。故檢校太保威衛將軍前和州刺史馬洪，勇於戰鬥，鬱有壯聲。動必擒凶，舉無遺策。被堅執銳，率居行陣之先。略地攻城，每在眾人之上。一麾臨郡，嘉績有聞。今也身歿名垂，請誄匪怪。引義爲用，厥謚彰矣。按《謚法》："率義供用曰勇。"其馬洪請謚曰勇。謹議。

再定

伏以見謚知行,終身有稱,用旌將帥之臣,可著簡編之美。馬洪壯於戰鬥,知勇亟聞,考狀昭詳,克揚前烈。平霍丘之賊,縛周令殷於陣前。解彭城之圍,擒何仁達於馬上。數其軍實,夥矣前功。今也云亡,噫然可惜。致果殺敵,厥謚彰矣。其馬洪請謚曰毅。謹議。

汀州團練使余廷英太尉謚議

伏以廷英承家軒冕,肇迹東南。少年以應聘諸侯,厥名貴仕。往歲以開區啓宇,宰府登庸。洎叔世替夷,奸臣擅命,廷英智能料主,謂故土不可即宮,首率諸侯,尊事大國。保全多體,思寧後昆。觀□始終允而彌顯,按《謚法》："深慮通遠曰思。"謹議。

再定

伏以廷英粵自東南,少登貴仕,忠其所奉,人曰匪躬,垂三十年,其勤亦至。洎王師恢復,建壘克平,被天朝之懋恩,列卿等之華級。只爲神皋承乏,侯服分憂,爲政理躬,有足多者。溘然長逝,用惻宸衷。考行易名,敢私典故。按《謚法》："名實不爽曰質。"請以爲謚。謹議。

刑部尚書嚴紹謚議

按考功送到行狀,稽其往迹,敬慎有終。紹服爵承家,時推華冑。考祥視履,人垂匪躬。既名行以弗愆,諒定質而可取。按《謚法》："純行不爽曰定,名實不爽曰質。"今請一字謚曰某。謹議。

改謚

據考功録到門人華歸仁記其行事,蓋惟誄貴之文,有司以之弗取,復詢輿論,無損士風。紹服爵登朝,檢身立事。名行既無愆爽,始終須示襃崇。按《謚法》云:"名實不爽曰質。"謹議。

原載《全唐文》卷 874

工部尚書刁紹謚議

據行狀,紹前後從公,歲華更事,匪躬奉上,盡瘁勤王。爰自牧守海陵,化敷邑里,民情稱理,奏課居多。議名之端,歸美於行。紹向來安身不競,修已自保,敬慎有聞,始終若一。按《謚法》:"小心恭慎曰僖。"謹議。

原載《全唐文》卷 874

龍衛軍副統軍史公銖謚議

公銖祖世朔方捍藩顯功,爲唐名將。公銖便弓馬,習戎事,有名父之風。刺郡部,近民情,知良吏之節。性和不損,撫士寬容。考終之名,用以爲謚。按《謚法》:"寬容和平曰安。"其史公銖請謚曰安。

原載《全唐文》卷 874

知饒州刺史林廷浩謚議

伏以廷浩勇而有謀,臨事却敵。往歲北師衆至,來攻泰州。是時孤城且危,外援不救,廷浩能屬士卒,分地捍御。鑿展深塹,斷絶飛橋。俟彼布陣,援旗引鬥。纔渡中河,半多陷溺。不有奇略,安能保全?《謚法》:"臨事有斷曰勇。"

原載《全唐文》卷 874

天德軍使程成謚議

程成起自行間,累以戰功,爲時名將。頃在合肥,頻經大敵,既斬獲數多,賞在上等,因且奮身不顧,負楯先登。陷彼堅陣,而被執不撓。《謚法》"恃義不撓曰勇",元宗皇帝《收獎前勛制辭》云:"抗誠不撓,奉主言堅。命秩既崇,忠義可取。"按《謚法》云:"恃義不撓曰勇。"

原載《全唐文》卷874

劍州刺史高隋謚議

往歲閩人怗亂,賊臣不庭。連結外兵,竊據東境。隋時爲裨將,分守上游,號令精明,訓御嚴整。善治攻具,妙用戈船。下延平□夷之軍,破橫海艛艫之衆。越寇畏襲,邊郡謐寧。克敵服叛,累功多者。舉一爲謚,謹按《謚法》:"服叛定功曰威。"謹議。

原載《全唐文》卷874

司農卿元凜謚議

伏以凜文爲己華,用能進業,行爲士本,居則撝謙。因歷聘諸侯,從事楚部。在官凡二十任,莅職僅五十秋。然而物議不諠,祿位無曠。矧遇季主荒怠,遭時艱難。絕居不疑,履危無咎。保全名節,歸休聖朝。據《行狀》云:"去夫二國,不遺惡聲。事夫六君,不流静贊。"按《謚法》:"小心恭慎曰僖。"去二國,事六君,無惡聲,無流贊,不謂恭慎乎? 其謚元凜曰僖。謹議。

原載《全唐文》卷874

小殿直諸指揮廂虞候劉匡範謚議

誕生將門,爰有命聞。寬柔得衆,勤恪在公。幼襲世封,克荷先業。以忠正奉國,以孝悌承家。頃奉朝恩,守牧滁上。民無冤滯,吏絕侵漁。期年有成,風俗大治。又據《行狀》云:"爲皇城使日,值北師來侵。京邑騷動,匡範忘食輟,寢晝警宵巡。仍散私財,以募兵士。屢陳章疏,乞預征行。念茲勤勞,夙夜敬事。"按《謚法》:"勤勞無私曰順。"謹議。

原載《全唐文》卷874

泰州刺史陶敬宣謚議

伏以君子没世,而名有可稱。謚以德彰,克旌厥美。陶敬宣貴襲公爵，以文立身。華貫繼登，允光前烈。洎師都亞尹，廉正有方。東吳牧民，勤恤不倦。寬裕順理，惠和以施。《謚法》：“慈仁和民曰順。”其陶敬宣請謚曰順。謹議。

太尉李金全謚議

夫功成事卒，身歿名垂。平昔茂勛，足以定寵。故其資性忠果，威略有成。履行端莊，聲實無替。往以大憝移國，僞梁僭圖。金全有致討之功，復安天步。紹宗繼統，入扈乘輿。式掌兵機，克總侯府。而又累仗全越，出捍邊危。種落安寧，疆場肅靜。酬勛錫壤，皆踐大藩。金全知皇運中興，能以義諭臣僚，聿來慈服。《謚法》：“慈和遍服謂之順。”李金全請謚曰順。謹議。

故歙州刺史太尉楊海謚議

右：詳門吏録到行狀，楊海父祖仕郡縣爲吏，海始明經調選，有開厥嗣，傑作將臣。性懷不羈，雄豪獨處。昔歲中州紛擾，群盜縱橫。自言力勝於人，分部得衆，歸命我朝。爰服休恩，擢在上將。期門清蹕，勾陳衛兵，統御得權，嚴整有序。用海爲新安守，到任知物情之所未便，補累政之所未修。治隄防，築壁壘，鐲水害，利民居，勤績著聞，功用可取。謹按《謚法》：“施勤無私曰順。”請謚曰順。

司空游簡言相公謚議

按公正明在躬，亮直秉性。出光帝載，位冠朝端。昔者職處掖垣，兼持銓綜。士無濁者，官盡得人。踐文章之臺，治紀綱之要。奸吏展畏，貪夫廉隅。言必至公，門絶私謁。日者越人皆誕，寇我近畿。餘穢盡誅，首惡未諭。方生釁隙，遽詔行人。受命而行，臨事有斷。洎登宰輔，允副具瞻。股肱其良，邦家珍瘁。議名請謚，敢忘至公。

謹按《謚法》：“廉方公正曰忠，臨事有斷曰肅。”

原載《全唐文》卷874

濠州團練觀察使郭全義謚議

濠州郡團練觀察等使郭全義薨。夫謚以行政，行因謚立。克揚茂烈，追美成功。全義端委和門，明慎師律。入司侯府，出踐藩垣，民政武功，雖書甲令。易名考行，未請省曹。今以啓殯有期，書方仍待。且據郭全義策名已來，夙居戎表，勇能致敵，用以爲褒。按《謚法》云：“好力致勇曰莊。”謹議。

原載《全唐文》卷874

前蘄州刺史李賓謚議

賓委質聖朝，奮身戎表。位兼隆於中尉，才復任於列藩。勤已居方，垂仁訓俗。考行誕敷其往烈，飾終克保於令名。《行狀》云：“以援枹鞠旅爲己任，以燧燔烽舉爲時行。”然而戎候自虛，懿誠未誡。《謚法》曰：“武而不遂曰莊。”謹議。

原載《全唐文》卷874

奉宣旨改謚

又據狀，賓天祐中附翼戎臣，仗劍東渡，委質聖朝。是爲知危亡之理，慎思慮之謀。以義而來，克安永嗣。《謚法》云：“思慮不爽曰原。”謹議。

原載《全唐文》卷874

左街使侯仁遇謚議

侯仁遇立身端謹，前後更歷職任，誠節無替。往歲攻圍福州之日，能屬士決戰，奪其城壘，殺獲甚多。雖功用弗成，而壯勇可激。按《謚法》：“武而不遂曰莊。”

原載《全唐文》卷874

寧國軍節度使陳謙謚議

伏以陳謙少年有鄉曲之譽，倜儻義烈，直氣不群。頃值東甌兵擾，與其伯仲招結猛士，擒賊立功，拔爲上將。習戈船水戰之師，統劍津下瀨之旅，破錢塘軍，威振越人。界壤海圻，兵不敢犯，保邦庇民，謙之功也。近者執圭入覲，再陟帥壇。俾賴式遏之功，永作藩垣之固。天胡不憖，奪我帥臣。歸葬有期，啓殯請謚。用旌前烈，敢忘至公。按《謚法》："好力致勇曰莊。"其陳謙伏請賜謚曰莊。謹議。

原載《全唐文》卷 874

龍衛軍左厢諸指揮都軍頭故歐陽權謚議

右：竊以前件人夙處和風，時推驍將，屢行征伐，亟著勛勞。爰自淮壤出師，滁城却敵，縱鐵騎而從突，拔予戟以先登。破陣雲騰，畏威風靡。稽其行狀，先皇制命云："爾能前率騎兵，身先矢石，心堅效命，勇有可觀"，豈不謂好力致勇乎？謹按《謚法》："好力致勇曰莊。"其歐陽權伏請賜謚曰莊。

原載《全唐文》卷 875

光山王延政謚議

光山王延政，昔者無諸舊壤，閩越分封，惟嗣承慶，基立爲極。洎乎末途弗譓，景祚中零，因懷順軌之風，永感安宗之念。加以敬恭事上，慎重寡言。作牧鄱陽，民安其化。舉是美者，俱爲謚焉。謹按《謚法》："敬恭事上曰恭，安民法故曰定。"請以"恭定"爲謚。

原載《全唐文》卷 875

蔣彦威謚議

銀青光禄大夫檢校司徒右千牛衛將軍兼御史大夫上柱國蔣彦威卒。據狀："以雲翼馬軍，教授衛兵，彦威趫捍過衆，騎射絶倫。訓練之方，申明有律。"行狀昭載，易名可稱。謹按《謚法》云："治兵不遷曰簡。"謹議。

原載《全唐文》卷 875

左宣威軍使張于諡議

據行狀，竊以于昔年參署戎府，總掌簡要。簡稽士卒，規畫軍師。幹局理事，垂五十年，勤亦至矣。其爵命有等，諒以名諡可加。按《諡法》："勤勞無私曰類。"

原載《全唐文》卷875

駁奏議周進卿諡議

竊以易名賜諡，蓋用收獎死亡將帥之勛。其或入則常直禁中，扈蹕著勤。出則斥候境土，捍寇致力。星霜累歲，忠勇盡誠。復有爵土可兼，名實相稱者則與之。周進卿附翼戎臣，策名環衛。昔者惟以鞭弭隨事，非因鞞鼓立功。聖君柔遠之恩，不循班例之選。擢官虛奉再命，歷職僅未四稔。若使死之日班位可加，不謂生之時功行無取，而況即日專征者百輩，立功者無一人。如此之流，何足褒與。自今已後，在任未有勤誠，立身全無異行者，不合定諡。

原載《全唐文》卷875

再奉敕旨定周進卿諡

伏以頃者中原作梗，郡部多虞，進卿隨戎車之徒，惠然向化。捨鞭弭之役，從而策名。荷禄驟列清朝，衛蹕末施微效，以其違去喪亂，歸慕聖朝，慎思遠圖，克保來裔。按《諡法》："思慮不爽曰原。"謹議。

原載《全唐文》卷875

洪府神武軍左右親從兩指揮都虞候故孫漢遇諡議

藉父兄業，爲將帥臣。御其翊衛之師，宮陛盡肅。總彼緹騎之任，王府克寧。方馳乃能，適赴忠訓。言其永逝，用以易名。漢遇立事，以勤敬不替。按《諡法》："夙夜警事曰敬。"謹議。

原載《全唐文》卷875

孫晟諡議

右：伏以孫晟蘊經濟之才，有慎重之操。守之以正固，潤之以文辭。事先朝居密近之地，登右輔稱弼諧之任。周歷清顯，藹有聞望。
洎北寇侵軼，邊郡驚騷。於修德。庇民之時，奉執謹乘輻之命。聞其
情專報主，動必應機。班彪論中興在漢，仲尼由大夫思魯。深踐虎狼
之國，競全臣子之節。雖死之日，猶生之年。爰考易名，宜旌盡瘁。
孫晟精於文學，達於政事，專以知物，多聞闕疑，豈不謂博物多見乎？
爲一介之使，奮不奪之節，見危致命，確乎不拔，豈不謂之忠乎？“危
身奉上曰忠”，其孫晟請謚爲忠。

原載《全唐文》卷875

常州防禦使李守義謚議

　　竊以立謚之法，先王所以懲惡勸善也。雖士有百行，考終之道，
節一惠爲名。守義奮身戎行，位以勛立。前後功行，豈無可書者。今
復詳守義行狀，任日有裨將秦銖，稔惡聚徒，懷害守義。尋則俘擒之，
云有䌷報之語，由神物幽附。且守義薰旅訓民，不能盡敷君惠，致來
携叛。職爾之由，未嘗引咎責躬，而妄興妖語。孽由自作，神不可誣。
欲以此事歸美於功，不曰疏乎？按《謚法》：“好變動民曰躁。”改
曰躓。

原載《全唐文》卷875

鄂州副使前沂州刺史劉敬文謚議

　　伏以君子重終。先王有禮，既允啓殯，請謚弗違。敬文允處和
門，夙馳戎略。武昌貳君，勤勞於茲。今也命歿有聞，爰加贈典，令善
類也，不曰宜乎？按《謚法》：“勤勞無私曰類。”劉敬文請謚曰類。
謹議。

原載《全唐文》卷875

德勝軍節度使孫漢威相公謚議

　　竊以一昨淮壖用兵，將統無略。或始陣懼敵，或望風靡旗，或挫
而受降，或窮而被執，以至禍難相繼，疆土仍侵。而漢威能嚴整御戎，
精明出令，決勝有料，動算無遺。戎師屢攻，城守不拔。保全名節，集

大功勛。捍禦多能，易諡堪獎。按《諡法》："決壯勝强曰武，折衝禦武曰毅。"諡曰"武毅"。謹議。

汀州刺史張延嗣諡議

伏以昔者東甌別部，臨汀舊封，兵革遭罹，閭邑蕩失。俗方阜化，民僅息肩。延嗣鎮撫得宜，物土咸若。嗟乎永逝，良用追恩。按《諡法》："綏和來民曰德。"改諡曰載。

故虔州節度使賈匡浩相公諡議

伏以策勛諡行，名實有倫。善惡必書，褒貶斯在。故龍武統軍使檢校太傅同中書門下平章事河東郡開國侯食邑一千五百户賈匡浩，頃以程功積事，服勤有年。國朝疏爵之初，人惟求舊。洎剖符錫壤，休顯亦多。廬陵上饒，聲化且著。南康重鎮，番禺連封。五嶺之南，惟王巨屏。有溪洞獷民，昔嘗恃險，竊聚妖凶。匡浩控壓蕃要，務去元惡。致令滋蔓其徒，攻剽廬舍。而匡浩受方面重寄，不曰徒然。夫見義而動，所舉秘克。匡浩執心寡斷，何所述哉！按《諡法》："述義不克曰丁。"賈匡浩曰丁。謹議。

右千牛衛將軍白福進諡議

伏以一昨中州阻兵，民庶遷蕩。福進持其部伍，靡所依歸。此不右招，彼何寧族。來思之念，順軌是圖。按《諡法》："深慮通遠曰思。"謹議。

太尉劉崇佑諡議

崇佑襲先公之爵，踐華胄之封，而能禀受兵鈐，精持戎律，居中宿衛，盡瘁勤王。晉陵牧民，同安治郡。未幾滿秩，咸著善聲。行狀云：

"爲政之日,獄訟無撓,民人乂安。"按《諡法》:"勤恤仁隱曰德。"豈不謂獄訟無撓乎?又曰:"寬衆優足曰德。"豈不謂民人乂安乎?其劉崇佑請諡曰德。謹議。

原載《全唐文》卷 875

軍使孫彥潛打毬馬墜死諡議

孫彥潛少年以節概不群,雄豪獨處,習兵家之法,有名父之風。訓士禦戎,人皆稟令。方立功業,是賴將臣。忽傷銜橛之虞,遽痛垂堂之戒。雖捐軀自效,而獻命不忘。謹按《諡法》:"述義不克曰丁。"

原載《全唐文》卷 875

再奉宣旨定孫彥潛諡

孫彥潛較藝武場,馳驅君所。雄勇效力,誰曰不然。昔魯莊公及宋人戰於乘丘,縣賁父御,卜國爲右。馬驚敗績,公欲罪其無勇,二人遂赴敵而死。及圉人浴馬,有流矢在白肉,公曰:"非其罪也。"遂誄其赴敵之功以爲諡。今彥潛亡命奔馭,貽讟有司,與其赴敵而死不同。若責其垂堂之訓,又太過也。臣請改以"武而不遂曰莊"。

原載《全唐文》卷 875

江西節度副使馬希薀諡議

伏以希薀家甘啓土,允胄襲封,率事聖朝,獲寧來嗣。往令藩任,連彼□華支轉之懷,副軍是賴。奄忽永逝,於焉增傷。追遠之期,易名可贈。行狀云:"長自綺紈,幼居祿位。端莊慎密,似不能言,縱喜慍家人莫得而知之。"按諡云:"安心好靖曰夷。"

原載《全唐文》卷 875

海州兵馬監押吳廷英諡議

伏以吳廷英早列內班,頗聞幹事。泊昇監護,亦克訓齊。對敵而不避鋒鋌,失律而莫諧功業。遽從淪喪,宜勸將來。執固誠堅,易名宜著。按《謚法》：“義勇不遷曰果。”《大戴禮》曰：“犯之以卒而不懼，及置義而不遷。”請謚曰果。

右驍衛大將軍致仕故王令莊謚議

伏以王令莊嘗事和門，頗探戎略，久司羽衛之職，晚分符竹之任。始末不懈，民庶興謠。黃髮彌年，優游卒歲。稽其往行，豈不謂之寬樂令終乎？按《謚法》：“寬樂令終曰靖。”請謚曰靖。

諫議張易謚議

張易抱耿介之性，韞剛直之風，宇量獨高，識斷明擅。詳狀其行，昔歲國宗有北門之驚，而王師不振。大臣獻畫，多所異同。易抗辭而前，獨屈群議。寧難之略，潛合睿謀。祇如面斥奸臣，不畏強御。傾邪者見之而屏息，黨錮者聞之而銷聲。而又集諫議之書，極匡救之理，啓迪聖覽，規贊大猷。忠鯁之懷，風節恒峻。議名之狀，一惠爲謚。謹按《謚法》：“直道不撓曰正。”

右領軍衛將軍譚漢鐇謚議

伏以漢鐇以其少年鄉曲有譽，頃遭世否，蘊有成謀，載執干戈，散招逋叛，保乂故土，營衛屬城。勛伐因彼有稱，爵位爰茲而陟。按《謚法》：“安民立政曰成。”漢鐇戍守之民，競於亂而故土不遷，豈不謂安民立政乎？請謚曰成。謹議。

諫議大夫江文蔚謚議

文蔚昔者持慮之日，對仗彈事，廷劾宰相。剛直之性，無所顧憚。秉心一德，中立不回。按《謚法》：“一德不懈曰簡。”

太弟少傅李匡明謚議

伏以先王論德行以爲謚，稽其往者，慎終有稱。既啓殯而有期，諒美名而可易。太弟少傅李匡明，襲爵承家，匪躬立事。爰自紫垣演誥，潤色皇猷。烏府提綱，申明庶獄。同安理郡，惠政以成。林林之中，清風久著。而又攻棋善翰，知音審聲。執射而容體有儀，飲酒而程度不惑。學通周問，尤多能矣。謹按《謚法》："博聞多能曰獻。"李匡明請謚曰獻。

原載《全唐文》卷875

保義軍節度使鍾承勛謚議

伏以鍾承勛寇鄧名家，褚竇洪族，連戚里之貴，開爵邑之封。揚歷清途，周旋峻秩。再處方州之任，尋統下瀨之師。能保和柔，奄至淪謝。稽諸往行，以議易名。謹按《謚法》："和柔居中曰懿。"謹議。

原載《全唐文》卷875

司空嚴續謚議

據考功列到行狀云：嗣承慶基，有象賢之德。中正不倚，秉心罔渝。祗如再踐鈞樞，兩迎魯館，富貴絶驕矜之色，始終無險陂之心。又以道著彌綸，功扶翼戴。荷先朝之顧命，贊登極之法儀。百度惟貞，四方是則。再稽前烈，敢忘至公。謹按《謚法》："和柔居中曰懿。"

原載《全唐文》卷875

右千牛衛將軍王再興謚議

伏以再興經踐歲紀，序爲將臣。昔嘗總翊衛之權，居右廣之職。戎律既秉，謀誠豈無。然而偃師中府，謝病終老。勛伐未著，爵位虛崇。命數彌加，謚名宜賜。竊尋其家狀，頃自洛京，仗義南渡。擇主而事，思慮不違。按《謚法》："通不爽願曰思。"謹議。

原載《全唐文》卷875

右衛使司空李承祚諡議

伏以啓殯納柩，日月有期。諡行易名，始終斯著。具銜李承祚，承家將種，勛德有稱。惇謹爲人，忠勤立事。洎司武候，夙夜警巡。奸盜克殲，市廛無撓。考狀昭載，名實有倫。按《諡法》："夙興警事曰敬。"李承祚請諡曰敬。謹議。

原載《全唐文》卷 875

龍衛軍使司空劉崇禧諡議

夫名實有倫，在乎素履。考功無籍，莫得而書。今據故吏裴洪隱紀其行事，有司質以爲諡。惟崇禧一昨受推轂之命，師次淮陰，終於王事，服勤死衆，總於弗忘，是謂夙夜就事，"受命不遷曰敬"。劉崇禧請諡曰敬，謹議。

原載《全唐文》卷 875

太尉王建諡議

故具銜王建卒，尚書省考功録到行狀，其人頃因寇亂，起青徐部，入魏梁師。乾寧中，與其徒葛舟來侵壽，壘無陣，北爭奔，涉溺者萬計。建獨得數騎，臨水勢蹙，於是下馬地鬥，劍戟相搏，奮有餘勇，人莫之勍。俄而免胄請執，獻命我師。爰從委質，亟立前勛。擒李遇於宣城，逐王茂章於澤水。攻無錫，走越寇，建有功也。出刺郡，吏民無撓，疆郵以寧，偃師多年，懸車卒歲，黃髮彌壽，忠亮惟堅。按《諡法》："克敵勤民曰桓。"

原載《全唐文》卷 875

韓熙載

南唐大臣（902—970），濰州北海（今山東青州）人。後唐同光中，舉進士。天成中，投奔江南，在吳國歷任滁、和、常三州從事。南唐建立後，歷任秘書郎、虞部員外郎、史館修撰、知制誥。元宗時，因爲上表言事，觸怒宋齊丘，被貶爲和州司馬。久之，召爲虞部郎中、史館修撰，拜中書舍人。後主時，爲兵部尚書，充鑄錢使。熙載善爲文，求其撰寫碑銘墓志者不絶，獲財豐厚，見南唐國勢日衰，於是廣蓄伎樂，晝夜宴樂。後主欲大用，拜其爲中書侍郎、光政殿學士承旨。開寶三年(970)卒。

上睿帝行止狀

熙載本貫齊州，隱居嵩岳。雖叨科第，且晦姓名。今則慕義來朝，假身爲賈。既及疆境，合貢行藏。愚聞釣巨鰲者，不投取魚之餌，斷長鯨者，非用割鷄之刀。是故有經邦治亂之才，可以踐股肱輔弼之位。得之則佐時成績，救萬姓之焦熬。失之則遁世藏名，臥一山之蒼翠。某妄思幼稚，便異諸童。竹馬蒿弓，固罔親於好弄。杏壇槐里，寧不倦於修身。但厲志以爲文，每栖身而學武，得麟經於泗水，寧怪異圖。授豹略於邳圯，方酣勇戰。占惟奇骨，夢以生松。敢期墜印之文，上愧擔簦之路。於是攖龍頷，編虎鬚，繕獻捷之師徒，築受降之城壘。爭雄筆陣，決勝詞鋒。運陳平之六奇，飛魯連之一箭。場中勍敵，不攻而自立降旗。天下鴻儒，遙望而盡摧堅壘。横行四海，高步出群。姓名遽列於烟霄，行止遂離於塵俗。且口有舌而手有筆，腰有劍而袖有鎚。時方亂離，迹猶飄泛。徒以術精韜略，氣激雲霓。箕口張而陰電搖，怒吻發而暑雷動。神驅鬼殿，天蓋地車。鬥霹靂於雲中，未爲踴捷。喝樗蒲於筵上，不是口豪。蘊機權而自有英雄，仗勁節而豈甘貧賤。但攘袂叱咤，拔劍長嗟。不偶良時，孰能言志。既逢昭代，合展壯圖。

伏聞大吳肇基，聿修文教。聯顯懿於中土，走明恩於外方。萬邦咸貞，四海如砥。燮和天地，巖廊有禹稷皋陶。灑掃烟塵，藩翰有韓彭衛霍。豈獨漢稱三傑，周舉十人。凝王氣於神都，吐祥光於丹闕。急賢共理，侔漢氏之懸科。待旦旁求，類周人之設學。而又鄰邦接畛，敵境連封。一條鷄犬相聞，兩岸馬牛相望。彼則待之以力，數年而頻見傾亡。此則禮之以賢，一坐而更無騷動。由是見盛衰之勢，審吉凶之機。得不上順天心，次量人事。且向陽背暗，捨短從長，聖賢所圖，古今一致。然而出青山而裹足，渡長淮而棄繻。派遙終赴於天池，星遠須環於帝座。是携長策，來詣大朝。

伏惟司空楚劍倚天，秦松發地。言雄武則平窺絳灌，語兵機則高掩孫吳。經受素王，書傳元女。莫不鞭撻宇宙，驅役風雷。勞愁積而髀肉生，憤氣激而臂臠起。一怒而豺狼竄攝，再呼而神鬼愁驚。搥蠻鼓而簸朱旗，雷奔電走。掉燕鎚而揮白刃，斗落星飛。命將拉龍，使兵合虎。可以力平鯨海，可以拳擊鰲山。破堅每自於先登，敵無不克。策馬常時於後殿，功乃非矜。國家賴如股肱，邊境用爲保陣。勛藏盟府，名鏤景鐘。今則化舉六條，地方千里。示之以寬猛，化之以溫恭。繕甲兵而耀武威，綏户口而恤農事。漫灑隨車之雨，洗活嘉田。輕搖逐扇之風，吹消沴氣。可謂仁而有斷，謙而逾光。賢豪向義以歸心，奸宄望風而屏迹。仁見秉旄仗鉞，列土分茅。修我貢以勤王，控臨四海。率諸侯而定霸，彈壓八方。遐邇具瞻，威名洽著。況復設庭燎以待士，開雪宫以禮賢。前席請論其韜鈐，危坐願聞於興廢。古今英傑，孰可比方。某才越通流，已觀至化。及陳上謁，罔棄謏才。是敢輒迷行藏，鋪盡毫幅。況聞鳥有鳳，魚有龍，草有芝，泉有醴。斯皆嘉瑞，出應昌期。

某處士倫，謬知人理。是以副明君之獎善，恢聖代之樂賢。昔婁敬布衣，上言於漢祖。曹劌草澤，陳謀於魯公。失范增而項氏不興，得吕望而周朝遂霸。使遠人之來格，實至德之克昭。謹具行止如前，伏請准式。順義六年七月，歸明進士韓熙載狀。

原載《江表志》卷2，《五代史書彙編》

真風觀碑并序

道生一，一氣剖，是爲二儀。二儀分，是爲萬象。故天得以覆，地得以載。日月得以晦明，川岳得以融結。四時迭運，五才以序。於是乎俶有生人，樹之司牧。當兹時也，天下爲公。大道未隱，故不言而化，無爲而治。逮夫裁道以成德，先仁而後義，禮樂既設，巧僞遂生。聖人猶是著元言，開妙鍵，蓋將拯其弊而反其源也。道也者，其大矣哉。用之私，則可以駕景躡虛，拔一身於塵滓。用之公，則可以還淳反素，驅蒼生於仁壽。噫！天下奉其教，尊其像，宫館相望者，豈徒然哉。

　　我國家墜業復興，澆風漸革。皇上受天明命，纘帝丕基。思致時雍，精求化本。故能序百揆，勅九族，五音克諧，群望用秩。人和既感，天瑞亦臻。允所謂孝格乎上元，而政符於大道矣。以爲崇清净之教，則務在於化人。飾元元之祠，則義存於尊祖。於是乎名山福地，勝境靈踪，壞室頹垣，荒壇廢址，咸期完葺，式表興隆。廬山之陽，有女真觀曰崇善。松門蘚磴，蘿蔦交陰。層巒浚流，嵐靄相接。怪石古木，峭壁懸崖。怪狀奇姿，望欲騰擲。千尋落水，飛静練於林端。萬仞危峰，聳寒青於天半。晝夜若風雨，盛夏如素秋。高岡密林，谽谺翁鬱。信洞府之絶境，神仙之勝游也。而庭廡荒凉，殿堂傾側。醮壇丹井，但有榛蕪。古像隳橧，略存香火。是觀有女道士楊保宗者，浮虚早悟，清净自持。却粒鍊形，幽栖巖谷。勤行之績，達於九重。雲暫出於碧山，鶴少留於丹禁。乃訴其頹軒未葺，真侣奚依。欲就良因，實資帝力。上俞其請，賜以金錢。六宫之中，競施服玩。珠珍彩繡，璀錯輝煌。載之旋歸，計逾千萬。於是庀徒度費，即舊創新。經之營之，厥功遄就。爾其爲狀也，則块圠低昂，紛敷粲章。間以金碧，飾以銀黄。層櫨次第以鱗集，厂宇參差而翼張。鏤盤虬於密石，圖悍獸於飛梁。下窈窕以宏麗，上嵯峨兮煒煌。寶鐸玲琅，鏗宫韻商。望之者愕眙，聽之者凄凉。何蓬萊與方丈，忽山峙而鷺翔。夫其架飛觀以干霄，谽丹扉而瞰野。迴廊夭矯以岡屬，正殿崔嵬而雲竦。墉垣繚繞，鈎楯連延。礨翠炎以爲壇，範真金而作像。道場嚴肅，繪塑精明。聖祖靈官，儼然如在。軒甍互映，丹漆相鮮。層殿初成，但有窺窗之女。還丹儻就，寧無奔月之人。靈草奇花，千名萬品。間以芳樹，洗其密篠。導以清流，瀦爲渟沼。扶疏葱蒨，演漾泓澄。年年有異木含春，疑游閬苑。夜夜而寒泉浸月，似到瑶池。若乃環佩珊珊，笙磬寥寥，陟星壇於月夕，會真侣於霜朝。唱步虚於縹緲，動霞帔之飄颻。朝禮將終，起彤雲於丹井。靈仙若下，盤皓鶴於烟霄。顯敞幽陰，奇特瓌美。雖鬼功神運，亦無以加。足以增氣象於江山，誇壯麗於宫觀也。卓矣乎，清净之門既闢，元元之像又嚴。固將扇以真風，惇其孝治。皇王能事，孰與爲先。乃錫號曰“真風”，賜女真楊保宗紫衣，旌

其幹也。下臣承詔,作爲是詩,美其功也:

道未形時,無有一物。形既有矣,萬象紛出。一動一靜,一出一没。運轉無窮,到於今日。中有大道,則之者誰。明明我后,亦公亦私。百官承式,品物其宜。端拱而坐,融融怡怡。洪惟我祖,實道之主。闡教利人,與天同溥。吾君奉之,爲棟爲宇。欲化頹風,重爲邃古。廬山之高兮高莫窮,隱映萬壑,岑巇數峰。如削如畫,凌摩碧空。上有懸流之百丈,恒噴雪而號風。下瞰長江之九派,時吐霧而隱虹。白雲兮翠靄,密竹兮高松。清猿之與幽鳥,恣吟嘯乎其中。修鍊之徒,或釋或老。亦有群儒,是論是討。簡寂之前,崇善爲號。女真居焉,研味其道。制作之野,同乎草樓。荒凉古迹,寂寞靈游。久而未葺,抑有其由。良緣所屬,非聖而疇。群材既集,哲匠有程。攢櫨簇栱,結棟飛甍。銀鋪飾户,玉礎承楹。傅以朱緑,垂之璧瑛。殿儼尊相,旁羅衆真。如聞大道,似演長生。修廊環布以曼衍,危樓對峙而崢嶸。矗如山立,艷若霞明。望之則焕爛晶熒,若經天台兮睹赤城。就之則想像威靈,若登丹丘兮趨福庭。天子聞之而動色,於是乎錫真風以爲名。保大五年歲次丁未八月壬午朔二十八日己酉,虞部郎中韓熙載記。

原載《全唐文》卷 877

宣州築新城記

粵自結繩初代,爰申弧矢之威。執玉已旋,遞設金湯之險。逮至七雄鬭土,二霸專征,其或盟約未敷,則崇百雉而以尊王室。仇讎尚熾,復嚴入襲而用保邦家。由是九服畏威,諸侯述職。式閭懋德,仍垂裕於後昆。定鼎洪基,固重光於奕世。及其素靈有國,炎政披圖,未嘗不廣樹藩防,久司方面。帶河阻險,將制敵以平堅。高壘深溝,遂取威而定霸。邇後五方分鼎,六代乘龍,咸皆高蹠前規,重席故範。雖復寢扃静柝,已無伺隙之虞,然而列郡通都,常有盤石之固。則知百王遺式,歷代所因。利用建侯,率由斯道者也。

我唐中興三葉,聖曆再周。貞觀不違,飛沉自若。義聲騰於九有,靈光施於八埏。國步已康,而關防益謹。用張下武,大展雄圖。

載習五兵,克殲勍敵。重營堅壁,以制不庭。乃詔寧國軍節度使檢校太尉同中書門下平章事都督宣州諸軍事宣州刺史濟南公築此新城者矣。公擢陰陽之秀氣,含川嶽之上靈。才爲時生,榮不世出。心堅鐵石,氣激風雲。森武庫之戈矛,壯私門之營壘。負沉舟之勇,竟折銳以摧堅。沉背水之機,必追奔而逐北。義征不諱,方圖烟閣之形。功濟多堅,更鏤昆吾之鼎。所以疊廮天爵,頻擁隼旗。政理洽旬,仁風載路。牙帳荷絕甘之惠,編閭興來暮之謠。況寧國重藩,宣城粤壤。星分牛斗,地控荆吳。扼天下之咽喉,作關東之襟帶。雄加侯甸,必須良將之籌謀。勢壓江山,實假崇垣之壯麗。於是特飛鳳詔,命展金墉。公乃選五稼豐登,三農閒隙,遂敷心計,因著土功。是以將校呈規,工徒獻藝。士皆樂往,民以悅來。荷長鍤以成雲,陳豐畚而翳日。因高就遠,以日繼時。萬堞方成,堅同石堡。四門始畢,儼若玉關。爰自壬戌歲二月興役,至癸亥年三月畢工。所築新城,自金光門西北,轉至舊城崇德門東北角,長五里三百三十三步。從崇德門以南,轉至金光門東,長四里三百三十步。新舊城共長一十里一百九十三步。新開濠塹,亦從金光門繞新城,轉透出大溪,長八百九十四丈,深三丈有餘。造成大樓八所,其諸敵樓橋道等,不可殫書。

　　公前在京口日,浚溝池,崇壁壘。洎移鎮撫,復繕城隍。凡標準地形,督責功力,委蛇延袤,必躬必親。日久而休,曾無倦意。牛酒犒士,絲綸賞功。士卒塗墍,月日相望。公又釀醪醴,豢犧牲,三日一餉軍夫,五日一享將校。由是萬民負畚,咸悅豫以忘勞。列校褰裳,禀威嚴而盡力。其動也,山迴地轉,勢若奔雷。其静也,雨息風恬,齊如翦紙。數年之役,期月而成。觀其千雉豐餘,重門超忽。飛閣神行而聳漢,旋題月照以羅空。層檐翼舒,雕楹虬躍。高陴矗而山屹,方櫳豁以洞開。排畫栱以星攢,下臨無地。走長廊而雲布,横射遥天。而又列一帶之寒山,自爲天塹。環千尋之深洫,宛是湯池。固可藩屏王宫,折衝萬里者也。懿乎哉城之爲役也,暫勞永逸,既不騫而不崩,有備無虞。信可大而可久,銘工勒石,以播無窮。其詞曰:

　　於赫有命,洪惟我唐。中興奕葉,三聖垂光。王猷允塞,靈貺孔章。賢士在位,猛士守方。王公設險,以守其國。重門擊柝,以待暴客。況此宣城，國之闉闍。不有金湯，何爲控扼。烈烈虎臣，爰茲鎮收。廉問方期，仁風載沐。寅承廟算，允因玉燭。遂度土功，乃陳畚鍤。經之營之，壨堞疏流。萬尋淵引，千雉雲浮。石堡玉關，鐵甕金甌。雄加九服，麗絕方州。飛檐鳳舉，畫拱龍攄。疊碧兮霧合，亘長雲兮翼舒。何巨防之可比，視方城其蔑如。勒勛績於貞石，作藩屏於皇居。癸亥歲十月五日建。

原載《全唐文》卷 877

分司南都乞留表

諸佛慈悲，常容悔過。宣尼聖哲，亦許自新。臣無橫草之功，可補於國，有滔天之罪，自累其身。羸形雖在，壯節全消。滿船稚子嬰兒，盡室行啼坐哭。狂風孤燭，病身那得長存。萬水千山，回首不堪永訣。

原載《類説》卷 18

湯泉院碑

嘗試論之，總兩儀二曜八卦五行，而播爲四時。成乎萬化者，惟陰與陽相蕩相摩而已矣。然則剛柔靡殊，奇偶相待。故火數二而成七，坎爲男而本陰。由斯以推，則火得其寒，水得其熱，亦理之常也。又意其泉脉通乎暘谷，每天輪激轉，則太陽煎其下。及炎精迅發，又積壤鎮於上。會其迸泄，泉猶沸然。是以方輿之間，往往而出。此又得之於意表也。

或曰：“有湯之處，下積流黃。”厥論紛然，未知孰是。烏江縣有湯泉古院，在縣北七十五里大路之西。江流其東，滁汛於後。龍洞在其前，連山注其右。蘖林隱藹，岡嶺縈迴。金地寶階，纏連遺址。天祐甲子年，有江都開元寺惠鏡上人者，道廣行堅，貌淳心古，倦捧帙於講肆，將持杙而遠游。經此靈泉，喟然駐錫。且曰：‘受佛付囑，行佛慈悲。是則祛幻身疾苦之資，施衆生安穩之所。欲宏利益，捨此何之？’乃有鄉人秦岌秦璩，爲檀信之首。上人手劃荆棘，躬捨瓦礫，茅檐始葺，蔽病士之風霜。桂殿徐營，備游人之瞻禮。從甲子距壬戌，住持凡六十載於茲矣。當其間也，龍爭虎鬥，山昏海沸。控洪河之阻，詎免侵凌。越青泥之巔,亦聞塗炭。唯長淮之表,大江之南,萬里封疆,兩朝清謐。人和歲稔,君明臣賢。外户不關,到於今日。所以上人安住於此,得行其心焉。凡供養來往緇流萬有餘衆,造聖賢形像四十餘身,建三門房廊鐘樓堂殿屋宇大小總六十間。粉壁丹楹,霞明月皎。香厨豐潔,佛事精嚴。法侣從之,如泉赴壑。又敕賜湯院,逾七十間。揮錧運斤,爲土爲水。既宏且壯,不飾不雕。其東西二湯,相去百步。源清流潔,味美香和。澡身而漸失瘡痍,飲腹而都忘熱惱。雖涼泉灑窮子之面,甘露沃餓鬼之心。若論其利濟其窮,曾何足比。故男女緇素,道路纍纍。呻吟而來,笑語而去。前後蠲除疾疹,二萬其徒。允所謂心有所便,而施無求報矣。

今上嘉其苦節,錫以華鐘。舂容在懸,洪纖斯應。聞而悟道,信可度人。上人布褐長齋,自幼及老,護戒無缺,勤心不渝。鄉閭耆年,敬若諸佛。又雅好賓客,謹於接對。游人旅客,憔悴輕肥,其來如歸,待必平等。門人同學,各盡所長。和汝唱予,其徒有九:惠登師進典常住,惠深營供施,承規主功德,承矩、承儼、省真、承晦、承義應門户。肘臂相運,不爲胡成。下官左宦歷陽,寓居佛廟。鏡公一日忽然而來,聽談厥由。諷我刊石,叙事之竟。爲辭美之曰:

天地造化,孰云難測。陰陽變通,人或可識。晝夜不定,水火相激。鼎沸雲蒸,無窮無息。教亦有説,斯爲靈湯。探之則熱,赴且無傷。惡疾能愈,微疴可量。或飲或浴,心寧體康。基構已平,源流空在。風雨雪霜,人焉攸賴。蓬蒿埋没,多歷年載。高僧聿來,崇兹勝概。若樓若殿,若房若廊。若廩之贍,若厨之香。若來若去,若緇若黄。萬有餘衆,曾栖此堂。甄土導泉,上棟下宇。捷獵高檐,環旋峻堵。四達纍纍,呻吟傴僂。二萬其徒,沉痾獲愈。鏡也惟仁,心真貌淳。麻衣粒食,苦思勞身。本願云畢,斯文以陳。永永金石,傳諸後人。

原載《全唐文》卷877

上清右街龍光禪院故元寂禪師塔碑并序

朝議大夫、守中書侍郎、充光政殿學士承旨、上護軍、南陽縣開國男、食邑三百户、賜紫金魚袋韓熙載撰。

朝議郎、守中書舍人、充集賢殿學士知院事、武騎尉、賜紫金魚袋徐鍇題額。

將仕郎、試右千牛衛倉曹參軍、直尚書禮部張藻書。

□□□婆以清净妙心伏迦葉波迦葉而下以心□□一十尊珠聯印度一花五葉，香散支那。降及曹谿，得法者衆。然則以一念攝於多法，以一塵統於沙界。此念此塵，彼界彼法，二俱不有，空亦非斷。明是法者，於大悲海，運普濟舟，開無相門，演不二法。化有情於一旨，獲當果於上乘。是之謂大善知識者，元寂禪師其人也。師名隱微，豫章新淦人也。夫其珠生媚澤，玉蘊良山。留潤入纏，必歸族姓。故有楊氏之托焉，異人之生□□奇應既□□□亦表厥靈，故有光明鑒室之祥焉。軒冕爲累身之資，鼎鐘乃爽口之具。孔翠彬蔚，網罟隨之。鴻鶴清素，霄漢自得。故有棄俗之誓焉，開無師智，歸不二門。夫爲在家則有師□七歲詣□□□□院道□禪師□弟子二十依洪州□元寺智稱律師受具戒。既還而嘆曰："沙門者，達本識心之謂也。且戒惠之學，未足明心。□滅之宗，方爲了義。清山有路，白雲無心。我之□行，豈復他日。"遂遍尋名嶽，歷抵禪林。順義中，卷衣南行，遐趨五嶺，羅山法寶大師，巖頭真子，德嶺桂孫，智鏡堂臺，共仰不疲之鑒。鴻鐘在簴，咸聆應扣之音。師既解橐雲堂，端襟下榻，玉處石而光華尚隱，虎在山而清嘯難藏。扣我機緣，自知時節。

先是羅山有"師子在窟出窟"之句，海内風傳。一日，法座高登，海徒雲萃。師遽前而禮，峻發問端，羅山道眼素明，偉師嶄峯，抗聲酬詰，衆莫之知。俄於欲諾之間，豁然大悟。自是朝昏隨衆，語默全真。放曠四儀，盤桓數稔。異日，羅山以師大緣將至，苦諷還鄉。太和中，仗策離群，擔簦度嶺，漸迴江介。涂次龍泉，邑宰李孟俊，一睹道姿，深加凝注。邑有十善蘭若，經廢時多，願言葺興，强師駐錫，冀揚大法，用福蒸民。師具順隨之心，盡檀那之請。元徒輻凑，净供山儲。應接隨宜，了無滯礙。有問如何是十善，橋云險，過者如何云喪，參乎祖道，一以貫之。問而數窮，答有餘力。達深德妙，斯之謂歟？時先朝端拱萬機，穆清大寶。遠懷道德，思結深因。保大九年，始自龍泉詔歸鳳闕，命住龍光梵刹，賜號覺寂禪師。高闔一音，將逾數歲，改賜奉先禪院，用邇皇居。辛酉歲，將有事於省方，利建邦於洪井。千乘萬騎，咸從於和鑾。奇士高人，必先於行在。師首預清列，簡自宸衷。既抵新都，復住大寧禪院。誨人無斁，學者有歸。迨於鼎成之期，難豫因山之會。言念三世諸佛，皆入涅槃。吾獨何人，自甘遲莫。其歲十月，見病者相。臥方丈中，是月二十七日，剃髮浴身，昇堂別衆。勤宣祖意，勉勖後流。語訖安然，形留氣盡。俗壽七十六，僧臘五十六，謚元寂禪師，塔名常寂。歲在壬戌二月六日，歸葬於吉州吉水縣仁壽鄉太平里之原，遵遺誡也。

今元帥鄭王，備嘗道味。時任保釐，巨捨信財，俾營塔廟。惟師夙宏道願，應生像年。道峻德充，名符實備。貌孤神王，語淡氣幽。情高而月冷□空，格峭而雲生碧嶠。以慈音而演法，用實智以化人。故得分契王臣，心歸緇素。俄昏慧炬，永絕微言。瞻道貌以長乖，覽清徽而徒在。龍泉廣福十善禪院嗣法弟子契任行常相續住持，小師自明、自滿七十三人，懼歲時之浸遠，恐陵谷之貿遷，願紀金碑，以旌元壤。其辭曰：

三界茫然兮四生蠢爾，背覺合塵兮死此生彼。有鑠開士兮乘悲應世，端坐寶床兮片言析理。道價既高兮迴心天子，慈風又扇兮服膺多士。遠近瞻渴兮慕羶以至，白黑合禮兮得柢皆止。大緣告終兮魔雲忽起，覺日云沉兮法幢遂靡。傳心羅山兮訓徒帝里，韜真豫章兮歸歟吉水。金骨藏山兮德音無已，寶塔鎮地兮來者斯企。

開寶二季歲次己巳仲夏月建。勾當小師自通，自寶院主僧宏成，典座僧曇琰，在家弟子張從誨，鐫字姚如憲。

原載《全唐文》卷 877

烈祖廟議

自己失之，自己得之，謂之反正。非我失之，自己復之，謂之中興。中興之君，廟宜稱祖。先帝興已墜之業，有功唐室，宜稱烈祖。

原載《唐文拾遺》卷 47

謝賜絹表

水火相濟，日月無私，既示其瑕疵，又憐其憔悴，免逋欠使資於昏旦，賜綿絹令御其風霜。神造雖洪，粉身未報。

原載馬令《南唐書》卷13，《五代史書彙編》

殷崇義

南唐官員，陳州西華（今河南西渭南華陰區）人。元宗時，歷官學士、樞密使、右僕射。後主時，爲潤州節度使、同平章事。入宋，改名湯悦，參撰《太平御覽》等書。

南唐祈仙觀記

高安祈仙觀者，黃真君之舊居也。據西安之兌宮，鎮洪都之坤位。前瞻緱嶺，行聞子晉之笙。後倚華林，坐挹浮丘之袂。原滋丹草，率白雉以相從。谷秀蒼筤，競紅鸞而下鷟。境異則龜常見石，物靈則泉或浮金。紺宇相望，轇轕神居之表。琳房互映，連延陰洞之間。自爲小有之東窗，宛是童初之學府。

真君紫丘精粹，玉版飛英。宗派流長，叱石遠懷於仙祖。元門天合，結褵因慶於法妻。自振翼毗陵，曳裾海岱。屯期方遘，降身參政事之官。宿命俄通，褒德備尚書之位。若乃窮神不測，示現無方。乘龍初夜之歸，常游萬里。鳴鳳中宵之際，密贊諸方。寶節乘空，大使授元圖之命。玉函應召，上公宣入室之人。悟草鹿以趨火庭，瞻錦帷而佩丹訣。陰功潛運，已積德於三千。貞品俄昇，遂登名於十二。念雁行之莫接，密契宜留。相鵠篆以時歸，人心自注。即於舊里，尋建嚴祠。其或牛野風高，兔輪秋半。仙登接書，齋莊虔億萬之詞。羽蓋浮空，朝會奉姻親之禮。始乎東晉，垂及皇唐。釵紀遺洲，將陵遷而不改。毬存墜石，必久地以恒堅。既而九鼎載移，山岳之驚塵散起。五龍爰作，干戈之積數常存。法壞浮屠，寧獨金剛下淚。教頹象罔，旋悲玉碗飛天。乃觀恬寞之鄉，遽變寂寥之境。堁垣接野，或認鹿場。複屋騫甍，久穿雀角。事必符於有待，時特鬱於重興。

　　國家味三五之道腴，開東南之帝籙。赤符應運，纘承爰立於漢基。金德更王，揖讓乃由於吳禪。西母之白環入貢，不假祈禳。元元之玉像降神，自嚴樽俎。聖上配乾坤而居六合，揭日月以步三階。屈己臨人，動懷慈寶。雖凝旒南面，傳夏嗣以承祧。而納麓東郊，舉堯元而作相。每隆大義，追奉故君。緬勝果以興思，察茲宮於已圮。況像嚴十聖，一方之異氣遝連。觀號三皇，百里之慶雲何在。因宸心之有屬，流明詔以亟行。鸞鶴靈游，共白雲而不返。珠琛遺睍，與烏號而并存。重開大壯之模，俾就僝工之費。營室仰稽於中候，豫章俯擇於宏材。削墨公輸，爰恢崇構。範金段氏，即運洪爐。肖人散璧王之元，繪事發晴霞之色。健柟弣鬱，寫秘殿以翬飛。鏤椞紆徐，儼迴軒而櫛比。中建巖巖之石，九級星壇。外森落落之松，千尋雲路。周阿玉樹，合輝霍以長春。重闉金鋪，泛曈曨而鎮曉。自可包藏靈囿，昭晰華宮。林薦葳蕤，戶內廣肆筵之所。唱高窈窕，廡間宏按節之儀。固足以十絕靈幅，邀帝君而庂止。九貞逸駕，延夏禹以時游。寧惟崇大道之津梁，實以感群生之耳目者也。

原載《全唐文》卷 877

孟賓于

　　南唐官員，連州（今廣東連州）人。晉天福中，登進士第。在楚國入仕，爲州郡從事。後入南唐，任豐城簿，遷塗陽令、水部員外郎。南唐亡後，歸家鄉連州，終老於此。

碧雲集序

　　昔者仲尼刪三百篇，梁太子選十九首。厥後沿朝，垂名者不少，苦志者彌多。入室昇堂有其數矣。然六藝之旨，二南之風，後來未甚窮目。沈淪者怨刺傷多，取事者雅頌一貫。亂後，江南鄭都官、王貞白，用情創志，不共轍，不同塗，俱不及矣。今官淦陽宰隴西李中，字有中，緣情入妙，麗則可知。出示全編，備多奇句。祇如"乾坤一夕雨，草木萬方春"。此乃王澤所均，春風廣扇。《姑蘇懷古》云："歌舞一場夢，烟波千古愁。"因想繁華之日，引成興嘆之詞。《書王秀才壁》句："貧來賣書劍，病起憶江湖。"詩人興嘆，時政如何。《聽鄭道士琴》："秋月空山寂，淳風一夜生"，乃景清虛，真風迴返。《徐司徒池亭》句："扶疏皆竹樹，冷澹似瀟湘。"心匠所到，景致尤疏。《落花》句："酷恨西園雨，生憎南陌風。"阻公子歡，動旅人感。《寒江莫泊寄左偃》云："烟火人家遠，汀州莫雨寒。"詩人之作，客況淒然。《秋雨》句："秋聲在梧葉，潤氣逼書幃。"《廬山》句："谷春攢錦綉，石潤疊瓊琳。"比興之言，搜羅尤異。《江行夜泊》句："半夜風雷過，一天星斗寒。"恐怖一場，虛明徹曉。《寄劉鈞》云："閑花半落處，幽客未來時。"《得故人消息》句："夢歸殘月曉，信到落花時。"肺腸難述，懷想可知。《訪龍光謙上人》云："相留看山雪，盡日論風騷。"見請道之相於，望寒山之不舍。又七言《宿廬山白雲峰重道者院》句："雲開碧落星河近，月出滄溟世界秋。"又《海上從事秋日書懷》句："千里夢隨殘月斷，一聲蟬送早秋來。"又《夜泊寄詩友》："魚龍不動澄江遠，烟霧皆收皎月高"；《東林寺遠大師》句："杉檜已依靈塔老，烟霞空鏁影堂深。"《登毗陵青山樓有感》句："千里吳山青不斷，一邊遼海浸無窮。"《訪洞仙宮不遇邵道者》句："羽客不知何處去，洞前花落立多時。"《憶溪居》句："杜若菰蒲烟雨歇，一溪春色屬何人。"又六言句："半落銅臺月曉，亂飄金谷風多。"《客中春思》云："又聽黃鳥綿蠻，目斷家鄉未還。春水引將客夢，悠悠繞遍關山。"《賦泉》句："誰當秋霽後，獨聽月明中。"《柴司徒亭前假山》句："螢影夜潛疑燒起，茶烟朝出認雲歸。"衆目所觀，他心不到。《春莫懷故人》句："池館寂寥三月莫，落花重疊蓋莓苔。惜春眷戀不忍掃，感物心情無計開。"《贈王道士》云："槎流海上波濤闊，酒滿壺中天地春。"論元酒太羹，常徒肯愛，述神龍真虎，賢者則知。負勤苦，值干戈，從軍之後，受命以來，上表中朝，乞歸故國。以同氣没世，二親在堂。棄一宰於淮西，獲安家於都邑，公之忠孝彰矣，賢彦稱之。載被朱衣，猶思丹桂。乃爲言曰："且名隨榜上者衆，藝逐雲高者稀。今之人祇儔方干處士，賈島長江，何須第一者哉。公理淦民，飲淦水，清白著矣，歌咏興焉。況今賢爲寶，以禮示人，必當閭籍將書，清庭即踐。"愚生於邂逅,得遂披承。時也,素月流天,澄江如練,對滄州而援筆,乏麗藻以當仁。以公五七言兼六言二百篇,目曰《碧雲集》。癸酉年八月五日序。

原載《五代詩話》卷 3

張　紹

南唐人,事迹不詳。

武夷山冲佑宫碑

　　夫鴻濛未兆,凝一氣於幽原。混沌無形,接萬靈於空洞。逮夫二儀開闢,六合權輿,清濁分流,元黃異色,乾綱既紐,麗乎上者日月星辰。坤軸斯維,鎮乎下者川瀆山岳。橐籥宇宙,陶冶陰陽。調四氣以運五行,育三才而生萬物。當其九皇御宇,五紀乘時。真璞無瑕,元珠絕。纇輦鳳驂龍之主,鶉居鷇食之人。性與道俱,心將神會。惟清惟静,齊含太上之真。無慮無營,盡類華胥之俗。洎乎大道既隱,上德寖衰。嗜欲之源開,知覺之路闢。禮樂弛而忠信薄,智慧出而詐偽生。澆俗滔天,元風掃地。是以聖人塵籠下土,芻狗蒸民。千里麒麟,慚同跛鱉。九霄鴻鵠,愧雜壤蟲。指異境以飄纓,望靈區而稅駕。安期東去,高步蓬丘。老氏西游,遐趨崑頂。周家子晉,乘獨鶴以凌霄。漢室劉安,隨八公而度世。其如十洲三島,四極八荒,七靈既駐於騫林,五老亦栖於方丈。商徽流精之闕,金母攸居。滄湄暘谷之宮,童君是宅。青田紫蓋,玉溜丹霞。三十六洞天,并號神仙之府。七十二福地,俱爲靈異之鄉。

　　武夷山者,按《葛洪傳》即第十六昇化真元之洞天也。又陸鴻漸記昔有神人,自稱武夷君,曰“吾爲此境地官”,因以名焉。下有仙祠,其來久矣。盤根地表,積翠天中。狀維嶽峻拔之形,聳太華削成之勢。紅巖紫壁,接雲漢以流輝。邃宇幽房,映松蘿而逗影。靈源下發,南施化劍之津。聖迹傍臨,北望遺弓之野。筠貞嶻谷,木鬱鄧林。芝秀五明,光搖絕頂。草芳十結,香滿迴溪。其間人去瓊樓,骨藏金鑣。望佳城於碧岫，指夏屋於丹厓。王子喬之玉棺，乃從天降。桓司馬之石椁，詎假人營。陵遷無欲墮之虞，劫盡靡不修之嘆。至於秋中好景，物外真游，會靈族於山椒，列雕盤於天際。金鳳花絞之屋，高敞雲亭。銀龍彩蔓之旛，輕搖日觀。瓊精泛雪，石髓凝霜。調素瑟之和音，風雲動色。吐清商之妙唱，鸞鶴沈聲。乃神人化理之區，實仙子盤游之地。

曩以皇靈中否，神器屢遷。九野飛塵，四郊多壘。元都紫府，與胡越以同乖。玉樹芝田，將黍禾而并秀。我國家鴻基再造，景命惟新。受河洛之圖書，法唐虞之揖讓。會塗山之玉帛，莫有後期。興牧野之干戈，諒多慚德。聖上運膺下武，聖紹先天。應千載之休期，執萬年之神契。齊乾坤而覆載，配日月以照臨。庶彙咸亨，萬方胥悅。向以閩荒未乂，蠻徼多虞。爰徵不戰之言，順彼來蘇之望。漢將未逾於五嶺，百越從風。舜干纔舞於兩階，三湘獻款。九州畏伏，八表懷歸。南暨龍編，北逾雁塞。東極扶桑之野，西窮弱水之鄉。架險船深，稽首而請命。馳烟驛霧，蹶角而來賓。可謂威震華戎，功格天地。而猶日慎一日，雖休勿休。宵旰忘勞，雍熙在念。峒山駐想，軒皇之問道猶賒。金闕凝情，周穆之省方未遂。乃眷東顧，況屬多艱。永念靈區，鞠爲茂草。特命出內庫中金，宣付建州觀察使王崇文，俾乃舊址，更創新居，再擬丹丘，重換絳闕。胥臣十除_疑薙氏芟除，命王爾以行繩，令解飛而操斧。分月中之仙桂，以作宏材。并海上之神山，將爲巨鎮。虬堂對峙，鶂閣連翹。聳勾曲之石樓，狀天台之玉室。梁橫蟠蝀，對霽景以增輝。瓦疊鴛鴦，望晨風而欲遡。霜凝皓壁，霞彩文楹。懸素魄於蕙櫳，植紅葩於藻井。金鋪月照，門闈流熠燿之光。珠箔風搖，軒楹蹙漪漣之影。壇高砌玉，樹密攢瓊。邃室斯崇，真容載穆。仙官在列，羽客來庭。樓殿玲瓏，雯霧天中之物境。岡巒掩映，依稀洞裏之山川。爰精集聖之區，別錫會仙之嶺。神功聖力，無得而稱。臣識類夏蟲，學疏喻馬。稽中散常悲俗骨，魯司寇但愧醯雞。色絲黃絹之文，聲華素乏。玉關丹臺之事，紀述何能。恭禀宸嚴，勉旌福地。雖六天成燒，與皇極以長存。八極飛塵，將斯文而不墜。頌曰：

大始未形，混沌無際。上元開運，乾坤定位。日月麗天，山川鎮地。萬彙猶屯，三才始備。肇有神化，初生蒸民。上惟立德，下無私親。皇風蕩蕩，黔首淳淳。天下有道，誰非聖人。嗜欲源開，澆漓俗盛。賢者避世，真人革命。八極神鄉，十洲異境。翠阜丹丘，潛靈宅聖。惟彼武夷，實曰洞天。峰巒黛染，巖岫霞鮮。金房玉室，羽蓋雲耕。葬因風雨，會有神仙。國步多艱，皇綱中絕。四海九州，瓜分幅裂。稔禍陬隅，阻兵甌越。寂寞元風，荒涼絳闕。赫赫烈祖，再造丕基。拱揖高讓，神人樂推。明明我后，允協昌基。功崇下武，德茂重臨。睿哲英斷，雄略神智。拓土開疆，經天緯地。五嶺來庭，三湘請吏。四海震威，群生懷惠。猶勞宵旰，猶混車書。貪狼俟靜，害馬方除。淹留駿馭，想像鶉居。心懸空同，夢到華胥。乃眷名山，追惟聖迹。內庫頒金，元侯奉職。三境求規，五靈取則。跨谷彌岡，張霄架極。殊宮寶殿，璇臺玉堂。鳳翔高薨，龍轉迴廊。錯落金碧，玲瓏璧瑙。雲生柱礎，電繞藩墙。七聖斯嚴，三君如在。八景靈輿，九華神蓋。清霄莫匹，明霜匪對。彷彿壺中，依稀物外。衆真之宇，擬之無倫。會仙之觀，名之維新。高峰爲塹，區谷成坰。皇猷頌聲，永絕緇磷。

原載《全唐文》卷872

公乘鎔

南唐官員，相州（今河南安陽）人。先世有錫爵公乘者，遂以爲氏。南唐元宗時，曾奉命與伴送使陳植航海，修好於契丹。

使契丹進元宗蠟書

臣鎔自去年六月離墨油，七月至鎮東關，遣王朗奉表契丹，九月乃有番官彝離畢部牛車百餘乘及鞍馬沿路置頓。十月至東京，留三日。契丹主遣閤廏使王庭秀稱詔勞問，兼述泰寧王燕王九月同行大事。兀欲即世，母妻併命。又遼東以西水潦壞道，數百里車馬不通。今年方至幽州，館於憫忠寺。先迎御容入宮，言先欲見唐皇帝面，乃引見如舊儀。問國書中機事，臣即述奕世歡好，當謀分裂之事。契丹主喜，問復有事否，臣曰："軍機別有密書。"契丹主接至褎間，乃云："吾與唐皇帝一如先朝往來。"因置酒合樂。又諭臣曰："使人泛巨海而至，不自意變起骨肉，道路有聞亦憂恐。"手斟一玉鍾酒，先自啜，乃以勸臣令飲釂，自旦至日餔始罷。自時數遣使宣勞，三日一賜食。謹遣王朗賫骰號子歸聞奏。

原載陸游《南唐書》卷18，《五代史書彙編》

歐陽廣

南唐官員，吉州吉水（今江西吉水）人。曾任吉水縣令。

上元宗論邊鎬書

臣近游潭州，伏見節度使邊鎬，初非將材。偶逢聖代，加之任使。措置乖刺，大失人心。致奉節兵士，乘夜大呼，共焚譙門，會明而遁散。不然，幾致大變，是仁不足惠下也。朗陵近在肘腋，曾不爲虞。乃圖桂林，以取奔走，是智不足謀遠也。與監軍使昌延恭不相協和，動輒疑阻，是義不足和衆也。堂堂幕府，空無才賢，是禮不足得士也。軍中號令，朝出暮更，是信不足使人也。五者無一長，考之前古，未或不敗。請擇帥濟師，以全境土。

原載陸游《南唐書》卷10，《五代史書彙編》

殷　觀

南唐保大時人。

景星觀記

運天成度，陶甄大塊，道之始也。軌躅發鑣，元黃啟宗，道之化也。始化無象，品物流形。形性之和，人氣是化。任葆輝橐用，育腐彩夷糧。以僭夭折孽傷，允洽靈明兆偉。元道攸覆，維轍是圖。情莫尋枝，理宜歸蒂。

　　袁州萍鄉盧溪景星觀，道畦唐福德星應宮肇也。陰陽屑和，天地鼓泰。萬化資始，一德惟新。星其茂祉神圖，觀若符真御宇。洎乎九功失緒，六境遺踪。季葉雕蒙，叔綱墳索。璨無雙爛，影昧層光。剖瓜爭望於秦川，分豆競奔於吳市。酈羊解語，赤符狂醉於成都。屈馬無言，六甲亂迷於魏闕。星由沒也，觀乃廢焉。圃翠飄椿，壇紅落杏。朱頂之瓊衣住舞，桂殿香疏。綠毛之文鬣將飛，莆池烟冷。迨我后中興皇霸有國以來，圖史咏風，天人大德。銅渾變九重坤蓋，金柱鑠八壯乾隅。雀羽書皋，麟蹄拜野。百稔歲穀，群安壽人。元功隶修，朴風大返。乾象作瑞，坤維出祥。星可浮圭，觀期角陸。甲推丙午，歲保中和。教化中外，愛育民子。

　　太守陳留邊公鎬，策勛霞絪，書勞翰諜。黃金翦佩，殊恩酬紫塞之功。白錦裁文，異寵耀碧璘之貴。牧於是州，舉李承戩。牛刀剖位，虎劍臨人。命發宸躬，宰於斯縣。琴堂夜永，鳳樹秋高。景物陶然，政化成矣。茲觀突州西位，却縣東隅。戩乃初訪遺榛，制豐開址。公則始聞芳躅，匠入神機。謂戩能宏道勤行，知戩有勸農暇日，給俸怡庸，傾資薰餉。精修^{太守邊公給屬宅庫田六千五百，把還資常住}得道士歐陽皎，老鐵髭鬚，長金指甲。陽山采蜜，撥聚蠆於風巢。陰竈煮砂，卧真龍於火鼎。笑解笁籌，深塵繭闈。公既欣從，戩聞命矣。於是博質文梓，廣實良甆。緬而藏規，郅而珍用。勻視丹闕，具迹彤基。瓊房寫春，瑤窗疊日。七井桐碧，三清玉寒。穆天子之八駿游迴，霞明汗漫。許侍女之一鸞粧罷，月墜崆峒。星乃歸焉，觀嘗復矣。觀即公之下客，國之微民。徒言指馬思肝，空效剖魚尋脅。銘雖美事，事廣難明。敢肇唐皇昌霸之成，少導君子文明之述。詞曰：

　　大道無象，萬竅泯邈。赤羽立日，飛駒趁黿。入元珠門，始見真璞。雲臺顯迹，激澹真風。教紐岡外，宗樞域中。有勤行者，攀虛躡空。偉哉聖王，隶修元德。星分大瑞，照我仁國。敷立宮祠，用昭不忒。茲址其一，殘蒙楚淵。鹿閑桂城，鶴弊芝田。不有此廢，星胡瑞焉。我后在位，誕膺皇霸。明皎日中，照一天下。是星可期，瑞我大化。斯觀復矣，自我賢侯。蓬宮鄙邃，閶闕圖幽。永符天瑞，萬古千秋。

原載《全唐文》卷871

張義方

南唐官員。烈祖時，任侍御史。

請納諫疏

古之任御史者，非止平獄訟肅班列也。有怙威侮法，棄忠賊義，樹朋黨，蔽聰明者，得以糾彈。至於人主，好游畋聲色，説奢侈佞媚，賞非功，罰非罪，得以論爭。使諸侯不敢亂法，百司不得盜權，則御史爲不失職。今文武材行之士，固不爲乏，而貪墨陵犯，傷風教，棄仁義者，猶未革心。臣欲奉陛下德音，先舉忠孝潔廉，請頒爵賞，然後繩糾乖戾，以正典刑。小則上疏論刑，大則對仗彈奏。臣每痛國家之敗，非獨人君不明，蓋官卑者畏罪而不言，位尊者持禄而不諫。上下苟且，至於淪亡。今臣誠不忍忘君親之義，有所不盡，惟陛下幸赦之。

原載陸游《南唐書》卷10，《五代史書彙編》

孫　忌

南唐大臣，高密（今山東高密西南）人。原名鳳，一名晟，少爲道士，謁後唐莊宗於鎮州，授秘書省著作佐郎。天成初，朱守殷叛，忌爲幕客，贊成其事。朱氏誅，匿迹入淮，烈祖授中書舍人、翰林學士、中書侍郎。元宗時拜相，與馮延巳政爭不和。後周攻淮，命晟使周奉表，請求內附。周世宗命其勸降壽州，不從，被賜死。

佛窟寺碑

是山也，兩峰連峙，狀似牛頭。昔天紀之初，西峰圮裂，中有比丘，閉目趺坐，軀貌偉大，形質枯槁。時諸沙門皆往禮拜，議曰：“得非道者入滅定耶?"於是灌蘇油以滋澤,擊槌磬而驚悟。豁然開目高視曰:"汝等何人,形狀卑小,而披法服?"沙門曰:"比丘也。"又問曰:"我師迦葉在否?"對曰:"入涅槃矣。"良久起昇虛空。

原載《全唐文》卷 861

張　泌

南唐官員。任句容縣尉。

上後主書

我大唐之有天下也,造功自高祖,重熙於太宗。聖子神孫,歷載三百。丕祚中否,烈祖紹興。大勛未集,肆我大行嗣之。德則休明,降年不永。襲唐祚者,非陛下而誰?臣聞昔漢文帝承高祖之後,天下一家,已三十年,德教被於物也久矣,而又封建子弟,委用將相。合朱虛、東牟之力,陳平、周勃之謀,宋昌之忠,諸侯之助,由中子而入立,可謂正矣。及即位,戒慎謙讓,服勤政事,躬行節約,思治平,舉賢良,賑鰥寡。除收孥相坐之法,去誹謗妖言之令。不貴難得之貨,不作無益之費。其屈己愛人也如此,晁錯、賈誼、賈山、馮唐之徒,猶上書進諫,言必激切,至於痛哭流涕者。蓋懼靡不有初,鮮克有終也。而文帝優容不咈,聖德充塞,幾至刑措。

今陛下當數歲大兵之後,鄰封襲利之日,國用匱竭,民力罷勞,而野無劉章興居之人,朝無絳侯曲逆之佐,可謂危矣。試使漢文帝之才,處今日之勢,何止於寒心消志而已也!臣惟國家今日之急務,一曰舉簡大以行君道,二曰略繁小以責臣職,三曰明賞罰以彰勸善懲惡,四曰慎名器以杜作威擅權,五曰詢言行以擇忠良,六曰均賦役以恤黎庶,七曰約諫諍以容正直,八曰究毀譽以遠讒佞,九曰節用以行克儉,十曰克己以固舊好。亦在審先代之治亂,考前載之褒貶。纖芥之惡必去,毫釐之善必爲。密取與之機,濟寬猛之政。進經學之士,退捨克之吏。察邇言以廣視聽,好下問以開閉塞。斥無用之物,罷不急之務。此而不治,臣不信矣。《詩》曰:"敬之敬之,天維顯思";

《書》曰："儆戒無虞，罔失法度。"《易》曰："其亡其亡，繫於苞桑。"言君人者，必懼天之明威，遵古之令典，作事謀始，居安慮危也。臣觀今日下民，期陛下之致治，如百穀之仰膏雨。願陛下勉强行之，無俾文帝專美於漢。臣死罪死罪，謹言。

原載《全唐文》卷 872

張　憲

南唐官員。後主時任監察御史。

諫後主書

大展教坊，廣開第宅，下條制則教人廉隅，處宮苑則多方奇巧。道路皆言，以户部侍郎孟拱辰宅，與教坊使哀承進。昔高祖欲拜舞胡安察努爲散騎侍郎，舉朝皆笑。今雖不拜承進爲侍郎，而賜以侍郎居宅，事亦相類矣。

原載《唐文拾遺》卷 47

潘　佑

南唐官員，幽州（今北京西南）人。元宗時任秘書省正字、直崇文館。後主時，遷虞部員外郎、史館修撰、知制誥、内史舍人。佑見國勢日衰，上書力諫，後主不聽，遂憤而自縊死。

上後主疏

三軍可奪帥也，匹夫不可奪志也。臣乃者繼上表章，凡數萬言。詞窮理盡，忠邪洞分。陛下力蔽奸邪，曲容諂偽。遂使家國惽惽，如日將暮。古有桀、紂、孫皓者，破國亡家，自己而作，尚爲千古所笑。今陛下取則奸回，敗亂國家，不及桀、紂、孫皓遠矣。臣終不能與奸臣雜處，事亡國之主。陛下必以臣爲罪，則請賜誅戮，以謝中外。

原載《全唐文》卷 876

爲李後主與南漢後主書

僕與足下叨累世之盟，雖疆畿阻潤，休戚實同。敢奉尺書，敬布腹心。昨大朝伐楚，足下疆吏弗靖，遂成釁隙。初爲足下危之，今敝邑使臣入貢，皇帝幸以此宣示曰：“彼若能幡然改圖，華車之使造廷，則百萬之師，不復出矣。不然，將有不得已者。”僕料大朝之心，非貪土地也，怒人不賓而已。且古之用武，不計強弱小大，而必戰者有四：父母宗廟之讎，一也；彼此烏合，民無定心，二也；敵人進不捨我，退無守路，戰亦亡，退亦亡，三也；彼有敗亡之勢，我乘進取之機，四也。今足下與大朝，無是四者，而坐受天下之兵，決一旦之命，安國家利社稷者，固如是乎？夫強則南面而王，弱則玉帛事大。屈伸在我，何常之有。違天不祥，好爭危事，天方相楚，尚未可爭，而況今日之事邪？地莫險於劍閣，而蜀亡矣。兵莫強於上黨，而李筠失守矣。

竊意足下國中，必有矜智好謀之臣，獻尊主強國之策，以謂五嶺之險，非可遽前，堅壁清野，絕其饟道。依山阻水，射以強弩。彼雖百萬之兵，安能成功？不幸而敗，則輕舟浮海，猶足自全，豈能以萬乘之主而屈於人哉？此説士之常談，可言而不可用。異時王師南伐，水陸并舉，百道俱進，豈暇俱絕其饟道，盡保其壁壘？或用吳越舟師，自泉州航海，不數日至足下國都矣。人情惴惴，則舟中皆爲敵國。忠義敢死之士，未易可見。雖有巨海，孰與足下俱行乎？

近奉大朝諭旨，以爲足下無通好之心，必舉上秋之役。即命敝邑，速絕連盟，雖善鄰之心，期於永保。而事大之節，焉敢固違。恐煜之不得事足下也。臣子之情，尚不逾於三諫，煜之極言，於此三矣。是爲臣者可以逃，爲子者可以泣，爲交友者亦惆悵而遂絕矣。

原載陸游《南唐書》卷 13，《五代史書彙編》

爲李後主與南漢後主第二書

煜與足下叨累世之睦，繼祖考之盟，情若弟兄，義同交契。憂戚之患，曷常不同？每思會面抵掌，交議其所短，各陳其所長，使中心釋然，利害不惑，而相去萬里，斯願莫申。凡於事機，不得款會。屢達誠素，冀明此心。而足下謂書檄一時之儀，近國梗概之事。外貌而待之,汎濫而觀之。使忠告確論,如水投石。若此則又何必事虛詞而勞往復哉?殊非夙心之所望也。今則復遣人使,罄申鄙懷。又慮行人失辭,不盡深素。是以再寄翰墨,重布腹心,以代會面之談,與抵掌之議也。足下誠聽其言,如交友諫爭之言,視其心,如親戚急難之心,然後三復其言,三思其心,則忠乎不忠,斯可見矣。從乎不從,斯可決矣。

昨以大朝南伐,圖復楚疆。交兵已來,遂成釁隙。詳觀事勢,深切憂懷。冀息大朝之兵,求契親仁之願。引領南望,於今累年。昨命使臣入貢大朝,大朝皇帝累以此事宣示曰:"彼若以事大之禮而事我,則何苦而伐之。若欲興戎而爭我,則以必取爲度矣。"見今點閱大眾,仍以上秋爲期。令敝邑以書復叙前意,是用奔走人使,遽貢直言。深料大朝之心,非有唯利之貪,蓋怒人之不賓而已。足下非有得已之事,與不可易之謀,殆一時之忿而已。觀夫古之用武者,不顧大小強弱之殊,而必戰者有四。父母宗廟之讎,此必戰也。彼此烏合,民無定心,存亡之幾,以戰爲命,此必戰也。敵人有進必不捨,我求和不得,退守無路,戰亦亡,不戰亦亡,奮不顧命,此必戰也。彼有天亡之兆,我懷進取之機,此必戰也。今足下與大朝,非有父母宗廟之讎也,非同烏合存亡之際也。既殊進退不捨奮不顧命也,又異乘機進取之時也。無故而坐受天下之兵,將決一旦之命,既大朝許以通好,又拒而不從,有國家利社稷者,當若是乎?夫稱帝稱皇,角立傑出,今古之常事也。割地以通好,玉帛以事人,亦古今之常事也。盈虛消息,取與翕張,屈伸萬端,在我而已。何必膠柱而用壯,輕禍而爭雄哉?且足下以英明之姿,撫百越之眾。北距五嶺,南負重滇。藉累世之基,有及民之澤。眾數十萬,表裏山川。此足下所以慨然而自負也。然違天不祥,好戰危事。天方相楚,尚未可爭。若以大朝師武臣力,實謂天贊也。登太行而伐上黨,士無難色。絕劍閣而舉庸蜀,役不淹時。是知大朝之力難測也,萬里之境難保也。十戰而九勝,亦一敗可憂。六奇而五中,則一失何補。況人自以我國險,家自以我兵強,蓋揣於此而不揣於彼,經其成而未經其敗也。何則?國莫險於劍閣,而庸蜀已亡矣。兵莫強於上黨,而太行不守矣。人之情,端坐則思之,意滄海可涉也。及風濤驟興，奔舟失馭，與夫坐思之時，蓋有殊矣。是以智者慮於未萌，機者重其先見。圖難於其易，居存不忘亡。故曰計禍不及，慮福過之。良以福者人之所樂，心樂之，故其望也過。禍者人之所惡，心惡之，故其思也忽。是以福或修於慊望，禍多出於不期。

又或慮有矜功好名之臣，獻尊主強國之議者，必曰慎無和也。五嶺之險，山高水深。輜重不并行，士卒不成列。高壘清野而絕其運糧，依山阻水而射以強弩。使進無所得，退無所歸。此其一也。又或曰彼所長者，利在平地。今捨其所長，就其所短，雖有百萬之衆，無若我何。此其二也。其次或曰戰而勝，則霸業可成，戰而不勝，則泛巨舟而浮滄海，終不爲人下。此大約皆説士孟浪之談，謀臣捭闔之策。坐而論之也則易，行之如意也則難。何則？今荊湘以南，庸蜀之地，皆是便山水習險阻之民，不動中國之兵，精卒已逾於十萬矣。況足下與大朝，封疆接畛，水陸同途。殆雞犬之相聞，豈馬牛之不及。一旦緣邊悉舉，諸道進攻，豈可俱絕其運糧，盡保其城壁？若諸險悉固，誠善莫加焉。苟尺水橫流，則長隄虛設矣。其次曰：或大朝用吳越之衆，自泉州泛海以趨國都，則不數日至城下矣。當其人心疑惑，兵勢動搖。岸上舟中，皆爲敵國。忠臣義士，能復幾人？懷進退者，步步生心。顧妻子者，滔滔皆是。變故難測，須臾萬端。非惟暫乖始圖，實恐有誤壯志。又非巨舟之可及，滄海之可游也。

然此等皆戰伐之常，兵家之預謀。雖勝負未知，成敗相半，苟不得已而爲也。固斷在不疑，若無大故而思之，又深可痛惜。且小之事大，理固然也。遠古之例，不能備談。本朝當楊氏之建吳也，亦入貢莊宗。恭自烈祖開基，中原多故，事大之禮，因循未違。以至兵交，幾成危殆。非不欲憑大江之險，恃衆多之力，尋悟知難則退，遂修出境之盟。一介之使繼行，萬里之兵頓息。惠民和衆，於今賴之。自足下祖德之開基，亦通好中國，以闡霸圖。願修祖宗之謀，以尋中國之好。蕩無益之忿，棄不急之爭。知存知亡，能強能弱。屈己以濟億兆，談笑而定國家。至德大業無虧也，宗廟社稷無損也。玉帛朝聘之禮纔出於境，而天下之兵已息矣。豈不易如反掌，固如太山哉？何必扼腕盱衡，履腸蹀血，然後爲勇也？故曰德輶如毛，鮮克舉之，我儀圖之。又曰知止不殆，可以長久。又曰沉潛剛克，高明柔克。此聖賢之事業，何恥而不爲哉？況大朝皇帝以命世之英，光宅中夏。承五運而乃當正統，度四方則咸偃下風。獫狁太原，固不勞於薄伐，南轅返斾，更屬在於何人。又方且遏天下之兵鋒，俟貴國之嘉問，則大國之義，斯亦以善矣。足下之忿，亦可以息矣。若介然不移，有利於宗廟社稷可也，有利於黎元可也，有利於天下可也，有利於身可也。凡是四者，無一利焉，何用棄德修怨，自生讎敵，使赫赫南國，將成禍機？炎炎奈何，其可嚮邇。幸而小勝也，莫保其後焉。不幸而違心，則大事去矣。

復念頃者淮泗交兵，疆陲多壘。吳越以累世之好，遂首爲厲階。惟有貴國情分愈親，驩盟愈篤。在先朝感義，情實慨然。下走承基，理難負德。不能自己，又馳此緘。近負大朝諭旨，以爲足下無通好之心，必舉上秋之役。即命敝邑，速絕連盟。雖善鄰之懷，期於永保。而事大之節，焉敢固違。恐煜之不得事足下也，是以惻惻之意，所不能云。區區之誠，於是乎在。又念臣子之情，尚不逾於三諫，煜之極言，於此三矣。是爲臣者可以逃，爲子者可以泣，爲交友者亦惆悵而遂絕矣。

原載《宋史》卷481

與南漢主書

皇帝宗廟垂慶，清明在躬，冀日廣徽猷，時膺多福。徒切依仁之戀，難窮報德之情。望南風而永懷，庶幾撫我；指白日以自是，夫復何言。

原載《十國春秋》卷27

贈別

莊周有言，得者時也，失者順也。安時處順，則哀樂不能入也。僕佩斯言久矣，夫得者如人之有生，自一歲至百歲，自少得壯，自壯得老，歲運之來，不可却也。此所謂得之者時也，失之者亦如一歲至百歲。暮則失早，今則失昔，壯則失少，老則失壯。行年之去，不可留也。此所謂失之者順也。凡天下之事皆然也。達者知我無奈物何，物亦無奈我何也。其視天下之事，如奔車之歷蟻蛭也，值之非得也，去之非失也。燕之南，越之北，日月所生，是爲中國。其間含齒戴髮食粟衣帛者是爲人，剛柔動植林林而無窮者是爲物。以聲相命是爲名，倍物相聚是爲利。彙首而芸芸是爲事，事往而記於心，爲喜爲悲，爲怨爲恩。其名雖衆，實一心之變也。始則無物，終復何有。而於是強分彼我，彼謂我爲彼，我亦謂彼爲彼。彼自謂爲我，我亦自謂爲我。終不知孰爲彼邪？孰爲我邪？而世方徇欲嗜利，繫心於物，局促若轅下駒，安得如列御寇莊周者，焚天下之轅，釋天下之駒，浩浩乎復歸於無物與？

原載陸游《南唐書》卷 13，《五代史書彙編》

吳　崇

南唐後主時人。

重修開元天寶觀記

原夫混茫無象，生元氣以發揚。太極成形，建兩儀而交感。是故一昇一降，既憯既舒。深知要妙之門，默起自然之理。萬化皆歸於橐籥，八風尋運於璿璣。雖開閶紫宸，實分官於九府。而主張玉籍，俱命職於群真。洎周朝則教演五千，流唐室則宗分前後。所以法天取則，帝王崇至靜之源。秉一成功，冠褐慕至和之境。得之者壽，失之者亡。羲軒冀表於前芳，茅許將傳於故事。上則雲宮月殿，熒煌高鎖於三清。下則瓊室珠房，重疊旁分於五嶽。權福罪則皆同影響，叩希夷則莫睹樞機。然後九有延祈，故崇宮廟。三元禮醮，遍列壇場。苟邦國以長興，諒焚修而不泯。

其謂乎開元觀者，城東異境，物外靈踪。實乾坤秀麗之鄉，乃雲鶴盤旋之地。當吳大帝龍驤碧漢，鵲起金陵。奉元元而旦夕未皇，執躁靜而禱祈不倦。訪鼎湖之舊迹，尋河上之元風。儻尚虛無，必開虔奉。至寶鼎四載，乃方立爲崇真之觀。初標堂宇，繼設住持。綿星紀以逾深，存香燈而不闕。值隋皇革命，神器移天。方當在宥之初，遽布維新之政。開皇十一年，又換元額爲崇仙之觀。遇大唐高祖皇帝應天徇物，捲衆臨戎。定山河爲一統之宗，使區宇絕三分之勢。明明表德，蕩蕩垂風。及元宗皇帝躬乘大寶，克顯丕圖，復會仙師，同訪桂花宮裏。潛逢聖祖，還游羊角烟中。萬年以表於殊風，四海仍新於大號。開元二十六年又奉更改，則今之名額也。崇基宛若，真像豁如。以次薰修，遞相嚴敬。有道士彭法宣等，各懷道德，繼備精虔。表方隅歸向之場，顯塵世祈求之旨。及乎咸通已後，玉關據虎，金革犯秦。經兵火以延焚，因毀殘而廢墜。

暨皇唐復霸，帝業中興。刺史張公承傑，心懸妙理，志慕真筌。洞鑒精虔，深委功績。至保大九年，相次捨置三清尊殿功德寶壇等。志堅有感，德邁皆通。是表良因，用成其事。由是散求郢匠，廣布楚材。梁棟雲鋪，棼橑鱗次。殿堂纔畢，巍巍籠紺霧細霞。廊廡方開，赫赫布祥光瑞色。真容聖像，儼若化來。玉女仙童，忽如降下。繡黻而皆成異境，清虛而盡似仙鄉。芬芳之琪樹祥花，繚繞之松陰桂影。疑十洲之風月，移在人間。眺萬洞之烟霞，宛如象外，矧以前臨大道，紅塵不惹於元關。後跨長江，淥浪同含於妙性。八海之羽人頻至，五山之詞客如歸。豈讓丹丘，何殊閬苑。將期立績，冀俾厥功。上可以神贊皇圖，下可以休禎庶類。而崇智乏精通，才非敏速。忝承來命，請紀殊猷。立言慚褒貶之文，握筆絕色絲之字。冀遷陵谷，用表貞珉。長爲不朽之名，永作無窮之譽。時乾德二年太歲甲子十月十五日記。

原載《全唐文》卷 889

樂　史

南唐官員（930—1007），撫州宜黃（今江西宜黃）人。後主時進士及第，任秘書郎。入宋後再中進士，歷著作佐郎、陵州知州、水部員外郎，曾使兩浙巡撫，掌西京磨勘司，後判西京留守御史臺。樂史著述頗多，有《太平寰宇記》等數種。

仙鵝池祈真觀記

崇仁縣古巴陵之府,隋開皇中降爲縣。縣之西北有祈真觀者,山水迴合,實列仙之攸館。歲月電謝,碑石罹於兵火。置觀之由,不吾知也。其所聞者,耳目相接。傳云太和年中,住持道士杜仙興,嚼玉蕤,嗽金髓,燒五色藥,望三素雲。本郡杜使君師仁聞其名,就觀修黃籙齋。忽有仙鵝七隻,下門外池中。因是名曰仙鵝池。逮仙興羽化,仙磬響沈。玉宇琳房,鞠爲茂草。至保大初,有道士劉道肱者,亦精嚴法籙之流耳,言慕幽迹,賁然來思。繇是斤斧雲峰,放出杉松。曾不崇朝,化爲靈宮。紫篁清節,一皆新之。噫!能拂淒凉之地,重爲朝禮之庭。若非修道之輩,孰至是哉。悲夫!自太和中至乾德初,約四百十載,而仙鵝一去,池樹毿毿。晴山似畫,著水如藍。非靈羽有不願之心,蓋人世無至誠之感。

乾德元年歲終癸亥四月,彭城劉司直元載字簡能,好奇之名士也。製錦是邑,詢故事得仙鵝之實。翌日焚香,覬靈禽之來。願言之抱,如影隨形。是月十八日,有仙鵝二百餘隻,萃於觀之松篁。一鵝殊偉,若蜂蟻之有王。皆玉衿絳趾,丹嘴霜翎。不飲不啄,宿而後飛。二之年四月二十三日,三之年四月二十八日,有百餘隻而至。於時五月初二,忽群飛於縣邑,盤旋久之,如留戀焉。是歲劉君自南宮承制,經於舊邑,稅駕祈真東之佛舍。明日,有仙鵝五十隻於池南。自茲一去,又隔三年。迨開寶三載,歲在庚午四月十九日,有仙鵝三十隻現於池北。於當月二十五日,又百餘隻過於郊郭。時扶風馬司空憲弦歌此邑。馬君湘潭玉葉,好事之君子也。亦嘗命駕祈真,祈禱真迹,果一月中仙禽兩現。余家於邑中,熟諳本末。已曾爲簡能撰仙鵝記,甚得詳悉。今請告南歸,道肱又以觀記見請。不可不重道仙鵝之來去矣。昔杜師住之日仙鵝少,今劉師住之日仙鵝多。由此而論,劉之道緣,優於杜也。又念巴水之地,名迹實繁。自觀之東抵縣,縣有景雲觀,則蕭子雲侍郎書牌額之所。觀東北接五峰山,山前有百鳥湯。觀之北近高富山,山前有過至孝墓。予惜其少於傳記,恐隙駟不留,將來之人,不得知矣。今染翰之次,得以叢而附焉。甚愧不文,直書其事云耳。

唐景雲觀碑

景雲觀者，皇唐景雲年中所建也，在崇仁縣西北隅。巴山翠其檻，巴水漱其門。山水周遮，松蘿堆攢。士君子賞爲神仙之勝迹，斯言不誣矣。予家於觀之北，童稚時聞耆老傳云，往時觀碑額故，將新之，因中元節，衆道士推能書者，明日染翰。是日晚，有一道士，形容羸，衣褐荒，栖栖焉，人皆不物色，自言攻篆隸，請書之。衆口囃然而阻截。迨夜參半，其道士於堂中張燈火，動筆硯，大書門扉上"景雲觀"三字。有未睡者潛觀焉。遲明，觀其筆力遒健，光彩射人目。於時令佐至，嘆訝者數四。雖覺異人，發問未暇，請於新碑更書之，而辭不能也。齋罷告行，行至三門，令佐暨諸道士隨而且留。自言曰："吾是蕭子雲。"衆拜之，舉首不見。於是坼其門扉，緣飾爲碑。至危太傅全諷爲川將，時人移於黃田寨上失之。得非神仙之物，容易而難留。子雲者，梁黃門侍郎，於玉笥山得仙矣。

先有大鐘一，牌額離後，一夕風雨亡。異時捕魚人見在觀南溪潭中。取之不獲。今有小鐘一存，上題開元二十七年鑄。又有香爐一，上題許真君名號，傳云真君化身來捨。歲月將永，事不可尋。今雖已亡，又不可不存其梗概。觀之屋宇，自黃巢攘臂之際，已赴灰燼。今堂殿樓臺，尚殘基址。因知昔時締構，壯麗不無。洎後雖曾完葺，具體而微。一片衡茅，四時風雨。王孫之草，幾犯於階庭。金母之桃，半歸於樵采。顯德年中，彭城劉司直元載，慕道之高士也。宰是邑，惜其名迹，無人尸之，乃召請道士蔣道元者住持。道元門傳金籙，力學玉書。不以艱難破其心，不以荒凉役其意，一味焚修，俟其振發。予昨自班行南歸故園，每行樂於觀之溪岸，道元以觀中元無碑記，便以斯文見請。且曰："恐神仙之踪迹，不聞於後人矣。"予聞斯言，意甚嘉賞。況居近仙館，素欲揮翰。今既會宿心，得以直書其事。乃爲銘曰：

巴山四瞰，巴水東流。景雲觀者，在巴水頭。景雲年立，仙境最尤。有蕭子雲，本梁公侯。把琉璃盌，上鳳麟洲。鳳麟爲駕，駕言出游。觀額將故，道士云修。遇我蕭侯，書踪夜留。組綉光動，龍蛇勢浮。鳥啼花落，歲月悠悠。仙人銀鈎，罹亂誰收。空餘古觀，松蘿一丘。松風瀏瀏,松雨颸颸。古鐘尚存,仙爐亦休。道士好事,恐墮其由。請我揮翰,金石千秋。

原載《全唐文》卷888

林仁肇

南唐大將(？—972),建陽(今福建建陽東北)人。本爲閩國將領,閩亡後入南唐爲將。元宗任爲鎮海軍節度使,已而移鎮武昌。開寶時上表,主張乘宋軍南北征戰、淮南空虛之際,出兵北上,收復失地。後主不敢從。仁肇果敢善戰,軍中號爲"林虎子",宋太祖畏之。施反間計,致使後主酖殺之。

龍興寺鐘款識

觀夫善人宏願,冶氏畢功。簨簴高懸,蒲牢迭應。無閑始息,奪震響於春雷。群動初驚,壓雄聲於曉鼓。結界之地,布金之園。設比堅牢,同爲壯觀。伏願上窮碧落,歷凈方而聽必咸歡。下徹泥犁,遍業趣而聞皆離苦。觸類聞此,俱脫羽鱗。然後軍庶之閒,城隍之外,戾耳俱登於善道,正心長叶於妙因。宗社興隆,皇王福履。以至仁肇身宮克固,禄位恒延。保眷屬之利貞,踐歲華而安吉。所有信心衆士,福利同增。仗此良因,永爲不朽。時唐乾德五年大歲丁卯二月庚申朔二十五日甲申記。

原載《全唐文》卷876

釋契撫

南唐乾德時僧人。

唐本業寺記

夫以星池布彩,扶烈宿於元穹;鶴樹收光,運真風於像教。遠則摩騰入漢,近乃達摩來梁。傳三乘一性之宗,古今恒爾;指見智無生之忍,人我自除。所以佛依法住,法假人弘;道本無心,即心悟道,未證斯理,體解如然。喧寂之居,故非常得,依王水土,事佛瓶盂。設戒防身,藏名遠惡。克修三界,不止六塵;禀奉四儀,方歸八正。

其本業寺者,梁天鑒九年,有釋净王捨宅爲寺。累代廢興,石像既存,鄉人崇信,凡經亢潦,衆聚祈求,唯奉國而事家,實遵堯而慕舜。其民戚戚,其化堂堂。既偶主上垂衣,寰中舉首。山河秀實,日月光輪。遝邐奔趨,車航輻凑,三教齊興於聖代,一乘别紀於明朝。非頻婆王而再出如何,非須達多而重生弗□。於保大五年,有上元縣近寺衆多檀信,宣義開寧兩鄉周俊、周褊等雲集國奏,請開善寺。僧令安歸寺整葺焚修。蒙先元宗皇帝御批,奉功德使齊王旨,承省司給牒,重賜開基,再修此寺。江月沈而猶出,塞雁去而還來,唯酬帝祚之恩,永感乘時之德。爾後召募四方檀信,共創伽藍。紺殿光鮮,晨夜之香燈馥郁;青龍迤邐,寒暄方芳翠聯環。寺主安上人,俗姓□,當門人事,開善出家。順義六年,武聖戒品習筵。經論罷,好虛間,擬易高踪,應求衆議。徇居名迹,獨質劬勞,執火拾薪,猶希弟子。有上足門人道新、道昇、道通、道遷、道圓等,相次出家,□承旨訓,如子奉親。及至經業該通,昇元受具,甘露之香壇灌頂,如來之戒制持心。戴日銜恩,□山捧國,師資之業,恭效無疲,侍膳之心,始終曷已。次教化造得正堂厨庫,其有廊屋僧堂,必取圓就。良時已偶,星宇重興。東接文園,昔是儲君之主;西連蔣嶠,令兹蕭帝之踪。幾百年而鍾梵泠音,流傳佛事;一千載之龍圖闡化,普遍皇恩。願戈鋋無討伐之心,願稼穡有豐登之序。九功樂業,三界同安,長開十善之門,共續五天之教。金言可顯,磐石恒堅,名籍有圖,遺踪莫朽。年移事往,紀德難勝。繼踵宏揚,刻鎪銘石。謹記。

時唐乾德五年歲次丁卯七月十九日建。

東山任德筠書,鍾廓刊字。

原載《五代石刻校注》

吴思已

南唐官員。乾德五年（967）時，任將仕郎、前守信州玉山縣尉。

唐吉州新淦縣故清河張氏府君（琮）墓志銘并序

將仕郎前守信州玉山縣尉吳思已撰

噫！春之盛，所以有生有榮；秋之裏，所以爰凋爰落。既禀推移之理，寧違獻替之期，故人生雖嘆於存亡之運數，全關於定分，是以君子不爱其身而貴其名，不爱其禄而重其德，所謂疾浸亡而名德不稱焉，今負名與德者其唯府君乎。府君姓張氏，諱琮，字瑞昌，其先清河人也。則漢丞相良之遠裔也。自黄帝五子之封，後爲姓氏焉。洎乎家望，赫矣宗枝，聯翩文武之風，次第公侯之烈。名皆有顯，史不絶書。後以代改時遷，源分派析。然有公族，□好雲山。因尋仙境之封，乃選淦川之邑。玉笥之鄉，興福之里而居，後爲世族焉。曾祖諱遇，前守洪州鳳新縣令。祖諱憑修，五經，不仕。父諱軋終，進業，不仕。公則父之長子也。兄弟四人，姊一人俱生於楊氏，則前吉州司户參軍之子也。弟三人，少因亂世早喪。姊一人，適鄧氏，俱亡。唯公騰凌大器，峭峻深機。直道不回，清風獨懷。以仁以義，難忘造次之心；以剛以柔，別得純和之趣。尋屬中原鹿駭，四海浪警。白刃如霜，紅旗亞日。出没之龍蛇競鬥，踪横之狼虎交吞。人物支離，山川震動。一身乃暗悲南北，厥亲相次淪亡。手足摧殘，朝昏流涕。公曾多謀略，素有心機，經歷年華，獨出艱險。一旦乾坤肅静，日月分明，社稷有歸，人烟復舊，遂營居止，整頓生涯。纔及數年，自成厥□。然後博覽書史，窮達古今。終憐於綠水青山，豈羨於金璋紫綬。每執信行，頻布陰功，不思於禄之謀，自有肥家之計。置物業則交於數邑，散財帛則濟彼諸鄉。夏玉鳴球，好繼當時之霸盛；紫□金谷，堪道昔日之繁華。待士情深，延賓禮重。每聽投轄，莫睹留門。夜月閑來，樂飄宫徵。春風宴處，花滿亭棋。雨露遍施，聲華自播。婚陳氏，生三男五女。長男庭範，清規早著，明德素彰。文武兼修，行藏獨顯，不幸早終。婚陳氏,生二女。次曰庭篆,孤標上士,磊落其人。懷經濟之風,蘊鄉關之譽。曾顏孝行,苟宋才能。鵬勢難量,雲程莫測。婚傅氏,生二男二女。傅氏早亡,後婚姜氏,生一男。次曰庭毅,夙蘊仁義,早播聲光。沉吟二雅之風,該博六經之旨,禮樂備著,仁孝皆傳。爲公道之良材,作謙和之長者。婚高氏,生四男三女。庶子二人,長收婚陳氏,生一男二女。陳氏早亡,後婚鍾氏。次叶早喪,婚陳氏,生一女。所婚新婦,各有清風,㲲顏之甘脆無忘,表德之柔和莫繼。男孫七人,長文璨,婚劉氏;次文奧,婚陳氏;次文瑝,婚陳氏;次文孺,婚陳氏。各未娶,次文選,夭逝;次文迥,次小字隆三。烏□諸孫,或佩觿之歲,或弱冠之年。皆習文章,未忘諷誦。各探龍之志,俱懷射鵠之心。足顯門風,仁光鄉邑。女五人,長適陳氏,氏不幸早亡;次適陳氏,氏不幸;次適鄒氏,次又適鄒氏,次適陳氏。所嫁之婿,悉是名家。或懷陳阮之才,或負韓彭之略。旁聞禮義,内外肅維。盡播芳馨,俱彰令望。女孫七人,長適陳氏,次適鄒氏,次適陳氏,各親迎。適蕭氏,次適劉氏,次適馬氏,未納吉。次未許嫁詰婿者。瓊理比德,儒雅傳家。騏驥正俟於長途,風月難留於碧嶠。公早懷慈愛,大布恩□,謙□爲先,威儀可象。栽花種柳,閒吟招隱之詩;對水當山,每誦歸田之賦。交親倚附,郡縣欽崇。樂於散誕之身,別得逍遥之興。琴彈古調,酒酌清罇。既無縈無絆之心,得至富至貴之道。不幸釁入星宮,灾纏命座。雖有微恙,故無所妨。既不撓於神情,乃不嘗於藥餌。遂命諸子而告終曰:吾年且高,吾家且霸,汝等兄弟相繼而昌,吾雖歿而無恨也。於乾德五年丁卯歲九月二日終於私第,春秋七十有八。孝子順孫皆曰泣血,六親九族誰不痛心。既駐靈輀,爰卜宅兆,以其年十一月八日壬辰歸葬於本鄉本里湖崗保赤崗之原,禮也。地栽要妙,山遐此奇。宛轉龍趍,非回鳳偶。得紫氣盤旋之地,乃真仙回顧之場。松柏颼颼兮起悲風,烟霧慘慘兮籠暮影。長爲幽室,永空芳猷。冀垂不朽之文,用表無窮之美。言之不足,乃爲銘:

維兹賢傑,間世而生。楚玉無價,齊竽有聲。詩書浩渺,道德貞明。正水鑒裁,孤雲性情。生值亂罹,艱苦備歷。國祚昇平,家門顯

赫。田園莫比，富貴難敵。恩必廣施，言皆有益。性愛自在，情維孤
標。嵇康散誕，莊子逍遥。樂且非逸，富而不嬌。福山長峻，瓊樹難
凋。福□禍倚，禍起福謝。忽寝小痾，遽歸大夜。州鄉追想，親戚嘆
許。没彼幽陰，悲夫幻化。兆有巒崗，先陵之傍。選兹勝概，葬彼賢
良。龍鳳朝揖，松蘿青蒼。勒於金石，地久天長。

五老峰隱士史虛白書。

原志石藏於江西吉安文信國公祠

張　洎

南唐官員（934—997），字思黯，改字偕仁，滁州全椒（今安徽蒙
城）人。進士及第，起家句容尉，遷監察御史。後主立，擢工部員外
郎、試知制誥，遷中書舍人、清輝殿學士。入宋任太子中允，累遷禮、
户二部郎中、右諫議大夫，判大理寺。至道三年（997）卒。

張司業詩集序

司業諱籍，字文昌，蘇州吴人也一作和州烏江人。貞元十五年丞相
渤海公下及第，歷官太祝、秘書郎、國子博士、水部員外郎、國子司業。
公爲古風最善。自李、杜之後，風雅道喪，繼其美者，惟公一人。故白
太傅讀公集口：“張公何爲者？業文三十春。尤工樂府詞，舉代少其
倫。”又姚秘監嘗贈公詩云：“妙絶江南曲，凄凉怨女詩。古風無手敵，
新語是人知。”其爲當時文士推服也如此。元和中，公及元丞相白樂
天、孟東野歌詞，天下宗匠，謂之“元和體”，又長於今體律詩。貞元已
前，作者間出，大抵互相祖尚，拘於常態。迨公一變，而章句之妙，冠
於流品矣。自唐末多故，洊經離亂。公之遺集，十不存一。予自丙午
歲迨至乙丑歲，相次緝綴，僅得四百餘篇，藏諸篋笥，餘則更俟博訪，
以廣其遺闕云耳。

原載《吴都文粹續集》卷55

項斯詩集序

項斯字子遷,江東人也。會昌四年,左僕射王起下進士及第。始命潤州丹徒縣尉,卒於任所。吳中張水部爲律格詩,尤工於匠物,字清意遠,不涉舊體,天下莫能窺其奧,唯朱慶餘一人親授其旨。沿流而下,則有任蕃、陳標、章孝標、倪勝、司空圖等,咸及門焉。寶曆、開成之際,君聲價籍甚,時特爲水部之所知賞,故其詩格頗與水部相類,詞清妙而句美麗奇絶,蓋得於意表,迨非常情所及。故鄭少師薰云:"項斯逢水部,誰道不關情。"又楊祭酒敬之云:"幾度見詩詩揔好,及觀標格過於詩。平生不解藏人善,到處逢人説項斯。"自僖、昭已還,雅道陵缺,君之遺句,絶無知者。慮年祀浸久,没而不傳,故聊序所云,著於卷首。

《唐文拾遺》卷 47

■街奉先禪院净照禪師塔志銘

■侍中尚書工部員外郎知制誥雲騎尉□□魚袋張泊撰

■自時厥後,弈世■因越生死,海□■净照禪師之■清祖考不仕□□■法■見東南遂浮□□■成本無■道富爲■一言密契於心■師首率門人■元宗■皇上■眼能辨大事宜■精舍■净照師名復,崇兹懿■海之□茂林秋■與其會,如林師嘗■大德□□絲□於如來藏中□□□可得悟之則■其□謗,後來皆如此。□□□□□□□□□弘道在人,慈■夜□以乾德丁卯歲□□□人。越己巳歲季冬月二十■有終,吾將丁戊,汝等諸子善■而比□□四十□□□□六十九年王□失□□梁四生■七■年正月十■於■里□□二里遵■輪作大■於如來正■佛□□□□法嗣■見□□□□已謹作銘■千■墜■甘■暢■有■□□僧判官翊教大德■監院僧子朋、維那僧行□、典■德等親教弟子僧一百廿七人,長曰義宗,侍者第信、義顯。姚慮、吳貞□鐫。

原載《新中國出土墓志》(江蘇南京卷)

任 光

南唐官員。乾德四年(966)進士及第,任將仕郎、縣尉。

唐臨川府崇仁縣地藏普安禪院碑銘

　　夫真覺了然，離諸名相。橫大千而非有，等虛無以非空。譬夫色映琉璃，睹之則元黃斯在。月涵止水，爲之則游泳徒勞。自四大相摩，六根競熾。認賊作子，以幻爲真。情塵逾於峻極，愛流深乎浩杳。然後因病而須藥，以渡而假筏。故我竺乾先生唱以無緣之慈，不盡有無之法。化分萬行，教立三乘。隨彼性根，次第啓迪。則造幢造像，施力施財。皆福報之大端，迴向之廣途也。

　　地藏普安禪院者，邑人右軍牙將充昭武軍客司引客虞候鄧進與弟亮弟迖等之所建置也。地居爽塏，境占幽奇。法宇禪堂，洞然虛白。金容寶像，煥若莊嚴。清溪經其前，崇林映其後。入座而風傳爽籟，開軒而雲吐凝嵐。蓋禪那宴寂之場，大士栖真之所也。初邑中無禪刹，或毳侶經游，則投足無地，往往止於白衣之家。甲子年中，有守勖和尚者，法門之柱石也。振衣而來，睹斯蕭然，謂鄧生曰："聞居豪富特達，好事然諾。老僧欲構一禪齋，以待南北。乃此方未曾有之勝事也，吾子其可爲乎？"鄧生聞之，忻然炷香禮拜曰："若和尚能此駐錫，則弟子敢不發心。"遂於縣西南巴水之陰，得此福地，創是道場。故曰地藏者，因廢額也。普安者，表新意也。自誅茅翦棘，從基作構。咸咨其規度，無有限量。一物已上，靡不完整，凡有緡數百萬焉。彼優填作像，須達布金，比諸信施，可謂至矣。

　　土木既畢，會勖公從鄱陽法眷造先師亭之請，且曰："功成不居，古人之道也。矧往畢吾師之遺懿乎？"固留不諾而去。監院僧惠崇，理心淳熟，練行精明。識中之智慧熒煌，塵外之空花零落。隨緣利物，有感必通。勖公既去，鄧生眷其德業，懇請而來，以爲欲闡真宗。慮食輪之將柅，或難周給。雖海會以疇依，盍置田園，用計悠久，鄧生曰"然"，即捨附郭田三千把入常住。俾夫金繩既耀，香積彌芬。二時既獲於坐豐，四眾攸加於景附。夫飯一僧，圖一像，猶獲大利益，況斯邑之地，前瞻何玉，旁即曹山寺，達疏山諸祖道場多由此出。或摩尼在握，或窮子垂歸。使至是者皆洗足而居，開盂以食。於此津涉，自我權輿，可謂未嘗有之勝事也。蓋有以知鄧氏之善因，信無量矣。

　　予比佐是邑，屬時和歲豐，居多暇日，與明府扶風公每游斯院，而崇公以予早因薄伎，嘗竊高科，繕録所因，以碑見請。適苦多病，辭之未能。秋九月，承詔命歸京師，即路有期，前請逾確。勉書事實，有愧斐然。銘曰：

　　至哉空王，妙道無方。失在揀擇，得非思量。風寂水定，塵銷鏡光。本來無物，是謂真常。真常甚夷，金言不欺。愛見所縛，衆生莫知。三乘引拔，六度針醫。不有權變，疇將救之。良田如金，不種何穫。巨福如海，不勸何作。惟彼上人，能先斧鑿。惟此信士，能應雕斲。巴水之陰，肇興禪室。壯若神運，巧同化出。永茂空林，長光佛日。巍巍福田，與道相畢。

原載《全唐文》卷 872

汪　焕

　　南唐官員，歙州（今安徽歙縣）人。進士及第，後主時，任校書郎。

諫事佛書

　　昔梁武事佛，刺血寫佛書，捨身爲佛奴，屈膝爲僧禮，散髮俾僧踐。及其終也，餓死於臺城。今陛下事佛，未見刺血、踐髮、捨身、屈膝，臣恐他日猶不得如梁武也。

原載《全唐文》卷 870

陳　覺

　　南唐大臣，海陵（今江蘇泰州）人。烈祖時任宣徽副使。元宗即位，擢光政院副使、太僕少卿。其與宋齊丘、馮延巳等勾結，導致伐閩戰爭的失敗，虚耗了南唐國力。在對抗周軍進攻淮南的戰爭中，陳覺爲監軍使，掌握兵權，却無決戰意，導致大軍潰散。數罪並罰，貶饒州安置，誅殺於途中。

顯密圓通成佛心要集序

　　昔如來居出世之尊,垂化人之道,闡揚大教,誘掖群迷。開種種之門,方便雖陳於萬法。入圓圓之海,旨趣皆歸於一乘。然而顯教密宗,該性含相。顯之義派分五教,總名素怛嚩。密之部囊括三藏,獨號陀羅尼。習顯教者,且以空有禪律而自違,不盡究竟之圓理。學密部者,但以壇印字聲而爲法,未知秘奧之神宗。遂使顯教密教,矛盾而相攻。性宗相宗,鑿枘而難入。互成非毀,謗議之心生焉。竟執邊隅,圓通之性懵矣。向匪至智,孰融異端。事必有成,人能宏道。

　　今顯密圓通法師者,時推英悟,天假辯聰。髫齔禮於名師,十五歷於學肆。參禪訪道,博達多聞。内精五教之宗,外善百家之奧。利名不染,愛惡非交。既而厭處都城,肆志巖壑。積累載之勤悴,窮大藏之淵源。撮樞要而成誦在心,剖義理而若指諸掌。以謂所閲大小之教,不出顯密之兩途,皆證聖之要津,入真之妙道。覽其文體則異,猶盤盂自列於方圓。歸乎正理則同,若器室咸資於無有。而學者妄生異議,昧此通方。因是錯綜靈編,纂集心要。文成一卷,理盡萬途。會四教總歸於圓宗,收五密咸入於獨部。和乳酪之味,都作醍醐。采雲霞之滋,并爲甘露。誠者佛之會要,後人之指南。使披覽者似獲如意之珠,所求皆遂。遵依者如食善見之果,無疾不瘳。覺學愧荒虛,辭非華麗。曾因暇日,得造吾師。每親揮塵之談,頗廣窺斑之見。屬當傳世,爰托撰文。素慚舒理之能,聊著冠篇之引。

原載《全唐文》卷 871

陳　喬

　　南唐官員(?—975),廬陵玉笥(今江西峽江東南)人。烈祖時任太常奉禮郎,遷屯田員外郎,轉中書舍人。後主嗣位,歷吏部侍郎、翰林學士承旨,以門下侍郎兼樞密使。宋軍破金陵時,自縊死。

新建信州龍虎山張天師廟碑

　　臣聞有物混成,其來尚矣。天地得之而覆載,日月得之而運行。

四時得之而變通,萬物得之而繁庶。卷之則無餘,舒之則無垠。求於外則勞,求於内則獲。聖人取法而俯正八紘,上士勤行而仰游十極。深矣遠矣,恍兮惚兮。逖聽妙言,强名曰道。然則真風已續,大道久隳。居一者以嗜欲滑和,就能司契。在三者笑神仙可學,誰務谷神。悠悠多中智之君,寂寂罕持盈之士。華胥之國,不復神游。無何之鄉,空停羽駕。天其或者將有俟焉。

皇帝陛下極大道之頹綱,維列仙之絶紐,乃眷正一,屬之真人。思與神交,遂崇廟貌。天師道宇所以興盛於今日也。天師姓張氏,諱道陵,字輔漢,沛國豐人也。若乃六世相韓之盛,七葉佐漢之名,服冕乘軒,重規累構,在人間之世,雖炳焕以可知。而太上之家,亦寂寥而何有,況前史詳之備矣,故斯文略而不書。天師紺髮黛髯,青眸朱口。儲精於八十一氣,校德於七十二仙。雖嗣世勛,靡嬰代網。粃糠聲利,桎梏衣冠。被鳳褐而御龍書,外嚴聖服。吞玉英而漱金體,内養丹元。初杖策以游吳,忽拂衣而向蜀。地惟鹽市,峰號鶴鳴。有異荆臺,即謂忘歸之所。諒同朱閣,還稱不死之庭。巖桂留人,因停翠蓋。山椒考室,更寫丹丘。時巴蜀初夷,神奸未刈。菱花縱吐,罕照山精。棘矢雖陳,莫除群屬。遭兹妖孽,毒我蒸人。上元貽西顧之憂,下土夭北邙之骨。天師心存絳闕,精徹蒼旻。玉輦來過,因受驅治之法。金埔至止,爰膺誥命之文。平變怪之猖披,致生靈於清静。聲流華夏,惠洽幽明。若夫宣揚微言,指明奥義,著爲道帙,貽厥學徒,斯并秘在靈壇,貯於瓊笈。丹青妙捷,鼓吹真科,有陋赤松,空留八戒。翻嗤鴻烈,尚雜百家。既而鄙方外之猶羈,念寰中之未返。飄然輕舉,倏若遐征。三十六天,徒見驂鸞之去。二十四治,不窺化鶴之歸。昭灼仙踪,葳蕤來裔。竟留仙宇,上契昌期。皇帝陛下仙李分陰,凤承上聖之孕。弊樟擢秀,實報中興之符。高居穆清,虔奉宗廟。動作興事,等雲雷之經綸。内平外成,見天地之交泰。無爲而理,有感則通。

至若盛烈殊休,亦可得一二而言也。蕞爾越徼,介於海隅。沉閧斥爭,曹譚無禮。文身相顧,崩角同憂。初款塞以求哀,俄盈庭而請命。實興我役,薄言徂征。偏師一征,擴地千里。斯則聖人之吊伐也。秦密二郡,關河幾千,家乃漢臣,身縻偽爵。馬援方居隴坻,竇融亦保河西。日飲皇風，思沾元化。率有卒伍，擁乃黎元。協力同心，聿來胥會。斯則聖人之柔服也。絕域殊方，搜奇蘊異。驗青雲之不散，仰白日之高懸。梯山如覆簣之功，航海如容舠之隘。不惎其素，咸造於庭。常滿之杯，豈弗索而何獲。難得之貨，蓋不求而自來。斯則聖人之懷遠也。澤盈碧露，井有黃雲。山涌龜蛇之金，匣鳴龍虎之劍。九苞神鳳，窺阿閣以來儀。八翼靈禽，背羽山而戾止。斯則聖人之符瑞也。

又若陋常鈞之瑣瑣，篤至德之巍巍。當大道既隱之時，行自昔所無之事。宅於望苑，命我天倫。洪惟至公，實冠百辟。在昔卯金撫運，代邸承祧。高視前王，良無愧色。洎定建儲之計，始無必子之言。徒自飾情，竟成虛語。何則？五帝官天下，三皇家域中，有自來矣。雖甚盛德，莫能行之。然猶紀其功者，燦若雲編。頌其德者，溢於玉牒。苟以今而泥古，諒如日而映星。重以並見戚播，特逾舊制。姬周異姓爲後，何足道哉。炎漢非劉不王，既聞命矣，逾千越萬，絕後光前。皇太弟以天縱之姿，戀日新之德。初開鳳邸，東平之善尤彰。旋正龍樓，北閣之游殆絕。開物成務，藏往知來。大元帥齊王，下士好賢，經德秉哲。分茅建社，荒十二之雄都。佐國庇人，得五千之深旨。副元帥燕王，拔乎群萃，體自吾君。居無求安，不以珥貂自貴。坐進此道，豈以駙馬爲先。咸樹風聲，同守社稷。中外既理，華夷已清。然而上心猶或未足，思致人於壽域，每澄慮於大庭。寤寐通仙，闡揚元教。以爲德如可尚，豈隔於古今。道之將行，必先於崇奉。迺詔執事，建天師新廟於信州龍虎山。

是山也，凤號洞天，由來福地。南襟百越，北帶三吳。台嶺前瞻，恍惚赤城之狀。廬峰回盼，依稀紫霄之形。豈猶羅浮洞中，潛通勾曲。祝融壇上，平視長沙。彼詞人之炫四朝，方士之稱三島。欲將擬議，猶或荒凉。至如璇房瓊室之深嚴，金樓玉臺之秘邃，蕙圃芝田之芬馥，霓裳鶴蓋之蹁躚，道士之青牛，仙翁之白鹿，固已紛綸於秘錄，雜沓於靈篇。更著丹崖青壁之奇，谷隱巖栖之美。纖蘿夕動，聞天籟之寥寥。瀑布晨飛，動日華之杲杲。孤桐佺傯，上出雲霄。修竹檀欒，下凝烟霧。倚樹而多稱君子，采藥而更遇王孫。宅之者潛契希夷,游之者自祛鄙俗。天師頃來江左,尚憩兹峰。旋指漢川,實留遺愛。厥後運當典午,年在永嘉,有美後昆,聿來遷止。遂崇真宇,以永靈風。亦猶嶐嶺之旁,子晉之祠盛啟。皐亭之下,安期之廟聿興。仇生膺石室之祈,稷丘享太上之祀。諒同條而共貫,實接武以均芳。自是日薄星迴,時遷代改。雖桑田日變,而瑶島長春。

迄皇運之中微,屬旻天之不弔。蚩尤作梗,暴海内之衣冠。回祿爲灾,延壺中之日月。千尋建木,俱爲柏殿之灰。八景靈壇,但有蕪城之草。鐘隨鼎折,磬逐杯飛。荒階之苔蘚易侵,空餘玉碼。廢井之梧桐半在,不見銀床。泪區中之厭兵,乃江表之無事。永惟仙冑,猶固頹基。雖漸務修崇,然終非博廠。成乃集靈之所,鍾乎好道之若。及此庇徒,遂期永逸。事當農隙,人若子來。既遴塵尾之松,仍采雉群之木。桂雖有蠹,實出小山。柏縱後彫,竟辭大谷。公輸刓剟,王爾鈎繩。競呈巧以致功,乍星羅而霧集。回廊四合,忽若雲垂。秘殿百尋,矗如山立。芝栭綉桷,藻井綺疏。上頹壤以騰文,下朱霧而動彩。飛梁偃蹇,疑蟷蝀之横空。碧瓦參差,狀鸚鵡之群集。凌競失視,坱圠無垠。寶座既嚴,睟容惟穆。朱幡不動,有若存神。羽服如飄,還疑上漢。差差仙仗,肅肅靈官。顧望增輝,游從生敬。演兹大教,衛我興朝。天子萬年,與南山而永固。本支百世,將西伯以齊芳。其福祉也既如此,其壯麗也又如彼。縱高岸之爲谷,必靈光之巋然。二十二代孫秉一,體備清和,氣凝元寂。鈎深致遠,所得者金簡玉書。吐故納新,其驗者赤筋青骨。許掾之靈風未振,吕恭之道蔭彌高。豈徒三世無慚,斯固一言以蔽。再光先構,不亦宜乎?夫妄啟精廬,誕作楚室,猶存碑表,必播聲詩。況簡在帝心,成兹妙果。以祈蒼生之福,以崇元牝之門。苟匪頌宣,孰傳來者。臣才非黄絹,腹謝青縑。學壯武之討論,未窺鐵硯。佐元元之述作,又乏金壺。輒馨謏聞,强爲銘曰:

天地萬物,未生厥初。道乃特立,爲之權輿。惟寂惟寞,不盈不虚。帝返金闕,神傳玉書。聖教以宣,列仙繼作。陟降朱陵,優游碧落。身雖化去,功乃昭灼。猗歟真人,用實宏博。真人者何?堂堂乎張。家藏鵲印,代富貂璫。區區田竇,瑣瑣袁楊。我獨高謝,於何不臧。訪道求真,存元守一。九鼎傳芳,飛仙得術。內養靈符,外宏陰騭。眾邪奔潰,群生寧謐。我功既著,我惠既敷。上瞻絳府,旁睨蓬壺。仙踪去蜀,廟貌留吳。正一之教,今寧遠乎。赫赫我唐,明明天子。親詣崆峒,精求赤水。尊道貴德,任賢尚齒。禹好昌言,堯稱光被。甌閩恃險,譚_疑我興戎。室家相吊,杼柚其空。帝思俾乂,師乃徂東。曾無遺鏃,俄已韜弓。澤浸殊鄰,聲覃絕域。條支入朝,寶融歸國。方賄連延,褫負匍匐。樂我王道,誓依有德。義高睦族,舉必至公。脫略常法,從容古風。命我棣蕚,處我桂宮。亦建賢戚,施於無窮。能事畢修,聖功益茂。思致華戎,同躋仁壽。耽味道腴,表揚仙冑。乃聖真祠,宇茲名岫。庀徒揆日,舍舊謀新。燕山斬桂,嶙谷誅筠。不遺文水,仍采貞珉。隱如山積,響若雷震。功匪浹旬,成由決日。敞作陽臺,邃爲陰室。璀礫珠金,熒煌丹漆。子午非速,瓊華詎匹。峨峨秘殿,穆穆睟容。眾真列侍,仙裔相從。如聆夕唱,似喜晨鐘。洪惟妙用,實亞猶龍。元覽前閥,恭聞往誥。自匪哲王,孰云好道。我后統天,昇堂睹貌。光揚真科,必膺厚豐報。

原載《全唐文》卷 876

彭 薄

南唐建隆時布衣。

□□□□□□熊公(庭規)墓志銘并序

布衣彭薄撰

嗚呼!萬物興謝,雖今古以難逃;二曜昇沉,在壽夭而必定。苟非□□,是謂達人。公諱庭規,字正謀,廣陵人也。仁孝著聞,□□□久。常蘊不群之操,早持強仕之風。令範嘉聲,象賢崇德。祖強不仕,考慶右軍都知兵馬使、檢校工部尚書,姓遂氏,公既尚書之第三子也。剛腸無撓,純善(善惡);崇內典以修心,覽古書而擇行。而自幼趣天闕,長□□□;正直則繩墨合宜,廉慎則冰泉讓潔;所以繼縻好爵,纘承家風。自初階以歷至守游擊將軍、行尚書省主事、武騎(常侍）。力不虛投，職非濫進；清名美譽，皆標表於朝行；守法奉公，□寵遇於省列。夫人胡氏，本自名家，素彰婦道；賢行□□□之盛，雍和過班室之儀；令淑之姿，比方無已。有子三人，長曰匡□，次曰匡澤，皆繼門風，並居省署；既全通於《詩》《禮》，復克紹於箕裘。次子匡濟，不仕。女十三娘子、孫女十四娘子，俱在稚年，未曾出適。公以建隆元年五月二十九日疾終於私第，享年五十有六，以其年九月九日歸窆於金陵江寧縣安德鄉安信里，以從其禮也。山秀川媚，永安穩於貞魂；地久天長，别延洪於令嗣。薄久欽雅望，早熟芳猷，深愧斐然，辭不獲已，乃爲銘曰：

□□不仕，公兼衆美。致□庇人，偏能去已。内典崇修，浮屠悟了。作□□賢，爲人標表。心唯樂道，性本任真。天不與善，滅喪其人。吉日良時，將卜玄寢。地久天長，芳名不泯。

原載《金陵碑刻精華》

朱　鄴

南唐時人，仕宦情況不詳。泉州莆田（今福建莆田）人。

扶桑賦

木臨大壑，名曰"扶桑"，厭洪波之萬里，在青帝之一方。受浩氣以生成，那倫衆木；挺仙才之秀麗，能戴朝陽。塵外風吟，天涯雨泣，山晴而瑞氣初動，海晚而潮痕乍濕。幾千歲月，標下界之無雙；迴拔榮枯，倚高空而獨立。霧折烟融，孤光在東，長迎旭日，先得春風。吾將原太極之意，考真宰之功。不産奇異，安分混同，物欲萌焉，我則與三才竝起；田云化矣，我則與太樸無窮。卓出古今，莫逾貞固，當乾坤之上位，瞰魚龍之要路。

至若玉漏聲殘，銀蟾影度。收人間之瞑色，未遍群山；從海底之紅輪，先經此樹。露戢雲驚，珠懸焰生，雖凌厥熾，寧奪玆榮。豈若常材，隨大匠之雕刻，自如良輔；契吾君之聖明。巢之者不可得其窺，蠹之者不可得其噬，陽烏象擇木之狀，晴虹作挂弓之勢。名大天下，身高水際,掩彩翠於蟠桃,病虧盈於月桂。非海也不足以容其大,非日也不足以昇其高,葉茂而雲垂霽景,根深而龍撼驚濤。卑沃焦於尺土,微鄧林以秋毫,巨影倒空而漠漠,寒聲吹夜以颸颸。靈境難尋,人寰罕測,性欺霜雪,心藏正直。故能齊橐甫而據滄溟,永佐東君之德。

原載《全唐文》卷 901

落葉賦

眾木森沈,歲暮秋深。日黯黯以斜度,風悄悄而亂吟,喬枝邈以架迴,墜葉槭以辭林。眷彼搖落,夫何蕭索,形宛轉而斷連,狀徘徊以斜却。枝稍高而飛遠,條漸疏而陰薄,逗涼空以伴螢,繞明月而驚鵲,或散漫於原野,或搖颺於樓閣。爾其下自幽谷,高隤山椒,葉何樹而不墜?樹何葉而不凋?擁玉砌以初聚,值金風而復搖。浮於水中,似孤舟之遠泛;落於山際,若斷雲之已飄。

悲夫!處處園林,紛紛相似,覺絕漠之寒至,聆洞庭之波起,何夏茂而秋落?何先榮而後死?葉之致也,既順陰陽之宜;葉之趣也,誠叶盛衰之理。願歸本而猶未,嗟微脫而不已。別有寂慮卧幽,逸氣無儔,聊賞心以遐望,乃觸目而增愁。見一葉之已落,感四序之驚秋,愧體物之逾拙,思軋軋而空抽者也。

原載《文苑英華》卷 145

廖　衢

南唐開寶時人。撰此志署鄉貢進士。

唐故太子洗馬會稽謝公夫人太原縣太君王氏墓志銘并序

鄉貢進士廖衢述

嗚呼!夫人鍾淑茂之氣,挺肅雍之德;而年不及中壽,命將沾一邑;遽棄孝養,奄忽殂落;可哀也哉!夫人其先太原人,因官遷籍,今爲臨川人也,祖諱,父諱誠,皆抱器忘名,安貞下位。夫人即誠之長女,年二十歸於先府君,王、謝連(理),有自來矣。昔先府君侍庭闈、睦親族，夫人竭其誠敬奉之，周旋副笄，助祭垂四十載，未嘗不夙興夜寐、潔粢豐盛；故鄉黨稱其孝焉，親戚慕其義焉。去歲先府君之寢疾捐館，夫人傷悼齊體，加於常等；撫愛諸孤，愈於曩日。無幾何冬至，率諸婦、宗婦致時祀之奠，嚴尊祖之禮。倏遭沉瘵，苦於風疢；雖金石之藥迭進，禱祀之懇繼至；曾不少痊損焉，春秋六十有六，以辛未歲冬十二月六日終於都城之私弟。自始疾至於終，才一旬矣；及金泥鈿軸之及門，即歿世之七日也；凡中外之赴吊者皆悁憒失聲，信乎其能爲人也；以明年正月九日遷窆於鳳臺鄉先府君塋之東遍，禮也。有子四人：伯曰光襲，早卒；仲曰光符，内法物庫使；叔曰光弼、季曰光業，皆未仕。女三人：長適王氏、次適廖氏、次適李氏。初，法物奉命而西，夫人方康强；及夫人委化而去，法物始回復；其年之内而二親繼喪，此又甚可悲也。法物常謂余曰：夫風樹之感，古人所同；隙駟之光，逝者何及。所恨嘗藥之際，不在侍疾之列；屬纊之時，不聞啓手之語。終身之痛，胡可勝耶？欲報之恩，昊天罔極！吁！出身事主，自孝移忠可也；異日立功名、揭碑板、庶慰其明靈焉。卜地告吉，先遠有期；以衢忝辱諸親，備睹懿實；懼彼高岸，俾刊貞石；此孝子之事親終矣！銘曰：

帝城之南鳳臺東，崇岡茂隴連閟宫。孝子順孫兮哀以送終，千秋萬祀兮居於此中。

原載《金陵碑刻精華》

陳叙爲

南唐開寶時人，潁川（今河南許昌）人。仕宦不詳。

■行饒州別駕武騎尉故智府君志銘

潁川陳叙爲撰

■子，厥族乃分，歷諸近世，曾少達者。綿■知福爲禍先。府君諱實，字■曾祖諱康，祖諱昭，考諱貴，■水攄懷，托琴樽而肆樂。妣彭城■先志，能保大和，優游城闕之間，疏■而居。或酣醉以經句，或杜門而終月。■野鶴無羈,難拘世網;孤雲出岫,但■慮者獨我,心雖叶道,命且拘時。偶爲■佐。開寶五年十二月授饒州別駕。乍■宣,遽從淪謝。明年四月二十四日寢疾。■享年八十有五。當年六月二十四日葬■田村健康里。夫人吳郡朱氏,■有稱,潔素無擬。先府君十三年而歿□□祔於□,禮也,□福不及善,伯道無兒;慶但鐘身,喬公有女。長適□水關第二指踪都頭郅漢賓。次適永興市茶務官陳□。次適□□□軍左右廟都指踪使國城都城都檢校使左監門衛□□□□□大夫檢校太尉、食邑三百户皇甫繼勛。太尉以敬穆□,當其存而盡養;操心抱義,送其終而盡哀。維僕久處交知,懇□言托,固求紀述,以勒貞珉,因而操觚,且爲志曰:

　　懿□別乘,善而藏器。昔其少時,遠名遠利。迨乎暮齒,去巧去智。光不可掩,禄亦自至。有壽是臻,委化無序。馬鬣其封,千齡無既。

原載《新中國出土墓志》江蘇南京卷

釋省乾

南唐開寶時僧人。

故唐右街石城清凉大道場法燈禪師(周泰欽)墓志銘并序

蘭陵釋省乾撰

粵白雲無心,寒松有韻,淡淡閑當於迴漢,青青鬱鎮於高嵓。物以之然,道亦何隔? 則我禪師智自天然,性不群比,洞萬物以爲道,海百川以爲懷,出興利,人籌盈,折床以之於後。禪師諱泰欽,魏府人,周氏。祖、父閥閲。師少藴生知,不慕榮顯,十歲投千佛院大智禪師出家落彩;十七開元寺琉瑠壇依神海律師受戒。自邇神識灑落,不習經論,便慕參玄,杖策雲山,遍扣諸祖。大和中来游江外,詣臨川崇壽,契大智藏導師心要,自後上廬山蓮花洞萬歲庵,情閑道高,人仰彌遠;即南都静安雙林禪院,響道請振大音,次居上藍禪院。主上欽德,遠詔歸京。始住龍光,終居石城清凉大道場,錫號法燈禪師。開寶七年六月二十四日申時示疾,奄順世緣,俗壽六十五。僧臘四十八。小師監院文相等一百五十人哀痛無已,參徒□子仕俗萬千泣送,儼全身於江寧縣鳳臺鄉小菱里,依教建窣堵波,俾旌懿行。銘曰:

白雲無踪,秋潭影中;我師示迹,道濟虛空。來匪從兮何滯,去無方兮皆通;出没大悲兮弘至妙,儼窣堵波兮該無窮。門徒弟子兮哀罔極,千古萬古兮松清風。開寶七年歲次甲戌七月丁未朔十五日辛酉記耳。

原載《新中國出土墓志》(江蘇南京卷)

喬 氏

南唐後主宫人。國亡後入宋宫中。曾將《般若心經》一卷捨相國寺。後江南僧持歸故國,置天禧寺塔相輪中,見者悲之。

書金字心經後

故李氏國主宫人喬氏,伏遇國主百日,謹舍昔時賜妾所書《般若心經》一卷,在相國寺西塔院。伏願彌勒尊前,持一花而見佛。

原載《默記》卷中

釋 遠

南唐時六祖法嗣,號"龍門法眼禪師"。

坐禪銘

心元虛映,體絶偏圓。金波匝匝,動寂常禪。念起念滅,不用止絶。任運滔滔,何曾起滅?起滅寂滅,現大迦葉。坐卧經行,未嘗間歇。禪何不坐?坐何不禪?了得如是,始號坐禪,坐者何人?禪是何物?而欲坐之,用佛覓佛。佛不用覓,覓之轉失。坐不我觀,禪非外術。初心鬧亂,未免回換。所以多方,教渠靜觀。端坐收神,初則紛紜。久久恬淡,虛閑六門。六門稍歇,於中分别。分别纔生,已成起滅。起滅轉變，從此心現。還用自心，反觀一遍。一反不再，圓光頂戴。靈焰騰輝，心心無礙。橫該竪入，生死永息。一粒還丹，點金成汁。身心客塵，透漏無門。迷悟且説，逆順休論。細思昔日，冷坐尋覓。雖然不別，也大狼籍。刹那凡聖，無人能信。匝地忙忙，大須謹慎。如其不知，端坐思危。一日築著，伏惟伏惟。三自省察，是身壽命。如駒過隙，何暇閑情？妄爲雜事。既隆釋種，須紹門風。諦審先宗，是何標格？道業未辦，去聖時遥。善友師教，誠不可捨。自生勉勵，念報佛恩。惟已自知，大心莫追。報緣虛幻，不可强爲。浮世幾何，隨家豐儉。苦樂逆順，道在其中。動靜寒温，自愧自悔。

原載《全唐文》卷 922

十可行十頌序

　　華嚴以十法界總攝多門，示無盡之理。禪門有十元談，以明唱道。洞山有十不歸，以表超證。山僧述十可行，以示後生，庶資助道。譬諸蓬生麻中，不扶而直，又如染香之人，亦有香氣，有少益者，書之於後。

原載《全唐文》卷 922

闕　名

田氏地券

　　維昇元元年歲次丁酉十二月庚辰朔，於十二月十八日辰及巳前巽時壽終，廿一日庚子安殯於大吳城江都縣興寧鄉。殁故田氏年廿三，乙亥火命，生居城邑，死遷幽室，是以歸是。叶從相地，襲吉□□氏□安厝。東止甲乙，西止庚辛，南止丙丁，北止壬癸，上止蒼天，下止黃泉内。得四方勾陳，分掌四城，咸得其所，安厝宅地。謹用金銀錢萬萬貫文，買得墓地一段，作丙首北，及永見券人，歲月今日月，直府是合同。急急如律令敕。

原載《江蘇揚州南唐田氏紀年墓發掘簡報》

陳尊買地券

維唐昇元二年太歲戊戌□月戊申朔五日壬子,歿故亡人潁川陳氏尊,□□六十九,天祿□□卅□人,開勘陰陽,葬疏選揀□方,用金銀錢伍百貫,宜於江都縣同□□□界□□一所,具四至如後:□東至甲乙青龍□□,□西至庚辛白虎,□南至丙丁朱雀□□,□北至壬癸玄武。上至青天,下至九□。内方勾陳。分掌四□,咸得其所。四至□□,□□亡人,不□外姓□□,□亡人□□□□持□此券□驗。□人:歲月;見人:□□□□侯□。急急如律令。夫□□□,□光□□。券曰:□□故。

原載《隋唐五代揚州地區石刻文獻集成》

唐故朝■杜公(昌胤)墓志銘■

公諱昌胤,字■土,代爲荆人■皇湖南院出■吳左監門衛■君言行修謹,■今上是有唐■爰務旌賢■撫下以■子■今上■從外有如■氏傳上■有■訪□義族□公,公即■學易研覈疏業■凝一夕■極餘推之■其涯□公■曰求名干祿■千歲入國■□□□春■行大理司直,賜■申□出宰百里,蓋非■之君■爲人,寬猛相濟,■丁酉歲,就加虞曹■永□縣,其年秋■人情翕然,如去■□□静恭若一。孰知天■太保公聞之,□爲■□命其子促□人取歸■人,何數不可移□身一日戊申,終於江寧府□□□□教坊□私第。□享年□十有■庚子歲,奉■權窆於上元縣金陵鄉澧湖里□□□□。公前娶□氏生■不幸■氏生二男一女。女曰□感。男曰廷、曰貞。貞自襁褓■以義■之□□爲人師,及其終也,□太保□哀悼□□幾不勝■有如斯者也。知余生平素與公善,乃命紀公□奉勒■野累敬仰。銘曰:

靈椿古柏,孰與其壽;瑞露卿雲,于何非有。■彼美令德,遐不黄者。其二。維年己亥,厥月丁丑;■幕府之陽,澧湖之右。撰策灼龜,壟於吉■永□□長,君子之柩。其四。大聖垂範,■。

原載《新中國出土墓志》(江蘇南京卷)

南唐尊勝陁羅尼殘經幢

蓋聞法性凝然,根理寂木,□身見相。□□迷,教起西天,化流東土，有飯敬而灾消，福至有□□而障盡圓通。尊勝陁羅尼者，唐言總持秘迹，玄文不可思議。永淳年中，□□□□佛陁波利從西國負來，福衆生於天上人間，拯厄難於三塗六道，見聞者罪減河沙，諷誦者福增滄海，爰於象末有本院法師秀彥自揆……得厠緇倫，無以報答恩將此酬……遂乃罄捐衣鉢，重建斯幢。所有功德，原傍沾方類，永際父母累劫，師資水陸冥空，一切含識，並願同躋上善，咸沐勝緣，昇兜率之宮，總遇龍華之會者矣。昇元五年九月二十九日重建。

　　捐衣鉢勾當小師 彥昇 院主道閑
　　都維那僧省愚 寺主僧澄謚 上座僧
　　止賢 知殿僧住肇 首座僧□修 大
　　匠許球　徐延輝 許德重鎸

　　勾當事件也
　　尊勝陁羅尼殘幢 剩半片
　　信士東莞藏繼之捨己有之財寶造大佛頂陁
　　羅尼幢序
　　從儒述
　　百劫修因方期至覺先標，大願利及有緣，持危扶巔，生善減惡，是稱方便之用。故曰能仁大師，大佛頂者，如來於首楞嚴山印定心地，先説二十五部爲内護、外護、十信十迴，向爲前心後心，假如傾山竭海之灾，迴天覆地之難，不□白□□□□雲佛光頂。

　　寺主僧惟實 都維那僧敬單 院主僧居誨 鎸造匠 陳瓊 李制
　　　　　　原載《隋唐五代揚州地區石刻文獻集成》

南唐烈祖哀册文

　　維保大元年歲次癸卯，十子嗣皇帝臣瑤，伏以高祖開基，文皇定業，漬之德澤，薰以聲教。安既久，寢盜易興，奸雄九廟夷而再立，能事之美，詎可罄而紀。文德光乎區外。禋告嚴配誠動於穹厚。符瑞出，戎狄屢動不我始，貔豽匝野以霧合，艛爵以貴，羅俊彥，散金以餌明視，雖蒭蕘不棄。旌逆鱗之臣，殛暴斂之吏，孝資於家者禄。日昃未暇食，夜央不遑寐。憂雪機允。又克勤克儉，弗伐弗矜，和惜而未用，美利籌之未■□厚化。於是乎富壽輻湊，其仁伊何，賢者之裔。必羽獵之樂，則放韝鷹之繫。重躬寶册，上尊謚曰光文蕭武孝高皇帝，廟號烈祖。伏惟明靈降格，膺兹典禮，錫祐垂裕，俾安後昆。嗚呼哀哉！以輕舉，信攀髯而云墜。群族臨愁，晝慘慘兮如晦。昊天亦泣雨□□詎迴七月之期，亟來挽綍之曲。言邁因山■鳳幰兮儼■天威，朔氣■誰復移，景既逝■龍輴兮■野風蕭蕭兮白楊■，沉沉兮弓劍莫携，喬嶽峨峨，玄扉蠡彚。傷情兮凝魂，垂裕無疆兮慶基，巍月兮齊明合輝。嗚呼哀哉！罔不蔓延。其祥如練之鳥，翔乎屢泫柯於掖欽陵，禮也。鐘鳴玄宮。連子夜云艾，大夢乘魂。氣而上仙，孝子是襲。載擗載踊，以號以泣。

原載《南唐二陵發掘報告》

大泉院創建佛殿功德贊

　　原乎佛者大覺之號也，像者行教之相也。歸依則不墮諸塗，精進則克登彼岸。於戲！茫茫障海，浩浩昏衢。■既解脱阿育王之興寶塔，華夷八萬四千區；梁武帝之建蓮宮，國土三百八十所，是知宏深之願，充逸寰瀛。虔敬■瑞流芳。慈雲垂八極之中，惠日照六虛之內。寅緣益盛，性相兼資。生知者印印相承，積習者如如不斷。惟神■塔廟遍於沙界。蓋以敷揚萬法，化誘群生者焉。

　　當縣大秀山大泉院，山連吳楚，地控人烟。從前雖有住持僧■坲籬壁傾敧，檐楹摧毀。太和七年，清源僧行真巡禮此地，喜睹靈踪，遂乃駐留，懇於香火。每嘆金容蘚剝，寶座■發宏願特地興修。自捨衣鉢錢一百五十貫文，兼諸檀信等共捨錢七十貫文。并及工力，用構良緣，永成不朽。■三間今已圓滿。并殿內功德，相次就成。朱柱峨峨，虹梁炭炭。星排畫栱，牙插層昂。檐張而鸞鳳將飛，瓦疊而鴛鴦■山川草暗烟深，像桃源之景。置其齋堂厨庫，門屋軒廊。并更以茆茨，重成瓦裝。所有殿內功德，皆端嚴相好。彩塑■來蔭浮濃之地，而況前臨紫陌，有水陸之縱橫；後枕青山，多松雪之鬱蔑。時或三春正麗，九夏方濃。經商來看玩之時，■名花夾路，瑞鳥盈山。駐行役以徘徊，仰精嚴而贊嘆。可謂井邑祈思之所，神祇集福之方，足以固護衆生，闡揚巨善。伏願聖壽壽比山河，永助皇風方濃。經商來看玩之時，■名花夾路，瑞鳥盈山。駐行役以徘徊，仰精嚴而贊嘆。可謂井邑祈思之所，神祇集福之方，足以固護衆生，闡揚巨善。伏願聖壽壽比山河，永助皇風，風清寰海。府主太傅德山高峻，福海汪洋，永鎮雄藩，常持瑞節。縣尊郎中琴堂著美，龜印呈祥，早移華邑之資，即領朱輪之貴。西廳司直金石蘊德，松桂懷貞，更上碧霄，別光鴻漸。院主僧行真意珠堅固，心鏡圓明，將除煩惱之網羅，克就菩提之歧徑。檀信等色身永保，覺性常通，既兹迴向之心，必離蓋纏之趣。伏冀慈風永扇，法海常流，遐邇晏清，黔黎安泰。然妙善菩薩，指南皆是其道場；而華光如來，報應盡從於供養。弟子常探二諦，每樂三乘，所嗟文昧撼金，目迷問乳。偶兹良會，可息塵機；輒述斐詞，以爲贊曰：

大覺之門，方便之域。上古爲用，百王不易。巢邑之南，魏關之側。兹有精舍，蓁■草漏茆穿，塵侵雨滴。舊址堪傷，餘迹可惜。奇哉真公！於兹挂錫。捨以衣鉢，創其功德。檀信之侶，鄉耆之籍。■各施金璧。功既遂成，妙唯雕飾。玳瑁梁紅，鴛鴦瓦碧。後枕青山，前臨紫陌。水陸霞光，山凝黛色。■長爲利益，福及生聚。恩沾道釋，鐘梵無虧，香燈不息。護國護人，銷灾銷厄。釋子之願，法王之力。■常資邦國。

唐保大二年甲辰歲五月一日記。

原載《全唐文》卷 988

治平寺殘碑

晉水齊雲山，末釋虎踞，小之則鳳峙鸞翔，皆崇以佛宮，盡立元年之形尚在，靈泉泅涌，灌千頃之田園；異樹婆娑，陰乎遇以會生，草茅漸没。國家祈禱，徒瞻瓦礫之場，四民樂矣，五教隆焉。咸歌堯舜之風，盡咏禹湯之風，人多舉意。則有檀那衆户，同連款狀，共詣府門崇作。今來之金地，仍碩威嚴帖牒，差選公幹主上人之謂歟？謙大德道行清高，心懷澹寂，雄經大僉諧已斯主綰，公卿仰慕，緇素傾瞻。安公上人神無意游行精舍伽藍,有心建立。於是師長委之匡構,緣言諭逐分注題構殿斂資金,買易材梀,爰從保大三年起首,訖於四載,興功變枅,向夕陽而似哈雲霞,當朝旦而如唅霧露。金仙耀日之,猿聲響亮;泉池寫漢時之月色晶明。疑從天上之移,目諧住止,迴以精勤,廣召信人,深嚴佛事。修生前之福,善結人莫委元由之事,須礱貞石,以鏤清名。契恩内典,□虚莫究,詣以蕭宮,纔申攀謁之儀,便沐周隆之禮。尋垂□弗可,乃爲銘曰:

大哉皇覺,廣應人文。教敷妙旨,法究幽元。化然□傾,各變形質,爲石堅貞。四方祈雨,八表揚名。天□宋代,有此□唐。昇元歲末,保大惟新。地欲興發,果得其人。

原載《江寧金石記》卷3

李公捨義井欄題字

大唐保大三載歲在乙巳□月十有五日,僧廣慧大師於女之右石廿四隅,植欄美以憩來者,□李公捨以助殊費金三。冬十月下約直,永久幼堅。

原載《(民國)江蘇通志稿》

湯氏縣君買地券

維保大四年歲次丙午四月辛酉朔十二日[壬申],故范陽郡湯氏縣君遺壽,行年五□□□。不幸於三月三日身已亡殁,爲■路,至今不迴,想是命終,生時□□□□□用圖書,宜於府城西方,去城約三里,謹用上件錢絹九萬九千九百九十九貫文,并惟穀、豆、麥、亂絲、斷繒、斷鷄子、五色信幣等,[買]龍子堊墓地壹所。東至甲乙青龍,西至庚辛白虎,南至丙丁朱雀,北至壬癸玄武,上至蒼天,下至黃泉。四至之内,内方勾陳,分掌四域;丘承墓伯,封步界畔;道路將軍,整齊阡陌,千秋萬歲,使無後難。保人:歲月主;見人:今日直符神。故邪氣各頭回避,急急如律令。

原載《五代石刻校注》

謙公安公構造殘碑記

潛冰齊雲山末釋■

■虎踞，小之則鳳峙，鸞翔皆崇，以佛宮盡立■，形尚在。靈泉汹涌，灌千頃之田園；異樹婆娑，■生草茅，漸没國家，祈禱□瞻，塗碳之場■四民樂矣，五教隆焉。咸歌堯舜之風，盡咏禹湯■人多舉意，則有檀郍衆户同連款狀共詣府門■□崇作，今來之金地，仍頒威嚴帖牒，差選公幹，主■上人之謂歟。謙大德道行清高，心懷澹寂，雄□□■副僉諧，巳斯主縮，公卿仰慕，緇素傾贍。安公上人神■無意游行，精舍伽藍，有心建立。於是師長委之匡□□□緣言諭，遂分注題構，斂資金，貿易材木，尋其巧匠，召以□■梆。爰從保大三年起首，迄於四載，興功變此□□成斯□■□枋，向夕陽而似晗雲霞，當朝且而如晗霧露。□□日■□之猿聲響亮；泉池寫漢，時時之月色晶明。難從□□□移□■自諧住止，迴以精勤。廣召信人，深嚴佛事。修生□□福□□■□，莫委無由之事。須礱貞石，以鏤清名。契思内典，□虚奠■詣以蕭宮，纔申攀謁之儀，便沐周隆之禮。尋垂□□弗可□■，乃爲銘曰：

大哉皇覺，廣應人天。教敷妙旨，法□□□。化□■然不傾，各變形質，爲石堅貞。四方祈雨，八表揚名。春□宋■唐，昇元歲末，保大惟新，地欲興發，果得其人。安公竭□謙德□身告其■李□、李琛、李勤、李宙、李實、李瓌、李寵、李玨、李從□、陳□、陳□、陳暉、李□□□□侯程唐□唐■□、彭令安、杜彦徹、李彦暉、彭□、孟誠、李□、楊澄、潘居實、張弘、陳進、李□、李□、□誠、陳緒柏、吕成俞■規、張紹、朱德、戴惲、沈琮、耿實、耿信、耿□、耿昶、耿遇、耿瑕、耿昉、許規、謝會、張五娘、陳二娘、易六娘、李十娘、■張忠韋、盛事縮嚴二娘、張十六娘、夏八娘、戴五娘、張八娘、嚴四娘、吴□娘、陳□娘、張□娘。

會首□□□□焦可、焦侃、焦霸、■吕三娘、葛三娘。會首劉五娘、吴奉、匡度、于世、姚審、匡暉、吴威、丁鐸、陳□□章□□□□□□□□□□□張大娘、吴□娘、陳■□□詮、易駢、易翊、駱匡顯、許四娘、焦十娘。會首成晧、成□、成侃、宋敬、宋□、宋泰成、□□□□娘。會首馮全■□倪洪、嚴三娘。會首龍大娘、李弘爽、李歸矩、李師宥、王十二娘、徐大娘、朱大娘、成大娘、□二娘、孟大娘、戴大娘、■倚畢容、呂暉、孔瑤、呂佐、賈強、樂真、葛四娘、魏七娘。會首李延修、李福、李安、李□德、李□■衛潛、紀紹、紀誨、劉四娘。會首魏□、朱十娘、衛大娘、嚴八娘、周□娘。會首王容、王瑕、王僚。會首萬二娘■泰正之月二十八日慶□畢建立。寺主僧德謙，勾當僧智安□□鐫。

原載《五代石刻校注》

大明寺殘碑

唐東都江都府江都■界曰：娑婆劫名賢善釋□□□□□□□□□□□□□□□□□□□晉儒風大扇文動闈中之□□□□□□□□□□□□紫文皆戛玉武盡□金為□□□□□□□□□書堂師之高□也。師有弟諱道□，□□□□□□□□□□投師龍興，巾瓶執事，苦心幹節，諷誦□□□□□。爾後住寺法雲緇徒，覺觀名，揚上國，位極□□□□□□□當其弟一補以科名，□錄奏聞，□□□崇□□□□□□□衣盂好行惠施。甲辰光啓□□，飢民□□□□屢□□□之功，師捨壹伯伍拾萬金，於寺西南隅主公莊□國□□□□□作窀穸之所。朝昏夜月，春來而松檟颭颭，□□□□□起□□□□□晨鐘夜角，課誦無閑，漏永更闌，心□十利□□□濟□□□□月比高牆，塹緇門笙篁柱礎，師孫五人，義□、義修、義澄、義□、義□，節操冰霜，終而復始。師之法廟諱也，化無有，盡穢境潛拋，俗年九十有□。不寧迴入禪扉，憑於機案，止於申後，淨土栗圓。俄爾緣終，□□異□□□於兹山，淚掩門人，心摧徒衆，同悲增信，共泣人神，是以表旌方□□師之終也。方陳劫石，用記紀綱，奉命書□，為銘曰：

出俗愛纏，永拋業緣。不住□宅，便棄連綿。旋歸舊址，請住法雲。院號大悲，止今有文。吳祖建寺，選名秤平。奏聞金闕，請在大明。性便布施，不顧衣盂。未省愛憎，豐盈四衢。有為不住，逯速何苦。故立往生，園留今古。浮圖巧妙，地久天長。稜層顯煥，崢嶸難量。

　　唐保大七年歲次己酉四月廿一日記。

原載《金石萃編》卷122

唐故范陽王盧君(文進)改葬記

　　夫《穀梁》緬服，戴《記》如斂，改下之禮，其來久乎！故范陽王塋域先在江寧縣丹陽鄉天亭里。自窆於此，多有後難，相地之人，俱云不吉。小殿直都指揮使從業即王之第九子也，以先王宅兆未利，神靈靡安，罔極居之情，夙夜□嘆，再謀龜筮，以卜改遷。皇上以輔國舊臣，連姻朱邸，更兹幽室，特霈鴻恩，賜錢五百萬，仍令近臣監護，遂於保大九年歲次辛亥七月[丙]申朔日辛酉移葬於開元鄉蒲干里，宋國夫人合祔焉，彭城長縣君祔於東南隅次，隴西縣君祔於東北隅次，彭城縣君祔於東隅。男欽明殿使從胤、小殿直副指揮使從昭、滑州長史從吉，別於大塋之西南擇吉地而葬焉。止於命世雄才，匡時茂績，蕙馥蘭馨，美鳳鵠龍幹之名，略志貞珉，此不載述。庶乎年代夐遠，陵谷□□，咸知京兆之所，永認樞連之迹。

　　時保大九年歲次辛亥七月二日辛酉記。

原載《五代墓志彙考》

陳氏十一娘買地券

　　維保大十年歲次壬子正月戊午朔，永寧鄉右厢南善政坊歿故亡人陳氏十一娘，時于廿三日四更丑時天年壽盡。宜於府城西南去城伍里蘇沛村之內，用金銀錢、伍色錢，共計壹阡伍佰貫文，龍馬邊廷就互亡地靈之山川百靈，買得此本晉大利西向塋地壹所。東西南北各三步已上，四至界內并屬陳氏娘子所管，永爲萬年墳宅，四面凶神不得訝相執占。當今亡人安樂，生人吉利富貴，千秋萬歲，無禍無哀。知見人歲月主，保人今日直符，急急如使者□□女青詔書律令敕。

原載《安徽合肥出土的買地券述略》

范韜買地券

　　南部州大唐國順陽郡范韜司空，充江南西道撫州軍行使。年六十歲,奄辭凡塵,歿落黃泉,吉兆卜得建州浦城縣敦信鄉仁風里□現保土名河源大利庚嚮地一頃。其地東止甲乙青龍,西止庚辛白虎,南止丙丁朱雀,北止壬癸玄武。□維悉皆自得,上止崖天,下止地鎮,中央已永爲亡人范韜司空之穴。用金銀錢財共萬仟,□□儀香酒物,呈告皇天后土,五方尊神,開竈地主,□得其他及錢斬草□□相分付訖,太歲日月等共約,天地神明,日月同休。或有舊住神祇,原在□□內,便速移□。禎神富貴并官禄,萬世子孫,日月大利,風水會圖。

保大拾年太歲辛亥二月廿八日謹券。

急急如律令。

原載《全唐文補遺》第 7 輯

吕氏買地券

維唐保大拾年太歲壬子玖月甲寅朔十九日壬申,歿故東平郡吕氏尊婆,年七十二,辛丑土命,於今月十一甲子冬日丑時天命終算。謹用五色金銀錢千百貫文,買得江都縣興寧鄉墓地壹段。東止甲乙青龍,西止庚辛白虎,南止丙丁朱雀,北止壬癸玄武,上止蒼天,下止黃泉,中安亡人之。山神土地不得止障,如有止障者,分付與過阡陌知當。安殯已後,子孫得大富貴吉昌。保人:張堅固。見人:李定度。急急如律令。謹券。

原載《隋唐五代揚州地區石刻文獻集成》

趙州真際禪師行狀

師即南泉門人也,俗姓郝氏,本曹州郝鄉人也。諱從諗。鎮府有塔記云:師得七百甲子歟? 值武王微沐,避地岨崍,木食草衣,僧儀不易。師初隨本師行脚到南泉,本師先入事了,師方乃入事。南泉在方丈內臥次,見師來參,便問:"近離什麼處?"師云:"瑞像院。"南泉云:"還見瑞像麼?"師云:"瑞像即不見,即見臥如來。"南泉乃起問:"你是有主沙彌,無主沙彌?"師對云:"有主沙彌。"泉云:"那箇是你主?"師云:"孟春猶寒,伏惟和尚尊體起居萬福。"泉乃喚維那云:"此沙彌別處安排。"

　　師受戒後,聞受業師在曹州西住護國院,乃歸院省覲。到後本師令郝氏云:"君家之子游方已迴。"其家親屬忻懌不已。祇候來日,咸往觀焉。師聞之乃云:"俗塵愛網,無有了期。已辭出家,不願再見。"乃於是夜結束前邁,其後自携瓶錫,遍歷諸方。常自謂曰:"七歲童兒勝我者,我即問伊。百歲老翁不及我者,我即教佗。"年至八十,方住趙州城東觀音院,去石橋十里已來。住持枯槁,志效古人。僧堂無前後架,旋營齋食,繩床一脚折,以燒斷薪用繩繫之,每有別制新者,師不許也。住持四十來年,未嘗齎一封書告其檀越。因有南方僧來,舉問雪峰:"古澗寒泉時如何?"雪峰云:"瞪目不見底學。"云:"飲者如何?"峰云:"不從口入,師聞之曰,不從口入,從鼻孔裏入。"其僧却問師:"古澗寒泉時如何?"師云:"苦學。"云:"飲者如何?"師云:"死。"雪峰聞師此語,贊云:"古佛古佛! 雪峰因此後不答話矣。"

　　厥後因河北燕王領兵收鎮府,既到界上,有觀氣象者奏曰:"趙州有聖人所居,戰必不勝。"燕、趙二王因展筵會,俱息交鋒。乃問趙之金地上士何人? 或曰:"有講《華嚴經》大師,節行孤邁。若歲大旱,咸命往臺山祈禱。大師未迴,甘澤如瀉。"乃曰:"恐未盡善。"或云:"此去一百二十里有趙州觀音院,有禪師,年臘高邈,道眼明白。"僉曰:"此可應兆乎?"二王稅駕觀焉。既届院内,師乃端坐不起。燕王遂問曰:"人王尊耶? 法王尊耶。"師云:"若在人王,人王中尊。若在法王,法王中尊。"燕王唯然矣。師良久中間問阿:"那箇是鎮府大王?"趙王應喏:"弟子。"師云:"老僧濫在山河,不及趨面。"須臾,左右請師爲大王説法。師云:"大王左右多,争交老僧説法?"乃約令左右退。師身畔特有沙彌文遠,高聲云:"啓大王,不是者箇左右。"大王乃問:"是甚麼左右?"對曰:"大王尊諱多,和尚所以不敢説法。"燕王乃云:"請禪師去諱説法。"師云:"故知大王曩劫眷屬,俱是冤家。我佛世尊,一稱名號,罪滅福生。大王先祖才有人觸著名字,便生嗔怒。"師慈悲非倦,説法多時,二王稽首贊嘆? 珍敬無盡。來日將迴,燕王下先鋒使,聞師不起,凌晨入院。責師傲兀君侯。師聞之,乃出迎接。先鋒乃問曰:"昨日見二王來不起,今日見某甲來,因何起接?"

師云：“待都衙得似大王，老僧亦不起接。”先鋒聆師此語，再三拜而去。

尋後趙王發使取師供養，既届城門，闔城威儀迎之入内。師才下寶輦，王乃設拜，請師上殿，正位而坐。師良久以手斫額云：“階下立者是何官長？”左右云：“是諸院尊宿，并大師大德。”師云：“他各是一方化主，若在階下，老僧亦起。”王乃命上殿。是日齋筵將罷，僧官排定，從上至下，一人一問。一人問佛法，師既望見，乃問作什麽？云：“問佛法。”師云：“這裏已坐却老僧，那裏問什麽法？二尊不并化。”王乃令止。其時國后與王俱在，左右侍立。國后云：“請禪師爲大王摩頂受記。”師以手摩大王頂云：“願大王與老僧齊年。”

是時迎師權在近院駐泊。獲時選地，建造禪宫。師聞之，令人謂王曰：“若動著一莖草，老僧却歸趙州。”其時寶行軍願捨果園一所，直一萬五千貫。號爲“真際禪院”，亦云寶家園也。師入院後，海棠雲臻。是時趙王禮奉燕王從幽州奏到命服，鎮府具威儀迎接。師堅讓不受。左右昇箱至師面前云：“大王爲禪師佛法，故堅請師著此衣。”師云：“老僧爲佛法故，所以不著此衣。”左右云：“且看大王面。”師云：“又干俗官什麽事？”乃躬自取衣挂身上，禮賀再三，師惟知應喏而已。

師住趙州二年，將謝世時，謂弟子曰：“吾去世之後，焚燒了，不用净淘舍利。宗師弟子不同浮俗，且身是幻舍利，何生斯不可也。”令小師送拂子一枝與趙王，傳語云：“此是老僧一生用不盡底。”師於戊子歲十一月十日，端坐而終。於時寶家園道俗車馬，數萬餘人，哀聲振動原野。趙王於時盡送終之禮。感嘆之泣，無異金棺匿彩於俱尸矣！莫不高營雁塔，特竪豐碑，謚號曰“真際禪師光祖之塔”。

後唐保大十一年孟夏月旬有三日，有學者咨問東都東院惠通禪師，趙州先人行化厥由，作禮而退。乃授筆録之具實矣。

原載《全唐文》卷997

姜妹婆買地券

維南瞻部州大唐國廬州合肥縣右厢永寧鄉納善坊，没故亡人天水郡姜氏妹婆,行年七十,不幸於保大十一年歲次癸丑六月己酉朔廿四日壬酉倦生之時,未有墓地。没後宜於去府城東南方十五里之原安厝。僅用五邑金銀錢萬萬九千九百九十九貫文等,就土府將軍買得龍子崗作墓園一所。東止甲乙青龍,西止庚辛白虎,南止朱雀,北止玄武,内方勾陳,右件四至,并屬亡人姜氏妹婆,永爲宅兆。近承墓伯封步界畔,道路將軍齊整阡陌。千秋萬歲,永無冬處。

　　保人張堅固,見人李定度,書者今日直符。先有居者,永避萬里。主人内外存亡,永保吉昌。

　　急急如五帝使者書律令。謹券。

原載《全唐文補遺》第 7 輯

樂安郡孫府君買地券

　　維保大十二年太歲甲寅六月癸卯朔十月壬子,故樂安郡孫府君,年□□□天命終壽,謹用五色金銀錢千百貫文買得江都縣興寧鄉墓地□□,四止如後：東止甲乙青龍,西止庚辛白虎,南止丙丁朱雀,北止壬癸玄武,上止蒼天,下止黄泉。中安亡人之□。山鬼神土地不得止障,如有止障,□□□道路阡陌知當,伏願安□□□□□□子孫得大富貴吉昌。見人：今日直符使。急急如青烏律令敕。

原載《隋唐五代揚州地區石刻文獻集成》

周一娘地券文契

　　地券文契

　　維保大拾貳年拾月貳拾日,江州德化縣楚城鄉甘山社殁故亡人周氏一娘,年陸拾捌歲,生居城邑,死安宅兆,不幸身命去柒月拾壹日殁故。今龜黄逝協,後相地壠,宜於真人衝山崗安葬冢壠。謹用銀錢玖萬玖阡玖伯玖拾貫文,五色新信,買地貳拾畝。東至青龍,西至白虎,南至朱雀,北至玄武。内方鈎陳,丘丞墓百,道路將軍,千秋萬歲,永保無殃。將軍停長,收付河百。往牢酒飯,百味香新,共爲信契。書契之後,財地交指付度,功匠修營,永保元吉。歲月主者,保今日直符,不干犯。先有居者,須避萬里。若爲此約,地府直□當其禍。主人內外存亡安吉。急急如律令。書□人文。

原載《九江縣五代南唐周一娘墓》

晉陵朱安爲亡妻造井題記

無盡目泉

常州晉陵縣富安鄉□寶里居住,奉佛弟子朱安□□施財,重新甃砌,□□□□□大井一口,並修建井亭功臺。追薦亡妻周氏,□□□往生凈土替,太歲己巳七月甲□八日題。

原載《(民國)江蘇通志稿》

吳太極左仙公葛公(玄)之碑

道冠兩儀之先,名絶萬世之始者,固言語所不得辨稱,謂所莫能至焉。云何以文字述今? 云何以金石傳占? 其遂休也,則日月空照,遂嘿也,則生人長昏。是故出關導以兩卷,將昇□其五文,令懷靈抱識之士,知杳冥之有精焉,自時厥後,奕代間出,雪篆龍章之牒,炳發於林岫;瓊辭麗氣之旨,藻蔚於庭筵。其可以垂軌範,著謠誦者,迄於茲辰。昔在中葉,甘左見駭於魏王,象奉擅奇於吳主,至如葛仙公之才,英俊邁蓋具尤彰彰者矣。公於時雖歷游名岳,多居此嶺,此嶺乃非洞府,而跨據中川,東視則連峰入海,南眺則重嶂切雲,西臨江澔,北旁郊邑,斯潛顯之奧區。出處之關津,半尋石井,日汲莫測,其源三足,白麂百齡,不異其質,精靈之所弗渝,神祇之所司衛,麻衣史宗之儔,相繼栖托。後有孫慰祖,亦嗣居彌歲。山陰潘洪,字文盛,少秉道性,志力剛明,前住餘姚四明隩,國爲立觀,直上百里,榛途險絶,既術識有用,爲物情所懷。天監七年,郡邑豪舊,遂相率輿出,制不由己。以此山在五縣衝要,舍而留止,於茲十有五載,將欲移憩壇上。先有一空碑,久已摧倒,洪意以爲蔭其樹者,尚愛其枝,况仙公真聖之遺踪,而可遂淪乎! 乃復建新碑於其所,願勒名迹以永傳。隱居不遠千里,寓斯石而鐫之。仙公姓葛,諱玄,字孝先,丹陽句容都鄉吉陽里人也。本屬瑯耶,後漢驃騎僮侯盧讓國於弟來居此土。七代祖艾,即驃騎之弟,襲封僮侯;祖矩,安平太守、黃門郎;從祖彌,豫章等五郡太守；父焉，字德儒，州主簿、山陰令、散騎常侍。大尚書代載，英哲族冠吳史。公幼負奇操，超絶倫黨，神挺標峻，精輝卓逸，墳典不學，而知道術，纔聞已了，非復軌儀。所範思識，所該特以域之情理之外，置之言象之表而已。吳初，左元放自洛而來，授公白虎七變，爐火九丹，於是五通具足，化遁無方。孫權雖愛賞仙異，而内懷猜害。翻琰之徒，皆被挫斥，敬憚仙公，動相咨稟。公馳涉川岳，龍虎衛從，長由蓋竹尤多，去來天台蘭風是焉。游憩特還京邑，視人如戲，詭譎倜儻，縱倒山河，雖投鳧履墜，叱羊石起，蔑以加焉。於時有人漂海，隨風眇濟無垠，忽值神島，見人授書一函，題目寄葛公，令歸吳達之。由是舉代翕然，號爲仙公。故《抱朴》著書，亦云余從祖仙，公乃抱朴三代從祖也。俗中經傳所談，云已被太極銓授，居左仙公之位，如真誥并葛氏舊譜，則事有未符，恐教迹參差。適時立説，猶如執戟侍陛，豈謂三摘靈桃，徒見接神役鬼，安知止在散職，一以權道推之，無所復論，其異同矣。仙公赤烏七年太歲甲子八月十五日，平旦昇仙，長往不返，恒與郭聲子等相隨，久當授任玄都，祇秩天爵，佐命四輔，理察人祇，瞻望舊鄉，能無纍纍之嘆。顧盼後學，庶垂汲引之慈，敢藉邦族末班，仰述真仙，遺則云爾九垓，復絶七度，虛懸分空，置境聚氣，構天物滋數，後化超象前。命隨形轉神，寄業傳霜野於襄，竹柏翠微，泉墟共往。彭羨獨歸，生因事攝，年以學祈，如金在冶，如布在機。仙公珪警，臨韶發穎，襄童比迹，項孺聯影。濯質綺闈，疑心黛嶺，虎變已攎，龍韜遂騁。朅來台霍，偃蹇蘭穹，碧壇自肅，玉水不窮。巡芳沐道，懷古測衷，表兹峻碣。永扇高風，蘭風寓憩。已勒豐碑，此土舊居。未鐫貞琰。今之遠裔，仰慕清塵，敬思刊樹，傳芳來葉。

原載《句容金石記》卷3

康周行大都功版

系天師二十代孫臣□真稽首：今有京兆府萬年縣洪固鄉胄貴里男官弟子康周行，年四十歲，十月廿六日生。奉道精誠，修勤貞素，明白小心。於今有功，請遷受天師門下大都功，版署陽平治右平炁。助國扶命，醫治百姓，化民領户，從中八已下。所可傳授有心之人，質對三官,領理文書,須世太平,遣還本治隨職,□□懈怠□□□。

（天）師門下二十代孫臣:

版署男官祭酒:臣劉得常保舉

版署男官祭酒:臣鄭□□監度

太歲丁巳十月癸卯朔十五日丁巳於信州□□□□□鄉招賢里真仙觀三寶前白致。

原載《江蘇揚州市秋實路五代至宋代墓葬的發掘》

彰法寺經幢碑

人愛波利回示西天,遠涉緣砂,人愛波利回示西天,遠涉緣砂,經多災難,遂至水懸遠近,側近出林,選郢乎之雕,磨命班師之□篆應酬,法號奉粟在生,謙恭立志,節操爲懷,德山高華岳之在生,神情怡静,意氣堅真,五夜忘機,三冬□□,□□城邑衆堅□□,特發言合回衆□飲風勿□。

不屬壽量直路,□□撲開□□□塵□□□,□□處林,雖章割之,因不見知之:有并在府□□□□□,當院山連海島,地接金峰,自雲山品峰之間越□□□不,□嶺之碧岫春秋□,然冬夏行□□□昌法律口在於風枝利,連遠辭西國。

□□□讓□□□□□□□□□□□□□□□,□□□賀,患馱野蔭傳賀麽誠心馱野,蔭傳意作詩庚馱野蔭傳賀商,法設傳□□馱□,□□傳□野□傳賀囊謨惶□夜舒序夜。

□□□耳耳破迷昏,□超佛果□□,□□□心但念我真言,惡鬼不能□□,□□□佛□□□□陀口真言,日□□□□,□也他薩傳婆,□□雖紓□寫□□謨塞,路至峰□,□□□南婆傳末哩,尾成馱□□,□□□□□□□□□□□□□□□□□□□□□□□□□□。□□□□□□□□□□□□□□□□□□□□□。

鐘婆普□□□□本不□□□□野尾□,設哩覽薩傳薩傳,難左加野跛哩尾,没地野尾,没地野尾没地野昌□野昌馱野口大悲,必羅真言啓清若霜天月,一聲言病人頃不食甘露,□□我今志念□□議願捨慈□來□□。

佛頂口勝羅真言曰馱野娑麼娑麼三滿多,婆娑口口賀羅,跛乃可賀羅阿口口,隆他哆路迦娑托播羅弭哆,跛口守口羅播野訥戾薩女跛哩尾休口口口。

　　口口吒利并諸力士人會財,口口覺相美雅,調聲處處妍,心每向滔浮救人苦,大慈悲人思議,口何沙佛力盡談揚,善住天子常稱口,口口口傳口口口口或在山,或在口。

　　口期師動妻心嗟間津之水隔嘆此火盛將散,兩瓶内物爲甘露,之將水鎮溪而地之,天長天女口口,絶滅還水,形隨薪爐水掩塵世,果口三口,女宴裕應塵口苦來。

　　交泰二年歲次口口二月二十五日口口

原載《三晉石刻大全》(長治市平順縣卷)

故吴宣懿皇后墓銘

　　■

　　■臣■

　　■爲所謂乃■後■當■吴■教軌範■土運■謂嘉口克享修齡以建隆二年■高齡春秋七十有一。今上念口之餘,詔有司率用加等,奉■曰宣懿■至六嚳咸備,五輅斯陳,■,以其年八月二十六日,葬於江寧口口陽口口口口口口口石口口止。馬鬣俄封,露往口來,孰有口泉之■奉制直■:猗口口德,昔嬪帝室。口口其口,口口口口。恩訓浹洽,芳賢澤溢。善始令終,良由得口。口口口興,時移世別。味道養和,含章履潔。口口口口,神祐貞節。口口之口,果逢聖哲。■太常定諡,口口言口。允符宣懿,爰構玄口。萬祀千秋,無慚銘石。

　　將仕郎守秘書省校書郎■臣陳德寧奉■制書

　　■文秉刻立

原載《新中國出土墓志》(江蘇南京卷)

孺人(淑清)墓志銘■

　　孺人諱淑清,字五口,姓徐氏,定之白沙令族女也。父士廉,性温而孝敬,爲鄉黨聞人。母丘氏,甬東右姓,家法不嚴而肅。孺人年十餘,而丘亡祖母,□内範,尤□□。及笄,既字室唐氏子□,事舅姑祭□□□,皆□□□□未足爲難也。迨夫中年□之□□□□□□□□□□□□□□無不形於(下缺)

原載章國慶編《寧波歷代碑碣墓志彙編》

[唐]故閤武(殿使)□□□□□(張)府君(思恭)墓志銘并序

文並書

[黄]扉既闢,方[開]奕葉之華;(昏人其萎),爰起壞梁之嘆。悲夫!府君諱思恭,字□元,其先清河人也。王父諱□□贈司空,王妣呂氏累贈桐國太君;皇考諱居咏,順天翼運功臣、守太弟太傅。諡曰懿;皇妣任氏,累封西河縣君:府君即懿公相囷元子也。維嶽降神,公臺毓粹;其生也,丹穴五色;及長也,豫章七年。氣岸穹隆,聳岐嶷而無際;識度宏遠,渺江漢以何涯。昔者義祖武皇帝革命造吳,與國戡難,權總戎律,手握鈞樞,控禦四維,恢張兩曜,眷惟良輔,宜得兼材。懿公相國以英毅之奇,聰明之慎,由踠驥足,方竢雄飛;自兹始佐行臺,仍居蓮幕;旋分竹使之重任,乃光令子之嘉猷;府君因即假途,遂參軍廣。烈祖孝高皇帝嗣秉吳政,潛龍在齊;四方慕義之英髦駿奔而至,鄰國馳盟之專介繼踵而來。時以府君聞禮聞詩,允文允武,容止儼若,詞説翕如;遂淹鯤化離雲之程,終屈束帶立朝之職。尋屬曆數有在,黄運中興;革藩服之舊規,立朝廷之新制;威儀肅睦,典故貞明。洎乎燔柴圜丘、致饗宗廟、昇降導從之禮,悉委之於府君;由是累遷館驛使、客省引進使、福昌殿使、閤門殿使侍。尊龍虎以稱貴,崇水土以旌賢;承旨三朝,繼陳寵之周密;馳騁四國,富陸賈之交通;故能入親天子之光,出護將軍之旅。時論允若,帝心矚睠;比期禦侮邦家,追踪鼎鉉;克協高門之慶,雅符大昂之靈。無何,天不愁遺,疾生腠理,□□□□善壽也,其終以乾德貳年太歲甲子秋八月七日庚戌遘疾殁於武定坊(私第),春秋五十有九,其年秋九月十一日甲申卜葬於江寧縣大隱鄉□□□之原,禮也。内政治婚彭城劉氏,早亡;繼室弘農楊氏,令淑有章,慈[和立]性,内助之名,揚於六親。有子七人,賈虎騰芳,荀龍擅譽;行優顔閔,望重珪璧;仁履亨所,遠邁前烈。三女:長適天

慎軍左第十一指揮使司空柴君克戎之季子曰崇儒，次皆妙齡，已播令問。噫！府君之生也，托質將相之室，策名堯舜之朝；移孝資忠，本仁尚義；翶翔禮樂之府，優游歌酒之鄉；富而不驕，敏而好學；胡不登於上壽？諒難問於彼蒼。中庸宗子，受知猶子致禮，爰俾叙實，用志玄宮，雖強操觚，孰能具美？勉而揮涕，敬爲銘云：

於穆相門，是生令臣；[承]禮天之珪璧，應拱極之星辰。襲慶皇皇，等九苞之威鳳；立朝諤諤，[若雙]角之祥麟。言動無違，舉必符於禮樂；抑揚有度，道克冠於縉紳。故得□□延祥，慶自流於枝葉；皇家尚德，寵必異於彝倫。如何彼蒼，殲我惟良？雲[澹澹]兮積愁色，日遲遲兮凝冷光；奚福善之攸式？遽哲人之云亡。將遂封於[馬鬣]，卜元吉於牛堁；惟貞魂之可息，俾厥後之遐昌。

原載《金陵碑刻精華》

唐故北海戚府君(恭)夫人湖州郡倪氏墓志

哀孫■

家君行年二十九而祖喪，又一萬一千三百二十八日而妣卒。□□致毀，而君毀□。或曰：氣有聚散，適有來去。生之時，死之日，□□□壽殤，子之□□也。豈況嚮考終極孝養，外盡其敬，內盡其□，□□制禮，不可過□乎？是以恍若起於苫塊之上，議喪期也。起□□□人。倪氏諱□，其先漢楊州刺史諺十三代之嫡孫，皇朝蘇州□□巡官漢章之孫女。母陸氏，東晉二陸之裔，本家蘇州，乃□方□□□子也。未及笄，姆教織維組紃之工，婉娩聽從之德，茂挺閨□□□，□遂聘□。戚府君諱恭，爲琴瑟三十有三載，所天即妣□□□□□道。長曰承玘；次曰承皋、再誠、士衡。女一人，曰□，適孫氏。無何卒，開寶七年甲戌越正月五日甲寅，壽八十二。膳飲不輟，晨省□□瞑目長往。嗚呼！太夫人未亡之日，長者、少者蒙其鞠；屬纊之後，聞者、親者傷其□媛。以其年前十月一十日，道遠不克合葬，□□□□□鄉之東原，禮也。嗟乎！會葬□□□送終，惟長子將祭於□□，罔極之孝，思上堂不見，俄瞻望於冥莫，用之始□而失我□□□□進□累上□第□於知命，常慮報移恩之晚，幸揚名於□□□□未□□□□

終,時不我與,天乎罔念。噫！風樹同□亦哭□無亦□□□□□□□
□石永固,識之封鬣。謹爲志云：

　　■代□人兮浩茫茫,年華電轉逝飛光。塵波□淪■百□幾長。
彼孝心之無已濟,夫人之其■兮龍崗。告龜筮兮不克違,奉□□兮■
而死葬既天望而地藏,哀哉杳杳不■。

原載《新中國出土墓志》(江蘇南京卷)

吴　越

吴越武肅王錢鏐

　　吴越國王（852—932），臨安（今浙江臨安北）人。少任俠，率鄉兵抗擊黄巢義軍。唐昭宗時爲鎮海、鎮東軍節度使，封越王，又封吴王。唐亡，受後梁太祖之封，稱吴越國王，改元天寶，擁有兩浙十三州之地。

謝鐵券表

　　恩旨賜臣金書鐵券一道，臣恕九死子孫三死者，出於睿眷，形此綸言，録臣以絲髮之勞，賜臣以山河之誓，鑴金作字，指日成文，震動神祇，飛揚肝膽。伏念臣爰從筮仕，逮及秉旄，每自揣量，是何叨忝？行如履薄，動若持盈，惟憂福過禍生，敢冀慎初護末。豈期此志，上感宸聰，憂臣以處極多虞，慮臣以防閑不至。遂關聖慮，永保私門，勗以功名，申諸帶礪。雖君親囑念，皆云必恕必容，而臣子爲心，豈敢傷慈傷愛？謹當日謹一日，戒子戒孫，不敢因此而累恩，不敢承此而賈禍。聖主萬歲，愚臣一心。臣誠惶誠恐頓首頓首。

　　　　　　　此文爲羅隱代撰，原載《浙江通志》卷259

　　附：唐昭宗《賜吴越武肅王鐵券文》
　　維乾寧四年歲次丁巳，八月甲辰朔，四日丁未，皇帝若曰：咨爾鎮海、鎮東等軍節度，浙江東西等道觀察處置營田招討等使，兼兩浙鹽鐵制置發運等使，開府儀同三司、檢校太尉、兼中書令、持節潤越等州刺史、上柱國、彭城郡王、食邑五千户、實封一百户錢鏐：朕聞銘鄧隲之勛,言垂漢典;載孔悝之德,事美魯經。則知褒德策勛,古今一致。頃者,董昌僭僞,爲昏鏡水;狂謀惡迹,漸染齊人。爾能披攘凶渠,蕩定江表,忠以衛社稷,惠以福生靈。其機也氛祲清,其化也疲羸泰。拯永粵於塗炭之上,師無私焉;保餘杭於金湯之固,政有經矣。志獎王室,績冠侯藩。溢於旂常,流在丹素。雖鍾繇刊五熟之釜,寶憲勒燕然之山,未足顯功,抑有異數。是用錫其金板,申以誓詞:長河有似帶之期,泰華有如拳之日。惟我念功之旨,永將延祚子孫。使卿長襲寵榮,克保富貴。卿恕九死,子孫三死,或犯常刑,有司不得加責。承我信誓,往惟欽哉。宜付史館,頒于天下。

　　按:原書在文末記曰:"賷券中使,則焦楚鍠也。"

　　　　　　　　　　原載《楓窗小牘》卷下,《宋元筆記小説大觀》

天柱觀記

　　天柱觀者,因山爲名,按傳記所載,皆云天有八柱,其三在中國,一在舒州,一在壽陽,洎今在餘杭者皆是也。又按道經云,天壤之内,有十八洞天,三十六小洞天,如國家之有藩府郡縣,遞相禀屬。其洞天之内,自有日月分精,金堂玉室,仙官主領,考校灾祥。今天柱山,即真誥所謂大滌洞天者也。内有隧道,暗通華陽林屋,皆乘風馭景,倏往忽來,真踪杳冥,非世俗所測。而況大江之南,地兼吳越,其峰巒,西接兩天眼之龍源,次連石鏡之嵐岫,東枕浙江之迢派,可謂水清山秀,兼通大海,及諸國往還。此外又有東天目西天目及天竺之號,得非抗蒼涯於穹昊,聳層碧於雲霄,立天爲名,以標奇特耶?若乃登高遠望,則千巖萬壑,金碧堆疊,龍蟠虎踞,靈粹滋孕,代生異人,非山秀地靈之所鍾襲,其孰能與於此乎?就中天柱,風清氣和,土腴泉潔,神蛇不螫,猛獸能馴。自漢武帝酷好神仙,標顯靈迹,乃於洞口建立宫壇。歷代祈禳,悉在此處。東晉有郭文舉先生,得飛化之道,隱居此山,群虎來柔,史籍具在。乃於蝸廬之次,手植三松,虬偃鳳翹。蒼翠千載,今殿前者是也。洎大唐創業,以元元皇帝爲祖宗,崇尚元風,恢張道本。天皇大帝握圖御宇,授籙探符。則有潘先生弘演真源,搜訪神境。弘道元年,奉敕創置天柱觀焉。仍以四維之中,壁封千步,

禁彼樵采，爲長生之林。中宗皇帝玉葉繼昌，元關愈闢。特賜觀莊一
所，以給香燈。於是臺殿乃似匪人工，廊檻而皆疑化出，星壇月砌，具
體而微。則有被褐幽人，據梧高士，挹澄泉之味，息青蘿之陰。葉天
師法善朱法師君緒吳天師筠暨天師齊物司馬天師承禎夏侯天師子雲
皆繼踵雲根，栖神物表，骨騰金鎖，名冠瑤編，出爲帝王之師，歸作神
仙之侶。金錯標字，翠珉流芳，昭晰具存，不俟詳錄。其餘三泉合派，
雙石開扉，藥圃新池，古壇書閣，各有題品，足爲耿光。鏐今際蒙聖朝
疊委藩閫，綰圖閽之封略，統勾踐之山河，寵極蕭曹，榮兼渾郭，緬懷
斯地，實邇維桑，素仰真風，備詳前事。但以此觀創置之始，本對南
方，後有朱法師相度地形，改爲北向，雖依山勢，偏側洞門，其洞首陰
背陽，作道宮而不可，致左右崗壠與地勢以相違，背洞門而不順百靈，
使清泉却侵白虎，致使觀中寥落，難駐賢能，皆爲尊殿背水激衝之所
致也。乾寧二年，鏐因歷覽山源，周游洞府，思報列聖九重之至德，兼
立三軍百姓之福庭，於是齋醮之餘，遍尋地理，觀其尊殿基勢，全無起
發之由，致道流困窮，二時而不辦香燈，竟歲而全無醮閱。遂抗直表，
上聞聖聰。請上清道士閭丘方遠與道衆三十餘人，主張教迹，每年春
秋四季，爲國焚修。鏐特與創建殿堂，兼移基址，山勢有三峰兩乳，兼
許邁先生丹竈遺迹猶存，遂乃添低作平，減高爲下，改爲甲向，是五音
第一之方，而乃添培乳山，却爲主案。尋即一二年内，法主兩沾渥恩，
道侶益臻，常住咸備。青牛白鹿，堪眠琪樹之陰；絳節霓幢，不絶星壇
之上。得不因移山勢，而再振元風者哉？尋又續發薦章，奏閭丘君道
業，聖上以仙源演慶，真派流輝，方瑶水以游神，復華胥而入夢，欲闡
無爲之教，欣聞有道之人，敕賜法號爲妙有大師，兼加命服。雖寒栖
帶索之士，不尚寵榮；在法橋勸善之門，何妨顯赫？其次畢法道士鄭
茂章，生自神州，久栖名嶽，元機契合，負笈俱來。鏐幸揖方瞳，常留
化竹，副妙有大師三元八節，齋醮同修，福既薦於宗祧，惠頗沾於軍
俗。尋發特表，蒙鴻恩繼賜紫金，焚修於此。其大殿之内，望天尊真
人，龍虎二君，侍衛無闕。其次別創上清精思院，爲朝真念道之方，建
堂廚，乃陳鼎擊鐘之所，門廊房砌，無不更新。天風每觸於庭除，地籟
時聞於窗户。兼爲親踪觀額，以炫成功，非矜八體之能，貴立永年之

志。妙有大師閭丘君，靈芝異禀，皓鶴標奇，誕德星躔，披霓靈洞，朝修虔懇，科戒精嚴，實紫府之表儀，乃清都之輔弼。加以降神之地，即舒州之天柱山地。游方有志，蹕屬忘疲，自生天柱之前，駐修天柱之下，察其符契，信不徒然。乃此修崇，實同搜抉，所謂道無不在，代有其人。爰自開基，至於功畢，備仙家之勝概，暢聖祖之真風，遂録畫圖，封章上進。奉光化二年十一月二十七日詔旨：敕錢鏐：省所奏進重修建天柱觀圖一面，事具悉。我國家襲慶仙源，游神道域，普天之下，靈迹甚多，然自兵革洊興，基址多毀，況兹幽邃，豈暇修營？卿考一境圖經，知列聖崇奉，親臨勝概，重葺仙居，仍選精愨之流，虔備焚修之禮，冀承元貺，來祐昌期。豈唯觀好事之方，抑亦驗愛君之節，既陳章奏，披玩再三，嘉嘆無已，想宜知悉。冬寒，卿此平安好，遣書，指不多及。懿夫地出靈阜，天開洞宫，三皇之前，真聖非一，莫匪乘虛蹕景，出有入無，雖或掛於傳聞，不可知其名氏，皆分洞天而理，即大滌居其一焉。天柱觀即漢已來，迄於唐室，修真之士，繼蹕清塵，當四方俶擾之時，見一境希夷之趣。今也仙宫嶽立，高道雲屯，六時而鐘磬無虛，八節之修齋罔闕，有以保國家之景祚，福兩府之蒸黎。鏐今統吳越之山河，官超極品。上奉宗社，次及軍民，莫不虔仰神靈，遵行大道時也。聖明當代，四海飯依，忝蒙委以東南，封爵功臣，兼頒金券，家山衣錦，秉兩道之油幢，上承一人倚注之恩次乃是正真護持之力，元元至聖崇敬福生大道真科，是無爲化致乃及身於此。合刊貞石，用俟後賢。時光化三年七月十五日記。

定亂安國功臣、鎮海鎮東兩軍節度使、浙江東西等道觀察措置營田招討安撫等使、兼兩浙鹽鐵制置發運使、開府儀同三司、檢校太師、兼中書令、使持節都督杭越等州諸軍事、兼杭越兩州刺史、上柱國、彭城郡王食邑五千户、食實封二百户錢鏐。

原載《洞霄圖志》卷6，《文淵閣四庫全書》

重修墻隍神廟兼奏進封崇福侯記

若夫冥陽共理之規，人神相贊之道，傳於史册，今昔同符。切以浙東，地號奧區，古之越國，當舟車輻湊之會，是江湖衝要之津。洎隋末移築子墻，因遷公署。據卧龍之高阜，雉堞穹崇；對鏡水之清波，風烟爽朗。緬惟深固，宜叶冥扶。故唐右衛將軍總管龐公諱玉，頃握圭符，首臨戎政，披榛建府，吐哺綏民。仁施則冬日均和，威肅則秋霜布令。屬墻愛戴，黔庶歌謡，尋而罷市興嗟，餘芳不泯。衆情追仰，共立嚴祠，鎮百雉之崗巒，宰君民之禍福。殿堂隆邃，儀衛精嚴。式修如在之儀，仰托儲靈之廡。往載疊生劉氏，妖起羅平。予躬稟睿謀，恭行天討，數年擐甲，兩復越墻，皆資胗蠁之功，以就戡平之業。特爲重增儀像，嚴潔牲牢。邇來四野無塵，重門罷柝。丁卯歲，揚旌東渡，巡撫軍民。躬奠椒漿，目瞻靈像，每暢吳風越俗，共歌道泰人安。昔爲兩鎮之疆，今作一家之慶。遂馳箋表，請降崇封。所冀朝恩與漢牧齊標，美稱共秦巒對聳。尋蒙天澤，果賜允俞，頒崇福之嘉名，昇五等之尊爵。其所奉敕命，具列如左。

　　敕鎮東軍墻隍神龐玉，前朝名將，劇郡良材。頃因剖竹之辰，實有披榛之績。創修府署，綏輯吏民。豈獨遺愛在人，抑亦垂名終古。況錢鏐任隆三鎮，功顯十臣，能求福而不回，致效靈而必應，願加懿號，以表冥符。宜旌戁業之功，用顯優隆之澤，宜賜號崇福侯，仍付所司，牒至准敕者。噫乎！人惟神祐，神實人依。爰自始建金湯，肅陳祠宇，奠兹中疊三百年來，雖享非馨，未登列爵。今則值予佐國，連統藩維，啓吳越之雙封，爲東南之盟主。況遇金行應籙，梁德克昌，道既泰於君臣，澤遂加於幽顯，獲申奏薦，遽降徽章。今則象軸焕新，龍綸遠至，表勛名於萬代，昭靈感於千秋。固當永荷皇私，長垂幽贊，保我藩宣之地，遏清灾沴之源。共泰斯民，又安吾土。烜矣赫矣，永作輝華。今當吳越雙封，一王理事，下仗土地陰隲，冥力護持。神既助今日之光榮，予亦報幽靈之焕耀。但慮炎凉改易，星歲徂遷，不記修崇，莫源事始。聊刊貞石，以示後來。

　　時大梁開平二年歲在戊辰月。啓聖匡運同德功臣、淮南鎮海鎮東等軍節度使、檢校太師、守侍中兼中書令吳越王鏐記。

原載《兩浙金石志》卷4

吳越海會寺經幢

佛説千手千眼觀世音菩薩廣大圓滿無礙大悲真言陀羅尼幢

（經文略）

當使早以訓齊兵旅，講武家山，爲國爲民，摧凶弭寇，繼平蛇豕，以靜江南。累蒙七帝酬恩，功歸第一，以至雙封兩國，連統三壇，爲明代之父師，帥天下之兵柄。唯以上尊天地，次敬神明，興三教之慈宗，建六通之法宇。乙亥歲，暫歸故里，遍集勝因。以功臣山之奇峰，爰崇禪室；觀竹林寺之湫隘，重構蓮宮。半載之中，莊嚴俱畢，皆選净名長老，各爲住持，冀廣善牙，常資妙覺。昨以寺院功畢，金像周圓，特於殿前建立《千手幹眼大悲真言經》及《守護國界主阤羅尼經》兩幢，充揚勝事。所冀珠緘寶偈，睹者生緣；步影飛塵，霑者獲善。而以福均土地，光蔭鄉園，克兹先遠，松楸共泰，錦城軍俗，以增幽顯，利等恒沙。時寶大元年歲次甲申五月一日，天下都元帥吳越國王鏐建。

原載《兩浙金石志》卷4

吳越武肅王開慈雲嶺記

梁單閼之歲，興建龍山。至涒灘之年，開慈雲嶺，使建西關城宇，臺殿水閣。今勒貞珉，用紀年月。甲申歲六月十五日，吳越國王記。

原載《兩浙金石志》卷4

錢鏐投龍玉簡

大道弟子天下都元帥尚父守中書令吳越國王錢鏐，年七十七歲，二月十六日生。自統制山河，主臨吳越，民安俗阜，道泰時康，市物平和，遐爾清宴。仰自蒼昊降佑，大道垂恩。今特詣洞府名山，遍投龍簡，恭陳醮謝，上答元恩。伏願年年無水旱之災，歲歲有農桑之樂。兼乞鏐壬申行年，四時履歷，壽齡遐遠，眼目光明，家國興隆，子孫繁盛。志祈元祝，允協投誠。謹詣太湖水府金龍驛傳於吳越國蘇州府吳縣洞庭鄉王梁里太湖水府告文。

寶正三年歲在戊子三月丁未朔二十六日壬申投。

原載《五代石刻校注》

開舜井得重華石記

　　吳越國王寶正三年八月十九日，重開舜井，收得重華石一片。竊恐年移代遠，莫測端由，特令鐫刻，用記年月。己丑歲林鍾之月二十九日，天下兵馬都元帥吳越國王記。

原載《全唐文》卷130

新建風山靈德王廟記

　　蓋聞天地氤氳，運寒暑而滋品彙；幽靈胐饗，司土地而福生民。人神理在於相須，顯晦期臻於感契。雖先聖著難明之説，而禮經垂嚴祀之文。爰自五運相承，百王理化，或以勞定國，或盡力勤王，或利濟及於蒸民，或威烈光於史策。并皆立嚴祠於境土，享廟食於春秋。而況江浙古區，魚鹽奧壤，歷象則區分牛斗，封維乃表裏江山。昔年霸越强吳，今日雙封列國，曠代之靈踪不少，前賢之廟貌實多。寡人自定亂平祅，勤王佐命，五十年撫綏軍庶，數千里開泰土疆，四朝疊受册封，九帝拱扶宗社，改家爲國，興霸江南。一方偃息兵戈，四境粗安耕織，上荷元穹眷祐，次依神理護持。統内凡有往帝前王，忠臣義士，遺祠列象，古迹靈壇。悉皆褒崇重峻於深嚴，祀典常精於豐潔，冀承靈貺，同保軍民。其有風山靈德王廟，本係屬城，近歸因畿旬。考諸舊記，即先是武康縣風山。又按《史記》云，“汪罔氏之君，守封禺之山”，今屬吳興武康縣。稽立廟之初，則年華渺邈，詳圖牒之説，則詞理異同。唯有元和年再構檐楹，見存碑記，彼既已具叙述，此固不復彈論。聊書封置之由，直述旌崇之意。丙戌年春，寡人以玉册薦膺於典禮，清宮未展於嚴禋，遂輟萬機，暫歸錦里，尋屬節當炎暑，猶未却迴■刺史陸仁璋，佐國精忠，事君竭孝，心懸扈從，遍祝靈衹，以風山靈德王昔年因舉兵師，曾陳禱祝，無虧響應，顯有感通，遂懇悃告虔，許崇堂殿。洎清秋却歸■披睹■陳既忠誠感動神明，行襃贈先酬靈貺，次乃親分指畫，委仗腹心，按山川展拓基堈，順岡阜增添爽塏，形勝並皆換舊，規模一概從新。居中而殿宇崇嚴，四面而軒廊顯敞。周迴户牖，甃砌階墀，構之以杞梓梗楠，飾之以元黄丹漆。外則浚川源之澂徹，内則添竹樹之青蒼。至於廣厦神儀，崇軒侍衛，車輿僕從，帳幄簾樅,鼎飪庖厨,籩簜器皿,請福祈恩之所,獻牲納幣之筵,并極鮮華,事無不備。丙戌年八月二十四日起首,至其年十一月畢功,土木皆是精新,禋祀常嚴豐潔,仍展牲牢簫鼓,慶樂迎神,耀威靈而萬古傳芳,標懿號而千秋不朽。一則酬忠臣之啓願,二則答陰騭之相扶。唯冀明神,永安締構,禀元化而同垂恩福,鎮土疆而廕護軍民,保四時風雨順調,■永絶天灾地沴,常歡俗阜時康。巍乎焕乎,美矣盛矣。今則功用既就,良願已酬,因勒貞珉,聊書摭實。所貴後來賢彦,知予精敬神明,不假繁文,粗紀年月。時寶正六年重光單閼歲爲相之月二十有三日記。天下都元帥吴越國王[錢鏐]。

原載《八瓊室金石補正》卷81

請封鎮東軍神祠奏

鎮東軍神祠頗有靈驗,救灾祈福,人民賴之。特請封崇,賜號爲崇福侯。

原載《册府元龜》卷193

祭潮神禱詞

六丁神君,玉女陰神,從官兵六千萬人。鏐以此丹羽之矢,射蛟滅怪,渴海枯淵,千精百鬼,勿使妄干。唯願神君佐我助我,令我功行早就。

原載《浙江通志》卷279,《文淵閣四庫全書》

報道宏手札二首

十一月三日報道宏法師:冬冷,想當安適。得狀,勞以節送軟棗、茶麵等,已令收領,爲愧殊多。回人遣此,不具使人,委曲付道宏法師。秋冷,想當安適。得進奏院狀報,蒙恩加太師兼九錫,叨功臣名號,勞致賀狀。回人遣此,不具使人,委曲付道宏法師。

原載《唐文拾遺》卷11

賜童頵拜西扇都巖將誥

制左軍同十將充西扇都巖將頵,早係轅門,久居巖界,星霜屢換,警察無欺。寡人自襲丕圖,廣施慶澤,眷茲勤瘁,宜示陟遷,克固前修,更期後獎。可銀青光祿大夫檢校太子賓客兼監察御史上柱國充十將,餘如故。

原載《全唐文》卷 130

鍾廷翰攝安吉主簿牒

敕:淮南鎮海鎮東等軍節度使牒將仕郎試秘書省校書郎鍾廷翰,牒奉處分。前件官儒素修身,早昇官緒,寓居雪水,累歷星霜,克循廉謹之規,備顯溫恭之道。今者願求錄用,特議掄材。安吉屬城印曹闕吏,俾期差攝,勉效公方,倘聞佐理之能,豈吝超昇之獎?事須差攝安吉縣主簿牒舉者,故牒。

原載《全唐文》卷 130

授張蘊江陰令牒

前攝蘇州長洲縣令文林郎前守洪州都督府參軍張蘊,牒奉處分。宰千里之邑,寄百里之命,巽懦則絲棼繩亂,用剛則土曠民離,苟得適中,庶幾可守。前件官窮經任已,明吏藩身,御札承制,正授常州江陰縣令,表次錄奏,仍牒舉者。

原載《全唐文》卷 130

劉仁規等改補節度散子將牒

敕:淮南鎮海鎮東等軍節度正隨身劉仁規等,牒奉處分。前件人久在軍門,志懷忠幹,或比差隨逐,皆推奉上之心;或職列巡封,備顯歲寒之節。今者驂隨歸使,合議甄昇,各加超擢之恩,以示獎酬之寵。事須改補節度散子將仍牒知者,故牒。乾化四年四月日牒使尚父守尚書令吳越王。

原載《全唐文》卷 130

大宗譜序

若夫古先垂訓，賢哲修身，莫大於上承祖禰之風，下廣子孫之孝。是故堯舜之化理天下，其先則曰敦睦九族，然後平章百姓，協和萬邦。《詩》不云乎："無念爾祖，聿修厥德。"是知爲人子人臣之道，無過於尊奉祖先，揚名立身者也。念予遠承祖派，紹襲宗風，爰自幼年，志攻學術，屬世道之屯否，憤豪猾之僭昏，擲筆硯於天目之山，練干戈於錢塘之域，推赤心而效順，仗一劍以除奸。剿薛朗於姑蘇，累施擒縱；殄漢宏於甌越，粗展機謀。鎮越安吳，匡君輔國。自兵符而陞郡印，以廉車而建節旄，綰三鎮之藩方，受六朝之委任。尊居師右，位極人臣，雙封兩國之榮，册掌中臺之任。家藏玉册，手執瓊珪，襲華袞而駕輅車，錫寶券而森門戟。榮光祖禰，寵被親姻，子孫皆忝勛華，宗族盡沾爵禄。長源衍慶，累葉承庥，考本尋根，實由祖德。況賜甲第於茅山之下，改鄉名於故府之前，尋准敕書，建制私廟，昭三代追崇之盛，耀祖先贈典之榮，存歿光輝，雲仍浹慶。但以歷世縣遠，慮乖次序，余總戎政之暇，考閱譜圖之祥，乃命區分，别爲卷軸。上自少典，次及彭籛，孚公更錢氏之文，讓公爲過江之祖，高曾積善，德厚流光，棣萼既繁，蘭芽轉茂，遂各堂構，析以諸房。切慮百代之後，流派愈多，難窮婚宦之由，有墜祖宗之業。今則先鋪血脉，次列尊卑，粗明纂襲之風，永奉烝嘗之道。傳示來葉，勿墮箕裘。

原載《全唐文》卷 130

真聖觀碑

若夫真聖之教，大道爲先，恍惚難名，虛無罔象，創極於元黄之始，施功於融結之前，籠罩九■森羅萬物，可大可久，元之又元，豈推步之能窮，非名言之可載。太上老君者，神凝太素，氣積混茫，誕形雖感於星精，崇德實標於道祖。當驪陸犧軒之代，則同出而異名；泊陶唐殷夏之年，乃殊途而一貫。抗世立法，爲師爲臣，恢張冲漠之風，振蕩希夷之迹。及乎姬周建國，仙聖膺期，托孕元妹，寓形楚國，指李言姓，視耳傳名。雙柱三門，式表儀形之異；龐眉鶴髮，更彰耆耋之尊。然而隱迹公朝，韜光柱史，魯宣父起猶龍之嘆，尹先生知望氣之祥。

莫不經演五千,齡高八百。唐朝將基王業,遠托眞源,廣啓元關,累崇徽號。由是普天之下,悉立道宮,皆以紫極爲名,冀以奉行齋醮。當府頃嘗建置,歲月已深,後因大盜經過,恣其煨燼。緬惟道館,久曠眞風,因爲重興,俾延多福,竊詳載籍,靜究源流。但以老君稟虛無精,應混元氣,托神明之質,失天地而生,在三皇五帝之時,則自號鬱華廣壽,及殷商成周之代,則官居柱史王師,出入自然,應期而現。後以周王之世,再誕於苦縣瀨鄉。道震中華,化行西域。然而位居太乙,尊號帝君,統御十方,施生萬物,配三光而普照。綿萬幼以長生。前朝欲濬靈源,仰攀仙系,寧同血允,聊比宗祊。則老君自是大道之至眞,非唐家之枝派。夫軒轅大聖,必問道於崆峒;周穆至仁,亦學仙於瑤水。是以追崇道教,廣務勝因。絳闕朱臺,遠比蓬萊之境;星壇月殿,大新焚醮之場。必冀元功,克臻靈貺。其餘隙地,閒植松筠。白鹿青羊,自遨游於春嶺;清風皓月,更縈帶於秋江。立吳都元教之觀名,千秋不朽;改越國紫宮之眞聖,萬載永隆。足使大道常興,眞風不墜,大顯元元之教,永資邦國之休。宜刻貞珉,式揚光烈。

原載《全唐文》卷130

建廣潤龍王廟碑

　　蓋聞四靈表瑞,則龍神功濟於生民;百穀熟成,則水旱事關於陰騭。而況浙陽重鎮,自古吳都,襟帶溪湖,接連江海,賦輿甚廣,田畝至多,須資灌漑之功,用奏耕桑之業。錢塘湖者,西臨靈隱,東枕府城,澄千頃之波瀾,承諸山之源派。梁大同中,湖干嘗置。唐咸通中,刺史崔彥曾重修,鑿石爲門,蒸沙起岸。自予扶翊聖運,移節建旄,舊日湖隄,盡爲城宇,澄渟有同於鏡水,濟時每及於生靈,一郭軍民,盡承甘潤,逐年開鑿,森若泫■長居一尺之深■不竭元陽之失度。其中菰蓮鬱茂,水族繁滋,蒸黎實藉以畋漁,河道常資於灌注。壯金城之一面,不異湯池;潤綠野之萬家,常如甘澤。固有神龍居止,水府司存,降景佑於生靈,興旱澇之風雨。原其自編祀典,積有歲年,雖陳奠醑之規,未施展敬之所。蓋爲古來藩侯牧守,不能建立殿堂。予統吳越山河,縂天下兵柄,前後累申祈禱,皆致感通,既荷陰功,合崇祠宇。

昨乃特於湖際,選定基埛,創興土木之功,建立欒櫨之構。至於殿庭廊廡,門楹階墀,悉親起規模,指揮擘劃。俱臻壯麗,以稱精嚴。然後慎選良工,塑裝神像,威容赫奕,冠劍陰森,陳將僚侍衛之儀,列鐘鼓豆籩之位。以至車轝僕馬,帳幄盤筵,祭器爨廚,無不臻備。馨香薦獻,不闕四時。況鏡水清流,烟波浩渺,其湖周百餘里,其派數十餘川,濟物於人,功能及眾,亦無龍君之廟貌。予遂與錢塘龍君,一時建立廟堂,同表奏聞,乞加懿號。果蒙天澤,并降徽章,其所奉敕旨,具錄如後:敕:錢塘重地,會稽名邦,垂古今不朽之基,繫生聚無疆之福,有茲舊迹,特創新規,豈曰神謀,實因心匠。蓋水府受天之職,庇民之功,歲時罔闕於牲牢,祈禱必觀於肸蠁,得一方之義化,致兩境之安康。錢鏐普扇仁風,久施異政,至誠所切,遂致感通。其錢塘湖龍王廟宜賜號廣潤龍王,鏡湖龍王廟宜賜號贊禹龍王。牒至准敕旨。若夫人惟神贊,神實人依,信冥陽共理之言,乃幽顯相須之義。今者式嚴廟貌,永受烝嘗,四時之殷薦不虧,萬姓之禱祠無闕。神其受天朝之寵賚,■千古之光輝,常鎮吳邦,豫消灾沴。必使原田肥沃,克昌廣潤之名;穀稼豐登,更表土龍之德。今則嚴禋已立,邃宇咸周,聊記歲月,刻於貞珉,後來觀者,其鑒之哉。

原載《全唐文》卷 130

吳越武肅王排衙石詩刻

■巒峭援鳳嶺穹□□□□苑右之□□□□□□之地
■而貞松鬥華瑤□秀而□直□歌往日□建靈□□□
■院陳三元之醮禮展四□之□□□□□□□□□乃
■□香□□鋪□窄狹求見□□□□□□建國之後將
■□□□□□□之宮酬□□□□□□之恩答□□□
■□□□□□□開巒□填補□基其功即出自□行其□
■□□□□□□異次□宮門乃於取上之中□出兩行
■□□□□□□門即□仙聖所居必有禎祥之事特現
■□□□□□□今即□地已周宮庭旋建聊題諷咏以
■□□□□□□協合□鍾之首建此上宮七言八韻□

　　□□□□□□王
　　□□□□□□□南一劍定長鯨□□□□□□□□
　　帝匡扶立正聲□□□□□□□□輝爭不伏神明□□
　　□□□□□建瑶壇禮玉京□□□□□□□□常
　　爇不曾停□□□□□□□□恒傳寶藏經□□□□
　　□□□□□今爲顯眞靈□□□□□□□□□來鎮
　　上清。

原載《兩浙金石志》卷4

吳越文穆王錢元瓘

　　吳越國王(887—941)，吳越武肅王錢鏐第七子，初名傳瓘。長興三年(932)即位，襲爵如其父。勤於政事，執法公允，不私親戚。唯性好奢侈，喜治宫室。天福六年(941)七月，麗春院失火，延燒於内城，燒毁宫室府庫殆盡，遂驚懼發狂疾。次月卒，在位十年。晉高祖下令諡曰文穆。

乞復父舊號表

　　竊念臣父天下兵馬都元帥、吳越國王臣鏐，爰自乾符之歲，便立功勞；至於天復之初，已封茅土。兩殄稽山之僭僞，頻叨鳳詔之褒崇，賜鐵券而礪岳帶河，藏清廟而銘鐘鏤鼎。歷事列聖，竭誠累朝，罄臣節以無虧，荷君恩而益重。楚茅吳柚，常居群后之先；赤豹黃羆，不在諸方之後。雲臺寫像，盟府書勛，勠力本朝，一心體國。常誡臣兄弟曰："汝等諸子，須記斯言：父老起自諸都，早平多難，素推忠勇，實效辛勤，遂蒙聖主之疇庸，獲忝真王之列壤。恒積滿盈之懼，豫懷燕翼之憂。蓋以恩禮殊尤，寵榮亢極，名品既逾於五等，春秋將及於八旬。不諱之談，爾當静聽。而况手殲妖亂，親睹興亡，豈宜自爲厲階，更尋覆轍？老身猶健，且作國王之呼；嗣子承家，但守藩臣之分。"臣等鯉庭灑袂，雁序書紳，中心藏之，敬聞命矣。

　　頃以濟陰歸邸，梁苑稱尊，所在英雄，遞相倣斅，互起投龜之詬，皆興逐鹿之謀。惟臣父王，未嘗隨例。從微至著，悉蒙天子之絲綸；啓土封王，自守諸侯之土宇。乙酉歲，伏蒙莊宗皇帝遥降玉册、金印。恩加曲阜營丘，顯自大朝，來封小國，遂有强名之改補，實無干紀之包藏。兼使人徐筠等，進貢之時，禮儀有失，尚蒙赦宥，未寘典刑，敢不投杖責躬，負荆請罪。且爽爲臣之禮，誠乖事上之儀，夙夜包羞，寢食俱廢，捧詔而神魂戰慄，拜章而芒刺交并。

伏以皇帝陛下濬哲文思，含弘光大，智周萬物，日闢四方，既容能改之非，許降自新之恕。將功補過，捨短從長，矧兹近代相持，豈足深機遠料？且臣本道，與淮南雖連疆畛，久結仇讎，交惡尋盟，十翻九覆，縱敵已逾於三紀，弭兵纔僅於數年。諒非唇齒之邦，真謂腹心之疾。今奉詔書責問，合陳本末端由，布在衆多，寧煩覼縷。彼既人而無禮，此亦和而不同。近知侵軼荆門，乖張事大，儻王師之問罪，願率衆以齊攻，必致先登，庶觀後效。横秋雕鶚，祗待指呼；躍匣蛟龍，誓平讎隙。今則訓齊樓櫓，淬礪戈鋋，決副天威，冀明臣節。伏以臣父王鏐，已於泛海，繼有飛章，陳父子之丹誠，高懸皎日；展君臣之大義，上指圓穹。其將修貢賦於梯航，混車書而表率，如虧奉職，自有陰誅。今春已具表章，未蒙便賜俞允。地遠而經年方達，天高而瀝懇難通。伏乞聖慈，曲行明命。凌霜益翠，始知松柏之心；異日成功，方顯忠臣之節。臣元瓘等無任感激祈恩戰懼依投之至，謹遣急脚，間道奉絹表陳乞奏謝以聞。

原載《舊五代史》卷133

化度院陀羅尼經幢並記

佛頂尊勝陁羅尼經序

（序文略）

建化度禪院寶幢記

夫真如演化，以廣大慈悲，濟度沙界。其有達微妙之音，弘勝善之緣，盡孝思之心，創清净之業，靡不回慧炬而照燭，乘法力以津梁，超彼龍天，證菩提之因果。竊以自恭遵詔命，虔禀遺言，承制兩浙，□馭藩閫，事有益於顯晦，功有合於禎休，皆許□□鼎新，用光積慶。昨以西興城壘之内，曩歲曾別置狴牢，雖宰斷幽明，固無枉濫，而縻縶稍滯，或有淪亡。念茲綿歷重泉，何由解脱。於是變圓扉而崇梵宇，開紺殿而立睟容，仍建寶幢，鎮茲土地。磨礱翠琰，刊般若之文；輝煥禪扃，集龐洪之福。所有前後幽暗魂識，一一咸冀往生。然願以此功德，資薦皇考武肅王，昇七覺之法身，耀千光之瑞相。其次保安疆境，兵火無虞，以子以孫，永永蕃盛。

長興四年癸巳三月二十六日。

起復吴越四面都統鎮海鎮東等軍節度使檢校太師守中書令錢元瓘記。

都勾當厢虞候姚敬思，上隨身十將□□鎸。

原載《五代石刻校注》

楊瑫等改補節度子將牒

　　敕：淮南鎮海鎮東等軍節度散子將充上直從散員旗副將檢（校）太子賓客楊瑫等，牒奉處分。前人毅勇資身，忠貞秉志，或屢隨征討，或頻效飛馳。予自紹統山河，已曾遍施酬獎。昨者疊膺雙册，繼耀土茅。今則特均雨露之恩，溥示維持之命，更聞盡節，薦可甄昇，事須改補節度子將仍牒知者，故牒。清泰三年正月日牒。

原載《全唐文》卷 130

請建龍册寺奏

　　襲爵四年，曾無顯效，受鳳池之真命，降龍册以雙封，臣特於府城外造寺一所，前百步起樓號奉固，其寺額乞以龍册爲名。

原載《全唐文》卷 130

吴越忠懿王錢俶

　　吴越國王（929—988），文穆王錢元瓘之第九子。初名弘俶。天福四年（939），除内牙諸軍指揮使。開運四年（947），出鎮台州。乾祐元年（948）初，即吴越國王位。在位三十年，保土安民，尊奉中原爲正朔,兩浙得以安定。開寶九年(976),入宋朝覲,逾月而歸。太平興國三年(978),納土歸宋。

梵天寺經幢記

竊以奉空王之大教,尊阿育之靈踪,崇雁塔於九重,衛鴻圖於萬祀。梵刹既當於圓就,寶幢是鎮於方隅。遂命選以工人,鑿於巨石,琢鞭來之堅固,狀涌出之規儀,玉削霜標,花雕八面,勒佛頂隨求之嘉句,爲塵籠沙界之良因。所願家國咸康,封疆永肅,祖世俱乘於多福,宗親常沐於慈恩。職掌官僚,中外寧吉,仍將福祉,遍及幽明,凡在有情,希沾妙善。乾德三年乙丑歲六月庚子朔十五甲寅日立。天下大元帥吳越國王錢俶建。

原載《六藝之一録》卷110

吳越金塗塔二種鐵塔附

吳越國王	吳越國王
錢弘俶敬造(人)	錢弘俶敬造(保)
八萬四千寶	八萬四千寶
塔乙卯歲記	塔乙卯歲記

原載《兩浙金石志》卷4

新建佛國寶幢願文

蓋聞慧炬西然,法雲東被,眷言興建,實焕簡編。我國家列壤受封,帶河礪岳,既勤王而繼世,諒荷寵以乘時。言念真宗,聿懷多福。於是旁搜勝景,廣闢宏規,築湖畔之山岡,構城西之佛閣。莫不遐森杞梓,妙選梗楠,營寀漢之基坰,列倚天之像設。釋迦化主,中尊而高儼睟容;慈氏彌陀,分坐而净標妙相。仍於寶地,對樹法幢,雕築琅玕,磨礱圭璧,勒隨求之梵語,刊佛頂之秘文。直指丹霄,雙分八面。伏願興隆霸祚,延遠洪源,受靈貺於祖先,助福禧於悠久。軍民輯睦,疆場肅寧,宗族以之咸康,官僚以之共治。四十八願,永符法處之良因;八十種好,更備曇摩之圓智。得大堅固,不可稱量,凡在含生,同躋覺路。天下大元帥吳越國王錢俶建。時大宋開寶二年乙巳歲閏五月日。

原載《六藝之一録》卷110

報重曜書二首

報雲門山净名庵長老重曜：今差人賚到白乳茶三十斤、稜瓷香爐一隻、衙香五斤、金花合盛重五十兩。仍支見錢一百千文足陌，可親入懺保安，遣此示諭。不具。

報越國雲門山净名庵長老重曜：昨據節度使錢儀申，所請爲官中入懺保安事，具悉。師心鏡絶塵，衣珠無纇，修釋氏務三之訓，得净名不二之宗。泊挂錫寶坊，栖真玉節，節使素欽於景行，遠有來聞；國家因罄於精誠，遂可其請。況奇峰正聳，炎景斯煩，非坐非行，頗勞精進；煩心引領，尤愧忠勤。今則再賜到乳茶三十斤、乳香三十斤，至可領也。夏熱，想得平安好。故兹諭，想宜知之。不具。

原載《唐文拾遺》卷11

宗鏡録序

詳夫域中之教者三，正君臣，親父子，厚人倫。儒，吾之師也。寂兮寥兮，視聽無得，自微妙昇虚無，以止乎乘風馭景。君得之則善建不拔，人得之則延睨無窮。道，儒之師也。四諦十二因緣三明八解脱，時習不忘，日修以得，一登果地，永達真常。釋，道之宗也。惟此三教，并自心修。《宗鏡録》者，智覺禪師所撰也。總乎百卷，包盡微言，我佛金口所宣，盈於海藏。蓋亦提誘後學，師之智慧辯才，演暢萬法，明了一心，禪際河游，慧閒雲布，數而稱之，莫能盡紀。聊爲小序，以頌宣行云爾。

原載《全唐文》卷130

黄妃塔記

敬天修德，人所當行之，矧俶忝嗣丕圖，承平兹久，雖未致全盛，可不上體祖宗，師仰瞿曇氏慈忍力所沾溉耶？凡於萬機之暇，口不輟誦釋氏之書,手不停披釋氏之典者,蓋有深旨焉。諸宮監尊禮佛螺髻髮,猶佛生存,不敢私秘宮禁中,恭率寶具,創窣堵坡於西湖之滸,以奉安之。規橅宏麗,極所未見,極所未聞。宮監宏願之始,以千尺十三層爲卒,爰以事力未充,姑從七級梯,旻初志未滿爲歉。計甎灰土木油錢、瓦石與夫工藝像設金碧之嚴,通緡錢六百萬。視會稽之應天塔所謂許玄度者,出没人間凡三世,然後圓滿願心。宮監等合力於彈指頃幻出寶坊,信多寶如來分身應現使之然耳,顧玄度有所不逮。塔成之日,又鐫《華嚴》諸經圍繞八面,真成不思議劫數大精進幢。於是合十指爪,以贊嘆之。塔曰黄妃。云吴越國王錢俶拜手謹書於經之尾。

原載《武林梵志》卷3

錢 鏵

吴越大臣(? —945),武肅王錢鏐之弟。累授温、明二州刺史。文穆王時除兩浙行軍司馬,尋改本州團練使,封楚國公。開運二年(945)卒。

吴越錢鏵題記

鏵自庚辰載領郡,於康樂巖重創亭臺,遍植花柳,兼華蓋山畔建置果園,□□□□□添奇章。時甲申歲清明日,彭城輔軒記,以示後來。

原載《兩浙金石志》卷4

羅 隱

唐末吴越官員(833—910),新城(今浙江富陽)人。少英敏,善屬文,詩名尤甚。舉進士,十上不第,遂改名爲隱。游於各地,皆不得意。唐光啟三年(887),投奔錢鏐後獲重用,先後任錢塘縣令、秘書省著作郎、鎮海節度使掌書記、司勛郎中,充節度判官、鹽鐵發運副使。後梁開平二年(908),錢鏐表授給事中,世稱羅給事。三年(909),遷鹽鐵發運使,同年十二月病卒。

錢氏九州廟碑記

若夫本大枝長,源深派遠,哲賢之後,靈慶常存。我錢氏實黃帝之苗,彭祖之裔,三季之前,兩漢之際,軒冕勛業,疊映士林,祖德家聲,迄於唐史。臨安縣有遺廟九所,水旱祀焉。俗謂錢氏九州廟。年代浸遠,銘記不存,空仰威靈,罔知官宦。鏐始戡越難,遂忝珪符,復救吳灾,又叨節制;因歸寧故里,歷覽遺踪。噫!承天子之優恩,亦吾祖之餘慶也。因以俸錢,新其廟宇,式刊貞石,用播清塵。鏐常閱家牒,至讓公,未嘗不執卷移時,恍若神會。讓公,字德高,仕後漢,剛毅武勇,學通韓詩。時太守薛固舉孝廉,遷歷陵、安章等郡牧,後固爲廷尉所枉,公朝賀之際,大呼稱冤。順帝令虎賁以矛楯夾腋,問所陳之事。公辯舌如流,神色不異,百辟莫不俯伏。遷征東大將軍,破賊功高,爲徐、兗二州刺史。後十四代孫逵,字通甫,出身入仕,與讓祖相類。梁大同中,爲廬陵王國侍郎、羽林監。及陳祖龍飛,遷東海太守,娶瑯琊王氏,生九子,皆相次爲將軍、郡守。因移家江南,子孫隆盛,初立祠堂,年代綿邈,居人祀焉。故老相傳九州廟,或作"洲"字,非也。元顯聖迹,出在汀河,故有此誤也。予麾兵之暇,與紀其事,以示來者云。第一造公,字子榮,陳蕩寇將軍,遷高密二州牧。第二瑋公,字慧高,陳太建中由句容令拜神武將軍,遷都督虞山鎮使,押禦北藩,至唐武德中,鎮唐溫滔州,終於王事。第三勢公,字道摹,陳太建中除伏波將軍,又拜和戎將軍、鎮威將軍,鎮□山。第四環公,字德周,太建中亦拜伏波將軍,理新蔡。第五瑤公,字德珪,太建中拜宣威將軍、鄱陽王府中兵參軍,至德四年除驃騎大將軍。第六珍公,字智武,至德四年拜昭遠將軍,隋大業十年授溪陽令,唐武德七年與郡王平湯祐,改授宜春。第七瑱公,字軒直,太建十四年拜宣猛將軍,隋大業九年平滄海道。征與大將軍周法尚西討,破賊楊元威,加朝散大夫。第八瑇公,字子玉,仕陳爲親信子弟內衙直,大業九年平滄海道,征與瑱同破楊元威,加朝散大夫。第九瑜公,字子橫,亦爲親信子弟、羽林宿衛,同破賊賞功,與瑱、瑇并同。兄弟九人,顯達相次,時人以爲荀龍賈虎,無以相若也。烈祖顯榮,煥赫前史,鏐忝爲後裔,粗繼清風,特創新祠,兼剖貞石。時玉輅東還,新主登極,兩浙渠魁已殄,十州□內獲安,將示後代宗支,知於祖禰。文德元年七月七日記。

原載《羅隱集·雜著》

吴公約神道碑

黃巢之將叛也,天下騷動,杭之豪傑,舉梃以衛鄉里者八人,故立八都之號。其間王公節將,派有分者一十三都,君居其一焉。君諱公約,字處仁,杭之餘杭人。以膽略爲郡邑推。應募西討,投西佳鎮遏使。其後從董太尉禦巢,加御史中丞。奏置都額,改硤石爲郡邑之所。於是椎鋒破鋭,勛業愈盛。由冬卿改秋曹、民部二尚書,爲將三十年,家無長物。出則督勵士卒,入則訓□□弟。斯亦名將之高節也。乾寧四年夏六月二十有一日,啓手足於硤石之第,享年五十八。以明年正月十五日,卜宅於錢塘之新亭鄉桐扣山之原,禮也。君嗣子以隱鄉里之舊,請銘其墓。而復以詩一章,文其美於道之隅曰:

吴山蒼蒼,吴水泱泱。降生英靈,爲公爲王。以嚴師旅,以奠封疆。派有別者,我亦鷹揚。取直之功,捍巢之績。雖從本軍,實展良畫。踐歷禁旅,光揚事迹。乃自西佳,遷於硤石。上君東代,諸將西征。賈以餘勇,資其鋭兵。稽山霧廓,京口波清。再從貂冕,始拜冬卿。吴會紛紜,淮石奔競。驅其凍餒,犯我疆境。躬勵精卒,恭承上命。雪霽松貞,風中草勁。元戎承制,聖主酬勞。大起名重,司元望高。優游渥澤,出入官曹。所謂雞省,全資豹韜。恭仰府城,載崇吾圉。惟力是助,厥功以舉。雲矗千堵,土攢萬杵。率以資産,役以軍旅。乃頒異寵,乃正華資。大國綱紀,雄藩羽儀。床間牛鬪,杯里蛇疑。天胡可測,神亦難知。有仁於時,有功於物。一代殊勛,二品清秩。不謂不達,何獲何失。瑞馬神羊,金箱玉室。

原載《羅隱集·雜著》

貴賤第一

夫一氣所化,陽尊而陰卑;三才肇分,天高而地下。龜龍爲鱗介之長，麟鳳處羽毛之宗。金玉乃土石之標，芝松則卉木之秀。此乃貴賤之理，著之於自然也。龜龍有神靈之別，麟鳳有仁愛之異，金玉有鑒潤之奇，芝松有貞秀之姿，是皆性禀殊致，爲衆物之所重也。然則萬物之中唯人爲貴，人不自理，必有所尊。亦以明聖之才，而居億兆之上也。是故時之所賢者，則貴之以爲君長；才不應代者，則賤之以爲黎庶。然處君長之位非不貴矣，雖位力有餘而無德可稱，則其貴不足貴也。居黎庶之內非不賤矣，雖貧弱不足而有道可采，則其賤未爲賤也。何以言之？昔者殷紂居九五之位，孔丘則魯國之逐臣也；齊景有千駟之饒，伯夷則首陽之餓士也。此非不尊卑道阻、飛伏理殊，然而百代人君，競慕丘、夷之義，三尺童子，羞聞紂、景之名。是以貴賤之途，未可以窮達論也。故夫人主所以稱尊者，以其有德也。苟無其德，則何以異於萬物乎？是故明君者，納陛軫慮，旰食興懷，勞十起而無疲，聽八音而受諫，蓋有由矣。且崆峒高卧，黃軒致順風之請；潁水幽居，帝堯發時雨之讓。夫以鰥夫獨善之操，猶降萬乘之尊，況天子厚載之恩，而爲百姓所薄者哉。蓋不患無位，而患德之不修也；不憂其賤，而憂道之不篤也。《易》曰：“聖人之大寶曰位。何以守位？曰仁。”苟無其仁，亦何能守位乎！是以古之人君，朝乾而夕惕，豈徒爲名而已哉。實恐墜聖人之大寶，辱先王之餘慶也。故貴者榮也，非有道而不能居；賤者辱也，雖有力而不能避也。苟以修德，不求其貴，而貴自求之；苟以不仁，欲離其賤，而賤不離之。故昔虞舜處於側陋，非不微矣，而鼎祚肇建，終有揖讓之美；夏桀親御神器，非不盛矣，而萬姓莫附，競罹放逐之辱；古公避難而遷居，豈求其貴也，行未輟策，邑成岐下；胡亥笑堯禹之陋，豈樂其賤也，死不旋踵，地分灞上。夫以虞、舜之微，非有穀帛之利，以悅於衆也；夏桀之盛，非無戈戟之防，以禦於敵也；古公之興，非以一人之力自强於家國也；胡亥之滅，非以萬乘之尊願同於黔首也。貴者愈賤，賤者愈貴，求之者不得，得之者不求。豈皇天之有私，惟德佑之而已矣。故老氏曰：“道尊德貴。”是之謂乎？

原載《羅隱集·兩同書》

强弱第二

　　夫强不自强，因弱以奉强；弱不自弱，因强以禦弱。故弱爲强者所伏，强爲弱者所宗，上下相制，自然之理也。然則所謂强者，豈壯勇之謂邪？所謂弱者，豈怯懦之謂邪？蓋在乎有德，不在乎多力也。何以言之？夫金者天下之至剛也，水者天下之至柔也，金雖剛矣，折之而不可以續；水雖柔矣，斬之而不可以斷。則水柔能成其剛，金剛不輟其弱也。故晏嬰，侏儒耳，齊國之宰臣；甘羅，童子耳，秦國之良相；僑如，大人也，魯人揣其喉矣；長萬，壯士也，宋華醢其肉矣。晏嬰身短不過人，此非不懦矣；甘羅年未弱冠，此非不幼矣；僑如大可專車，此非不壯矣；長萬力能抉革，此非不勇矣。然則僑如、長萬，智不足以全身；晏嬰、甘羅，謀可以制一國。豈非德、力有異，强、弱不同者歟。由是乾以剛健，終有亢極之悔；謙以卑下，能成光大之尊，則其致也然。夫所謂德者何？唯慈唯仁矣；所謂力者何？且暴且武耳。苟以仁慈，則天地所不違，鬼神將來舍，而況於邇乎？苟以暴武，則九族所離心，六親所側目，而況於遠乎？是故德者，兆庶之所賴也；力者，一夫之所恃也。矜一夫之用，故不可得其强；乘兆庶之恩，故不可得其弱。是以紂能索鐵，天下懼之如虎狼；堯不勝衣，天下親之如父母。然虎狼雖使人懼之，豈可言虎狼强於人耶；父母能令子親之，豈可言父母弱於子耶？則强弱之理固亦明矣。是以古之明君，道濟天下，知衆心不可以力制，大名不可以暴成，故盛德以自修，柔仁以禦下，用能不言而信洽，垂拱以化行，將乃八極歸誠，四方重譯，豈徒一邦從服，百姓與能而已哉！嗟乎，古之暴君，驕酷天下，捨德而任力，忘己而責人，壯可行舟，不能自制其嗜欲；材堪舉鼎，不足自全其性靈。至今社稷爲墟、宗廟無主，永爲後代所笑，豈獨當時之弱乎？悲夫！老氏曰："勝人者有力，自勝者强。"其是之謂乎？

　　　　　　　　　　　　　　　　　　原載《羅隱集·兩同書》

損益第三

　　夫萬姓所賴，在乎一人。一人所安，資乎萬姓。則萬姓爲天下之足，一人爲天下之首也。然則萬姓衆矣，不能免塗炭之禍；一人尊矣，不能逃放戮之辱。豈失之於足，實在於元首也。夫以水動萍移，風行草偃，處唐虞之代，則比屋可封；居桀、紂之朝，則比屋可戮。夫天下者，豈賢於彼而愚於此，易於上而難於下哉。蓋人君有所損益也。然則益莫大於主儉，損莫大於君奢。奢儉之間，乃損益之本也。且夫日月者天下之至明也，然猶有不及之處爾。其儉主之理則天下無爲，天下無爲則萬姓受其賜，其於日月亦已大矣。豺狼者天下之至害也，然猶有不傷之所爾，其奢君之理則天下多事，天下多事則萬姓受其毒，其於豺狼亦已甚矣。是故古先聖君務修儉德，土階茅宇，綈衣粗裘，捨難得之貨，掊無用之器，薄賦斂，省徭役，損一人之愛好，益萬人之性命。故得天下歡娛，各悦其生矣。古先暴主志在奢淫，瑶臺象箸，錦衣玉食，購難得之貨，斸無用之器，厚賦斂，煩徭役，益一人之愛好，損萬人之性命。故使天下困窮，不畏其死矣。夫死且不畏，豈可畏其亂乎？生且是悦，豈不悦其安乎？故人安者，天子所以得其安也；人亂者，天子所以罹其亂也。人主欲其己安，而不念其人安，恐其人亂，而不思其己亂，此不可謂其智也。且夫剖腹啗口，不足謂其美也；温踵動心，不足謂其勞也。夫心口所以存者，爲其踵腹也。腹之且剖，豈異口之剖耶；踵之且温，豈異心之温也。故人主所以稱至尊者，徒以有其人也。人且共益，則君孰與其損哉；人且共損，則君孰與其益哉。是故損己以益物者，物既益矣，而物亦益之。堯、舜所以成其上聖，克保耆頤之壽也；益己以損物者，物既損矣，而物亦損之。癸辛所以陷其下愚，自取誅逐之敗也。是則彼之自損者，豈非自益之道歟。此之自益者，豈非自損之道歟。損益之道固亦明矣。嗟夫，性命者至重之理也，愛好者不急之事也。今我捨一身之不急，濟萬姓之至重，不言所利，廣遂生成，永居南嶽之安，常有北辰之政，則普天率土，孰爲我損乎！夫以嗜欲無厭，貪求莫止，士饑糟糠，犬馬餘其粟肉；人衣皮毛，土木榮其錦繡，崇虚喪實，捨利取危，枳棘生於梗途，鯨鯢游於沸海，則九州四域，孰爲益乎！故老氏曰：“天之道，損有餘，補不足。”其是之謂歟？

原載《羅隱集·兩同書》

敬慢第四

遠古之道，人心混沌，不殊於草木，取類於羽毛，後代聖人，乃導之以禮樂、教之以仁義，然後君臣貴賤之制，坦然有章矣。然則禮之所先，莫大乎敬；禮之所弊，莫甚於慢。故以敬事天則神降，以敬理國則人和，以慢事天則神欺，以慢理國則人殆。下之不敬則不足以奉君，上之不敬則不足以禦臣。是以地中有山，《大易》發謙尊之旨；海下於水，老氏著谷王之喻。相鼠有體，《風詩》刺其失儀；飛鳥能言，古人記其無禮。則敬慢之間，美惡殊致，是故明主之於天下也，設壇授將，側席求賢，賁束帛於丘園，降安車於途巷，故得真龍就位，振鷺來庭，天下榮之，願從其化也。昧主之於天下也，披裳接士、露髮朝人，視賢良若草芥，比黎庶爲豕畜，是以白駒投谷、飛鴻逝雲，天下惡之，願逃其恥也。然夫敬人者不必自賤，蓋欲用其人也；慢人者不必增貴，適足怨其人也。何以言之？昔文侯式王木之閭，昭王築郭隗之館，故得群才畢至，駿足攸歸，何則，以敬之所致也。齊桓有葵丘之驕，漢祖輕過趙之罵，故有諸侯不附，大臣構逆，何則，以慢之所致也。然夫向之所敬者，豈徒人而已哉。蓋以自敬也。向之所慢者，豈徒慢人而已哉，蓋以自慢也。故敬一人則千萬人悦，慢一人則千萬人怨，皆欲知好人之敬，而不知行其所以敬；皆欲知惡人之慢，而不知去其所以慢。此猶南望以求燕，北行以適越，誠有不可得也。且夫人主者，天下之表也。行書國策，言記史官。有一善若慶雲之浮輝，天下之所欣賀；有一惡若朝日之帶蝕，天下之所傷嗟。不可類於匹夫，不慎其敬慢也。故人問田子方曰："富貴者驕人，貧賤者驕人乎？"子方曰："諸侯而驕人，則失其國，大夫而驕人，則失其家。貧賤者，行不合道，言不合義，則去之楚越，若脱弊屣，奈何同之？"是以虎豹墜谷，頓爲齏粉；螻蟻隨風，無傷絲髮。輕重之理，不同年而語也。故周公，文王之子，握吐爲勞；馭者，晏嬰之僕，驕矜自若。豈非君子小人之道，敬慢殊途者乎？夫尺蠖求伸，亦因其屈；鷙鳥將擊，必先以卑。以貴下賤，大得人也。故老氏曰："後其身而身先。"其是之謂歟？

原載《羅隱集·兩同書》

厚薄第五

　　夫大德曰生,至貴唯命。故兩臂重於四海,萬物少於一身。雖稟精神於天地、托質氣於父母,然亦因於所養,以遂其天理也。且夫松柏者,有凌雲之操也,若壅之以糞壤,沃之以鹹流,則不及崇朝,已見其憔悴矣;冰雪者,無逾時之堅也,若藏之於陰井,庇之於幽峰,則苟涉盛夏,未聞其消解也。夫松柏之性,非不貞矣,終以速朽;冰雪之性,非不液矣,竟以遐延。此二者豈天使之然哉,良以養之所致也。況夫人者,異乎松柏之永矣。養之失其所,則安可以不朽乎? 豈徒冰雪之倏忽也! 養之得其道,則安可以不延乎! 故壽之有長短,由養之有厚薄也。悲夫,飲食男女者,人之大欲存焉。人皆莫不欲其自厚,而不知其厚所以薄;人皆莫不惡其爲薄,而不知薄之所以厚也。何以言之? 昔信陵、孝惠縱長夜之娛,淫酒色之樂,極情肆志,此非不自厚也,然卒逢夭折之痛,自殞於泉壟之下,是則爲薄亦已甚矣;老氏、彭公修延年之方,遵火食之禁,拘魂制魄,此非不自薄矣,然克保長久之壽,自致於雲霄之上,是則爲厚亦已大矣。夫外物者養生之具也,苟以養過其度,則亦爲喪生之源也。是故火之所宜者膏也,木之所宜者水也。今以江湖之水浸其尺蘖,斛庾之膏沃其星燭,則必見壞滅也。故性命之分,誠有限也。嗜欲之心,固無窮也。以有限之性命,逐無窮之嗜欲,亦安可不困苦哉! 是以《易》存飲食之節,禮誡男女之際,蓋有由矣。且夫居九五之尊,此天下之至貴也,有億兆之衆,此天下之至富也,苟以養生之不存,則五臟四肢猶非我有,而況身形之外,安可有乎。夫美玉投蛙、明珠彈雀,捨所貴而求所賤,人即以爲惑矣。今以至尊性命之重,而自輕於嗜欲之下,豈得爲不惑乎! 是故土能濁河而不能濁海,風能拔樹而不能拔山,嗜欲者適足以亂小人,不足以動君子。故魯仲尼渴而遇盜泉之水,義而不飲;鄭子公則染指以求羹;柳下惠與女子同寢,終不爲亂;宋華父則危身以竊色;周公遺《酒誥》之旨,殷紂沈湎而致亡;婕妤辭同輦之嫌,姜氏逐淫而無恥。豈非貞濫有異、厚薄不同者歟? 夫神大用則竭,形大用則勞,神形俱困,而求長生者,未之聞也。爲人主者,誠能內寶神氣,外損嗜欲,念馳騁之誡,宗頤養之言,永保神仙之壽,常爲聖明之主,豈不休哉! 故老氏曰:"外其身而身存。"其是之謂乎?

原載《羅隱集·兩同書》

理亂第六

夫家國之理亂,在乎文武之道也。昔者聖人之造書契以通隱情,剡弓矢以威不伏,二者古今之所存焉。然則文以致理,武以定亂,文雖致理不必止其亂,武雖定亂不必適其理。故防亂在乎用武,勸理在乎用文。若手足之遞使,舟車之更載也。是以漢祖矜功,陸賈諭以為學;魯公赴會,仲尼請其設備。蓋有由也。然夫文者道之以德,德在乎內誠,不在乎誇飾者也;武者示之以威,威在乎自全,不在乎強名也。苟以強名,則吳雖多利兵,適足彰其敗也;苟以誇飾,則魯雖盡儒服,不足救其弱也。是故始皇築長城修戰伐,勞役不休,人不堪命,遂使陳涉之流,坐乘其弊,禍起於強名也;王莽構靈臺興禮樂,賦斂無度,人不聊生,遂使聖公之徒,行收其利,敗始於虛飾也。故始皇用武於天下也,若陶者之埏器,雖務欲求其大,而不知薄者之所以反脆也。王莽用文於天下也,若匠者之斲材,雖志在矜其妙,而不知細者之所以速折也。二者皆以理之終以為亂也。此未得其大體也。且夫文者示人有章,必存乎簡易,簡易則易從,將有恥且格;武者示人有備,必在乎恬淡,恬淡則自守,恒以逸而待勞。恒以逸而待勞,則攻戰無不利,有恥且格,則教化無不行。化行而眾和,戰利而寇息,然後澄之以無事,濡之以至仁,此聖主所以得其理也。然二子不求之於內而索之於外,不撫之以性而縱之以情,煩文以黷下,暴武以困眾,此不可以得意於天下也。雖然,猶有其弊,何者?昔伯益鑿井,燧人鑽木,水火之利於今賴之,然智伯因之以灌趙城,董卓因之以焚漢室,是乃為害亦以甚矣。然則文武者理國之利器也,而盜竊者亦何嘗不以文武之道亂天下乎?故章邯以軍旅而分秦地,田常以仁義而篡齊國。則有理不能無其亂,唯人主之所制也。是故牧馬者先去其害,驅羊者亟鞭其後。後之不鞭羊之所失也,害之不去馬之所亡也。魯不能去三家之害,國之所叛也;晉不能鞭六卿之後,地之所分也。苟亦不能,則雖有簡易之文,恬淡之武,適足助其亂也。安可得其理乎!故聖人不得文武之道不理,賊臣不得文武之道不亂,非文武有去就之私,蓋人主失其柄也。故孔子曰:"天下有道,禮樂征伐自天子出。"其是之謂乎?

原載《羅隱集·兩同書》

得失第七

夫駒騄騁遠,必以四足之力;鸞鷟翔遐,莫非六翮之用也。是以聖人撫運、明主乘時,亦以杞梓之材,而爲股肱之任。然則地有山川,其險可見;天有冬夏,其時可知。至於凡人之心,杳然無所,素王以之不測,帝堯猶以爲難,將欲用之,不無得失也。何以言之? 夫君者舟也,臣者水也,水能浮舟亦能覆舟,臣能輔君亦能危君,是以三傑用而漢興,六卿强而晉滅。陶朱在而越霸,田氏盛而齊亡。雖任是同,而成敗尤異也。夫人者奸宄無端,真偽匪一,或貌恭而心慢,或言親而行違,或賤廉而貴貪,或貧貞而富黷,或惡大以求變,或位高而自疑,或見利而忘恩,或逃刑而構隙,此則蓍筮不足決,鬼神不能定。且利器者至重也,人心者難知也,以至重之利器假難知之人心,未明真偽之情,徒信毀譽之口,有霍光之才者亦以得矣,有王莽之行者亦以失矣。是故考之於宗親,則管叔、周公不無忠僻;驗之于戚屬,則竇嬰、吕禄不無正邪。推之於功臣,則王陵、黥布不無逆順;論之於故友,則樊噲、盧綰不無去留;取以刀筆之能,則若張湯之欺誑;賞以頰舌之用,則厭主父偃之倒行;若智策有餘,則陳平不可獨任;若英謀出衆,則韓信慮其難制。夫天下之至大也,無其人則不可獨守,有其人則又恐爲亂,亦何不取其才而不制其亂也。且夫毛髮植於頭也,日以櫛之;爪甲冠於指也,月以鑢之。爪之不鑢,長則不便於使也;髮之不櫛,久則彌成於亂也。夫爪甲毛髮者近在己躬,本無情識,苟不以理,猶爲之難,況於臣下非同體之物,人心有易遷之慮,委之以臧否,隨之以是非,蓋不可以容易也。是故逐長路者,必在於駿馬之力,理天下者,必求於賢臣之用。然駿馬苟馴,猶不可以無轡也;賢臣雖任,終不可以失權也。故夫御馬者,其轡煩,則其馬蹟而不進,其轡縱,則其馬驕而好逸,使夫縱不至逸,煩而每進者,唯造父之所能也;夫御臣者,其權峻,則其臣懼而不安,其權寬,則其臣慢而好亂,使夫寬而不至亂，峻而能安者，唯聖人之所明也。恐馬之多逸，捨馬而徒行，則長路不可濟也；懼臣之爲亂，捨臣而獨任，則天下莫能理也。知馬之可乘而不執其轡，則不能禁其逸也；知臣之可用而不親其權，則不能止其亂也。是故項羽不用范增，是捨馬而徒行；漢帝雖有曹操，是乘馬而無轡。苟欲不敗，其可得乎？故孔子曰："唯名與器，不可以假於人。"其是之謂歟？

原載《羅隱集·兩同書》

真僞第八

夫主上不能獨化也，必資賢輔；物心不爲易治也，方俟甄議。使夫小人退野，君子居朝，然後可爲得矣。然則善惡相生，是非交蹂，形障而影附，唇竭而齒寒，苟有其真，不能無其僞也。是以歷代帝王統御家國，莫不側身馳心，以恭英乂，及所封授則猶是愚小；莫不攘臂切齒以疾奸佞，及所誅逐則謬加賢良，此有識者之所嗟痛也。夫山鷄無靈，買之者謂之鳳；野麟嘉瑞，傷之者謂之麕。然麟鳳有圖、麕鷄無識，猶復以真爲僞，以僞爲真，况忠逆之情，静躁之性，愚靖者類直，智狂者類賢，潔己者不能同人，犯顔者短於忤主。情狀無形象可見，心慮非視聽所知，欲使銀鉛不雜，淄澠殊味，其有得者，亦萬代之一遇也。是以吴用宰嚭，致戮於子胥；魯退仲尼，委政於季氏；秦誅白起以舉應侯，趙信郭開而殺李牧；卞和獻玉反遇楚刑，北郭吹竽濫食齊禄。若斯之類，實繁有徒，然則所是不必真，所非不必僞也。故真僞之際有數術焉，不可不察也。何者？夫衆之所譽者，不可必謂其善也，衆之所毁者，不可必謂其惡也，我之所親者，不可必謂其賢也，我之所疏者，不可必謂其鄙也。何以明言？昔堯理洪水，伯鯀爲衆所舉，而洪水莫除；魏伐中山，樂羊爲衆所慢，而中山卒拔；鄧通延夢於漢主，而非傅説之才；屈原見逐於楚王，而無共工之罪。此則衆議不必是，獨見未爲得也。是故明主疇咨在位，詳省己慮，先難而後易，考著以究微，使夫登用者不愧其賞，有罪者不逃其責，然後可爲當矣。然則良馬驗之於馳驟，則駑駿可分，不藉孫陽之舉也；柔刃徵之於斷割，則利鈍可見，不勞風胡之談也；苟有難知之人，試之以任事，則真僞自辯，以塞天下之訟也。故先王之用人也，遠使之而觀其忠節，近使之而察其敬勤，令之以謀可識其智慮，煩之以務足見其材能，雜之以居視以貞濫，委之以利詳以貪廉，困窮要之以仁，危難思之以信，尋其行而探其性，聽其辭而別其情，盡呂尚之八徵，驗皋陶之九德，然後素絲皆染，白璧投泥而不渝；黃葉並凋，青松凌霜而獨秀。則偽者去而真者得矣。故孔子曰："衆善者必察焉，衆惡者必察焉。"其是之謂乎？

原載《羅隱集·兩同書》

同異第九

夫同聲相應，同氣相求。雖虎異谷風，虎嘯而谷風起；蛇非山霧，蛇踊而山霧興：理所同耳。夫異類殊群，異情同行，雖蛤因雀化，而蛤不與雀游；駕自鼠爲，而駕不與鼠匹：理所異耳。然父子兄弟非不親矣，其心未必同；君臣朋友非不疏矣，其心未必異。故瞽叟愚而重華聖，盜跖貪而柳下廉，劉季困而紀信焚，伯桃餓而角哀死。亦猶烟灰同出，飛沉自分；膠漆異生，而堅固相守也。然則情性不等，同異難并，《大易》雖云："同人於門"，《三爻》復云："伏戎於莽"，此則於同不能無異也。故有面同而心不同者，有外異而內不異者，有始同而終異者，有初異而末同者，有彼不同我，而我與之同者，有彼不異我，而我與之異者。何以明之？昔者陳平面向呂后，而心歸劉氏，程嬰外逆孫臼，而內存趙孤，張耳、陳餘始則刎頸之交，終構參商之隙；夷吾、小白初有射鈎之怨，末爲魚水之歡；田氏懷誑義於齊君，齊君彌信；亞父盡至忠於項羽，項羽益疑。是則同異之心，不可以一二而測也。是故明者徐視而審聽、高居而遠望也。隨時之宜，唯變所適，因其可同而與之同矣，因其可異而與之異矣。故衛青豎耳，漢武委之以軍旅；由餘戎耳，秦穆授之以國政。夫以衛青、由餘敵於秦漢，非不疏矣，猶知可同而同之，況於父子兄弟之親，而有可同者乎？且管叔兄耳，姬旦誅之以極刑；石厚子矣，石碏死之以大義也。夫以管叔、石厚比於旦、碏，非不親矣，猶知可異而異之，況乎君臣朋友之疏，而有可同者乎？故能同異者爲福，不能同異者爲禍。虞舜能同八元，能異四罪，永垂聖哲之名;殷紂不同三仁,不異二臣,故取敗亡之辱。是則同異之際,不可失其微妙也。故孔子曰:"見機而作,不俟終日。"其是之謂歟?

原載《羅隱集·兩同書》

愛憎第十

夫日之明也,無幽不燭,蓋之以重雲,則光輝莫睹;水之鑒也,有來而斯應,混之以糝土,則影像俱滅。夫以水、日之明鑒,失其常然者,豈不以雲土之異,移其性乎?是則人有神智之察,非不靈矣,徒以內存愛尚之情,外挾憎忿之事,則是非得失,不能不惑焉。何以明之?昔重華孝矣,瞽瞍病之,親行不義;寤生賢矣,武姜惡之,自構其亂;鶴乃賤矣,衛君重之,載以華軒;馬則微也,楚王好之,衣以文繡。夫以骨肉相親,固無間矣,而猶憎之;禽獸類別,誠於分矣,而猶愛之;況乎明君信臣,不如父母之信子,士媚於主巧於鶴馬之媚人,而無愛憎之迷者,蓋亦寡矣。是故汲黯、袁盎,以忠諫而屢出;籍孺、韓嫣以佞倖而益重;孫通諛言而受賞,賈誼切直而見疏。甚矣哉,愛憎之惑人也如此!若夫忠臣之事君也,面靜君之惡,方欲成君之美,而君反以為憎己也;佞人之事主也,面諛主之善,方欲長主之過,而主反以為愛己也。殊不知聞惡而遷善,永為有道之君;悅善而忘惡,長為不義之主。是則致君於有道者,豈得不為大愛乎?陷主於不義者,豈得不為大憎乎?而主不原忠諂之情,輕肆向背之志,以為愛己者己亦愛之,則寵光加於三族;以為憎己者己亦憎之,則夷滅被於五宗。遂使剖心刎頸之誠棄而莫用,舐痔吮癰之類擢以殊級。且夫賞以勸善,名以爵賢,使天下不肖者,有名無功者受賞,則何以勸天下乎?法以禁非,刑以懲惡,使夫懷忠者,坐法行直者遇刑,則何以禁天下乎?是以漢憎雍齒,張良以為可封;隋寵少師,伯比以為可伐。何則?有功者害,適為不祥;無德是親,自淪喪亂者也。

原載《羅隱集·兩同書》

代武肅王錢鏐謝賜鐵券表

臣鏐言:伏承恩旨,賜臣金書鐵券一道。恕臣九死,子孫三死者,出於睿眷,形此綸言。録臣以絲髮之勞,賜臣以山河之誓。鎪金作字,指日成文。震動神祇,飛揚肝膽。伏念臣爰從筮仕,逮及秉麾。每自揣量,是何叨忝。所以行如履薄,動若持盈。惟憂福過禍生,敢冀慎初獲末。豈期此志,上感宸聰,憂臣以處極多虞,慮臣以防閑不至,遂開聖澤,永保私門。勖以功名,申諸帶礪。雖君親屬念,皆云必恕必容,而臣子爲心,豈敢傷慈傷愛。謹當日慎一日,戒子戒孫,不敢因此而累恩,不敢乘此而賈禍。聖主萬歲,愚臣一心。臣鏐誠惶誠恐,稽首頓首。

原載《羅隱集·雜著》

與某博士狀

二月中,陳州一正字訪及,具審博士攝理和適。近日賢主司空政事才用,洋溢譚口,斷割明快。與攽有分,守道者自然安矣,況博士乎? 先太傅所作所立,果有餘慶。殊不知天道去人,如此其近。忭賀! 老叟十年來,欲棹一船子,從雲溪館前往東市,竟無因緣。此又何如哉! 近見陳正字否? 葉大德、丁三傅知聞否? 老叟腰脚不支,坐想勝游,目及千里。朱十五、李三史作何面孔? 高積薪何如? 因相見皆與話瞻泳也。謹狀。

原載《羅隱集·雜著》

舊井銘#在臨安

於維此井,渟育坎靈。有莘有邰,實此儲英。時有長虹,上貫青冥。是惟王氣,宅相先徵。爰啓霸王,奠綏蒼氓。沛膏漸澤,配德東溟。

原載《羅隱集·雜著》

投前夏口韋尚書啓

某啓:某今月二日,輒以近文一通,上憑閽侍。辭違既久,僭越是虞。勒塞步以戴恩,捨醫門而奚適。伏念隨計渚宮之日,求聞漢浦之年。王儉望高,芙蓉比幕。陳琳筆健,琦珸爲簪。因務窺豹之能,遂竊登龍之譽。習池侍讌,峴嶺從游。許之以向者爲文,頗勝張翽。戒之以偶然成事,恐似李滂。其後歲月煎熬,輪蹄頑禿。僅逾十上,幸免一鳴。角贏而只有困時,矢盡而未知降處。間者尚書理兵夏汭,栽柳武昌。文聘江山,粗資吟玩。費褘欄檻,聊奉登臨。某此時嘗駐征撓,仰趨畫戟。方知扣洪鐘而待教,指墜履以明恩。而疾恙所牽,依投不暇。伏枕而初慚數寒,揚帆而竟嘆途窮。今則潁水政成,旋爲故事。中台位缺,已副急徵。風雲將騁於康衢,神鬼肯論於宣室。輒預提勃窣,先立丘墻。雖哲匠掄材,固須良木。而洪鐘許叩,豈得兼金。謹啓。

原載《羅隱集·雜著》

投禮部鄭員外啓

某啓。某前月十八日,輒以所爲惡文,上干嚴重。尋嬰疾劣,遂曠門墻。伏以皎鏡無私,雖容屢照,醫門多病,應倦施功。忍隨翔鳥之姿,更望不罷之術。某滄州捨釣,紫陌迷塵。徒欲信書,不能知命。道薄而魚腮易曝,計疏而鳬脛難加。所以寧戚叩歌,不惟長夜。魏舒對策,近至中年。丹霄無獨上之期,雙鬢有相輕之色。而員外芝田養秀,桂苑摛華。口裏雌黃,旋成典故。座中蓮白,早避風流。敢因誘善之初,仰冀噓枯之便。儻一掬華陰之土,聊拭蘇文。則數升涇水之泥,永依清濟。謹啓。

原載《羅隱集·雜著》

投永寧李相公啓

某啓。某於今月三十日,獲遂起居。伏以黃闥尊崇,雖容展敬,白衣卑賤,不敢興言。今則輒於隙穰之間,聊舉證明之事。晉代則司空試劍,漢朝則丞相問牛。彼或以頑滯幽姿,或以瘦駕下乘,猶能動搖至化,感達深仁。而況生稟五常,早知恩義,迹居十等,不至輿臺。伏思癸卯年中,維揚城畔,謝傅裂土疆之日,羊公分節制之時。珠履璚簪,朝盈望府。鷄香豸角,暮出行臺。轉輸則萬井魚鹽。統御則九州侯伯。當時務重難之際,是籌謀閑暇之初。南國佳辰,長聞賦咏。

東山勝賞,屢見篇題。爲教化之笙鏞,作經綸之彩繪。所以漢陽計吏,得詣軍門。厭次狂生,叨蒙客禮。憫之以轉蓬之質,安之以負米之心。進趨獲奉於麾幢,俸入仍資於甘旨。其後何武捧詔,平陽趣裝。參佐廡中,方虞浪迹。新城埭下,忽受溫言。嗟其未了之身,勉以難遷之性。且憐色目,猶可發揚。某是以不揣狂愚,重萌躁妄。出則祝趙衰之日,永冀流暄。入則禱傅説之星,惟希借耀。今者風雨得生成之侯,爐鎚升鼓鑄之司。郭令軍前,潛抽妓樂。崔寧城外,暗毀池臺。登庸之時序未遥,反斾之鎡基已兆。若某者,族惟單緒,藝即中流。旋以佩服殊私,緘藏厚旨。假昆蟲而禀信,指簪履以輸懷。竊以浪逼龍津,風催律管。魚皆五色,禽必九苞。揚錦鬐彩羽之姿,俟啓蟄吹葭之便。獨某行迷要路,坐守窮株。九品班資,略非親舊。六街車馬,莫接聲塵。捫心而一寸寒灰,泣淚而萬行清血。良時易失,司馬遷猶是再三。知己難逢,越石父於焉感激。相公儻或俯迴衡柄,曲賜褒稱,雖朽蠹不雕,則推常理,而孤寒無命,祇繫洪鈞。謹啓。

原載《羅隱集·雜著》

投湖南王大夫啓

某啓。某聞元亮苦貧,姑求彭澤。戴顒多病,遂乞海虞。苟物役之是牽,亦人情而斯見。某族惟卑賤,品在下中。三篋亡書,幸無遺漏。一枝仙桂,嘗欲覬覦。十年慟哭於秦庭,八舉摧風於宋野。近者以調甘斡慮,負米攖心。毛義前賢,尚猶捧檄。鯫生何者,焉可守株。勒氣馬以徐迴,解藩羊而適願。前使常侍,遽憐此志。遂以奏官,藉俸入於衡陽,專表章於使府。雖元瑜書記,不足愈風。而處士衣裘,未嘗換雪。斯亦冤鳥尚思於銜石,愚公猶鋭於移山。尋遇大夫,輟夢軒宮,吹暄楚嶠。手中扇在,河必袁宏。天上才高,寧惟公輔。間者龍門掌貢,馬帳搜遺。衆客號咷,只憂寶盡。地靈惆悵,不覺山空。而某適限徐兵,遠留吳會。不得少將鱗鬣,側望風雷。指函谷以馳誠,遥知氣紫。上蘇臺而送目,空羨河清。今者輒奉危心,來干畫戟。大夫或俯迴趙印,下煦韓灰。更於茶藥之中,重假勾留之便。所冀猶縻禄食,遠救朝昏。迹稍免於屢空,心尚期於妄動。百生可卜,式占郭泰之軀。一字爲褒，全繫宣尼之筆。謹啓。

原載《羅隱集·雜著》

謝崔舍人啓

某啓。某鏤冰伎短，緣木計疏。去年舍人俯念窮迷，猥垂慰薦。竟以梁危易折，氣俗難醫。負塵尾之高譚，困龍津之駭浪。雖懷感激，長抱憂慚。今月八日見某官，伏知德水迴波，重沾涸鮒。靈丹減粒，已救傷蛇。當谷鸎刷羽之秋，是海燕窺梁之日。豈謂舍人未容祈禱，遽賜保明。樹立孤株，栽培弱蔓。跪聽而淚沾胸臆，仰承而背負丘山。而況俗漸輕訛，時交勢利。或朝游夕處，或貴族華宗，至於取事之時，與能之際，猶須必成桃李，方許扶持。若某者，迹未及蕭階陳榻之嚴，目未睹巢閣栖梧之瑞。門寒於光逸，命薄於黔婁。縱饒委曲所私，其奈纖毫無取。必舍人知其殺青廢業，二紀於兹。垂白倚門，一生顒望。乃施陰德，以慰歸心。言念徘徊，不知所處。謹啓。

原載《羅隱集·雜著》

投湖南于常侍啓

某啓。某聞淮王鍊迹於真仙，含靈盡去。鄒衍移暄於寒谷，眾卉皆芳。豈羽毛可從於霓旌，豈凋桱盡關於葭律，蓋以至道無遺於一物，殊私必及於群生。某嘗佩斯言，請陳丹懇。間者豹藏不穩，魚躍無成。浼山公啓事之書，累王衍雌黄之口。捫天莫及，蹋地興慚。向浮世以傷懷，拊勞生而自喟。光陰不駐，齒髮漸高。當家貧親老之時，是失路亡羊之日。淚將欲盡，口不敢開。直以非漢代之簪裾，困晉朝之流品。物彙雖逃於芻狗，孤寒竟陷於蟲沙。所以仰蟾桂之高高，恐無仙骨。睹魚鬐之斂斂，忽有癡心。竊希常侍從來許與之言，作此改張之計。俾其七郡，與奏一官。致之於髯參短簿之間，責之以駑馬鉛刀之用。所冀内資骨肉，外罄筋骸。但繫受恩，何須及第。必若終憐薄伎，尚憫前途。則科號三篇，判稱六部，早嘗留意，頗亦逼人。將今晨禱祝之詞，爲異日覬覦之路。情雖可恕，僭亦堪誅。對膠柱以軫懷，願漆身而在此。謹啓。

原載《羅隱集‧雜著》

謝湖南于常侍啓

　　某啓。某今月十九日，已至界首。迴望旌榮，涕泣不任。某莊櫟粗疏，庾膏昏鈍。不能量力，嘗欲干名。隨貢部以凄惶，將鄰十上。看時人之顏色，豈止一朝。進則刺滅許都，退則歌終漢壘。地雖至廣，人莫相容。憑執爨以無由，假鄰光而不得。常侍獨於此際，降以深仁。奏仇覽之官資，近陳遵之尺牘。福由無妄，榮亦何酬。近者以江表歲饑，吳中力困。旨甘既闕，晨夕縈懷。常侍不顧人言，將逾事例：給使府留州之物，代衡陽計歲之資。俾以東歸，救其凄旅。蔡澤北游之日，瓶甀不存。陸生南返之年，橐裝皆滿。聊將自衒，粗可諱窮。但以感切違梁，情深去魯。辭畫戟而心猶似醉，上孤舟而淚始如流。蓋以非故舊之由緣，無强近之慰薦。祇因獎善，便與致身。如某之孤賤者則多，似某之遭逢者則少。以茲自誓，安可暫忘。今則尚有迴期，猶寬旅思。石尤風定，橋口浪衰。展片席以高飛，指重湖而直過。地名北渚，長牽楚客之心。水到東吳，敢忘湘波之色。謹啓。

原載《羅昭諫集》卷6，《文淵閣四庫全書》

謝大理薛卿啓

　　某啓。某聞宋濟之困名場，空餘坦率。唐衢之昇軍宴，但益號咷。斯人以當年不偶於良知，晚歲遂成其永恨。況某早將此事，以戒前車。至願蹉跎，年光老大。向秦庭而屢泣，抱楚足以頻傷。中間輒以所著《讒書》，上干閣吏。近見某官，伏知閣下爰哀弱植，俯降深仁。迴日月於壺中，展方書於肘後。欲使徐甲之尸必起，蔡經之骨重生。仰嘉音而背若負山，承厚旨而身如有翼。既容托迹，竊敢興言。某動不知機，進惟招毀。忌王隱之名者虞豫，暴蘇秦之過者張儀。群居不出一言，彼則謂某矜才傲物。痛飲不逾三爵，彼則謂某恃酒凌人。何爭名競利之場，有蠹節食苗之類。苟非令君側耳於車上，中郎注目於亭間，則隨趙軻以長鳴，與吳橡而共朽者也。謹啓。

原載《羅隱集・雜著》

投秘監韋尚書啓

某啓。某月日，以所著《讒書》一通，寓於閣吏。退量僭越，伏積憂惕。某聞樊子昭之處屠沽，發光輝於許邵。郭林宗之游鞏洛，振聲價於符融。其後物態乖訛，風流委敗。下有自媒之誚，上無相汲之由。某由是反袂興懷，拊心注恨，又安得不屬耳於輿人之論，傾懷於長者之談。而尚書以盛名鎮乎當時，以盛德傳乎奕世。不趨趄於闒茸，不浮泛於奸回。動則致聖主而活蒼生，以爲己任。静則導冲襟而養和氣，以守家聲。恭惟大朝，屬在吾道。若某者，燎薪就學，攔楯攻文。一則以神氣低凡，不足動王侯之瞻視。一則以家門寒賤，不足辱卿相之搜揚。十年索米於京都，六舉隨波而上下。永言浮世，堪比多岐。所以覽嵇叔夜之書，則伏膺户外。讀張季鷹之傳，則大嚼窗間。長恐一旦月桂情衰，江蘋思起，不得揖充國山庭之相，不得窺漢朝王佐之才。是以重拂塵衣，聊希藻鑒。儻尚書以孺子可教，則隨洛下之書生。儻尚書以斯人若狂，則訪江東之釣叟。靈著神蔡，惟禱所從。謹啓。

原載《羅隱集・雜著》

上太常房博士啓

某啓。某前月二十五日，以所著《讒書》一通上獻，近見某官某乙，伏承博士曲垂題品，俯及孤危。某聞孫陽以一顧之恩，駑驪不爲駑馬。宣父以一言之重，夷齊不作餓夫。苟吾道之未亡，諒斯人而何遠。某也爇薪就學，闤市成功。偶不自量，因思妄動。捨五湖之高蹈，事九陌之窮游。爲良工不度之才，爲要路不容之物。所以嵇康奏樂，忿魑魅以争光。劉子營生，奈鬼神之相笑。那言不幸，一至於斯。恭惟咸通之初，大中之末，故荆南余正字，以博士爲軒鏡庖刀。今渭北徐端公，以博士爲靈著神蔡。但言薄技，合在殊私。其後某則困躓於龍津，博士則徊翔於鴛侶。雖心祈目禱，不忘斯須。而天上人間，憑誰訊問。寧知此日，屬在明思。豈一旅人之遭遇有時，而二作者之語言斯中。永爲負荷，適足憂慚。況復風訛俗敗之初，轍亂旗奔之際，講學則衛刀削樹，論文則嬴火燒人。家家無相保之心，處處有自媒之口。而博士獨持大旆，高坐危城。招既散之師徒，復已亡之土地。顧兹隆替，尤屬尊嚴。某也雖賦命以多奇，或因人而成事。願將所贊，以賀明時。謹啓。

原載《羅隱集·雜著》

投蘄州裴員外啓

某啓。某月六日，輒以所著《讒書》一通，貢於客次。遂歸逆旅，載軫危途。必恐員外以其姓氏單寒，精神鈍滯，汩在衆人之下，遺於繁務之中。某懷璧經穿，壯年見志。仲舒養勇，何啻三年。安世補亡，寧惟一篋。其後因從計吏，遂混時人。憤龍尾以不燋，念魚腮之屢曝。嵇康骨俗，徒矜養性之能。李廣數奇，豈是用兵之罪。事往難問，天高不言。去年牽迫旨甘，留連江徼。雖傷弓之鳥，誠則惡弦。食薑之蟲，未能忘苦。所以遠辭蝸舍，來謁龍門。黍谷棠陰，方諧志願。荷衣蕙帶，不奈風霜。負所業以長嗟，向良工而有喟。昔也松苗各性，已知難進之由。今則火木相生，未測自焚之理。謹啓。

原載《羅隱集·雜著》

投鹽鐵裴郎中啓

某啓。某聞大道五千，所制得莫先於躁。浮生七十，所傷者莫甚於情。某所以反袂興嗟，支頤浩嘆。顧兩端而若是，持萬緒以奚歸。爰念髫年，即偕時輩。胸中馬駿，握內蛇靈。入公孫龍之關，不唯逞辨。叱東方朔之御，且欲獻書。其後濩落單門，蹉跎薄命。路窮鬼謁，天奪人謀。營生則飽少於饑，求試則落多於上。東經海嶠，受下館於諸侯。西出劍門，泣危途於丞相。光景但銷於杯酌，貨財不入於橐裝。傳書而黃耳增勞，久客而黑貂兼敝。間者郎中丹青演潤，咳唾成音，薦光逸之材，以地寒爲累。舉仲宣之賦，以體弱見遺。既興奔北之懷，因指在東之念。江夏則鋪名池口，毗陵則偃號銅墩。皆有主張，以生鹽米。郎中倘或言泉晚浹，未忘淘灑之功。譚柄時迴，別借齒牙之助。俾得内資柔滑，外救困窮。然後驅淮陰入趙之師，更謀背水。整秦將渡河之卒，重議焚舟。目禱心祈，言狂意迫。其餘罪戾，不敢逭逃。謹啓。

原載《羅隱集・雜著》

投同州楊尚書啓

某啓。某聞足歷屠門，尚能大嚼。力疲吳坂，亦解長鳴。而況睹棠陰教化之源，入黍谷暄和之景。苟不能自提由惡，直犯丘墻，則其人生爲無益之徒，死作無知之鬼。某，譙鄉賤族，釣瀨遺氓。鉅下二卿，素非朋執。於陵一叟，或與交游。偶然蒙郭泰之言，歘爾屬蘇秦之志。遂得麥漂風雨，門長萊蒿。旋慕題橋，因吟入洛。三秋旅寓，身居計吏之先。萬里徒行，家匪大夫之後。孰謂九街浪闊，雙闕雲浮。姜維之膽有破時，李陽之拳無下處。由是潛傷鮒轍，暗泣牛衣。賈誼長纓，雖猶自運。張儀健舌，亦擬何爲。前窺而四海清平，内顧而一身流落。輒復徘徊鄭驛，睥睨秦醫。敢言畫虎之勤，但有傷蛇之望。謹啓。

原載《羅隱集・雜著》

河中辭令狐相公啓

某啓。某聞歌者不繫聲音，惟思中節。言者不期枝葉，所貴達情。苟抑揚之理或差，則流誕之辭亦棄。而況委病鵠門之下，窺光龍燭之前。上方於趙臺遭逢，下比於陸機榮顯。雖偶儻不侔於二子，而輝華敢讓於伊人。今則住逾負嶽之蚊，去竊戀軒之馬，輒復重將越調，更唱燕臺。以爲京兆王章，三冬有淚。淮陰韓信，一飯無門。惟憂委骨窮塵，敢望橫戈要路，加以輕蹄逸軌，猶祈公子王孫。同窺萬頃波瀾，各有一時顏色。而某短袖難舞，危條易風。禱祠則天或未從，號泣則人皆不吊。由是飾裝增歎，攬策興嗟。指榮戟以凝神，望爐鎚之借便。雖琳瑯杞梓，盡歸梁棟之間。而藻荇蘋繁，亦戀潢亭之內。殷函軫念，劉紙懸緘。無言誓天，有死銘德。謹啓。

原載《羅隱集·雜著》

投鄭尚書啓

　　某啓。某前月某日，輒以所爲《讒書》一通，貢於客次。尚書俯憐羈旅，遽賜沾濡。既受厚恩，則宜前去。然則疆境有牽於感慨，風烟或軫於追思。所以公子亭邊，重噓懦氣。侯嬴關畔，再轉危腸。何昔時有殉義之人，而今日無死恩之士。輒復更彈馮鋏，上指膺門。某也江左孤根，關中滯氣。強學早亡其皮骨，趨時久困於風塵。福星不照於命宮，旅火但焚其生計。徘徊末路，惆悵危途。覽八行之詔書，空仰聖人在上。咏五言之章句，未知游子何之。興言而幾至銷魂，掩袂而自然流涕。尚書蘊稷、契、皋、夔之事業，負尼、軻、遷、固之文章。入則藻鏡冰壺，品量人物。出則油幢瑞節，控御山河。固已藏雷於伺蟄之時，待夢於驅羊之際。苟有一物未登其所，一夫不遂其懷，亦宜上卜聰明，旁搖惘惻。儻或王衍之雌黃借潤，仲尼之日月迴光，則其人也，三千里之別難，免爲虛滯。十五年之勤苦，永有所歸。發自門闌，百生知感。謹啓。

原載《羅隱集·雜著》

辭宣武鄭尚書啓

　　某啓。某聞鄭司農之東去絳紗，感深吾道。謝記室之西辭朱邸，戀切所知。雖定名之分則殊，而懷德之心不異。其有栖羸樂厩，養病醫門。海燕辭巢，即摧萍影。林烏繞樹，忽軫蓬心。又安得下棄席於詩人，感崩波於行客。某也，風塵下物，天地中材。光逸門寒，無因自進。揚雄口喫，徒欲解嘲。屬者尚書置驛恩寬，敦風志大。孔文舉之干元禮，既忝登門。徐孺子之謁陳蕃，俄蒙下榻。淹延館宇，荏苒春秋。稻粱有異於他人，觴豆時陪於上客。那言此際，遽愴離聲。背重德於丘山，揖紅塵於道路。緬懷今日，杳不勝情。加以貢部傷心，名場落羽。獸因鬬困，羊以多亡。前瞻既倦於吹齏，內顧徒悲於求劍。昔也來慚賦雪，謬稱梁苑之游。今則去類乞師，已抱秦庭之哭。倚征輪而悵望，指斷鞭以夷猶。尚書儻或仙客壺中，旁均日月。山公啓裏，別借篇題。無令一葉先秋，遂致滿堂垂泣。捨此丹須九轉，桃指千年。天也何如，時乎不再。謹啓。

原載《羅隱集·雜著》

謝刑部蕭郎中啓

某啓。某伏以內揣荒蕪，早乖投獻。近者某官曲傳尊旨，伏蒙郎中賜及卷紙，令寫近詩。捧對優榮，莫知所處。某利非楚鐵，鈍甚燕錐。濩落危根，低摧壯節。藏豹之功夫不至，屠龍之事業愈疏。爰自南國辭耕，東堂奉貢。劍迷船畔，膠在柱間。靡旗而何啻再奔，繞樹而豈惟三匝。所以騷人避熱，不忘吹薤。元管求聞，長憂蓋醬。姑息於興臺之類，殷勤於閣侍之徒。而猶往往拒關，時時毀櫝。豈謂郎中俯敦吾道，欲捩頹波。不憚客嘲，先從隗始。寓剡藤而下授，指巴句以旁徵。榮異當年，事殊近俗。而況風流漸泯，翰墨難言。別路萬般，中堂千里，雖欲壞虞卿之履，詎肯動心。哭羊涉之門，何曾留意。復安有對紛華而輟玩，叩寂寞以搜遺。因使斯文，亦歸清鑒。揣厚旨而時猶可待，荷殊私而力欲不任。寧惟元、晏吟詩，空增紙價。兼冀武卿窺後，免逐灰寒。謹啓。

原載《羅隱集·雜著》

謝屯田金郎中啓

某啓。某揣摩不至，蹇剝無圖。爰自畫虎貽譏，掇蜩逞偏。轗軻於風塵之際，流離於灰珇之間。雖瀝膽隳肝，竟將誰訴。而煎皮熬髮，終不自醫。已甘與物浮沈，隨波上下。今月某日見某官，伏知郎中玉壺委鑒，金口開潭。謳雲於道士梁間，校籍於真官筆下。欲使餘杭美酒，必醉蔡經。崑崎仙桃，先沾曼倩。承吉兆而心神駭越，對嘉音而涕泗縱橫。某散拙非才，牽纏失計。通衢十二，惟敝黑貂。故里三千，但勞黃耳。欲索身而莫可，將問路而愈迷。若非郎中暖律旁吹，和風外扇。擢之於枯荄之側，致之於芳英之中。則蝶舞鶯啼，空緘永恨。春來秋去，便過此生。謹啓。

原載《羅隱集·雜著》

謝江都鄭長官啓

　　長官鏤筆才清，探驪價重。因循世態，放蕩宦游。劇譚以雞肋況時，偶對以馬曹當職。而自黃塵北望，翠輦南巡。張掾投簪，雖離齊邸。陶公染翰，本慚晉朝。於半郊半郭之中，有一咏一觴之趣。爲謀甚逸，所得何多。芳草遠山，纔供掇拾。晴暘媚景，別授指撝。登臨則光祿寒山，悲嘆則雍丘明月。憑何徑隧，達此津涯。某海曲迷聲，壽陵忘步。蛇虛畫足，鵠不中心。將風霜委地之資，值兵革滔天之日。正平剌滅，屢宵興臺。叔夜燈殘，頻逢鬼魅。梁苑之舊游永已，鄴都之作者寂然。豈謂長官獨好斯文，仍流散地。牙弦久絶，秦缶增慚。那言吾道陵遲，猶見騷人風骨。牽牛不暇，希驥莫從。輒敢效彼蠅頭，騰於魚網。保持所切，已高黃絹之名。傳寫可知，旋長烏絲之價。謹啓。

原載《羅隱集·雜著》

陳先生集後序

　　潁川陳先生諱黯，字希孺，曩者與余聲迹相接於京師，各獲譽於進取。咸通庚寅歲，膠其道於蒲津秋試之場，自後俱爲小宗伯所困，不一至。甲申春，告予以婚嫁之牽制，東歸青門。操執之後，余亦東游。逮大梁時，故杭州盧員外潯在幕，齎其文軸謂余曰：“陳君罷而東，豈其斯文之終窒乎？子東及之，爲我歸其文而激其來。”余至維揚，及歸其文，遵其言，相歡月而後別。爲我謝范陽公，龍門之役，不復顧矣。由是音塵杜絶。天復元年，四門博士江夏君通家相好。於吳越面余，論及場中曩之名士，及希孺之表也，余不覺愴然懷舊。明年，黃君以其文章德業爲之序以寄，俾予繫述，遂得申斯言。嗚呼！大唐設進士科三百年矣，得之者或非常之人，失之者或非常之人。若陳希孺之才美，則非常之人失之者矣。夫德行莫若敦於親戚，文章莫若大於流傳。今已備於江夏之筆矣。余不克再叙，止書交道於是。噫！

原載《羅隱集·雜著》

鎮海軍使院記

惟天子建國，必惟九牧。九牧既序，區分局署。兩漢三公府有掾屬，魏晉而降，則置行臺。若魏以秦王儀鎮中都，高齊以辛術監治東徐州事，皆行臺之任也。其官屬則令僕以至於尚書丞郎，唐制由行臺而置采訪使，殆今節制之始也。鎮海軍舊治京口，大丞相以錢塘之衆，東戡漢宏，西殲逆朗。天子不欲易其土，故自符竹四命，然後移軍於錢塘。生物以宜，租賦以便。斥去舊址，廣以新規。廓開閭閌，拔起階級。俾幢節之氣色，貔武之出入，得以周旋焉。庚申年，始闢大廳之西南隅，以爲賓從晏息之所。左界飛樓，右劘嚴城。地聳勢峻，面約背敞。肥楹巨棟，間架相稱。雕煥之下，朱紫苒苒。非若越之今而潤之舊也。疆場之事，則議之於斯。聘好之禮，則接之於斯。生民之疾痛，則啓之於斯。軍旅之賞罰，則參之於斯。非徒以酒食駢羅，而語言嘲謔者也。其府屬已下，或八都舊將，或從公於征，或稟之於朝廷，或拔之於鄉里。故天子用清宮傳道之選以佐之，輟教民論道之任以副之。其餘省秩卿曹，職領相次，自我朝藩服官屬之盛無加也。噫！大丞相之勛德，既藏之天府，而攀鱗附翼者，非鐫刻礫石，其可久乎？是年冬十月，始命觀察判官羅隱爲記。

原載《羅隱集·雜著》

杭州羅城記

大凡藩籬之設者，所以規其內。溝洫之限者，所以虞其外。華夏之制，其揆一焉。故魯之祝丘，齊之小穀，猶以多事不時而城，況在州郡之內乎？自大寇犯闕，天下兵革，而江左尤所繁併。余始以郡之子城，歲月滋久，基址老爛，狹而且卑。每至點閱士馬，不足迴轉。遂與諸郡聚議，崇建雉堞，夾以南北，矗然而峙。帑藏得以牢固，軍士得以帳幕。是所謂固吾圉。以是年上奏，天子嘉以拙政，優詔獎飾，以爲牧人以道。其盡此乎？俄而孫儒叛蔡，渡江侵我西鄙。以翦以逐，蹶於菀陵。勁弩之次，泛舟之助，我有力焉。後始念子城之謀，未足以爲百姓計。東眄巨浸，輳閩粵之舟檣。北倚郭邑，通商旅之寶貨。苟或侮劫之不意，攘偷之無狀，則向者吾皇優詔，適足以自策。由是復與十三都經緯羅郭，上上下下，如響而應。爰自秋七月丁巳，訖於冬十有一月某日。由北郭以分其勢，左右而塑合於冷水源，綿亘若干里。其高若干丈，其厚得之半。民庶之負販，童髦之緩急，燕越之車蓋，及吾境者，俾無他慮。千百年後，知我者以此城，罪我者亦以此城。苟得之於人，而損之己者，吾無愧與。某年月日記。

原載《羅隱集·雜著》

東安鎮新築羅城記

　　天下自懿考僖皇之後，綱領不振，即以龐勛觝觸於前，王仙芝踐踏於後，尋乃黃巢大掠於京城，所以齊寇攘臂一噪，四海瓦解。自爾枝牽蔓引，耳聞口吷，其或一壘之不謹，一板之不嚴，則刲剔之不暇。雖十室之邑，三戶之鄉，必壁壍以備之，籬落以抗之，況大藩之襟帶，吾土之緊倚者乎？杭之別郡，舊有八都之目，其所以破山偷庭，八將之功所致也。而東安主領太師杜公，尋以擒逆賊薛朗於京口，破丁從實於毗陵，天子寵之，拜常州刺史，遂屬其兵於子弟焉。撫於內者曰建思，禦於外而弭寇摧凶者曰建徽，經度於季孟之間者曰建威。洎太師解印而歸，淮叛泲倫，連壓封部，元帥大丞相彭城王，始授君以板築之要。濠壍之廣袤，地里之橫亘，皆取則於大丞相。一之日，鳩其民人，相其險易，惟帥有令，衆克從之。二之日，度其資費，卜其力用，經之營之，厥畫惟稟。三之日，命其將李可球、胡僅等曰：“汝常從役於杭，必能識大丞相意，善匠事，勿令不如丞相。”指揮曰：“俸，汝工。”曰：“溫，汝率鐸令等二十一將，翼俸以進。”曰：“鄧，洎儼，汝督防遏備，禦二都之士卒，以介於俸之左右。”曰：“勛，汝司吾儲廩，謹吾出入城者。若有墜，惟汝之咎。”起大順辛亥年秋七月壬戌，訖于明年夏四月庚寅，蟠東蠚西，離連坎接，隆者就之，洼者盈之，民不弛擔，時不妨農。夏五月甲辰，太師犒群帥于城下，若杵若畚者皆與焉。不三四年，淮南節度楊氏行密以稱盜豕突猘衝，擾我疆境，而東安尤爲其所忌。行密減安仁義之精銳，分田頵、陶雅、金威之敢勇，以攻東安城。樓櫓翔空，矢石交迸。翊日，我軍憑其城，斃賊將於城下者，其數盈千，濠塞壍堙，自是群寇不復有圖南之意。是知人非城則無以爲捍；

城非人則無以自固。不有城也,人何以安?不有將也,城何以堅?於時紫溪、竄堡、火口、建寧不守,靜江無將,奔我而活者,四鎮之生聚焉。噫!天下之無事也,吾鄉則有河間凌準宗一、濮陽吳降下已、汝南袁不約還樸,以文學進,天下之有事也,吾鄉則有太師建徽伯仲及諸將佐以武藝稱。豈文武之柄,倚伏而然也?抑江山禀受,與時消息者乎?隱亦嘗以先師之道,干名貢府,進取未半,九鼎羹沸。文既不用,武非所習。今則老矣,高謝三軍。太師以鏤金勒石見徵,不敢堅遜。乾寧五年六月二十一日記。

原載《羅隱集·雜著》

鄭文終侯論

沛后既得秦,蕭何改秦之法,故□三章之約焉。而何竟自污者,豈非欲刑其德於萬代乎?不然,奚繫之在人先也?且漢之功臣,何居第一。何不首行其法,則後之立功爲相者,雖貪黷規弄,而法必不加。則亂臣賊子,於是幸矣。何之法,不救當時,而豈救後代乎?

原載《羅隱集·雜著》

錢氏大宗譜列傳

富春侯錢公列傳

公諱讓,字德高。冲公子,即下邳烏程長林公七世孫,是爲一代祖。公雅貌殊衆,重瞳美髯,語含鐘聲,手垂逾膝。博學豪邁,豁達善謀。初從東郡都督,及漢察孝廉,除歷陽、章安二縣長。時吳郡薛府君固爲執法所枉,徵詣廷尉。公因歲朝賀,大呼稱固之冤。順帝命虎賁羽林劍戟夾其兩腋,左右彎弓向身,問所言枉狀,而公直言其由,神色不變。天子即原固罪。公卿大夫,莫不嘆息。太尉趙峻辟公爲西掾,遷黃門選部侍郎。時九江猾寇周生范容作亂,蕩覆淮泗徐揚。有詔以公忠誠亮直,必能盡節,拜廣陵太守、征東大將軍、持節都督江左六州諸軍事。公沈謀内張,羽翼外舒。行陳纔接,凶徒瓦解。斬賊帥徐鳳、謝安等於陣,范容、周生,相縛款首。於是桓帝旌其成功,封富春侯,食邑五千户,佩以金紫。嘉平元年三月十六日薨,春秋六十有三,謚曰哀公。夫人東海徐氏,生三子,曰承,曰京,曰晟。後娶夫人安定皇甫氏,生一子,曰耽。葬長興縣平望鄉西北梓山。奉朝命繪公遺像於郡祠。

高密侯錢公列傳

公諱京,字仲恭,富春侯第二子也。世居長興,以富春侯蔭仕漢本宮舍人、太子洗馬。出守高密郡,善政有聲。轉越騎都尉右將軍。謚□。夫人顧氏,合葬長興雉山。子五,曰徊、曰寶、曰毓、曰化、曰覺,析居於烏程、無錫、崑山、陸安、於潛、吳興等處,號洗馬支下子孫。

司馬錢公列傳

公諱寶,字叔珍,高密侯第二子也。仕吳爲前軍司馬,以勛陞都尉,轉樞密尉將軍。娶夫人信安鄭氏,生二子,曰禩、曰睦。公與夫人合葬,附高密侯側。

侍郎錢公列傳

公諱睦,字士信,司馬公第二子也。勤敏好學,思紹世風。初領本部五官掾,累遷黃門侍郎,改尋陽令。能抑強撫困,藹爲時稱。加東郡太守。娶夫人會稽魏氏,生二子:曰秀、曰裔。公與夫人合葬,附高密侯側。

太常錢公列傳

公諱秀,字子宏,侍郎公之長子也。篤志學問,優於《禮經》。仕吳,以尚書郎議官。歷太常卿。娶夫人徐氏,生二子,曰廣、曰恩。公與夫子合葬,附高密侯側。

永安錢侯列傳

侯諱廣,字敬仲,太常公之長子也。性孝友,博通群書,志氣高邁。西晉太安中察孝廉,累遷安遠將軍。平逆寇石冰等,太尉東海王越表其勛,授以軍咨祭酒、江州刺史、持節征虜將軍、都督江東諸軍事。時陳敏僭亂,割據江表,公與顧榮、周玘等謀曰:"我等受恩朝廷,爵位至此,安得不以忠義自效?"即乃歃血而盟,結爲昆弟,協心奮擊,不逾月而賊平。賞典未至,薨於永嘉二年,年五十有四。後二年,賜以丹書,追贈永安侯,食邑二千户,謚曰莊。公娶夫人汝南周氏,生四子,曰維、曰彌、曰智紹、曰繼。公與夫人合葬長城北二十五里湖陵山。

預寧錢侯列傳

侯諱彌，字德盛。永安侯第二子也。穎悟過人，善屬文。襲父蔭仕晉，甫十八補主簿，累遷散騎常侍。而聲譽四馳，調陳州刺史。下車之初，以法誅蠹民豪猾，而汲汲於撫字，民甚德之。轉輔國大將軍，敕授預寧侯。夫人魏氏，生四子，曰瑋、曰基、曰纂、曰道濟。侯與夫人合葬長城戍山之南。

安遠將軍錢公列傳

公諱瑋，字瑞英，預寧侯之長子。好學治書，旁貫莊老。仕晉，累官至左常侍、太子黃門侍郎，出為徐州別駕。治理清恕，撫民如子，致以慈父稱之。加安遠將軍。夫人吳郡陸氏，生五子，曰元孫、曰咨詢、曰修道、曰興德、曰興道。公與夫人合葬，附預寧侯墓側。

關內錢侯列傳

侯諱興德，字文璨，安遠公第四子。少而明敏，曉達時務。善書札古作，博通天文。仕晉為本郡功曹，遷揚州主簿員外散騎，轉冠軍府記室參軍，贈關內侯。娶夫人烏程吳氏，生三子，曰安仁、曰伯仁、曰法全。侯與夫人合葬，附預寧侯墓北午酉山。

臨川錢王列傳

王諱伯仁，字德靜，關內侯之次子也。溫厚端方，酷孝嗜義。賢士大夫咸器重之。劉宋泰始中舉孝廉，除王府兵曹參軍、員外散騎常侍。蕭梁革命，公遂掛冠歸隱。天監三年，詔舉世家勛德之士，郡守劉渾表稱："錢氏為望族，自漢以來，公侯令使之貴，名聯勛冊，文獻足徵。矧其先世富春侯讓圖像郡祠，民猶懷之。今伯仁年齒雖暮，而不怠進修，克副勛德之舉。"由是累徵，辭不獲已，授揚州刺史。娶夫人吳郡張氏，生五子，曰肅之、曰樂之、曰邕之、曰敬之、曰和之。一女曰寶媛，適同都陳文贊，即景帝也。生子霸先，是謂陳高祖武皇帝，追贈為臨川王。寶媛以永定元年十月薨，諡孝烈，追尊景皇后。王與夫人墓附高密侯墓西二里。

全威將軍給事錢公列傳

公諱肅之，字子恭，臨川王長子。以父蔭仕梁，歷職常侍。天監十三年,授員外散騎常侍、全威將軍,轉給事中。十五年,除邵陵王府文學。娶夫人故郢王氏,繼娶施氏,生一子曰道始。繼娶萬氏,生一子曰道震。公與夫人合葬大義村南十五里東侯山。

開國伯錢公列傳

公諱道始,字元德,給事公長子也。自幼嗜學,經史百家,靡不究極其義,而氣岸超出倫輩。天監中辟除王府法曹參軍,歷仕輕車將軍、江州刺史。在任明練治體,剖決如流。奸雄畏其威,窅乏被其澤。雖值荒忙之際,而屬邑雍恬。當侯景逼臺城時,公與西都太守陳霸先應援,從上江下,敗之於金陵。王僧辯欲窅霸先,斬其黨杜龕。齊將徐嗣徽入寇,公據要出奇,絕其糧道,以破嗣徽。其累立奇勛如此。與霸先舅姑昆季也。霸先受禪,是爲陳武帝。永定元年,上常諭公曰:“卿有佐命勛勞,藩威之良器。然以國戚,恩賞殊薄於衆。今天下將定,安忍以繁劇之任浼卿。”遂授揚威將軍,充本郡瑞、嘉二陵令,兼本部刺史,俾旋長興,保護陵寢。薨年六十二。武帝悲悼,罷朝三日,追贈建寧伯。又贈開國伯,食邑五百户,謚定公。娶夫人同郡王氏,合葬東侯山。生子六,曰纂、曰善明、曰望達、曰吉兒、曰智遠、曰智昌,分爲六枝,號曰“湖頭六宅”。

綏安侯錢公列傳

侯諱智昌,字子盛,開國伯第六子也。幼而聰慧,文武兼通。陳武帝躍龍之始,侯隨父拒杜龕於大義柵一百餘日。城壘之地,即侯之宅也。奇謀果決,遂破杜龕。天嘉二年,奉朝命遷吏部尚書,授桂陽王府參計侍郎,轉仁威將軍,勛封如故。年四十有二,卒於京師,詔贈通直散騎常侍、宣毅將軍,封綏安侯,食邑五百户。詔歸權葬大義村。大業二年,卜遷戍山舊塋。娶夫人吳郡張氏,生子二,曰瓘、曰璀。侯與夫人合葬焉。

開國子錢公列傳

公諱瓘,字貴章,綏安侯之長子。公在髫齔間,暗誦六經,甫學爲文,有驚人語。少失怙,哀毀過禮,事母以孝聞。陳至德中,詔徵甲門子弟,補本部主簿,移長沙王法曹參軍。以功加右衛殿中將軍,歷晉安縣開國子。既而嘆曰:“道之不行,時耶命耶,鷦鷯鼴鼠,不過一枝與盈腹足耳。"遂隱林泉。隋大業中，海寇侵掠郡邑，公仗義率衆守禦，境賴以安。唐貞觀十九年，疾終於私第，年七十有三。娶夫人武康姚氏，生三子，曰元修、曰元裕、曰元師。公與夫人合葬，附先人綏安侯墓側。

揚威將軍錢公列傳

公諱元修，字文通。開國子之長子。性淳謹篤厚，甘淡泊，以清白自守。唐貞觀五年，策試通經，補長興縣博士。七年，詔天下貢民氏族源流，公録家譜詣郡，與沈懷遠等數家連保京師。唐永徽二年，陳碩真謀逆，朝廷詔鄰道討之。吳興郡守李杭辟公議事，公遂請兵擊寇，剿其餘黨。郡守奏其功，拜高平太守、揚威將軍。以儀鳳二年疾終，葬附祖綏安侯戍山墓側。娶夫人高平徐氏，生二子，曰孝憬、曰孝本。

富春公錢公列傳

公諱孝憬，字希貞，一字定方，揚威將軍長子。幼聰慧，書通八體，射穿七札。耽玩典籍，工於詩歌。一觴一咏，爲縉紳所重。年十六，以門蔭授富春尉。公以奕世勛閥，族門鼎盛，當大唐創業之後，是天下進賢之時。公獨忘情簪笏，雅志高尚。十辟三公府，再以五品徵。雖羔雁繼來，簡書交至，而公終懷止足，高尚不屈。放情巖谷，思全真璞。以爲臨安土厚水清，包含正氣。石鏡居前，光分數里。苕溪處後，波漾十尋。九州之廟貌儼然，二月之芳踪宛在。加以金鏞之梵宇禪宮，秦王之車轍馬迹。羲之、獻之之游處，主領猶存。郭生、銓定之真風，喬松尚翠。李八百隱居之地，唐君房仙去之壇。公識達仙機，心通物表。仰察盡天文之變，俯觀知地理之宜。乃相縣之東南，茅山之下，躬遷祖宅。自此移家，俾子孫大震家聲。百代之後，以我爲宗，故號"茅山祖"。時浙帥錢塘郡守表公世德，堪佐聖朝，詔赴闕庭，將加大用，委州縣長吏，備禮以迎。群心叶慶，共俟寵光。如何天違福善之祥，奄有壞梁之嘆。忽縈疾恙，俄以壽終，年七十有二。附葬綏安侯祖塋戍山之原。娶夫人瑯琊王氏，生七子，曰師寶、立義、立璀、立琬、師慶、師整、師道。

師寶錢公列傳

公諱師寶，字道珪，孝憬公長子。童時通《孝經》《論語》。嘗語親曰："用天之道，分地之利。謹身節用，以養父母。此聖人之至行也。吾日三省吾身，爲人謀而不忠乎？與朋友交而不信乎？傳不習乎？此孔門之高節也。惟此二者，吾庶幾焉。"遂高謝徵辟，覃精載籍，極事親之道，得鄉黨之譽。優哉游哉，聊以卒歲。年八十有五，無疾而終。娶吳郡張氏，葬臨安縣署村大錢墓。生二子，曰仁哲、仁昉。

司儀錢公列傳

公諱仁昉，字德純，師寶公次子。性格端秀，識量宏深。少稟清規，早懷幹濟。舉孝廉高第，拜太子司儀郎，遷長城令。躬勤耕織，賓興學校。疲瘵蘇息，逋逃歸附。家興禮樂之風，民知謙讓之節。任滿階臨，耆老顧盼者千户。登車出境，童稚攀轅者數程。公之仁政感人者如斯。歸老家庭，躬耕奉養。載丁艱疾，居喪合禮。清風雅望，今古垂芳。竟以壽終，年八十有一。娶本郡王氏，生三子，曰碩崇、碩琛、碩亶。葬臨安縣石鏡鄉錢宅墓次。

檢校司空錢公列傳

公諱碩亶，字文甫，司儀公第三子。生而俊秀，身長七尺。眉舒目明，好學耽書。識洞經史。精於天文曆數，兼通地理元奧。常登石鏡高峰，視前後山水形勢，嘆曰："峰巒擁抱，龍虎盤旋，氣象深沉，必出豪傑。鍾其運者，其我家子孫乎？"時海内晏如，江左豐阜。公以祖德高尚，忘其軒冕。韜光晦迹，堅隱丘園。玩水尋山，逍遥自適。於是江表知公之名，山林超俗之士，多求訪而交游焉。然而稼穡以躬京坻，歲積賙贍三族，給奉燕游，遍及鄉黨，人莫不感其德者。迨極齒暮，厥德彌芳。壽七十有九，終於正寢。娶夫人本郡陳氏，生三子，曰湛、曰混、曰沛。公與夫人合葬臨安縣石鏡鄉錢宅墓側。梁朝以元孫進封吳越爵，追贈尚書檢校司空。夫人贈太安太夫人。謹按《錢氏大宗譜》尚有錢沛、錢宙、錢寬列傳三篇。考羅隱卒於梁開平三年，不應爲乾化已後之文，必非隱作，今皆删去。

原載《羅隱集·雜著》

廣陵妖亂志

高駢末年，惑於神仙之説，呂用之、張守一、諸葛殷等皆言能役使鬼神,變化黄白。駢酷信之,遂委以政事。用之等援引朋黨,恣爲不法。其後亦慮多言者有所泄漏,因謂駢曰:"高真上聖,要降非難。所患者,學道之人,真氣稍虧,靈眄遂絶。"駢聞之,以爲信然。乃謝絶人事,屏棄妾媵。賓客將吏,無復見者。有不得已之故,則遣人洗浴齋戒,詣紫極宫道士祓除不祥,謂之"解穢",然後見之。拜起纔終,已復引出。自此内外壅隔,紀綱日紊。用之等因大行威福,旁若無人。歲月既深,根蒂遂固。用之自謂磻溪真君,張守一是赤松子,諸葛殷稱將軍。有一蕭勝者,謂之秦穆公駙馬,皆云上仙遣來,爲令公道侣。其鄙誕不經,率皆如此。江陽縣前一地祇小廟,用之貧賤時,常與妻寓止巫舍。凡所動静,禱而後行。及得志,謂爲冥助,遂修崇之。迴廊曲室,妝樓寢殿,百有餘間。土木工飾,盡江南之選。每軍旅大事,則以少牢祀之。用之、守一皆云神遇,駢凡有密請,即遣二人致意焉。

中和元年,用之以神仙好樓居,請於公廨邸北跨河爲迎仙樓。其斤斧之聲,晝夜不絶。費數萬緡,半歲方就。自成至敗,竟不一游。局鐍儼然,以至灰燼。是冬又起延和閣於大廳之西,凡七間,高八丈,皆飾以珠玉,綺窗繡户,殆非人工。每旦焚名香,列異寶,以祈王母之降。及師鐸亂,人有登之者,於藻井垂蓮之上見二十八字云:"延和高閣上干雲,小語猶疑太乙聞。燒盡降真無一事,開門迎得畢將軍。"此近詩妖也。用之公然云與上仙來往,每對駢或叱咄風雲,顧揖空中,謂見群仙來往,過於外,駢隨而拜之。用之指畫紛紜,略無愧色。左右稍有異論,則死不旋踵矣。見者莫測其由,但拊膺不敢出口。用之忽云:"后土夫人靈仇遣使就某借兵馬,并李筌所撰《太白陰經》。"駢遽下兩縣,萃百姓葦席數千領,畫作甲馬之狀,遣用之於廟庭燒之。又以五彩箋寫《太白陰經》十道,置於神座之側。又於夫人帳中塑一緑衣年少,謂之韋郎。廟成,有人於西廡棟上題一長句,詩曰:"四海干戈尚未寧,謾勞淮海寫儀形。九天元女猶無信,后土夫人豈有靈。一戴好雲侵鬢緑,兩行巖岫拂眉青。韋郎年少耽閒事,案上休看太白經。"好事者競相傳誦。

是歲詔於廣陵立駢生祠,并刻石頌。差州人采碑材於宣城。及至楊子縣,用之一夜遣人密以健牛五十,牽於州南,鑿垣架濠,移入城内。及明，栅缉如故。因令楊子縣申府，"昨夜碑石不知所在"，遂懸購之。至晚云："被神人移至街市。"駢大驚，乃於其旁立一大木柱，上以金書云："不因人力，自然而至。"即令兩都出兵仗鼓樂，迎入碧雲亭。至三橋擁鬧之處，故埋石以礙之，僞云人牛拽不動。駢乃朱篆數字，貼於碑上，須臾去石乃行。觀者互相謂曰："碑動也。"識者惡之。明日，楊子有一村嫗詣知府判官陳牒云："夜來里胥借耕牛牽碑，誤損其足。"遠近聞之，莫不絕倒。比至失守，師鐸之衆竟自壞堋而進。常與丞相鄭公不叶，用之知之。忽曰："適得上仙書，宰執之間有陰圖令公者，使一俠士來，夜當至。"駢驚悸不已，問計於用之。用之曰："張先生少年時嘗學斯術於軹深井里聶夫人。近日不知肯更爲之否。若有，但請此人當之，無不虀粉者。"駢立召守一語之。對曰："老夫久不爲此戲，手足生疏。然爲令公，有何不可。"及期，衣婦人衣，匿於別室，守一寢於駢卧內。至夜分，擲一銅鐵於階砌之上，鏗然有聲，遂出皮囊中虒血，灑於庭戶檐宇間，如格鬬之狀。明日，駢泣謝守一曰："蒙仙公再生之恩，真枯骨重肉矣。"乃躬輦金玉及通天犀帶，以酬其勞。

　　又有蕭勝者，亦用之黨也。納五百金賂於用之。用之曰："爾何欲？"曰："欲得知鹽城監耳。"乃見駢，爲求知鹽城監。駢以當任者有績，與奪之間，頗有難色。用之曰："用勝爲鹽城者，不爲勝也。昨得上仙書云'有一寶劍在鹽城井中，須一靈官取之'以勝上仙左右人，欲遣去耳。"駢俯仰許之。勝至監數月，遂匣一銅匕首獻於駢。用之稽首曰："此北帝所佩者也，得之則百里之內，五兵不敢犯。"駢甚異之。遂飾以寶玉，常置座隅。時廣陵久雨，用之謂駢曰："此地當有火灾，郭邑之間，悉合灰燼。近日遣金山下毒龍以少雨濡之，自此雖無大段燒爇，亦不免小小驚動也。"於是用之每夜密遣人縱火。荒祠壞宇，無復存者。駢嘗受道家秘法，用之、守一無增焉。因刻一青石如手版狀，隱起龍蛇，近成文字，"玉皇授白雲先生高駢"，潛使左右置安道院香几上。駢見之，不勝驚喜。用之曰："玉皇以令公焚修功著，特有是命。計其鸞鶴不久當降，某等此際謫限已滿，便應得陪幢節，同歸真境也。他日瑤池席上，亦是人間一故事。"言畢歡笑不已。遂相與登延和閣,命酒肴極歡而罷。後於道院庭中刻木爲鶴,大如小駟,羈轡中設機樥,人或逼之,奮然飛動。駢嘗羽服跨之,仰視空闊,有飄然之思矣。自是嚴齋醮,鍊金丹,費耗資財,動逾萬計。日居月諸,竟無其驗。

呂用之,鄱陽安仁里細民也。性桀黠,略知文字。父璜,以貨茗爲業,來往於淮浙間。時四方無事,廣陵爲歌鐘之地,富商大賈,動逾百數。璜明敏善酒律,多與群商游。用之年十二三,其父挈行,既惠悟,事諸賈皆得歡心。時或整履搖箑,匿家與奴婢等。居數歲,璜卒於家。乾符初,群盜攻剽州里,遂他適。用之既孤且貧,其舅徐魯仁睭急之。歲餘,通於魯仁室,爲魯仁所逐。因事九華山道士牛宏徽。宏徽自謂得道者也,用之降志師之,傳其驅役考召之術。宏徽既死,用之復客於廣陵。遂毇巾布褐,用符藥以易衣食。歲餘,丞相劉公節制淮左,有蠱道實法者,逮捕甚急。用之懼,遂南渡。時高駢鎮京口,召致方伎之士,求輕舉不死之道。用之以其術通於客次,逾月不召。詣渤海親人俞公楚,公楚奇之,過爲儒服,目之曰:江西呂巡官,因間薦於渤海。及召試,公楚與左右附會其術得驗,尋署觀察推官,仍爲制其名,因字之曰“無可”,言無可無不可也。自是出入無禁,初專方藥香火之事。明年,渤海移鎮,用之固請戎服,遂署右職。用之素負販,久客廣陵,公私利病,無不詳熟。鼎竈之暇,妄陳時政得失。渤海益奇之,漸加委仗。先是渤海舊將有梁纘、陳拱、馮綬、董僅、俞公楚、姚歸禮日以疏退,渤海至是孤立矣。用之乃樹置私黨,窺伺動息。有不可去者,則厚以金寶悅之。左右群小,皆市井人,見利忘義。上下相蒙,大逞妖妄。仙書神符,無日無之。更迭唱和,罔知愧恥。自是賄賂公行,條章日紊。煩刑重賦,率意而爲。道路怨嗟,各懷亂計。用之懼有竊發之變,因請置巡察使,采聽府城密事。渤海遂承制授御史大夫,充諸軍都巡察使。於是召募府縣先負罪停廢胥吏、陰狡凶狠者,得百許人,厚其官備,以備指使。各有十餘丁,縱橫閭巷間,謂之“察子”。至於士庶之家,呵妻怒子,密言隱語,莫不知之。自是道路以目,有異己者,縱謹靜端默,亦不免其禍,破滅者數百家。將校之中,累足屏氣焉。

　　高駢嬖吏諸葛殷，妖人呂用之之黨也。初自鄱陽將詣廣陵，用之先謂駢曰：“玉皇以令公久爲人臣，機務稍曠，獲譴於時君，輒遣左右一尊神爲令公道中羽翼，不久當降。令公善遇，欲其不去，亦可以人間優職縻之。”明日，殷果來。遂巾褐見駢於碧雲亭。妖形鬼態，辯詐蜂起。謂可以坐召神仙，立變寒暑。駢莫測也。俾神靈遇之，謂之諸葛將軍也。每從容酒席間，聽其鬼怪之說，則盡日忘倦。自是累遷鹽鐵劇職，聚財數十萬緡。其凶邪陰狡，用之蔑如也。有大賈周師儒者，其居處花木樓榭之奇，爲廣陵甲第。殷欲之，而師儒拒焉。一日，殷謂駢曰：“府城之內，當有妖起。使其得志，非水旱兵戈之匹也。”駢曰：“爲之奈何？”殷曰：“當就其下建齋壇，請靈官鎮之。”殷即指師儒之第爲處。駢命軍侯驅出其家。是日雨雪驟降，泥淖方盛，執事者鞭撻迫蹙，師儒携挈老幼，匍匐道路，觀者莫不愕然。殷遷其族而家焉。殷足先患風疽，至是而甚，每一躁癢，命一青衣交手爬搔，血流方止。駢性嚴潔，甥侄輩皆不能侍坐。唯與殷款曲，未嘗不廢寢忘餐。或促膝密坐，同杯共器。遇其風疽忽發，即恣意搔捫，指爪之間，膿血沾染。駢與之飲啗，曾無難色。左右或以爲言，駢曰：“神仙多以此試人，汝輩莫介意也。”駢前有一犬子，每聞殷腥穢之氣，則來近之。駢怪其馴狎，殷笑曰：“某常在大羅宮玉皇前見之，別來數百年，猶復相識。”其虛誕率多如此。高瀆常謂人曰：“爭知不是吾滅族冤家也。”殷性躁虐，知揚州院來兩月，官吏數百人，鞭背殆半。光啓二年，僞朝授殷兼御史中丞加金紫。及城陷，竄至灣頭，爲邏者所擒。腰下獲黃金數斤，通天犀帶兩條。既縛入城，百姓聚觀，交唾其面。尋撮其髦髮，頃刻都盡。獄具，刑於下馬橋南。杖至百餘，絞而未絕。會師鐸母自子城歸家，經過法所，遂扶起避之，復蘇於橋下。執樸者尋以巨木踣之，驅殷過，決罰如初。始殷之遇也，驕暴之名，尋布於遠近。其族人競以謙損戒殷。殷曰：“男子患於不得遂志。既得之，當須富貴自處。人生寧有兩遍死者？”至是果再行法。及棄尸道左，爲讎人剜其目，斷其舌。兒童輩以瓦礫投之，須臾成峰。

　　吳堯卿者，家於廣陵。初傭保於逆旅，善書記。因出入府庭，遂聞於縉紳。始爲鹽鐵小吏，性敏辯，事之利病，皆心記口調，悅人耳目。故丞相李蔚以其能，首任之。高駢因署堯卿知泗州院，兼判國監。尋奏爲刺史，制命未行，會軍變，復歸廣陵。頃之，知浙西院，數月而罷。又知揚州院兼榷糶使。僞朝授堯卿御史大夫。堯卿托附權勢，不問貴賤，苟有歧路，縱廝養輩，必斂衽以金玉餌之。微似失勢，雖素約爲死交，則相對終日，不復與言。趨利背義如此，權貴無不以賄賂交結之。故不離淮泗，僭竊朱紫，塵污官省，三數年間，盜用鹽鐵錢六十萬緡。時王棨知兩使務局，下堯卿獄，將窮其事，爲諸葛殷所保持獲全。及城陷，軍人識是堯卿者，咸請啗之。畢師鐸不許，夜令堯卿以他服而遁。至楚州遇變，爲仇人所殺，棄尸衢中。其妻以紙絮葦棺斂之，未及就壙，好事者題其上云："信物一角，附至阿鼻地獄。請去斜封，送上閻羅大王。"時人以爲笑端。

原載《羅隱集》

封石記

或聳秀而層排巨石，或岩巏而朝挹衆山。

原載《羅隱集·雜著》

錢九州廟碑

錢逵，字逵甫，梁大同中爲廬陵王國侍郎、羽林監。及陳祖立，遷東海太守，娶琅琊王氏，生九子，皆爲郎，故號九州山。

原載《羅隱集·雜著》

封胥山祠碑

三年閏正月。

原載《羅隱集·雜著》

太師志銘

昔歲乙卯。

原載《羅隱集·雜著》

吴越行營露布

羅平者,啓國之時;順天者,建元之始。將軍門稱天册之樓,以會府爲宣室之地。

原載《羅隱集·雜著》

題後趙石季龍戲馬觀木鳳

鎖門千里,更無人到;絲綸五色,惟其鳳銜。

原載《羅隱集·雜著》

孟 標

吴越官員。撰此志署前秘書省校書郎。

大梁豫章熊公(允韜)墓志銘并序

前秘書省校書郎孟標撰

熊實楚姓,鬻子爲周文王師,賢者之後,厥族昌大,世家豫章,公即其胤也。公諱允韜。皇考珙,奉化永豐西隘將、兼御史大夫,娶順陽范氏,有子五人,公居長嫡。率性慊厚,鄉里歸其仁。好治生,家故饒。能自下躬畚鋪,與傭僮牙塦而殖,略無難色。蔬荖以時,菜藥必備,咸究具理。余喜其高尚,數叩之,往往移日忘味。公少爲吏,主臨事,非所好,輒乞罷,守衡門怡怡如也。娶梁氏。生二子一女:長男楚賓,爲童時有成人風,大父常器之,娶丁氏,生二子,長曰廷讓、次樓婆;楚賓弟楚卿未冠;妹許嫁厲氏,未行。公弟允交,代先君之職兼御史大夫。敦信寬默,流輩目爲長者,娶故太守鍾公女,即今太守黃公亡夫人女侄也。次弟允謙,有令問(聞)。庶弟允褒,次允衰。開平元年八月公遘疾,十二月二十六日下世。即以明年戊辰二月十八日,祔於先塋,禮也。

公先君善接士,凡四方寓游者,必闔其門。余故熟公昆弟間,因得序而編之。銘曰:

彭殀爲先,殤殀爲後?人必有終,君得中壽。平生播殖,圃鬱林秀。形氣何之,不復良覿。玄堂今古,青山左右。風野啼螿,月荒號獸。告莫開帷,移旌引柩。永托幽扃,歸泉無晝。

原載《寧波歷代碑碣墓志彙編》

沈 崧

吳越官員(863—938),閩(今福建)人。唐昭宗乾寧二年(895),進士及第。歷任鎮海軍掌書記、浙西營田副使、秘書監、檢校兵部尚書、右僕射。天福三年(938)卒。

羅隱墓志

昔者軒皇廣運,錫其族以疏封;光武中興,策有勛而復姓。兩漢之後,三國以還,間出令人,實惟顯族。吞禽叶夢,居章之位極泰山;拉虎輸忠,令望之功崇喬嶽。暨乎永嘉南渡,封邑多遷。代不乏賢,世濟其美。枝蕃派遠,詎可編書。

府君諱隱,字昭諫。曾祖諱仙,字童知,福州福唐縣令。皇考諱修古,應開元禮。府君之生也,韶年夙慧,稚齒能文。建木初萌,迥是干霄之榦;玠珪在璞,已彰揭璽之光。泉涌詞源,雲橫筆陣。國僑博物,舌肸多知。緣情必務於刺時,體物無忘於諫獵。冥鴻凌屬,寧將燕雀同群;天驥騰驤,肯與駑駘並駕。弱冠舉進士。高文善價,籍甚廣場。才了十人,學殫百氏。名宣寓縣,譽播寰區。唯應鮑、謝、曹、劉,足堪並駕;若遇王、楊、盧、駱,必共爭鞭。立言而克當典謨,屬思而盡成風雅。華歆名著,合處龍頭;李廣數奇,自傷猿臂。始以光啓三年,罷隨計吏,投迹本藩。乃遇淮浙錢令公吳越國王,將清國步,聿求群彥,光贊永圖。因置錢唐縣,以策表上請,詔下可之。由是直縮銅章,尊榮朱紱。薦尋偃室,擢昇隗臺。拜秘書省著作郎,辟爲鎮海軍節度掌記。翩翩稱職,鬱鬱清詞。用張昭固可稱王,得劇孟猶如敵國。天祐三年,轉司勛郎中,充鎮海節度判官。開平二年,授給事中。至三年,遷鹽鐵發運使。莫匪情殷搜帳,禮盛焚林。子玉在朝,晉侯欽德;孔明輔政,魏帝寢謀。折衝樽俎之間,笑談鼓旗之畔。讀書萬卷,討論見先聖之心;摛藻千篇,諷誦在時人之口。

嗚呼!蒼天不吊,哲人其萎。以開平三年春寝疾,冬十二月十三日歿於西闕舍,享年七十七歲。以開平四年正月二十三日歸靈於杭州錢塘縣定山鄉居山里,殯於徐村之穴,禮也。府君娶吳興沈氏,先三年即世,祔於平陵之北坂。先下泉谷杜氏之西階,今歸同穴。嗣子塞翁,充鎮海軍節度推官。天資至性,孺慕哀增,絕飲水漿,每傷鄰里。

噫!昔宣父生於周季,歷聘諸侯,竟莫之遇,至於泣麟著嘆,喪狗興嗟。逮至明皇,始封袞冕。今府君世值唐衰,觀光二紀,宗伯的不能第,宰屬不能官,豈有司之遺賢耶,豈府君之賦命耶?及遇我王,錄爲上介。致之大僚,存没加恩。冀燕可托,原田賵贈。式表初終,儒士於時,亦謂達矣。向非我王之至明玉鑒,豈展府君之多藝多才?所以主有禮賢之名,賓有榮家之美。明矣!崧也鏤冰費力,映雪徒功。乏錫鐵銅斗之知,異甲觀羽鱗之學。因叨前席,久接後塵,具異諸公,述而有道,諒無愧色。乃銘曰:

軒轅負宸,盤石開封。姬朝相襲,荆楚附庸。乃文乃武,爲光爲龍。勛積餘慶,惟賢所鍾。

又銘曰:

家本新城,地臨浙水。惟彼秀色,鍾乎夫子。性直道古,藝高德美。退罷文場,榮歸故里。

原載《全唐文補編》卷114

潘　輔

吳越官員。撰此志時署將仕郎、前右金吾衛兵曹參軍。

大梁越州餘姚縣上林鄉石仁里故俞府君亡妻江夏黄氏夫人墓志銘并序

將仕郎前右金吾衛兵曹參軍柱國潘輔撰

夫人笄年適於府君,諱□,府君乃□□□當境之頂冒。夫人賢行,衆推儀範莫及,爲鄉鄰之敬仰,是親眷之規模,淑德有聞,貞姿無比,於婦道而舉按莫闕,在母情而截髮寧虧。謂乃福祐延長,神明洞鑒,何圖事生不測,禍忽潛臨,以開平四年八月廿八日奄遭斯禍,夫人享年六十有八。男五人,漢球、漢璙、漢璋、漢瑤,弟兄皆謹乾立身,柔和處事,仁行有同于顔子,英賢□□豈讓于荀家,棣萼花榮,誠堪衆仰,鶺鴒原上,實見風光,襟袍且虛,延納常切,既懷恩德,孰不欽崇。球有男一人,從質;璙二人,從誨、從安;璋四人,從厚、胡僧、團郎、新郎;超有女;瑤未婚。夫人女五人,長適□氏;次適馮氏;第三羅氏,不年先亡;第四袁氏;第五陸氏。□其婦禮嚴潔,孝道端□。夫人內外侄孫,人數衆多,□一一標記,以其□節合附。玄宮取□□年九月廿九日之於東窰嶼內,乃□□之地也。嗚呼! 嗟電光之不駐,恨隙駒之難留,此乃謂子欲養而親不待,□□早□存念過受,慈憐見此,哀傷□勝鯁塞。聊陳盛德,實愧荒蕪,□奉命而書,乃爲銘曰:

　　淑德貞姿兮世所稀,慈憫溫和兮衆乃知。魄散魂銷兮一去後,弟順兄恭兮萬代居。

原載《越窰瓷墓志》

翁道衡

吴越國人。撰此志時署鄉貢明經。

梁故襄陽郡羅府君(素)墓志銘并序

　　府君世業雪水人也。曾祖諱璋,祖畎,父興,用於代過吳江,永含公之裔。有祖墓在湖州烏程縣南三牌鄉,西枕雪溪之墹,清流激湍,映帶左右,石師石羊,碑碣尚存,秀木森榮,迥然鬱茂。守官多在諸州,軒冕不絶,遠祖行孝,有冬溫枕席之榮。今右所傳,《唐書》具載。顯譽千年之慶,揚名萬代之賢。品蔭功勛,分於枝派,烈在譜焉。

　　府君諱素,字秉忠,立性節操,韞義廣平,鄉黨欽風,里閭仰重,親族山敬,外內諧和,言可並於瓊瑰,志可偕於金石。華軒豁廠,盤筵而日醉良賓,或藜杖而眺相雲,或巾而幽游風月。習儒教而勵嚴孫侄,

奉釋氏而廣布焚修。挺特奇姿,慷慨異質,威而不猛,和而不剛,實爲
倜儻之士矣。乃因良媒,娶濟陽郡江氏。夫人四德咸臻,三從必備,
琴瑟不殆,機尋不虧,上事舅姑,下憐兒女。乃育三男三女,長子曰
儔,娶余氏,生孫六人、女四人。儔於開平二年歲次戊辰四月廿八日
不幸夭喪;次曰元賞,縮節度正隨身職,娶朱氏,生孫六人、女三人;小
男曰元誨,娶杜氏,生孫□人。諸院子孫各有登弱冠之年,亦有嬰稚
之歲,悉皆丱角嗜學,敏捷算書,慈訓有威,孝敬無失,人數不一,難具
述焉。長女適何郎,不幸夭喪;次適方郎,小女適劉郎,悉有外孫,並
是高門良援矣。

　　府君春秋雖迴,冀保遐齡,何其穹蒼不祐,遽降罹殃,尋醫療而疾
瘵不瘳,禱神祇而膏肓不愈。去乾化元年歲次辛未五月廿九日歿於
私第,享年七十有九。復有墓在當鄉石仁里使司保,緣先塋地無稱
位,乃用金四拾緡買得慈溪縣上林鄉石仁里白洋中保鮑法通地,崇建
合歡之塋域。其墳作甲向,四至保見,並存契焉。以當年十一月初四
日甲申吉日葬於玄宮,歸祔於江氏之側。孝男擗踊,孝女哀摧,廣修
齋祭,竭力送焉。灑淚血焉,斷肝腸焉,哽咽恂恂焉,事親終焉。嗚
呼!石嶂陵雲,青松聳欂,下寒泉而岑岑,上冷霧而颸颸,悲修短兮人
生茲世,歡榮枯兮畢竟何休。

　　道弘每慚藝薄管見而難剖勛猷,奉雅旨而聊述鄙誠,豈敢不遵於
來命,言乖韻拙,赧無靡麗之詞,輒課斯文,敬成銘曰:

　　良公選地,即近爲墳。青龍直兆,白虎常存。右殯江氏,左空羅
尊。珠沉六魄,碧碎三魂。愁生白日,恨起黃昏。金烏西邁,玉兔東
奔。蕭蕭竹徑,霧霧松門。年年昌盛,子子孫孫。

　　鄉貢明經翁道弘撰。

　　去天祐四年歲次丁卯改爲梁朝開平元年。

　　至戊辰改當鄉歸餘姚縣管系。

　　府君廿五代之孫,故記之耳。

　　其未歲八月十五日改爲乾化元年。

原載《慈溪碑碣墓志彙編》(唐至明代卷)

陳□□

吳越乾化時人。

唐故濮陽郡吳府君(歆)墓志銘

陳□□□述

府君諱歆,不稱字,其先乃□□人也,因官命氏,霸于漢魏之□,□譽垂名,□而不録。曾祖諱□,祖諱烈,考諱宥,並抗節不仕。公即孟子也,公乃立性溫恭,□□自克,代有其德,地不乏賢,鄉里推名,親姻洽敬。嗚呼!神明昧□,疾疹俄嬰,捧心告離,瞑目□□,以乾化元年辛未歲冬十二月二日終於慈溪縣鳴鶴鄉小山里之私第,享年六十二。娶江下黃氏,育子二人,長曰球,次曰師,女一人,小字僧娘,皆哀毀逾制。以其年歲在壬申十一月十七日卜筮遇吉,歸葬於當鄉杜湖西原,祔先塋禮也。□□略叙,罔愧蕪詞,銘曰:

東至吳,西至吳,南至吳,北至吳。

賢門積芳,□□□□。聲名□□,智□幽穴。梃植既鋭,札翰徒□。志此貞石,千年萬年。

原載《越窯瓷墓志》

翁延壽

吳越國人。撰此志時署鄉貢明經。

後梁故天水郡嚴氏夫人墓志銘并序

鄉貢明經翁延壽撰

夫人世葉越州人也,曾祖忠,祖政,父成,洎乎守官,多在諸州,公勳品癉,分於枝派,仕族足有餘慶,具載於家譜焉。夫人長自笄年,明閑禮則,三從必備,四得咸臻,舒孝義以事故嫜,習溫和以行鄉黨。家開東閣,濟寒士於華軒。宅啓西門,念羈危於朱第。爰自因良媒,匹

於下邳郡余公,玉名素知,曾祖諱,祖諱能,父諱真。公職縉節度同子
將,幼即嗜學,長藝超群。於知己與耿直爲規,處家風與剛柔爲則。
寔謂巍巍彥士,堂堂義夫,倜儻之材質逾人,挺特之心闊若海。紅筵
恒展,醽醁常酬,可謂威而不勇乎。夫人婦儀嚴肅,舉案齊眉,事尋四
十餘年,奉辰婚二十有載,育五男三女。長曰德璋,娶胡氏,生三孫;
次曰得言,娶陳氏,生三孫;次曰德元,娶施氏,次曰德全;次曰德鄽;
悉皆丱歲從師,家傳儒素,敏捷書算,孝敬無虧。長女適孫郎,不幸夭
喪;次女二人,并在閨閣。夫人椿未永,可亞龜鶴之年,何期忽縈斯
疾,千般藥餌不效,萬處祈禱不瘳。去乾化四年歲次甲戌四月二十六
日歿於私第,享年五十有五。以於當年十月十日癸酉金閈日葬於上
林鄉沈司兵保,歸祔于祖墓先塋之側,其墳作乙向。孝男擗踊,孝女
哀摧,悲慟絕焉,纚淚血焉,斷肝腸焉,哽咽仲焉。嗚呼!青山峭峭,
白霧朦朦。烟蘿蔽日,松柏悲風。奉命刊文,敬成銘曰:

　　貞心若礪,質堅如玉。婉娩風姿,威儀是則。外內和柔,欽傳厥
德。嚴氏夫人,魄逐朝雲。泉臺作侶,逝水爲鄰。千年幽壙兮星復
紀,萬歲子孫兮秋復春。

原載《越窰瓷墓志》

後梁故彭城郡劉氏夫人墓志銘并序

　　鄉貢明經翁延壽撰

　　夫人世葉越州人也。洎乎守官,多在諸州,公勛品癀,分于枝派,
仕族足有餘慶,具載於家譜焉。夫人長自笄年,明閑禮則,三從必備,
四德咸臻,舒孝義以事姑嫜,習溫和以行鄉黨。家開東閣,濟寒士於
華軒。宅啓西門,念羈危於朱第。爰自因良媒,匹於下邳余公,名備,
曾祖諱達,祖諱方,父諱積。公職縉節度隨身,幼即嗜學,長藝超群。
於知己與耿直爲規,處家風與剛柔爲則,寔謂巍巍彥士,堂義夫,倜儻
之材質逾人,挺特之心闊若海,紅筵恒展,醽醁常酬,可謂威而不勇
乎。夫人婦儀嚴肅,舉案齊眉,事機尋伍十餘年,奉晨婚卅有載。乃
育四男一女,長男名文郅,娶方氏,生三孫,長孫名故,生女孫二人,巧
娘;次男文實,娶劉氏,生二孫,男孫伴郎,女名安娘;又次男文敬,娶

鄭氏,生一孫,名狗兒;又小男文雅。悉皆非歲從師,家傳儒素,敏捷書算,孝敬無虧。長女一人,名曰喜娘,并在閨閣。夫人椿齡未永之年,何期忽縈斯疾,去乾化四年歲次甲戌正月十一日,殁于私弟,享年六十有四。以當年十一月廿八日庚申日木成日,葬於上林鄉吳塢保當鄉張岳邊,用絹十二匹買其地充爲祖墓。東至笆,從田祭大路并小流水溪邊緣笆直上至□椎東邊埋石,直上至枝檀樹根埋石;西至從舊屋基塄下埋石處直上小梅樹根埋石,上取大栗樹東邊跟埋石爲界,從埋石直上至檀樹橫過埋三堆石爲界;西北至又從屋基上埋石,橫過歸東埋石,直下取石從田邊大楊樹爲界埋石。保人姓名如後:保人石項,年五十四;保人石租,年七十;保人張招,年七十五;見人石通。其墳作壬向。

千年幽墳兮復紀,子孫萬年秋復春。

原載《越窯瓷墓志》

蔣鑒玄

吳越乾化時布衣,羅浮山(位於今廣東東江北岸)人。

梁故明州軍事押衙充勾押官銀青光祿大夫檢校太子賓客兼殿中侍御史王府君(彥回)墓志銘

羅浮山布衣蔣鑒玄撰

府君諱彥回,字仲顔,其先瑯琊人也。曾祖諱論,祖諱伯儀,父諱瓘,皆任性傲世,怡怡於雲水間,能禀天爵,不拘浮華之態。鄉黨之美,著於家諜。

府君少則有明慧之稱,長則有幹濟之術。爰自歷職郡署,處繁任劇,靡不洞達其理,佐佑之績甚顯矣。一旦俄遘沉痾,奄歸厚夜。噫乎!生爲强有,殁兮本無,雖□□以如斯,測常情則不爾。私室且贍,公權仍重,亦足以得志。緬惟窀穸,又焉無眷戀。府君以乾化四年十二月廿二日即世,享年五十五。以乾化五年閏二月二十九日歸葬於鄞縣靈巖鄉金泉里,禮也。府君娶東海徐氏,乃句章之華旋(族)。和鳴之道，柔順愛敬，爲親戚之所規仰。育男五人：長子充軍事駐使官兼銜前十將廷規，琳瑯其器，孝行胤嗣之善，尤可嘉矣，娶渤海吳氏；第二子充銜前虞候廷範，娶廬江何氏；第三子廷暉；第四子廷裕；第五子廷琿。育女二人，長女□適胡氏，一適楊氏。孫二人，翁兒、婆子。女孫錢婆。

嗚呼！榮落之期，關彼定分；平生之事，瞬息而已。松楸植於此，蔽於佳城，永安陵谷之變，幽冥之幸也。銘曰：

名利之競，孰（孰）能灰心。一此一彼，以古以今。奈何不可移者修短，不可戀者光陰。悲乎人事，倏然昇沉。蕭蕭丘壟，猿鳴號吟。

原載《寧波歷代碑碣墓志彙編》

羅德源

吳越乾化時人。

□□故渤海郡吳氏夫人墓志□并序

羅德源 撰

夫人其□冀州人也，曾諱，祖諱，父諱昇。晉□……北公之裔□廿代之孫□，……越州餘姚縣上林當鄉烏石保，……軒冕……夫人瓌……淑德彰明，賢……性蘊幽情而……英風不墜。爰因……墓在當鄉□罍保，世代榮……載家譜……松篁之雅操，以信義爲□機。琴瑟偕和廿餘載。誕男有二，育無……府君寒□遷□修短……嫡露……志道，三紀寒姿。長男曰暢，娶章氏，有孫男二人、孫女二人。長孫曰可呈，娶居氏；次孫曰可瓘，娶沈氏；小孫男女等方當卯歲；孫女適蔣郎。章氏新婦不幸早亡，再娶王氏。次男曰京，娶孫氏，育孫□人、孫女三人，未□笄冠。次□嬰兒，……有外孫數人，並乃敏捷□書，悉是高門□□矣。夫人椿齡未永，轗軻遭迴，竟嘆朝霜，難藏夜壑，以乾化五年乙□秋八月廿一日奄棄明時，終於私第。享年八十有一。緣此年先塋不利而歸，乃用見緡五貫文買得越州餘姚縣上林當鄉親懿沈行全、閭六保内地一片，辟方□丈充塋域，以當年十一月廿

八甲申日□□玄宮,其墳作壬向。乃鑴器皿,用□不朽焉。敬於銘曰:

地方百尺,山厚三重。右旋白虎,左轉青龍。成兹宅□,永瘞其中。□□星紀,益俟勛崇。

原載《慈溪碑碣墓志彙編》(唐至明代卷)

勞　詳

吳越貞明時人。撰此志署使司醮祭師人。

梁故彭城郡劉府君(珂)墓志并序

使司醮祭師人從侄勞詳撰

維貞明五年歲次己卯四月戊戌朔九日丙午,孤子劉榮安葬皇考府君。府君諱珂,年五旬奇七。家卜江浙,少小武職於員門,昆季手足不忻於職任,守分於私第。公娶秦都賈氏,育子二。子皆紹嗣於門風。子榮,婚于清河張氏;育于次子,猶居韶□之中。公以温和立性,金玉居懷。而於衙□府班行,常抱松筠之操□□,每施貞敏□保百年。嗚呼!逝水東傾,金烏西没。方伏擾於旬月,俄奄質於長泉。眷屬妻兒,泣斷肝腸,悲情哀戀,擬駐喪車。其奈生死□殊,陰陽永隔,而於鏡水卜吉兆以安居。石奇山前,五雲溪畔,青松綠水,可立墳冢。乃取四月九日卜陵於此矣。其名曰:

仁温金玉,懷行施爲。材貌孤秀,松筠保持。雍雍行□,□□貞姿。可保天壽,永蔭宗枝。何徒一夢,忽厭三歸。魂靈西托,游泳石奇。千秋萬歲,眷屬攀思。

會稽縣五雲鄉石奇村百姓潘從志地。

原石收藏於會稽金石博物館

盧德元

吳越貞明時人,原籍范陽(今北京西南)人。

維大梁越州餘姚縣上林鄉故楊公（謙仁）志銘并序

范陽盧德元撰

麟鳳欲馭而羽足忽摧，拳跼島川，空存大響，人亦有之，即公之謂也。公諱謙仁，字思賢，望弘農人也。以晉朝石勒之守，因斯過江，世祖流離，襴葉勛書而不及。即震公之裔，廿四代孫。高祖諱平，曾祖諱訓，考諱弼。公大墓姚墟，隧於冶山鄉陳山村，小墓即公之居側沈司兵保東南也。公性操堅志，高尚不仕，栖玩雲林，慕□林良藝□□□固當職級轅門，光美閭里，心懷慈睦，常供僧博施，貌善書紳，家延鐘磬樽俎□□，鄉里楷模，親鄰敬惟，每聞洗耳，下不飲牛。

公齡算有限，以貞明七年辛巳歲三月得疾於私第，至十八日啓手足於北塘，享年六十有九。婚琅琊王氏，婦德令淑，亦其年三月十三日先次亡矣。嗣子一人，名栖岳，亦抱疾私室，三月廿六日亡逝。……長孫居雅，少喪，葬宅西南；次孫震兒，年尚幼稚。公育義男槁益，一男苦桃。有親外孫陳栖岫，幼小養育，並傳家事。長男栖岳婚王氏，早喪，葬烏石保，買陳珣之地。公有嫡女五人，儔匹良門，一女虞郎，一女羅郎，二女適後先次而亡；一女凌郎，一女宋郎，一女王郎。公以辛巳歲十月日窆窆於上林鄉石仁里沈司兵保皂莢塋之當禪院東隅，壬首爲禮也。公室婦王氏同坰合墳。塋丘祖襴之地，東連山坑，西禪院門，南山脚，北比大路。故長男栖岳墓在公之墳右，去縣城五十里程。乃孝女孤孫泣告，抑請爲文，存紀千古。嗚呼！乃爲銘：

貞明七年至八月改爲龍德元年十月九日。

長松悲風，兔魄盈缺。□□昇沉，何生何滅。冥關幽玄，永固斯穴。野雲荒墟，榮枯傷切。赤孫紹祠，千載無闕。

原載《慈溪碑碣墓志彙編》（唐至明代卷）

吳越故項府君（嶠）墓志銘并序

府君諱嶠，其先下邳郡人也，其祖諱崍，翁諱汗，不仕。府君娶京兆杜氏，生九子，二子早喪。長曰仕忻，所娶魏氏，再娶駱氏；次曰仕贇，娶勞氏；三子早喪；四曰仕榮，娶方氏；五曰仕殷，娶徐氏；六子早喪;小男仕瓊,娶陳氏;長女以歸樓氏之門;小女以受倪氏財聘。府君享年七十有二,以寶正二年三月十六日綿疾終於私弟。府君立性端良,謙慈克讓,常依内典,孝悌得而稱焉。嗚呼!綉木有摧,静而難止,何其一朝卧疾,百藥無徵。俄抛眷屬,遽棄平生,魂歸大夜,魄散風雲。於年秋九月廿二日買得餘姚縣上林鄉東窰之里,墳居壬向,地枕上林湖東南山川不植之地。慮恐其山谷改變,海岸崩頹,故鎸數行,將爲記矣。銘曰:

　　君之不仕,處家而德。上下□□,内外和睦。常思廉儉,安□□□。温恭克讓,終身不辱。□□□□,魏公及相。

　　其地東至山脊分水,西至坑直上至松崗,南櫂樹關横過東分水,北至柿樹口□□。

原載《越窰瓷墓志》

羅表正

吴越龍德時人。

任璉墓□銘

羅表正撰

　　■晉時過於吴江,遨公之裔,永度公之後,乃廿七□孫,祖墓在青州千乘縣任村,小墓在越州餘姚縣雙雁鄉中埭。祖諱,翁諱□,父諱翼,并承上榮顯,品廕功勛,守官多在諸州,皆性樂丘園,不上榮禄,具載家譜焉。府君諱璉,稟性幽貞,志閑高道,爵禄以□□□休□向相下驅分,不以華飾爲榮,自然高尚。爰因良媲彭城郡鄒氏妻,育男六人,三人不幸少夭。孟曰匡宥,娶扶風郡焦氏新□,有孫男一人,孫女三人,方當卯角童稚之歲;仲曰匡宷,季曰寮,並當弱冠,未因伉儷。各處苦慮,俱存孝道矣。□□膺少嶽之高輝,敦老萊之深智,遐齡未□,□□辝歸。以貞明六年庚辰歲三月廿九日……姚縣上林鄉使司北保之私舍,緣……乃用見鐐四貫文,於羅招遠邊買得當鄉湖東保内地爲墳。至龍德二年十月初三己酉日安葬,其墳作丙向。乃製其文,

用彰不朽,敬爲銘曰:

六紀遐齡,五常英彦。幻世流空,浮生若淵。魂膺縣輝,日宫月殿。任□桑田,此墳不變。

原載《越窑瓷墓志》

張光遠

吴越龍德時人。

梁故羅(曷)夫人劉氏墓志銘

張光遠述

夫人世祖彭城郡人,晉時過於吴江,乃廿四代之孫女。翁諱寶,父諱瘍,并性丘園,不上榮禄,守官多在諸州,具載家譜焉。夫人令淑彰明,四德俱備,爰因良媲,大歸於襄陽郡羅公。含公之裔,晉過吴江,乃廿四代之孫,頃歲染疾而先逝。公諱曷,祖諱携,先君諱介,并承上榮顯,累得欽崇。小墓在當鄉使司北保。夫人育男一人,曰公受,綰節度正十將職,娶安定郡胡氏、方氏、周氏、趙氏新婦。胡氏育孫一人,曰弘坦,娶扶風郡馬氏新婦,育玄孫一人,方當總角之歲。方氏育孫女六人,長嫡楊郎,次嫡何郎,四人方當齠齔,未從伉儷。周氏、趙氏各育孫一人,童稚之歲。新婦等并高門良□矣。夫人八紀遐齡,五旬孀志,堅持素節,不再從人,播芳譽於擇鄰,布英風於鄉黨。忽縈微恙,大運俄終,以龍德二年壬午歲五月一十己丑日奄棄孝養,終於餘姚縣上林鄉使司南保之私舍。緣先塋不利而歸,男節度正十將公受用錢五貫,於當鄉外表弟余文□邊買得當鄉永殷保内地爲丘墓。以當年十一月初九乙酉日歸祔玄宫,其墳首作乙向。乃製斯文,用彰不朽焉。敬爲銘曰:

仙人壩下,鳴鶴池前。山多朝勢,水足迴還。靈窆此穴,瑞應陽間。子孫昌盛,龜鶴齊年。

原載《越窑瓷墓志》

謝 鷃

吳越官員，南康（今江西南康）人。唐末進士，任職情況不詳。

佐正匡國功臣故節度左押衙親衛第三都指揮使靜海鎮遏使銀青光祿大夫檢校尚書右僕射御史上柱國朱府君（行先）墓志銘

進士謝鷃撰

府君諱行先，字蘊之，吳郡人也。曾祖諱憑，皇不仕。祖真，皇不仕。父敬端，皇不仕。姙陳留阮氏太夫人。揚名立身，光於祖宗者，惟府君耳。府君少親戎律，長習武經。有摧鋒破敵之堅，蘊戡難濟時之策，猿臂燕頷，完備將才。始隸職於建寧都從高公彥，所在征討，累有功績。尋高太傅分符雪渚，府君亦隨於治所，太傅用為心膂，或鄰境有寇，總握兵柄，仗劍前驅，無不望風瓦解，減竈之謀，投醪之義，備盡其妙。以是聞於聖聽，疊被寵嘉，薦歷珥貂，累陞八座，益為雪守所重。自渤海公厭世，高灃亂行，府君奮臂一呼，率衆歸國。時天下都元帥吳越國王親統全師，撫寧郡縣，以有功者宜加爵賞，遂封協力勤王功臣，尋封佐正匡國功臣，加封右僕射，仍委之靜海劇鎮。府君之屯細柳也，鉏耰荊棘，版築城壘，不日而就，不恃其寵，不勞於民。卒乘輯睦，鎮縣和同，商農工賈，不改其業。親載耒耜，遍植桑麻，以備祗奉使臣。供承南北十五年，內外無間言，蓋恩威並行，寬猛得所矣。以寶大元年夏四月得疾弗興，至秋七月二十三日終於靜海鎮之官舍，享年七十有二。

府君娶汝南周氏、隴西彭氏、清河張氏。三夫人皆肅雍和鳴，內外婉順，主喪祭者惟彭氏，張氏居其右焉。有子八人：長曰從訓，耽味雲泉，不樂仕宦，侍膳於周氏之側。次曰智銘，在方袍之下。次曰元晟，節度使正散將。為人溫恭，尤尚儒雅，娶諸暨鎮遏使楚牧韓章司徒愛女。次曰元杲，節度正散將、銀青光祿大夫、檢校太子賓客兼監察御史，狀貌瑰偉，智略出衆。識量宏博，不拘小節，親族間咸曰有父風，娶聞人氏。次曰元昇，節度牙將。獷悍好勇，直將軍之器，娶鄭氏。次曰元寶，娶章氏。次曰元勝、元贇，未娶。皆堂堂之軀，或親弓馬，或閱詩書，分掌家事，無不幹濟。女三人：長適潁川氏西都軍將都知兵馬使明川羅■使陳師靖僕射之子某，先府君逝。次適清河氏建寧都虞候張全尚書之子某。次適上亭鎮遏使翁錫尚書之孫、節度討擊使、上亭鎮遏將元昉之子繼貞。弟三人：行存、行勤、行忠。初，府君之寢疾也，殿下遣中使三賜湯藥。及啓手足，命侍臣持祭奠，厚加賻贈，內外親戚，莫不感泣，有以見君親之道，始終兩全矣。明州都侯太傅奠贈尤異焉。府君世墓在湖州烏程縣，不克歸葬，續致桑梓，在開元府海鹽縣，以其年歲次甲申十一月乙未朔六日庚子厝於本縣德政鄉通福里澉墅村之原，禮也。鶚與府君幸同王事，備熟德美，洎有葬日，令子元晟、元杲泣血而拜，請予撰銘志。堅免不從，遂命筆聊紀年代，安敢飾詞，乃摭實而爲志。銘曰：

挺生英特，邈爾奇形。素蘊豹略，能精武經。戈鋋再舉，氛祲廓清。從茲勇冠，大播家聲。盛績既彰，威名遂振。靜守謙敬，動知逆順。惟此侯王，賞其忠信。不有殊功，疇遷劇鎮。匡吳志大，佐越功全。一人注意，百辟推賢。方務剖竹，宜分重權。孰謂梁木，俄題逝川。生作忠臣，沒留遺策。眷彼令嗣，恭承帝澤。丹旐斯引，玄宮已闢。萬歲千秋，芳塵永隔。

原載《古志石華》卷25

皮光業

吳越官員（877—943），襄陽竟陵（今湖北潛江西南）人。唐末著名詩人皮日休之子。爲浙西節度推官。曾出使後梁，梁授其秘書郎、右補闕內供奉，賜金紫。天福二年（937），拜吳越丞相。天福八年卒。

吳越錢武肅王廟碑

粵以唐長興三載壬辰春季冀凋十三莢，天下兵馬都元帥、尚父、守尚書令、吳越國王棄捐宮館。以是歲明宗皇帝降太常博士段顒，定諡議曰"武肅"，詔尚書工部侍郎楊凝式撰神道碑，又宣翰林待制張季恭至吳越,書於刊石。後二年歲在敦牂,天下兵馬都元帥、嗣吳越王建廟貌於始封之越國,禮與境內,樂之罔極,孝思也。蓋聞神道設教,莫大於郊社嚴禋。明德惟馨,無逾於祖考孝饗。是以百代相襲,六籍盛稱。報劬勞則天保是徵,展欽若則王假是訓。豈況建除難靖亂之業,揚武烈之威名,振剛德義氣之風,成肅恭之懿號。陳力四紀,光奉八朝。生爲有土之君,薨立象朝之廟。足可睢盱召畢,齷齪桓文,聲華永而日月齊,簡册編而古今在。矧夫堂成王構,家繼國祧,壓璧寶以知來,出玉林而嗣位。高陽號里,無愧前賢。夏屋登山,常遵治命。爰自鄭緇始襲,晉墨末除,不忍一日之離,遂立千年之祀。金鎔陽邁,已成像於吳城。香刻旃檀,復衬神於越國。

恭惟先天下兵馬都元帥、吳越國武肅王,殷朝籛祖,仙萼分枝。唐代巢公,靈源真派。簪裾軒冕,禮樂詩書。疊慶連華,交光翊業。應劭七世,累爵重官。羅企一門,惟忠及孝。其降神也,虹飛蜀國,如見殊祥。魚躍河汾,是生奇表。赤光耀室,黃氣浮雲。石龜陷下於官山,胡人附歸於寶器此二事安國縣父老言也。其英姿也,鳳文龍藻,優出精神。白璩蒼珪,琢爲標格。加之薛璘整峻,謝安風華。俯仰可觀,進退有度。慕容德偃月日角,光彩爍人。李子堅匡犀龜文,聲威鎮俗。其辭韻也,音容灑落,智辯鏗鏘。元善抑揚,張暢詳雅。至若討論國計,談畫兵籌,接對使枰,撫御將下,所謂五河奔注,百穀崩騰。玉虹起而雲霧銷,金虎嘯而風飆動。揣摩勝負,赫連勃口授懷慚。捭闔興亡,蘇季子舌端有愧。其氣度也,志高健木,量等大瀛。含垢匿瑕,罔知邊際。求賢接士,無怠寅昏。重仁義若丘山,視玉帛如咳唾。翹翹車乘,唯在得人。憧憧往來,皆鍾和氣。所以羔皮豹舄,鶴列犀渠。咸願殺身,用酬大志。變家爲國,誠由萬化生身。以德聚民,所謂八風從律。其英雄也,能知否泰,應候雲雷。動必有成,舉無遺策。蛟龍得雨,莫測變通。雕鶚出林,可知意度。其間文武迭用,仁義並施。常平之列戟持矛,并能取捨。元協之搦蛇騎虎,不覺艱難。奄有具區,廓開霸業。設使庾翼復出,必不忘譽於桓温。阮籍今生,安敢輕言於廣武。其文學也,家承儒範,世尚素風。傳絳紗帳於先生,授白綸巾於神女。才通夢寐,鳳吐是來。志在典經,龍闕不顧。所以博覽七緯，精究三元。盡得津涯，皆昇堂奧。其於編咏，尤著工夫。思風起而綉段飄，言泉淘而金沙見。其札翰也，花隨腕下，星逐毫飛。靄若游雲，細凝垂露。鈎刀向背，未饒索肉芝筋。點畫方圓，高掩崔肥趙瘦。就中濡染碑額，益見呈露鋒鋩。四方仰之神踪，一代稱之墨寶。王逸少若見，甘避雁行。蕭子雲如逢，大慚蟬翼。

其建大功也，唐季乾符之末。中和之初，海梟乍揚，天黿初伏。塵飛野馬，四郊之壘漸多。霧暗騰蛇，五賊之機共構。其始者王仙芝結釁中土，首構禍階。雖已誅夷，猶殘支黨。自此蓁林烏食，草澤蜂飛。輕薄者固自披攘，謹厚者亦爲慓悍。江南則朱直叛亂於唐山，孫端寇孽於安吉。西侵宛水，東患苕溪。郡縣則終日登陴，生民則長時伏莽。王時郊居葛圃，家遯茅山。方當枕石漱泉，尚是褒衣博帶。睹茲多事，慨然究懷。顧謂朋友曰："丈夫須當撥亂平奸，豈可懷安端坐。"是日乃奮戎服，挂披儒冠，大散家財，廣招勇士。申令纔舉，行伍肅然。

手仗義旗，身當勍敵。一月之內，二寇殄平。靖千里之山川，救兩郡之塗炭。是王之初功也。其次黃巢。來從五嶺，直下三衢。展梟翅則霜布星羅，張鯨牙則山連岳嶠。所遭蹂陟，并作塵灰。王迺獨領偏師，橫行險地。既逢大憝，遂設奇兵。敵望草木叢林，皆是戈矛旗幟獲敵人之言也。我則左右翼陣，默化如神。當下追奔，尚賈餘勇。長蛇封豕，使出他疆。新市下江，保安數邑，是王之次功也。其次彭城漢宏，據南鎮之望地，守東越之名區。黃巢既犯兩京，僖王乃巡二蜀。漢宏不思奔問，便廢貢輸。恃險阻於浙河，欲覬覦於浙岸，先於通浦黿石，翼張下營。蕭山西陵，鱗次列砦。烽燧交應，鼙鼓相聞。時我諸軍，實有難色。王乃潛趨間道，夜濟長江。仰告昊天，乞昏朗月。當下寒雲布野，殺氣凝空。楚廟陰兵，旁隨霧合。晉臣黑幔，暗與山連。我師忽震於雷霆，彼砦俄摧於魂夢。風號貔虎，爭傳破竹之聲。陣卷龍蛇，競集建瓴之勢。賊將沒輪不暇，漂杵有餘。僅身免以奔歸，乃塞門而自守。爾後大小百戰，首尾四年。方清鏡水之波，始有蘭亭之地。吊其生聚，大布仁慈。誅彼渠魁，不煩天討，是王之功也。次則有薛郎，逐出周寶，自據東方。南襲毗陵，西侵建鄴。恣其剽掠，務在殺傷。將承中國之危，擬扼長江之險。王乃命二麾上將，期一月報功。指其山川，授以韜略。蹄轂并舉，水陸兼行。曾不旬時，討平窟穴。襄南宮萬於犀革，視以囚人。梟崔慧景於鱛藍，張其叛否。是王之功也。次則有徐約，比是六合鎮使，遽忝三吳都符。玉帛是求，徵斂無度。長時習戰，齊民因被雕黥。比屋爲軍，魯儒亦遭翦刺。惟王聞其暴虐，奮激神威。發上谷之精兵，命下江之賢將，授以九天九地之訣，傳以訓辭典謨之規。扼斷咽喉，清其郊野。任約之龍果睡，王彌之豹徒飛。食窘朝饑，無由撫土。計窮宵遁，遂至潰圍。松陵之烟水重清，香徑之黎元再活。是王之功也。次則有孫儒，恃有數萬兵甲，不守淮南，直欲便遷土疆，遂奔江左。封人民爲糧食，隳舍宇爲薪蘇。餓鶻饑鷹，飛揚京口。貪狼乳虎，涉踏吳門。漸逼由拳，將窺霅水。王乃張天網於險阻，闢地穽於要衝。發水犀之驍雄，設燧象之奇計。青鶴摩壘，赤兔致師。將持久以待之，俟勢窮而必取。守陴皆哭，無食何爲。鳴鼓而攻，脫身遂去。向使不施神略，不振王威，則翼翼聚靈，皆成膏血。茫茫勝概，盡作爐煤。所謂劬勞爲時，廣大及物。是王之功也。次則有董庶人，始鎮石鏡，便牧於杭。因破漢宏，遂居越土。自形成象，從纖至洪，並是王之擐甲執兵，左提右挈，以至手持旄節，身爵王侯。既滅頂於彝倫，乃垂涎於神器。銅符金匱，祥瑞亂興。玉璽珠袍，妖訛競起。王以早同楚歃，夙共晉盟。書尚緘縢，血猶濡劍。箋函旁午，誘勸交馳。諫既閑於屬垣，禍遂成於覆族。是時兩河崛强，三輔紛紜。萬象雖拱於北辰，一人不遑於南顧。王請奉行天討，所統便是國兵。不廢公供資財，不役諸道將帥，果見桓玄計窘，抽王道以求生。王莽勢窮，轉神威而厭勝。喉既扼於富水，骨復棄於會稽，瀦厥故宮，焚其法物，復我朔清，俄寰瀛海。五石補而天鏡明，六合完而地維正。是王之功也。王以平妖立霸時之業，戡難建蓋世之功。律呂宮商，鏘洋史籍。丹青金玉，焕爛國華。所以僖宗天子，仰我文昭，眷我武烈。龍光壓疊，急使星馳。綸綍便蕃，大王風起。尋以耿純試理，盧植兼才。披錦衣以耀家鄉，握珪符而光松梓。

　　泊於昭皇飛昇，大寶禮遇元勛。龍悅居雲，梟忻得藻。嘉功賞

德，金鳳之詔連飛。表異旌優，玉麟之符遂刻。移南徐之藩翰，就錢
塘之江山。節竦靈犀，帳開神虎。三千珠甲，光爛星辰。十二牙旗，
文生組綉。碧幢纔建，黄閣斯登。乃兼鎮於越藩，遂對封於漢節。中
天呈象，雖分牛斗之疆，夾岸烟嵐，映出東西之宅。四縣既食，萬戶累
加。榮戟立門，赤油羅列。山河誓券，丹宇瑩煌。生祠之籩豆鏘鏘，
衣錦之城隍黯黯。而又特逾漢制，封我吳王。茅分夏社之鄉，桐翦周
王之手。昔也龍蛇起陸，蹈湯火以戰爭。此際山川出雲，見君臣之際
會。迨夫濟陰王既傳天寶，梁太祖遂應元苞。於王不易范張之故情，
許結秦晉之嘉好。恨無殊禮，得展異恩。於是追吕望之高風，擬山甫
之美躅。師尚父統攝三都，作帝股肱。尚書令總務萬幾，爲天喉舌。
仍頒瑞節，復踐高壇。建牙兼領於揚州，分閫遥臨於楚甸。尋命兵部
姚尚書，躬持鳳策，遠泛鯨波，備周官之典儀，封越國之土宇。八鸞四
馬，耀鏤錫以振鈎膺。三節一王，秉桓圭而垂元玉。及龍德嗣君即
位，禮稱伯舅，尊曰父師。寅兹烈光，虔奉顧命。是時遣吏部李尚書，
捧持綸誥，諭曉湖浙，受天下兵馬都元帥。昔韓信對漢高祖曰：「陛下
能將將，臣能將兵。」是知元帥非人臣之職曹，蓋帝王之兵柄。推於前
代，隋煬帝自晉王淮南行臺尚書令而行軍元帥，無天下之號。國朝肅
宗皇帝駐蹕靈武，因命代宗皇帝自廣平王而爲之。德宗皇帝自晉王
而爲之，梁太祖授九錫後而爲之。斯天下爲元帥之故實。其後龍德
帝復命兵部崔侍郎，齎持簡册，浮泛風帆，揚往典於明庭，促及時而建
國。奉召康公之命，得以專征。授康叔虎之封，良由吉夢。未久金行
運息，土德中興。莊宗皇帝鵬起并汾，龍飛宋汴。當寧不逾於旬朔，
臨軒寅謝於公卿。曰：「吳越國王五十年來，常作撑天之柱。三千里
外，每爲捧日之雲。今兹將致小康，實在敬尊元老。」於是鸞臺進擬，
麟趾摛詞。典瑞獻功，琢白珪而册文粲爛。職金供命，鎔紫磨而印篆
盤珊。重封吳越國王，再授天下元帥。馬遷十代史内，固是絶倫。柳
晉萬卷書中，必無往例。

　　其建國也，大君有命，明試以功，自癸未而至壬辰，備戰器而修王
道。先是中朝名邑，在野遺人，或負笈擔簦，來投霸府。或拆襦爲袴，
而詣軍門。奮揚於嘉務堂中，曳履於靈鈞臺上。至此水鏡裁鑒，金册

錫封,并列庭臣,皆居省署。簪裾列傳,文物高光。張伯儀陳宗廟之儀,鄭子産獻公侯之禮。豈謂難窮者大數,莫究者彼蒼。俄脱屣於具區,遽懸轍於正寢。金山霧掩,誰知帝召王喬。玉海波空,惜痛神辭李廣。況十三州疆埸,百萬姓黔黎,咸長養於恩膏,悉生成於化澤。淚灑而晴光散雨,愁凝而杲日沈雲。鳥獸悲哀,草木慘怛。明宗皇帝宣太常而定謚法,詔貳卿而撰誄文。鸞輅龍旗,贈禮優於鄧禹。梓宫黃屋,異數等於霍光。得謂盡始盡終,極榮極貴。享九九之仙壽,近帝位於一爻。合萬萬之人心,歆神道於千祀。有後如此,又何觖焉!

我天下兵馬元帥吳越國王,當燕族之多奇,承趙宗之後世。嵩衡泰華,秀氣俱騰。海濟江河,榮光共結。是時嗣主,誕我國祥。紹經文緯略之基,襲積德累仁之業。開襟奮臆,仗雄傑於周瑜。誓衆臨戎,統豪人於張嶷。風儀則懸星溢目,紫電揚矑。霜雪凝肌,魚龍入髮。仙應有分,貴不可知。宋弁聲姿,尤開進對。寶融詞氣,惟是卑恭。加以青雲常在於言談,畏日不離於顧盼。徐行緩步,褚彥回却是趨蹌。欹幘斜簪,王文憲殊非蘊藉。智略則鮑叔錐矢,應手而成。德業則顧和珪璋,遇機方露。遠者大者,一剛一柔。靜則心照鏡而貌懷冰,含和六氣。動則火炎山而湯涌海,憚懼萬人。機變則管荀才高,孫吳術妙。身文虎豹,變見不常。義府戈矛,短長迭用。三隽才既爲己任,六奇策固無是遺。邵穀詩書,經綸國計。項羽雷電,振動兵籌。徐睎而莫測金泉,旁窺而罔知珠岸。詞藻則清霜皓月,絡繹彩箋。芳草落花,飄揚鏤管。纖成夢錦,散出神霞。英變屢奇,張融之言信矣。凌顏爍謝,元葉之論宜然。札翰則早受義方,曾傳擘筆。鸞迴鵲反,氣勢驚人。金錯銀鈎,縱橫入木。案牘無非筆陣,宮寺争耀寶牌。崔宏之本草無光,張育之柳蒲失色。立功則我王初離太學,始統親兵。郭太子方欲平齊,汝陰王乃思安漢。屬鄰國侵軼,命將曰李濤。僅二萬兵,下百里砦。圍逼安國,涎喙餘杭。我王虔誠訓辭,遂昇上將。凌風授武,黃石傳書。親榮韓奕之黃羆,躬仗封文之白虎。攻東南而略西北,事在機先。掩五壘而出三門,別馳神算。於是斬摧大陣,擒獲萬人。道路隘於俘囚,山川積於戈甲。餘敵作氣既竭,方遁於於潛。我則乘勝追逐,又奔於廣德。未出一百里之境,復降五十乘之戎。唱凱歌而喜氣連郊，整班師而雄風掠地。尋即大統龍艦，遠征鰲溟。巡江陰而收東州，入海門而觀北固。彼境遂陳舟楫，遠出枝梧。我則陳二廣於浪港沙前，設三覆於石牌灣内。零陵石灰風便，爭投於蛟蜃窟中。沁水火梲油燃，盡葬於鯨鯢腹裏。一戰定霸，二紀無虞。寰海具瞻，將相迭耀。聲光丕顯，裴松爲廟廊之人。功業昇聞，段襄居骨鯁之任。

　　爰自承嗣國構，纘奉王基。況當跪前之初，又在寢苫之内。芝蘭龍鳳，三千餘口之家風。鐵石虎貔，二十萬人之軍府。誠難撫御，豈易輯綏。我王以孝爲模，用仁作範。無所不可，唯言是從。嘉惠寵靈，供承花萼。油雲膏雨，潤澤閨門。此外習武益兵，輕刑謹罰。德無脛而遠届，名無翼而遐飛。果動天朝，繼鍾異寵。三年之内，兩策連封。雙龍之金節齊行，四馬之寶車並驟。玉具冠劍，見王者之尊崇。織文旗裳，睹國容之貴盛。我王因兹顯赫，益動孝思。無以答先祖之恩，無以報昊天之德。且曰："武肅王有大功及天下，大名振寰中。庇生民而百萬有餘，築城壘僅五十來處。豈可不建廟貌，不像真容，爲星紀之福宮，作地户之神主？"爰命興武中直都虞候姚敬思，於馬臻湖畔，勾踐城中，選閭閻形勢之中區，得顯敞高平之勝址。於是鍬杵俱下，畚鋤齊興。隱隱雷聲，轟轟岳振。不十旬而展役，匝千丈之隆基。大梓文楠，匪匠自泰山伐得。宏梁巨棟，匪神由漳水漂來。雕鐫者王母天圖，甃砌者赫連綉石。斤揮斧運，削出銀葩。水鑿砂磨，方成玉碣。符元玉之嘉兆，應神蓍之吉辰。始乃架險梯虚，雲構山屹。陰虹迴抱，陽馬奔趨。虎牙衡而枅栱連，龍脊裊而欒櫨轉。瓊瑶耀復道，丹壁漆明檐。鴛鴦之瓦縫界成，芙蓉之塼文印出。則以丙申歲秋八月十有七日，我王具鹵簿鼓吹，車輅旂裳，北司侍臣，南班舊列，奉迎真像，而入祠宮。白檀雕出聖容，黄金鏤成寶座。儀形酷類，神彩如生。鳳目龍章，顔猶不改。垂旒被衮，人見興悲。禮器則俎豆犧樽，軒懸則柷敔鐘磬。後殿則翟衣雉服，文母賢妃，露幔珠屏。蝦簾象榻，不異昔時秘寝，皆同曩日深宮。前則廣廈交陰，芳亭對構。紫石伏狻猊之影，朱欄交菡萏之光。正啓重門，并立神將。侍衛兵仗，矛戟森然。文武官班，簪裾肅立。直出甬道，千步有餘。河枕投醲，波通射的。蓮芰繞於水閣，銅柱夾於星橋。左則圍抱粉廊，連延綺棟。并圖曹署，各列司存。乃至早世勛官，無禄公子，皆塑儀像，并配薦羞。右則修廡飛甍，緑窗丹牖。神兵儀馬，見雷電而没風。雲明竈净厨，備粢盛而享肥腯。景物則高彩矮繪，粉竹金松。夾砌名花，連階瑞草。烟嵐翕蔚，梗遑陰宮。雲霧朦朧，居然神府。我王昔以致君之業，累珍寇戎。今立顯考之祠，而修孝敬。所以天朝繼封王爵，以耀國章。統帥天下侯伯，卓絶珠勛洪業，所謂炙地薰天。書剗溪九萬之箋，不能盡紀。勒華山五千之仞，亦恐難窮。光業也詞不夢於王椽，才匪量於曹斗。擬奚斯之頌，或恐粗心。對豫章之牖，豈合措手。但以二紀幕客，十載庭臣。不求孫綽擅名，豈望楊修絶筆。所希編述，周答恩光。爰感先王，恭爲銘曰：

> 崧高嶙峋，是生哲人。天上獅子，出澤麒麟。籩尊殷俎，隙引唐臣。衣冠表裏，文武經綸。廣運將新，大盜斯起。雁象欻驚，梟毛亂委。紫蓋蒙塵，黄巾多壘。既斁憲章，又裂文軌。武肅英王，提劍東方。孛氣沃洒，妖雪歸湯。洗滌星紀，整頓天常。計功彤庭，圖形麟閣。桐桂聯編，茅土續索。三道犀幢，八朝鳳幄。丹券家門，錦衣城郭。元帥天下，國土具區。六瑞琢册，三品鑄符。尚父四履，尚書萬樞。峻峨高壽，曦赫霸圖。我王奉天，爲時而出。傳寶應金，繼明昭日。國士無雙，風華第一。削樹平戎，夢天受秩。功既挺世，德義動天。襲封二册，嗣位三年。金印國寶，元帥兵權。忠無瑕纇，孝絶雕鐫。未褫墨綫，乃建清廟。卧龍之東，會稽之要。嵐界迴廊，粉明周繚。廣殿露開，重門岳峭。瑞玉禮器，香檀聖容。民之祀主，我之神宗。秉翟執籥，特鼓編鐘。燃蕭燔膟，冥幣輸宗。於穆祠宮，焕爲陰府。五齊恒馨，六佾常舞。餚薦房烝，歌隨路鼓。令子懿孫，光今顯古。

原載《浙江通志》卷 265，《文淵閣四庫全書》

徐 □

吴越官員。應順元年（934），任鎮海軍節度掌書記。

吳越故僧統慧因普光大師塔銘并序

鎮海軍節度掌書記徐□

沙門□□書

蓋聞道宏大覺，教演三乘，福濟群生，化周□界，法□□須彌之廣，□河包巨海之波，元微設喻於□□，宗旨□傳於心印，紹隆大教，代有□能□□歷劫增修，多生結習，或托陰於軒裳鼎族，或降生於帝子王孫，□□不二之門，□入會三之理。其來也，隨機□現，與聖合符；其往也，傳化他方，歸真□有。□知□身□相，妙果菩提。去住無常，古今一體。

大師俗姓錢氏，法號令因。即今天下都元帥吳越國王第十九子也。宿根净業，降慶王門，□卞玉於庭中，耀□珠於掌上，禀訓而□通六籍，操心而暗達三明，晨昏每□於□□□□□於友愛。爰□幼歲，便斷葷辛；及爾韶年，遍□惠悟。不觀戲玩，厭服綺紈，□思□□之榮，□□真如之理。我王方興正教，大轉法輪，遂捨□□，得依釋氏，□□而期登妙覺，修真而不□□城。於是年始十三，於梁乾化三年四月十日申請住持安國羅漢寺，以釋迦降聖之日，對佛披剃，脱紫綬□章之□，□□□三□之衣，雖云學藝從師，實乃天生智慧。梁朝以我王匡守宗社，康濟生民，日盛桓文，勛高典册，能捨□門□□□□□大□□□□師於□□即□□在當令而定比□頒□□顯□□，特賜法號，仍□命服。自是密持秘藏，静住祇園，不□□□喻青蓮之出水，以□□□□□之無□當年於西都□□□明大□□□梁朝恩命□法相大師，加賜三十□□當年封安國羅漢寺主。詮題妙□□□□□常念妙法蓮花經，以爲□□□□□□□神功□□□□□□□□我王□巡錦里□□□□時值中春□□慶誕，大師首登高座，講贊蓮經□□□□□□日景仰，咸稱於法□□□□□□□□□□□依貞明元年上元夜，又於功臣堂講七寶陁羅經，教□□渺漫，智理縱横，演説精微，有□□□□機□□□□□安不唯英雄側□□□□□傾□，加以遍披内典，兼著文章，所見一□□通□□五□俱下而又□□□□□□□宏，述作悉體於風騷，詞藻皆精於雅麗，□金□譽，可並芳猷；刻燭成詩，□□敏速。二年，我王□□上□廣□僧□既啓號□□師主,領加法戒都監,選練大德。三年,我王以釋迦真身寶塔□在□江特建蓮宮,精崇雁塔,聲以□□□爰增百寶之莊嚴,□□□□都城永與軍民□□□茲勝事,無出於□□兼授真身寶塔寺主。莫不愈精經論,兼潔香光,匡□教門,紀綱法律,悟道而非求五□,□□而益勵三堅,梵□傾□□□□仰。六年,加授兩浙僧統。

龍德三年,我王累功積德,冠古超今,大國褒崇,四方推戴,祇膺簡册,肇启王圖,文武緇□□□□□□□以大師演□□□□□□□□□□□□□□□□,改授吳越僧統,賜號慧因普光大師。梵刹增輝,僧徒□□,必冀永爲法主,長作教宗。孰□□□□□五□示相□□□□□□□□□□□□□□□大□而廣增福力,告靈祇而希助陰功。湯藥醫治,宣傳駱驛,凡關禱祝,靡所不聞,□□□□□釋迦順□涅槃,彌勒往往兜率,乃知前佛後佛,萬論十□,殊途同歸,聖賢不易。大師以寶大元年八月十三日夜,召□足□□付囑教門,親述遺章,□□□□□王父,尋命□□云:"吾常念法華經,攝心不倦,今欲集衆諷誦,益廣勝經。"纔唱真經,端恭合掌,□徹一卷,乃命鳴鐘,令具奉聞□以此夜三更,便□圓寂□□□□真身寶塔寺,享年二十有四。君父號慟,棠棣哀傷,風悲而佛日沉光,烟慘而慈雲□色。兩都僧道痛咽酸辛,我王唯□香花,疊修勝善,□資妙果,益證□通。仍命遷□□□卜營宅兆,遂於錦里功臣山南面峰巒營建塔院。以其年十二月九日,歸宅於塔□□□命□小師省緣、省善、省□、省勤、省貞、省□、省□、省超、省□、省希等十人,焚修住持。大師幼離慈愛,不戀榮華,洞曉大乘,了傳佛性,□□方而示□□,萬念以□□□□雙修□無□□所以不久□世者□□□果成□人天□□□赴□華演隆法教,垂梵天之景福,蔭家國之延齡,□□職忝詞林,叨塵翰苑,□奉□□令撰塔銘,惟知不可思議,叙述莫□□□□□□□,乃爲銘曰:

□興法教,大演真詮。福利群品,三千大千。□□□□,□□□賢。□□□□,□生王寶。河嶽靈氣,珪璋令質。願捨貴□,重明佛日。博通典籍,洞曉元微。辭榮捨愛,□□□□。□□□□,□□□

衣。大戒□明，□欽道德。誦論明敏，緇黄表則。□□□□，爲民爲
國。□□□□，□理教門。□□□□，□□□□。□□□□，□□□
□。□□文，□□□□。臨機□□，□人才□。梵刹紀綱，□門□
□。□□□□，□□□□。三□□□，五□□□。□□□□，□□□
□。□□□□，□力所運，□古超今。轉化他方，□□□
□。□□□□，□□□□。□□□□，龍天擁衛。垂蔭□基，千秋
萬歲。

　　■押衙□□□□□都監□□□□□□□□□□□□□□□□□□□
□□□□□□奉王旨建立，時唐應順元年歲次甲午五月庚子朔十九
日戊午建，净上塔知事□□小師省□記。

周叔通

　　吴越官員。天福六年(941)，任守錢唐府文學、將仕郎、秘書省校
書郎。

吴越國故南陽郡滕氏夫人墓志銘并序

　　守錢唐府文學將仕郎秘書省校書郎周叔通奉命撰
　　夫駿烏西邁，皎兔東懸。非傳禦氣之方，寧免逝波之嘆。夫人家
傳清白，門慶簪裳，慶善有聞，枝派尤遠。已書家諜，無復更稱。曾祖
諱綬，祖父諱躬，累贈職方郎中。祖妣吴郡陸氏，父携，户部侍郎，兼
錢唐少尹知府事，樹禹湯之霸國，致堯舜之明君。朝廷以威德有稱，
聖上以公忠見重。位崇天府，力佐皇家。謙恭每聽於辭金，慶誕早聞
於弄瓦。妣東海徐氏，壽山不峻，下土預歸。夫人乃侍郎之次女。唯
貞唯潔，乃孝乃賢。傳婦道於曹家，授母儀於趙氏。姿容端麗，德行
温柔。畫新月以眉長，縮輕雲而鬢薄。粧臺乍啓，照菡萏於菱花；畫
閣初開，認嬋娟於桂殿。早歲以三星叶吉，百兩膺期。既偶良姻，遂
歸吴氏，即前會稽縣令、大理評事、賜緋魚袋禹也。門連朝彦，家接國

姻。官守會稽,功彰馴雉,牧曾權於麗水,民尚播於仁風。夫人自結
絲蘿,頗和琴瑟。螽斯不起,奉祀無虧。本期偕老之稱,豈料沉疴之
構。日期痊差,寧慮膏肓。廷評以愛切齊眉,情希結髮。有神祇而皆
禱,無藥餌以不施。精嚴每設於高僧,虔敬廣陳於法會。冀諧平復,
無見沉綿。何期天命難移,泉關遽處。以天福六年正月寢疾夏五月
初九日終於會稽府德政坊之私弟也。用其年五月二十五日歸窆於山
陰縣承務鄉謝墅村鴻漸里之源,禮也。好花易落,端露難停。滿堂之
悲涕漣漣,闔宅之攀沿切切。孕子二人,長女纔方三歲,次男未及周
星。猶居懷抱之中,已服縗麻之禮。萬歲之香魂淨魄,香絕音容;八
年之綉閣羅幃,空遺踪迹。叔通幸承尊旨,令叙芳猷。不度蕪才,謹
爲銘曰:

一、花明麗態,柳嫩長眉。恒修婦道,無失母儀。二、雍睦温和,
貞賢令淑。義結絲蘿,譽光親族。三、三彭作禍,二豎挺袄。遽辭人
世,忽掩泉臺。四、承務鄉中,謝墅村際。永秘玄宮,千秋萬歲。

原石收藏於會稽金石博物館

冲 瑗

吳越開運時人。

□□西關淨化禪院記

■冲瑗撰

■通元大德□□遂徵書

大璞未雕,性寂即無其執我;淳源既泮,情生遂有於成身。是以
四相盛衰,三界紛擾,本師世雄,哀其顛墜,憫彼輪回,懸巨釭而燭幽,
運廣筏而濟溺。立善樹福,皆爲方便之門;舉手低頭,盡是可歸之路。
淨化院者,即鑒諸道者,之所建也。道者,永嘉人。受業於仙峰護國
靈應禪院,彌年苦節,早歲勤身,著頭陀粗敝之衣,修菩薩利樂之行。
逢緣必作,隨處立功。建濠河津要之橋梁,修府郭壅狹之歧路。蚤臨
潭廟中之靈宇,宵奉園穹前之淨地。其於運力供僧,重言化俗,苟有

一善利於人,曰樂無不爲。乃曰國土民安,君王信向,足雲水烟霞之象,曰瓶囊盂錫之游。其間或有幻相無情,塵緣將盡,百衲之衣,何直周身之具。奚求爰尋佛言,備得教旨。且西土苾蒭、苾蒭尼,下至優婆塞、優婆夷,送往之禮,名以闍維,闍維之文,寔是火化也。棄餘灰於遠水,免遺骨於他山。牢無煩人,置不有地,即具以上事達於廟朝,創佛祠於湖山。思祈爲功德主,上曰六度門中嘗聞喜,捨八福田內,屢建津梁;勤王早立於大勛,奉佛素崇於至信,聞是善也,忻然在懷。遂奏敕與請置其所,乃於鎮西關之右,延壽山之陽,郛郭匪遥,柴水甚便,便命開基址,式建僧居。聖上允俞,賜名净化,闍維之道興於此焉。由是荒閣勛臣、香閨貴戚、府郭君子、闤闠信人,發心無難,捨之財集,事有易成之力。像設畢備,舍宇一周,香燈含晝夜之輝,鐘磬續晨昏之韻。仍於院側立此方壇,或願闍維,不計來衆資其事,用給以薪蒸利濟之門,無大於此。將欲紀録不朽,刊勒貞珉,海闊山高,莫并有爲之福;毫枯墨竭,難書無盡之功。

時開運三年歲在丙午二月十日記。

原載《兩浙金石志》卷4

延 壽

五代禪僧(904—975),錢塘(今浙江杭州)人。幼誦《法華經》,28歲爲華亭鎮將。30歲依龍册寺翠巖令參禪師出家。後往天台山參謁德韶國師,初習禪定,得其玄旨,嗣其法,爲法眼宗傳人。建隆元年(960),吳越忠懿王請延壽主持重建杭州靈隱寺工程。次年,遷主永明寺,達15年之久,世稱"永明大師"。倡禪净雙修之道,指心爲宗,四衆欽服。吳越王賜號"智覺禪師"。開寶三年(970),奉詔於錢塘江邊的月輪峰創建六和塔,高50餘丈,作爲鎮潮之用。著《宗鏡録》100卷,調和當時佛教各宗派之間的宗旨分歧。當時高麗國王見到此書,遣使叙弟子之禮,並派國僧36人前來學法,自此法眼宗盛行於國外。

金剛證驗賦

　　無住般若，教海威光。諷誦而感通靈異，受持而果報昭彰。畢使凡身未來，而位登寶覺；能令促命現世，而壽緒金剛。洪範五福，其一曰壽。堅持之者，偏承靈佑。湖神歸命，受淨戒而挫凶暴之威；病者投誠，愈沈疴而軫慈悲之苦。大旨其深，罩古籠今，字字演無生之性，重重敷不住之音。任布七寶之珠珍，難偕四句；縱捨三恒之身命，莫比持心。大教正宗，真如海藏，靈神擁護，陰官歸向。坐一層之金榻，拔出冥中；降五色之祥雲，迎歸天上。斯經也。降心爲要，無我是宗。信解而體齊諸佛，受持而福等虛空。法力難思，不墮刀峰之所。神功罔測，能超駭浪之中；一心受持，千聖稱贊。滯魄投誠而歸淨道，苦戰敗陣而超危難。獄官現證，冥魂脫而世命增；惡友妒心，金文隱而霞條散。或乃身枷自解，母眼雙明。口門光耀，肉體堅貞。天香馥鬱，仙樂淒清。臨法而三刀不斷，命講而束素俄呈。寫在空中，點點而雨沾不濕；求於紙內，重重而文彩全生。是知大報攸長，正宗罕措。旨妙而難解難入，信順而不驚不怖。金剛神暗使變肉爲骨，須菩提密令斷薰啖素。因書力而懺罪，遇火光而得度。積祿延年，扶持擁護。異哉爲群典之大，還上昇覺路。

原載《全唐文》卷922

法華瑞應賦

　　一心妙法，巧喻蓮華。誦持而感通靈瑞，校量而福比河沙。善神擁護，真聖咨嗟。知命如見，證果非賒。兵仗潛空，密衛而皆居福地；異香滿室，坐化而盡駕牛車。爾乃然臂歸向，焚身供養，紫氣騰空而演瑞，白光入火而標狀，燒時而列宿飛下，迹處而金圍立相。形消骨盡，捨珍寶而難可比方；火滅烟飛，唯心舌而鏗然紅亮。書寫經卷，功德無邊。感佳夢而正誤，送金精而入緣。白雀呈瑞，隱士書詮。四衆潛淚，哀聞大千。寶殿遥分而夢處，神僧送藥而病痊。妙字繚成，逝者而已聞生處；真文既繕，妖喪而忽尒增年。帝釋迎前，天童侍側。普賢摩頂以慰喻，廟神請講而取則。口放異光而何假銀燈，舌生甘露而豈須玉食。投崖不損，乏氣增力，或施戒而行悲，或謗消而難息。

説法聞於金口,得定超於真域。能令凡質,毛孔孕紫檀之香;任壞肉
身,舌表現紅蓮之色。甘雨灑地,天花墜空。紅燭然於眼裏,白蓮生
於掌中。神游佛國,迹現天宫。水滿金瓶,自冬温而夏冷;齋陳玉饌,
遂應供而身通。猴侍虎隨,除魔去病。異花生於講座,甘澤霑於談
柄。冥司隨喜,靈神請命。扶危懺罪,駕苦海之慈航;拔死超生,懸幽
途之明鏡。當圓寂之時,靈通可知,或山崩而地動,或花雨而樂隨,金
殿房中而焕赫,寶蓋夢裏而威蕤。駕乘潛來,見身忽生於他國;空聲
密報,栖神俄托於蓮池。食感舍利,空中彈指,講聞異鐘,錫扣池水。
或救旱而使龍,或持咒而降鬼,可謂獨妙獨尊,盡善盡美。任千聖以
贊揚,難窮妙旨。

原載《全唐文》卷 922

宗鏡録序

　　伏以真源湛寂,覺海澄清。絶名相之端,無能所之迹。最初不
覺,忽起動心,成業識之由,爲覺明之咎。因明起照,見分俄興,隨照
立塵,相分安布。如鏡現像,頓起根身,次則隨相而世界成差,後則因
智而憎愛不等。從此遺真失性,執相循名,積滯著之情塵,結相續之
識浪。鏤真覺於夢夜,沈迷三界之中,瞽智眼於昏衢,匍匐九居之内。
遂乃縻業繫之苦,□解脱之門。於無身中受身,向無趣中立趣。約依
處則分二十五有,論正報則具十二類生,皆從情想根由,遂致依止差
别。向不遷境上,虚受輪迴;於無脱法中,自生繫縛。如春蠶作繭,似
秋蛾赴燈。以二見妄想之絲,纏苦聚之業質;用無明貪愛之翼,撲生
死之火輪。用谷響言音,論四生妍醜;以妄想心鏡,現三有形儀。然
後違順想風,動摇覺海,貪凝愛水,資潤苦芽,一向徇塵,罔知反本。
發狂亂之知見,翳於自心;立幻化之色聲,認爲他法。從此一微涉境,
漸成夐漢之高峰;滴水興波,終起吞舟之巨浪。爾後將欲反初復本,
約根習鈍。不同於一真如界中,開三乘五性。或見空而證果,或了緣
而入真,或三祇重鍊,漸具行門。或一念圓修,頓成佛道。斯則克證
有異,一性非殊,因成凡聖之名,以分真俗之相。若欲窮微洞本,究肯
通宗,則根本性離,畢竟寂滅,絶昇沈之異,無縛脱之殊,既無在世之

人,亦無滅度之旨。二際平等,一道清虛,識智俱空,名體咸寂,迥無所有,唯一真心,達之名見道之人,昧之號生死之始。

復有邪根外種,小智權機,不了生死之病原,罔知人我之見本。唯欲厭喧斥動,破相析塵,雖云味靜冥空,不知埋真拒覺。如不辯眼中之赤眚,但滅燈上之重光,罔窮識內之幻身,空避日中之虛影,斯則勞形役思,喪力損功,不異足水助冰,投薪益火。豈知重光在眚,虛影隨身,除病眼而重光自消,息幻質而虛影當滅。若能迴光就已,反境觀心,佛眼明而業影空,法身現而塵迹絕。以自覺之智刃,剖開纏內之心珠;用一念之慧鋒,斬斷塵中之見網。此窮心之旨,達識之詮,言約義豐,文質理詣。揭疑關於正智之户,薙妄草於真覺之原,愈入髓之沈疴,截盤根之固執,則物我遇智火之焰,融唯心之爐;名相臨慧日之光,釋一真之海。斯乃内證之法,豈在文詮? 智解莫窮,見聞不及。

今爲未見者演無見之妙見,未聞者入不聞之圓聞,未知者説無知之真知,未解者成無解之大解,所冀因指見月,得兔忘罤。抱一冥宗,捨詮檢理,了萬物由我,明妙覺在身,可謂搜抉元根,磨礲理窟,剔禪宗之骨髓,標教網之紀綱,餘惑微瑕,應手圓净。玄宗妙旨,舉意全影,能摧七慢之山,永塞六衰之路。塵勞外道,盡赴指呼;生死魔軍,全消影響。現自在力,闡大威光,示真實珠,利用無盡,傾秘密藏,周濟何窮? 可謂香中爇其牛頭,寶中探其驪頷,華中采其靈瑞,照中耀其神光,食中啜其乳糜,水中飲其甘露,藥中服其九轉,主中遇其聖主。故得法性山高,頓落群峰之峻;醍醐海闊,横吞衆派之波。似夕魄之騰輝,奪小乘之星宿;如朝陽之孕彩,破外道之昏蒙。猶貧法財之人,值大寶聚;若渴甘露之者,遇清涼池。爲衆生所敬之天,作菩薩真慈之父。抱膏肓之疾,逢善見之藥王;迷險難之途,遇明達之良導。久居闇室,忽臨寶炬之光明;常處裸形,頓受天衣之妙服。不求而自得,無功而頓成。故知無量國中,難聞名字;塵沙劫内,罕遇傳持。以如上之因緣,目爲心鏡,現一道而清虛可鑒,辟群邪而毫髮不容,妙體無私,圓光匡外。無邊義海,咸歸顧盼之中;萬象形容,盡入照臨之內。斯乃曹溪一味之旨,諸祖同傳;鵠林不二之宗,群經共述。可謂萬善之淵府,衆哲之元源,一字之寶王,群靈之元祖。遂使離心之境,文理俱虛;即識之塵,詮量有據,一心之海印,楷定圓宗;八識之智燈,照開邪暗。實謂含生靈府,萬法義宗,轉變無方,捲舒自在。應緣現迹,任物成名。諸佛體之,號三菩提;菩薩修之,稱六度行。海慧變之爲水,龍女獻之爲珠。天女散之爲無著華,善友求之爲如意寶。緣覺悟之爲十二緣起,聲聞證之爲四諦八空。外道取之爲邪見河,異生執之作生死海。論體則妙符至理,約事則深契正緣。然雖標法界之總門,須辯一乘之別旨。種種性相之義,在大覺以圓通;重重即入之門,唯種智而妙達。但以根羸靡鑒,學寡難周,不知性相二門,是自心之體用。若具用而失恒常之體,如無水有波;若得體而闕妙用之門,似無波有水。且未有無波之水,曾無不濕之波,以波徹水源,水窮波末,如性窮相表,相達性源。須知體用相成,性相互顯;今則細明總別,廣辯異同。研一法之根元,搜諸緣之本末。則可稱宗鏡,以鑒幽微。無一法以逃形,則千差而普會。遂則編羅廣義,撮合要文,鋪舒於百卷之中,卷攝在一心之內。能使難思教誨,指掌而念念圓明;無盡真宗,目睹而心心契合。若神珠在手,永息馳求,猶覺樹垂陰,全消影迹。獲真寶於春池之內,拾礫渾非;得本頭於古鏡之前,狂心頓歇。可以深挑見刺,永絕疑根。不運一毫之功,全開寶藏;匪用刹那之力,頓獲元珠。名爲一乘大寂滅場,真阿練若正修行處。此是如來自到境界,諸佛本性法門。

　　是以普勸後賢,細垂元覽,遂得智窮性海,學洞真源。此識此心,唯尊唯勝。此識者,十方諸佛之所證;此心者,一代時教之所詮。唯尊者,教理行果之所歸;唯勝者,信解證入之所趣。諸賢依之而解釋,論起千章;衆聖體之以宏宣,談成四辯。所以掇奇提異,研精洞微;獨舉宏綱,大張正綱。撈摝五乘機地,昇騰第一義天,廣證此宗,利益無盡。遂得正法久住,摧外道之邪林;能令廣濟含生,塞小乘之亂轍。則無邪不正,有偏皆空。由自利故,發智德之源;由利他故,立恩德之事。成智德故,則慈起無緣之化;成恩德故,而悲含同體之心。以同體故,則心起無心;以無緣故,則化成大化。心起無心故,則何樂而不與;化成大化故,則何苦而不收。何樂而不與,則利鈍齊觀;何苦而不收,則怨親普救。遂使三草二木,咸歸一地之榮;邪種蕉芽,同沾一雨之潤。斯乃盡善盡美，無比無儔，可謂括盡因門，搜窮果海。故得創發菩提之士，初求般若之人。了知成佛之端由，頓圓無滯；明識歸家之道路，直進何疑。或離此別修，隨它妄解，如轂角取乳，緣木求魚，徒歷三祇，終無一得。若依此旨，信受宏持。如快舸隨流，無諸阻滯。又遇便風之勢，更加櫓棹之功。則疾屆寶城，忽登覺岸。可謂資糧易辦，道果先成。披迦葉上行之衣，坐釋迦法空之座，登彌勒毗盧之閣，入普賢法界之身。能令客作賤人，全領長者之家業；忽使沈空小果，頓受如來之記名。未有一門，匪通斯道；必無一法，不契此宗。過去覺王，因玆成佛；未來大士，仗此證真。則何一法門而不開？何一義理而不現？無一色非三摩鉢地，無一聲非陀羅尼門。嘗一味而盡變醍醐，聞一香而皆入法界。風柯月渚，並可傳心；烟島雲林，咸提妙旨。步步蹈金色之界，念念齅檐葡之香。掬滄海而已得百川，到須彌而皆同一色。焕兮開觀象之目，盡復自宗；寂爾導求珠之心，俱還本法。遂使邪山落仞，苦海收波。智機以之安流，妙峰以之高出。今詳佛祖大意，經論正宗，削去繁文，唯搜要旨，假申問答，廣引證明，舉一心爲宗，照萬法如鏡。編聯古製之深意，撮略寶藏之圓詮。同此顯揚，稱之曰"録"分爲百卷，大約三章。立法正宗，以爲歸趣。次申問答，用去疑情。後引真詮，成其圓信。以玆妙善，普施含靈。同報佛恩，共傳斯旨耳。

原載《宗鏡録・序》

觀音證驗賦

寶陀大士，本迹幽深。廓十方而爲願海，指萬彙而作慈心。見影聞名，降祉而洪鐘待扣；標心舉意，應機而虛谷傳音。爾乃雲暗藏身，賊驚馳走，逾獄解縛，脱枷卸枴。玄功罕測，得人力而添觔；慈濟難思，辯方言而換首。或其臨刑不死，身掛枝頭。現師子而奔馳惡獸，化童兒而引過驚流。施藥洗腸，愈沉疴之極苦；回風滅火，脱危難之深憂。虎嘯柵而脱命，鼠傳瘡而去病。

原載敦煌文書上圖 81255

吴延爽

吴越軍官。任都指揮使、銀青光禄大夫。

造石羅漢記

　　□□都指揮使、銀青光禄大□、右僕射、□海縣開國男、食邑■吴
延爽,捨三十千,造此羅漢■。

原載《兩浙金石志》卷4

造塔記

　　■爽爲睹此山,上承角亢■,第一級圖八會功德像,■感應舍利,
仍建舍■乃大塔,右盤石之■,其塔■。

原載《兩浙金石志》卷4

朱知家

吴越乾祐中人,任大夫。

鑄觀音像贊

　　■大夫朱知家,發心捨净財,鑄寫觀音自在菩薩尊像一軀,並裝
彩龕室等。因而贊曰:
　　大聖觀音,身現塵刹。隨聲響應,咸見菩薩。了兹寶相,孰不解
脱。善哉净信,本惠清豁。命乎郢手,倚巖鑄割。水月現前,儼然生
活。巍巍乎非常名焉,公善達分而深遠。唯願以此功德,上報四恩,
下沾三有,自身及見生眷屬,與法界有情,同迴向無上菩提,世世常得
見佛、見菩薩,常生净土,早成妙果,永充供養。乾祐三年歲在己酉九
月十四日記。

原載《兩浙金石志》卷4

滕紹宗

吳越廣順中人。

西方三聖造像記

常山清信弟子滕紹宗□□右紹宗敬捨净財，於石室内鎸造彌 陁 佛 尊、觀音、勢至。伏爲自身恐有多劫冤愆，今生故誤，伏願 集 不 集 之勝因，滌累劫之債濫。時廣順元年歲次辛亥四月三日鎸記。

原載《後周·西方三聖造像題記》

周含章

吳越官員。撰此志時署將仕郎、試秘書省校書郎。

唐吳越國故昭信軍節度判官知明州軍事務兼鹽鐵富都監事朝議大夫檢校司農卿柱國賜紫金魚袋錢唐郡元公（圖）墓志銘并序

將仕郎試秘書省校書郎周含章撰

公諱圖，字匡輔，其先弋陽人也。祖諱亘，守洪州別駕。父諱倡，檢校太師，守信州刺史。官有世功，積善餘慶。太師有子二十一人，公則第十一子也。太師懲惡勸善，深謀英斷，諝（䜑）達大度，爲時所稱。開平年，初秉符信郡，繕甲兵而待敵，通貿貨以請誠。逮乎群盜絲焚，鄰封失守，有唇亡齒寒之顧，遂起家來投霸都。太祖武肅王義重尋盟，禮加前席，遇同國士。言作良臣，笑郭隗之登臺；空能設算，語孫皓之歸命。乃是倒戈不一紀間，太師薨變，諸子無改父道，以至三年。俄而辭菀徵才，戎勛待立。奉揚秉之清白，慶積門庭；求甘茂之子孫，恩連兄弟。

公本族危氏，太祖改賜姓元。公首授鎮東軍節度館驛巡官，朝散大夫，守會稽縣令。銀魚茜服，正得意於當年；墨綬銅章，自勵身於明代。

泊貞明三年，吳興太守治郡，授軍事銜推。龍德七年，改知富都監事。不數年，復攝録事徵科務。邇後，袙蘭牙之服，命列宿之官。成宗朝，先君太師以漏澤焚黄始加追贈。間歲，郡守余公太尉出捍閩府，公又亟遷少列，榷緝百城。尋遇太師侍中四明郡，公擁紅斾油幢，建虎符龍節，涵天派而鳳池波闊，聳皇枝而棠樹陰穠。静茢融罇，穩開儉幕。公衷心綣贊，克己温恭，後得貢奉歸朝，遷昭信軍節度判官，檢校司農卿。公歷五朝之禄仕，參十政之賓從，常敏於事而慎於言，可以爲人之標表。千尋翠巘比令德以猶低，萬頃洪瀾等情田而尚狹。公之令季，蕭張並價，曾閔齊名。關埏埴之爐，序倫彝品；奉唐虞之葉，表正萬邦。得不理家仁人，王室是賴。及乎公之寢疾，針餌蟬聯。俄爾聞凶，如同墜手，可謂孝悌之至通於神明。公以廣順元年太歲辛亥十二月九日歸命於董孝鄉之私第，享齡六十有二。以壬子三月四日宅窆於靈巖鄉明堂奥之墟，禮也。公母璩氏，早亡。少昏徐氏亦逝，復娶胡氏。母儀婦道，家法雍嚴。有子十一人：長曰道榮，言忠信，行篤敬，謹身節用以養父母；其餘皆學而好古，文以飭身。必簪組無遺，青紫可拾。有女七人，貞明處子，婉淑早聞，將及宜家，必爲良配。

嗚呼！人之生也，立德行，勵名節，來既集善，去必超生，公啓手啓足信無滯矣。泊乎眠牛告吉，埋玉興悲。恐谷變陵遷，名氏不立，孝子相顧，泣請刊銘。儒也雖在恩門，慮難措手，多慚寡學，焉紀芳猷。靡敢免情，乃爲銘曰：

清白子孫，簪裾懋盛。賢哉元公，明時龜鏡。領袖鄒儒，宗師魯聖。鮑謝交朋，魯顔季孟。燠爾家聲，翯然士行。吉人寡辭，君子無爭。立身揚名，冬温夏清。外盡忠赤，内頤孝敬。氣量深沉，儀形高夐。好爵雍容，嘉賓辟聘。履歷榮曹，優游善政。風月嬉陪，烟花賦咏。儉幕通才，漳濱卧病。遽捨浮生，奄終天命。松遷鬱茂，丘封平正。穩閟佳城，廕兹餘慶。

原載《寧波歷代碑碣墓志彙編》

貞　峻

吳越大雲寺僧人。

雲門山大雲寺重粧修壁龕功德記

講經沙門貞峻述并書

伏自玉毫掩相，求瞻睹以無由；金像遺畢，藉修崇之可托。且我佛住世莫久，像教是依。了達者位證三乘，漸次者道隆五福。伏以雲門山大雲寺者，未可知其始建之時也。因覽古碑云：開皇年中，曾有修建。但以寺居峻嶺，地枕長郊，睹聖像之凌夷，見精藍之荒廢。近則雖興新構，必知未補舊基。唯有壁龕，彌多石像。依稀相好，隱映儀形。風雨交侵，頗損雕鍍之質。歲華綿邈，全無彩繪之踪。蓋事有廢興，理關舒慘。豈期今日，獲遇信心。清信弟子彭仁福，本貫浙江，寓居海岱，因安賜履，未返三吳。唯以夙懷善因，早敦至信。知修崇之可托，明幻惑之不堅。是以廣造良因於諸蘭若。此則因參遠寺，獲覩古容，遂乃慎選良工，精求彩筆。果得入神之妙，再瞻如在之儀。重新兩龕，并秀嚴飾。雖遙奈菀，何異□峰。一郡蒸黎，盡起欲降之想；四乘士庶，頓生恭敬之心。諒此殊因，必獲多福。更有同會良友，亦是鄉知，各欲齊心，助成勝事。仍雕翠琰，以紀芳猷。庶使萬古千秋，不泯增修之狀。陵遷谷變，常開化導之門。如貞峻者，迹忝緇衣，辭愧黃絹，常復斯言之戒，敢述刊石之文。蓋猥付非才，而堅令叙錄，既難退讓，何免誚尤。謹題。

時大周廣順三年歲次癸丑十月戊申朔十八日乙丑記。功德主吳越國前攝金吾衛引駕長史彭仁福。女弟子駱氏，長女大師姑，次女小師姑。同會弟子吳越國延恩院隊將、銀青光禄大夫、檢校國子祭酒、兼御史大夫、上柱國湯仁厚。吳越國大程院隊將、銀青光禄大夫、檢校國子祭酒、兼御史大夫、上柱國李□□。吳越國入五臺山送供吳會。布衣習棋張崇遬。

滕仁鏸

吳越官員。撰此志時署將仕郎、試秘書省校書郎。

大吳越國將仕郎前守秀州嘉興縣主簿知縣事羊府君（蟾）墓志并序

將仕郎試秘書省校書郎滕仁鏸撰

公諱蟾，字中明。其先因姬而命氏，即晉大夫羊舌氏之裔也，其後軒裳繼世，代有循行，在乎典集，不俟盡記。皇曾祖諱漕，歷任吉州錄事參軍；皇曾祖妣河間凌氏夫人。皇祖諱鄰，歷任牢州刺史；皇祖妣濟陰郜氏夫人。王父諱郇，應進士舉，任福州長樂縣令；祖妣鉅鹿魏氏夫人。府君即先府君之長子也。

府君幼負奇特，生知文章，禮樂謙和，聿傳家範。年十歲，即修舉選。以皇唐多事，修塗有阻。乃遇我朝太祖武肅王底平吳越，間拓山河，高舉弓旌，遍搜英彥。是時府君携其所志，造於國門。太祖見而嘉之，而有錫賚焉。以至世宗文穆王紹承丕構，延納文儒，開選試之場，擇賢才之士。府君躬親明試，首中甲科，纔攀郄氏高枝，俄履梅仙上任。榜下，乃授錢唐府餘杭縣尉。三年守職，百里和光，政既清而事不繁，公畢辦而民不撓，則知從政之道哉。自罷苕溪，乃授秀州嘉興縣主簿、知縣事。雖提仇印，仍撫密琴。魯恭馴雉之仁，可躋前躅；史起決波之惠，必挾後輈。蕭然訟庭，後無繼者。府君性惟幽逸，不樂州縣，雖在公家，忽忽而不得志。常思梁竦途勞之歎，慕元亮歸去之吟。不俟考終，俄而解替，自適生平之志，乃爲林谷之游，密爾故山，樂哉其道。府君二年而逝。

府君有子七人、女五人，皆先夫人之體也。長子蔚，娶汝南周氏，歷任錢唐府吳昌縣主簿。次曰藪，娶瑯琊王氏。次曰藻，娶博陵崔氏。盡修舉選，所娶皆名家也。次曰恭，方任錢唐府鹽官縣尉。次曰蒨。次曰蘋。次曰蓁。俱同鶚俊，盡得鳳毛。承家以孝悌所聞，立行則溫恭有素，各究一經奧旨，當期七學俱興，諒黃金之滿籯，無出於此也。長女適富春孫氏，不幸短命；次適南陽滕氏，次三人尚在齠齔。

若林下之風，閨中之秀，可得八九矣。

府君自退居山墅垂一紀，唯樂於詩酒，未嘗一日有輟諷訟，著文集未俟編序。忽一日染風恙，悉命諸子付於家法，决無遺事。於是伏枕就醫藥，雖出神入聖，厥無效焉。何謂天返其道，不福善人，以廣順三年癸丑歲九月十九日薨於明州慈溪縣太平鄉之莊，享年六十有七。府君生平兢持仕行，剛直志性，整肅門户，篤穆故舊，孤寡生侄，育過己子。自天下離亂，唯我國儒家言行仕風無有偕者。以其年十一月初八日歸於太平鄉虞墅村大川里，祔先府君之塋，禮也。

仁鏸幸將孱弱，早奉門闌，况非玉潤之才，難紀冰清之德，遽承遺命，輒染斯文，嗚呼援毫而爲銘曰：

用天之道，君子之風。知無不爲，和而不同。其一。

握節守慎，處謙固窮。靡不有初，鮮克有終。其二。

才逸任徐，志逾潛竦。抛却宦名，不求榮寵。其三。

作尉苕水，驅鷄嘉禾。可使從政，衆聞弦歌。其四。

惟仁惟孝，惟君惟最。恤彼孤遺，篤於中外。其五。

按山坐壟，惟松與石。保子保孫，無窮無極。其六。

日照泉紅，雲淡空碧。固護玄宫，萬古不易。

原載《慈溪碑碣墓志彙編》（唐至明代卷）

崔　鐸

吴越官員。撰此志時署將仕郎、秘書省秘書郎。

大吴越國匡時勵節功臣台州教練都知兵馬使羅城四面都巡檢使銀青光禄大夫檢校刑部尚書上驍衛將軍兼御史大夫上柱國俞讓墓志

將仕郎秘書省秘書郎賜緋魚袋崔鐸撰

夫達邦家者，非仁與議，則外無能而處焉。將軍德行立身，遐齡鮐背八十有三。本出冀州河間郡鄚縣都仁鄉平相里。唐初龍驤將軍法才公任台州刺史，於今三十二代孫也。先考大夫諱亮，居常州無錫縣西一十七里，祖墓相繼數代，羊碣猶存，旋遇仕馬離鄉，乃投就浙東。壬午年，則服戎提戈，承事太祖武肅王定亂江東，隨郡牧駱團太保，却復台州，營卜第宅於開元寺之街西。自天祐年中，吳越已來四五朝帝，累沐國恩，轉職授官，至叨優恤，仍加功臣，賜褐衫火珠腰帶并及金銀器皿者。將軍先娶太原王氏，夫人門閥簪裾，迴懷令問，育三男二女，年六十有八，早遇殂變。長男彥璋，上軍討擊副使、拱宸侍衛、□副兵馬使，充台州水軍都將、銀青光禄大夫、檢校國子祭酒兼御史大夫、上柱國。及宣賜褐衫粟面金火珠腰帶。先娶徐氏，年五十七，禍邁衰疾。□一孫仁安，娶黃氏，代父職任副兵馬使、殿直都副將、充水軍都將、知省造船務、銀青光禄大夫、檢校太子賓客兼侍御史、上柱國。有女孫二人：長適潘仁□，少適孔仁福，俱從職掌次。中男彥珠第二，台州軍事押衙、充廂虞候，自丙申至辛亥年，疊蒙睿慈，遷轉職階，兼賜褐衫及粟面金火珠腰帶，充上軍兵馬使、衙内管當直都副兵馬使、銀青光禄大夫、檢校國子祭酒兼御史大夫、上柱國。續至甲寅年，蒙聖恩宣差使賫制并朱記二枚。補充教練使、羅城四面巡檢使。審著勤勞，不起疢瘵，令代父員位。新婦蔣氏，閫户肅雍，育孫數人。一男仁昇，軍事押衙、勾當省亦禮酒坊務、銀青光禄大夫、檢校太子賓客兼監察御史。第二男仁福，軍事押衙、勾當東酒坊務、銀青光禄大夫、檢校太子賓客兼監察御史、上柱國。第三男仁祚，軍事押衙、充當直都隊將、知省回圖庫務、銀青光禄大夫、檢校太子賓客兼監察御史、上柱國。餘孫未守職。女孫三人：並適徐氏、盧氏，皆居將校將軍。次男彥回第三，軍事押衙、充廂虞候、銀青光禄大夫、檢校太子賓客兼監察御史、上柱國。嫡女二人：長適衙内副兵馬使呂氏，次適知省回圖庫務盛氏。並列家風，文武不墜。子孫霸盛，禮士侍賢。在處輸機，濟益軍幕。崇構精宇，齋供高僧。艘艫應官，金湯匝郡，回圖雖設於上方，上供曾計之巨萬。嗚呼！奈何久淹風恙，壽終遐齡，尋乃録表奏聞，便蒙宣賜祭筵，兼頒賻贈。等光九族之顯榮。啓手足曰，悲哽道途，吁嗟鄰里。以顯德元年甲寅十月十□日甲寅，宅兆於臨海縣興國鄉浮江嶨里東山保壟，近先妻王氏夫人之墓，禮也。遂立其志，故形斯文。銘曰：

功業智遠，力作義舟。艱歷富貴，榮協公侯。名於兩浙，家立丹丘。接下承上,肥馬輕裘。葬禮浮江,郡西十里。旌旐宛約,祭奠迤邐。親聚戚哀,慶積善美。勒石貞珉,人生已矣。

彙 徵

吳越僧人,善詩文,有集七卷。忠懿王時命爲僧正,賜號光文大師。

上天竺寺經幢記

夫立幢之垂範,乃造塔之濫觴。刊梓刻檀,嫌其易朽;鏤金鐫碧,慮以難藏。不若挺叱羊射武之貞姿,編貫玉聯珠之梵語,可大可久,如山如河。

尊勝陀羅尼者,花藏貞心,竺乾秘語。濟善住七生之苦,道闢欲天;感文殊一現之恩,教傳漢地。舟橫業海,車指迷津。息肩惡道之間,提耳昏衢之内。拯湮淪於歷劫,延短折於浮生。備載靈編,久彰神應,或置麗譙之内,或安宰堵之中,或勒在幢間,或表之山上。風觸而輕塵及物,尚落罪花;日臨而清影到身,猶凋業蔓。

克行盛事,綽有善人,佛弟子吳保容、吳鐔,雙驥標奇,二龍並轡。壎篪合韻,跗萼聯芳。耨情田而畢使豐登,澄心水而無令混濁與。會首謂眾人曰:“給孤長者之園苑,香山居士之林泉,可以同構善門,寄兹寶地。獨營則其力不逮,眾辦則厥功易成。”遍覓信人,獲錢卅萬。購之貞石,命彼良工,鑿勒精奇,磨礲細麗。蓮花捧日,雲葉盤空。層層異狀可形,宛如飛動;面面真軀聖相,忽謂經行。仰窺鶴表以爭高,側視雁層而競巧,固可利沾家國,福贊君親。凡施賫財,皆列名氏,承有爲之善力,至無作之真歸。其次滯魄孤魂,銜冤負累,應念而皆期解網,有心而悉使登車。雖引善以及人,終獲報以予已。命予序述,式紀歲時,染逸少之鹿毛,摛子雲之蟲篆,文質包羞於君子,辭華有靦於外孫。且曰:“昔也鐵塔傳芳,聞諸河朔。今也石幢藏事,見之浙陽。彼則受福於人寰,此則譬心於佛道。以今況古,一何遼哉!”時乙未歲冬十二月壬寅朔十一日記二幢同。供使銜書寶幢手殷承訓左幢。
書幢記僧儀月右幢。吳越國王造。末行題五大字並正書。

李　潯

吳越顯德時人。

吳越故東海徐夫人墓志

李潯撰

夫月滿則虧，日平則昃，盛衰之道，古今而同也，其有秀而不實
者，得無痛乎？

夫人徐氏，其先東海人也。粵以元元降聖，盤條仙樹之端，洎唐
后啓圖，析派天潢之側，龍飛鳳壽，殷鼎■壇。閥閱勛賢，無出其右。
官諱訶，任省營田隊，夫人媺，渤海■吳皓僕射■宣賜褐裳之管轄營
田隊務，文華擅美，器宇宏深，夙嫻■悌之規，抗見熹之色，百行之美，
實無闕焉。悲娶□□一卒九乎三紀，何期隙駟難追，游波莫遏，享年
五十有六，偶暫攝調□□□，於顯德三年歲在丙辰九月庚寅朔五日甲
□，寢疾殞於吳縣令德鄉之私第也。□□夫人有子六人：長曰承嗣，
效□銜內直番隊，充副將。次曰承寵，係營田甲將。次承鄴，營田副
將。次五兒、滿兒、淡，幼稚未效職員。有女三人：長曰十八娘，聘於
金氏。次曰十九娘，在室，未從伉儷。次廿娘，捨棄俗華，以投金地於
福田寺。慕貞堅、守緇門，精專戒行。子聟一人，金氏宏縉。新婦二
人：長曰沈氏，次曰曹氏。嗚呼！封樹告期，龜筮叶吉，以十月庚申十
四日癸酉，窆於吳縣胥鄉臺尚書里閶間城西，去祔五十餘里先祖塋之
側，禮也。特恐天地長久，陵谷變遷，令嗣號訴，願勒貞石以志於墓。
潯忝獲知音，得不涕泗揮毫，叙録其實而爲之銘曰：

委質荒漢，凝神上仙。繞繞二界，茫茫九泉。遠岫烟暝，高空月
懸。聲沉永矣，松檟蕭然。

林□□

吳越官員。任將仕郎、秘書省秘書郎。

福州故節度巡官天水趙府君(偓)墓志銘并序

將仕郎秘書省□□□賜緋魚袋林□□□□

夫述職紀功，旌德垂於不朽；贊勛勒器，志銘列於幽壤。有器合旌，有□期列；□□盛美，何列無窮。趙氏之源，造父之後獻駿，姬繆因賜趙城。降及叔武去周，至葉叔，迨十有八世爲晉正卿，而趙宗益興。始□分五望，獨秦公子嘉。後之爲西戎校尉，世居天水。史謂秦卿天水，即秦卿之後也。洎漢魏，迨隋唐，子孫蕃昌，衣冠不絕，起家輔國，莫與等焉。倬哉天水一源，靡有異派。唐初，奉天令深子宗慶，守秘書監。監子麟，除河南尹。尹子德倫，□□沁、絳二州。子叔隱，□□及第。

府君諱偓，字堯真，即沁州五代孫也。曾大父諱□保，司封郎中。大父諱文景，宰華州華陰。父諱居翰，守右拾遺，代居汝南。光啓中，避地入閩，宰于邵武，因家于是。有子二人，府君即元昆也。幼乃嗜學，長射馳名。建牧以才贍族優，虛襟側席。延納未久，而閩改圖昇班。守著作郎，出判泉州諸司公事。威聲豸凜，清譽風行。罷職，入授中散大夫，除司農少卿。未期，上念林汀要郡，以府君富於贊畫，俾充軍事判官，通判軍州事。公私克理，中外咸欽。秩滿，授殿中監，除吏部侍郎。率職清貞，掌選明直，人皆稱允，時謂得才。復加太中大夫，拜右諫議大夫。屬吳之二年，授右散騎常侍，判録事院。元侯董藩，以軍府務繁，擇才簡理。自是三逢節制，四署糺彈。革舊就新，利公及物；撫躬篤正，執法不回。聿起初筵，辟之前席，授節度巡官。燕射之禮無渝，籥舞之儀是敬。却從蓮幕，出理花城。首判福清，後臨永泰。令長總判鎮縣，自此始也。

府君通經屬辭，爲時之譽，有文集數百首，行於世。無何一旦，醒然猷代。顯德五年六月十六日，終于黃巷私第，春秋七十有四。娶南陽縣君葉氏，令族也。有子五人：長曰昱，不仕；次炅，膳部員外郎，賜緋；次昂，秘書省校書郎；次敬曇，司門朗中、觀察巡官，賜緋，尚福清公主瑯琊王氏；次敬旻，太子校書。女二人：長適長汀令林紹蕙；次女處室。由是逝□不□，□□是期。以其年八月二十八日，葬于閩縣感應鄉欽德里雙牌之原，禮也。慮深谷爲陵，莫存貞範。刻他山之石，爰勒鄙詞。其銘曰：

　　天水之派，始于秦卿。吏部之德，承于沁城。

　　星鍾岳誕，器碩才清。初延曳組，弈□衣纓。

　　四署糺察，□□□□。劇邑代□，政成令子。

　　爵寵官業，縱橫帝女。箕帚門閥，□□□□。

　　享年尚齒，璹夢兩楹。烏輪不駐，馬鬣將營。

原載《五代的“通判”與“判”——從福州出土〈趙偓墓志〉談起》，收入杜文玉主編《唐史論叢》第 25 輯

夏承原

吳越顯德時人。

後周舍利塔銘

弟子夏承原並妻林一娘，闔家眷屬，捨净財，鑄真身舍利塔兩所。恐有多生罪障業障，並願消除，承兹靈善，願往西方净土。戊午顯德五年十一月三日記。

原載《兩浙金石志》卷 4

黃　楷

吳越官員。撰此志時署中吳軍節度推官、朝散郎、檢校尚書水部郎中。

吴越國故上軍討擊使充中吴軍隨使當直厢虞候銀青光禄大夫檢校國子祭酒兼御史中丞上柱國彭城錢府君（義光）墓志銘并序

中吴軍節度推官朝散郎檢校尚書水部郎中賜紫金魚袋黄楷撰

府君諱義光，字普一，吴郡人也。祖諱鉢，皇任衙内諸都都指揮使、前睦州刺史、贈特進、檢校太尉。祖母勃海郡君凌氏。父諱璉，皇任天龍軍鎮國右五都指揮使、兼皇城都巡檢使、檢校司徒。母馮翊郡方氏，即故前衢州刺史方太尉女也。伯父諱仁瑗，皇任天龍軍鎮國都指揮使、兼東都安撫副使、檢校太保。府君乃皇城司徒第三子也。兄弟五人，長兄義超，湖州隨使押衙，婚蘭溪鎮使徐司徒之女，早亡。次兄義隆，上軍討擊使、充殿直都厢虞候、兼御史中丞，早亡。婚天龍軍鎮國都指揮使張太傅之女。弟義忠，上軍衙前虞候、充殿直都隊將兼監察御史，見知台州白崎場務，婚馬軍統軍使甄太尉女。次弟義保，係拱御都隊將，婚上街金吾使袁司徒之女。府君有姊妹四人，一人適客省禮賓使、檢校司空蔣延勖，即中尉、前睦州刺史蔣太尉之子也，不幸早亡。一人適清河張師道司空，即錢城鎮遏張太保子也。一人適彭城金仁皓司空，見充中吴軍隨使當直都虞候，即理勝都指揮使崑山鎮遏金司徒子也。一人適馮翊方承浩，即前衢州方太尉孫也。侄女一人，乃長兄之女。適吴郡朱思義，即中吴隨使朱司空子也。府君莫不温柔表德，端雅資身。叶多士之欽崇，作間時之英特。而况家傳岳牧，代襲皇宗。向國推誠，惟忠惟直。於家立行，以孝以慈。内外親知，盡仰諧和之道；往來賓侶，咸忻延納之心。而以職歷雄藩，恩覃鳳闕。素緣資蔭，靡墜門風。爰自□吴軍隨使當直厢虞候賜褐，尋授上軍討擊使、銀青光禄大夫、檢校國子祭酒、□御史中丞、上柱國。所謂更顯榮名，別居重用。繼德門之貴盛，爲昭代之楷模。豈圖忽構微痾，便歸大夜。何神祇之不祐，何藥餌之無徵。遽捨浮華，俄隔今古。滿堂哀孝，徒扣地以號天；舉世知聞，但填膺而墮睫。府君初婚天龍軍鎮國諸都都指揮使盛太尉第二女，不幸早亡。續娶盛氏第三女。有男六人。長曰繼榮，幼居訓勖，方漸長成。學禮學詩，未仕未禄。次男五人，並女二人，各是年幼。府君於大晉顯德□年□□□日□□□□□蘇州吴縣利娃鄉安仁里之私第，享年三十有九，以其年其月二十四日葬於蘇州吳縣祥鶴鄉安平里之原，禮也。銘曰：

簪纓繼代，孝悌承家。真金有韻，美玉無暇。端雅居先，温和表德。爲衆楷模，間時英特。鬥蟻興灾，疑蛇結病。冥寞俄歸，短長斯定。□□□□，悠悠蒿里。嗚呼哀哉，千年萬祀。

原石收藏於會稽金石博物館

錢 昱

吳越官員（943—999），忠獻王長子。累遷彰武軍節度使。宋師討江南，爲東面水陸行營應援使。從忠懿王入宋，歷授郢州團練使。咸平二年（999）卒。

忠懿王廟碑文

若夫非常之人，必有非常之事者，衆所聞矣。其或功及於國，道濟於民，生居土茅，没饗廟食者，求諸前史，罕有其倫。是以黄石立祠，皆因遺迹。沔陽致祭，實表舊功。故聖人之制也，法施於民則祀之，以勞定國則祀之。苟無所稱，實曰諂祭。惟忠懿王，豈諂祭歟？公名審知，字詳卿，姓王氏，本琅琊人。秦將翦三十四代孫，高祖煜，唐貞元中爲光州定城宰，有善政以及民，因遷家於是郡，遂世爲固始人矣。曾祖友，贈光禄卿。王父藴玉，贈秘書少監。父恁，累贈至太尉、光州刺史。十圍巨木，始從厚地以盤根。九曲洪河，本自仙源而析派。若匪降神之氣，豈生命世之才。公即太尉季子也。形質魁秀，機辨明敏。負英雄之氣者，必相交友。學韜鈐之略者，咸詢智謀。懸知五典之書，暗合萬人之敵。遠近服其義勇，鄰里推其孝弟。常有善相者詣公之門，視其昆弟三人曰：“富壽皆一體也，而季當位極人臣。”自是公竊負之。尋遇陟岵興悲，在原軫念，恭事孟仲，嚴若父焉。

乾符末，鯨網全疏，梟毛屢落。摩牙吮血，中原正苦於傷殘。脱末裂裳，四海盡疲於征戰。公蓄慷慨之氣，負縱横之才。每或撫髀，暗驚彎弧。自誓曰：“大丈夫不能安民濟物，豈勞虚生乎？”於是以俟時待價之□，抱拯溺救焚之志。豪俠相許，寢食不忘。雖大鵬未飛，已具垂天之勢。而神馬一躍,終同追電之踪。屬王緒者,憑巢寇之戈矛,盜霍丘之土宇,遽言得志,遂啓無厭。但思於弱吐强吞,豈顧其幸災樂禍。因乃大掠部屬,旁□□□復收士民,以廣隊伍。於是公之昆季咸與焉。及秦宗權竊弄五兵,遍侵四境。緒内乏嬰城之計,外無善鄰之助。遂率衆以作竄,欲避地而偷安。玉石俱焚,孰能分別。豺狼當路,無匪縱横。幸豫章懦怯之中,偶番禺殘害之後。凡經藩翰,靡或支吾。自潮陽抵漳浦,百姓畏其塗炭,五馬避其鋒刃。豈知兵忌不戢,人慎無恒。狙蒲騷者,終至敗亡。妨草竊者,焉能長久。動蓄自疑之志,轉乖同義之心。適當軍衆不賓,遂爲部下所害。公素敦誠信,累涉艱危。既負出群之材,仍諳武事之術。且兵不可以無主,將不可以失人。衆遂推公而立之。公居下惟謙,事長必順。雖輿情之有屬,在公論以不忘。乃曰:"予早事二兄,常若嚴訓。豈有弟爲大將,兄居其下者乎?"遂奏長兄潮以帥其衆,仍獲清源爲所理之地。公由是惡道途之多梗,憤貢賦之不通。實欲致理一方,克平群盜。外惟征繕,中則經營。運籌之勝負豫知,攬轡之澄清可待。大順冬□□□□廉察遽亡。兵馬使范暉,奪符印以自尊,奉題緘而不遜。恣行誅戮,罔事綏懷。人既類於倒懸,時合當於逆取。公比緣觀釁,以因得徵詞,遂舉勤王之師,以伸吊民之義。躬事戈甲,身臨矢石。一年而圍□□□□年而堅壁遂陷。范暉扁舟欲遁,疏網難逃,遂爲海人梟首以獻。公既殲元惡,乃布優恩。凡曰脅從,悉命宥過。用仁信以御下,行慈惠以恤民。會未浹旬,已聞致理。百姓愛之如父母,三軍畏之如神明。又能成功不居,讓德無愧。遂迎長兄潮,遷理是郡。復請仲兄邦,迭居舊邦。武肅王表率諸侯,蕩平大憝。吴越盡歸於賜履,江淮咸奉於專征。以其能務忠勤,遠求薦擢,遂奏授本道廉察。及泉州符印借命焉,尋朝廷以寰海挺災,久勞我武。東南靖亂,獲庇吾民。俾提旄鉞之權,□□襦袴之惠,遂升本州爲威武軍,授潮節度觀察處置等使。仍以公爲節度副使,獎勛績也。

泊元昆殂謝,衆庶歸依。公乃躬受遺言,式俟朝命。明年春,帝恩遠降,人欲是從。初授公檢校刑部尚書、威武軍節度、兵馬副大使,將委什連之任,攸居貳職之勞。一之日訓習驍雄,二之日蘇息疲瘵。

用心數月，善政聞天。於是進端揆之資，正元戎之位。齋壇高築，軍幕大開。分州司屏翰之權，握從□鼓鼙之任。未幾，顯居使相，□錫戶封。方隆推轂之寄，尤藉秉鈞之力。當我難未弭，聊同指臂之相須。及具瞻有歸，實賴股肱之別用。式資補袞，俾重褰帷。天復元年，載正乾綱，重光帝座。言念七閩之地，□符八柱之功。特頒渥恩，用越倫等。賜武庫戟十二枝，列於私門，非恒例也。自是日鍾百祿，歲逢九遷。公致君愈勤，述職無怠。萬里輸貢，川陸不繫其賒。一心尊戴，風雨不改其志。昭皇累嘉忠節，別錫異數。欲酬懋德，豈限彝章。天祐元年夏四月，封琅琊郡王，食實封一百戶。尋屬龍蛇起陸，戎馬生郊。人心不厭於有唐，天命已歸於新室。公知微不爽，居暗罔欺。梁祖之即位也，纔傾作解之恩，繼舉疇庸之典。三公互拜，萬戶連封。呂尚帝師之尊，官榮既極。子儀中令之貴，考限惟同。尋復進封閩王，加福州大都督長史。迨莊宗之建王業也，神京克復，宇縣咸寧。欲敦柔遠之心，先下念功之詔。遂增井賦，仍改功臣。式覃北闕之恩，用係南門之寄。公方推拱極，既效安邊，惟治民素屬於憂勤，而得疾遽從於綿篤。百齡無效，五福先全，以同光三年十二月十二日，薨於正寢，享年六十有四。朝廷素欽盡節，俄覽遺文。既增惷老之悲，豈慳錫終之典。冊贈尚書令，諡曰"忠懿"，禮也。

公生當離亂之運，出值艱難之秋。割據一方，蓄養百姓。得深溝高壘之固，有披堅執銳之衆。瞻水陸之產，通南北之商。鑄銅於蜀山，積粟於洛口者，不足言其富也。連臨淄之袂，投溉可之箠者，不足言其庶也。至若外涵大度，內用小心。慎刑既及於精詳，舉事悉從於簡略。犯則不赦，令比秋霜之嚴。恩本無私，惠如冬日之煖。民惟道化，吏以法繩。此可以稱善爲政矣。言必皆中，行罔自欺。非正詞不入於聰，非公事不宣於口。居常無聲色之樂，平生以禮義自守。念十家之產者，躬行節儉。懷五子之歌者，心誠荒唐。每當爍石之威，未常操扇。纔屬雞鳴之後，早見嚴裝。以德報恩，遠逾萬里。至誠感物，動契百神。此可以稱善立身矣。興崇儒道，好尚文藝。建學校以訓誨，設廚饌以供給。於是兵革之後，庠序皆亡，獨振古風，鬱更舊俗。豈須齊魯之變，自成洙泗之鄉。此得以稱善教化矣。懷尊賢之志,宏愛客之道。四方名士,萬里咸來。至有蓬瀛謫仙,鴛鴦舊侶,或因官而忘返者,或假途而借去者,盡赴築金之禮,皆歸簪瑁之行。其餘草澤蒐羅,魚車待遇者,固不可勝紀。此得以稱善招納矣。尊天事地,奉道饗神,無非克誠,足以監德。然而素欽釋典,大廓法門。衆善皆臻,何德不報。無漏上智,苾蒭散布於諸方。有作良因,伽藍遍滿於樂國。煉即山之堅固,鑄丈六金身。鎔麗水之光輝,寫五千秘藏。事非爲己,願乃庇民。此得以稱善求福矣。功惟理亂,志在盡忠。安不忘危,常爲持險之誠。小當事大,罔違與國之道。以至覆盂數郡,高枕三邊。雖昆彭致霸之儔,未能繼踵。在佗戀自尊之患,固不同風。此得以稱善守位矣。且天惟祐德,民本懷仁。公饗富貴者三十年,傳册封者四五世。遺愛銘於人口,忠節出於國史。臣子之盛,不亦大乎?迨兹陵谷變遷,箕裘廢墜。寂寞闕以時之薦,凄凉同乏祀之悲。士農工商,慕舊政以如在。潢污蘋藻,望遺廟以不存。丙午歲,我師恤鄰,闔境嚮化。遇今大元帥吳越國王位鍾壓紐,運偶負圖。當保大定功之初,行興滅繼絕之義。既克寧於民庶,思咸悦於鬼神。每念閩川所歸,本由王氏而盛。雖子孫異代,已同薰燼之香。而春秋二時,宜陳籩豆之禮。遂命以公舊第,爲忠懿王廟,仍參常祀之數。霸主爰修於廢祭,藩侯遂立於叢祠。行馬戟枝,尚存故物。豚肩尊酒,蚉薦惟馨。塑山庭月角之容,立偕老于飛之像。庭廡未同於工績,槐檀旋改於光陰。舊徑難尋,已絶羅含之蘭菊。重門長閉,但多仲蔚之蓬蒿。既乖興廢之儀,殊闕致誠之所。大宋開寶七年秋九月,大元帥吳越國王以時和歲豐,家給人足,俾答福謙之佑,遂申咸秩之典。凡曰祠廟毀廢,競出錢帛修完。乃命衙直將,躬授人工,旁搜材植,補遺基而皆備,易舊物以咸新。曾未逾時,已云告畢。奢儉得以中度,規制得以合禮。朱軒粉壁,隨晚霽以生光。修竹喬松,向寒霜而叶色。挺曹筆則陰兵欲動,聞郢工則神馬欠嘶。步從悉周,精靈如在。矧以故鄉將吏,開幕賓僚。當其草昧干戈,屢經勞苦。洎自拊立臺構,盡饗崇高。乃塑都押衙建州刺史孟威等二十六人,以配享焉。斯廟也,前瞰清流,右連浄刹。一路自無於塵雜,四鄰皆屬於幽奇。曉霧纔開,先露列窗之岫。疏鐘雖近,不驚繞樹之禽。公昔也常游宴於斯,今也復祠祭於此。始易宅而爲廟，矧將廢而能興。苟非陰德不衰，令名未朽，又豈能身殁之後，有如此之盛乎？昱叨居是藩，獲畢斯事。仰嘉猷之未遠，聽遺愛以長新。爰屬短裁，庶存實録。燕然敘事，雖有謝於孟堅。峴首感人，亦未多於叔子。乃爲銘曰：

極天曰嶽，惟嶽有神。蓄是靈氣，生爲異人。干霄利劍，瑞世祥麟。爰當季運，實庇烝民。唐德將衰，群雄欲出。陰霧垂地，秋氣蔽日。豺豕猖獗，萑蒲縱逸。苟非偉才，焉濟王室。權爲巨盗，緒亦朋奸。欲亂中夏，首屠光山。誰爲英傑，同罹險艱。終則竄迹，能無厚顔。爰率部民，同徂萬里。緒爲衆惡，公得衆美。因戮凶人，遂奉君子。立功著名，自此而始。漳浦既寧，清源復平。遂以政事，授於難兄。孝實至性，謙惟直誠。静可揖讓，亂則經營。憤彼閩川，拊兹裨將。苛虐漸篤，政刑俱喪。鋭旅大驅，凱歌連唱。克定一方，式諧衆望。始參貳職，已播殊勛。屏翰之美，朝廷備聞。迨居重鎮，繼事明君。盡忠竭節，松茂蘭薰。偃仰大藩，廕庥五郡。雖曰功庸，亦由時運。二柄齊舉，七德兼訓。令子令孫，當年振奮。真王重望，上相清規。陵谷雖變，馨香不衰。俯緣甲第，遂立嚴祠。年禩屢易，籩豆或虧。霸主推恩，良時有待。舊廟克新，遺踪不改。奂爾金碧，儼然神彩。靈睨芳名，千秋如在。

原載《全唐文》卷 893

毛　勝

吳越官員，晉陵（今江蘇常州）人，仕忠懿王爲功德判官。

水族加恩簿

令咨爾獨步王江殊，鼎鼐仙姿，瓊瑶紺體。天賦巨美，時稱絶佳。宜川流碧郡爲靈淵國，追號玉柱仙君，稱海珍元年。

章丘大都督：一滄浪頭蓋章舉，二白中隱蓋車螯，三淡然子蓋蚶菜，四季退蓋蝦魁。

令章丘大都督忠美侯滄浪頭，隱浪色奇，入甌稱最；杜口中郎將白中隱,負乃厚德,韜其雄姿;殊形中尉兼靈甘尹淡然子,體雖詭異,用實芳鮮;玉德公季遲,純潔内含,爽妙外濟。滄浪頭可靈淵國上相無比,白中隱可含珍大元帥豐甘上柱國兼脆尹,淡然子可天味大將軍遠勝王,季遲可清緒内相頏羹郡王。

爽國公:一南寵乃蠍,二甲藏用乃螼蚨,三解蘊中乃蟹,四解微子乃彭越。

令多黃尉權行尺一令南寵,截然君海,天付巨材,宜授黃城監遠珍侯;復以爾專盤處士甲藏用,素稱蠍副,衆許蟹師,宜授爽國公圓珍巨美功臣;復以爾甘黃州甲杖大使,咸宜作解蘊中,足材腴妙,螯德充盈,宜授曹丘常侍兼美;復以爾解微子,形質肖祖,風味專門,咀嚼謾陳,當實下列,宜授爾郎黃少相。

甘鬆左右丞:仲扃乃蛤藥。

令合州刺史仲扃,重負雙宅,閉藏不發,既命之爲含津令,陞之爲慤誠君矣,粉身功大,償之實難,宜授紫暉將軍甘鬆左右丞監試甘圓内吏。

清腴館學士:文明靈蜺先生。

令靈蜺先生,外無排脅之皴,内無鯁喉之亂,宜授紅鐺祭酒清腴館學士。

橙虀録事:鱸名紅文生盧清臣。

令惟爾清臣,銷醒引興鱗鬛之鄉,宜授橙虀録事守招賢使者。

珍曹必用郎中:鱘名時充。

令珍曹必用郎中時充,鐺材本美,妙位無高,宜授諸衙效死軍使持節雅州諸軍事。

骨鯁卿:鱗名白圭夫子。

令惟爾白圭夫子,貌則清臞,材極美俊,宜授骨鯁卿。

醉舌公:鼋名甘鼎。

令甘鼎,究詳爾調鼎之材,嚼舌潮津,宜封醉舌公。

擐甲尚書:鱉名甲拆。

令甲拆翁,挾彈於中巧也,負擔於外禮也。介胄自防,不問寒暑,智也。步武懦緩,不逾規繩,仁也。故前以擐甲尚書榮其迹,顯其能,宜授金丸丞相九肋君。

典醬大夫：鱟名長尾先生。

令長尾先生，惟吳越人以謂用先生治醬，華夏無敵，宜授典醬大夫仙衣使者。

新美舍人：石首名元鎮。

令元鎮，區區枕石子孫，德甚富焉，宜授新美舍人。

懷奇令史：石決明名朱子房。

令和羹長朱子房，酒方沉酣，臭薰一座，挑箸少進，神明頓還。至於七孔賦形，治目爲最，宜授懷奇令史。

甘盤校尉：烏賊名甘盤。

令甘盤校尉，吐墨自衛，白事有聲，宜授噀墨將軍。

通幽博士：龜名元介卿。

令元介卿，爾卜灼之效，吉凶了然，所主大矣，宜授通幽博士。

同體合用功臣：借眼公乃水母。

令惟爾借眼公，受體不全，兩相藉賴，宜授同體合用功臣左右衛駕海將軍。

點花使者：李藏珍即真珠，斑希即玳瑁。

令李藏珍，照乘走盤，厥價不貲；斑希，裁簪製器，不在金銀珠玉之下。藏珍宜授圓輝隱士，斑希宜授點花使者。

梵響參軍：牡蠣曰房叔化，梵響曰屈突通，硏光螺曰阮用光，珂曰羅幼文。

令房叔化，粉廚湯丸，裹護丹器。屈突通，振聲遠聞，可知佛樂。阮用光，運體施功，物皆滑瑩；羅幼文，類乎貝孫，點綴鞍勒，粲然可觀，小有文采。叔化可豪山太守，樂藏監固濟；突通可曲沃郎、梵響參軍，攝玉塔金舍；用光可檢校大輝光，宜充掌書記；幼文可馬衣丞。

濟饞都護：田青是螺螄，申潔是蛙，江伯夷是鱲鱮，屯江小尉是江狆。

令惟爾田青，微藏淺味，無所取材，世或烹調以爲怪品；申潔，蒼皮癮疹，矮股跳梁；江伯夷，宋帝酷好，鱮則別名；屯江小尉，漁工得雋，亦號甘肥。田青授具體郎，申潔宜授濟饞都護行水樂令，伯夷宜授宋珍都尉南海詹事，屯江小尉宜授追風使試湯波太守。

銀絲省廱德郎：錦袍氏鱖也，李本鯉也，鮮于羹鯽也，楚鮮白魚也，縮項仙人鯿也，食竈侯鱘鰉也，單長福鱓也，管統蔥管也，備員居士東崇也，唐少連崇連也。

令以爾錦袍氏，骨疏肉緊，體具文章，宜授蘇腸御史仙盤游奕使。以爾李本，三十六鱗，大烹允尚，宜授跨仙君子世美公。以爾鮮於羹，斫膾精妙，見稱杜陵，宜授輕薄使銀絲省饜德郎。以爾楚鮮，隱釜沉糟，價傾淮甸，宜授傾淮別駕。以爾縮項仙人，鬼腹星鱗，道亨襄漢，宜授槎頭刺史。以爾食寵侯，友節班駁，標致高爽，宜授添厨太監。以爾單長福，曲直靡常，鮮載局苔，宜授泥蟠掾。以爾管統，省象菜伯，可備煎和，宜授長白侯同盤司箸局平章事。以爾備員居士，腥粗無狀，見取俗人，宜授鍊身公子。以爾唐少連，池塘下格，代匭充庖，宜授保福軍節度使。

春榮小供奉：河純名黃薦可。

令黃薦可，爾澤嫩可貴，然失於經治，敗傷厥毒，故世以醇疵隱士爲爾之目，特授三德尉兼春榮小供奉。

輔庖生：鮟名新餐氏。

令新餐氏，爾療饑無術，清醉有材，莽新妖亂，臨盤肆餐，物以人汗，百代寧洗！爾之得氏，累有由矣。宜特補輔庖生。

表堅郎

令蓋頑生乎泥沙，薄有可采，宜授表堅郎。

原載《清異録》卷3

沈仁衮

吳越官員。

感應塔記

昔者瞿曇氏之化天竺也，將宏妙法，式振辨才，既演暢於崛山，俄涌現於靈塔，久居多寶，契乎宿因，純化之瑞，斯可見矣。洎無憂王之治間洲也，冥搜舍利，遄構佛陀，括囊於八國之中，經營於一日之內，被乎世界，炯若星羅，鬼國之憂，斯可見矣。由是教傳東國，法仰西方，伊塔廟之聿興，遂支提而寖廣，徵諸善者，可得言之。晉義熙二年，隱士許詢字玄度，拂衣俗態，脫屣浮名，舍第宅兩區，建迦藍二所。

其一則營於鏡水，號曰祇洹；其一則立彼蕭山，目之崇化。乃於餘衍，樹以浮圖，唯乏相輪，未全香刹。旋於中夜，忽邇飛來，既道俗而式瞻，且規矩而暗合。未幾，有番僧邂逅，繞塔踟蹰，或問其來，非無所以。乃言國爲天竺，寺實菩提，遽失相輪，遍搜印度，遂杖錫跋履，尋光現真。衆復詰之，奚以爲證？訴以七寶營構，諒匪五金作爲，驗之不誣，信矣何爽。玄度載發宏願，當冀來生，果克爲王，重建是塔。浮世空嗟於閱水，善根有若於移山。

逮夫梁武受圖，蕭氏命族，至岳陽王詧，除會稽郡守，將欲理棹，訪于志公，歷彼川塗，訣之休咎。乃曰："今之分命，蓋還舊居，請詢曇彥上人，在彼香巖精舍。"無何法眼，早已經心，遂約緇徒，仵迎玄度。數日岳陽適至，畫隼爰來，夫彼彥師，已伺門首。乃謂曰："許玄度，來何暮？昔日浮圖今如故。"岳陽王應之曰："弟子姓蕭名詧，豈許玄度耶？彥師既知宿命未通，豈造次能喻。"于時延入虛室，遽爇名香，乃以定慧加之，於是斯須恍若豁開疑罔，鎮悟前生，洞究因緣，了在心目。俄命同載，適彼蕭山。爰止舊廬，遂禮遺像，既現塔中舍利，兼騰基上神光，仍於龕室之間，采出斧鑿之類。且悲且喜，于載於三，尋率俸金，別營雁塔，不日而就，異世合符，稽彼感通，有如影響。邇後年祀復遠，世故推遷，緬層構之冀存，顧基堮之空在，累代而下，一簣不留，遐考厥出，宜乎有待。

吴越監軍節度使渤海公，文武傑出，忠孝間生，實惟霸王之心腹，久居元舊之爵位，中立無倚，出言有章，多重寶綠水紅蓮，得夷吾春風夏雨，彩衣炳煥，棣萼芬芳。虞潭養堂，莫能比興；陸凱侯族，才足矜誇。而能屬意真筌，靈衿道樹，側聞往事，載動信心。遂與蜀國夫人敦琴瑟之情，表金石之固，同發誠願，須彼勝緣，務捨珍財，再崇瑞相。而乃磨礱文石，陶埏磚瓦，起自戊午年秋初，訖於已未歲冬首，甃在雙塔，並建五層，其制超今，其高邁古，事符感徹，妙盡雕鏤。東則璀璨瑰瑰，樹岳陽之善本；西則晶熒赫赫，表玄度之良因。其第一層則儼天人師子石像，其第二層已上，則涌起千佛，面于四方，衆寶莊嚴，五彩繪素，聳鐵輪而萃漢，懸金鐸以鳴風，臺類須彌，狀侔阿育，晉代之高踪不泯，梁朝之餘烈重光。愚竊思之，信可徵矣。若非公續許詢前志,應蕭督後身,則何得契彼三生,成兹萬善。夫如是,亦何必志公復出,曇彥重來,舉而論之,固其宜矣。樹德之盛,積善攸歸,雅述徽猷,稱乎琬琰。仁衷才疏頌魯,學愧游梁,擒藻騰芳,徒懷烏鳳;激波飛譽,曷比魚鷗。誰謂飾揚,罔遺荒墜,退讓弗克,黽勉何多,雖銳意於枳園,必貽譏於畫虎。其詞曰:

粵靈塔之穹崇兮,肇多寶之涌現。矧阿育王之鬼功兮,示閻浮之神變。禮一念之勤拳,闢萬善之關鍵。由感應之不誣,遂祖述之斯薦。有許詢之曠達,樂蕭山之葱蒨。捐爽塏之華居,聿莊嚴於秘殿。營窣漢之俄成,慊相輪之未建。忽中夜而飛來,實眾目之咸見。冀後世之再逢,俾真風之重扇。造梁朝於帝族,封蕭督於禹甸。問所適於志公,通宿命於曇彥。果宏誓於疇昔,襲洪固於周遍。泊年代之屢遷,念頹毀之誰援。誕明公於海嶽,列群辟於方面。鼓琴瑟之克諧,捨金玉而靡倦。樹雙標之聳拔,表三生之勇健。燦熠熠之金容,累層層之玉現。振象教之罔細,開龍華之方便。輾不退之法輪,正無漏之高選。惟天上兮人間,受豐報之弘願。

原載《唐文拾遺》卷48

張孝友

吳越官員,吳興(今浙江吳興)人。任鎮海軍節度判官。

福祈禪院碑

道上虞西北四十里福祈峰下,舊傳吳赤烏間僧純一師,化其族李之所居爲伽藍,號祈福院。訖今鄉人尊稱一法華開山祖。是有晉天福二年丁酉,行淳師主兹山,弟子無相,自孫出也。兄鑒、鎰,鎰以武職顯。院撫逼仄,倚山皆孫氏業,相言於兄,樂助形勝。凡山之爲畝者三十又六,地之爲畝者四,東距院田,南艤院阯,上極其峭而高者維西,下臨其岰而深者則北。披蓁肆莽,創大阿羅漢殿,猶神輸鬼運,咸姹乎成之速。復言於兄請諸朝,四年己亥,賜額福祈禪院,順山名也。嗚呼! 二師相去寥洞,肇基拓業,若合符節。世之稱士君子者,或群

聚而訾浮屠之説，厥子肯堂肯播，視相之舉爲何如？純一師其有傳
矣，行淳師其有後矣。繼繼承承，爲國祝釐，永永無疆，而利益之及於
檀施者，其又有不可量議者矣。猗歟休哉！余屬與行淳師游，俾識初
末，垂示將來，不得辭。是年臘月望日，外友鎮海節度判官吴興張孝
友撰并書。

　　住山行淳刻石，四明王仁鐫。

原載《越中金石記》卷1

沈　佳

　　吴越國人。撰此志時署鄉貢明經。

後唐東都餘姚縣梅川鄉石仁里故弘農楊氏（從魯）墓志銘并序

　　鄉貢明經沈佳述

　　昔前周霸王，伏塞北之人臣；東晉興隆，盛江南之氏族。爾後枝
葉鬱茂，子孫滋繁，弘農則郡彌高，楊氏之根源遂闊。駿爲晉之太傅，
事武帝而偏榮。國忠以之相唐，佐玄宗而尤貴。流派不遠，門從非
遙。嗣統先賢，府君者矣。府君諱從魯。曾祖諱業；祖諱位，婚劉氏。
並樂丘園，不求榮禄。府君有弟三人，一人名裕，次名珪，次彥。一
妹，事翁氏。府君性本優閑，心唯特達。在閭里則父老仰慕，出郡邑
則官吏欽承，莫不衆羨風猷，遠鄉聲價。嗚呼！神靈昧爽，殞棄賢明。
以七月廿日寝疾，未果醫療，便至膏肓。至八月四日終于私室，享年
七十有六。以當縣梅川鄉何村保張師裕地之爲墓，禮也。其東至伍
家墓樟樹，直上取山峰爲界；南至塘根，歸東及溪曲轉，直上取五家
墓；西至自前母冢邊，直上山峰爲界；北至山峰。府君婚吕氏，有子四
人：孟曰仁範，婚鄭氏，仲曰仁規，婚葉氏；叔曰仁規，婚馬氏；季曰仁
矧，未婚。一女媒娘，在室。並以冤煩荼毒，哽咽悲號，至仁而四鄰助
哀，極孝而親同感。頻修齋供，唯希早得往生；累造經文，以願離苦解
脱。是爲孝子事親之終也。嗚呼！人世難駐，玄壤是歸。黯黯愁雲，
灑連連之雨淚；朦朧野色，痛切切之肝腸。又慮綿歷歲時，鎡錤變改，

固其雕志，乃作銘云：

東晉興霸，賢明過江。多少節鉞，何限旄幢？各選勝地，共擇名邦。蠻夷遠伏，戎狄來降。其一。姓氏芳茂，弘農本源。其邦四海，罔是三邊。將來越國，漸至梅川。不慕爵祿，樂在桑田。尋其上世，氏族頗章。駿晉太傅，國中相唐。事君諫諍，爲人紀綱。蓋其枝葉，不遠門房。三。疾疹倏來，決別何忽。十日纏綿，一朝蒼碎。何期殞没，兒女悲號，痛傷協骨。其四。卜期俄至，將空尊靈。日值吉兆，時臨好星。泉深土厚，松碧山青。千年萬歲，堅在銕銘。

原載《越窰瓷墓志》

張　瑗

吳越官員。武肅王錢鏐時，累官至司空。

對觀生束脩判

庚補觀生所學未就其師同算生例徵束脩。訴云：“蓋伎術不可爲例，必其抑納。遣出幾何？”師曰：“算之伎術。”生終不伏。

執伎以事，嚴師爲難。束脩既行，誨訓無倦。惟庚業兹曲藝，就彼師資，隅際摳衣，已稱弟子，席間函丈，須稟先生。妄有燕朋之詞，而違成例之訴。以算非伎，斯爲妄矣。在三如一，其若是乎？既虧北面之禮，須受西鄰之責。

原載《全唐文》卷898

程仁紹

吳越國人。任衣錦興國軍安國縣西市看守、宏聖王大丘陵客。

請蠲免夫役狀

衣錦興國軍安國縣西市看守宏聖王大丘陵客程仁紹。右。仁紹户税係衣錦北鄉，每年先次送納並足，且仁紹翁祖，去乾寧二年，蒙太祖武肅王給帖,巡看大丘陵,並及四面山林。年前後並無闕失,户内所雜色差配夫役,從前蒙押太祖武肅王批命放免,並本軍台命,其祖王批命見在。今縣司不委從前看守官中宏聖王大丘陵衮同一例差點,不敢辭論。且仁紹户内鹽税米等,先次送納,不敢逋欠正限。其户内雜色差配夫役甲頭等,伏乞元帥大王鴻恩特降批命,念以看守大丘陵年深,不同別事,故户日夜巡看,尚憂闕違,許容下縣,准前蠲免。冒犯明庭,伏候王旨,下縣指揮。十月日。安國縣西市看守宏聖王大丘陵客程仁紹上狀。

原載《全唐文》卷898

丘光庭

吳越官員,吳興(今浙江吳興)人。歷官太常博士、國子博士。

海潮論并序

　　夫元功美宰,神物混成,不可以智知,不可以情詰者。聖人皆置之度外,略而不論。而後之學者,獨以不論海潮爲闕事,多著文以窮之。今其遺文得見者三數家。《山海經》以"海鰌出入穴而爲潮",王充《論衡》以"水者,地之血脈,隨氣進退而爲潮",竇叔蒙《海濤志》以"月水之宗,月有虧盈,水隨消長而爲潮",盧肇《海潮賦》以"日出入於海,衝擊而爲潮"。斯乃俱無據驗,各以其意而爲言也。然而潮之所生元矣。尋其源而不可究其極,睹其末而不可窺其端。苟或是非,無所勘會。唯其近理,則謂得之。今觀諸家之説。咸盡乎善,不可備陳其短。輒以管見自立一家之言,名曰《海潮論》,其意以爲水之性,祇能流濕潤下,不能乍盈乍虚。靜而思之,直以地有動息上下,致其海有潮汐耳。乃立漁翁隱者更相答,凡四十問,分爲十篇,成一卷,冀其窮理盡性,多言或中者也。又以析理之書,不宜染尚文字,但以理明義白爲善也。故今之所論,直言其歸趣而已,所貴精微朗暢,覽讀無煩者焉。

原載《全唐文》卷899

論潮汐由來大略

東海漁翁訪於西山隱者曰："余生於海上，若風雨雲霞雷電霜雪之自自者所從來之謂也，余皆略知宗旨矣。至於海潮之來，朝聞夕見，終莫曉其所由然也。遐觀竹帛古者未有紙，或書於竹簡，或書繒帛，故呼經史爲竹帛，博考古今，海經夏禹治水之時記山川百物，其書名《山海經》也論衡之文後漢王充著書考論物理，其書名曰《論衡》，竇氏浙東處士竇叔蒙著《海濤志》盧侯之説袁州刺史盧肇著《海潮賦》，雖多端指諭，咸於義未安。聞吾子志學能文，精智辯物。願爲余明白而陳之。"西山隱者曰："僕巖居林處，遥海遠江，安能知濤潮之所起乎？且天地廣大，誰能睹其根源！請爲子遠取諸經，近取諸物以考之。雖其至廣至大，亦不能逃於理矣。今按《易》稱'水流濕'，《周易》乾卦之文，《書》稱'水潤下'《尚書·洪範》之文，俱不言水能盈縮。斯則聖人之情可見矣。水既不能盈縮，則海之潮汐音夕，潮之落也，今人呼爲澤，不由於水，蓋由於地也。地之所處，於大海之中，隨氣出入而上下音暇，後意同者皆倣此。氣出則地下，氣入則地上。地下則滄海之水入於江河，地上則江河之水歸於滄海。入於江河之謂潮，歸於滄海之謂汐。此潮汐之大略備矣。"問曰："古今言潮汐者多矣，皆以海水盈縮而爲之，未有言由地之上下者也。子之獨見，深得其源。然其必非海水之盈縮，從何理以知之？"答曰："視百川則知之矣。百川亦水也，不能盈縮此破竇氏言'月爲水之宗，水隨月盈縮'者。海豈獨能盈縮乎？假令海異百川，獨能盈縮，則海水既盈，地亦隨盈而昇，百川隨地而上。彼此俱上，則無潮矣。海水既縮，則地亦隨縮而降，百川亦隨地而下。彼此俱下，則無汐矣。固以百川居地之上，地居海之上。地動而海靜，動靜相違，則潮汐生矣。以斯知非海水之盈縮也。"

原載《全唐文》卷 899

論地浮於大海中

漁翁問曰："《中庸》《禮記》篇名也。云：地之廣厚，振河海而不泄。鄭注云云：振，'收也。'則是海居地上。子云地浮於海中，何也？"答曰："作《記》之人作《禮記》之人也，欲明積小致大，極言地之廣最，非實也《中庸》云：'今夫地一撮土之多也，及其廣厚，載華嶽而不重，振河海而不泄。萬物生焉。'爲其意言積小致大，地從撮土之多，遂能收河海而不泄，此立教之文非窮理也。按《洪範》五行，一曰水，水曰潤下，潤下作鹹，指言海水。水之本位，位在北方。自北直南，以土及火水在北，土居中，火在南也。推而立之從南推起而立之，則火上土中水下也。亦如人之五臟，心上脾中腎下也心屬火，脾屬土，腎屬水也。故《志》曰《志》者，古書之通稱：‘天以乘氣而立，地以居水而浮。’由是而論，地居海之上，亦已明矣。”問曰：“地必居海之上，則是地浮而不沈。今將土塊置之於水則沈，何也？”答曰：“地含氣塊，不含氣故也。且子不見陶器乎陶器、瓦器、盆瓮之屬？夫陶之於水也，全之則雖重必浮含氣故也，片之則雖輕必沈片之者，打一小片置之於水，則必沈者，不含故也。質性同而浮沈異者，氣之所存則浮，氣之所去則沈。子曰土塊之不浮，亦猶器片之沈矣。”問曰：“如子之言，地則浮矣。然則海中洲島，其獨立乎？其居於地乎？”答曰：“地形中聳而邊下，海中洲島，猶居地之垂處也。”問曰：“若如所論，則是天下一海而地浮於中。然經史有四海之文，何也？”答曰：“經史之文，據其所由而爲言也。居之中而指四方，故言四海。其實一耳。”

原載《全唐文》卷 899

論地有動息上下

漁翁問曰：“吾聞地道安静，子曰隨氣出入而上下，何也？”答曰：“《周易》云：‘坤元亨，利牝馬之貞。’《象》曰：‘牝馬地類，行地無疆。’然則乾象以龍，坤象以馬。觀其所象，地非不動之物。《河圖括地象》云：‘地常動而不止地周游於八紘之中，未嘗暫息也。’春東東方木氣時曰少陽，所以暄和，夏南南方火氣時曰太陽，所以暑熱，秋西西方金氣時曰少陰，所以凄凉，冬北北方水氣時曰太陰，所以嚴凝。冬至極上，夏至極下。其故何哉？由於氣也。夫夏至之後，陰氣漸長。陰氣主閉藏，則衰於上而盛於下。氣盛於下，則海溢而上。陽氣歸於海，下氣多，故溢而上也。故及冬至而地隨海俱極上也。從夏至後陽氣漸退，陰氣漸長，地亦漸上，陰進故也。及至秋分地面與天不齊，故晝夜等也。秋分之後，及至冬至，地面上過天心，上之極也，所以晝短而夜長也。冬至之後，陽氣漸長。陽氣主舒散，則衰於下而盛於上。氣盛於上，則海斂而下。陽氣散出於海，上氣少故斂於下。故及夏至而地隨海俱極下也。

冬至之後，陽氣漸長，陰氣漸退。地亦漸下，陰退故也。及於春分，地面與天不齊，故晝夜等也。春分後，及於夏至，地面下過天心，下之極也，所以晝長而夜短也。此一年之内動息上下也。"問曰："其一日之内，動息上下，可得聞乎？"答曰："繫辭云：'夫坤，其靜也翕韓康伯注云：'翕，斂也。'止則翕，斂其氣也。'其動也闢注云：'動則開，闢以生物也。'，翕者物之收斂，闢者氣之散出。氣收斂則地上，氣散出則地下。何異人之呼吸歟？又《莊子》云：'大塊噫氣大塊，地也，其名曰風。'彼言噫氣，亦呼吸之類也。"問曰："一晝一夜兩潮汐，則是一晝一夜，兩闢兩翕。將何驗之哉？"答曰："驗魚獸之皮，則知之矣魚獸出海中，形如牛。按《毛詩》蟲魚疏云：'魚獸之皮，乾之經年，每天陰及潮來，則毛皆起。若天晴及潮還，則毛伏如故。雖在數千里外，可以知海水潮。'然則潮之來去，與天之陰晴相類，氣散出則天陰，氣收斂則天晴。即知是氣散出則潮來，氣收斂則潮落。故知魚獸之毛起伏者，非識天之陰晴，及潮之來去，自應氣之出入耳。毛起者氣出也，氣出則地下，地下則潮來。毛伏者氣入也，氣入則地上，地上則潮落。故魚獸之毛，一晝一夜，兩起兩伏。足以驗其氣之兩闢兩翕矣。"問曰："此翕闢之氣，是何氣也？"答曰："地中之氣也。故此氣一出一入，則地獨上獨下，不由於水也。若一年之氣，則是天之元氣，其氣周於水，故水隨於氣而地隨於水也。"問曰："地之廣厚，不知幾千萬里也。今算術之家言地之里數，皆虛妄也。何者？地之四面垂入海中，不可知其涯際也。言能隨氣動息，不亦誣乎？"答曰："神無方，豈論巨細？且天大於地，逾數倍焉。尚能空中旋運也。況地比於天，殊爲小者，豈不能隨氣動息哉？但人自不思之耳。吾子視日月之迴，則信天之能旋。而視濤潮之至，不信地之能動。日月東行，天體西轉。今日月西迴者，天運之也。水性本靜爲潮汐者，地使之然。此理昭在，但人不思之耳，豈不冥哉？豈不昧哉冥者無知之貌，昧者暗晦之辭？"問曰："若如所論，則地有動息上下矣。然則人不覺之，何也？"答曰："不睹日月，則不覺天之旋。不睹濤潮，則不覺地之動。故《河圖括地象》云：'夫人居大舟之中，閉牖而坐，則不知舟之動也。'且人居大舟中，尚不知舟動，而況地之廣大，曾不睹其邊，何以知其上下哉？且子不聞南中之潮鷄乎？出《山海經》鷄鳴則潮至，鷄不睹潮之至而先鳴者，蓋覺地之動也。是知物有所長，人或不及。"問曰：“地震人則覺之，何也？”答曰：“動安和而震戰悚也。震甚則人覺，微亦不覺也。昔張衡作地震儀，以龍銜銅丸，地震則丸落。張衡，後漢人也。儀者，狀貌之稱也。其形如酒罇，外鑄銅爲八龍，龍銜銅丸，各置一方。其機關在罇內，東方地震，則東龍丸落，他皆倣此也。嘗一丸落而不覺震，人皆以爲無驗。經數日而隴西奏地震，與丸落時同，人始服其工妙。然則震微人尚不覺，況闔翕上下微而和者乎？”問曰：“地震何爲者也？”答曰：“亦氣也。《周語》云：‘陽伏而不能出，陰迫而不能昇，則有地震。此伯陽甫之辭也，伯陽甫，老子也。’言陽氣伏於下，而陰氣迫於上。故陽氣不能昇出而地爲之震，其言陽伏陰迫，皆迫伏於地中焉。推此而言，是知地中之氣能使地之上下也。”

原載《全唐文》卷899

論潮汐名義

　　漁翁問曰：“若如所論，則是地自上下，水乃去來，而爲之潮。何也？”答曰：“潮者朝也潮音朝廷之朝，潮本無名，强名之曰潮。至江漢之流，自歸於海，而《夏書》謂之朝宗於海《尚書·禹貢》文也，其意言百川之赴海，如諸侯之朝天子也。古人見海來朝百川，亦名之曰潮。如天子出而見諸侯，亦謂之朝。故《明堂位》云《明堂位》，《禮記》篇名：‘昔者周公朝諸侯於明堂之位。’意同於此矣周公，周成王之叔父也，成王年幼周公攝行天子之事，而受諸侯之朝也。”問曰：“謂之汐，何也？”答曰：“汐者水歸於海，如臣夕見於君然早見於君曰朝，晚見於君曰夕。故《左傳》曰：‘國家無事，則朝音朝廷之朝也而不夕務閑也’，《詩》云：‘邦君諸侯，莫肯朝夕《小雅·雨無正》篇’，此其義也。”問曰：“謂之濤，何也？”答曰：“濤，大波也。凡風之駕水皆謂之濤，不得專於潮也考其義理則竇氏盧侯謂潮爲濤失之矣。”

原載《全唐文》卷899

論潮有大小

　　漁翁問曰：“潮來有大小，何也？”答曰：“二月八月，陰陽之氣交，月朔月望，天地之氣變。交變之時，其氣必盛。氣盛則出甚如人行步則喘急，氣出甚則地下甚下，音暇。意同者倣此，地下甚則潮來大。其非交變之時，其氣安静則出微，氣微則地下微，地下微則潮來小。故二月八日，其潮遂大於諸月，月朔月望，其潮遂大於諸潮。”問曰：“大不正當朔望之日，常於朔望之後何也？”朔大於初二、初三、初四，望大於十六、十七、十八答曰：“凡物之動，先感而後應，先微而後盛，朔望之氣雖至，而地動之勢猶微，故潮來大常於朔望之後也。”問曰：“何知二月八月陰陽之氣交者？”答曰：“陽氣生於子謂十一月也，出於卯謂二月也，浮於午浮者盛於地上謂五月也，入於酉謂八月也。陰氣生於午，出於酉，浮於子，入於卯子午卯酉皆謂月建也。故曰卯酉者，陰陽出入之門户也二月陽氣出而陰氣入，八月陰氣出而陽氣入。是知二月八月，陰陽之氣交也。”問曰：“何知月朔月望，天地之氣變者？”答曰：“日，天倫也俱陽物也。月，地類也俱陰物也。朔，形交焉日月周旋故曰形交望，光偶焉月望光滿，故曰光偶。光偶者，團圓盛大，與日相對。光偶形交，其變如一所以朔望之時天地之氣皆有變動，朔望無異故曰如一也。故陰陽書占正月之朔，知一歲之祥祥者善惡之通變，今人占歲旦雲物風氣，知一年之内水旱豐荒。又稱五月、十一月望爲天地牝之辰牝者陰陽交接之名也。彼其諸月，猶此一隅言諸月之朔望皆出正月、十一月之朔，舉此二月，則諸月可知。故曰猶此一隅，猶如也。隅，角也。是知月朔月望，天地之氣變也。故《洪範》云：‘星有好風箕星好風，星有好雨。《畢星好雨》詩云：‘月離于畢，俾滂沱矣。’離，麗也，麗，著也。’月之從星，則以風雨。然則月從箕畢之星，天地尚爲之風雨，豈其交接而氣不變者乎？”

原載《全唐文》卷899

論潮候漸差

漁翁問曰：“潮來或午或未，漸差何也？”答曰：“晝夜繫日，翕闢隨月。月臨子午則地闢，故潮之來，月皆臨臨子臨午。夜潮月臨子，晝潮月臨午。天體西轉，日月東行。日遲而月速，每二十九日過半而月及日。日月同會，謂之月朔。故月朔之夜潮，日月俱臨於子，晝潮日月俱臨於午。自此之後，月遠漸東，至午漸遲。故潮亦漸遲也。天體西轉、日月東行，月速而日遲，從月朔之後，月去日漸遠，初二初三日，至未而月方至午，故潮來在午後未時也。所謂晝夜繫日翕闢隨月者。又夜於海下而論，則天體東轉，日月西行，月速漸西，至子漸遲，故潮來亦漸遲月朔夜半潮來者，日月俱在子，至初二初三，月去日漸遠，日已至丑而月方至子，故潮來在子後丑時也，是以晝潮入夜一日午時，二日午後，三日未時，四日未後，五日申時，六日申後，七日酉時，八日酉後，此謂晝潮入夜也。”問曰：“何謂月臨子午，夜潮入晝一日子時，二日子後，三日丑時，四日丑後，五日寅時，六日寅後，七日卯時，八日卯後，所謂夜潮入晝也，則地闢乎？”答曰：“《禮運》云《禮記》篇名：地秉陰竅於山川，播五行於四時鄭元云：竅，孔也。言地持陰氣，出內於山川以舒五行於四時也，而後月生也言此氣和乃月生也。是以三五而盈，三五而闕。則是月爲地類也。《易》説陽氣生於子，陰氣生於午《易》説者《周易》之義也，故月臨子午則地氣生，地氣生則闢而出也。”問曰：“説卦云《周易》下繫也：‘離爲日，坎爲月。’則是月爲水類。而《禮運》月爲地類，與説卦不同，何也？”答曰：“地、水皆屬於陰，俱主於月。故禮運説卦，互而言之，以相顯也。且日爲群陽之精，非獨專於火也。月爲群陰之精，非獨專於水也。何以言之？按五行，天一生水於北，地二生火於南。是故火爲雌，水爲雄也。若以日專主火，月專主水，則亦日雌而月雌也。今按《禮》説云：《禮記》之義‘日爲君象，月爲臣象。’觀其所象，正與水火相違。故知日非專火，月非專水也。《易》曰：‘乾，天也。’有君父之道焉。《周易》説卦云：‘乾爲天，爲君，爲父。’坤，地也，有妻臣之道焉坤文云，地道也，妻道也，臣道也。然則日象與乾同日爲君象，月象與坤同月爲臣象，故曰三五而盈，三五而闕。三五者，水一火二木三金四土五此五行生數也，合其數爲十五。滿十五而盈月望也，盡十五而闕月晦也。既與坤道同象，總五行之氣，非地類而何地亦總五行也？與説卦參而求之，足表群陰之義。”問曰：“陽隧開而火出陽燧者，五月丙午日午時，鑄銅錫爲之，其形如鏡，舉之照日以艾蘝，得其火也，陰鑒舉而水流陰鑒者，用十一月壬子日子時鑄銅錫爲之，其形如蚌殼，舉之照月，以物取之，得水者也。則似月專於水矣。何以釋之？”答曰：“所言不專於水，豈謂全無水也？但其兼主諸陰，水亦在其中矣。舉陰鑒而得水，與掘地而得泉，何以異也？”問曰：“五行云：陽數奇，陰數偶。水一土五奇數，子云皆屬於陰，何也？”答曰：“水成數六，土成數十，然則水之與土，屬陽而終屬於陰，陰極則陽陽極則陰之義。”

論浙潮

漁翁問曰:"浙江之潮特大,何也?"答曰:"諸江淮河,發源皆遠,某水多按楚江出岷山,淮出桐柏山,河出崑崙山。江水既多,則海水入少。水入既少,其潮皆小也。而浙江發源獨近,其水少浙江之源,近者三四百里,遠者不過千里。江水既少,則海水入多。水入既多,故其潮特大也。"問曰:"潮來有頭,何也?"答曰:"地勢廣遠,垂入海中今人見海岸謂之海際,非也。殊不知地勢漸低爲海水所漫,其際不可見也。地下則潮生下音暇,潮生於地際自際涌,涌則蹙,蹙則奔,奔則有頭,水之常勢也。"漁翁問曰:"浙江之潮,或東或西。何也?"答曰:"夫水之性,攻其盈而流其虛。沙隨其流而積其虛。積而不已,變虛爲盈。盈則受攻,終而復始。所以或東或西也。"問曰:"何故浙江之水,獨能攻其盈乎?"答曰:"大川皆然,非獨浙江也。凡水之迴折之處,涯岸皆迭盈迭虛,或三十五十年而一變,水勢使之然也今黃河及諸大川之岸皆有移易是也。《易》曰'地道變盈而流謙',此之謂也。"

原載《全唐文》卷 899

論氣水相周日月行運

漁翁問曰:"子言氣盛於下,則海溢而上。氣盛於上,則海斂而下。則是海之下有氣,從何理以知之?"答曰:"《抱朴子》云:葛洪所著書名'從地向上,四千里之外,其氣剛勁,居物不落。'以此推之,則周天之氣皆剛,非獨地之上也。是知日月星辰,無物維持而不落者,乘剛氣故也。內物既不能出,而外物亦不能入。則日月星辰,雖從海下而迴,莫得與水相涉此言乃見盧氏所言出入於海衝擊而爲潮之謬也。若其海下無氣,則日月星辰,并入於水。按星月無光,假日光而明。若日夜入於水,則星月無由明矣。故知日居元氣之內,光常周遍於天。雖當夜半之時,天中亦不昏黑日在上則光照下,在下則光照上,故雖通夜,光常週遍於天,所以星月明也。以斯知海之下,有氣必矣。故人之氣海,亦在水藏之下,其取象於天地焉氣海在臍下。"問曰:"海之下既有氣,海之邊際則如何?"答曰:"亦氣也海之外,際無涯岸,皆剛氣捍其水,所謂周天之氣皆剛者也。氣之外有天,天周於氣,氣周於水,水周於地,內地而外天,天地相將,形如鷄卵黄即地也,白即水也,膜即剛氣,殼即天也。"問曰:"《虞書》謂東方之地曰暘谷,西方之地曰昧谷《尚書·堯典》文也。則似日之出入,皆從地穴中也。今子言日居元氣之内,而與虞書不同,何也?"答曰:"易離卦象云:'日月麗乎天。'麗,著也。言日月之行,附著於天也,則所言日居元氣之内,無乃是乎?而《虞書》所稱暘谷者,皆在九州之域,此乃指其所見而爲言也。凡平地以望日出日入,皆如近在山谷間,故以谷言之耳。"問曰:"《周易》《虞書》俱爲正典,安知《易》是而《書》非乎?"答曰:"視日見之行,則知之矣。按日月右旋而天左轉,日月行遲而天轉速。故日月隨天皆西邁,非著天而何?故知《易》是也。"問曰:"前篇云日遲而月速,此云日月遲而天轉速,何也?"答曰:"日行三百六十六日而一周天,月行不及三十日而一周天。天則一日一夜而轉一周,是月行速於日,遲於天也。比日言之則月速,比天言之則月遲。與前篇非相矛盾也矛盾者,相違背之辭。矛,鎗也。盾,干桿也。今人謂之傍牌,事見《列子》。"

原載《全唐文》卷 899

論渾蓋軒宣諸天得失

　　漁翁問曰:"如子所謂,是用渾天爲説也。蓋天、軒天、宣夜之是否,可得聞乎?"答曰:"此三者之説皆非自古説天地之形者,都有七家:一曰渾天,二曰宣夜,三曰蓋天,四曰軒天,五曰穹天,六曰安天,七曰方天。諸説既繁,難以備舉。今略舉四者也。蓋天者,言天形如車蓋也。軒天者,言天勢南低北軒也。宣夜者,言天唯空碧無形質也。唯渾天言天地之形如鷄卵,北聳而南下南小北大,故終日旋運而不離其所。故北極常不没,南極常不見。其轉如車軸以車軸喻鷄卵之轉,非真如車軸也,日月星辰皆不迴。故先儒皆以渾天爲得也。"問曰:"何知渾天爲得乎?"答曰:"按《周易》'乾下坤上爲泰。☷☰'其象曰:'天地交而萬物通也。'又'震下坤上爲復。☷☳'其象曰:'復其見天地之心,陽氣在下。'推此則見渾天之形也。昔張衡作渾天儀儀者,狀貌之稱,鑄銅爲之雕鏤,日月星辰於上,於密室之中,以儀浮於水上,滴水而轉之,以視日出月没,昏中曉中正月之節昏昴中曉心中,於室内唱之,與室外觀之,天不差晷刻。由是論,故知渾天爲得也。"問曰:"何知蓋軒之屬非乎?"答曰:"彼蓋軒者,皆言天轉如磨盤,日月星俱北迴。如人把火，夜行遠則不見。故先儒咸以其說爲非也。凡把火夜行，漸遠漸小，然後不見。今日落之時尤大，故知非遠不見也。又以破鏡之狀，辯其日落之時，益見北迴之謬。何以言之？若日落之時，如豎破鏡，即是日迴於北。今日落之時，如橫破鏡，故知日入於下也。且月之生明，向日爲始。若月從北明，即日迴於北。今月從下起，得非日居其下乎？看月之初明，即日之所在是知蓋軒之論，無所取裁。在易卦，‘坤下乾上爲否。☷☰’。”問：“宣夜之說，其理如何？”答曰：“亦非也。《易》曰：‘天行健《周易》乾卦象辭。’既稱行健，則有形矣。《道經》云：‘天無以清，將恐裂老子五千言之文也。’又史書每稱天開天裂史書者，《史記》以下之通稱。漢孝惠二年天開東北二十餘丈，天若無形，將何開裂？宣夜言天無形質，謬矣。”問曰：“天必有形，其形之外，可得聞乎？”答曰：“列子云：‘天地者，空中之一細物，有中之最巨者也。’然則天形之外，但空而無物。”漁翁問窮，作而喜曰：“問少得多，問潮聞汐，又聞天地之元理也，昭昭乎若夜之且曉，夢之醒矣。非奧學精識，其孰能臻此哉！”

原載《全唐文》卷 899

新添《毛詩》序

　　大中年中，《毛詩》博士沈朗進新添《毛詩》四篇云：《關雎》后妃之德，不可爲三百篇之首。蓋先儒編次不當爾。今別撰二篇爲堯舜詩，取虞人之箴爲禹詩，取《大雅》文王之篇爲文王詩，請以此四詩置《關雎》之前，所以先帝王而後后妃，尊卑之義也。朝廷嘉之。夫沈朗論詩，一何狂謬。新添四詩，爲風乎？爲雅乎？爲風也，則不宜歌帝王之道；爲雅也，則不可置《關雎》之前。非唯首尾乖張，實亦自相矛盾。其爲妄作，毋乃甚乎？

原載《全唐文》卷 899

詩序不作於毛公辨

　　先儒言詩序并小序子夏所作，或曰毛萇所作，明曰非毛萇所作也。何以知之？按《鄭風·出其東門》序云：“民人思保其室家。”

《經》曰："縞衣綦巾,聊樂我員。"毛《傳》曰："願其室家,得相樂也。"據此傳意,與序不同,自是又一取義也。何者？以有女如雲者,皆男女相棄,不能保其室家,即縞衣綦巾,是作詩者之妻也。既不能保其妻,乃思念之言,願更得聊且與我爲樂也。如此則與序合。今毛以縞衣綦巾爲他人之女,願爲室家得與相樂,此與序意相違,故知序非毛作也。此類實繁,不可具舉。或曰："既非毛作,毛爲傳之時,何不解其序也？"答曰："以序文明白,無煩解也。"

原載《全唐文》卷 899

闕　名

殘志

　　……無暇……長懷……染邪回以禮……每施仁惻素……物之心,有拯溺……官祿,自樂高閑……乃親朋之領袖,豈……限,積德難延,攝養……藥石無療,日就沉瘵大夜。以開平四年七月五日終于越□餘姚縣上林鄉之私第也,享年七十有六。公娶潁川陳氏,婦道雍和,内則明敏,母儀可範,節德無虧。育六人,長曰鄂,字亞□,娶鉅鏕魏氏;次曰益,娶南陽□氏,□□早逝;次曰玘、次曰郁,皆□□……夭亡;次曰郢;幼曰……群,風規秀茂,□□爲……女三人,長適……任氏乃仕族……幼曰嬌姑……範……

原載《越窯瓷墓志》

吳越故忠義軍匡國功臣越州都指揮使前授常州刺史特贈武康節度使銀青光禄大夫檢校尚書右僕射開府儀同三司上柱國海鹽屠將軍(瓌智)墓志銘

　　將軍屠氏,諱瓌智,字寶光,其先河東人,晉將軍屠擊之後也。大父某,避地於吳,家於澉川之青山,遂世爲蘇州海鹽人。太夫人吳郡顏氏,夢抱璧有光,生將軍,遂以瓌智名焉。將軍生而姿貌偉傑,鷹揚虎視,少負勇略,更善屬文。累舉不第,歷游名山,見疆宇幅裂,復還故鄉。吳越國王初起鄉兵拒黃巢,將軍從之,時時以籌畫進,遂與幕府謀議。董庶人昌僭號,將軍首勸討賊。昌誅,以功授指揮使。乾寧四年丁巳,同顧全武、王弟鎮自海道救嘉禾,生擒賊驍將楊勝、頓金等二十餘人。計功,將軍得中上,遥領常州刺史職。明年春,再遷越州指揮使。光化元年十一月,衢州刺史陳岌叛,將軍又同全武等討平之。三年,調守湖州,授制於同郡高公彦。天復二年壬戌,武勇都指揮使徐綰、許再思叛於府城,將及内城,刺史高公聞之,遣子渭與將軍同赴難。渭曰:"今日不利。"彦曰:"赴急難,何以吉辰爲!"將軍按劍曰:"違主之命不忠,畏縮不前無勇。死忠死勇,丈夫分也。"偕渭直抵靈隱山賊壘。賊勢甚盛,合圍數重。二人自朝戰至於日晡,身創百處,奮力一呼,手縛賊魁數人,即馬上刃之。矢盡援絶,爲賊伏兵所害。王念將軍徒步從戎,卒死國難,以衣冠歸葬於開元府海鹽縣南三十六里澉川之青山德政鄉歸仁里開化村。今天寶五年,特贈忠義軍匡國功臣、武康節度使、銀青光禄大夫、檢校尚書右僕射、開府儀同三司、上柱國。將軍生於唐宣宗大中五年辛未,死在於昭宗天復二年壬戌八月庚寅,享年五十有二。

娶錢氏,子三:長龍驤,授澉川鎮遏使,娶聞人氏。次子昱,節度使銀青光禄大夫,娶都虞候鎮遏使鄭公良女。三曰晟,吳興刺史高公掌書記判官,娶同里許氏。諸孫皆幼。公嘗有咏志詩曰:"輕身都是義,徇主始爲忠。"至是竟符其讖云。初未有志,至是龍驤屬予爲之,而復擊以銘。銘曰:

山河毓瑞,帶礪鍾英。徒步奮迹,赫聲濯靈。么麿梗口,九首憑陵。磨牙王國,吮血蒼生。公怒飇發,撻伐擊膺。矢屠獮獝,以身殉君。功高盟府,猷壯干城。光啓前烈,垂裕後昆。忠孝纘襲,勛土褒旌。連崗崇窆,妥綏義魂。桓赳世選,焜耀貞珉。

原載《五代墓志彙考》

殘志

……娶安定胡氏,……洎,亦弱冠之年夭逝,葬在……媼姑相近。女一人,適隴西董……罹亂,挈家寓居餘姚縣上林鄉……山莊,荏苒卅餘載。時乾化二年歲……末。忽縈小疾,俄然而逝,……日預於莊東南……

原載《慈溪碑碣墓志彙編》（唐至明代卷）

梁故東海徐氏夫人墓志銘并序

夫人即節度右押衙、鎮東軍副知客、銀青光禄大夫、檢校國子祭酒、右千牛衛將軍副御史大夫樂君之冢婦也。夫人曾祖諱□。祖諱佑嚴。父皞，見充鎮東軍觀察孔目官、檢校工部尚書。夫人以乾化四年七月六日遘疾奄逝，享年四十。以其年八月三日，歸葬於鄞縣靈巖鄉金泉里，禮也。噫乎！夫人稟嫣然之姿態，實仙苑之桃李。自和鳴鸞鳳，益顯令德。而又柔順孝敬，以奉姑嫜，爲六親庭闈之則。所謂神垂其祐，天愁其善。孰知一旦遘罹凶釁，歸於窀穸。夫人有一男光途，年幼冲。悲乎偏露，所不忍賭。嗚呼！生也幻世，没兮歸人。聊紀馨香，用標年紀。銘曰：

君之容止，悉皆推先。君之行義，不辱移天。蘭既摧而玉折，日將遠兮時遷，永刊貞石，千年萬年。

原載《五代墓志彙考》

梁故魏府君（靖）墓志銘并序

府君鉅鹿人也，前守節度正十將，素無疾疹。父諱並尚以句章適其性，鄞江逸其志，故名官之利，先祖因而寓焉。祖諱曉，王父諱寵，亡府君諱靖。代習儒流，門傳令範。府君從微仕官季子也，娶襄陽羅氏夫人，生一男曰庠，娶北海郡戚氏。育二女，長適渤海郡吳氏，先夭亡；次適北海郡戚氏男。悉有書學，孝養無虧，鄉里所敬，何以加焉。悲夫！梁木斯壞，風樹不止。以貞明三年十月廿四日寢食棄代于私第，享年七十二。而眠牛告兆，龜筮叶祥，遂克定當年十二月廿七日壬申葬于餘縣上林鄉東窰保。乃緣祖墓不利，遂將見金陸貫文買得當鄉羅錫地一片，東去西捌丈，南去北捌丈，主保契驗分明。其墓方員山川不食之地，安厝宅兆，敢傳爲記，用刊石爲銘。銘曰：

天覆無私，地載無倦。人生其間，如日之轉。性自天縱，靈從自然。克有内則，彰乎□□。山高不易，海廣長存。睦睦門閭，綿綿子孫。

原載《越窯瓷墓志》

浙江西道蘇州華亭縣海陵鄉亡人司馬公（珂）志

公諱珂，字欽玉，享年五十八，過在明州慈溪縣鳴鶴鄉瀆北保居住。維大梁貞明四年歲次戊寅六月廿三甲子日□□當年七月十七日，買得同鄉人黃公友茗奧桑園內地作墳，其地約南北八丈，東西六丈，並小尺，四比並黃自至。其年八月廿日庚申安葬。買地人長子司馬敬瑤、次子敬臻、次子希□、長孫周老。公親弟師益，公亡考諱志，其塋亦在茗奧，東與公隔嶺。其志也，鳴□保於百古，子孫紀之所憑。時貞明四年八月廿日，司馬敬瑤、敬臻、希迢等，故立爲墓志記焉。

原載《慈溪碑碣墓志彙編》（唐至明代卷）

吳郡陸夫人墓志

時大梁貞明五年正月廿九日。上蒼降禍，終於此晨。夫人娶蘭陵郡蕭府君諱章。子七人，女二。二娘娶李氏，五娘娶吳氏。於二月廿八，葬於先府君同丙首壙元買妙清院西地。哀子珂等立志。

原載《全唐文補編》卷156

武肅王郊臺題名

梁龍德元年歲次辛巳十一月壬午朔一日，天下都元帥吳越國王錢鏐建置。

原載《兩浙金石志》卷4

維梁故方府君（積）墓志銘并序如後

府君諱積，郡本汝州河南，因官就地息，乃駐居句章，積有代矣，今即鄞水人也。祖望，父巖，君外氏姚家，並軒裳繼族，世襲纓簪，而府君冠冕編于譜牒。君以性惟惇雅，志頗謙恭，在鄉利以濟人，居家惠能待衆。言此上善，必保永年。何期神不鑒賢，忽嬰疾恙，祝祈無效，藥石罕靈，漸至沉綿，倏然泉夜。嗚呼！風燭易滅，電影難留，俄爾之間，奄成今古。乃貞明七年六月廿五日終于私家，享年七十一。娶陳氏，有子五人：長曰賓，次宗，次安，次全，次瓌，並泣血主喪，沉羸毀瘠，睹斯孝行，古難比焉。有女四人：長曰三娘，歸于萊氏，先下世矣；次四娘，適馮氏；次八娘，適鄭門；次十娘，適吳氏。悉哀曉慟絶，擗踊忘容。奈奄歲有期，卜窆從吉，以龍德元年十一月三日安厝于鳴鶴鄉大茗鄔保其山。東至馮胤；西李仁厚；南至項瑗舊李墓，從梨樹直上至馮界；北至官路。用賄帛售得項瑗之山地，關約斷直，具有契書保見焉。即新塋，禮也。恐後時移代改，川陸互形，固刊貞甓，紀其銘曰：

　　吁哉府君，性惟惇實。言保永壽，松椿并質。何神不靈，殄我賢吉。大茗藏魂，終天幽室。

原載《越窰瓷墓志》

梁故東都餘姚縣梅川鄉新涇保卓府君（從）墓志銘并序

　　府君者望在徐州彭城郡人也，晉代過江之後，品蔭載在譜緣。曾諱榮，府君諱從。府君生也，性識出群，道高不仕，不居闤闠，蔚有令名。在府縣人悉欽丞，於鎮幕則衆皆仰慕。每於福力，常自齋修。忽其風恙所縈，經歲寢疾，何其祐明不祐，藥餌無徵，以龍德二年歲次壬午孟秋之月初二日歿故于所居，終乎私第，享年八十，奄棄而矣。始娶吳興郡沈氏爲琴瑟，乃育四男一女，長曰備，娶河間郡凌氏；次曰會，娶下邳郡丘氏，不幸早喪；次曰彥，娶會稽郡鍾氏；次曰宗賞，娶瑯瑘王氏而尋壽終；女嫡范郎。其沈氏頗有□□之，俄爲中壽而逝。續娶齊氏，雖即繼室，育□□□男備、彥兩院，孫有登弱冠……乃□嬰雉之歲。府君□祖墓在蘇……華亭鄉招明里，乃因沈氏夫人喪日，用金於□□王師實邊置梅川鄉何村保山地壹片，東至□□鄉，西至王師實祖墓，南至張孜田，北至□□保人劉及。其墳並丙向，作合歡冡，以卜當年冬十月丁未朔初五辛亥日葬歸靈于玄宮。孝男孝女，親執禮焉，廣備葬焉，痛傷肝膈，哀就苫廬，追慕何窮，悲慟無已。須從月選良，敬禮金仙，陳饌香積，用希陰騰，早望往生。故迀金石爲名，聊書歲月矣紀星祀。乃爲銘曰：

府君皎結,立性温恭。生分何樂,涼路何空。不推令德,其衆皆崇。葬在三甲,記乎其中。其一。蘊德居首,爲衆所欽。慈人及物,孝義貯心。常修行業,福力俱深。壽命八十,隨日西陰。

原載《越窯瓷墓志》

張府君妻黄氏糧罌

甲申寶大元五月十日清河郡張師道安葬母親黄氏食瓶一隻。

原載《越窯瓷墓志》

唐故清河張府君夫人江夏郡黄氏墓志銘并叙

夫人不稱字,黄姓,實江夏郡人也。父。夫人第二女也。門惟襲慶,命以垂祉,天賦温淑,訓紫詩禮。泊笄而歸于河清公,公時之名賢,代有德,實謂婚姻,孔修世濟。其公早喪,後娶吳郡陸府君之禮,其公無子,□然早喪。其美而事上以孝敬,馭下以仁慈,撫孤愈懃,執禮罔忌,四德弗闕,九姻具推,室家其宜,良難已矣。以寶大元年四月十七日終于餘姚縣上林鄉白洋之私第,享年七十有二。元政夫人腹胤二子,孟曰師道,娶樵國曹氏;仲曰弘坦,娶廣陵盛氏。師道等執喪之禮,皆稟至性,殆甚毀滅,以其當年夏五月廿四日護歸窆于當鄉白洋新橋保西原之私第,新立塋墳之也。慮以山崗遷變,志于斯文。銘曰:

賢門積慶,令淑私臻。誨乃詩禮。平生念善,明德以歸。栖于良援,室家其宜。蘋蘩展薦,已乎已乎。其山秀巖,因號白洋。

原載《越窯瓷墓志》

節度館驛巡官富都監副知朝散大夫前守會稽縣令侍御史賜緋魚袋錢唐郡危德圖東海郡夫人徐氏墓志銘

夫人皇考諱頗,檢校尚書左僕射、前守寶州刺史,夫人祖禰乃下榻之名裔也。夫人爰生四子三女,長昌道專,不幸早夭;次曰道榮,次曰道英,並修進士業,而況儒林拔秀,學圃凝輝,代不乏賢,家承餘慶;次曰徐老,尚未成童。女三人,各猶綺歲。夫人芳姿婉娩,淑德光明,早遇良媒，匹從君子。而乃閨門雍穆，琴瑟諧和，克遵舉按之規，益展如賓之禮。繇是生知孝敬，勤事公姑，罔虧甘脆之儀，遠播馨香之譽。何期縈纏疾疹，綿歷歲時，寶鏡慵開，珠簾罷捲。巡官以夫婦義重，枕簟情深，專訪名醫，勤求至藥，凡於丸散，或自煎調。日往月來，莫之能愈，莫不金釵拆股，羅襪生塵，倏爾一朝，俄隨大夜。悲夫！玉沉泥而曷睹，花落樹以難歸。以寶大元年甲申歲夏五月八日，終于鄞江子城西北上橋之私第，春秋卅有四。嗚呼！生云逆旅，死曰歸人，古今之所難言，聖賢之所不免。遂使夫君哽咽，怪莊叟之鼓盆；子息號咷，繼長弘之泣血。所痛者兒童尚幼，恩情忍抛，何脩短兮有期，嘆繁華兮若夢。所喜者四海搔擾，兩都謐寧，當夫人棄世之晨，遇巡官在事之漈，凶儀畢備，葬禮克全。以其年八月十八日甲申，葬于鄞江之東面鄞山之南隅靈巖鄉太白里明堂奥之源，禮也。于時幡花歷亂於平原，鼓吹喧騰於長道，悠悠逝水，去也無迴，黯黯愁雲，凝而不散。乃爲銘曰：

美玉云碎，彩雲飛颺。錦衾罷展，角枕堪傷。鉛華沮色，蘭麝銷香。

德璘孟母，名亞齊姜。一夢不返，大夜何長。霞殘落日，風悲白楊。

世事倏忽，泉臺渺茫。生兮若寄，没兮是常。窆于福地，萬代禎祥。

原載《新見吳越墓志四種簡釋》

故淮南節度副使守信州刺史檢校太傅錢唐郡危公廬陵郡夫人璩氏墓志銘

夫人皇考諱慶，鎮南軍節度左押衙充信州左廂都虞候。元昆諱悚，檢校工部尚書知信州事。夫人世代悉居貴溪邑。夫人爰生四子：長男德圖，節度館驛巡官富都監副知，朝散大夫，前守會稽縣令，侍御史，賜緋魚袋；次男德昂，銀青光禄大夫，檢校左散騎常侍；次男德雄、德威，並修進士業。夫人祖宗乃楚上大夫伯玉之裔也。

夫人齊姜淑德，趙女芳姿。爰自初笄，匹從良牧，莫不善調琴瑟，兼鳶(薦)蘋蘩,内叶母儀,外彰婦道。一自太傅中年薨背,夫人高節孤貞,比松桂之凌霜,任鉛華之沮色。於是秉持家事,嚴訓子孫,故得令名不墮於弓裘,昭代永稱其賢彦。門風之内,禮義俱全;棣萼之中,文武將半。乃謂深山大澤,實生龍蛇。長嫡巡官,乃學繼曬書,才兼夢筆。不唯文房獨秀,抑亦公道彌光。大王殿下以故太傅自遠相依,洞明向背,避弋陽之兵火,就吳國之江山;殿下以太傅希代英賢,濟時舟楫,錫於前席,辟以上賓。每侍龍顔,長親鳳扆。既有始而有卒,皆福子而福孫。巡官傾蒙特奏銀章,兼昇望邑,階高朝散,位列諸侯。尋以四明軍倅縻賢,繼以富都牢盆委任,故得五侯仰旨,郡彦趨風。能勵節而勵忠,乃盡善而盡美。玉季常侍,早專武略,素討兵書,劍剸長鯨,弓穿遠鷹。既著安邊之策,必齊定遠之名。嗚呼! 夫人素所安寧,忽聞寢疾。巡官以甘旨在意,仁孝關情,莫不遍選良醫,親調上藥,兼縻禪客,廣演佛書,有福皆求,無神不禱。其奈命如風燭,界處膏肓,俄没九泉,罔延貴壽。以甲申年春三月廿四日終於四明郡之西私第,春秋五十有七。巡官棣萼莫不哀同泣血,苦甚絶漿。嘆懷橘之無因,恨吐甘而難報。以其年八月癸酉朔十八日甲申窆于鄮山之南偶,鄞江之東面,靈巖鄉黃牛嶺之源,禮也。乃爲銘曰:

光華不駐,浮生幾何? 將歸大夜,遂有沉痾。哀哀暮角,悠悠逝波。雲封棺槨,土食綺羅。嗚呼落日,猿嘯撩柯。刻斯貞石,永鎮岷峨。

原載《寧波歷代碑碣墓志彙編》

隴西郡李府君(誨)墓志銘

府君世祖其州隴西郡人也。泊乎遠代守官,公勛蓋世,伍族品蔭,載在譜焉。府君誨,祖諱良,爺諱邨。代習儒流,門傳令範,志栖雲水,不樂榮名。府君端直爲性,倜儻爲心,言有珪璋,語無宿諾。臨事必定,堅敬無迴,理間俱飲,實謂人仁也。夫人長自笄年,四德咸備,温和作則,淑令有聞。可比顔氏之猷,寔偕阮家之德。因壬良媲,歸於隴西郡李邨,琴瑟和鳴,齊眉舉案。乃育二男,長曰文卿,次曰文德;女一人,未登优儷,四德早聞。孫有弱冠之年,亦有嬰稚之歲。府君椿齡未永,可亞龜鶴之年,何其以甲申六月初二日奄棄聖終于私第,享年六有八,夫人六三。緣祖墓不利,乃用金於餘姚縣上林鄉王明邊買得鳴石保內山地一片,方圓伍丈大尺。其地東埋石,取西埋石五丈大尺埋石爲界,南埋石至北五丈大尺,并兩邊栗樹王爲界。其墳作西向,以其年八月廿八日甲午吉晨護喪歸葬爲玄宮。孝男孝女親執禮焉,廣備葬焉。嗚呼!玉兔東奔,金鳴西走,逝波難駐,人生一旦。乃文曰:

堅杜鬱鬱,椂竹青青。玄堂寂寂,蔓草冥冥。林岫葱蒨,嵒□迴屏。府君同歸逝水,永鎮雙□。山□兮其墳不移,海渴浪兮記之星紀。

寶大元年歲次甲申八月廿八日甲午吉晨安葬,故記。

原載《越窯瓷墓志》

宋府君墓志

府君諱□,考諱容□□……門傳……府君……悉皆孝敬,□□□冠之年,兼有嬰稚之歲。府君椿齡未永,可亞鶴龜之年,何期歲次丙戌六月染疾,百藥無徵,禱祈不驗,□□□□□□□終於私第,其年七十有九。夫人八十四,當年秋八月廿七日辛亥吉晨,護喪歸於餘姚縣上□□里□緣祖墓不利,乃用金於親侄宋縉邊買得田際下保作其塋墳。其冢並是東甲首,卜新禮□,諸孫號慟□□□焉,廣備葬焉。嗚……,……難駐……

《慈溪碑碣墓志彙編》(唐至明代卷)

□□故房府君□氏夫人墓志銘并序

……至君□□雲間人也。曾祖□□,……崇□蓋□今英賢□……立家□□……氏笄年……室,亦□雲間人也。曾祖……之□□於房氏之家……□□□出避……。公乃匪趨名利,不仕宦途……樹□□□□金貫質,瑞玉含……波弘智海□謂積德無驗,年光有期,……夜俄及,以寶正二年五月十七日終於明州慈溪……私第也,享年七十有四。夫人慈惠可則……儀凤□婦道襲行也,光德……

原載《慈溪碑碣墓志彙編》(唐至明代卷)

洞山院住持墓銘

　　夫□德□世，作用而皆合衆心，高士□謀，欲變道則盡之，……矣。師即湖州德清縣人，俗姓費氏，受業乎徑山，建初興國大師之弟子也。……卅餘秋，訪攬名山，化緣此境。靈緒鄉百姓□及□北爲院，至□立約四山分水標界，檀越任綽、潘務、于師景等卅四人聞迹請置院住持，則開平二年矣。爾後暫回龍開付院□。師……貞明七年二月內，行道遇風已遷變。當年檀越主任贇、于行能共廿六人再請住，已今寶正三年戊子歲六月甲戌朔四日丁丑，師遷化也。甲子六十七，十一甲申葬乎此山。小師從志、思紹、思宗，前二人皆□叔父，故爲記耳。銘曰：

　　師終此院，□乎此山。周回朝岳，勢著龍盤。坐壬向丙，墳宜永安。四畔之青巒隱隱，一條之□□□□。□□□□，奉□國□。聊述茲石，標乎歲宅。

　　梁吳越國明州靜海縣洞山院。

原載《慈溪碑碣墓志彙編》（唐至明代卷）

寶正四年磚識

　　寶正四季七月錢氏作。

原載《台州金石錄》卷5，嘉業堂刊本

辛卯造幢

　　亡男知□，亡妹繼麟，亡女孔□，亡女孔氏，□男文拙，亡新婦王氏，亡弟甥兒。

　　先天成二年已，別立□□幢一尊，伏爲亡男文□□糺作。□從興聖入西蜀，却□迴至荆南□道。歲次辛卯二月十四日建。都料□□。

原載《八瓊室金石補正》卷81

吳越天竺寺經幢二

　　佛頂尊勝陀羅尼經序

　　（序文略）

佛頂尊勝陀羅尼經

（經文略）

尊勝陀羅尼石幢記　　光文大德賜紫沙門彙征撰

夫立幢之垂範，乃造塔之濫觴。刊梓刻檀，嫌其易朽；鏤金鐫碧，慮以難藏。不若挺屺羊射武之貞姿，編貫玉聯珠之梵宇，可大可久，如山如河。

尊勝陀羅尼者，花藏真心，竺乾秘語。濟善住七生之苦，道闡欲天；感文殊一現之恩，教傳漢地。舟橫業海，車指迷津。息肩惡道之間，提耳昏衢之內。拯湮淪於歷劫，延短折於浮生。備載靈編，久彰神應，或置麗譙之內，或安窣堵之中，或勒在幢間，或表之山上。風觸而輕塵及物，尚落罪花；日臨而清影到身，猶凋業蔓。

克營盛事，綽有善人，佛弟子吳保容、吳鐔，雙驥標奇，二龍並舉。埴篪合韻，柎蕚連芳。耨情田而畢使豐登，澄心水而無令混濁與。會首謂眾人曰：“給孤。長者之園苑，香山居士之林泉，可以同構善門，寄茲勝地。獨營則其力不迨，眾辦則厥功易成。”遍慕信人，獲錢卅萬。購之貞石，命彼良工，鑿勒精奇，磨礲細麗。蓮花捧日，雲葉盤空。層層異狀奇形，宛如飛動；面面真軀聖相，忽謂經行。仰窺鶴表以爭高，側視雁層而競巧，固可利沾家國，福贊君親。凡施貨財，皆列名氏，承有爲之善力，至無作之真歸。其次滯魄孤魂，銜冤負累，應念而皆期解網，有心而悉使登車。雖引善以及人，終獲報以於己。命愚序述，式紀歲時，染逸少之鹿毛，摛子雲之蟲篆，文質苞羞於君子，辭華有靦於外孫。且曰：“昔也鐵塔傳芳，聞諸河朔。今也石幢藏事，見之浙陽。彼則受福於人寰，此則擔心於佛道。以今況古，一何遼哉！”時乙未歲冬十有二月壬寅朔十一日記。

■錢師勇保安，都會首吳保容、吳鐔等謹慕眾緣保安。吳越國王造。

會首陳暉、施仁謙、阮密郎、安陸承、謙戚稠、章可徵、聞人□、唐伯訓、吳仁紹、錢德安、顧敬賢、洪允韜、吳延慶、施仁□、許漢規、嚴可□、吳安、吳保安，隨使當直廂虞候、將作院副將夏承裕，捨銅鐸並火珠，造幢都料陸瑠陶仁福、鐫幢人沈□勾當人長直都都子虞候錢琛，徒弟僧景雲,都維那僧景安,典座僧景崇,首座僧彥昇,都當勾五百羅漢院主沙門惠賓,供使銜書寶幢手殷承訓左幢。書幢記僧儀月右幢。

原載《兩浙金石志》

恭穆王后馬氏墓志

維天福四年歲在己亥冬十有二月丁丑二十五日辛酉,吳越國恭穆王后扶風馬氏,窆於錢唐府安國縣慶仙鄉長壽里封盂山,曰康陵。東至金容,西至鳳亭,南至寧善,北至會仙,上至於天,下至於泉。永刊貞石,千萬祀年。

原載《五代吳越國康陵》

吳越國故隴西李府君(章)墓志銘并序

府君諱章,隴西人也。因祖裔南渡,是爲吳人也。曾祖綽,祖禮,考簡。府君即簡之嫡也。嗚呼!壯歲轅門,志習武勇,頻經征討,奉國匡君,實有猛毅之譽也。而乃堅强作性,氣義爲懷,與朋友交,言而有信,不順時詭,不納讒諂,勤奉三寶,晨頌真覺,謂其積善,合惠常祐。何乃穹旻,遽萎哲人,蓋浮世之壽已圓,致天年之限俄屆,固難延續,將及退永。以天福七年歲在壬寅三月十四日終於南沙郭邑之私第,享春秋七十有九。

娶彭城金氏,居喪尚未逾月而亦淪逝。有男四人:長曰彥,不幸少夭,將及祥禫,娶吳郡朱氏。次曰彥求,娶汝南周氏。次曰彥思,娶吳郡陸氏。次曰彥溫,未及婚媲,方就言定,亦以此歲府君未寢疾前殞夭。堪痛如此,並至傾毀。有女二人:長曰伴禍,適渤海高氏。次曰張婆,適彭城錢氏,早世。彥求等並扶柩泣血,臨棺絕漿,咸奉府君之喪,以天福八年歲次癸卯二月十八日歸窆乎中吳軍蘇州常熟縣東北卅六里敦行鄉崇善里梅李市大垛村,和買本鄉季孜地之原,禮也。其地村方内外,東西廿步,南北一十步。切恐陵遷谷改,里域更移,年月寖深,時代賒往。人疑故事,不紀初終,聊刻翠珉,用爲不朽。銘曰:

懿哉德人,義勇修身。交友忠信,行無冤親。父子合室,三魂並鄰。俱閉幽室，萬古千春。

原載《新中國出土墓志》(江蘇常熟卷)

吳越國故彭城金夫人墓志銘并序

　　粤以靈派胤嗣，盛族傳善，枝葉昌繁，裕盈家業。夫人即炎漢之後裔也。曾祖澄，祖選，考峩，並不仕。夫人乃峩之仲女也。嗚呼！蘭芬麗質，桂馥芳容。貞效龔姜，令譽早聞於鄉黨；顏逾曹謝，德業已振於州閭。少別嚴慈，歸乎隴西李府君之室。加以端莊作性，温惠爲懷，家門咸顯於賢能，懿戚皆欽於雅望。敦三從之禮敬，播十善之佳猷，直合積慶高堂，承歡令室。其奈鸞悲隻影，劍□□鋒。一自府君傾淪，旬日夫人染瘵，徒護秦醫之術，枉楚葉寺之香。四七纔臨，遽遘長夜。莫不死生同穴，琴瑟相依。聞者驚心，見而抆泣。以天福七年歲次壬寅閏三月十四日解足於私第，享春秋七十有三。有男四人，育女二人，存亡婚嫁，具在府君銘志紀録。哀孝等並茹荼枕凷，泣血絶漿，齋祭備陳，哀禮俱足。以八年癸卯二月十八日歸窆於蘇州常熟縣東北卅六里敦行鄉大坴村崇善里，和買季孜地，東西廿步，南北一十步之原，禮也。切恐丘隴遷變，陵谷更移，磚石刊銘，用爲不朽。其銘曰：

　　芳顏婉麗兮德行堅貞，令譽馨香兮盡飲佳名。生既結髮兮死亦同穴，天長地久兮共卧松扃。

原載《新中國出土墓志》(江蘇常熟卷)

故左軍討擊使管甲營田十將霍府君墓志銘

　　夫握兵主將，乃掌内之韜鈐，軍食屯田。斯國家之重務，非幹濟之良能，何以邀其勛而集其事也。霍府君，諱彦珣，字藴玉，嘉禾人也。自唐已來，代有爵秩。高祖曾，安閑守性，遁迹雲山。祖度，延賞于家，樂終於業。皇考師德，有放曠之心，懷經濟之術，未諧果敢，遽謝明時。府君即先人之長子也。生而倜儻，志在轅門。立事立切，戎行超越。迨乎故曹司空信擢爲武舉之士。故曹司空令子典郡全吳，累署銜職。尋曹使君薨後，即投于吳越國武肅王。主營田之務，公幹有方，課績盈溢。於長興四載，改補節度總管。泊乎皇帝大行之後，世宗嗣位,奬其宿舊,主務公忠。於天福四年,加轉左軍討擊使管甲營田十將。府君年雖傳老,心藴宏籌,未盡平生。遽鐘天譴,不幸遘疾,終於私第,享年七十有一。有弟彦球,襲慶鴒原,及於孝愛。府君娶于吴興沈氏,有子三人。長曰仁禮,負荷承家,紹績於世。蒙國恩寵用,仍舊本務主持。次曰仁福,同奉宗兆,克隆堂構。次曰鄴,奉使青丘,没終於外。有孫及女,長幼九人。長孫承訓,稟慶閨門,皆有問望。府君以天福八祀,歲次癸卯九月廿一日,歸葬于吴縣胥台鄉名社村石城里黄山,東去郭一十八里,禮也。慮以靈谷推變,年祀遷移,遂爲銘曰:

靈岫標奇,石城開穴。玉掩泉臺,墳孤秋月。

青松鬱鬱,白日沉沉。哲士逝矣,無適我心。

原石藏於蘇州博物館

後晉虎跑寺經幢

大佛頂陀羅尼

(經文略)

■上柱國思憲遷窆於此。國恩以大師□□功深,道業彌著,特造院宇,將欲建石塔,以光不朽。爰准教文,非果位即無立浮圖之理。乃議樹石幢,聖旨俞允。繇是鐫《大佛頂陁羅尼》《大隨求神咒》。屹標翠琰,遍列金文,作佳城之福田,與世人之恭□。或諷讀,或頂瞻,勝利長存,果報無極。時天福八年歲在■奉立■捨錢重立。

原載《兩浙金石志》

新建瑞像保安禪院記

■鄙■聲架險而■□朝霧騰雲,長老勝公禪德■□容是乃興,口念心諭,省情檀■願蒙菩提心,獨捨浄財,伍伯阡■漢,俄命工巧,以身所嚴,不逾年而■燦然光暉。鷹[音]鳳步之姿,□□七■乎廊廡盛□□□□暑疏鐵響□清□賴■天孰□嘖嘆之永往。及其工畢,聞于■吴越國王陛下賜院額名"石屋瑞像保安禪院",即以甲辰中元,設齋慶于此,■太保奉佛之道至,聊以貿成,非敢以叙述,爲能直紀□□□□。

時大晉天福九年七月辛未朔十七日丁亥記。

朝散大夫、守尚書刑部侍郎、柱國、賜紫金魚袋林□撰。翰林院副知兼侍御史舒□書。

原載《五代石刻校注》

何承渥杭州石屋洞造像記

弟子何承渥造羅漢像貳軀，爲報父母恩，永充供養。甲辰十月十日。

原載《全唐文補遺》第七輯

吳寶杭州石屋洞造像記

弟子吳寶爲自身造羅漢壹軀，永充供養。甲辰十一月十一日鐫記。

原載《全唐文補遺》第七輯

法□造羅漢像記

□□□□□□□□□世當生。爲家清主，法界有情，同沾利樂。然願世世生生，得爲男子。常得出家，悟無爲道。時天福九年十一月二十四日題記。

原載《五代石刻校注》

汪仁勝杭州石屋洞造像記

弟子汪仁勝造羅漢壹軀，報答父母恩，永充供養。甲辰記。

原載《全唐文補遺》第七輯

李七娘造羅漢像記

女弟子李七娘，爲自身造羅漢一軀，永充供養。甲辰記。

原載《五代石刻校注》

金珂杭州石屋洞造像記

弟子金柯造羅漢一身，保長日供養。甲辰記。

原載《全唐文補遺》第七輯

孫十娘造羅漢像記

女弟子孫十娘造一軀。甲辰記。

原載《五代石刻校注》

孫郜□造羅漢像記

弟子孫郜□伏爲自身造一軀,永充供養。甲辰記。

原載《五代石刻校注》

徐安造像記

弟子徐安爲皇妣孫八娘造,永充供養。甲辰記。

原載《五代石刻校注》

沈璉造像記

弟子沈璉造一身,供養。甲辰記。

原載《五代石刻校注》

沈八娘造像記

女弟子沈八娘造,永充供養。甲辰記。

原載《五代石刻校注》

符三娘造像記

女弟子符三娘,伏爲自身造一軀。甲辰。

原載《五代石刻校注》

智寶造像記

□比□□比丘尼智寶,奉兹保扶自身,敬造壹軀,永充供養。甲辰。

原載《五代石刻校注》

潘彦□并妻陳十二娘造羅漢記

天龍軍副將潘彦□并妻陳十二娘,共造羅漢二軀,永充供養。甲辰記。

原載《五代石刻校注》

張宗造像記

　　安邦佐國廣遠功臣、右軍押衙、侍衛親軍□□指揮都指揮使、兼興成□□□□□指揮使、光禄大夫、檢校太保、兼御史大夫、上柱國、清河縣開國伯,食邑七百户張宗造軀。時甲辰歲記。

原載《五代石刻校注》

陸一娘造像記

　　女弟子陸一娘造一身,永充供養。

原載《五代石刻校注》

顧亭林法雲寺感夢伽藍神記

　　開運元年仲春月十有一日,造寺成,匠者畢手。其夜三更夢二人青衣來,云:"梁朝侍郎至也。"後忽見一人,紫衣金魚,儀容清秀。謂曰:"此地吾之故宅,荒已久矣。師今爲我於上造立佛寺,吾甚忻憙。請立吾形像,吾當護此寺也。"明日,道珍、智暉各言所夢,其事不異,皆未信之。明夜,復夢云:"師何不信,但尋舊寺基水際古碑文爲據。"二人明旦乃彼求之,果見損折古碑,皆文字破滅分散,獨一片分明。云:"寺南高基,顧野王曾於此修興地志。"二人嘆曰:"此寺當興,冥感如此。"遂於東偏別選良材,構屋一間,立像當面,并二青衣侍衛。集僧衆唱唄,具香火,用以□贊。當是年季冬月望日也。其夜,衆咸夢神來謝,曰:"吾獲其利,皆[師之]故也。"凡有吉凶,無不預報。具在别録,今聊以直筆,紀其實事,其游□□□□,此知其所以然也。時開運二年歲次乙巳孟春月二十一日。寺主僧道珍同僧衆立石,維那僧智恩勾當,檀越弟子□□詢■皇甫□■。

原載《(民國)江蘇通志稿》

朱四娘造像記

女弟子朱四娘造羅一身,永充供養。開運二年三月。

原載《五代石刻校注》

郭令威造羅漢像記

伏爲自身并家眷等造羅漢一身,永充供養。乙巳三月二日,弟子郭令威記。

原載《五代石刻校注》

張敬安等造像記

弟子張敬安、楊彦、楊承俊、楊□娘、楊四娘、謬一娘等,至心共造阿彌陁佛一軀,願此功德,上報四恩,下除三塗諸苦,遍下界乾坤。盡此一報身,同往流沙樂國。

佛説迴向真言:唵。娑麼囉。娑麼囉。微麼曩。娑囉。摩訶斫迦囉嚩。吽。

時開運二年四月□日乙巳歲記。

原載《五代石刻校注》

壽存古造羅漢像記

弟子壽存古爲自身造羅漢一軀,永充供養。乙巳六月一日記。

原載《五代石刻校注》

彭城錢君義亡妻殷氏夫人墓誌銘并序

嗚呼!夜漏宵促,晨鐘曉催,仙佩喪而何尋,寶鏡缺而難合。夫人其先汝南郡人也,門傳積善,世襲高貞,祖代興隆,蔚爲盛族。大父,皇雅不仕。祖,皇庶中,吳羅城四面巡檢使,累充鎮遏使。父,皇詮,金馬都隊將。夫人即金馬之女也,幼敏惠,長柔順,四德昭著,六親共欽。年二十歸於彭城錢君義。君,淑人也,於家敦孝敬,處衆蘊謙和,是以夫婦之儀,蘋蘩之禮,慎選佳匹,庶皆推稱。而夫人又事上以恭勤,恤下以慈愛,閨壼之内,焕然有光。而彩雲易銷,逝水難駐,不幸以開運二年歲在己巳五月二十九日邁疾終於長洲平原私第，居炎涼三十一載。以其年六月二十日附葬於常熟縣隱仙鄉翔鸞里，禮也。

有子二人：長曰昊八，年八歲。次曰鄭九，四歲。皆自幼齡，悉彰雋敏。承德門之餘慶，固保令名；育迅翮之摩霄，必昇鵬路。慮寒暑易改，桑田或遷，請志貞，乃爲銘曰：

婦道母儀，蘭熏蕙潔。婉爾芳華，倏爾夭折。黯黯愁雲，遥遥素月。一志松丘，千秋永訣。

原載《新中國出土墓志》（江蘇常熟卷）

馬珞并妻金一娘造彌陁佛像記

弟子馬珞并妻金一娘共造彌陁佛壹軀，永充供養。開運二年九月鎸記。

原載《五代石刻校注》

王二十娘造羅漢像記

女弟子王二十娘造此羅漢一身，永充供養。乙巳十月記。

原載《五代石刻校注》

袁文鉉造羅漢像記

弟子袁文鉉造此羅漢一身，永充供養。乙巳十月記。

原載《五代石刻校注》

大吳越國明州故汝南郡袁府君（從章）墓銘并序

於戲！悲意同源，一世而喻，如風燭短長，繫分百年，而不異電光。生死有期，賢愚共路。府君即益公十九代孫也，自後子孫苗裔之盛，載於家譜，略而不書。

府君諱從章，字瑞光，世之藉業在於甬水。府君性樂雲山，不求禄仕。祖父諱偲。列考諱綬，皇妣吳氏，乃府君是第三子也。府君青雲禀量，玉樹標儀，冲和含君子之風，淳樸蘊吉人之行。幼明禮義，長識興亡。自樂天和,罔求爵禄。自入冬中,微似氣發,寢食雖無所輟,寤寐終覺不調。發意開啓道場,請僧轉禮經懺,二七日解散,設功德一百僧齋。自後疾疹不得痊退,都爲大限有定,須歸夜臺,於旦夕中終始分曉。乃一日委付家事,遺囑兒孫,言畢而終,有同蟬蜕,必恐便歸兜率,不入幽冥。以開運三年十一月十六日,啓手足於鄞縣董孝鄉之私第,享年八十有一。有兄二人:長曰從瑋,充孔目院押衙,勾檢徵科務;次兄從珪、弟從圮,並軍事押衙,充客司十將,不幸早逝。弟從珣,在私。府君娶孫氏。中饋母儀,克敦懿範。有子三人:長曰繼榮,充當直虞候,婚姜氏,有孫子四人;次曰繼能,職乃軍事押衙,充省勾院勾□官,婚陸氏,有孫三人,女孫二人;次曰繼諲,繼職衙前十將,充通引官,婚何氏,有孫子二人,女孫一人。府君之子,各明詩訓,偕曉義方,或勾務重難,洞諳錢穀,或□司密近,並熟衙儀。是謂令子令孫,有始有卒。女一人,歸於董氏。□摧繼日,泣血以時,人之孝焉無以加此。府君壽齡八十,榮樂一生,滿眼兒孫,甘脆無闕。值井邑安康之日,當門庭昌盛之時,人之福焉,無出其右。以其年十二月二十八日甲申歸葬於鄞縣唐昌鄉沿江里通湖門外啓新墳原,禮也。

雲山色秀,江月澄明。青鳥傳萬代之詳(祥),玄鶴唳九天之瑞。壽年霞永,門族清輝;厚福既加,須揚令德。勒於貞石,乃而銘之:

府君之德,恭儉溫良;心敬神佛,門集縑箱。性便詩酒,志好雲山;偃息物外,適樂人間。冰堅節行,雪瑩精神;家惟積善,代不乏人。新墳特峻,丘壟相望;水清照明,樹色凌霜。龍窠表瑞,馬迹呈祥;永安玄宅,地久天長。

原載《寧波歷代碑碣墓記彙編》

金君德造像記

弟子金君德爲自身造一軀,記。

原載《五代石刻校注》

後晉石屋洞造象題名

後晉弟子陳及奉爲自身造一軀,永充供養。開運二年三月日鐫。

天龍軍副將潘彥并妻陳十二娘，共造羅漢二軀，永充供養。甲辰記。

弟子何承渥造羅漢貳軀，爲報父母恩，永充供養。甲辰十月十日。

弟子金君德爲自身造一軀，記女弟子孫十娘造一軀。甲辰記。

弟子汪仁勝造羅漢一軀，報答父母恩，永充供養。甲辰記。

弟子朱□榮爲保自身，造羅漢一軀，永充供養。甲辰。

弟子潘保成，伏爲家眷造一軀，永充供養。甲辰記。

弟子顧君勝，伏爲保安造一軀，永充供養。甲辰。

弟子徐綽爲自身造，永充供養。甲辰記。

弟子徐安爲亡妣翁八娘造，永充供養。甲辰記。

女弟子李七娘，爲自身造羅漢一軀，永充供養。甲辰記。

女弟子符二娘，伏爲自身造一軀。甲辰。

女弟子羅三十四娘，爲自身造。甲辰。

伏爲自身并家眷等，造羅漢一身，永充供養。乙巳三月，弟子郭令威記。

弟子傅可詢，保安家眷，乙巳三月十五日。

弟子鍾延時造羅漢壹軀，爲四恩三友永充供養。乙巳四月一日記。

弟子袁文鉉造此羅漢一身，永充供養。乙巳十月記。

女弟子王二十娘，造此羅漢一身，永充供養。乙巳十月記。

奉國寺大德尼守忠，伏爲自身保安。乙巳歲記。

弟子秦彥蹈造山羅漢，奉爲父母親緣，永充供養。乾祐元年五月三日。

當院僧願昭謹捨衣囊，鑄慶友尊者，伏爲亡考俞四郎、□妣張一娘資薦生方，超昇净域，永充供養。時癸丑歲仲春月九日，題永爲不朽耳。

弟子夏保威謹蠲净財，造羅漢□軀，伏爲追助先考十一郎兼□在生□□，疾患之時，發心鑄造□□，不負前願。刊石□□□容，所冀説此□因，超□□□□。保威身躬寧謐，運用亨通。丙辰□□□月二日記。僧願□命書。

客省承旨、朝散大夫、守衛州刺史張萬進奉宣，差押元帥大王官告國信經歷到院，睹聖迹羅漢，發心鑄一尊，爲父母、小男永壽保安身位，闔家眷屬，福壽延長。顯德六年十一月日，永爲不朽。

閤門承旨梁文謹奉宣差押元帥大王官告國信經歷到院，睹五百羅漢，發心捨净財，鑄造一尊。爲亡父母、小女子七娘，永充供養，永爲不朽之耳。顯德六年十二月日永記。

弟子金馬都副將戴彦并妻沈一娘，同發心造羅漢一軀，永充供養。

中直都上押□胡曹并妻楊七娘，造一身供養。

弟子江廷濟并母親王十一娘、妻夏六娘，因發心敬造，往世□□□□□軀，永充□□，□□歲題記。因□□□□之果。

弟子喻承慶，保安身位，造一軀，永充供養。

弟子喻仁□，保安身位，造一軀，永充供養。

弟子沈沂河，伏爲保安身位，造二軀，永充供養。

弟子郭延賓，造□奉爲四恩三友，一切含靈□□共禮彌陀□□□□。

弟子張仁裕，伏爲宗眷保安，造一軀，永充供養。

弟子金匡藝，伏爲保安身位，永充供養。

弟子沈坦，爲母親造羅漢一身，永充供養記。

弟子翁松，爲亡妣王二娘，工造羅漢一軀，永充供養。

弟子凌途，伏爲保安造，永充供養。

弟子宋達，造一軀爲自身，永充供養。

弟子申德全，爲亡考二郎造，永充供養。

弟子張福爲自身造，永充供養。

弟子羅景滔，保安身位，造一軀，永充□□。

弟子王□□并妻徐三娘，共造二軀供養。

尼思從，伏爲保安身位，造一軀，永充供養。

女弟子阮四娘，伏爲自身，敬捨净財，造羅漢一軀，永充供養。乾德三年十月。

□□□□副使楊柳堤，爲資薦父世□，造羅漢兩軀，永爲供養。時乾德六年五月日重修記耳。

□南□過尚儀王十二娘子，鎸造阿彌陀佛一軀、觀音菩薩一軀，□□前□願，永充供養。時甲戌歲十月日題記。

原載《兩浙金石志》卷 4

陳仕安妻王氏墓志

南瞻部州大漢吳越國折江東道東府餘姚縣上林鄉石仁理罍山保陳仕安於當鄉華□□邊買山地壹片，東至坑直上；西至壠頭直上曲轉；至北小壠頭上至東橫過理石爲界；南至華桂□理石爲界。四至内□安葬□王氏爲□墓。□男□□、次男目兒、三男□兒、六男魏兒、廿男滿兒、女八娘、九娘、十一娘、廿二娘……乾祐元年十二月貳捌日□□，同賣人、保人……天生。

原載《越窰瓷墓志》

大慈山建幢殘刻

謹慕崇信奉爲先，■龍華寺主慧光真覺大師建立石塔壹所，并碑壹厂，具録入□男女弟子姓名。■曹州凌■堅王潘逢□聳□、□八娘、張十娘、周十娘、聞十一娘、翟四娘、□十娘、□五娘、□□娘、凌十娘、錢明、吳承安、吳詢、吳五娘、李□□□□□、沈□昭、王七娘、任□□、鄒十二娘、施□娘■、周□□、陶德安、張□□、何□、陳燔。■金地□□□弟子，臨壇大德□□□□□志光。

時乾祐二年歲次己酉七月壬寅朔十一日壬子建立，知□事小師□□、同勾當小師繼貞、都勾當小師崇善、大德□□□繼□。

原載《兩浙金石志》卷 4

曹德馴造羅漢像記

弟子曹德馴敬捨净財，造羅漢一軀，永充供養。壬子九月十二日題記。

原載《五代石刻校注》

大吳越國故魯郡鄒府君夫人吳郡陸氏墓名并序

泊乎大哉,隱顯孰究其原,未逃無去無來,皆幻有生有滅。夫人以妍年歸乎鄒氏,即鄒府君夫人也。曾祖誠,祖規,父朗。夫人陽臺秀質,湘水仙姿。貞心芳翠,竹紅蓮賢。鑒朗清風,白月殘儀,有序瑤净,□玉無瑕。育子三人:長曰知建,不仕宦,娶乎虞氏。次曰知造,效職縮務營田。季曰知□,芳宗良,娶乎徐氏。有女三人:一曰新娘,歸乎褚氏。二曰面時,歸乎葛氏。三曰何斐,歸乎秦氏。孫男三人:長曰廷輦,次曰廷會,三曰廷俊。夫人以廣順三年歲在壬子九月十日癸亥晦日寅時,小疾遽繁,奄歸大夜,終於平原鄉練塘市私第,享年六十有六。以其年十一月十四日丙寅,窆於感化鄉招靈里冶塘村買地建新塋,禮也。去家一十一里,其地東小項於南溝,北項及溝詣西項。後恐陵谷遷變,故刊貞石爲銘。詞曰:

夫人之生,靈德全並。夫人之逝,刑影長閉。崩崖斷坡,新壟峨峨。哀哀令子,泣血如何。

原載《新中國出土墓志》(江蘇常熟卷)

道士楊政謹題名

道士楊政謹□□□□□受業。
顯德二年乙卯五月。

原載《越中金石記》卷1

夏保威造羅漢像記

弟子夏保威謹蠲净財,造羅漢壹軀,伏爲追助先考十一郎,兼□在生□□疾患之時,發心鑄造□□,不負前願,刊石□□。□容所冀,説此殊因,超□□□□保威身躬寧謐,運用亨通。

丙辰□□三月二日記。僧願□命書。

原載《兩浙金石志》卷4

吳越國陳氏府君(縮)墓銘并序

嗚呼!閃然來兮,人之生矣。倏而去兮,人之死焉。嘆之以逝水投梭，傷之驚波若箭，斯乃浮生榮謝矣。

曾祖諱鄴、祖浩、父歡□。府君陳氏，諱縮，職守衙內副兵馬使。世集轅門，家傳勛□。輔佐每懷於忠赤，臨危備顯於機鈐。上臺委之以腹心，□□頗諧於衆望。頃載，官中奏薦，薦降絲綸，遷之以金□□□□，衣之以褐裳軍號。官昇武職，兼列將員，轄軍伍□□□□□外而咸懼，萬當委任，更議陟遷。豈期氣逐炎風，魂□□□。娶于張氏，以及四十來年，未嘗失夫禮之儀，婦敬有□□之德。何期戊午之歲，忽染微痾，至於四月之中，沉綿床□。府君時春秋六十有一，遂於長洲縣平原鄉，終於私第。□子六人：長曰昭，娶于席氏；次曰皓，娶于張氏。各乃聘其姻□□瀝年華。次曰曉、次曰皎、次曰霸孝、次曰招哥，各在幼□，未偕納室。并乃連枝疊慶，棣萼分榮，而乃進修家聲，紹續處子。一娘、二娘是以年當未盛，良伐無期，不幸尊堂有兹喪逝。女孫麽喜，已繼宗枋，不更紀錄。孤子乃攀號永絕，五內分崩，泣血煩怨，無所迨及。卜以當年五月廿二日，窆於長洲縣習義鄉東北之原，禮也。嗚呼！寂寂幽途，冥冥莫睹。號天不憖，叩地無追。萬歲千秋，無由覲侍。恐陵谷之遷變，山源改移，故勒斯銘，用貽後代。乃爲銘曰：

清譽早聞，夙彰令則。爲仁貞幹，免其三惑。

秉志純和，心懷挺特。武德難偕，死生榮足。

□兮嘆兮，喪其玉德。萬古千秋，永封陵谷。

原石藏於蘇州博物館

崇化寺西塔基記

吴越王長舅鄭國公吴延福，載興塼塔二所，香泥木石，爲此鎡基。厚二丈餘，其固若山。他日制爲，請無疑也。唐下元戊午年七月二十八日。勾當并結塔僧契莊。勸緣僧延祝。

原載《兩浙金石志》卷4

王林并妻何四娘造舍利塔磚記

弟子王林并妻何四娘闔家眷屬，捨净財，捐施真身舍利塔佛磚一千五百尊,恐有多生罪障業障,并願俏除。承兹靈善,願往西方净土。戊午顯德五年十月記。汪元青敬刻。

越州蕭山祇園寺舍利東堉甄遥受。

后世百廿四年爲御史大夫,平湯君沂門,持贈天年。玉佛庵弟子達受供養。

原載《五代石刻校注》卷4

高四娘造像記

女弟子高氏四娘敬捨净財,造羅漢一軀,永充供養。□□鎸造四軀聖像,保安身位,各獲妙祉,永將不朽。

時戊午歲十一月□日題。

僧契新書。

原載《五代石刻校注》

梁文誼造像記

閤門承旨梁文誼,奉宣差押元帥大王官告國信經歷到院,睹五面羅漢。發心捨净財,鎸造一尊。爲亡父母、小女子七娘,永充供養,永爲不朽之身。

顯德六年十一月日永記。

原載《五代石刻校注》

張萬進造像記

客省承旨、朝散大夫、守衛州[判官]張萬進,奉宣差押元帥大王官告國信經歷到院,睹聖迹羅漢,發心鎸一尊。爲父母、小男永壽,保安身位,闔家眷屬,福壽延長。

顯德六年十一月日,永爲不朽。

原載《五代石刻校注》

吳越造彌陀佛像記

上直都管軍都頭弟子周勢□,欽謹發虔心,捨净財□西山靈鷲禪院，製造彌陀石佛一軀。所申意□□，爲先亡考九郎、亡妣魏氏、龍氏、亡三兄□□□識資□□□承泰亡□□□□娘、□□娘、□□娘、亡姪承訓、亡新婦秦二娘、亡孫子□□，□願早生净土，各得超昇離苦，解脱生前罪業，藉此雲銷。没後冤□□□，解釋其功德，今已相□□圓恒□□□。永充供養，時己未建隆元年三月十九日記。

原載《兩浙金石志》卷4

天台般若新寺磚塔記

　　按《越都圖經》□古碑云：梁朝岳陽王者，是昭明太子第三子，即梁蕭詧，是第二生榮王是也。於赤城山頂造磚塔三所，中有如來舍利四十九顆。其塔至唐會昌五年乙丑歲七月敕廢，至咸通六年乙酉歲，僧宗立并居士倪求、徐師約，與衆信士同修一所。至八年丁亥歲七月辦畢。星霜綿遠，其塔甋石墮堕。爰至顯德七年庚申載，般若寺沙門德韶重建造。纔啓舊甋石，感雷電風雨驚衆，現如來身光，項佩毫光，光中又現阿育王寶塔，塔中亦放五色祥光。遂獲舍利四十九粒，迎歸紫凝山，香花饌，并衆僧各燃頂臂，種種供養，遂累甋石。僧俗雲芘，逾一祀圓就，再安□舍利二十八顆，前後可三十餘瑞現光，與前無異。留舍利二十一顆，散安東都府内并應天寺甋塔中，吳武丘寺甋塔、國清寺甋塔、東場中興寺甋塔各一顆，當寺二塔盡是□□捨□□□金親造，各安舍利三顆。上贊皇王帝業□□□□□樂康云耳。辛酉歲大□建隆二年十一月十日。

原載《兩浙金石志》卷5

大隨求即得大自在陀羅尼神尼經建幢記

　　竊以奉空王之大教，尊阿育之靈踪，崇雁塔於九層，衛鴻圖於萬祀。梵刹既當於圓就，寶幢是鎮於方隅，遂命選以工人，鑿於巨石，琢鞭來之堅固狀，涌出之規儀，玉削霜標，花雕八面，勒佛頂隨求之加句。爲塵籠沙界之良因，所願家國恒康，封疆永肅，祖世俱乘於多福，宗親常沐於慈恩。職掌官僚，中外寧吉。仍將福祉遍及幽明，凡在有情，希沾妙喜。乾德三年乙丑歲六月庚子朔十五日甲寅日立。天下大元帥吴越國王錢俶建。

原載《兩浙金石志》卷 5

保叔(俶)塔磚

　　□□□□壬午□造塔。僧宗願、澄淵,檀越吴□、戴仲齋者,同生阿彌陁佛净土□。

原載《八瓊室金石補正》卷 81

佚名殘志

　　……序

　　……可以與其謚焉,……有子八人。……祖朝曾……厚清高閑□……先皇毁廢……而無一點瑕穎……娶陳留阮氏夫人不……育子……公揆女……風燭,享年六十□,……子號□泣淚,……鶴鄉……陵谷有……

　　……松柏茂……鶴□徘徊。

原載《慈溪碑碣墓志彙編》(唐至明代卷)

志從造像記

　　尼志從伏爲保安身位造一軀,永充供養。

原載《五代石刻校注》

金匡藝造像記

　　弟子金匡藝伏爲保安身位,永充供養。

原載《五代石刻校注》

張仁裕造像記

　　弟子張仁裕伏爲家眷保安造一軀,永充供養。

原載《五代石刻校注》

張福造像記

弟子張福爲自身造，永充供養。

原載《五代石刻校注》

翁松造像記

弟子翁松爲亡妣王二娘子造羅漢一軀，永充供養。

原載《兩浙金石志》

吴越烟霞洞題名

塔右壁題名：副僧官延慶，□□楊仁□，□使施泰，郡君□□□□，都指揮使吳延爽、杜承海、蘇昇，指揮使徐蟠，縣君盛氏八娘，楊仁□，沈七娘。

塔左壁題名：□□□、施弘□、蔡從暉、范德□、沈德、李仁志、蔣□、陳□、雷□、胡□、周□、朱□、錢□、□□□。（以上第一列）

沈行超、金仁泰、□□□、褚□昭、楊□、周超、滕□、裴□、陳太、沈□、周忠、錢□、□□□、□□□。（以上第二列）

□□□、□□□、□□□、□□□、□一娘、朱□娘、梅二娘、陸□娘、莫二娘、李八娘、孫□娘、周六娘、程六娘、□□□、□□□、□□□、□□□、□□□、倪□娘、□□□。（以上第三列）

（以下殘勒）

□□□、□□□、□□□、□□□、□□□、□□□、□□□、□□□、□□□、□□□、□□□、□□□、□□□、□□□、□□□、華六娘。（以上第八列）

田暉、陸本、李德文、程泰、王鄰、陳濤、□睢、□支、何神、□□、陳詮、高邦、李綜、陳安、徐□、萬超、顏睢、金□、□□。（以上第九列）

陶皓、陶安、王皎、□珍、賈榮、李□、婁□、蔣實、張□、吳盛、董增、王珪、邵燔、錢安、□曛、費陳、管南、張□、陸□。（以上第十列）

□□、王榮、薛福、孔瑶、金暉、范瑶、陳彦、顏欽、徐周、費珀、余福、劉萃、盛邦、余爽、魯榮、黃□、雷珂、□欽、陶紹、□□。（以上第十一列）

潘□、胡志、韓陳、陳□、王邽、張鄰、褚澤、湯鄰、戚謙、申成、吴福、周威、李玢、唐安、范福、唐□、張慶、林禧、董球。（以上第十二列）

□□、王實、王全、賀榮、金皓、李泰、唐洎、沈榮、李□、沈張、諸福、薪琸、吴支、沈暀、掤訓、林□、戴及、鄭□、薪規、曹□、張□。（以上第十三列）

郭□、韓綰、王後、盛修、茅成、薪□、徐詮、安保、吴瓌、葛□、張□、□□、李約、陶安、邵太、吴瓌、張太、孫求、駱詮、周則、吴□、□皓、□□。（以上第十四列）

□□、□□、俞□、王猛、熊周、黄安、凌作、周訓、王元、周頵、王德、丁彦、余握、陳訓、沈超、沈□、陸思、孫□、王鍾、徐□、許□、□安、□□。（以上第十五列）

□□、王昌、趙洪、潘成、許□、顧進、□□、蔣□、范□、金□、金福、吴□、朱□、金永、□□、王□、薛安、章立、□□、陳□、徐□、吕太。（以上第十六列）

趙□、吴訓、楊□、□□、黄榮、□□、□□、金太、□□、徐□、沈珍、金□、徐□、□□、□□、□□、胡益、□□、□□、□□。（以上第十七列）

□□、俞文、俞□、□□、徐安、□安、□□、□□、鄭□、王福、□□、范□、徐□、沈□、□□、□□、□□、□□、□□、□□、□□。（以上第十八列）

（第十九列全勒）

□□□□□、□□、□□、□□、王仁保、高榮、丁彦、吴君如、□□、李章、張仁皓、臧泰、何仁柔。（以上第二十列）

□□、金安、朱侣、胡彦超、楊承旭、蔣承超、李景□、滕仁福、委師節、童敬思、何超、喻仁□。（以上第二十一列）

張□、余阮、宋紹榮、余德、姜□福、黄煇、趙從□、王仁皓、謝仁詮、孫德全、何承朗、黄承泰、殿信榮。（以上第二十二列）

郁仁超、黄□、黄□、李宗、葛遇、尹暉、曹安、□超、徐彦興、□□温、羅德瑾、孟仁□、陳□、□□、□□。（以上第二十三列）

盛師貞、管濱、鄭□、□承訓、□暉、顔從遇、戴福、王洪宜、朱廷

晦、□□、□□、□□、□□□。（以上第二十四列）

　　□□、姚德□、王承俊、王知訓、王知讓、李招、俞仁福、戴仁皓、曹兗、徐□安、宋德昭。（以上第二十五列）

　　倪安、徐縝、沈超、徐彥興、陸彥和、陸□□、□□、曹從□、羅承福、□□、李□。（以上第二十六列）

　　胡德安、□滿、葉武規、倪光□、倪福、□□、安燔、丘詮、陸□章、吳綽、陳君□。（以上第二十七列）

　　□□、黃晟、韓武、□□、□□、□榮□、□□、王仁通、□□。（以上第二十八列）

　　千人功德百錢■，吳□□、□□、薛榮、□□、□□、□□、朱□、□章、胡仁□、胡仁德、□□。（以上第二十九列）

　　塔右壁題名

　　□□、□□、□□、□□、□□、徐德、□□、□□、□□□□□□、□□、□□、王□、李□、陸□、□□、□□、□□、□□、□□。（以上第一列）

　　□太、賈□、周□、□、李□、□□、□□、□□、□□、□□、□□、李□、□□。（以上第二列）

　　□□、□□、吳□、吳□、□□陳□、張福、□□、□□、□□、葉□、吳裕、孟訓、□□、盛□、周德、張□、宋泰、□□。（以上第三列）

　　王泰、徐□、□□、祝欽、□□、吳恭、賈□、□□、□□、施安、王□、陳□、徐□、曹□、張□、徐泰、□□、□□、楊□、□福、□□。（以上第四列）

　　□□、□□、□□、□□、張□、□□、□□、□□、張□、徐□、章□、□□、□□、魏□、錢武、徐□、李安、金士□、陳祀、常□、羅瑤、王□。（以上第五列）

　　□□、金□、□□、□□、□□、陳□、陳□、陳□、□□、吳□、朱□、范□、□達、□□、徐□、□□、沈□、顧□、□□、臧遇、姚遇。（以上第六列）

　　周□、□珂、王□、□□、沈□、鄭□、徐□、□思、臧□、□□、□□、沈榮、周遇、張□、張□、計格、王□、王泰、邵德、簡□。（以上第七列）

□□、□□、□□、□□、□□、□□、□珀、□□、□□、朱□、□□、□□、吳□、丘□、董□、□□。（以上第八列）

□□、陸□、王超、范泰、□□、張□、朱岳、□□、□□、□□、李安、□□、□□□、姚保、馮全、□□。（以上第九列）

□□、□福、胡□、□□、王皓、王德、金□、金□、程□、□□、□□、林□、陳逵、□□、陳泰、虞□、□□。（以上第十列）

馬□、□□、□□、□□、徐□、陳□、徐彥、沈□、吳安、陳□、陳□、□□、朱□、徐□、李福、陳安、□□。（以上第十一列）

□□、陳福、陳□、李□、諸□、章□、沈□、王□、鈕□、徐□、韋謙、□□、蔡□、王珀、談福、□□。（以上第十二列）

□□、□三娘、□□娘、□□、□□、□□、□□、□□、□□、□□、□□、□□、□□、□□、□□、□□。（以上第十三列）

□□□、□四娘、朱九娘、錢五娘、胡六娘、張六娘、□□□、□□□、□□□、□□□、□□□、□□□、□□□、□□□、□□□、□□□。（以上第十四列）

□□娘、蘇七娘、倪十娘、林十七娘、□一娘、吳十二娘、張十一娘、章十四娘、□四娘、毛六娘、江四娘、徐七娘、楊三娘、范八娘、姚六娘。（以上第十五列）

李廿一娘、沈□娘、張七娘、徐二娘、李五娘、孟一娘、周十二娘、□二娘、李三娘、王四娘、葉四娘、李八娘、吳二娘、陸四娘、□□□。（以上第十六列）

□十娘、□□娘、賈三娘、□八娘、姚□娘、徐九娘、賈一娘、章五娘、五五娘、黃十五娘、章七娘、許一娘、金六娘、湯一娘、□□□。（以上第十七列）

□七娘、嚴七娘、錢三娘、□□□、沈四娘、□二娘、□十一娘、馮九娘、高七娘、張二娘、王二娘、□八娘、金六娘、沈七娘、趙一娘。（以上第十八列）

□□、□□、王安□、□德、胡□、俞超、徐逢、□賓、金□、金承福、周從□、周仁泰、吳詢、包德安、金□。（以上第十九列）

□□、朱彥□、□仁泰、□□□、石□訓、黃□、潘仁□、呂瑤、□

□、黄□、葉□、聞安、石仁遇、蔣邦、□□。（以上第二十列）

□□、□□、崔仁敬、曹從□、曹德□、陳承規、李□□、何彦□、戚超、蔡希□、唐汝詢、□知□、錢仁□、錢仁保、桑□。（以上第二十一列）

□□、陸仁裕、□泰、陸邦、吳崇、柯俊、林遷、陳彦□、戴超、□從禮、陳榮、□□。（以上第二十二列）

余知□、吳□、王師□、鍾□□、戴仁紹、□□□、陳彦□、孫□紹、楊知質、□□、朱□、李承□。（以上第二十三列）

□□、□□、王德□、□彦□、湯□德、鍾暉、李承□、趙□貴、陳頊、王承泰、趙彦□、□□□、□□。（以上第二十四列）

李□、徐□□、杜德□、徐仁昤、何德□、徐暉、陳思□、□仁遇、□福、楊珦、陶□、金□、□□。（以上第二十五列）

□□、□□、吳仁福、陸仁安、唐超、唐暉、喻承德、□□、胡福、朱彦□、朱□、李□、□□。（以上第二十六列）

□□□、□仁紹、羅瓊、金承訓、李珥、□□、□□、王□、王寶□、徐□、□□。（以上第二十七列）

□□、俞□、陳□、吳榮、□澄、王順、李□、葉□、□□、郎□□、黄□、陳□。（以上第二十八列）

□□、李□、胡□、孫福、孫求、楊□、朱皓、金□、□泰、□□、□、□□□。（以上第二十九列）

孫□、沈璿、錢□、□□、周□、姚思、姚安、姚昤、虞威。千人功德百錢。（以上第三十列）

原載《兩浙金石志》卷4

涌泉寺塔磚識

上元

戊辰歲建造塔磚五萬記。

都勾當僧行宏、師爽賢、謝行等。

涌泉寺主張。

原載《台州金石録》卷5，嘉業堂刊本

殘志

……向。孝男孝……焉。嗚呼！秀巘平雲……蘿蔽日。奉命刊……天胡茫茫兮……青松蔚蔚兮……駱氏夫……

原載《越窑瓷墓志》

□故徐府□墓志

府君諱□,字子……之苗裔也。□祖諱……□□□□□□□□□……□□□□之山北,遂爲□……府君即容之季子……温和,入孝出悌,言而……□子,長曰文……(殘片一)

……藥餌不瘳……二月中旬六日終于鳴鶴鄉小……春秋七十。嗚呼！男女號墓,哭……聲,日月有時,安措俄及,并……秋八月二十四日卜宅□……貞塿合窆□□……室□□……也……(殘片二)

原載《越窑瓷墓志》

楚

楚廢王馬希廣

楚國國王(？—950)，楚文昭王馬希範同母弟，武穆王馬殷第三十五子。馬希範薨後，諸弟中以馬希萼最長，宜襲位。長直都指揮使劉彥瑫等稱遺命，奉希廣權軍府事。後漢天福十二年(947)，以希廣爲天策上將軍、武安軍節度使、江南諸道都統、兼中書令，封楚王。乾祐三年(950)，馬希萼率軍進攻長沙，自立爲王，處死希廣。

請發兵擊朗州奏

臣當道去九月內，量發兵士往朗州，招安戶民。不料偶失威嚴，遂中奸便，須謀補卒，爰議班師。朗州自聞當道抽退已來，狂謀益甚。又探得荊南繼差人下淮南與廣州三處結構，荊南欲取澧朗州，廣南攻桂州，淮南欲取湖南。兼即日淮南支鄂州管內租税，衷私令荊南供給朗州。且如山結連，可知事勢。其朗州已入附於淮甸，又納款於荊南，興破家亡國之心，作瓜剖豆分之勢。兼誘草賊，燒却近封，顧基扃而危若綴旒，視黎庶而困於塗地。弦衰柱促，言發涕流。伏乞聖慈，念以臣四世勤王，三面受敵，欲興師旅，動礙寇讎。望特降絲綸，聊差貔虎。亦知朝廷北面托落，分兵處多，故不敢大段撓於兵力，只乞差借許蔡鄉軍三五千人、馬一千騎，內得王師二千來人，夾帶南渡，只到澧州屯駐，以斷淮南與荊南援助之路。不勞血刃，只仗朝廷，則當道出兵，不難克復。安危繫慮，翰墨難窮。庶回雷電之光，以收蕩平之捷。謹差押衙焦文諫馳奏，披瀝以聞。

原載《册府元龜》卷 952

楚後廢王馬希萼

楚國國王，馬殷第三十子。乾祐三年(950)，殺其弟馬希廣，自稱天策上將軍，武安、武平、靜江、寧遠等軍節度使，楚王。次年二月，遣劉光輔入貢於南唐，南唐遂遣使册封希萼爲楚王。劉光輔勸唐帝討伐楚，於是南唐以大將邊鎬爲將，屯於袁州(今江西宜春)，伺機攻取湖南。九月，馬希崇發動兵變，囚希萼於衡山縣。衡山指揮使廖偃與彭師暠，共立希萼爲衡山王，遣使求救於南唐。馬希崇料難自立，也遣使求救於南唐。早已虎視眈眈的南唐軍遂不血刃進入長沙。馬希崇降。馬希萼亦被迫入南唐，留而不遣，後卒於南唐。

上南唐元宗乞師表

昔先王早以勛業，基有楚國，不幸即世，顧命之夕，顯令兄弟，以天倫紹立，庶奉宗廟，獲享國祚。無何，嗣君不延永命，奄棄社稷，訃告至日，臣不勝痛切膚骨，血泣頤睫，即時奔走哀庭，冀處苫塊，用竭臣子之孝。不圖天未彌禍，孼竪構隙，間離我戚屬，汨亂先序，潛阻兵戈，將謀剿絶，苟不更圖，殞在朝夕。故臣敢遠遣行價，殫布腹心，惟君存先王之昔好，賴大國之武威，許出兵援，以附不腆，庶俾盜黨，免弄凶器。

原載《江南野史》卷 2，《五代史書彙編》

李善夷

唐末五代官員。官至尚書。乾寧、光化間貶謫湖南，任澧陽縣宰。

重修伍員廟

伍相公員也，廟在澧江之渚。自爲寇之擾，爲兵火所焚，爲野火所燎，爲風雨所壞，爲江浪所侵。垂二十年，向爲墟矣。雖有鍾山蔣侯之驗，其神亦無所依止。澧守欲重建廟宇，里人曰：“不可。員楚之仇也，鞭我死君，其過也甚。”又曰：“員孝於父者，其廟廢之則無以旌其孝，建之則無以勸其忠。”太守不決。一日問余，愚曰：“太守不知伍員非不忠於君者。楚平王非員之君也。《書》曰：‘普天之下，莫非王土。率土之濱，莫非王臣。’楚之君即非天子也。當平王之時，君上乃周景王也。楚子實天子之臣，員即楚之陪臣，吳楚之君乃五等封。以其國迫近蠻夷，地雖廣，不得爲侯伯而爲子男。故仲尼修《春秋》吳越楚雖大而不稱王，止稱吳子越子楚子而已。王乃彼之自僭，則欺天。欺天則安得其下不逆？夫覆載之內，天子爲君上，固不可異二。諸侯賜弓矢然後征，賜斧鉞然後殺。楚子諸子，觀兵滅國，無代無之。子胥周之臣也，君在上，不欺天者忠也，復父仇者孝也。忠孝既備，安得無馨香之祀乎？”

原載《文苑英華》卷 763

責漢水辭

　　《春秋》僖公四年，齊桓公合諸侯之師，盟于召陵，責楚之苞茅不入，問昭王南征而不復。楚子使屈完對曰：“貢之不入，寡君之罪也。敢不供給？昭王南征之不復，君其問諸水濱。”按昭王南征至漢，舟人膠其舟，王遂溺死。杜預曰：“當時漢水未屬楚。”杜之注其爲謬哉！且楚實殷之始封楚，苦縣瀨鄉在漢水東北六百餘里，則漢水於西周之際，豈未屬楚乎？又詩云：“撻彼殷武，奮伐荆楚。罙入其阻，裒荆之旅。”鄭玄注云：“深入方城之阻也。”方城今在漢水北三百里，豈昭王時未屬楚乎？屈完以齊桓所問之，大不敢他對，但請自問於水濱之人，言我不之知也。漢實屬楚久矣。夫山林川澤，天子祀之，必有其人。楚人膠其船而禍其君，神不能福，神之罪也。余過漢，見其波濤淲濆，而責其水。詞曰：

　　漢之廣兮，風波四起。雖有風波，不如蹴涔之水。蹴涔之水，不爲下國而傾天子。漢之深兮，其隄莫量，雖云莫量，不如行潦之汪。行潦之汪，不爲下國而溺天王。漢之美者曰魴，吾雖饑，不食其魴，恐污吾之饑腸。

原載《唐文粹》卷 17 下

蕭　振

五代楚國人。

修黃陵廟記

　　歲在單閼，律應蕤賓。太尉、中書令楚王重修二妃廟於洞庭岸，所以酬靈感而答前願也。在昔有鯀則陋，將宏試可之功。鼇降觀刑，始協嬪于之德。於是化流嬀汭，德洽堯聞。罔矜帝子之尊，盡執家人之禮。泊南巡不返，北渚俱來。莫追龍馭之踪，空見象耕之所。違天有恨，甘委骨於重泉。同穴無期，分捐軀於積水。芳流舊俗，德被遺黎。煥廟貌於千秋，儷精靈於二聖。魂歸紫府，想從西母之游。迹瘞黃陵，猶錫斯民之福。有祈皆應，無感不通。權水旱於鄉關，運慘舒於生植。吞刀吐火，越巫而但騁蹁躚。桂酒椒樽，楚老而猶通盰鬘。我太尉中書令楚王撫戎多暇，訪古遺踪，敬神而遠之，非鬼不祭也。以二妃廟基頹毀，棟宇傾摧。荊榛翳薈於軒墀，苔蘚斕斒於像設。靈踪未泯，寧無步襪之塵。祀事不嚴，亦縶賽帷之政。乃命魯工削墨，郢匠運斤。初洞啓於崇扉，忽鳥翔於峻宇。圬墁雲布，畚鍤星羅。在三農而不妨，雖一日而必葺。蘭橑櫛比，桂柱翬飛。梁間之蟪蝀不收，檐際之鴛鴦欲起。黛眉斯斂，若含黃屋之愁。繡臉如生，將下翠筠之淚。始者欲爲經度，盡自内財。仍奏皇明，請崇徽號。奉唐景帝天祐五年六月十有四日敕旨，以黃陵祠，封懿節廟。竊以世遥三古，事遠重華。襃揚必在於正人，寵數方加於異代。故可使窮泉發耀，貞魄有歸。非至德何以通神明，非至靈何以感直氣。厥功既就，盛德將書。鐫銘永托於他山，悠久便同於元造。宜求彩筆，以述芳詞。振迹忝前旌，名微候館。仰承嚴命，俯扣庸音。無陸氏之患多，有景純之未寤。它年岸上，應知杜預之功。今日江邊，且愧曹娥之作。

原載《全唐文》卷 869

重修三閭廟記

噫！楚懷失道，遠君子而近小人。靳尚讒言，興浮雲而蔽白日。子也含冤靡訴，抱直無歸。叩閽而天且何言，去國而人皆不吊。徘徊澤畔，顦顇江濱。吟貝錦以空悲，佩崇蘭而自喻。雲裝羽駕，東皇君忽爾來游。斂衽端著，鄭詹尹於焉靡說。懷忠履潔，憂國愛君。驚禽而徒欲繞枝，棄婦而豈忘迴首。離騷咏盡，不迴時主之心。靈瑣長辭，竟葬江魚之腹。救溺之蘭橈競逐，招魂之角黍爭投。浸爲午日之風，播作三閭之事。式瞻遺廟，尚歸崇基。綿歲月以斯多，黯精靈而未歇。然即金鋪零落，蘭寮摧頹。蝸涎全染於杏梁，蟲蠹半穿於桂柱。苔生玉座，塵壓珠簾。蓬蒿漸蔽於軒楹，風雨垂侵於像設。我太尉中書令楚王，道惟濟物，德必神通。思闕政而感修，想忠魂而有感。況靈符禱請，事著聰明。能資上相之兵威，克靖二凶之沴氣。遂得拜章上請，疏爵遥封。爰旌感應之功，是錫昭靈之號。相府乃減净財於厚禄，模大壯於遺祠。規圖矩方，上棟下宇。華榱錦簇，將日曜而月輝。彩檻帶縈，或龍盤而獸走。飛檐鳥企，瑶砌砥平。靈官與鬼將爭趨，海若共波神並侍。陰風暝起，應朝澤國之靈，落月春深，但哭巴山之鳥。前依積水，迴壓高丘。占形勝於一隅，奠馨香於萬古。其或征人輟棹，歸客憑軒。當洞庭木落之初，是枉渚波生之後。千聲鼓枻，猶傳濯足之歌。一紙沉書，曾吊懷沙之恨。風急始知於草勁，火炎方辨於玉貞。當時之瓦釜雖鳴，異代之桐珪忽及。況重新廟貌，光被綸言。固可以大刷幽靈，全攄憤氣。想直躬而若在，披遺像以如生。爰終結構之功，欲紀經營之迹。豈期嚴命，猥及下僚。振道愧譚賓，名參霸府。居唯代舍，歸來敢嘆於無魚。地實長沙，日晚誰驚於有鵩。從軍稍暇，訪古多懷。正吟招屈之辭，忽捧受辛之旨。勒他山之翠炎，序有土之殊功。風聲永播於無窮，追琢便期於不朽。何人讀罷，起三十里之沉思。今日斐然，慚二百年之述作。直書盛迹，用告將來。

馬　賨

楚國大臣。任靜江軍節度使、檢校太尉、兼中書令，封扶風郡王。

金剛般若波羅密經碑

靜江軍節度桂管□□制置等使、開府儀同三司、檢校太尉、兼中書令、使持節都督桂州諸軍事、守桂州刺史、上柱國、扶風郡王、食邑五千户馬賨建。

原載《桂林石刻總集輯校》上册

劉昌魯

楚國大臣，鄴（今河北臨漳西南）人。唐末高州刺史，因劉隱逼迫，遂率衆投奔楚國馬殷。楚任其爲永順軍節度副使，後卒。

致馬殷書

僕昔占籍鄴中，受恩唐室，苴高三歲，遏黄巢之亂，收合生齒，堡于掠山，因深爲塹，憑高作壘，攻苦食淡，以勤士卒。洎盗賊平定，一境獨全。高掠之民，至今相戴。而中原多故，嶺南不賓。劉隱亂常，僭興師律。舉蠻貊之衆，成吞噬之心。僕常訓勵甲兵，躬當矢石。掃墨一戰，劉巖遁走。雖仗義者必勝，恃力者必亡。然而山越之人，瘡痍衆矣。殘民以騁，所不忍爲。昔古公去豳，竇融歸漢，千古之下，迭爲推美。僕雖顓愚，景慕前烈。竊惟明公負江湖之固，有桓文之業，土宇至廣，仁風素厚。願以所部歸款於執事，謹刺血染翰，上達誠惻。惟明公圖之。

原載《全唐文》卷839

拓跋恒

楚國官員。武穆王馬殷時，任學士；衡陽王馬希聲時，爲節度判官;文昭王馬希範時,爲天策府學士。後不知所終。

諫楚文昭王書

殿下長深宮之中,藉已成之業,身不知稼穡之勞,耳不聞鼓鼙之音。馳騁遨游,雕墻玉食。府庫盡矣,而浮費益甚。百姓困矣,而厚斂不息。今淮南爲仇讎之國,番禺懷吞噬之志。荆渚日圖窺伺,溪洞待我姑息。諺曰:"足寒傷心,民怨傷國。"願罷輸米之令,誅周陟以謝郡縣。去不急之務,減興作之役。無令一旦禍敗,爲四方所笑。

原載《資治通鑒》卷 283

丁思覲

楚國官員。累官天策副都軍使。向文昭王馬希範進諫,不聽,扼喉而死。

諫楚文昭王書

先王起卒伍,以攻戰而得此州。倚朝廷以制鄰敵,傳國三世。有地數千里,養兵十萬人。今天子囚辱,中國無主,真霸者立功之時。誠能悉國之兵,出荆襄以趣京師,倡義於天下,桓文之業也。奈何耗國用而窮土木,爲兒女之樂乎?

原載《新五代史》卷 66

上馬希範書

今四海分裂,中原之地纔十數州。而大王克紹先業,爲諸侯之長。未聞折一馬箠爲天子計,愚臣所以爲恥也。惟大王思之。

原載《三楚新録》卷 1,《全宋筆記》

李 鐸

楚國官員。歷官都統判官、司徒、天策府學士等。

密雨如散絲賦以微密相續集布如絲爲韻

散萬物者，莫潤乎雨。鈞百貨者，莫細乎絲。雨將應時，既盈空而沃若。絲將比密，爰委質以棼之。原夫清畢啓陰，夕陽向暮。散輕霞以成綺，蠹元雲而似布。於是霡霖郊野，霏微草樹。蔽重霄之靄靄，猶委緒風。映遠岫之濛濛，乍迷縠霧。髣髴將久，輕盈匪疏。濛薆浣紗之際，浸淫濯錦之餘。織婦停梭，似曳乃輕之緒。舟人罷釣，疑牽或躍之魚。由是揚素彩，降碧虛。忘機別天庭之皖彼，拂鬢驚韶髮之皤如。徒觀其散影有經，分行無匹。始斜足以色麗，俄交反而勢密。輕沾素服，懷墨子之悲時。遥隔布泉，誤詩人之怨日。皎皎容潔，綿綿體微。絶而復尋，等蛛網而共挂。垂之如墜，連雪絮以輕飛。仰之盈目，紛如可矚。彼時澤之長懸，若天經之恒續。秦臺蟻行，豈惟珠曲乃穿。湘浦燕飛，不獨鳥方驚觸。有以灑炎炎之苦，有以慰蚩蚩之俗。且晴晦之異，圖牒之祥。則有雲如繪以遥列，星曳練而可望。布沾霈而莫能與比，齊綿密而曷足其相。彼龍見而方雩，與決雲而齊給。或流電而未止，或破塊而併集。曾未若汗漫於率土之濱，表王言之澤及。

秋露賦

天何言哉，萬化斯該。歲云秋矣，傷心不已。起涼風於四面，飛斷雲於千里。爾乃高天氣爽，寒日光清。下翠樓以迴矚，見白露之晨生。向珠網以添净，依玉階而助明。如霜未結，似雨還輕。點庭蕉而葉重，滋園菊而花榮。歌湛則周詩入興，凝甘則漢載留名。故色貴含秋，光宜泛曉。既騰文於地上，復垂容於筆杪。烟澹彩而的的，月籠華而晶晶。豈只華山之際，童子受於囊中。金莖之端，仙掌承於雲表。況乎胥臺發色，軒丘降祥。紅蘭受而彌潔，緑葵含而轉芳。初益巨海，終晞太陽。既隨時以隱見，還任物以行藏。爾其無林不沾，無草不冪。蓮上流彩，林中湛液。思蟬飲而曉潤，旅鶴驚其宵滴。詞人賦矣，已凝冷以凄清。君子履之，又傷心而怵惕。感斯露而揣稱，愧才殫而莫析者也。

朱遵度

　　楚國人,青州(今山東青州)人。家多藏書,周覽略遍,人稱"朱萬卷"。因避契丹之亂,南下湖南,文昭王待之甚薄。後徙居金陵,高尚不仕。

栖賢寺碑

　　夫太華維嵩,作鎮周秦之地。峨嵋劍閣,僻臨卭蜀之區。曷若峻極於天,廬山列五嶽之次。欲光於世,栖賢居四絶之右。其或秀生賢哲,氣噎風雷。控五嶺而壓三秀,匯岷江而潴蠡澤。泉飛黃石,千尋之長劍倚天。雲吐爐峰,一炷之檀烟上漢。石梁與塵寰不接,紫霄信日月可親。懷山襄陵,文命導百川而届此。千乘萬騎,漢皇馭六飛以躬臨。既如此,廬山不得不稱其嶽也。若乃五乳峰左,疊石澗西。屏展層巒,狀五老飛星之所。門臨三峽,聽大禹鑿龍之聲。香積具而谷震文鮋,黿侶賓而風傳金錫。龍潭當户,甘澤與法雨齊飛。禪客臨軒,師子共象王接武。又如此,則栖賢不得不名其絶也。按張僧鑒《潯陽記》云:"姬周初,匡俗先生屢逃徵聘,結廬此山。"真人羽化於紫烟,弟子指山爲廬岫。又按張密《九江新舊録》云:"栖賢寺本在州南二十三里,齊永明七年,咨議張希之造。隋末始廢,洎唐寶曆初,給事中李渤,以廬宮是栖隱之所。遂捨舊宅,以建精藍。奏置舊廢寺額,仍請先歸宗智常禪師以居焉。"檀越處仁信之域,睹空王而發心。菩薩啓圓頓之門,馭五乘而接物。紹遠公之能事,皆唐代之偉人。當其海衆雲臻,法幢峰立。如聲召響,目擊道存。應物隨緣,薪盡火滅。法須有主,代不乏賢。謝山和尚聞法鼓銷聲,慮慧日長没。出彼林下,來此山中。而後照覺禪師再光祖席,佛巖大士繼闡守風。今筠長老去來不住,彼我兩亡。解龍濟之髻珠,得清涼之心印。源本清而任撓,鏡鑒物而忘疲。蓮社嘆三草將枯,密雲不雨。黃屋念釋門無主,百堵誰興。眷彼名山,在乎宸斷。應明詔者,其惟師歟?繇是虔奉綸言,遂成素志。遽辭丹闕,深入白雲。師乃乘般若舟,游一真性海。

憨狂子病,灌一味醍醐。接引大心衆生,俱入華藏世界。處群華而不自異,即煩惱以爲菩提。賓至如初,棟橈畢葺。龍集辛酉,天子省方。千官扈從,萬乘啓行。大明昇沖,六合皆照。東風扇律,四海維新。龍舟纜艤於星灣,天步俄登於雲岫。心存億兆,豈思石椁之堅牢。志在寰瀛,不問瑤池之遠近。瞰雙崖而壁立,聽驚湍而雷吼。橋橫虹斷,危若飛動。乃顧謂筠公曰:"吾愛天下生靈,視如己也。豈可使出塵之士,來往而履險乎?"勿憚暫勞,須求永逸。目顧頤使,規模立成。仍宣御庫錢二十萬,以充其費焉。既而雲罕未移,勾陳尚駐。覽布金之勝概,挹漱玉之清湍。茶烟裊而乳竇飄香。禪悅味而虛室生白。實釋門之盛事,爲信史之美譚。玉輅言旋,緇徒葳事。衆人役役,因善價而沽諸。伐木丁丁,俄梓材而如積。屹若神化,皆從聖謀。朱欄修且直,大廈壯而麗。馬師皇過此,免更乘龍。鄧隱峰經行,不勞飛錫。其新橋依舊以三峽爲名,又於橋之北建駐蹕亭,寺之後改觀音巖爲宴聖巖,皆先皇駐蹕之所也。召伯聽訟,國風歌其勿翦。叔子去荆,峴山存乎墮淚。況明明哲后,垂二十載,覆燾於烝民者哉?遵度大袖褒衣,以登晉用。聞先歸宗之出世,恨不同時。慕李給事之爲人,各逢明主。而又於筠長老有林泉之舊,因御命如瀟湘之游,云欲立貞珉,將直書其實。以文見托,不敢多辭。其詞曰:

廬山天柱,五老峰前。地如靈隱,寺號栖賢。山中何有,百物生焉。寺中何有,俊哲居焉。江湖會同,天文星紀。控越連巴,東南之美。鼓震雷動,觸石雲起。何必崇朝,滂沱萬里。芙蓉積翠,帝子三宮。九峰峨峨,秀出雲中。龍潭水黑,錦谷霞紅。吉甫生周,不獨惟嵩。十八名賢,首稱慧遠。江州使君,書讀萬卷。禪師知常,竹林之院。一言道合,法無關鍵。指兹舊院,建彼祇園。上棟下宇,寶幢勝幡。師子一吼,孰敢興言。以心印心,如箆如塤。那含如來,圓寂覺路。世界無邊,非佛不度。迦葉慈悲,憨衆生誤。了真妄源,絶生死怖。謝山欽因,依紹能仁。心如太虛,本絶埃塵。龍濟實相,傳之於筠。清凉法海,秋月一輪。聖主知賢,詔居兹寺。入七葉巖,當法王位。爲述正言,與悟息意。四執無着,是不思議。龍集作噩,時維小康。翠華順動,眷被山光。造舟爲梁,八鸞鏘鏘。雲濕寶軨,谷散天香。三峽嵌空，雙崖如束。直下百尺，飛流噴玉。橋危飛動，路險巴蜀。念彼游人，履茲深谷。將易舊制，俄成久圖。既壯且麗，皆遵睿謨。莫測天心，蒼生是虞。欲使萬物，安如覆盂。亭思駐蹕，巖紀聖游。南方溪后，碧嶂難留。唐祚千葉，唐年萬秋。惟山與寺，配天齊休。

原載《全唐文》卷 893

李弘皋

楚國官員。任天策學士、刑部侍郎。

復溪州銅柱記

　　粵以天福五年歲在庚子夏五月，楚王召天策府學士李弘皋謂曰："我烈祖昭靈王，漢建武十八年，平徵側於龍編，樹銅柱於象浦。其銘曰：'金人汗出，鐵馬蹄堅。子孫相連，九九百年。'是知吾祖宗之慶胤緒綿遠，則九九百年之運昌於南夏者乎？今五溪初寧，群帥內附。古者天子銘德，諸侯計功，大夫稱伐，必有刊勒，垂諸簡編。將立標題，式昭恩信。敢繼前烈，爲吾紀焉。"弘皋承教濡毫，載叙厥事。

　　蓋聞牂牁接境，盤瓠遺風。因六子以分居，入五溪而聚族。上古以之要服，中古漸爾羈縻。泊師號精天，相名姎氏。漢則宋均置吏，稱静溪山。唐則楊思興師，遂開辰錦。邇來豪右，時恣陸梁。去就在心，否臧由己。溪州彭士愁，世傳郡印，家總州兵。布惠立威，識恩知勸。故能歷三四代，長千萬夫。非德教之所加，豈簡書而可畏。亦無辜於大國，亦不虐於小民。多自生知，因而善處。無何，忽承間隙，俄至動搖。我王每示含弘，嘗加姑息。漸爲邊患，深入郊圻。剽掠耕桑，侵暴辰澧。疆吏告逼，郡人失寧。非萌作孽之心，偶昧戢兵之法。焉知縱火，果至自焚。時晉天子肇創丕基，倚注雄德。以文皇帝之徽號，繼武穆王之令謨。册命我王，開天策府。天人降止，備物在庭。方振聲明，又當昭泰。眷言僻陋，可俟綏懷。而邊鄙上言，各請效命。王乃以静江軍都指揮使劉勍，率諸部將，付以偏師，鉦鼓之聲，震動谿谷。彼乃棄州保嶮，結砦憑高。唯有鳥飛，謂無人到。而劉勍虔遵廟算,密運神機。跨壑披崖,臨危下瞰。梯衝既合,水泉無汲引之門。樵采莫通,糧糗乏轉輸之路。因甘衿甲,豈暇投戈。彭師杲爲父輸誠,束身納款。我王愍其通變,爰降招携。崇侯感德以歸周,孟獲畏威而事蜀。王曰:"古者叛而伐之,服而柔之。不奪其財,不貪其土。前王典故,後代蓍龜。吾伐叛懷柔,敢無師古。奪財貪地,實所不爲。"乃依前奏授彭士愁溪州刺史,就加檢校太保。諸子將吏,咸復職員。錫賚有差,俾安其土。仍頒稟粟,大賑貧民。乃遷州城,下於平岸。溪之將佐,銜恩向化。請立柱以誓焉。

於戲! 王者之師,貴謀賤戰。兵不染鍔,士無告勞。肅清五溪,震讋百越。底平疆理,保乂邦家。爾宜無擾耕桑,無焚廬舍。無害樵牧,無阻川塗。勿矜激瀨飛湍,勿恃懸崖絕壁。荷君親之厚施,我不徵求。感天地之至仁,爾懷寧撫。苟違誠誓,是昧神祇。垂於子孫,庇爾族類。鐵碑可立,敢忘賢哲之踪。銅柱堪銘,願奉祖宗之德。弘皋仰遵王命,謹作頌焉。其詞曰:

昭靈鑄柱垂英烈,手執干戈征百越。我王鑄柱庇黔黎,指畫風雷開五溪。五溪之險不足恃,我旅爭登若平地。五溪之衆不足憑,我師輕躐如春冰。溪人畏威仍感惠,納質歸朝求立誓。誓山川兮告鬼神,保子孫兮千萬春。

原載《溪州銅柱及其銘文考辨》

劉　言

楚國將領,廬陵(今江西泰和西北)人。楚國末年,靜江軍兵變,逐其節度使,擁立劉言爲武平留後。勢力强大後,遂驅逐南唐軍隊,盡有湖南之境。後周廣順二年(952),任命其武平軍節度使、同平章事。不久,被武安軍節度使王逵擊敗,被殺。

收復湖湘狀

當道去年以湖南馬希萼弟兄傷寒家國,陵夷淮南,差邊鎬潛入長沙,便爲據守。扶風一族,楚水萬家,並押送東吳,固無留者。當道有兵士二千來衆,亦被括將。累乞放迴,意未允許。今春前節度使馬光惠,耽荒稍甚,僭侈非常。三軍商量,乃行廢黜。臣以位居籓貳,衆意推崇,辭讓既難,藩方無主。此際以馬光惠早歸東國,累降頒宣。臣等例奉甄昇,未遑迴變。方思述職,鄰道可明。不謂湖南,頻行間關。彼衆將行討伐,當軍須舉兵師。冀先定於熊湘,復歸明於象闕。東吳早以臣權知戎閫,未降明恩。尋有急徵,並令歸國。其邊鎬唯懷詭詐,多畜奸謀。況五溪八州,是武陵管屬。邊鎬暗齎金帛,密與鈎連。計料加兵,欲謀攻逼。於界首益陽縣下砦,聚食屯師,自謂士卒精強,壕壍牢固。當道節度副使王進逵、行軍司馬何敬真、指揮使周行逢、朱全琇、蒲公益等,去十月三日部署大齊雲截波魚龍戰棹等三百餘艘,計三萬人,並陸路指揮使張倣、董從德等押馬步兵士二萬餘人,同日進發。五日收下沅江縣,獲賊都監劉承遇。其賊將李師德等五百餘人,並束甲歸降。至九日到益陽寨,賊衆一萬餘人,堅守抵扞。攻擊自辰至未,其砦自潰。殺戮八千餘人,捉得都指揮使夏昌,活擒八百餘人。至十一日,橋口、湘陰數處,相次歸降。至十三日,當軍水陸俱上,經長沙城下。邊鎬見其兵勢,不敢拒張,當夜取東路奔逃。至十四日,進逵、敬真差發五千餘人追襲。除鎬先次奔竄外,掩殺賊衆五百餘人。即日進逵、敬真入湖南城,安撫軍民訖。其東吳岳州刺史宋德權,尚倚孤壘,亦聚强兵。探知搬下舟船,亦無鬭志。十月十八日,差指揮使蒲公益押戰船五十隻、兵士三千人,到岳州城下。其宋德權即時爇城而竄。便令蒲公益權主岳州,招撫生聚。其潭州、上江諸郡邑,見差守宰招安次且言潭州兵戈之後,焚燒殆盡,乞移使府於朗州。

原載《册府元龜》卷 179

收復湖湘表

　　臣聞域中至大,須歸正統之君。海内稱尊,合奉真明之主。事既緣其道阻,機且務於從權。關河之信使不通,戎鎮之牒章未達。寔爲睽越,罪屬稽留。臣前年以馬氏弟兄,交相魚肉,是希崇之失馭,致邊鎬之侵疆。當道節度使馬光惠,早副群情,方施庶政,遽多耽惑,將亂紀綱。三軍商量,乃行廢黜。臣謬居上將,忽被衆推。尋且奉表東吳，所冀且安西土。不謂湖南節度使邊鎬，多行間諜，嘗畜陰謀。致半年未降於新恩，而中使遽來於急詔，而又縱橫肆意，說誘五溪。暗行文書，廣齎金帛。將謀會合，欲舉攻狀。臣請節度副使王進逵、行軍司馬何敬真、別差指揮使周行逢、朱全琇、張倣等，慮其奸計，恐致危亡。乃舉兵師，去平凶寇。自十月三日水陸發兵，順水至五日收下沅江；九日又下益陽；十四日克復湖南城池。邊鎬見其危迫，陸路奔逃。見發奇兵，掩後追逐。料行狼狽，必恐收擒。臣素昧兵鈐，曾無將略。幸處軍中之長，叨司閫外之權。念臣節以徒堅，望堯階而尚優。既復瀟湘之土宇，永依日月之照臨。幸成破竹之功，敢慢傾葵之懇。且馳單介，徑達皇都。謹差節度押牙張崇嗣奉表以聞。

原載《冊府元龜》卷 179

彭士愁

五代少數民族首領（？—956），世據溪州（今湖南永順東南）。後梁開平四年（910），任其爲溪州刺史，授靜邊都指揮使。後晉天福四年（939），其引錦、獎州諸蠻攻辰、澧等州，楚王馬希範遣左靜江指揮使劉瓊率兵討之，雙方以銅五千斤鑄柱，銘誓狀於上，立會溪坪，彭氏與馬楚分土而守。其在溪州地建二十州，各州皆自置刺史。

溪州誓文

右據狀：溪州靜邊都，自古已來，代無違背。天福四年九月，蒙王庭發軍，收討不順之人。當都頭將本營諸團百姓軍人，及祖父本分田場土産，歸明王化。當州大鄉、三亭兩縣，苦無稅課。歸順之後，請祗舊額供輸，不許管界團保軍人百姓，亂入諸軍四界劫掠。竝盜逃去戶人，凡是王庭差綱，收買溪貨，并都幕采伐土産，不許輒有庇占。其五姓主首州縣職掌有罪，本州申上科懲。如別無罪名，請不降官軍攻討。若有違誓約，甘請准前差發大軍誅伐。一心歸順王化，永事明庭。上對三十三天，下將宣祗爲證者。

原載《池北偶談》卷 10

閩

閩忠懿王王審知

閩國的建立者(862—925)，光州固始(今河南固始縣)人。909—925年在位。唐末從其兄王潮起兵，任威武軍(治福州)節度使。唐亡，奉梁正朔，朱温加授審知爲中書令，開平三年(909)封閩王，升福州爲大都督府，據有今福建之地。在閩地興學校，辦教育，招徠海外商賈。

請封閩縣砧埼里古廟奏

閩縣界砧埼里古廟，祈禱有靈，鄉閭父老，皆有陳請，望賜封崇。

原載《册府元龜》卷 193

王延嗣

閩王王審知從子(873—966)，不受官爵。閩將亡，改姓唐，隱居於延平，以五經教授生徒，人呼唐五經。宋乾德四年(966)卒。

諫閩王王審知書

天子播遷，大盜蜂起，迹其所由，正緣朝廷政出多門，刑賞滋濫。大王親舉義兵，爲國平亂，軋於賊臣，決策入閩，士卒將佐棄鄉並墳墓從王，何所圖哉？志於立功名耳。今師旅暴露日久，大王尚未策勛以旌戰士，而首以爵命猥及無知之私親，將士解體必矣。

原載《唐文拾遺》卷 33

林鄲等造義井記

大閩國左街白塔天王院比丘師幹,乃勸同緣弟子檢校尚書、右僕射、守左衛長史兼御史大夫林鄲,弟子檢校太子賓客、兼監察御史殷晟,並僧尼、男女弟子等共捨錢開此義井。所冀神泉普濟,永鎮皇都,千百年間庶無傾側,當願生生常逢諸佛國界,世世常感皇帝深恩。今世同緣,不昧菩提之果。時通文三年歲次戊戌三月十八日題記。

講經大德廷敏書,兼監察御史林歡刊字。

原載《閩中金石略》卷 2

王繼恭

閩惠宗王鏻之子。通文中,任威武節度使。通文三年,後晉封繼恭臨海郡王。次年,連重遇之亂,繼恭與諸王並死於陁莊。

致執政書

閩國一從興建,久歷年華,見北辰之星位頻移,致東海之風帆多阻,願言遐想,文不逮誠。餘遣邸吏林恩列狀申述。

原載《册府元龜》卷 233

留從效

閩國將領(906—962),泉州永春(今福建泉州)人。本爲泉州散指揮使,利用閩國末年大亂之機,占據漳、泉二州,自領節度留後。南唐無力控制,遂改爲清源軍,以從效爲節度使。未幾,累授同平章事、兼侍中、中書令,封鄂國公,進封晉江王。又向吳越、宋朝進貢,以求自保。建隆三年(962)卒。

上周世宗表

臣聞日月貞明,萬方咸照。帝王英睿,無所不通。竊以閩嶺五州,古來一鎮。僻陋雖居於遐服,梯航長奉於上京。尋因王氏末年,建城失守。干戈擾攘，民庶蒼黃。臣此際收聚餘兵，保全兩郡。北連甌越，南接番禺。況屬貢路未通，所以親鄰是附。今則伏遇皇帝陛下道侔諸聖，運應千年。布文德於中原，紹武王之丕業。憶昨上遵天意，聊議南征。矧以金陵已歸皇化，莫不華夷賓服，文軌混同。然臣嘗覽此書，略知往昔。竊見孫權鼎分列國，地有三吳。及於季年，臣於大晉，諸道各仍於舊貫，隨方率貢於中朝。惟彼前規，無殊此日。臣生居海嶠，實慕華風。輒傾葵藿之心，恭向照臨之德。仍進獬豸通犀帶一條，白龍腦香十斤。

原載《册府元龜》卷232

黃 滔

闽國官員（840—?），泉州莆田（今福建莆田市）人。唐乾寧二年（895）登進士第，任四門博士。被王審知召入幕府，以監察御史裏行充威武軍節度推官。黃滔工詩文，尤擅律賦，是這一時期著名的詩人。

周以龍興賦 以“旋服國中，位光鱗族”爲韻

周以創三十代，啓八百年。既鳴鳳以授德，復興龍而御乾。奔天下之二分，豈惟雨驟；擎雒中之九鼎，寧止波旋。當其韜仁聖以表威靈，涌禎祥而呈氣色。歧梁爝銜耀之所，岍隴湛蟠泥之域。幾年貪餌，吞將呂望之鈎。一旦飛天，霹破殷辛之國。觀夫或屈或伸，非假非真。澤霈六合，恩濡兆民。以息虞芮，作在田之迹。以却夷齊，爲逆物之鱗。掀陸海之波濤，固殊鯨浪。擴九重之宮室，肯類鮫人。則知指縱而或仗爪牙，善戰而靡資血肉。火兵戈而雖假燒尾，鏡古今而未嘗寐目。遂使盟津契會，此時莫愧於雲從。羑里栖遲，昔日何傷於魚服。下蟄如此，高翔曷量。子孿貊而蟲沙附，申忠信而鬐鬣張。足以雄飛革命，首冠興王。駕木德於震宮，蒼然被彩。應陽精於乾象，赫矣飛光。所謂建皇基，立寶位，模日楷月，規天矩地。非三聖之尤異，焉可以神物而取類。邈罔象，乘鴻濛，奔霆迸電，驅雷走風。非四靈之感通，焉可以與周而同功。豈徒角樹臣佐，穴起域中。挈開粟而

攫散財,滂沱有截。壽九齡而參十亂,振奮無窮。懿乎後煥放牛,前光播穀。愈彰聖德於王者,益驗神踪於介族。則老聃之道,漢祖之顏,永宜雌伏。

原載《黃御史集》卷1,《文淵閣四庫全書》

明皇迴駕經馬嵬賦 以"程及曉留,芳魂顧迹"爲韻

長鯨入鼎兮中原,六龍迴轡兮蜀門。杳鼇闕而難尋艷質,經馬嵬而空念香魂。日慘風悲,到玉顏之死處。花愁露泣,認朱臉之啼痕。莫不積恨綿綿,傷心悄悄。逝川東咽以無駐,夜户下扃而莫曉。褒雲萬疊,斷腸新出於啼猿。秦樹千層,比翼不如於飛鳥。初其漢殿如子,燕城若讎。驅鐵馬以飛至,觸金輿而出游。謀於劍外,駐此原頭。羽衛參差,擁翠華而不發。天顏愴恨,覺紅袖以難留。鴛鷺相驚,熊羆漸急。千行之珠淚流下,四面之霜蹄踐入。神仙表態,忽零落以無歸。雨露成波,已沾濡而不及。棧閣重處,珠旒去程。玉壘之雲山暫幸,金城之烟景旋清。六馬歸秦,却經過於此地;九泉隔越,幾凄惻於平生。釵飄彩鳳之踪,鬢蛻元蟬之迹。茫茫而今日黃壤,歷歷而當時綺陌。雨鈴製曲,徒有感於宮商;龍腦呈香,不可返其魂魄。空極宵夢,寧逢曉粧。輦路見梧桐半死,烟空失鸞鳳雙翔。鏡殿三春,莫問菱花之照耀。驪山七夕,休瞻榆葉之芬芳。大凡有國之尊,罕或傾城之遇。孰言天寶之南面,奚指坤維而西顧。然則起兵雖自於青娥,斯亦聖唐之數。

原載《黃御史集》卷1,《文淵閣四庫全書》

以不貪爲寶賦 以"不驚他貨,士之意哉"爲韻

以玉爲寶兮,寶之常名。以不貪爲寶兮,寶其可驚。彼空矜其純粹,此特稟其清貞。潔已虛中,既處一言而落落。飛聲擅價,終傾衆寶以鏗鏗。宋人獲希代之珍,子罕當連城之贊。且曰伊我之寶,非君莫遺。提携而日月耀手,跪拜而丘山屬意。殊不知飲冰勵節,如冰之色何煩。匪石推心,剖石之姿足棄。如此則別號瓊瑰,得之非荊山者哉。獨爲奇美,種之乃情田而已。莫不掃埃垢於嗜欲,擴規模於廉

耻。器之於國,雕鏤皆讓劍之流。利之於人,貿鬻悉投錢之士。繇是
焕爛群目,鏘洋一時。自叶至珍之比,永辭凡口之嗤。豈可輕重貴
賤,諏議磷錙。衒實矜華,爾則以琬琰當也。輝今映古,我則以惇素
稱之。卒使民知反樸之風,俗靡攫金之過。豈惟清白以足謂,固亦温
良而大播。所以不潤屋而潤身,蓋非貨而曰貨。則知以非貨而爲寶
者少,以所貨而爲寶者多。少則與珪璋而合美,多則與瓦礫而同科。
故其滌以蕪穢,加諸琢磨。采於已而不采於彼,貴於我而不貴於他。
縱饒秦氏,當時曾欺趙地。爭奈楚君,昔日薦刖荆和。宋人於是辭默
而慚,顔槙而走。斯言既得以佩服,吾寶乃分其妍醜。誰能持確論,
秉貞姿,問貪夫之信不?

原載《黄御史集》卷1,《文淵閣四庫全書》

景陽井賦 以"擴然舊事,國艱人悲"爲韻

臺城破兮烟草春,舊井湛兮苔蘚新。自遺迹於天子,幾興懷於路
人。蓋悲萬乘之尊,投身到此。豈爲一泓之故,舉世驚神。叔寶以立
作荒君,在爲亡國。玉樓之絲管宵咽,桂岸之兵戈晝逼。御天失措,
且四方之大何從。没地無慚,顧九仞之深可匿。便委鴻業,旁携綠
鬢。奔入泓澄之内,冀逃吞噬之艱。殊不知理昧納隍,處窮泉而詎
得。誠乖馭朽,攀素綆而胡顔。既而出作窮鱗,奪歸偏爵。一時之覆
轍如此,千載之遺波儼若。陌上澄澈,丘中寂寞。暗淘人事以冰釋,
旁寫江天而鏡擴。青銅有恨,也從零落於秋風。碧浪無情,寧解流傳
於夜壑。徒觀其蕪没沙徑,葳蕤澤葵。漁樵汲引,荆棘榮衰。雖虛中
而可鑒,終徹底以堪悲。寶鏡休分,豈有得銅之日;雕筵罷設,永無投
轄之期。固以滌盡繁華,銷平曩舊。猶驚鼎沸於餘涌,更吊山崩於疊
甃。荒涼四面,花朝而不見朱欄。滴瀝千尋,雨夜而空啼碧溜。斯則
埋塞終古,蕭條永年。半竭而珠瑁或出,陸沉而翠蓋寧旋。莫可追
尋,玉樹之歌聲邈矣。最堪惆悵,金瓶之咽處依然。嗟夫! 穿鑿豈
殊,淺深非異。蓋悲鮒蟄之穴,不是龍潛之地,所以避匿其中,莫比漢
高之事。

原載《黄御史集》卷1,《文淵閣四庫全書》

課虚責有賦以"理派空至,方明得門"爲韻

虚者無形以設,有者觸類而呈。奚課彼以責此,使從幽而入明。寂慮澄神,世外之筌蹄既歷;垂華布藻,人間之景象旋盈。昔者陸機,賦乎文旨,推含毫伫思之道,得散樸成形之理。雖群言互發,則歸於造化之中。而一物未萌,乃鑕在渺茫之始。是宜囊括元牝,箕張混元。暗造無爲之域,潛臻不死之根。致彼音塵,莫隱於秋毫纖芥。令其影響,俄通於萬戶千門。然後扇作波瀾,騰爲氣色。無論於遠近高下,罔計於飛沉動植。如鏗至樂,非所聞而遽聞。若摘元珠,非所得而遽得,則知文本於道。道不可量,杳韜存而韞亡。道散於文,文不可當。乃飛鋒而耀鋩,取之者取之逾遠,偶之者偶之不常。故其越兔影,邁烏光。向無聲無臭之間,陶開品彙。於出鬼入神之際,定作圓方。乃使巧拙應機,麁全任器。考其始而始則無睹,驗其終而終則有自。物居恍惚,牢籠而俟以真歸。精匿杳冥,搜索而期乎實至。所謂擺揚恬澹,剖判虚空。冀其神覰,逮彼幽通。豈惟率爾邈然,散着於山川草木,風飛泉涌,争飄於鳥獸昆蟲。夫如是,則洞啓幽元,曾無險隘。流音既自於扣寂,成象還同於畫卦。然後知文苑之菁華,亦冲和之一派。

原載《黄御史集》卷1,《文淵閣四庫全書》

送君南浦賦以"越空縣目,傷妾是君"爲韻

南浦風烟,傷心渺然。春山歷歷,春草縣縣。那堪送行客,啓離筵。一時之萍梗波濤,今朝惜别;千里之秦吴燕宋,何日言旋。當其繫馬出船,候潮待月,低徊而少婦對景,悵恨而王孫望闕。莫不撼嶧竹以凄楚,撥湘弦而激越。且當蘋澗,把芳酒以留歡。莫被薰風,吹片帆而便發。君不見陌上塵中,奔西走東。車輪似水,馬足如蓬。夜泊而猿啼霜樹,晨征而月在烟空。争得枝間,比翼更同於越鳥。只應波上,離群便逐於燕鴻。莫不太苦行人,偏傷别妾。龍媒而嘶出金埒,鸞扇而持歸玉篋。於時莫展歌鼙,全沉笑靨。郊天路口,愁攀夾渡之柳條。采蕨山前,忍看解維之桂檝。是知無人免别,有别皆傷。使人落顔,貌枯肺腸。淚成雨,鬢侵霜。朝悲五嶺,暮怨三湘。夢去

不到,書來豈常。況一川之烟景茫茫,橫衝楚徼。兩岸之風濤渺渺,直截炎荒。無不銷魂,如何舉目。齎行而寶劍三尺,留下而明珠十斛。林騈樛木,推誠而敢望合歡。洲躍嘉魚,取信而當期剖腹。及夫樂闋人散,鼀飛日曛。遺鞭却取,解佩還分。玉驄之歸步愁舉,蘭棹之移聲忍聞。須知赤帝之江頭,兩心似火。莫自蒼梧之岸曲,一去如雲。雖仁錦衾而贈我,終摛錦字以醻君。已而誰不別離,別離如此。誰不相送,相送於是。則東門與北梁,不足云爾。

原載《黃御史集》卷1,《文淵閣四庫全書》

水殿賦以“翻量去日,有水空流”爲韻

　　昔隋煬帝,幸江都宮,製龍舟而礙日,揭水殿以凌空。詭狀奇形,雖壓洪流之上,崇軒峻宇,如張丹禁之中。當其城苑興闌,烟波思起。截通魏國之路,鑿改禹門之水。於是怪設堂殿,妙盤基址。屏開於萬象之外,嶽立於千艘之裏。還於玉闕,控鼇海以崝嶸。稍類雲樓,拔蜃江而聳峙。皆以彩飾無比,雕鐫罕量。裝羽毛而搖裔,疊瓊璧而熒煌。鏡豁四隅,遠近之風光寫入。花明八表,古今之壯麗攬將。天子乃縱巡游,極駕馭,登巨艦以龍躍,擴深扃而虎踞。旌旗劍戟以絡野,珠翠歌鐘而觸處。三十六宮之雲雨,潀洞隨來。一千餘里之烟塵,冥蒙撲去。百幅帆立,千夫脚奔。上搖烏兔,下竄蛟黿。天吳邂逅以驚殺,地軸參差而軋翻。蘭棹桂檝之駢闐,行辭洛口。鴛瓦虹梁之岌嶪,坐徹夷門。啓閉詎常,登臨罔畢。雷訇之竹箭衝過,輻湊之木蘭貯出。柳絲兩岸,裊爲朱檻之春。水調千聲,送下青淮之日。既而遄驚鬼瞰,遽及神謀。巒輅而飄成覆轍,樓船而墮作沉舟。寶祚皇風,一傾亡於下國。霞窗繡柱,大零落於東流。嗟夫!駕作禍袂,樹爲罪咎。穿河彰没地之象,泛水示沉泉之醜。血化兆庶,財殫萬有。所以湯武推仁,不得不加兵於癸受。

原載《黃御史集》卷1,《文淵閣四庫全書》

狎鷗賦以“釋意與游,遷之汀曲”爲韻

　　海童以泛泛浮浮,愛於白鷗。遂將窮於賞玩,乃相狎以遨游。彼

鳥何知，苟同心而同德，斯人足驗，諒不忮而不求。當其訪物外之高踪，得沙間之逸致。雲心瀟洒以薦往，鶴貌飄颻而疊至。列爲儔侶，肯無求友之聲。却盡猜嫌，皆得忘形之意。至若海鏡秋碧，天藍霽青。磨開桂月於浩渺，畫出蓬山於杳冥。爾乃瞻雪影，緬風翎。曲得其情，此曠蕩而來依別派。不言而信，彼聯翩而飛下迴汀。四目夷猶，兩情容與。曾無隼擊之患，忘到鳩居之所。羅列靡慚於交契，固類朋游。參差罔愧於弟兄，還同雁序。斯則別號羽客，參爲水仙。楊柳之江頭雨夜，蒹葭之渡口霜天。莫不探此景象，窮乎歲年。異雞群之迴處，殊鶯谷之高遷。掃塵緒以皆空，那虞觸網。負身弓而不縮，詎肯驚弦。則知蟬蛻是非，羽翔凡俗。豈鷹揚於霄漢之外，乃鶚立於烟濤之曲。因嘻鴻渚，蓋春去以秋來。翻笑鵲河，竟離長而會促。其父既駭於斯，爰令執之。纔及入籠之念，已興登俎之疑。潮滿滄洲，游泳空期於水際。日生丹壑，翱翔遽在於雲湄。所謂禍機中藏，物情外釋。且斯鳥之猶爾，豈於人而能隔。則包含詭給之流，宜覽之而改易。

原載《黃御史集》卷 1，《文淵閣四庫全書》

知白守黑賦 以“爲後之則，迹無顛墜”爲韻

白之能知，須守黑於所爲。黑之能守，則知白而無咎。聖人所以立言於彼，垂訓於後。將令學者，得韜光用晦之機，不使來人，有衒實矜華之醜。是宜采厥理，扣其辭。豈非白也吐耀含輝，稟西金而成姿，或元黃而可得，或蒼赤而可期。知之者必能洞徹萬物，昭彰一時，故爲禍患之所之。黑也光沉影匿，漫北水而成色，既視之而不見，亦曉之而莫得。守之者必能混合群象，冥蒙衆惑，故爲安寧之所則。繇是任懷霜而懷雪，不在明言。縱如璧以如珪，終須默識。如此則準繩萬國，龜鏡八區。俾其擅清名者若昧，抱明智者如愚。有於不有，無於不無。亦猶玉之貫虹，以輼石而爲妙。珠之象月，以蚌胎而爲殊。論於物而物且能爾，驗於人而人焉忽乎。是以釣璜於西渭之濱，扣角向南山之夕。須知刖足以招禍，莫若漆身而遁迹。君不見斗牛烏兔，垂大明而或隔陰霾。麟鳳龜龍，作嘉瑞而常居藪澤。則知以白藏黑

兮,道無不全。以白離黑兮,理其不然。若內包乎皎皎,當外處乎縣縣。故懷希代之珍者被褐,負不羈之才者草元。然後弘彰典式,克免危顛。夫如是則垂戒無垠,推誠觸類。靡令受采之質,或爽處蒙之意。吾徒也勉之哉,佩帶斯言而勿墜。

原載《黃御史集》卷1,《文淵閣四庫全書》

漢宮人誦洞簫賦賦以"清韻獨新,宮娥諷誦"爲韻

王子淵兮誰與倫,洞簫賦兮清且新。麗藻上聞於天子,妍詞遍誦於宮人。名價有茲,寫札於御箋彤管。風流無比,吟哦於貝齒朱唇。斯賦也,述江南之翠竹,生彼雲谷。甘露朝洒,瑞烟晴撲。般斤遽取於貞勁,夔律乃知其韞蓄。既而植物惟一,樂工惟獨。九重聖主,俄聆於玉韻金聲,兩掖佳人,爭致於瑤編繡軸。受授相從,彤闈絳宮。始喧喧而歷覽,旋一一以精通。十二瓊樓,不唱鶯歌於夜月,三千玉貌,皆吟鳳藻於春風。莫不魯殿慚魂,巫山破夢。應教墨客以心死,解得紅妝之口諷。時時桂席,驚飄舞雪於羅衣,往往蘭臺,誤下歌塵於綺棟。於時閑趙瑟,寢秦箏,駐雲雨,咽咸英。非春而御苑花折,當夏而幽閨景清。如鳶人人,却以詞鋒而勵吻。雕龍字字,爰於禁署而飛聲。泉噴香喉,雲靡綠鬢。豈貫珠之歌同調,固如簧之言別韻。遂使霞窗觸處,不吟紈扇之詩,樂府無人,更重箜篌之引。斯則琴賦與笛賦奚過,才子獲才人咏歌。體物之能有是,屬詞之道如何。一千餘字之珠璣,不逢漢帝。三十六宮之牙齒,詎啓秦娥。方今天鑒求文,詞人畢用。有才可應於妃后,工賦足流於嬪從。洞簫之作兮何代無,誰繼當時之吟誦。

原載《黃御史集》卷1,《文淵閣四庫全書》

省試人文化天下賦以"觀彼人文,以化天下"爲韻

明彼今古,聞諸聖賢。易垂言而著在八卦,人有文而形於普天。用以成章,既驗斯風之肅穆,矚之於物,乃知厥德之昭宣。吾君秉此格言,恢乎至理,以爲文在天而苟可鑒,文在人而誠足視。在天則時變從之,在人則化成有以。故體此以御宇,取茲而教人。且文也,肇

自河龜見,洛書陳,道德故,仁義新。出無爲而入有象,齊父子而一君臣。既而上古遐,中古邇。苟流播之如此,乃弛張而若彼。始則六十四位,演自周王。旋則三百五篇,删於孔氏。故得有國之君,準繩斯文。詩書禮樂以表裏,干戚俎豆以區分。莫不經天緯地,髣髴氤氳。布彼寰瀛,風行而草偃。被於億兆,玉潔而蘭薰。然後鏗作咸韶,散爲風雅。調暢動植,周通夷夏。車書得以合矣,貴賤與而同也。遂使九州四海,皆瞻黼黻於朝端。墨客詞人,交露鋒鋩於筆下。大哉人文之義也,焕矣赫矣,可名可觀。唯聖朝之所擅,豈悖德之能干。推其時而時或異,論其道而道斯完。故將垂百王而作範,豈惟充萬國以咸歡者也。夫如是,則肩比三王,威銷五霸。弘彰馭馬之成政,克俾雕龍之擅價。彬彬乎哉,鬱鬱乎哉。有以見我唐之至化。

原載《黄御史集》卷1,《文淵閣四庫全書》

館娃宫賦 以"上驚空壕,色施碧草"爲韻

吴王歿地兮,吴國蕪城。故宫莫問兮,故事難名。門外已飛其玉弩,座中纔委其金舠。舞榭歌臺,朝爲宫而暮爲沼。英風霸業,古人失而今人驚。想夫桂殿中横,蘭房内創。丹楹刻桷之殊制,鉏砌文軒之詭狀。如從渤澥,徙蓬闕於人間。若自瑶池,落蘂宫於地上。繡柱雲楣,飛蛟伏螭。基局鬱律,鈎楯參差。碧樹之珍禽夏語,綠窗之瑞景冬曦。吴王乃波伍相,輦西施,珠翠族來,居玉堂而湏洞。笙簧擁出,登綺席以逶迤。觸物窮奢,含情愈惑。欲移楚峽於雲際,擬鑿殷池於檻側。花顔縹紗,欺樹裏之春光。銀焰熒煌,却城頭之曙色。殊不知敵國來攻,攢戈耀空。虎怒而拏平雉堞,雷訇而擊碎簾櫳。甲馬萬蹄,卷飛塵而滅没。瓊樓百尺,爆紅爐之冥濛。悉繠修袖舞殃,朱唇唱隟。瑶階而便作泉壤,玉礎而旋成蘚石。恨留山鳥,啼百卉之春紅。愁寄壠雲,鏁四天之暮碧。悲夫往日層構,兹辰古壕。香徑而同歸寂寂,稽山而杳自高高。遺堵塵空,幾踐群游之鹿。滄洲月在,寧銷怒濁之濤。已而西日恩恩,東波浩浩。松楸而駢作荒隧,車馬而輾通長道。彼雕墻峻宇之君,宜鑒丘墟於茂草。

原載《黄御史集》卷1,《文淵閣四庫全書》

陳皇后因賦復寵賦 以"言情暮作，國黛朝天"爲韻

陳皇后一鏁長門，蕭條渥恩，欲寫退宮之永恨，因求體物之嘉言。蜀郡才高，述遺芳於桃李。漢皇心感，歸舊職於蘋蘩。想夫迹墜城南，寵移天顧。難期獻璽於春晝，不忍解簪於日暮。瓊樓寂寂，空高於明月秋風。瑶草凄凄，莫輾於金輿玉輅。於此蓄憤，夫何釋情。犀浦有多才之著，上林推獨步之名。沽酒而居，每樂當壚之事。量金以至，爰流擲地之聲。於是摘妍詞，貌濃黛，侔錦字，陳綺態。鬱芬馥於苴席，悄丁當於珠佩。鵲巢入構，翻成別鶴之悲。馬首虛瞻，不識牽牛之會。振動文苑，旋彰國朝。既切采蘩於藻麗，遂牽連理於桃夭。一旦惻聖鑒，錫嘉昭，已無爲雨之期，空懸夢寐。終自凌雲之製，能致烟霄。莫不傾北園，駭南國。絲蘿而昨日靡托，珠翠而今朝改色。玉臺有恨，無鸞之影孤來。金闕無恩，吐鳳之才續得。設使望幸顒若，含情默然，擢髮同論於漢殿，揮毫莫購於巴川。則此日前魚，定作小鱗而赴海。寧令破鏡，却成圓月以昇天。懿夫捫天之手雖奇，麗水之珍可博。苟非兹賦之贊咏，奚救當時之黜削。方今妃后悉承歡，不是後賢無此作。

原載《黃御史集》卷 1，《文淵閣四庫全書》

秋色賦 以"雨作愁成，然知興起"爲韻

白帝承乾，乾坤悄然。潘岳乃驚素髮，感流年，抽彩筆，疊花箋。驅走群言，寫抑鬱之懷矣。搜羅萬象，賦蕭條之景焉。於時凄凄漠漠，零露蒙作。杳杳冥冥，勁風吹成。或青山兮薄暮，或綠野兮新晴。昨日金輿，天子自西郊而迎入。此時火斾，祝融指南極以遄征。於是踆烏減赫，顧兔添明。地上落紅藥之態，烟中吟玉笛之聲。華嶽峰高，染蓮華而翠活。湘川樹老，換楓葉以霞生。愈碧吳山，偏清漢水。松柏風高兮歲寒出，梧桐蟬急兮烟翠死。衡陽落日，和旅雁以飛來。劍閣中宵，逐哀猿而嘯起。遂使隋堤青恨，吳嶺綠愁。廬阜之蟾開石面，錢塘之雪入濤頭。空三楚之暮天，樓中歷歷。滿六朝之故地，草際悠悠。魚美東鱸，獸獰西虎。送鶯扇之藏篋，迎蛛絲之織戶。海上而輕籠皓月，皎潔成冰。隴頭而惹著陰雲，蒼茫欲雨。斯則寒暑推

移,衰榮可知。金生火死,菊换蘭萎。豈惟自遐及邇,窮高極卑。上
澄鵲漢以清淺,東瑩鰲洲而渺瀰。數聲之元鶴驚時,九皋搖落。一夜
之新霜撲處,百卉離披。是時坐客聞之,佯色揣稱,咸言此日之摛藻,
更苦曩篇之秋興。

原載《黄御史集》卷1,《文淵閣四庫全書》

戴安道碎琴賦 以"徒候徽響,致聚深情"爲韻

　　拔塵俗之能琴,其誰不欽? 戴安道之擅名斯異,武陵王之慕義彌
深。降使殷勤,將召來以聆雅越。持誠慷慨,爰擊碎以示胸襟。想夫
名利莫覊,烟霞爲賞。澗松雖聳於梁棟,野鶴不侵乎羅網。吴山越
水,韞物外之清光。蜀軫虞絲,播人間之妙響。杳杳區區,何人戒途。
白屋忽驚於嘶馬,朱門欲俟於啼烏。焉有平生,探樂府錚鏦之妙。爰
教一旦,厠侯門戞擊之徒。於是責出月窗,毁於蓬户。擲數尺之鸞
鳳,颯一聲之風雨。朱弦併斷,類冰泉裂石以丁零。玉柱交飄,誤隴
雁驚弓而飛聚。使者焉知,宣言大非。且異鍛珠之義,寧同碎斗之
譏。陌上迴塵,走清風於玉殿。堂間釋手,章素節於金徽。於時野客
相高,時人或陋。梧雕桐斷以寧顧,漆解膠離而莫救。至若池亭夜月
之景,巖谷春風之候,遥當野岸,肯思流水之曾彈。静對庭蕉,待從幽
蘭之不奏。向若投绿綺以無意,緬維城而有情。亡一時之高躅,矜六
律於新聲。則此日知音,但仰躍魚之弄。碧山烟霧,寧留藏豹之名。
則知藝至者不可以簪笏拘,情高者不可以王侯致。終挺特以驚俗,不
斯須而辱志。於今人語其風,孰不揖當時之事。

原載《黄御史集》卷1,《文淵閣四庫全書》

融結爲河嶽賦 以"形質中成,人事路復"爲韻

　　象帝以伐出物我,陶開杳冥。至精風散,元氣雨零。一濁一清,
既定乾坤之體。或融或結,遂爲河嶽之形。豈非斷乎鰲足之時,剖彼
鷄黄之日。二儀各立以交泰,一氣旁流而洋溢。於是蒼茫不定,奔爲
歸谷之墟。積聚無從,疊作干霄之質。則令川陸天下,江山域中,淺
深莫極,夷險難窮。剛柔隨之而洶涌,嗜欲繼之而隆崇。翻雪浪與霜

濤,下吞方厚。拔重峰兼疊嶂,上列圓空。爾乃產鱗介蟲沙,植羽毛草木。星辰晝夜以明滅,烏兔東西而往復。則有龜負龍擎,文籍其陽九陰六。共觸愚移,傾缺其天樞地軸。如疏樸略,波萬壑以派分。似截渟泓,刜千巖而雲矗。旋聞大禹鞭神,巨靈涌身。鑿通浩渺,擘斷嶙岣。然後摠注滄海,爭磨碧旻。舟檝風生,航利名於世世。輪轅雷起,駕禍福於人人。至今若帶興言,如拳設喻。牢籠下土以箭急,控壓中洲而石固。三門九曲,競呈昇没之源。太華維嵩,交闢奔衝之路。誰能究厥理,考其情,溝瀆曷爲而散作,丘陵奚補而攢成。致彼至柔,灑回邪而互急。俾其峻極,干道德以全平。吾欲炭鞴陰陽,鑪燃天地。鼓將邐迤之濬谷,瀉破連延之積翠。令今日之形象,復當時之窳窊。默默緜緜然,却歸於無事。

原載《黃御史集》卷 1,《文淵閣四庫全書》

誤筆牛賦 以"從其誤著,異質真成"爲韻

　　王獻之績畫彌精,變通可驚。失手而筆唯誤點,應機而牛則真成。用是飾非,既擅一時之妙。持功補過,爰垂千載之名。當其團扇羽輕,素繒雲薄。搦金管以如剪,露秋毫而似削。莫不仁思翔鷺,澄神丹鵲。臨風緬想,滿輪之桂月鋪開。對景嘆嗟,一點之松烟飄著。隱映瑕匿,依稀漆濃。既黑白之斯異,顧東西而曷從。南容之玷難磨,空傷往事。曹氏之蠅可學,遂展奇踪。於是逐手摘成,隨宜演出。斯須亡墮落之所,頃刻見下來之質。筆爲鋒也,無慚賣劍之年。墨作池焉,豈愧蹊田之日。則知負藝通神,呈功駭人。遽從無而入有,俄背僞以歸真。況乎鳥文黛暗,駁彩花新。兔翰初停,旁起落毛之想。鼠鬚尚對,遥懷食角之因。足令飲穎牽懷,飯秦動思。坐驚踐葦之處,立驗放桃之地。手捫而執紾罔殊,衣惹而飾繢奚異。經年不去,寧生舐犢之心。終日長間,豈有駕車之意。所謂取象於斯,稱工在兹。雖恨纖芒而到此,終持妙迹以加其。刱復首尾曲盡,毫釐莫遺。示不用於秋深之日,自無全於縷斷之時。桓温乃拂拭增驚,周旋載顧。徒見奇於手巧,了莫知其筆誤。大凡游藝之人,無不却塵而掃污。

原載《黃御史集》卷 1,《文淵閣四庫全書》

省試王者之道如龍首賦以"龍之視聽，有符君德"爲韻

　　王者以御彼萬國，居於九重。既體天而立制，遂如首以猶龍。視聽無偏，四海自看其波湊。聰明罔失，兆民咸睹其雲從。豈非祖述聖明，披陳道德。以王者爲天下之大，域中之式。非澄耳目，不可以燭暗通幽。非審細微，不可以開基建極。於是設喩斯異，微文特殊。以端拱之尊比義，取産澤之靈合符。則而象之，既不雷同於形質。區以別矣，爰將首冠於寰區。然後嶽嶽高居，顒顒克定。翼左右而何慚角聳，鏡遠近而宛同神瑩。雖云靆𧽗，洪纖之狀咸觀。縱使垂旒，巨細之音畢聽。則知播雍熙之化，爲昭聖之君。遽配騰驤於水物，益彰超邁於人群。濬恩波而固類興雨，呈瑞氣而非同召雲。倖其矯舉之形，無幽不鑒。媲彼孤標之貌，有象皆分。故得迥拔可觀，感通自有。散皇明而珠耀於頷，揚德澤而浪生於口。寧同荀爽，只擅美於弟兄。更異華歆，但垂名於朋友。所謂表有截，播無私。乃藹然而同德，非蠢爾以呈姿。言乎漢祖之顔，方能比也。念彼伯陽之道，未可方之。今我后變見乘時，飛翔叶理。四方盡入於傾聽，陸海無遺於俯視。夫如是，則龍之首兮，未可論功而較美。

　　原載《黄御史集》卷1，《文淵閣四庫全書》

白日上昇賦以"人習道優，元空舉步"爲韻

　　天上神仙，人間得焉。青囊有術，白日昇元。能拔迹之如是，非稟生之偶然。明明而飛出寰區，其誰不駭？去去而立臻霄漢，成道奚先。斯人也，學至感通，質離寒暑。揮毫而金簡初載，端冕而玉皇有仁。綿邈而龜臺鶴浦，幾劫勤求。參差而羽駕霓裳，一朝輕舉。當其瑞景融融，圓虚碧穹。有烟霞兮翁鬱數處，有鸞鳳兮盤旋半空。競矚塵眼，誰原道風。俄然乘軒后之龍，朝辭水上。忽爾控王喬之鶴，畫入雲中。滅没孤飛，飄飆莫駐。數聲如觸於瓊佩，一片漸高於彩霧。何門積學，换俗骨以輕輕。此日登真，躡瑶池而步步。莫不極雲路，逗天津，崑丘入境，閬苑尋春。瓊樹之烟花有主，蘂珠之宫闕無塵。翹首仰攀，便接蓬壺之士。低眸俯視，大驚朝市之人。得非龍虎專修，陰陽久習，早成金鼎之九轉，迎嚥玉爐之一粒，則必鳳居丹壑，冥

契浮丘。却歸鰲背之三島，邈別羊腸之九州。不然者，安得從地面，昇雲頭？當紅塵之午景，爲碧落之良游。較美古今，列子之乘風固劣。論功晝夜，姮娥之奔月非優。懿夫曦彎亭亭，烏光杲杲。爰脫屣於方厚，驟致身於蒼昊。蓋以研鍊斯至，囂煩克掃。愚將蹈妙域以扣元關，學取上昇之道。

原載《黃御史集》卷1，《文淵閣四庫全書》

魏侍中諫獵賦

我太宗之啓聖崇基，魏侍中之推誠輔時。恐羽獵以失德，采風騷而屬詞。瞻仰皇情，欲止畋游之事。激揚丹懇，爰陳諫净之詩。當其內則雍熙，外無攻討。閒憶擒飛而逐走，静乃搜林而索草。殺傷有度，雖知不損於仁心。獵狩非時，或慮微妨於帝道。於是傾素節，揣深衷，何以闡禹湯之誠，莫如陳周召之風。願開三面之仁，上行君聖。遂取二南之義，下效臣忠。爾乃揮以彩毫，流於妙墨。文高而簡牘增煥，思苦而烟霞動色。莫不大罄箴規，堅持讜直。輝珠耀玉，面陳丹陛之前。諷古諭今，袖獻紫宸之側。錯落清唱，錚鏦雅言。叙獲獸争禽之理，述好生惡殺之源。少補元化，輕褻至尊。字字而請休馳騁，篇篇而乞罷驅奔。非不能繼子雲操賦而進，非不能續司馬裁書以論。蓋以詩也中律鏘金，成章燦綺。掬山川氣象於彼，載帝王興衰於此。以之刺上，則上或風從。以之化下，則下皆草靡。所以摘此章句，依於典墳。希一覽而恩覃羽族，冀再觀而惠及毛群。庶幾六藝之妍，終資睿鑒。當使三驅之禮，不越明文。然後甲馬休飛，騂弓莫控。俾百獸以率舞，致四夷之入貢。故其旌逸調，賞清詞，錫彩繒而甚衆。

原載《黃御史集》卷1，《文淵閣四庫全書》

與楊狀頭書

謹獻書狀元先輩。聖人之道没，必假後賢以援之。故天將假後賢以援之，必先否其人之數，而後克亨其道。苟知厥理，繇是得而言之。且咸通乾符之貢士，其有德行文學人地如先輩，而在舉場，則其舉罕再。而先輩在舉場逮二十年，何哉？是知天否先輩當年之數，以亨今日之道。假於春官天官之網，首冠群彥，基我中興。使天下之人，翕然嚮風。奔走慕義，以偃干戈，豈不然乎？今俾天下之人，奔走瞻之爲龍門管鑰，宗伯之處士也。莫不俟我之啓。某頃者頻試於小宗伯，姓名罔爲人之所聞，然多受知于前輩。故安州鄭郎中江陵蔣校書謂所業賦偶公道，必爲宗師之薦，宗伯之求。某佩斯言十有五年矣。幸蜀之後，東蟄閩越。洎前年榜，伏睹先輩榮登。逮王先輩希龍之還，敬話先輩之道，某熟得而知勉。某提攜所業，直扣門仞。昨某之來也，朝及京師，暮期刺謁。今幸于此遽獲贄投，果蒙先輩逾涯越等，加之賞録，便許薦拔。充宗伯之所求，則二賢之言斯驗矣。若某則已登選於今日也。某草澤單寒，無門報德。且世之感恩謝知，罔不率以殺身爲之辭。夫殺身之期，是待知己於患難。某今感先輩之恩知，謹唯銘刻肌骨。故獻書於座右以陳露之，伏惟始終憐察焉。不宣。某再拜。

原載《全唐文》卷 823

與王雄書

　　蒙示盛文，拜納之日，焉可無言。某不業文，誠可儷偶其辭，以贊方寸。既再而思，夫儷偶之辭，文家之戲也，焉可齎其戲於作者乎？是若揚優喙，干諫舌，啼妾態，參婦德，得不爲罪人乎？是乃掃降聲律，直寫一二，强名曰書，幸垂聽覽。頃越之苧工，游蜀之錦肆，錦工以之示肆人，皆哂。越工曰："誠紆雪之與梭霞異諸，然其經緯之如此。"文章之若彼，咸言其極。滔今獲閣下之文，雖莫我知，亦庶幾於越工之言蜀錦。至如典謨之比，寧敢輒言。若復韓校書兩寓沈先輩永崇高中丞安邑劉補闕，已上十篇書，指陳時病俗弊，叙述飭躬處己，講論文學興廢，指切知己可否，雖常人俗士聞見之，亦宜感動，況吾曹乎？則知綿十舉而未第者，抑有由也。夫以唐德之盛，而文道之衰。嘗聆作者論近日場中，或尚辭而鮮質，多閣下能揭元次山、韓退之之風。故天所以否其道，窒其數。使若作騷演易，皆出於窮愁也，復何疑焉。今之人皆謂番禺駢寶貨，游者或務所獲。某之來也，得閣下之文，爲至寶奇貨。充所獲，豈不厚於它人哉？願閣下脂轄躍轡，薦計貢閩,高取甲乙,然後使人人知斯之寶貨。異於是也,元次山韓退之之風復行於今日也。無令鄭滃孫泰李瑞閔廷言陳嶠數公寂寞而已。幸惟志之,不宣。某再拜。

原載《黃御史集》卷7,《文淵閣四庫全書》

答陳碏隱論詩書

隔違之久,每思陸凱之風雅,馨香故人,秦樹吳江,梅花一枝爲之寓。某無陸君之風雅,有古人之馨香。越山台嶽,去年輒以詩八首爲之贄。昔陸氏蔑范君之報,今某切希畋之瓊瑶,不知何以勝據焉。況四始六義之莫備,匪萌是望。伏蒙希畋錫以長箋,飾以過詞,不勝其驚悸而後踊躍也。敢一二陳之。某始者匠故交之爲詩希劉,咸通季初貢於小宗伯,試《禹拜昌言賦》,翼日罷。特持斯賦於先達之門,忽叨見錢之目原注"俗云以詩爲末錢而市物,以賦爲持錢而市物。"是時張喬許彬林希劉皆咸有詩名,而退飛不已。某既竊其目,尤疹二三子落空拳之所。不敢俟終日,遂更以賦。數年以賓榻之無才晝,勝景之多餘暇,不能忘情於舊。輒薦披榛焉,於以寓誠。敢期希畋之是知乎?錫以長箋,飾之過辭。初捧之而驚悸,旋諷之而踊躍。踊躍之謂,如見古賢焉。何也?希畋示以先立行,次立言,言行相扶,言爲心師,志之所之以爲詩。斯乃典謨訓誥也。且詩本於國風王澤,將以刺上化下。苟不如是,曷詩人乎?今以世言之者,謂誰是如見古賢焉?況其籠絡乎天地日月,出没其希夷恍惚,著物象謂之文,動物情謂之聲,文不正則聲不應。何以謂之不正不應?天地籠萬物,物物各有其狀,各有其態。指言之不當則不應。由是聖人删詩,取之合於韶武。故能動天地,感鬼神。其次亦猶琴之舞鶴躍魚,歌之遏雲落塵。蓋聲之志也。琴之與歌尚爾,況惟詩乎?且降自晉、宋、梁、陳之來,詩人不可勝紀,莫不盛多猗頓之富,貴疊隋侯之珍。不知百卷之中,數篇之内,聲文之應者幾人乎?大唐前有李杜,後有元白,信若滄溟無際,華嶽干天。然自李飛數賢,多以粉黛爲樂天之罪,殊不謂三百五篇,多乎女子。蓋在所指説如何耳。至如《長恨歌》云:"遂令天下父母心,不重生男重生女。"此刺以男女不常,陰陽失倫。其意險而奇,其文平而易。所謂言之者無罪，聞之者足以自戒哉。逮賈浪仙之起，諸賢搜九仞之泉，唯掬片冰。傾五音之府，只求孤竹。雖爲患多之，所少奈何。孤峰絶島，前古之未有。咸通、乾符之際，斯道隙明。鄭衛之聲鼎沸，號之曰今體才調歌詩。援雅音而聽者憒，語正道而對者睡。噫！王道興衰，幸蜀移洛，兆於斯矣。詩之義大矣哉！若某也，誠未足與言而已矣。自向叩希攽珠丘金穴，口諷心降之言，其復家傳奧言身周雄文者乎？乃惶惕銘戴之無窮，伏惟察而憐之。不宣。某再拜。

原載《黄御史集》卷7，《文淵閣四庫全書》

與羅隱郎中書

故表丈遺文，盛叙古人之重存殁，爰捧諸金，感涕之誠，實刻肌骨。然以郎中十五兄相逢京輦，得志金蘭，雖備熟於行文，恐未周於平昔。而某以内外之戚，始終所詳，敢以小才爲之前序，誠以麟經下筆，諸生而不合措辭。而馬史抽毫，漢代而還陳别録。伏惟慈造，必踐前言。西望禱祈，可以鑒料。

原載《黄御史集》卷7，《文淵閣四庫全書》

薛推先輩啓

某體物非工，屬詞無取，每欲效顰於越女，常思裂撰於靈光。今者先輩提江筆以雲飛，擲孫金而羽化。賢愚塞望，遠近騰聲。凡是懷刺來人，操觚學者，莫不競爲市詣，爭作鏡窺。所以耻不游門，勇於執鞚。遂投鄙拙，上瀆精奇。仵聆架屋之譏，莫俟披沙之諭。豈料蒙聞撫掌，翻獲知音。林先輩至，伏話仁恩，超越涯分，對彼驀遷之侣，當於鳳集之時。遽起蘭言，爰開金口，大垂激發，曲賜吹嘘。榮邁序都，事逾折簡。傾身聳聽，跼影瞻風。如飛冰雪以清心，若韻笙簧而到耳。感深旋泣，喜極增憂。未知腹蟹行踪，巢蚊寓迹。獲采片言於叔向，何酬一字於仲尼。雖切朝暾，尤加夕惕。然而伏念近世以科網英髦，榜張取捨，雖例從都試，實采自衆聞。故其負藝而來，懷才以至。是皆闇投哲匠，神拜先鳴。苟有所稱，便馳殊譽。然後方冲桂月，遞躡蓬山。如某今則有此遭逢，受斯獎録，來從特異，出自非常。便可釋疑,永將去惑。雖慚陋質,粗抱丹心。既得地以戴丘,倍推誠而倚玉。在面陳而莫盡,於筆寫以寧周。攀感依投,不任榮懼。謹詣宅祇侯起居陳謝。

原載《黃御史集》卷7,《文淵閣四庫全書》

代鄭郎中上興道鄭相啓

伏念石甫受知於途中,霡霂申言於堂下。既情非曩舊,復地隔尊卑。尚能感動至公,遭逢殊禮。而某神資所向,天受其時。獲曠代之因依,得千年之幸會。豈可永緘丹赤,上負陶鈞。伏惟相公特降恩慈,俯垂惻隱。昔年羽化,曾陪鶯谷之春。今日雲飛,俄隔鳳池之路。信鶴鷄之果異,諒牛驥之終懸。徒增倚玉之榮,幾積續貂之愧。況相公負英才而作礪,持碩望以登庸。始者四海傾心,一人側席。朝聞坐幄,暮見飛霖。扇澆薄爲淳風,激讒邪歸直道。均施爐冶,高揭權衡。使鉛汞之不參,令錙銖之各等。故得方圓任器,高下隨宜。黜陟無偏,賢愚有序。某早甘退迹,忽喜逢時。遽從學省之前銜,爰踐蘭宮之峻級。已爲塵忝,誠合揣循。竊思頃年九陌秋天,都堂雪夜。常容披霧,每許參瓊。逮夫片玉昇科,兼金列榜。雖登龍群彥,同戴丘山,而附鳳一心,偏投膠漆。既以宗盟屬意,仍從知舊留情。重疊依投,綢繆獎録。遂使慶鍾末路,福逮今辰。既預門墻,仍從埏埴。宛得御車之便,無煩擁篲之勞。但以某弱羽難高,么弦易斷。始自筮仕,及於登朝。未嘗暫識清途,略游華貫。亦人地之所拘限,何窮通之切咨嗟。泊夫郢俗襄帷,穰城建隼。連叨竹使,尤愧棠陰。雖早蓋紅旌,別過素望,而霜臺粉署,終繫丹心。今則榮竊握蘭,幸當襆被。馮唐歷踐,誠知戴白之年。貢禹栖遲,且有彈冠之地。

原載《黃御史集》卷7,《文淵閣四庫全書》

代鄭郎中上靜恭盧相啓

伏以天覆地載,縱鬼神之奧皆臻。陰伏陽昇,雖鱗介之微必動。道既如此,人焉忽諸。伏惟相公持重器以爲霖,負英才而坐幄。傳丹青於直道,扇爐冶於至公。致一物之無遺,使萬方之有賴。某顧惟瑣陋，獲忝鈞鎔。既契之於無私，固施之於不報。豈宜遽齎感激，竊拜門墻。但以事出非常，恩從特異。若不披於丹赤，終有負於神明。伏惟俯降尊嚴，暫垂聽察。某才非敏幹，性本顓愚。自從振迹春闈，投身宦路，徒綿歲月，莫致飛馳。却則窮途，前皆散地。是亦用之則未爲國士，舍之則蓋類腐儒。因自揣循，每加退縮。然而竊念古人不遠，賢路非遙。皇朝自科擢英髦，爵昇品秩，其或來從草澤，生匪簪裾。亦常列入清途，參爲盛觀。所以益持孤子，尤切兢修。節勵松筠，心傾葵藿。常注目於烟霄之上，每馳魂於省闥之中。逮夫玄鬢雕空，壯心折盡，曾無影響，空極瞻攀。豈期相公纔揭權衡，便垂采掇。俾遭逢於聖日，令允愜於平生。所謂材并得宜，物無遺性。信造化之功不及，豈推遷之令能倖。義貫古今，恩逾卯翼。況相公峻於埏埴，切彼弼諧。當今士今如林，朝稱不乏，足得廓其公選，擇以良才。而某已懷耕釣之心，近閉雲林之迹。設令漏網，未曰遺賢。是何特達開懷，周旋軫念。青山在目，方將魚鳥以同歸。鴻渥連天，忽歷烟霞而曲被。從杏壇之舊籍，踐蘭署之清資。豈是常情，諒非小事。伏自榮叨蕨被，幸竊含香。未嘗一夕暫安，片時不感。常若千鈞之在頂，每將孤劍以誓誠。但以有地受恩，無門瀝懇。只盻高車而激切，空持敝等以屏營。淚則汍瀾，心唯恐悚。瞻風拜賜，對景懷仁。涸彼言泉，固申陳而未盡。托於筆札，豈寫載以能周。攀謝兢惶，罔知所措。

原載《黄御史集》卷7，《文淵閣四庫全書》

代鄭郎中上令狐相啓

某今月四日轉授刑部郎中。伏蒙相公仁恩，特賜寵誨。事從非次，言畢常倫。感激兢惶，進退失措。伏以某材非可采，藝不足稱。出自門墻，樹爲梯級。纔榮地部，復陟秋曹。持鷦鷯決起之姿，到鸑鷟曾栖之地。相公憐其拙滯，忽此騫翔。疊降恩輝，薦留手筆。指今忝幸，叙昔經過。始者九遷，曾假虞邦之道。向來一字，爰垂魯史之褒。義極生成，彩逾丹臒。拜窺垂露，跪捧隆私。汗浹背流，淚盈眥下。未知順風弱力，撮土微形。獲參一日之高踪，何報千鈞之重意。唯謹緘於篋笥，常誇向於縉紳。爲宦路之遭逢，作仕流之卓異。攀謝懇切，不任下情。

刑部鄭郎中啓

某學異生知，才非夙構。雖叨進取，莫俟遭逢。郎中模楷詞林，梯航名路。每慮或遺於片善，常憂不采於一言。比者伏蒙曲念虛蕪，榮流咳唾，誨以磨鈆未至，刻楮非工。冥心於雪夜花朝，空徵六義。屬意於國風王澤，罔造二南。將令罷課緣情，迴從體物。伏自穰城去騎，灞岸歸蹄。時邁青陽，景融朱火。於是凝神扣寂，閉迹探幽。蓋希副非次之恩知，非敢切平生之志業。昨者伏遇南宮拜命，北闕朝天。豈惟上賀於高翔，仍喜旁陳其末藝。永期指教，畢願攀依。而以淺近懷慚，雕鐫積愧。前而復却，決以還疑。空眷戀於門墙，竟遲迴於書幕。今則難逃皎鏡，須詣平衡。冀分妍醜之姿，式定重輕之品。伏惟特固朝暾之旨，俯憐夕死之心。薦賜發言，重將辨惑。臨風股慄，伏紙心忡。傾寫依投，不任激切。試賦一軸，謹詣宅祗候陳獻。

第二啓

伏惟郎中樂府至音，儒家上瑞。既負雄文於卓絕，仍搜律韻於精微。始者袖入名場，騰於人口。以謂若生逢孔氏，偃商則失於四科。出值毛萇，周召乃慚於二雅。實已當千莫讓，而又耻一不能。復以餘波，濡於體物。字字并凌雲之勢，篇篇皆擲地之聲。大使前哲懷慚，專工積愧。某業非精至，藝本雕鐫。猥蒙仁恩，曲賜借示。自旬日已來，齋心繕寫，沐髮吟哦。愈盡頭風，沉成心醉。且杞國迴船之妙，千古所稀。而泥金禹□之奇，三篇不偶。是何摘華若是，翻驚失手於斯。則知用兵而管仲三奔，射策而孫弘十退。豈戰之過，蓋時所違。此乃今古玄機，聖賢定數。契日月虧盈之理，等陰陽昇伏之期。用以否其道而泰其身，窒於前而通於後。逮今一人側席，四輔求才。則煥爛除書，飛入雲山之裏。昭彰懿德，馳歸省闥之中。徒恨傷麟，終幾失馬。若無往歲，焉有兹辰。遂使一換寒暄，三更揚歷。頭居東署，

首列西曹。皆是重難，無非清顯。既明前事，因卜將來。佇當潤色絲
綸，翱翔近密。輝飾於典謨訓誥，啓陳於堯舜禹湯。鎮壓澆風，恢張
吾道。凡居進取，皆切攀祈。況處恩知，豈任禱祝。所歸公望，非自
私誠。賦集謹詣宅起居陳納。

原載《全唐文》卷 823

南海韋尚書啓

　　某伏念高爲碧落，詎側管以能窺。深作滄溟，固持蠡而莫測。焉
可爰齎瑣智，直杖小才。敘昂宿之鍾蕭，述尼山之降孔。既將越禮，
誠可加刑。然則有曠代之遭逢，獲千年之際會。設若旁局辯囿，内遏
言泉，不惟上負於良時，抑亦下辜於卑志。是致齋身搦管，沐髮裁辭。
伏惟尚書象外三山，人間七寶。體天地方圓之製，法陰陽昇伏之機，
自從見作人龍，翔爲鳥鳳。騰輝瑞牒，流慶皇家。文章則游夏固遷，
事業則伊皋周召。飛揚天上，踐履朝端。且自古六官所重，莫先於吏
部。逮今貳職所難，無出於侍郎。而尚書五陟東西，兩司銓管。矧復
品量庶彚，選度群材。載萬乘之安危，繫四方之休戚。晉魏則大難斯
地，國朝尤不易其人。歷數除書，少聞再命。朝廷不欲止於鴛省，便
入鳳池。須加分闡之尊，用飾作霖之盛。特以番禺巨壤，南越名區。
外控蠻陬，旁通番貨。昔者石門酌泉之事，合浦還珠之風。日月遷
綿，規程革易。以尚書勵辭玉留錢之節，執投香載土之心。用將揭二
賢廉潔之波，新五嶺崎嶇之俗。俾以佩豹韜而直下，建龍節以遐征。
非止鎮臨，且申龜鏡。昭然足驗，儼若可觀。然後飛驛騎以徵黄，降
鵠書而命説。恢張帝道，陶冶生靈。所以知高祖創基，太宗纂業，更
得無疆之祚，仍歸有截之風。何以言之？伏以尚書萬頃包含，千尋峭
拔。膺嶽峻河清之數，切飲冰食蘖之誠。識洞古今，居無喜愠。將以
鏘履聲而朝紫殿，擴心秤而啓洪鈞。自然道臻於堯舜羲軒，時復於禹
湯文武。百蠻向化，萬國歸心。雖在愚蒙，亦能辯識。而某器同魏
瓠，凡若莊樗。握無蛇口之珍，額有魚身之點。今者遽持幽賤，獲覿
旌幢。競營方忝於拂塵，獎遇旋叨於薦賦。且凡開場試士，就鋪屬
詞。從物外之課虚，向燈前以應限。縱若仲宣閣群公之筆，長卿量陳

后之金,空有所長,或聞未至。況某雖勤篆刻,且昧精奇。張平子固合陋都,陸士衡所宜撫掌。寧期尚書親迴嚴重,庭賜褒稱。變泥沙爲丹臒之姿,植菅蒯作芝蘭之秀。魯史驟榮於一字,晉庭俄采於片言。超越尋常,震驚流輩。況方今武功草偃,文教風行。計奔歲貢於九州,榜擢詞人於都省。至如生於草澤,來自溝塍,或能中甲乙科,求登殊尤選。蓋止於同人延舉,先達吹噓。未嘗有聖日名侯,大朝重德。面開金口,首借丹梯。以此推言,便宜自賀。瑤枝玉幹,虛扃皓月之中。羽駕雲裝,寧遽碧霄之外。已知蹇步,可造遙程。藉以宇內迹單,天涯親老。一旦有兹殊遇,得此吉祥,買臣何愧於負薪,毛義實榮於捧檄。感深唯泣,喜極翻驚。瀝膽隳肝,空寓鄭莊之驛;糜軀碎首,何禆元禮之門。攀謝兢惶,罔知所措。下情無任戰越悚惕屏營之至。

原載《黃御史集》卷7,《文淵閣四庫全書》

謝試官啓 代人作

伏念鷾鵝爲鳳,有識咸驚。投礫參瓊,良知足鄙。豈可高懸皎鏡,迴揭平衡。而乃呈六極之陋容,掛一絲之蔑質。得不臨風扇面,對景忡心。然巧冶開爐,莫遺鉛鐵。精工執斤,不問圓方。又安可內鑰言樞,上辜德宇?是敢因依借喻,一二披誠。某蜩甲薄姿,蟻封微狀。學雖勤於刻汁,藝則愧於鏤冰。徒以獻豕辭遼,齎花躬魏。稅駕而旋同飲鼈,操弧而果異麗龜。遂至千仞禹門,額蒙點銳。兩朝楚國,足被刖空。竟於豐獄以沉埋,誰以蜀桐而激發。伏惟博士鳴岐瑞質,歌郢至音。葱蘢而張柳風垂,迴拔而稽松雪峭。自提携江筆,鏗擲孫金。投身而傾動龍宮,揮手而振驚蟾窟。時爭墊角,俗竟顰眉。今則珠履賓階,玉京羽駕。欲高飛於魏闕,先下歷於虞庠。故得槐市三千,杏壇七十。依於考擊,竊彼飾褼。而某丘錦小才,路蒱末學。既非襦鷃,大懼溫犀。固當絕望超隔,甘心減刺。然則嘗彈流水,罔協鍾聰。曾躡浮雲,莫迴樂顧。是亦難參雅調,不號逸群。矧其器乏正聲,價懸駿骨。苟叨明試,不偶至公。則異時何路以致身,他日無門而振迹。坐爲棄物,立謝明時。是乃洞寫血誠,仰祈風鑒。伏惟博士曲垂厚顧,猥降隆私。將憐其蚌蛤剖胎,只自迴旋於皎月。蟛蜋奮臂，無辭殞碎於高車。非敢染黿，所希留馬。干瀆清嚴，下情不任惶惕屏營之至。

盧員外溥啓

昨輒以近試賦輕黷門墻，韻匪擲金，理宜誚石，豈期轉禍爲福，以寸獲長。戶部鄭郎中伏話員外仁恩，大賜獎録。拜聆嘉耗，跪對吉辭，感惕兢惶，進退失措。實以從古干時之道，至今取第之由，莫不路邈鼇頭，程懸驥尾。苟非先鳴汲引，哲匠發揮，縱或自强，行將安適？伏以員外斷簜積學，計斗負才。龜鏡詞林，梯航陸海。是故門駢鄭市，俗塾郭巾。爭俟栽培，互希丹飾。而某牛涔淺狹，鷰戲微茫。豈合攀投，徒爲激切。員外燕中市駿，稷下館人，皆使有歸，不言無取。猥流厚旨，曲降隆私。某是敢引事推言，徵文借喻。且傑如韓信，未歸漢祖以誰知。美若西施，不入吳宫而孰驗。所以蟄劍而凌虛吐耀，焦桐而駭耳飛聲，然後感動良知，遭逢至鑒。事雖小異，理或大同。伏惟稍降尊嚴，俯垂惻隱。如某昧爲貢士，淺作丈夫。方今不右武功，大先文教。矯辭人於鶯谷，鑰宗伯於龍門。其有負馬之文華，韞顏之德行，或栖栖以至，或嶽嶽而來。未嘗不坐馳日下之名，立貯轂中之望。是何謝兹振發，而處彼幽沉。頻年厮角逐之場，衆口蔑殊尤之譽。齊國籌禿，荆山眼枯。漸覺途窮，虛云舌在。豈可堅期御李，確慕依劉。志空切於投林，醜難逃於側管。伏惟員外魏車委照，軒匣揚光。儻憐其刻意探幽，焦心體物。則雖異於披沙之説，然略幾於架屋之譚。許列書筥，令參撰杖。今者或因薦士，敢乞編名。所希從數仞墻，伴二三子，增輝瑣質，擅價主人，皆由一顧之仁，翹仁百金之諾。含毫汗下，伏紙魂驚。非切覬覦，所憂誅戮。叨越干犯，下情無任戰懼屏營之至。

侯博士圭啓

滔口諷雄詞，心祈藻鑒。在他處則早逾一紀，來上國則已逮二年。常側管以推誠,每持蠡而注念。蓋期御李,非敢希顏。所以竊贊荒蕪,薦塵墻仞。螘蟻封於丘岳,疏蛙渚於陂湖。敢望吹噓,佇聆誚責。昨日進士林郁忽傳尊旨,遽話殊私。伏惟博士曲降恩知,俯迴獎錄。不置蓋甌之地,爰興讀蜆之言。事邁常倫,榮過始望。傾身拜命,跼影瞻風。若聽咸韶,如吞甘醴。敢便認爲知己,蓋將決定胸襟。實以當今文教風行,詞人輻輳。莫不俱陳素業,各務所歸。而博士負擲地鴻名,標撣天逸勢,吐揚雄之五臟,陋班固之兩京。故其接踵望塵,駢肩執刺,爭爲秤挂,互作鏡窺。或聞由也昇堂,賜之入室。是則千門改觀,萬戶飛聲。若瑤璧之飾來,類金絲而振出。所謂功侔造化,言繫慘舒。作詞林培植之家,爲陸海梯航之主。必當不私其一顧,誤彼衆聞。以某數載卒勤,一生疑惑。唯傾丹懇,翹矚重言。冀將卜以妍媸,斷其可否。今則出於門館,發自齒牙。事既殊常,道方自信。枋音倏同寐覺,優若神通。呈材之獲般窺,駑馬之蒙樂顧。已逢喆匠,肯愧他人。蜀壁端居,管床兀坐。既佩茲聲欵,益勵彼顓愚。苟無疑於鏤冰,則求工於刻楮。怦躍兢悚,罔知所裁,下情無任感恩激切之至。

原載《黃御史集》卷7,《文淵閣四庫全書》

與蔣先輩啓

三吳烟水,百越山川。干戈杳隔於音塵,門館久違於趨覲。空自明祈日月,暗祝神祇。相如徵出於上林,賈誼召來於宣室。不然者,隱於商嶺,栖向傅巖。克俟搜羅,直膺夢寐。焚香稽首,以日繫時。滔一滯江鄉,六更寒燠。都由惡命,早失良時。迢遞一名,進取則大朝有難。零丁數口,退休則故國無家。歸蜀還吳,言發涕下。

原載《黃御史集》卷7,《文淵閣四庫全書》

蔣先輩啓

某自違門仞,尋達家山。拜慈親而聚族生光,述弘造而一時泣下。蓋以生平事業,出自宗師。豈惟特異之恩知,仍契非常之事分。昨者齎持惡賦,刺謁清塵。本期劉子俊家,待以蓋甌之地。陸士衡處，置於撫掌之間。豈期以寸獲長，鬻駑竊價。伏蒙校書先輩驚人賞錄，越等褒稱。篇篇而喻作金聲，一一而讀爲蜺字。迴施異禮，疊錫嘉言。及門則倒屣於仲宣，侍座則授經於左氏。周旋許與，覼縷指揮。畢令如蘿附松，更使以膠投漆。俾從秋賦，首出門墻。顯示輩流，別加援引。且古人之慕元禮，纔獲御車。學者之師仲舒，未曾識面。以斯修省，莫有比倫。永言遭逢，得謂卓絕。矧國朝之設科待士，較文取人。往歲主司，則斷於獨鑒。近時公道，則采自衆稱。由是重望朝賢，有名先達，得以主張斯道，梯級將來。至若有負兼才，且非所業，或文章而稱詞賦，或律韻而譚古風。猶自彼唱此傳，影隨響答。其況專功與善，本面説人。又若校書先輩鳳藻凜天，鴻名傑俗。今時賈馬，昔日班張。猶在場中，多士便瞻於咳唾。既行天上，一言何啻於興衰。當以調啞使鳴，吹寒令暖。伏自歸寧膝下，駐迹江干。白日思維，中宵起坐。既名爲得路，當別議感恩。況緣家邈東閩，路遙北闕。一迴逐計，數載違親。頃者累繕蕪詞，歷投碩匠。或蒙開口，少值動心。以此鼓勇無門，自疑不暇。今則從大藩之賓榻，得當代之主人。豁如釋氏之破迷，醒若神醫之愈疾。一家相賀，舉目增輝。進取有兹，肺肝可察。伏以上京迢遞，難於獻歲支離。須俟新春，方議假道進發。芸馨酷烈，蓮幄清虛。昨陪侍於游從，今縣隔於烟水。別無言語，併陳於殷浩函中。空有夢魂，常繞於燕昭臺下。

原載《黃御史集》卷7，《文淵閣四庫全書》

第二啓

某伏念希逸知名於靈運，不作門人。左思擅價於士安，非爲弟子。雖則清風凜若，懿範昭然，得將爲千古高譚，未免是一時闕事。翻思到此，因敢形言。某齎持淺蕪，塵觸門仞。遽竊披沙之諭，爰蒙折簡之知。事實驚時，榮將越望，而又謂前賢之未至，垂厚意以特殊。將令別議依投，用堅恩德。資今日顧憐之旨，作它時汲引之由。苟開如此之懷，豈是偶然之事。赫赫昭代，鏘鏘衆人。榮持喆匠之發揮，薦向良時而角逐。則何患龍宫之杳杳，何憂蟾月之高高。足以雪囊歲之烟沉,恢張襧刺。壯平生之意氣,棄擲終緥。如此若不激切擘丘,淒凉誓劍,豈謂修文學古,何名勵節砥躬。伏自虔侍清塵,仰叨殊遇。未嘗一夕,不將心禱於神明。縱極千言,難以筆書於丹赤。攀謝感激,罔知所容。

原載《黃御史集》卷7,《文淵閣四庫全書》

與楊狀頭贊圖啓

某驟持末學,遽竊殊知。伏自豫章數句,溢浦一路,扃旅舍而夜唯假寐,逐征帆而日但沾衣。蓋以虔戴遭逢,仰思情旨。先輩主中興之文學,作來者之蓍龜。伏蒙采某所業,異於等倫。憫某所舉,困於曩昔。大張金口,精發瑤函。且午火燒空,一陰司月。面泉石或病乎炎毒,處城池而奈彼鬱蒸。況土風則竹屋玲瓏,烟水則葉舟蕩漾。纔曉而烏光赫透,欲風而魚沫膻飄。雖付於醴酒酕醄,或亡壞混。又屬其羽書重疊,時觸高明。誠知不乏餘波,爭奈罕聞暇日。豈可更抽秘思,別運真踪。每摛一幅之霞箋,咸滴千痕之雨汗。雖才高倚馬,曾無起草之詞。而字悉如蠅,幾若生胝之筆。未知單賤,何補生成。齎行而便自金丹,舉步而即昇雲漢。矧復公言私論,要訣神方,一一指踪,頭頭傳授。將克周於頂踵,俾無失於毫釐。以此推恩而前古所稀,以此行道而方今誰比。士林名路,一朝有知己如斯。白日青天,萬世唯子孫爲誓。下情無任感恩泣淚陳謝之至。

原載《黃御史集》卷7,《文淵閣四庫全書》

代陳蠲謝崔侍郎啓

某啓。戶部鄭郎中伏話鄭隱先輩專傳侍郎尊旨,伏蒙於新除永樂侍郎處特賜薦論。跪對吉辭,拜聆嘉耗。感激兢悚,罔知所容。某詞學疏蕪,進取乖拙。一叨貢士,累黜名場。足間之刖處縱橫,額上之點痕重疊。今春伏遇侍郎精求俊彥,歷選滯遺。某又名礙龍頭,迹乖豹變。都由薄命,翻負至公。以此怔忪莫寧,惶惑無已。在良時而自失,於異日以何歸。謂一生而便可甘心,嘆二紀而徒勞苦節。豈料侍郎堅垂記録,確賜憫傷。令後人而副取前心,指陋質而説爲遺恨。

將使蔡經之骨,終繫仙家。士燮之魂,却還人世。蓋施陰德,豈止陽
功。喜極翻驚,感深唯泣。明年春色,致身雖出於他門。今日恩光,
碎首須歸於舊地。

原載《黃御史集》卷7,《文淵閣四庫全書》

西川高相啓

相公嶽降宏才,神資偉望。象外而藹然妙旨,人間而凜若清風。
當以四三傑於漢庭,九八元於堯日。聖上以南澄鴦水,克伏英威。西
鎮龜城,須資妙略。所以未歸台輔,且據重難。巍峨兩地之勛,冠絕
一時之盛。凡在中外,孰不具瞻。

原載《黃御史集》卷7,《文淵閣四庫全書》

沈侍御啓

侍御麟鳳瑞姿,蓬瀛絕境。叔度與陂湖比量,仲尼將日月齊明。
自飛翥九霄,梯航陸海。鄭門若市,季諾如金。爲學囿之芝蘭,作詞
林之杞梓。今則提携陳橄,登陟燕臺。冠張豸角以巍峨,幄折蓮花而
照耀。假途如此,殊拜寧遥。凡在人情,孰不傾矚。

原載《黃御史集》卷7,《文淵閣四庫全書》

段先輩啓

判官先輩萬頃襟神,四科文行。比鸞鶴而既冲霄漢,喻龜龍而須
瑞皇王。今者賓幕清風,士林重價。雖欲留歡於五辟,其如積望於九
遷。伏計即有新榮,別膺殊命。某蒙知既異,感德常深。辭違遽變於
暄寒,禱祝敢忘於朝夕。

原載《黃御史集》卷7,《文淵閣四庫全書》

第二啓

昨於道路累附狀,伏計迤邐上達。某行役近已到潮州,伏以一路
經過,二年飄泊,言則涕下,靜而魂銷。固非繫情於杯酒笙歌,留戀於
雲山烟水。抛擲進趨之道,遲迴溫清之期。伏計凤鑒如愚,必當知不

得已。又安可遠含丹赤，莫寓聽聞。且聖代近來，時風愈正。取捨先資於德行，較量次及於文章。無論於草澤山林，不計於簪裾綬冕。少有三舉五舉，多聞十年廿年。而某自厠迹其中，且迷津不暇。況乎來則無終軍意氣，動則有楊朱路歧。將卜一歸，僅闕兩試。人事如此，光陰幾何。先輩特賜恩知，殊爲誘誨。時或軫念，固應動心。然亦否極則通，彩來自聖。他日而若無好命，今辰而焉有良知。唯當依倚栽培，咨詢可否。陳琳箋檄，寧容久借於外藩。夫子門墻，虔俟再趨於上國。

原載《黃御史集》卷7，《文淵閣四庫全書》

賀正啓

伏以司雞殷朔，建虎堯辰。仙人則飲柏延齡，詞客則浮椒獻頌。伏惟相公膺兹令節，納彼嘉祥。召伯甘棠，蓋地之芳陰更闊。亞夫細柳，連天之瑞色長新。與青陽而同發生，揭鴻鈞而普播物。永貞國柄，堅律師壇。

原載《黃御史集》卷7，《文淵閣四庫全書》

第二啓

伏以青陽變律，乃二儀革故之辰。獻歲開正，是四氣惟新之日。伏惟僕射與春符契，觸物貞亨。迎瑞節於鳳銜，榮兼四輔。建碧幢於甌越，永保千年。凡於動植之間，長受暄和之賜。

原載《黃御史集》卷7，《文淵閣四庫全書》

趙起居啓

某今月二十日，輒以所業賦一軸陳獻清嚴。持腐草之造扶桑，鞭款段之觸騏驥。所宜唾面，敢俟回眸。伏以起居爲八韻之咸韶，作九流之溟渤。凡言進取，須自品題。而某二紀飄零，三朝困辱。若不仰投門館，虔仁發揚，則永携疑玉以沉瀾，長伴啞鐘而泯默。攀托祈禱，倍萬等倫。

原載《黃御史集》卷7，《文淵閣四庫全書》

崔右丞啓

某獻賦命奇,食貧計盡,難安桂玉,須逐萍蓬。伏念灝澕行塵,周秦去路。平言南北,猶悄神魂。況今攀托門墻,依憑獎顧。以坑谷蒼黃之態,戴丘山岌嶪之恩。得不欲別還留,將行復却。丹誠聚血,雙淚流珠。矧當杏苑烟晴,柳溝風暖。陌上而群英得意,塵中而衰髮傷離。設令勇若荆軻,固亦慟如阮籍。伏以右丞弘施陰德,濬哲仁心。儻或黃枯肉骨之未忘,則膠柱刻舟而敢怠。寧言今日,唯惕將來。遲回數仞之墻邊,移時忍去。愴恨九重之城外,舉策何之。感戀屏營,罔知攸處。

原載《黃御史集》卷7,《文淵閣四庫全書》

第二啓

某依栖門館,感激生成。頻年忝極薦之書,詞逾一鶚。累榜以未亨之數,愧積遷鶯。莫不愓息肺肝,兢惶顏面。既茲負累,合在棄嫌。而又薦以羈游,仰干箋翰。雖弘容之不改,且循省以何安。冰炭交懷,芒刺在背。今則已莊行計,即擬出京。不唯推戴岳之誠,指於皎日。抑且切戀軒之志,泣向清風。攀感屏營,罔知指喻。

原載《黃御史集》卷7,《文淵閣四庫全書》

韋舍人啓

某近者輒持齋戒,虔寓箋毫。瀝南山待旦之誠,告北陸移暄之律。理雖可憫,罪或難逃。伏惟舍人義路無疆,詞源絶岸。設鑄顏之爐冶,恢薦禰之箋函。今則主文侵入院之期,哲匠走致書之日。儻蒙枉於公道,申以私恩。念某鳳陷義圍,薦臨文陣。化鯤海闊,乘風水以未知。爲鯉年深,逼雲雷而愈懼。特因薦士,敢乞編名。則獲從金籙以上聞,焉有玉皇之不齒。立辭坑谷,繫在生成。攀托禱祠,涕淚沾迸。

原載《黃御史集》卷7,《文淵閣四庫全書》

工部陸侍郎啓

某伏念聚蚊響於出震之音,其惟懸越。奔羽族於鳴岐之德,乃不參差。事既同途,理宜瀝懇。伏惟侍郎韞縑緗之奧學,負詞賦之重名,相如則逸格掞天,孫綽則英聲擲地。播於金石,流入典謨。竊以某架屋懷慚,披沙莫喻。固自循揣,豈宜贄投。但以水合朝宗,雲須觸石。由是年齎鄙拙,首叩門墻。實爲舉場之中,貢士所業。律詩古調,詞賦歌篇。前則貞元元和之風,耳聞其事。近則咸通乾符之事,目睹其風。求知己則咸禱於兼功,斷否臧則須歸於本面。然後人方必信,道逮無疑。則某一生辛勤,數載攀祝。必若題品不出於侍郎金口,薦揚不出於侍郎瑤函。縱能別契亨通,固宜終慚暗昧。矧以迷津未已,泣別方深。比者先輩陳樵,早同硯席。曾將姓字,虔爲啓聞。伏知侍郎猥賜獎容,異於倫等。其後薦自同志,嘗聆玉音。而侍郎文學薈龜,朝廷領袖。滔不敢以後來舉態,近日時情,僭瀆尊嚴,躬陳一二。今則久摧矕鬣,又近風波。溝隍無必出之門,肝腦在須傾之地。免叔向則他日莫議,活士燮則神術所能。願推恩於留馬埋蛇,庶受賜於黃枯翼卵。下情無任攀托依投激切惕懼之至。

原載《黃御史集》卷7,《文淵閣四庫全書》

翰林薛舍人啓

　　某伏以十一日纔除主文,旋瀝情懇。罪責則可言於躁切,憫傷則宜恕於單危。非不三省九思,沉吟箋管,而以途窮日暮,恐懼風波。亦猶抱沉痾者悉將虔告於神醫,懷至痛者無不上呼於穹碧。伏以學士舍人軒銅照膽,蜀秤懸心,仰惟燭臨,當極幽奧。且夫禮司取士,寒進昇名,若無哲匠以斲成,未有良時而自致。不然者,則安得權懸至鑒,代有遺人。伏惟學士舍人標表士林,梯航陸海。凡言進取,須自門墻。今以文柄有歸,至公弘播。則精力固同於造化,嘉言乃作於蓍龜。而某折角有年,交鋒無托。羽毛零落,矕鬣摧殘。若不自學士舍人推恩極山岳之隆,攘臂到溝隍之底,則還慚抱甕,難出戴盆。兼近者面獲起居,親承念錄。哀某昔年五隨計吏,刖雙足以全空。今復三歷貢闈,救陸沉而未暇。許垂敏手,拯上重霄。謹以誓向鬼神,刻於肌骨。中興教化,一身免沒於風塵。下國兒孫,百世敢忘於廝隸。下情無任攀投懇悃之至。

原載《黃御史集》卷7,《文淵閣四庫全書》

薛舍人啓

今月二十八日,張道古參軍仰傳仁恩,伏承舍人學士不以某幽沉,榮賜論薦。初疑夢寐,旋認生成。不知所容,兢惶戰悸。伏以舍人學士半千膺數,全碩負才。嘉名冠絕於九流,逸步翺翔於四戶。頃者重於知己,避以文闈。隆行望於聖賢,蓄基負於台鼎。窮惟薦士,豈易其人。而某踪迹蹉跎,藝能淺薄。敢期弘造,遽及茲辰。金口開時,講貫則處其異等。瑤函發處,推揚則實彼極言。事出殊常,榮非所望。感深唯泣,喜過翻驚。不知微生,何酬厚遇。中興教化,餘年獲出於溝隍。下國兒孫,累世敢忘於廝隸。

原載《黃御史集》卷7,《文淵閣四庫全書》

裴侍郎啓

滔伏念薦孟明則子桑所能,免叔向匪祁奚莫議。推言及是,瀝懇爲宜。上瀆清隆,敢希容聽。伏惟侍郎中丞頃持文柄,大闡至公。垂爲聖代之準繩,懸作貢闈之日月。某爲後無私之兩榜,遂乖必字於十年。伏蒙侍郎中丞曲賜憫傷,直加賞録。連歲薦論瑣質,傾極重言。而以弱植難培,么弦易斷。且驚負累,空費生成。既而不罪龍鍾,愈隆恩遇。昨者面容跪履,親俾窺天。仍加琢玉之品題,更啓如金之然諾。便於此日,上壽重霄。今則已除主文,只祈陰德。延頸於溝隍之底,瞻恩於丘岳之隆。雖龜龍不瑞於匹夫,而犬馬合由於本主。沾巾墮睫,瀝膽披肝。不在他門,誓於死節。下情無任攀托依投懇悃之至。

原載《黃御史集》卷7,《文淵閣四庫全書》

楊侍郎啓

伏以羲爻不兆之文,何人復演。魯史不褒之言,曠古誰稱。厥理非遥,斯言可喻。伏以侍郎榮司文柄,弘闡至公。歷選滯遺,精求文行。泉下則大臣有感,揭起銷沉。場中則寒族無差,酌平先後。所以如某者,曾干衡鏡,經定否臧。若不蒙指向後人,說為遺恨,則宰輔之為薦舉,帝王之作知音,而主且不言,人誰肯信。由是須出侍郎金口,須自侍郎瑤函。今則論啓無私,恩加瑣質。錫生成於此日,迴分付於將來。早從握內以擠排,便是眼前之科第。然後念以漸臨風水,莫如蓬島之音塵。俾拜雲天,親吐蘭言而誨諭。留心及是,自古所希。莫不拳跼循涯,闌干抹泣。質向神鬼,誓於子孫。鶯谷乘春,雖托他門而振羽。麋軀異日,須歸舊地以論恩。瀝肝膽以無窮,寓箋毫而莫戴。下情無任感恩懇悃之至。

原載《黃御史集》卷7,《文淵閣四庫全書》

趙員外啓

伏以曦轡流輝,已侵窮臘。禹門飛浪,即到登時。莫不顒多士之精誠,佇有司之新命。竊惟萌朕,已見昇沉。若某也,折角有年,爭鋒無主。空秉龍鍾之態,仰希傷悃之求。此亦有類守株,其疏若網。伏惟員外學士猥隆恩遇,克異等倫。近者面獲起居,親叨然諾。自歸旅舍,徹坐寒宵,歷將往事以思惟,洞見今辰之通塞。且夫春官取士,寒進昇名,若無哲匠之斲成,未有良時而自致。不然者,則安得權懸至鑒,代有遺人。伏以滔某無知音,只投門館。儻或員外學士止推言於公薦,不攘臂於私恩,則某也望絕飛馳,甘為簸棄。至若白雲巖谷,青草汀洲,敢辭依舊秉耕,踵前沉釣。然以來時耆舊,別後交親,皆謂中興。雪先朝之困辱,寧期上國。看後輩之飛鳴,必疑有過於措持,無聞於卿士。既顏面而斯乏,須變貌而云行。是以瀝膽披肝,碎身殞首,永將死節,不誓他門。伏惟員外學士義路連天,仁心匪石。敢希援拯,畢賜生成。珠岸盤根,始作不枯之草。金丹入口,能還已逝之魂。祈禱依投,啓喻罔盡。下情無任攀托懇悃之至。

原載《黃御史集》卷7,《文淵閣四庫全書》

送外甥翁襲明赴舉序

詩言簡,賦詞飾,不可以叙事,故若之行也送以序。襲明早舉童子,舊儒因以小松爲之目。襲明默而思,松之小者,干霄之勢則爾,構厦之用則否。推是言之,齠而一飛,不若冠而十上。乃退碩乎業,果以詞學擅州里譽。洎中興之十年,寒進亹亹於科第。襲明業東而迹不西,惜違親也。近吾姊以他人之繼翔,念襲明之久蟠,悄焉如疾。吾得以與内外之親輩流之善者,日激其行。旋振於府帥州牧,遂不得留於膝下。大哉吾唐之設科第也,實本於鄉舉里選。鄉舉里選,莫不以忠孝先之,繇是諸侯之歲貢。其解云:"忠於國,孝於家。内則閨門和,外則鄉黨附。"今襲明孝於家也,閨門和也,鄉黨附也,而移孝於忠。中興之第,吾慶有司之得人,非慶襲明得也。矧詞學擅譽,前輩梗於公道。或一倍兩倍孫宏之上,今輩利於公道,無再獻三獻卞和之泣,若其勉諸。高堂之違,吾知不及薦聞。

原載《全唐文》卷 824

龍伯國人贊

國人之釣也,一釣聯六鰲,而存者一鰲而已。其猶背蓬萊方丈,嬉游神仙。偉夫!設六者不餌,其如何哉?洪濤七其洲渚,塵世幾其躁妄,則以古以今之君,皆秦漢也。推是言之,斯人也,不謂無功於有國。故追以贊之曰:

磻溪之釣兮釣更殷周,龍伯之釣兮釣减嬴劉。腹濬背虚兮一聯月鈎,巨骨骿器兮鴻臚疊羞。豈惟一時兮表奇東海,抑乃萬祀兮垂祉中洲。

原載《黄御史集》卷 8,《文淵閣四庫全書》

一品寫真贊

夫山嶽之隆,莫隆於嵩華。江海之大,莫大於溟渤。故天之生聖賢於百千年也,乃禀其奇秀以爲之氣色,包其浩蕩以爲之胸襟。落落汪汪,如龍如鳳。然後總兵符於握内,懸相印於腰間。煦育群生,扶持邦國。大矣哉!將如是,則命良工,持筆之精,齎墨之妙,寫於儀貌,移於繒素,不可以不叙不述。小從事滔,職忝文詞,齋戒而獻贊曰:

嵩華干天,氣貌斯然。溟渤紀地,胸襟靡異。謂如龍也至靈,謂如鳳也嘉瑞。列素在壁,良工善移。一時丹腠,兩面風姿。秋月寫彥回之質岸,寶山分叔則之表儀。松森峭壁,日映咸池。聖君急麟閣之繪,明朝當詔旨之飛。索而觀之。

原載《黃御史集》卷8,《文淵閣四庫全書》

禱説

天有日月,民無一旦之薦。地有江山,歲有四時之禱。得非彼之至明,烏兔無得而私焉? 此之至大,神龍其或權焉。是則尊有天下,無不日月其德。而億兆之心,咸急江山之禱。

原載《黃御史集》卷8,《文淵閣四庫全書》

夷齊輔周

列位於朝,無言於君,曰輔歟? 抗迹於野,有言於君,非輔歟? 麟鳳龜龍,王者之嘉瑞,朝其庭乎? 暮其沼乎? 武王聖人也,周公聖人也,召公賢人也。天下三分,以其二分。以火殷辛,且致夷齊之扣馬。設使盡天下之三分,姑至殷辛之自火。然若太伯之君吳,則百穀合穎於舜耕,九鼎同波乎禹珪。仲尼之又盡善也,寧獨韶乎? 既而異諸,則周之道,首陽之餓乃諫死。作夷齊輔周。

原載《黃御史集》卷8,《文淵閣四庫全書》

吳楚二醫

吳人之疾不救,其屬善醫,憫其家,竭其術以治之。楚人之疾救,其屬善醫,欲其家,逆其術以治之。君子痛二醫之行。若乎治亂,比干知殷之不救而救之,仍藥之以九竅。李斯目秦之救而不救之,卒鴆之二世。嗚呼! 殷之亡也,疾之甚矣。秦之亡也,醫之罪也。後之有國有家者,得不慎乎醫?

原載《黃御史集》卷8,《文淵閣四庫全書》

噫二篇

或謂聾者,曰師曠也;瞽者,曰離婁也;無不悖其辭之戲! 或謂魯儒,曰顔閔也;蜀儒,曰揚馬也;無不喜其辭之美。是何彼以視聽之亡,而尚能自鑒,此以耳目之貌,而反不自知? 噫!

芝蘭草也,松桂木也,喻於君子而榮之。桀紂君也,李斯大臣也,盜跖華冑也,喻於小人而耻之。則知蛇克銜珠而奚蛇,龍苟醢身而匪龍。噫!

原載《黄御史集》卷8,《文淵閣四庫全書》

文柏述

仲尼之道,顔閔得之爲四科,後人得之爲顔閔,鳥獸得之爲麟鳳,草木得之爲文彩,故廟之堂有文柏焉。頃爲官於國子者,刃一枝器,有司得而竄諸。噫! 聖人之道,未嘗不缺也。若天之西北,地之東南,日之昃,月之虧也。故聖人窮於陳蔡宋衛,顔夭麟傷,皆有以也。設使不有陳蔡宋衛之事,則何以象天地日月之盈虚乎?顔不夭,則何以感子之慟?麟不傷,則何以明子之道?時君缺之也,斯柏也。不爲其官者刃而竄諸,則何以繩後之權者。謂必權者是取之器也。故天以傾西北而拱列宿,地以缺東南而朝百穀。日以昃而成早暮,月以虧而見盈縮。子以陳蔡宋衛而示損,顔以慟而益彰,麟以憂而示時君。斯柏也,以刃而後永,則知聖人之道不缺,則不全於不朽也。

原載《黄御史集》卷8,《文淵閣四庫全書》

公孫甲松

公孫甲善畫松,漢武帝時,公卿互求之。或旬或月或季,得之如至寶。武帝暇顧東方朔曰:"卿得甲之松乎?"對曰:"臣未嘗得之。"色沮帝怪。朔徐而進曰:"臣見公孫甲之善畫松,舉國舉朝之人奇之。狂然其所,栖鶴其形,吟風清韻。或森疏澗底,或蓊鬱庭際,而過者罕不或之目。臣痛其假能奪真,故不求之。且丹青其筆,物至於是,枝葉其口,人胡以勝。臣敢以陳。昔妲己之假,奪比干之真。靳尚之假,奪屈原之真。宰嚭之假,奪伍員之真。是三者,皆以至真至誠,卒不能制其假。矧不逮者乎?"武帝悄然改容。翼日,雪司馬史於既刑,臺戾太子於不反。

原載《黃御史集》卷8,《文淵閣四庫全書》

唐城客夢

客有宿唐城之鄙,夢一神曰:"吾幸以神神之道,獲司茲土之休戚,饗其二仲之馨。今值子之有道,得以休焉。"旦北而徂山之曲,乃見蒼翠一林。其中則楮烟墨宇,椒瀝坎地。群焉昨充,飛而不舉。入謁廟貌,乃夢中之見者也。或曰:"不羞不醪,不緇胡迹。句斯廟也,能倒錯倚伏,肦釁生死。雖有道,與不善一焉。"客曰:"果如是乎?思其夢,頗憤其神神之言。"乃爇詞以讓。其略曰:"風雲其力,溪壑其心。福善禍淫,賈茲反覆,其神神之道耶?"前夕薦夢,其神蹙容投拜曰:"微子,吾乃不日爲上帝譴矣。向者悉吾左右蔽焉,不之察也。幸子之教,咸得族而併之矣。"客逢其里人,以廟詢。曰:"近者淫祀而罔應,故不祀。丘禱而無咎,且二仲之馨存焉。"

原載《黃御史集》卷8,《文淵閣四庫全書》

巫比

巫比言妖孽之至於人,無不誠而懼。士言妖孽之至於國,無不逆而怒。何哉?曰:"巫能前知妖孽之至,不能却明妖孽之由。士能前知妖孽之至,乃能却明妖孽之由。故異也。"巫言可禳,則設淫祀指虛應,故誠於可爲,懼於所聞。士言可禳,則殺妲己活比干,故逆於聞,怒於不可爲。嗚呼!設直士世用之如邪巫,鯁辭國納之如簧言,則有國有家者,何逮乎患?

原載《黃御史集》卷8,《文淵閣四庫全書》

華嚴寺開山始祖碑銘

師法號行標,俗姓方。祖榮父安,莆之盛族也。師生於建中二年辛酉,韶齔即穎悟異於諸童。九歲投玉澗寺監寺神皎出家。將二年,皎嘉其拔萃,命之落髮。師以梵行未至,不敢預大僧數。至貞元十七年時師年二十一,方薙鬒髭。翼日,遽講所習涅槃經,一寺嘆服。既而辭其師北游,抵京薦福寺受戒品。詣章教大師法會,章教奇之,令首其眾。凡十年,士君子之造者,無不聳慕。尋爲功德使推入道場,憲宗善之。元和十一年丙申師年三十六束歸,復於玉澗焉。法雨隨車,慈雲被物。泊武皇帝會昌元年辛酉除佛舍,籍釋子於戶部,師則巾華陽,衣縫掖,晦迹樵客,廬於西巖石室。律身守道,如居千衆。及宣皇帝復寺大中元年丁卯師年六十七,刺史琅琊王公迎以幡花,舍於郡開元寺,俾爲監領。大中六年師年七十二,師以環足之煩,擁旅之數,乞歸故山。先時玉澗之北巖,泉石之奇也。卜而居之,縣令中山甄宿與莆之士庶,爭沐醍醐,共隆蘭若。烟巒蔽虧,朱碧掩映。前俯平川,後峙奔嶠。地自人勝,名由道高。刺史河東薛公仰其孤風,復馳開元之僧,衛以入郡。日扣華嚴大義,幾忘食寢。泊解印,與之偕至北巖,題之爲華嚴院,以徹祠部焉。師咸通六年七月五日示滅,壽八十有五,僧夏六十有四。後四十有五日,建窣堵波於西岡。十一年,其徒從紹疏師行,實於闕,昇其院爲華嚴寺。有徒三十人,皆肅肅可觀,不忝師門。於戲!師儀梵骯髒,言詞雅直。冲默而明敏,慈恕而剛毅。儒書皆通三皇五帝之道,言未嘗及,而人知其博古也。經論綜貫天堂地法之說,舌未嘗舉,而人皆務崇善也。所至清風凜凜,政所謂釋子之高傑者也。弟子道光道圓令詢,悉器傳師道。愚冠扣師關,壯以隨計。乾寧二年,忝登甲科,東還薦造金地。歲周三紀,膠掌而拜影堂,腹藥而銘遺美,不可使桑門大士泯而無述焉。故銘曰:

智月不缺,乘虛照物。道花不衰,吐艷無時。洞徹照灼,傑然吾師。稟薦福戒,分章教枝。厥宗得雋,内庭擢之。御香徹印,雲間資期。數有污隆,道無磷緇。德風徒襲,法舸寧維。山幽迹高,身没名垂。松塔雖故,竹毫可追。稽首影堂,敬刻斯碑。

原載《黃御史集》卷5,《文淵閣四庫全書》

福州雪峰山故真覺大師碑銘

大師法號義存,長慶二年壬寅,生於泉州南安縣曾氏。自王父而下,皆友僧親佛,清净謹志。大師生而鼻逆薰血,乳抱中或聞鐘磬,或見僧佛,其容必動,以是別鍾愛於膝下。九歲請出家,叶而未即。十二從家君游莆田玉澗寺,寺有律僧慶元,持行高潔,遽拜之曰:"我師也。"遂留爲童子焉。十七落髮,淳樸貞古,了與流輩異。暨武宗皇帝乙丑之否,乃束髮於儒冠,萊中而蓬迹。來府之芙蓉山,弘照大師見奇之,故止其所。至宣宗皇帝之復其道也,涅而不緇其身也,褒然而出。北游吳楚梁宋燕秦,受具足戒於幽州寶刹寺訖,巡名山,扣諸禪宗。突兀飄颻,雲翔鳥逝。爰及武陵,一面德山,止於珍重而出,其徒數百,咸莫之測。德山曰:"斯無偕也,吾得之矣。"咸通六年,師歸於芙蓉之故山,其年圓寂。大師亦自潙山擁徒至,坐於怡山王真君上昇之地。其徒熟熟師已嗣德山纍纍而款關,師拒而久之。則有行實者,始以師同而議曰:"師之道巍巍乎,法門圍繞之所,不可造次。其地宜若鷲嶺猴江之爲,卜府之西二百里有山焉,環控四邑,峭拔萬仞。嶕嶂以支圓碧,培塿以覷群青。怪石古松,栖蟄龜鶴。靈湫邃壑,隱見龍雷山之半。頂之上則先冬而雪,盛夏而寒。其樹皆別垂藤蘿,芊茸而以爲之衣,交錯而不呈其形。奇姿異景,不可殫狀。雖霍童武夷,無以加。實閩越之神秀,而古仙之未攸居。誠有待於我師也,祈以偕行。"秋七月,穿雲蹋蘚,陟險昇幽,將及之。師曰:"真吾居也。"其夕,山之神果效靈。翼日,巖谷爽朗,烟霞飛動。雲庵既立,月構旋隆。繇是梔法輪於無爲,樹空門於有地。行實乃請名其山曰雪峰,以其冬雪夏寒,取鷲嶺猴江之義。始則庚寅,逮於乙未,師以山而道侔,山以師而名出。天下之釋子,不計華夏,趨之如赴召。乾符中觀察使京兆韋公中和中司空潁川陳公,每渴醍醐而不克就飲,交使馳懇,師爲之入府,從人願也。其時内官有復命於京,語其道,其儕之拔俗悟空者,請蛻浮華而來剃。僖宗皇帝聞之翰林學士,訪於閩人陳延郊,得其實奏。於是聖錫真覺大師之號,仍以紫袈裟,俾延郊授焉。大師授之如不授,衣之如不衣。居累夏,辛亥歲朔,遽然杖履。其徒啓而不答,雲以隨之,東浮於丹丘四明。明年,故府侍中之有無諸句克洗兵於法雨,致敬於禪林。馥師之道,常東望頂手。後二年,自吳還閩,大加禮異。今閩王誓衆養民之外,雅隆其道。凡齋僧構刹,以之龜焉。爲之增宇設像,鑄鐘以嚴其山,優施以充其衆。時則迎而館之於府之東西甲第,每將儼油幢,聆法輪,未嘗不移時。餘乎一紀,勤勤懇懇,熊羆之士,因之投迹檀郲。漁獵之逸,其或弭心鱗羽。戊辰年春三月示疾。吾王走醫,醫至,粒藥以授。師曰:"吾非疾也,不可罔子之工。"卒不之餌。其後札偈以遺法子,函翰以別王庭。夏五月二日,鳥獸悲鳴,雲水慘悴。其夜十有八刻時滅度。俗壽八十有七,僧臘五十有九。以其月十五日塔其藏焉。其塔也,其徒僉云:"以山之奇堂之峻法堂也,大師之生也,是其殁也,不宜捨諸。"故坎其中焉。若干尺之高,若干尺之周,皆雕珉石,錯火壤,磷磷然,崒崒然。四隅則環宇以麻,玲瓏夐窱,雲霞時入,風雨罔侵。其日奔閩之僧尼士庶,僅五千人。閩王娣之子降左金吾衛將軍檢校刑部尚書延稟,始陳祭是設齋焉。大矣哉!大師之見世,于是罔量其僧耶。自始及兹,凡四十年,東西南北之夏往秋適者,不可勝紀,而常不減一千五百徒之環足其趨也。馳而愈離,辯而愈惑。常曰:"三世諸佛十二分教,到此乃徒勞耳。"其庶幾者若干人,其一號師備,擁徒於元沙今安國也。其二號可休,擁徒於越州洞巖。其三號智孚,擁徒於信州鵝湖。其四號慧稜,擁徒於泉州招慶。其五號神晏,今府之鼓山也。分燈之道,皆膺聖獎。錫紫袈裟,而元沙級宗一大師招慶元晤大師鼓山定慧大師之命焉。其曹早曰:"法雖無說,名以文垂。自少林之逮曹溪,無不刻碑而紀頌。我師其默乎?"一旦摠其曹句,首曰從智知堵,而扣愚求文。某老且病,刊勒之加,多已辭避。欽師之道,不覺聳然。偉夫!恭聞釋波之東注也,流其象則不流其旨,流其旨則不象其形。厥初大迦葉之垂二十八葉,至於達磨。達磨六葉,止於曹溪。分宗南北,德山則南宗五葉,大師嗣句,其今六葉焉。雪峰之分元沙洞巖鵝湖招慶鼓山,其道皆離貝葉以祇其七。非某之能言也,但美數公葳蕤,其葉衆多,殷勤之請,遂爲之銘而應其求。其詞曰:

曹溪分派,誰繼南宗。一言冠絕,六葉推雄。無物之物,非空之空。不瑩而明,不增而隆。縮靡秋毫,舒靡鴻濛。不有靈鏡,曷揚真風。懿彼閩越,巍乎一峰。洞壑斯異,雪霜罕同。天之有待,師也云鍾。名將道協,迹與仙崇。奔走厥徒,百千其叢。庶幾幾人,莫不元通。分燈照耀,樹本玲瓏。聖君寵疊,賢王敬重。不生不滅,曷始曷終。刻貞石於斯文，旌厥德於梵宮。

原載《黃御史集》卷5,《文淵閣四庫全書》

莆山靈巖寺碑銘

釋波東流，涌爲花宮。花宮之構，咸宅靈秀。靈秀之啓，其或神授。則知融結之始，已有待於金聖人也。粵靈巖寺，乃莆山之靈秀焉，神授焉。懿夫嶽立大山，堆下數峰。面乙臂坤，石嵌松瘦。昔梁陳間，邑儒滎陽鄭生家之，生嚴乎一堂，架以詩書。既而秋，一夕，風月清朗，俄有神人，鶴髮麻衣，丈餘其狀。見於堂曰:"誠易茲爲佛宇，善莫之大。"生拜而諾，瞬而失。旋以堂居僧像佛，獻其居爲金仙院，即陳永定二年庚申也。鶴髮麻衣，西天之謂，故號金仙。山水推其奇，鶴髮增其異。緇錫日萃，院落日峻。隋開皇九年，昇爲寺焉。左漱寒泉，右擁疊巘。危樓黤壺公之翠，上方視鱗海之波。唐景雲二年辛亥，寺僧志彥入內，背文講四分律。睿宗嘉之，錫號聰明。彥因獲言所居寺之自。復有僧無際持妙法蓮華經，感石上涌白泉。僧歿而泉變清焉，遂膺敕額爲靈巖寺。太和二年，殿中彭城劉公軻幕提泉印，聆寺之勝，不卸而宿。候吏不蔬而午，掬泉而漱，隨手以涸，其石今坎於上方之上。其僧復有元悟元準慧之省文靈敵無了，悉間生祇園，堅持密行。或臨壇表德，或降虎示真。厥眾如雲，厥施若市。洎武宗皇帝乙丑之否，邑之東有敬善寺，民井而居之。乾有玉澗寺，民畝而田之。獨茲之奇，豪人互以金輸，爲幽宅之卜。若有之衛，竟不克遂。敵公了公乃除帽首絛腰，沉踪處晦。逮宣宗皇帝之復，索之於石罅雲根，歸之於蕪基燒址。山靈之感，行橐之慕，投金執斲，匪招匪勸。不越閏而其宇鱗鱗，其徒翼翼。敵公咸通六年秋八月云滅，靡風而大樹折庭，靡觸而大殿傾瓦。了公八年冬十月坐亡，色身不壞。今甌陽之號真身大師者也。則知僧以行而神，其亦地以靈而感。若乃軒軒月殿，藹藹松門，醍醐雨天，瑠璃鏡地。慧燭九枝而吐焰，慈雲五色以垂陰。推於甌越，居之甲乙。今僕射瑯瑘王公，牧民之外，雅隆净土。論及靈勝，以爲東山神泉之比。神泉寺在府城之東山，其泉亦自僧感而涌也。繕經五千卷，於茲華創藏而藏焉，即天祐二年春二月也。初侍御史濟南林

公藻與其季水部員外郎蘊，貞元中居兹而業文，歐陽四門捨泉山而詣
焉。四門家嘗江泉山，在郡城之北。其集有《與王式書》云：“莆陽請書。”即兹寺也。其
後皆中殊科，御史省試《珠還合浦賦》，有神授之名。水部應賢良方正
科擅比干之譽，策云：“臣遠祖比干因諫而死，天不厭直，更生微臣也。”歐陽垂四門
之號，與韓文公齊名，得非山水之靈秀乎？元和才子章孝標卽楚萇朱
可名寄詩以題，大中，宣宗元年丁卯號大中，凡十三年。穎川陳蔚江夏黄楷
長沙歐陽碣兼愚慕三賢之懿躅，葺齋於東峰十年。咸通乾符之際，懿
宗元年庚辰改咸通，凡十四年。僖宗元年甲午改乾符。豪貴塞龍門之路，平人藝
士，十攻九敗。故穎川之以家寃也與，二三子率不西邁而遇，奮然凡
二十四年，於舉場幸忝甲第。東歸之尋舊址，蒼苔四疊，嘉樹雙亞。今
東峰雙龍眼樹即往歲書齋之庭陰也。訪舊僧，雲扃十扣，雪頂一存。於是謹
祝金儀，益誓丘禱，以謝兹山之靈秀。刻銘貞石，兼補前賢之未述。
其詞曰：

山奇孕神，地勝惟靈。螢窗既夜，鶴髮斯形。一歆請宮，雙蓮建
扃。洞深夏寒，林茂冬青。松竹鏗樂，峰巒谽屏。晶迷蟾窟，茫眺鰌
溟。持經僧志，涌石泉泠。四分律講，萬乘君聽。敕飛額降，寺以靈
名。不有地祥，焉動天庭。大士鴻生，珠明桂馨。良牧聳聞，華構藏
經。浩劫不泯，匪兹曷丁。敬祝巉巖，勒石以銘。

原載《福建通志·金石志》卷4

大唐福州報恩定光多寶塔碑記

金聖人之教功與德，魯聖人之教忠與孝。以忠孝之祈功德，莫之
大也。天復元年辛酉，天子西巡，岐汴交兵，京洛顒顒。我威武軍節
度使相府瑯琊王王公，祀天地鬼神，以至忠之誠，發大誓願。於開元
之寺造塔，建號壽山，仍輔以經藏，乞車駕之還宮也。其三年甲子，以
大孝之誠，發大誓願，於兹九仙山造塔，建號定光，仍輔以經藏，爲先
君司空先秦國太夫人元昆故司空薦祉於幽陰也。大矣哉！赫赫忠
誠，懇懇孝思。以國以家，以明以幽。胡天地之不動歟？胡鬼神之不
感歟？釋之西天謂之窣堵波，中華謂之塔。塔制以層，增其敬也，造
之獲無量無邊功德。初我公以宏才妙略之有藩維，以仁智神鑒之謀

遠大。謂閩越之江山奇秀，土風深厚。而府城坐龍之腹，烏石九仙二山聳龍之角，屹屹巖巖，屃屃顔顔，兩排地面，雙立空際。怪石如埔，迥岡若挀。東衙滄海以鏡谿，西走建溪而帶縈。氣色蒙茸，風雲蓬勃。非仙宮佛寺，不可以乘龍之角，大龍之腹，何烏石二而九仙曠。烏石山有神光、天王二寺。豈非代虛其作，地秘其期，以待我公？況古仙鍊骨之所，昇真之迹也？一旦之新城月圓，壬戌歲我公卜築其外城號月城，二山之嘉氣雲連，森上介，掀大旆，或旬或朔，眷於粉堞之上。時行時止，卜於烟巒之堀。得峻中之平，平中之峻。凸而不隆，凹而不卑。樹翳薈以奇姿，草芊眠而別翠。遂從宏願，啓兹塔之基焉。塔之科也，恐山之偏，憂地之入，將塹平壤，五十尺之深，百有餘尺之闊，杵土積石而上，逮二十尺，暼然虹見，瑩然穴貯。俄以珠寶之獲，坐以金錢。大不及拳，光能奪目。於時清風四來，海天擴開。烟霞翁蔚於城隅，鸞鶴盤旋於林表。舉閩之軍，傾閩之俗，以趨以走，以歌以咏。既而畚鍤投，般倕奮，內甆以磚，凡四十萬口。外構以木，蓋百其巧。七層八面，玲瓏甸寴。榱桷欄楯，樛轕权枒。雲楣翼環，珪斗鱗蠯。雕鏤丹膜，曲盡其妙。方七十有七尺，高二百尺，相輪之四十尺參之也。懸輪之鐸一百九十，懸層之鐸五十有六，角瓦之神五十有六。其內也，則門門面面，繢以金像，不可勝紀。登之者若身在梵天，瞻之者覺神離贍部。嶪嶪然觸圓青而直上，野鶴經之而高翔，疑掠其腹。鱗鱗然壓峭碧而崛起，地祇感之而下捧，疑殫其力。其相輪也，我公誓願之日，仲氏司徒自清源聞而感，鑄而資。雖從人力，悉類神功。謹按妙法蓮花品，自地涌塔於佛之前，其幢幡瓔珞，瑪瑙車渠，七盤四懸，乘虛耀日，乃多寶之佛發大誓願之感現也。繇是以斯塔取如來之嘉號，號之曰定光。以其感珠之現，侔於自地之涌，故聯之於多寶。本於孝思薦劬，故冠之以報恩，此其義也。夫如是大雄之力，出死入生，至誠之神，感天動地。若乃沉沉夜塈，浩浩世塵，莫不以兹元符，承彼惠日。超於三千大千之世，游乎二十八天者哉。苟不之然，則凡彼經文，悉爲之虛語耳，又焉能垂信於百千年之後哉？既而巍巍峨峨，金輝鐵牢。其東則翼以經藏焉。其藏也，外構以局，八角兩層。刻栴檀，鏤金銅，飾朱漆之炳煥。仍衛華堂七間，名之轉經焉。致其沙門比丘,比比厥迹,以爲拜唱趺讀叢談聚聽之湊。日繫乎月,月繫乎時。軒軒闠闠,奚景福之不幽資乎? 又感應天王殿一間兩廈。其天王也,變毗沙之身於感通之年,現神質爲龜城之助。絛腰衣褐,屣足乘雲。雙吐目光,兩飛霞彩。爲千百億化身之一,爲壽山草木之應。今塑於此,厥感寧亡。其西則翼之別殿曰塔殿。其塔也,我公萌誓願之先,因心以制十有三層之妙形。匪偉而誠,有爲殿斯奇而塔斯處。其北則報恩變相堂九間,潔琉璃之地,等娑婆之世。七寶叢樹,五色騰光。明明見閣提之心,一一標如來之說。又僧堂五間,上五間。下之,與茶堂五間,直聯曲交,冬温夏涼。又華鍾之樓,迴起清音,下折刀山。長明燈之臺,圓籠孤光,杳輝漆壞。其東南之一臂,復建地藏殿一間兩廈,功德堂五間。張如別構,而制匪異。其殿也,坐以菩薩之麗,若欲飛動。其堂也,駢錯儀像,或金範,或幅繢,千形百質,恐悉諸天之聖侶粤間焉。公廳四間一廈,或備旌鉞之觀止。我公或四季之旦,三旬之八,聚僧設會,拜首追祝。勤勤恪恪,罔所不至。舉閭之高卑,舉閭之少耆,攀之望之,無不動心涕臆。君子謂豈惟冥薦於先,蓋以孝教民也。又庫厨五間,浴室三間,接以井,井重以樓焉。環周輻輳之行廊,凡三十有三間。總費財六萬餘貫,如山之疊,如洞之濬。嶷嶷隆隆叢爲一宫。其大也,琢文石以爲軒,雕修虹以爲梁。其小也,取良木於靈山,篩嘉壞於飛塵。雖掩映乎人間,實參差乎象外。其經也,帙十卷於一函,凡五百四十有一函。總五千四十有八卷。皆極剡藤之精,書工之妙。金軸錦帶,以爲之飾。天祐二年乙丑夏四月朔,我公宿誠於州,束烹於肆。及脅降之辰,大陳法會,以藏其經。緇徒累千,士庶越萬。若緇若士,一而行之。正身翔手,右捧左授,自州之岊,起於我公,傳至於藏。觀者如堵墻,佛聲入霄漢。幡花照乎全郭,香烟連乎半空。雪頂之僧,指西土之未有。駞背之叟,慶東閩之天降。可謂之鴻因妙果者也。始者我公之登壇也,其一之年,偃干戈,興禮樂。二之年,陳未耜,均賦輿。三之年,疊貢輸,祗寵澤。萬乘臣其職,四鄰視其睦,百姓天其政。故一川之鏡如,靈臺之月如。融融怡怡,愉愉熙熙。乃大讀儒釋之書,研古今之理。常曰:"文武之與釋氏,蓋同波而異流。若儒之五常仁義禮智信,仁者含宏也,比釋之慈悲爲之近。禮者，謙讓也，比釋之恭敬爲之近。智者通識也，比釋之聖覺爲之近。信者，直誠也，比釋之正直爲之近。而義者殺也，其爲異諸武之七德。至如戢兵保土安民和衆之類，亦猶川陸之徂秦適洛焉。然則皆謂之煩惱，吾父國也，子民也，朝爲社稷之計，暮作稼穡之念。若俾求智慧火，乾煩惱海，則非吾之所能。若建金地，繕金文，陳法會，一衆僧，冀乎不可思議，乃吾之所志也。"於是月陳三齋，時或雪峰之僧，圍繞千徒。臥龍之僧，圍繞五百。以至萬錢之膳，或閒嘉蔬。五袴之歌，或參雲梵。慈航駕岸，法兩垂空。必致菩薩化身，羅漢混俗以降也。時人謂靈山之會日儼矣。又以府之寺至於清源，或存或燼，咸抽金積俸，增而新之。而府之開元大中神光，曩塔之數，與寺俱焉。新於大中神光，乃規舊制，而精燿宏壯，則邁前時。開元則輔之經藏，加乎轉輪之盛，尊大君也。定光多寶，報恩於劬勞，故以塼。塼者專也，謂山度之材，有蠹朽之日。火化之壤，無銷鑠之期。其本乎土也，資乎火也。及投諸水火，則不歸乎土，不壞於水。歷千秋而其質堅然，乃以專至堅貞之誠寓於是。則斯誠也如是得無感乎？則彼珠之爲符驗矣。且夫珠也，或頷乎龍，或銜乎蛇，或胎乎蚌，故水懷而川媚。今兹珠也，不自乎龍，不自乎蛇，不自乎蚌，匪懷水而媚川，而孕厚地之二十尺。豈非斯之感歟？不然，則始從融結而孕之也。若以始從融結而孕，則厥初已兆我唐之有我公也。厥初已兆我唐之有我公，則我公之言烏石之有神光天王九仙，代虛其作，地秘其期，以待我信矣。塔之訖功，顧小從事某，有禮官甲科之忝，明主研許之幸。庶幾於聖人立身揚名之道，命爲之記，用旌厥德於無窮。某不敢牢讓，作禮而推之言。夫陶天地爲後時，鎖生死於無朕。其道不可以真虛求聲影矣，應誓願於有爲。現感通於至誠。其道乃可以精諦至嚴敬致。今我公以精諦嚴敬，積功累德，以泝流於世。斯塔也，嶽嶽崇崇，兼乎仁孝之鴻名，偕天地日月江山之永，遂刻於貞石焉。其詞曰：

　　金聖人教德與功兮，魯聖人教孝與忠兮。巍巍賢傑，二美鍾兮。建兹寶塔，惟追崇兮。祝天瀝懇，先延鴻兮。報劬薦祉，祈幽通兮。仙山之秀，夷且隆兮。曠古爲期，俟仁風兮。月圓珠現，契遭逢兮。融結之初，兆英雄兮。豈徒業業，懿班工兮。火壤之貞，積磨礱兮。

斧材之取，厥匪同兮。七層八面，相玲瓏兮。金鈴寶鐸，交丁冬兮。
影落澄清，馴魚龍兮。頂觸圓碧，分鴻濛兮。繢儀範像，疊其中兮。
齊天極地，爲初終兮。金文具字，構重重兮。講讀千來，罄西東兮。
靈山盛會，日雍雍兮。甘露法雨，常蒙龍兮。鴻名冥祉，偕無窮兮。

　　進士劉城書并篆額。

原載《福建通志·金石志》卷4

綿上碑

　　至忠之爲人臣，君不之德，怨其爲忠乎？至孝之爲人子，親不之
德，怨其爲孝乎？苟非忠與孝，則介推爇若枯株，名參悖德，又焉可祠
儀忌赫於千春哉？且重耳得國之初，賞功之際，鐘鼎鱗次，獨推漏澤。
覺夢覺之覺然而索，懇至焚林。而推以一時之失，爲歿身之怨，可乎？
設終身之失，將何加之？別使至忠而疑，至孝而惡，又何如哉？則周
公宜怨於成王，大舜宜怨於瞽叟。以功急賞，則漁父宜腰於伍劍，魯
連宜罄於齊粟。矧推之且養不志禄，其甘乎？始事君，後急賞，豈賣
忠而賈爵乎？愚謂介推之意不然。以重耳之不德，愈知其母之賢。
既得其與爾俱隱之言，從其德則其言晦，逃其迹則其言彰。其言彰，
則其母名斯大，孝之志也。仲尼云："立身揚名，以顯父母。"立己之
身，揚己之名，猶冀沂流父母，豈母賢之未名，而己不名之乎？禄親者
衆，名親者鮮。使獲其言，若禄其甘，是濟其賢。推是以死其君怨，取
賢其母名，斯介推之意也。

原載《黃御史集》卷8，《文淵閣四庫全書》

靈山塑北方毗沙門天王碑

　　列藩之業有地，有地之職有民。有民之道，興禮樂惇忠孝以行
事，然後謀謀者也。築城池居其一。城既築，進道德以居之，樹神祇
以尸之。爲一方之巨防，雖永古而無疑。我相府瑯琊王王公之有閩
越也，具列藩之業，修有地之職，行有民之道。自乾寧四年丁巳至天
祐二年壬戌凡六年，禮樂興，忠孝敦，乃謀及城池。城池既謀，乃尸及
神祇。於是於開元寺之靈山，塑北方毗沙門天王一鋪，全部落已，鎮

於城焉。大矣哉！所謂闡六韜，濟七德，建陽功，配陰騭。夫毗沙門
梵音，唐言多聞也。始自于闐剎利之英奇，膺世尊帝。釋之錫號。居
須彌山北，住水晶宮殿，領藥義衆爲帝釋外臣，以護南贍部洲。其道
入大乘，得無生法，忍住聲聞，證不還果。謹稽我公之築城也，恢守地
養民之本，隆暫勞永逸之策。其名舉一而生三，法陽數也。曰大城
焉，南月城焉，北月城焉。周圓二十六里四千八百丈，基鑿於地，十有
五尺。杵土積石而上，上高二十尺，厚十有七尺。外墊以磚，凡一千
五百萬片。上架以屋，其屋曰廊，其大城之廊也，一千八百有十間。
自廊凸而出之爲敵樓，樓之層者二十有三。又角立之樓六，其二者層
復層焉，皆欄干鉤聯，參差焕赫。而廊之若干步一鋪，又各以鼓，而司
更焉，凡三十有六，謂之更鋪。其四面之門八，其南曰福安門，福安之
東曰清平門，西曰清遠門。其北曰安善門，安善門之東曰通遠門。其
東曰通津門，通津之北曰濟川門，其西曰善化門。皆鐵扇銅扃，開陽
闔陰。門之上仍揭以樓，三間兩挾兩噷，修廊雙面遠碧。門之左右，
又引而出之，爲之亭，兩間一厦。又匪樓之門九，曰暗門焉。又水門
三，其二樹櫓篩波，卸帆入舟，鳴舷柳浦，迴環一郭，隄諸萬户。注之
以堰二，渡之以橋九。鏡瑩虹橫，交舫走蹄。斯大城之制也，粤南月
城也。東貯九仙，西盛烏石之二山。嘉樹蓄雲，茂草藏獸。城上之廊
一千十有三間其中七間謂之徘徊，敵樓四十有九，樓之層者三，其門二，曰
登庸門，郭璞記，南臺江沙合即有宰相，而我公膺期。今登庸門外橋名沙合橋。道清
門。其上之樓，其下之扉。左右之引亭，建暗門八。水門二，其堰一，
其橋五。及廊之更鋪二十，悉與大城類。其外之東西，復距而出之，
謂之橫城。其東也，城上之廊四十二間五厦其中二間是兩面之敵樓。其門
一。斯南月城之制也。伊北月城也，城上之廊六百四十二間，敵樓二
十有六，樓之層者十。其門二，曰道泰門、嚴勝門。其上之樓，其下之
扉，左右之引亭。建暗門四，水門二。其橋一，及廊之更鋪十有四，復
與南月城類。又嘴而出之，謂之橫城。城上之廊五間一厦，其門一。
斯北月城之制也。其東畫長川以爲洫，西連乎南句。盤別浦以爲溝，
悉通海鰌朝夕盈縮之波。底澤鱗介，岸泊艜艛。北截越王之故山，派
西湖以爲隍。若鰲之負，如甌之置。軒軒然，翼翼然。真謂天設之

府,神開之地也。既而我公一旦膝分席校,鱗軍堵墼,陳大會以落之。而言曰:"惟閩越之爲藩屏也,建汀二疆束其右,巖千而壑萬。溟海巨流瀨其左,濤雷而浪霆。信乎江山奇險,無以加之。矧今新之以城壁,城壁之以鐵石。古人言得地,又言守地,又言堅壁。豈不以得地而居,守地以城,城以堅壁,信不疑矣。然則吾之戴恩忝土,勤勤懇懇,不以江山奇險之爲奇險,不以城壁鐵石之爲鐵石也,修道德樹神祇以居之。"毗沙門之天王,自天寶中,使于闐者得其真還,愈增宇內之敬。旋大夫芮國公荊渚之塑也,凡百城池,莫不一之。斯舊城之北,往規也舊天王在子城北也。斯新城之制,今城也。且勝莫勝於開元寺,尚莫尚於寺之靈山。阜寺之艮,控城之乙。祖僧六葉雁其下,珉石一拳星其上廬山灣落星石上有佛舍。劍池徹寫,飛山奔揖。足以象水精而瑩宮殿,掀廟貌以衛城池。爰將擇工之精,搜塑之妙,製乎聖質,俄然化出。身被金甲,手擎雁塔,地祇下捧,天將前擁。光灼灼而如將動搖,神雄雄而若欲叱咤。觀之者皆謂須彌拔宅於是矣,于闐分身於是矣。而復翼僧堂而右遂,膊鐘樓而左突。毳錫百萃其夏午,蒲鯨六吼其宵加。信爲塵間之北方,連營之靈域也。訖命小從事某,刊貞石而碑之。某不敢牢讓,齋戒三日,抽毫而書。猗歟天王,因果則釋氏,猛勇則兵權。啓願而願從,云戰而戰勝。至如揮額汗以爲童子,却修羅之師。擎手塔以貯彌陀,解天鼓之赴。爰皆肸蠁,克致感通。洎唐有土蕃之釁也,豆面以行疹,儀金以現人,囓戈以生鼠。與彼時之元應,蓋大同而小異。況邇則咸通季蠻之侵蜀,蜀人巫祈。褐衣倐以乘空,目光爗以照地。蛇將奔穴,龜竟全城。夫如是,則護南贍部洲,豈虛言哉?今我公之至誠通日月,宏願質鬼神,以曠世之功業,托無生之法力,豈昔時之有是,而今日之不然哉?雖體蒼蒼而無言,因乃昭昭而有鑒,輒爲之銘。其詞曰:

　　受命帝釋,封邑須彌。金甲儼被,藥義雄隨。越七金山,突修羅師。入大乘妙,與聲聞差。于闐分身,皇唐衛國。若加善禱,咸蒙聖力。雁塞烟塵,龜城戈戟。虜騎猶東,蠻車未北。現以真儀,忘乎悖德。懿彼閩越,大哉侯王。仗鉞務本,築城爲防。石取它山,壤塹聯岡。疊百厥雉,累千乎廊。却鐵之觸,疲羽之祥。奔馬彎并,馳車軌方。巢鳳於樓,蟄龍於隍。如嶽斯立,如翼斯張。不有依憑,曷旌扃鐍。台略俄啓,神驅遽設。鐵鬚卓豎,漆瞳曝眸。捧足神俯,持劍將列。月殿巍峨,靈山巉巗。法逮無生,權惟有兵。昔之若是,今肯忘情。閩山永高,閩江永清。厥宜識之,盤石斯城。

原載《黃御史集》卷 5,《文淵閣四庫全書》

丈六金身碑

　　釋氏之稱釋迦牟尼佛,千百億化身,而古今之世以諸佛菩薩。其或鑄成塑成刻成,其或壁繪幅繪乎像,不可勝紀。況多應現感通之,自其非之乎?我公粵天祐三年丙寅秋七月乙丑,鑄金銅像一句,丈有六尺之高。後二十有三日丁亥,繼之鑄菩薩二句,丈有三尺高。銅爲內肌,金爲外膚。取法西天,鑄成東越,巍巍落落,毫光法相。初我公登壇之三年己未秋,一夕,雨歇天清,風微月明,瑤兔無烟,銅龍有聲。俄夢天之西際,燼以照物。彩雲罅裂,大佛中座。嶽嶽以覩止,熙熙而啓言曰:"斷予一臂,衛之一方。"既覺而思,現乎形,昭像也。斷一臂,誓誠也。衛一方,保衆也。始嘉其異,姑默其事。後創其意,乃命自賓席之逮將校,將校之逮步乘,步乘之逮衆庶,其有植信根之深者,映惠燭之明者,許一以金投吾俸中,將檟於肆,俟以銅易。而後鳩工鴻爐,卜境擇日,鑄斯佛於九仙山定光多寶塔之右,古仙徐登上昇之地。其日圓空鏡然,江山四爽。橐籥之上,騰爲烟雲。盤旋氤氳,五色成文。又有群鳥,或若鴻鵠,或如鶯鵲,交翔而間鳴,自寅而及午。斯佛也,一瀉而成。翼日,我公禮閱之,乃與夢中一類。其形儀長短大小無少差。其一臂,工以之別鑄而會其像大,工慮其不就,計以一臂別鑄而會之,乃暗符夢中。我公神之而露其夢。於是迎入府之別亭,磨瑩雕飾,克盡其妙。朝夕瞻拜,時不之怠。冬十有二月丙申,會僧千千,以幡以幢,以鐘以磬,引歸於開元寺壽山之塔院。獨殿以居之,翼二菩薩於左右。三十二相足,八十種好具。螺纍纍以成髻,珠隱隱以炫額。檀信及門而膝地,童羣遍城而掌膠。夫如是,豈非千百億化身之一乎?不然者,焉得入乎夢而如乎神,成乎形而如乎夢,夢不之告,工以之缺者哉?其應現感通,復爲之殊矣。大矣哉!且先天地生之謂道,後天地設之謂象。道者也，以無爲爲志之者，授心印於虛空。象者也，以有爲爲志之者，疊慧力於報應。論者惑句，以之爲風馬。曾不謂象猶道之轂也。無象，道不行矣。始者摩騰竺法蘭二梵僧，不慎其像東其道且西耳，惜乎不與三皇五帝同世而出。設與三皇五帝同世而出，必能從容樸素，遲回仁義，詐僞未之亟蠱也。奈何天將後之，豈徒然哉？豈不以仁義之生也，曰堯與舜。仁義之亡也，曰癸與受。至於列國之際，强秦之立，癸受之悖，叠叠其躅。天謂仲尼祖述堯舜，憲章文武，終不能獨制之。故東釋迦牟尼於中土，大陳出生入死之理，天堂地法之事，以警戒之。雖人世之風波，萬態逆翻，而幽府之鐵縲，一無苟免。上智聞之，若鏡之磨。中智聞之，若泉之澄。下智聞之，若火之燒。謂之爲有，則河沙芥子之説，虛誕難測。謂之爲無，則應現感通之事，尋常立驗。故能銷嗜欲，更禍福，一貴賤。則爲神教化之一源，湛然不動，感而遂通者也。而以金厥地，蓮厥宫，張法橋以度人，無刑網以束俗。世之敬之可也，怠之可也，黷之可也。由是有委之國君，委之大臣之旨。既而委之，則人非常人，道非常道。我公曠代之生也，有神僧識，仗鉞之雄也。應江沙期，合仙人讖。築城之盛也，契菩薩説初丙午歲，我公至清源。未在時有僧號涅槃，於衆中駮而指之曰："金輪王之第三子降人間，寺勉之，專生殺柄。"又閩之侯未嘗至宰輔，晉時郭璞記曰："南臺江沙合即有宰輔相。"我公之登台席也，江沙契焉。又梁時王霸怡山上昇，山在府城之西五里。光啓丁未歲，衢之爛柯山，道士徐景立因於其仙壇東北隅取土，掘得瓷瓶七口，各可容一升水。其中悉有炭，上總蓋一青磚，刻文字云："樹枯不用伐，壇壞不須結。未滿一千歲，自有系孫列。後來是三皇，潮水蕩禍殃。巖逢一乍間，未免有銷亡。子孫依吾道，代代封閩疆。"其壇東南有皂莢樹，古云真君於此樹上上昇，其後枯矣。至咸通庚寅歲復榮茂也。又嫣山僧號大安，頃坐西禪者，乾符中曰"府城之到九仙三橋，其中乃菩薩行化"，今之新城及焉。夫通神爲佛，魂交曰夢。神非夢而罕通，夢非神而不感。我公之慶鍾也，其如是矣。其明年正月十有八日乙未，設二十萬人齋，號無遮以落之。是日也，彩雲纘天，甘露粒松。香花之氣撲地，經梵之聲入空。座客有右省常侍隴西李公洵、翰林承旨制誥兵部侍郎昌黎韓公偓、中書舍人瑯琊王公滌右補闕博陵崔徵君道融、大司農瑯琊王公標吏部郎中譙國夏侯公淑司、勛員外郎王公拯、刑部員外郎弘農楊公承休、弘文館直學士弘農楊公贊圖、弘文館直學士瑯琊王公倜、集賢殿校理吳郡歸公傳懿，皆以文學之奧比偓佺，侍從之聲齊褒向，甲乙昇第，巖廊韞望。東滔荆襄，南游吳楚，謂安莫安於閩越，誠莫誠於我公。依劉表，起襄漢，其地也，交轍及館。值斯佛之成，斯會之設，俱得放心猿於菩提樹上，歇意馬於清涼山中。我公乃顧幕下者滔，俾刻貞石以碑之。某以甲科忝第，盛府蒙招。刊勒之職，不敢牢讓，謹推於厥旨。經云：作佛像之功德，斗量海以有盡，塵碎劫以無窮。至若青黛之畫辟支，一金之補毗婆，戲爲之而以草木，思見之而刻旃檀，其猶蛻現其生，羽金其報，而況今乃儼至誠，從靈感，銅乎萬萬，金乎千千，虔鼓鑄於神仙之山，卜貞吉於火土之數，其積功累德，豈可以邊以涯而言之哉？或曰：“梁武帝之隆釋氏，今古靡倫，奚報應之昧乎？”對曰：“梁武帝隆釋氏之教，不隆釋氏之旨，所以然也。夫帝王之道理世也，釋氏之教化人也。理世之與化人，蓋殊路而同歸。彼宵旰於萬有，故一夫不獲，若已隕諸隍中。此濟度於觸類，故欲凡一有情，悉皆成佛。梁武帝則不然。以民之財之力，刹將三百，祈功覬德則歸諸己。啼億兆而不乳，削頂顉以言覺。所以私所以然也。”今我公爲邦則忠孝於君親，自興兵以來，天下以三司之泉皆名直進，獨我公以俸錢爲直進，三司之運悉如舊焉，闕廷大稱其美。牧人則父母於生民。造塔四，其一曰壽山，以昭皇帝辛酉歲西巡，發誓願以祝熊羆，乞車駕之復宮闕。其二曰報恩多寶定光，追薦於先世。其三其四大中神光，爲軍旅也，爲人民也。繕經五藏，其二進於上，其三附於壽山定光大王，意同乎塔。月三其齋，或千僧，或千佛。疏乎誠，首則君親，次則軍旅人民，而已後焉。況斯佛已之而不已，與賓席將校步乘衆庶共成之。故其地出明珠，海出珊瑚，幾於蓮花妙品之繁。車渠瑪瑙，幡幢瓔珞，周乎多寶之涌也，開元定塔基掘地丈有五尺之深，得寶珠坐以金錢。又於海中得珊瑚樹凡二百餘株矣。夫其玄貺之如彼，靈感之若此，則斷一臂衛一方，斯昭昭矣，豈與彼而論哉？某是輒奮筆而無愧爲。其詞曰：

托入佳夢，鑄成鴻爐。毫光法相，銅肌金膚。恍惚現形，昭彰合符。不有爲也，其如是乎。唐一其宇，越百其區。伊閩之設，於地之殊。西城甌仭，東塹鼇隅。匪德莫處，惟仁靡逾。懿其橐籥，飛作醍醐。焦山草木，不得不蘇。苦海波瀾，不得不枯。仙花罔謝，慧日寧徂。永兹一方,盤石其都。

原載《黃御史集》卷 5,《文淵閣四庫全書》

祭右省李常侍洵

惟靈。金石呈姿,陂湖稟量。伊彼昭代,生乎德門。膺河清嶽峻之期,擅賈虎荀龍之號。時稱最怒。賈家三虎,偉節最怒。家謂無雙。月中則桂樹連枝,日下則駕行接翼。故得鄰家醜婦,競顰西子之眉。洛下諸生,皆掩謝公之鼻。爲大廷之領袖,定千古之風流。既而魏闕飛塵,蜀都迎駕。雖則急賢於行在,而志作賦於閒居。留連雪水之烟波,容與松江之歲月。其奈珠以川媚,蘭於澤馨。從吳苑之琴樽,疊堯天之雨露。金臺蒲省,驄馬螭頭。誠幾三顧以就門,猶作八元而在野。其後七昇赴命,二妙對揚。天駟呈材,蛟龍得水。入鼇山而侍從,登鳳閣以優游。名由實生,位以德舉。天子乃擢王褒爲諫議,昇孝若於貂璫。前彰潤色之功,後養燮調之業。旋以櫬槍未落,岐雍多端。忘越嶺之崎嶇,慕荆州而倚托。東閣之留連斯重,北轅之行邁方營。誰料彼穹者天,俄奪之魄。漳濱一鬼,驟苦劉楨。殷氏兩楹,遽鍾夫子。山頹梁壞,璧碎芝焚。雖人世之死生,實士林之摧沮。今以湖湘梗澀,伊洛迢遙。北邙之路連天,松楸莫附。南巷之號至血,丘壠權宜。烟雲慘澹於原頭,猿鳥悲涼於林際。某曩從上國,獲戴殊私。近慶外藩,薦承厚顧。每佇十旬之入拜,寧期二豎以來攻。彭殤雖謂其同休,幽顯其如乎永隔。靈輀戒路,丹旐翻風。昨辰而椒桂獻酬,今日而蘋蘩滴瀝。人生到此,天道何言。雙淚空流,九泉無曙。東波嗚咽,西日蒼茫。輒寓兹誠,謹陳薄奠。敢祈冥感,髣髴歆斯。

原載《黃御史集》卷 6,《文淵閣四庫全書》

祭崔補闕道融

故右補闕博陵崔府君之靈,惟靈。大唐有進士科,無巖穴詔,故鵠版之降,不易其人。元和之起也,則有陽諫議城,凛凛清風;其不起也,則盧諫議全昭,昭高道一。以權豪之忌,空福道民一,以堯舜之世,但樂箕穎。其後陸君涆,以忠勛應召惠君,寔以忠諫赴征,未委起草伏蒲,何如人也。洎博陵崔君之生也,迥稟高奇,兼之文學,近則繼李飛之蛻,隨貢遠則同毛義之志。奉親東浮,謝公舊州,式避戈戟,遁於仙巖濬谷。克業經綸,而以酒美肉饘,澤馨川媚,五避三顧,懸榻開樽,不辭小國之權,蓋切高堂之養。既而大君之思,夢説四輔之急,薦雄繫三詔而就門,參七人而列職。仲舒謁帝,必演《春秋》,吕望投竿,定爲師傅。奈何龍蛇起陸,烏兔無光,莫扶劉氏之宗祧,空泣袁安之涕泗。甌中越絶,養素守蒙,賢王之結嘉姻,時議之期良輔,豈意皇天不祐,白日無憑,消渴之殂茂陵,少微之入,瑶桂芝,焚蘭爇,梁壞山頹,雖人生之有定期,實士德之爲不幸。嗚呼!閩中二月,烟光秀絶,脂轄赴闕,鯤鳳嘈囋。其猶南浦魂斷,北梁涕咽,而況昨日軒車,今朝塗芻,唱薤露以出門,飛粉旌而戒途,五離擇日,九泉卜居。其在樵蘇,其在博沽,至於路行,尚皆悲吁。矧其嶽嶽之日,男子鏘鏘之號。魯儒識通龜策,握耀蛇珠數百篇,有唐之詩數千字,中興之書,國風騷雅,王佐謀訏,沈光之猶衝斗,垂翼之未搏扶,賷志歿地,其痛何如,雲物爲之無色,剛忍爲之不愉。某飲風永嘉,傾蓋無諸,多君於士元,廊廟待我,以叔度陂湖,交言既異,投分斯殊,方俟彈冠,仰修程於霄漢。誰云執紼,悲落景於桑榆,豈鬼神之害良善,而吉凶之昧賢愚。顏回先死,盜跖後殂,世之灾眚,生之毒痛。愴恨風燭淒凉,隙駒肴匪豐,俎酒匪馨壺,嘆松蒿而永往。托蘋藻以聊舒,明靈有感鑒而歆歟?已乎已乎!嗷嗷!

原載《黄御史集》卷6,《文淵閣四庫全書》

祭司勛孫郎中

惟靈。趙璧呈姿,隋珠稟價。爲乎國器,生之德門。劉家則三嘏揚芳,馬氏則五常擅美。故得數枝郊桂,交茂鴒原。一本田荆,分輝鷄樹。理窟則幽臺得隽,寶人則華省垂名。由是迥拔蘭宮,騰光水鏡。臺推二妙,日俟七昇。不幸岐雍多艱,干戈未偃。補傾乏石,救濁非膠。爰攀雁序於五湖,因轉驥程於百越。誰料皇天不祐,彌爾斯縈。遽折椿齡,俄隨薤露。山頹梁壞,芝爇蘭焚,雖修短之有定期,實

簪紱之爲至痛。今則江湖梗澀,京洛迢遥。權卜靈崗,寓安壽域。川
上之東波鳴咽,雲間之西日慘悽。大夢莫迴,下泉長暮。某早予輦
轂,歷踐軒墻。旋振羽於丘門,獲陪塵於阮巷。顔回短命,既恨當年。
温氏冥裝,復從今日。人生若此,天道何言。涕淚空流,幽明驟隔。
嗚呼哀哉! 輀車明發,丹旐晨飛。輒憑蘋藻以寓誠,用薦塗芻於永
訣。願垂冥感,髣髴鑒歆。嗚呼哀哉!

原載《黃御史集》卷6,《文淵閣四庫全書》

祭宋員外

故軍倅觀察推官檢校主客員外郎廣平宋君希逖之靈曰:惟靈。
物有盛則有衰,人有生則有死。古今不易之數,毫髮無差之理。然則
厥壽苟百,壽終則滅。厥身苟修,身殁名留。是以顔子夭而其言不
朽,原壤老而於道何求。吁嗟希逖,藹然清休。蘭杜敗而終馨,松柏
折而終秋。德木千尋,人材八尺。優雲鶴於風裁,瀲陂湖於胸臆。既
而臺築黃金,禮先白璧。爲席上之至珍,運幕中之婉畫。洛水波清,
泉山翠橫。優游五府,輝映雙旌。兩地之隆崇物望,一方之煦姁人
情。繇是入曳珠履,出居武城。尊俎克彰於令譽,弦歌迴振於嘉聲。
才業大聞,君恩薦至。爰從棘寺以寵陟,旋慶蘭宮之澤被。丹鳳飛
詔,銀魚受賜。雖棠陰蓋地,能資樹德以行春。而醴酒疊觴,終以持
盈而戒意。九仙樹碧,八座塘深。駐清源則一府延頸,赴無諸則一郡
沾襟。嗚呼希逖,持何道致人如斯之欽。豈非秉仁義忠孝以行己,無
是非毀譽以萌心者哉? 奈何晉公二豎,漳濱一鬼,惡去藥石之内,樂
入膏肓之裏。冉耕惡疾以相攻,長卿消渴而不止。艾烟百冗,藜杖二
年。禍被三彭之所迫,靈非九轉以寧痊。嗚呼哀哉! 石火風燭,驚波
逝川。誠修短之無改矣,奈痛傷之有等焉。芝焚桂爇,璧碎珠捐。至
於行路,孰不涕漣。愚一揖清塵,偏容瑣質。初憐淡以如水,後乃投
而若漆。十年之寒暑無變,三益之金蘭愈密。洎夫秦城駐迹,儉府叨
招。竊惟上榻,幸忝同僚。南貳隼旟,雖寄懷而稠疊。北依龍節,終
積戀以迢遥。沙岸迎歡,津樓送別。且言不日之後會,誰料終天之永
訣。人生夢幻,夫復何言。世路存亡,難勝痛咽。嗚呼哀哉! 昨日而

箋函寓意，今朝而蘋藻興詞。駒隙之光陰如此，龜臺之學習何斯。幽明驟隔，音信無期。加以道路修阻，弓旌縶維。慟哭寢門而莫逮，叫號穹碧以奚爲。聊馳一奠之椒桂，用叙千秋之別離。噫嚱噫嚱！已而已而！

原載《黃御史集》卷6，《文淵閣四庫全書》

祭南海南平王代閩王

故南平王之靈:惟靈。五羊奧區，番禺巨壤。漢爲列郡，唐作雄藩。總百蠻五嶺之殷，有出將入相之盛。是故地啓嘉數，天生大賢。濬六韜三略之才謀，韞五袴二天之政術。俾其於家受詔，衣錦褥牙，控二十四州之繁難，當二十八齒之美茂。光揚千古，冠絕一時。鍾其明靈，其昭昭矣。至若恢張霸業，揚簸清波，臺陟九層，摩慚郭隗。劍提三尺，授自呂虔。爰持副貳之雄姿，遂領節旄之重寄。由是澤施甘露，令肅秋霜。掀文房武庫以連雲，騰逸氣英風而偃草。上榻則阮瑀，下賢則左車。從善則軾閭，宣威則斷案。故得越伏波之銅柱，獻款而來。感鄂公之鐵鞭，呈祥以見。火山改色，珠浦生光。無煩處默之酌泉，大鄙趙陀之累土。然後鳴鐘出入，調鼎昇聞。致交趾之封疆，歸石門之教化。九遷渥澤，克居浴鳳之池。雙立節旄，遠過跕鳶之水。雖士鮪列弟兄三地，山簡兼荆湘四州。語未同年，事推曠世。嗚呼！是何才德之若彼，功業之如此。而彼穹者天，不壽其齒。畢雲龍之契會，與龜鶴而等倫。矧天子方欲使降皇華，恩宣金册，表裏東周之盛，旌崇南越之隆。胡二竪之急攻，竟三醫之莫救。泰山頹壞，俄興孔氏之歌。漢水凄涼，遽罷羊公之市。實國家之不幸，實藩鎮之不幸。某早塵與國，旋忝睦鄰。雖瓊樹之未親，若銅盤之已接。方定金蘭之至分，豈期幽顯之驟殊。況以幸結良姻，累交專介。幕下崔員外，昨馳禮幣，嘗詣門墻。爰蒙執手之歡，宏叙親仁之旨。今則遽悲存歿，益嘆彭殤。故將薦舉征塵，躬申薄奠。九泉注望，於嘆逝以難勝。五月指期，表同盟之必至。嗚呼哀哉！曩馳羔雁，今遣蘋蘩。伊人事之有兹，顧痛傷而何極。然則苟龍賈虎，大馮小馮，雖嗟松壠之長歸，終慶荆枝而繼茂。永言歡好，寧怠初終。幸明靈之一臨，鑒此丹赤。嗚呼哀哉！

原載《黃御史集》卷6,《文淵閣四庫全書》

韓 偓

唐末閩國官員(842—923),京兆萬年(今陝西西安)人。唐龍紀元年(889)登進士第。歷任左拾遺、刑部員外郎、鳳翔節度掌書記、司勛郎中、翰林學士、左諫議大夫、中書舍人、兵户二部侍郎、學士承旨等。因朱温排擠,遂入閩依王審知,居於南安。龍德三年(923)卒。

紅芭蕉賦

瞥見紅蕉,魂隨魄消。陰火與朱華共映,神霞將日脚相燒。謝家之麗句難窮,多烘繭紙。洛浦之下裳頻換,剩染鮫綃。鶴頂儘侔,鷄冠詎擬。蘭受露以殊忝,楓經霜而莫比。趙合德裙間一點,願同白玉唾壺。鄧夫人額上微殷,却賴水精如意。森森巇嶫,脉脉亭亭。蒨玉之瑳來若指,彤雲之蔚出如屏。鶯舌無端,妒夭桃而未咽。猩唇易染,嫉浮蟻以難醒。在物無雙,於情可溺。橫波映紅臉之艷,含貝發朱唇之色。僧虔蜜炬,爍柱棟以難藏。潘岳金釭,蔽蕭幃而不隔。大凡人之麗者必動物,物之尤者必移人。不言而信,其速如神。所以月彩下蟮珠之水,梅酸生鶴嗉之津。寧關巧運,自合天真。有影先知,無聲已認。體疏而意密,迹遠而情近。天穿地巧,幾人語絶色難逢。萬古千秋,唯我睠紅英不盡。

原載《御定歷代賦彙補遺》卷15,《文淵閣四庫全書》

黃蜀葵賦

色配中央,心傾太陽。布葉近臨於玉砌,移根遠自於銅梁。萼綠華未遇楊羲,冠簪駛騄。杜蘭香喜逢張碩,巾帔飄揚。銀漢之星機欲曙,金臺之漏箭初長。動人妖艷,馥鼻生香。千里鵠雛,濫得名於太液。三秋菊藥,虛長價於柴桑。向日微困,迎風欲翔。周昉神疲,吮筆而深慚思拙。江淹色沮,擘箋而所恨才荒。蝶翅堪憎,蜂鬚可妒。

幾多之金粉遭竊，一點之檀心被污。何須逼視，漢夫人之鴛寢多羞。
不待含情，晉天子之羊車自駐。激電寒暄，跳丸烏兔。得不淹留，深
勞顧慕。懊恨張京兆，唯將桂葉添眉。悵望齊東昏，却把蓮花襯步。
騷人易老，絕色多愁。曷忍在綺窗側畔，唯當居綉户前頭。目斷猶
駐，魂消未收。映葉而似擎歌扇，倗欄而若墮妝樓。感荀粲之殷勤，
誓無緘著。怨謝鯤之强暴，未近風流。清旦鶯啼，黃昏客散。鶴頸兮
長引，猿腸兮屢斷。攀條立處，林烏應笑於後栖。欹枕看時，梁燕或
聞於長嘆。已而已而，唯有醉眠於叢畔。

原載《御定歷代賦彙補遺》卷 16，《文淵閣四庫全書》

香奩集自序

遐思宮體，未敢稱庾信攻文。却誚《玉臺》，何必倩徐陵作叙。粗
得捧心之態，幸無折齒之慚。柳巷青樓，未嘗糠粃。金閨綉户，始預
風流。咀五色之靈芝，香生九竅。咽三危之瑞露，春動七情。如有責
其不經，亦望以功掩過。

原載《五代詩話》卷 6

手簡十一帖

昨日奉示及，不任悚荷。偓以風毒，脚氣發動，今日亦不任入謁。
彼此抱病，切徒咏思。出得且以面相爲意，幸甚幸甚。謹狀。八月二
日偓狀。某所聞甚不恒，勿惜示及。

偓今日衰迫情地，旦夕難勝。況又孤侄已下，兼與小男等四處分
散。中夜往往驚叫，便達曉號咽。衰邁之年，不自堪忍。計申令聞此
冤慟，必賜軫念。不更滯留，亦望眷私委曲。見爲仰托，仰托小版計
日夕相見。諸郎君學問當進，自此分飛，未知何時復遂相。見言及
此，黯然久之。珍重珍重。謹狀。偓狀。

轉字筆可以賜及十數管否？

特惠粉藥，無非濟安，不任佩荷之至。楊氏方寫了，竟未勘畢。
既承切要徐送的，何故又忽急徵此方也。本欲來拜謁，見取藥方。或
慮無暇接客，以俟別日。香粉合複并裹半袜複并元樸陽子方複子，伏

奉撫。偃熱躁甚，曲不成字。此信。偃狀。

右紅花複子共三个，王信之行更俟面復。

蛇藥神效已顯驗，紫微不小，悉兒必達中喜。蛇垂不濟，入口便拔。特謝謹疏，乞不容易與人，必恐所言詮處，切托切托。不是惡心肚，蓋名方神藥，自古皆禁妄傳。縮水法亦乞不泄，見有人相尤，竟未見。他非試驗不敢發。大道無事，且下訪。何太疏徐，所不會吝。十二日偃狀。

眷憶諸郎君言極熱悶甚欲略出，人馬若閒，伏願一借。若可允，遂稍早令來，免衝甚熱。苟或有幸他使，亦乞在賜斯處。謹狀。廿一偃狀。燈下狀，曲不成字。

旬日前所咨啓，乞一書與建州，爲右司李郎中經過，希稍延接。況承舍人亦與正郎舊知聞，必切於施分。今晚有的的人去，若可踐言，速乞封示。幸甚幸甚。偃雖承建州八座眷私，自是旅客，難於托人，伏惟照察。偃狀。十月十五日偃狀。

楊學士兄弟來此消梨子，兩日前已尋得花時。伏望拴拔。謹狀。十四日偃狀。

今日若不他出，可以略借人馬否？先冀到宅，兼別行一兩處。人事脫或有所拘牽，即乞不垂形迹，以俟後期。伏惟照察。謹狀。六月廿七日早偃狀。

前者三賢采戲，共輸弟羅吾弟主辦。偃偶先擲五隻，深覺矗然。幸有輸右省長行三儂輒欲助成一味。適舍人傳語來使，今謹送上。所以在前狀中不言，今特修此。伏惟照察。謹狀。廿六日偃狀，乏楮具小簡甚欲拜侍，且是怕惱亂。此會不知何時，定爲之。

眷私借及女使衣服，不任悚荷。來早令入州人馬，必希踐言。泉州書謹封納書中，亦説托皆咨。必望周而述之，幸甚。謹狀。九日偃狀。

憂眷借及米貳碩，不任濟荷。鈍拙無謀，惟撓知與。不勝愧赧之至。即冀拜謁，它冀面述。謹狀。廿二日偃狀。

原載《珊瑚網》卷 2，《文淵閣四庫全書》

翁承贊

閩國大臣，福唐（今福建福清）人。唐乾寧三年（896）進士及第，任京兆府參軍、右拾遺、户部員外郎。後梁時任諫議大夫。後梁開平三年（909），爲閩王册禮副使，遂留閩不返。任右諫議大夫、福建鹽鐵副使、左散騎常侍、御史大夫。王審知拜其爲相。翁承贊力主興辦學校，對當地教育文化事業的發展貢獻甚大。

大唐故扶天匡國翊佐功臣威武軍節度觀察處置三司發運等使開府儀同三司守太師兼中書令福州大都督府長史食邑一萬五千户食實封一千户閩王（王審知）墓志并序

門吏福建管内鹽鐵發運副使太中大夫守右諫議大夫柱國賜紫金魚袋翁承贊撰

夫二儀析理，英賢所以應乾坤；五嶽參天，申甫所以鍾靈異。降乎昭代，復驗奇材。

閩王諱審知，字信通，姓王氏，其先琅琊人也。緱山遠裔，淮水長源。自秦漢以穹崇，歷晉宋而忠烈。輝華閥閱，奐赫祖宗。曾祖諱友則，漢丞相安國郡陵三十四代孫，贈尚書左僕射。曾祖妣段氏，趙國太夫人，追封衛國太夫人。僕射貞元中，守定城宰，善政及物。去任之日，遺愛遮道，因家於光州，故世爲固始縣人。祖諱玉，累贈司空，倜儻奇表，信義宏材。祖妣劉氏，燕國崇懿太夫人，追封昭德太夫人。顯考諱恁，累贈太師。皇妣隴西董氏，贈晉國内明太夫人，追封莊惠太夫人。恭懿賢淑，光於閨閫。太師嗣子三人，皆卓異不群，時號王家三龍，王其季也。娶樂安任氏，累封魏國尚賢夫人。琴瑟諧和，肥家雍睦。不幸先王薨謝。其執箕帚，奉蒸嘗，雖古之母儀，無以加也。王稟性殊異，非禮不言。少事孟仲，如晨夕之敬，於鄉黨恂恂然。周孔之書，無不該覽；韜鈐之術，尤所精至。與昆仲游處，未嘗不以文武之道誡勖焉。先太師特鍾愛，撫於膝下。有善相者聞三龍之稱，詣先太師之門，曰："富貴皆當一體也。季龍當位極人臣，非鄉里可拘其貴盛。然而龍攄虎變，真王者之行藏；燕頷虬須，乃將軍之氣貌。"

乾符末，天下方擾，民人奔競。三龍以孝思遠略，決爲端居，晏如也。嘗謂昆季曰："曾參不一宿於外，況起兵之世乎？雖海内騷然，不萌他適。"時秦宗權據有淮西，以利啗四境，而固陵不從。宗權勢不可遏，席捲固陵，三龍於是奉版輿而南下。屬巢寇陷長安，益堅其志，蓋憂人之憂。光啓三年，抵於臨汀。爲百姓壺漿塞路，遂帥全師以赴人願。時孟龍侍中以閩之軍民無帥，請統雄鎮。王謂孟龍曰："《春秋》所以伐罪吊民，今閩府之來，其可違乎！宜徇而撫之。"於是鼓行以濟其境。孟龍自溫陵太守拜節制，仲龍代牧是州。凡部伍勞逸，王皆躬視。士未食不親匕箸，士未飲不近杯水。耕織無妨，歌謠滿路。所以建元昆，亟登旌鉞，詔命王副焉。

後六年，侍中捐館舍，天子降璽書，授王金紫光祿大夫、刑部尚書，充威武軍節度觀察處置等使。當年，兼三司發運使。自是顯七德，敦五常，政和人和，示其略也。先長幼之序，次征討之條。寬猛酌中，德刑俱舉，孜孜惕惕，夙夜罔怠。誠以視聽，杜諸諂諛，堅執紀綱，動無凝滯。撫俗迺不嚴而理，教民且不令而行。鄰境附庸之請，納款求盟；屬城叛義之徒，出師致討。顯分情僞，立辯安危。投者示疆場之區分，略不留意；逆者遣腹心而征戍，曾不緩期。西北洞穴之甿，昔聚陸梁之黨，齊民廢業，封豕爲妖，恃險憑凌，據巖旅拒。王迺先與指揮，喻之向背，以懷土者計於耕織，伐叛者須用干戈。曾無順理之夫，果中平奸之術。三令五申，授之以玄女之法；一鼓再鼓，指之以太公之謀。號令纔施，旗鼓齊震。有攀木緣崖之士，捨懸車束馬之勞，彎弧而兔伏磨驚，舉刃而冰消瓦解。以此廟略，除定邊陲，化戰壘爲田疇，諭編甿於禮義。而政出湯仁，勞於禹足，示久安之基址，廓永逸之籌謀。創築重城，繞廓四十餘里，露屋雲橫，敵樓高峙，保軍民之樂業，鎮閩越之江山。而又戰艦千艘，每嚴刁斗，奇兵四出，克靜烟塵。古有島外巖崖，蹴成驚浪，往來舟楫，動致敗亡。王遙祝陰靈，立有玄感。一夕風雷暴作，霆電呈功，碎巨石於洪波，化安流於碧海。敕號甘棠港。至今來往蕃商，略無疑恐。國家以閩越得人，可以均皇澤，可以律守臣。是以迭降渥恩，加尚書右僕射，尋拜中書門下平章事，封琅琊郡開國侯,食邑一千戶。

天復初,恩降私第門戟,加光祿大夫、檢校司空,進封開國公,食邑二千戶。彌歲,加特進、司徒、太保,進封本郡王,食邑四千戶,食實封一百戶。天祐中,特敕建德政碑,立於府門西偏。開平初,加開府儀同三司、檢校太尉。二年,兼中書令,進封琅琊王,食邑五千戶,實封二百戶。三年夏,麻書遠降,檢校太師、守中書令,食邑七千戶,實封五百戶。仍建東、西二私第戟,賜號忠勤守志興國功臣。翌歲,敕封閩王。天子御正殿,親降簡册,自東上閣門,古宣車輅冠劍、太常鼓吹,詔名卿乘輅,直抵南閩。至止之日,自江館陳儀注,復展鹵簿,旌旗珂佩,文武導從,籠絡井邑,簫鼓相望二十里。抵登庸館展禮,王弁貂冠,被禮服,劍履受冊命,乘輅車,坐公衙,以彰曠代之貴盛。雖郭尚父、渾令公之恩澤,無以加也。

其後,明庭以三代封崇隆盛,特敕建私廟。下太常,定禮儀,降祭服,置神主,命星使賜於府西立廟焉。同光三年春,加扶天匡國翊佐功臣,食邑一萬五千戶,實封一千戶。而勁直之道,甲天下之藩服。旋加守太傅,正處廟堂,三表堅辭。主恩俞允,昇福州爲大都督府,別署官員,以寵其忠孝謙明者矣。且文武宏謀,釋道玄理,應機剖判,動合古人。以文即舉君使臣以禮,臣事君以忠之義。歲聲鹿鳴,廣設庠序。至於禮闈考藝,無不言文物之盛,俎豆之風。以武即舉重門擊柝,以待暴客。整八陣之名,說《六韜》之要。示廉直之道,辟寬恕之關。使將將無欺,殺殺爲止。蜀相之且耕且戰,恒在言前;晉師之入守出攻,不差料內。釋教乃早悟苦空,廣開檀施,見三十三天之要路,弘八萬四千之法門。集海內緇黃,啓祇園齋懺,佛廟遍廓,雁塔干霄。鐘梵之音,遠近相接;人天之果,修設無時。老氏乃扣谷神之真寂,曉玄牝之機微;葺王霸上昇之居,奏沖虛仙觀之額。顯於遠祖,迨彼系孫。仙鶴翔空,靈龜護井,踞怡山之一崗,類真源之三檜。體國而惟忠惟孝,律身而克儉克勤。玄甲輕車,受圯橋之秘略;紅旌皂纛,法金櫃之神書。至於宴犒軍戎,迎待使命,絲簧喧耳,羅綺盈庭,聽視之間,湛如止水。仍歲慶誕之月,國恩飛詔,頒錫駿馬雕鞍,異羅宮錦,拜賜受宣,莫不西望恭謝,手舞足蹈。公暇之際,必極勸農桑,懇恤耆鼇。數千里略無曠土,三十年賣劍買牛。但聞讓畔之謠,莫有出征之役。江南雄鎮,歡好會盟;外域諸番,琛贐不絶。其廩庾之豐盈,帑藏之殷實,雖魯肅之困,銅山之冶,比之霸贍,彼乃虛言。而勞不坐乘,暑不張蓋,民仰之如夏日之陰、冬日之陽。其代天理物,可以蓋天下也;守志化俗,可以仁天下也。豈鐘鼎盤盂之銘鏤,日月星辰之照臨,而能窮斯玄功正道者哉?且萬靈擁衛,千聖護持,恒於寢膳之間,不失燮調之道。忽一日,告腠理不和,聲氣如綴,勉扶精爽,弘達死生。以邦國之重難,付兹後事;指生平之勛德,何異儻來。中臺坼而玄鑒如欺,大昴沉而衆星寢耀。同光三年十二月十二日,薨於威武軍之使宅,享年六十有四。

嗚呼!社稷喪元勛之德,生靈失慈父之恩。連營比屋以皆號,牧竪樵童而出涕。且人倫大限,聖賢無改易之門;天道玄機,烏兔有薄蝕之運。今英王啓手足於富貴之際,傳印綬於將相之材。身没名存,齊諸覆燾。嗣其世十有二人:長曰延翰,節度副使、管内都指揮使、特進、檢校太傅、江州刺史、琅琊郡開國公,食邑二千户,禀遺令充節度觀察三司發運留後。力侍湯藥,寢食俱忘。草土之中,絶漿在疚。而三軍百姓墻進衙門,奉王遺令,請主軍府事。拒而號慟,泣血毁傷,不得已而從之。授受之日,中外怗然。真馬援之鬚眉,守泰初之禮樂。器重鎮俗,性直臨戎,寬厚居心,條貫由己。娶博陵崔氏,封博陵郡夫人。明潔珪璋,禮恭蘋藻,實軒冕之清門,佩公王之偉望。次曰延禀,檢校太保、建州刺史。恭守六條,肅清千里。鄰封納好,外户長閑。凶訃忽臨,殞絶移日。娶清河張氏,封清河縣君。正律閨門,柔奉箕帚。翌日,親奔星月,忍别靈筵。次曰延鈞,節度行軍司馬、檢校太傅、舒州刺史、琅琊郡開國伯,食邑七百户。居喪枕塊,執禮號天,竟以軍府事殷,元昆對泣。推挽撫衆,翊助竭心,友悌之情,古今無比。娶彭城劉氏,封清遠縣主。霸圖令族,謝女芳華,以禮居喪,内助從政。次曰延豐,羅城都指揮使、檢校尚書右僕射。娶廣平宋氏。次曰延美,節度行軍都指揮使、檢校司徒、韶州刺史。並追號過等,旦暮難居,哀哀在躬,不自支致。娶隴西李氏。次曰延保,右散騎常侍、洪州長史。次曰延武,右散騎常侍、光州長史。次曰延望,右散騎常侍、梧

州司馬。次曰延義，右散騎常侍、饒州司馬。次曰延喜，右散騎常侍、
易州司馬。次曰延政，右散騎常侍、絳州司馬。次曰延資，右散騎常
侍、虔州司馬。或年逾弱冠，或慶及成人，皆號慕蒼黃，感動飛走。雖
賈家三虎，荀氏八龍，豈可同年而語哉？女七人：長封琅琊郡君，適節
度判官、檢校司空、柳州刺史李敏。次適水部員外郎張思齊。次封琅
琊郡君，適檢校太傅、睦州刺史錢傳珣。次適觀察判官、尚書工部員
外郎、封州刺史、賜緋魚袋余廷隱。三人未出適。令孫三人：長曰繼
昌，將仕郎、檢校尚書工部員外郎、柱國、賜紫金魚袋。次曰繼真，將
仕郎、檢校尚書金部員外郎、賜紫金魚袋。次曰繼寶，守大理評事，賜
緋魚袋。皆詩禮承顏，軒裳稟慶。五侯九伯，當自此而翺翔；萬石千
鐘，定由茲而興建。況尊靈在殯，號慟滿堂。藩垣之奠酹無時，中外
之牲牢結轍。至於桑門開士，霞帔道人，列校牙璋，內戚外屬，展祭而
闐郛溢郭，發言而抆涕傷懷。峨豐碑於柳營，行人墮淚；掩貞魂於蒿
里，黃鳥興哀。即以同光四年三月四日，卜塋於閩縣靈岫鄉懷賢里仙
宗山鳳池之原，魏國順正尚賢夫人塋域之東，禮也。合祔魂魄，並列
園塋。左龍右虎之崗，坤盤艮峙之壟。長平峭拔，萬歲千秋。承贊才
謝經綸，迭承樽俎，捧至哀之見托，熟勛德於生前。慮陵谷之變遷，敢
編聯於貞石。謹爲銘曰：

天地凝精，嶽瀆降靈。粵有雄傑，鎮於閩城。文同周召，武定韓
彭。功存帶礪，政顯忠貞。于嗟逝水，忽然東傾。崇勛冠古，遺德垂
名。仙宗卜宅，合祔園塋。慶鐘奕世，代襲殊榮。因而禮葬，贈馬悲
鳴。百身莫贖，萬古傷情。

同光四年歲次丙戌二月戊子朔十八日乙巳置。

將仕郎前守河南府文學王俠書并篆蓋。

節度衙前虞候林歡鐫字。

忠懿王先在懷賢里安葬，山崗不利，長興三年歲次壬辰九月十九
日戊戌，遷奉歸寧棋里吉地。天成元年十二月廿五日敕封忠懿王。

原載《唐末五代閩王王審知夫婦墓清理簡報》

梁忠勤守志興國功臣威武軍節度使太師守中書令食邑一萬三千户食實封九百户閩王瑯琊王公（審知）夫人魏國尚賢夫人樂安任氏（內明）墓志銘并序

福建管内鹽鐵發運副使新授太中大夫右諫議大夫上柱國賜紫金魚袋京兆翁承贊撰並書兼篆額

偉夫！瑞靄卿雲，所以表禎祥於家國；靈芝瓊葉，所以彰圖諜於古今。其來也，遠派長源；其立也，隆基峻址。不有斯肇，其何以昌？

夫人諱內明，字昭華，樂安郡人也。昔黃帝以德命氏者十三族矣，夫人之族出於是焉。衣纓蟬聯，子孫璽曳。迨於炎漢，即安稱良二千石；魏即峻，爲左丞相，立佐命大勛。洎齊梁間，廣其族者挺生，防位登劇品，文章秀拔，冠絕一時。迄於唐，繼世者曰繕、曰説、曰偃，皆騰身月窟，飛步雲衢。是謂薰灼士林，昭晰來裔，神仙瑶籍，代有其人。仙公敦往，□於閩之飛山得道，羽化昇騰。天寶六載，玄宗皇帝以仙公之上昇，詔改爲昇山，山之祠宇存焉。别西郊怡山，昔王霸於此得仙。貞元中，祥雲晝見，仙樂喧空，應驗昭然，載諸方策。今我王乃霸之後，夫人復任其姓。豈非神仙之退位，上帝俾二族之裔，同濟於閩之生靈乎？以理而孝，以應而詳，亦何異秦女蕭史，契神仙之匹偶耶？夫人曾祖慶，祖超，皆藏羽隱麟，粃糠簪笏。顯考暉，起家左羽林將軍，家於壽陽安豐邑，娶上黨羅氏。有子二人：彦温、彦章，皆歷宦途。夫人乃謝庭擢秀，獨鍾其慶，設帨之辰，異香充室，氤氲竟夕，親戚咸以爲必興必貴。韶齔之年，器度婉雅。及肅雍有聞，歸於茂族。歸於茂族。主蘋蘩而敬睦六姻，執禮教而宣明四德，親疏式序，長幼合儀。内助賢王，扶天立極，歷事四帝，光啓七閩。伐鼓貞師，援旗誓衆。忠孝撫俗，刑政無苛。仗豹韜龍節之權，坐雞樹鳳池之貴。賓鞭立指，創金甌石塹之嚴；鐵馬不嘶，勸熱耨寒耕之利。土如挾纊，人絶間言，屯飛將而勇若孟賁，煦疲俗而仁始杜母。梯山航海，修職貢於九重；翊舜匡堯，振身榮於千乘。繇是被服帝寵，浸潤天波，列茆社以建封，峨豐碑而紀頌。凡厥勛德，爰迨家邦。夫人無不助彼謨猷，資其政理。明廷以從爵之禮，命婦之榮，始封樂安縣君，次授樂安郡君，旋進封本郡夫人。而將相恩例，宜乎封國，乃進酅國夫人。仍歲之後,復改封吳國。竟以蘊孝悌宜家之美,抱貞淑舉案之賢,乃擇大國以封崇,正母儀之徽號。光於壼闈,顯彼君恩,俄別號授魏國尚賢夫人。捧詔而宛明寵辱,下堂而親拜綸言。禮義神資,惠和天賦。釋氏乃摩耶降祉,道門即聖母分形,曉悟三乘,崇醮九籙。凡於檀施,莫不同賢王之行願,修梵果之因緣。三十年間,集緇黃於戒懺;百億劫內,保來去之莊嚴。儒典經心,生慕蠡斯之義;金文啓卷,靡勞師授之明。揭畫篋而周給孤惸,啓粧奩而均憐幼稚。慈愛形於顏色,弘益及於公私。正德素風,鬱標女史。嗚呼!世之榮也如此,人之生也如浮。寒暑一侵,針砭罔效。迎醫召覡,禱盡百神。嘆命傷時,奄由二豎。以貞明四年五月二十一日,薨於福府之正寢,享年五十有四。

蘭摧九畹,芳華欻散於長空;蕣謝三冬,穠秀俄歸於大夜。由中及外,共聞涕泗之聲;巷議街談,莫遏追悲之嘆。賢王慟咽,舉室哀號。胤子五人:長曰延稟,檢校司徒、守建州刺史、御史大夫。娶清河張氏。次曰延翰,威武軍節度副使、管內都指揮使、特進、檢校太傅、江州刺史、瑯琊郡開國侯,食邑一千五百戶。娶博陵崔氏,封博陵郡夫人。次曰延鈞,威武衙內都指揮使、檢校太保、舒州刺史、瑯琊縣開國子,食邑七百戶。娶大彭劉氏。次曰延豐,威武軍節度、羅墻都指揮使、檢校尚書右僕射。次曰延義,將仕郎、弘文館校書郎。各建功業,克紹弓裘。而皆寢苫泣血,迷謬過於曾參。調膳問安,謹敬逾於閔損。女三人:長適隴西李敏,簪組名流,琳琅雅望,任威武軍節度判官、檢校尚書右僕射。次適吳興錢傳珦,勛貴令嗣,杞梓全材,任鎮海軍節度先鋒都指揮使、檢校太保、泗州防禦使。次初及笄,未卜從人。皆荼蓼銜哀,旦暮殞絕,飛走為之感動,風雲為之慘淒。

夫人之生也,修檢令儀,束鍊高節,語默有準,威德有程。至於霸府懿親,名藩戚屬,式瞻軌範,遙奉音容,益以謙柔,加之法度。夫人之歿也,三寶迎逢,千門罷市,凶庭闃隘,緫幪飄揚,組綉金碧,日蹤奠筵,户牖簾櫳,宵凝香穗,柳營鹿苑,交醴酪於道途,邑屬巡封,執犧牲於庭宇。生榮歿盛,曠古無儔。且兩曜至明,猶間薄蝕;五靈至端,不免消沉。矧乎修短之期,風燭之幻。以其年八月二十日卜宅於閩縣靈岫鄉懷賢里鳳池山任磧之原,禮也。峰攢華蓋,地秀佳城。倚遠祖之仙祠,終於永古;諒靈山之有待,藏彼貞魂。左龍右虎之雄,金匱明堂之壯,百神所護,一日呈形。信開闢之來有所主也。我王以梧桐半殞,右劍先沉,青烏占永訣之文,彩鳳絕和鳴之兆。慮陵谷之變遷,須存貞石;追松筠之節操,爰載斯文。承贊學愧縑緗,詞非藻麗。器能無取,謬登仲寶之蓮;寤寐爲勞,不夢丘遲之錦。強披蕪淺,虔奉崇嚴,跪染柔毫,謹爲銘曰:

美璞輝山,祥金耀水。萃於德門,夫人之瑞。喬松之節,嶰竹之名。叢此挺拔,夫人之貞。良媛宜家,崇蘭香國。邈彼殊祥,夫人之德。鏡鸞曉挂,月兔秋橫。猗歟瑩澈,夫人之明。如賓之敬,齊眉之賢。異代同體,夫人之先。氣淑心閑,外知內助。贊就勛庸,克光文武。載惟懿範,立乎令儀。左右肅肅,親戚熙熙。享彼封崇,靡矜桃李。宜選女箴,附於女史。魏國之榮,尚賢之號。德配閩王,顯於綸誥。處茲富貴,旁達苦空。動嚴齋戒,不著繁籠。嗚呼逝水,奔流如是。白日西匿,洪波東指。堂撤錦帷,庭羅哀次。薤露興歌,行人墮淚。閩江之北,任磧之陽。遠祖仙室,夫人壽堂。樹以松楸,忽焉古今。水咽山昏,烟愁霧苦。魂兮歸此,閟彼重泉。于嗟已矣,千年萬年。

光懿夫人先在懷賢里安葬,山崗不利,續至長興三年歲次壬辰九月庚辰朔十九日戊戌,遷奉歸寧棋里吉地。天成元年歲次丙戌十二月甲申朔二十五日,敕封諡號忠懿王。

原載《唐末五代閩王王審知夫婦墓清理簡報》

徐 寅

閩國官員,莆田(今福建莆田)人。唐乾寧元年(894)登進士第,釋褐秘書省正字。後歸閩,爲閩王王審知掌書記。後唐莊宗即位,閩王遣使朝賀,莊宗因徐寅曾撰文譏刺其父,命審知殺之。審知懼後唐,不敢復用寅。寅遂拂衣而去,歸隱延壽溪。徐寅善詩文,在當時影響甚大。

五王宅賦

明皇帝以孝悌爲家，此地宅而宸游未睱，淒涼而一景空鑠，悵望而諸王已遐。鳳去鸞歸，秋葉落梧桐之樹。年來歲改，春風遺棠棣之華。當其龍虎俱來，蚪螭并轡，觀風而玉輦停駕，選勝而金鰲負地。天師魯匠，新土木以宏規。月殿雲樓，破荆榛之積翠。既而甲第煌煌，維城道傍。雍然而帝子天子，肅睦而寧王薛王。彩霧彤霞，從仙都之八面。風臺水榭，引蓬島於中央。不類遷都，平分于宅。爲星之渚同數，疑比奕之龍並迹。聖主之千聲羯鼓，洛水風清。岐山之數調胡琴，嵩山月白。瑞氣飄空，蘭深麝濃。連雲之飛閣鏤鳳，象海之清池蟄龍。解慍當風，帝舜之琴雅奏。興歌立德，太康之弟相從。莫不以嘉樹濛烟，崇墉硋日。金聲玉韻以總綺，夏苳春蕘而剪出。紅梁綺棟，晄天地以量功。舞態歌容，掌神仙而比質。一旦袞冕參差，外遐內微。華堂之帳幄蟲蠹，深院之欒櫨燕飛。時移而玉笛誰吹，清商泯滅。事往而金牌尚在，御墨依稀。徒令攀咏皇恩，追思聖德。傷晏御以綿延，繞周垣而嘆息。王侯之地宅雖存，未若開元之有國。

原載《全唐文》卷 830

垂衣裳而天下治賦

大道純素，明君御乾。垂衣裳而教被率土，泯智慮而恩覃普天。端袞冕於九重，威儀備矣。走車書於萬國，文軌同焉。聖人以象體乾坤，育涵臣子。握金鏡而破昏黑，啓瑤圖而昭福祉。溫恭允塞，損耳目以無營。拖黼垂旒，致邦家而自理。不出宸居，潛飛聖謨。虛已而應乎萬有，滅私而契彼三無。引日月之長裾，遐蘇品彙。雍星辰之法服，自化寰區。於是扆座彤闈，凝情恭己。播亭毒以無黨，表雍熙而有自。山龍煥爛，映黃屋於長■風雨迴旋，仰洪猷而克遂。豈不以義頊齊教，皋夔在官。德所至兮天高地厚，信不愆兮春煦冬寒。佩華藻以常閑，九章惟麗。傾空旻之所覆，萬姓皆歡。允紹二皇，式孚九野。尊揚襲以居上，敦協和而在下。飄紫宸而楚楚，道泰生靈。臨丹陛以襜襜，塵清華夏。赫赫巍巍，功高二儀。法希微於視聽，守元默於箴規。自然淳樸將至，生成罔虧。苟人文之未化，勞轍迹以何爲。豈若黼黻光中，德及於昆蟲草木。彩章影裏，澤流於地角天涯。士有珪璧常輕，光陰是重。趨明代以求試，望丹霄而翹踵。君同軒后，爲臣願贊於袞衣。才匪相如，獻武載歌於垂拱。

原載《全唐文》卷 830

首陽山懷古賦

首陽山兮非秀非隆，因其賢而名高碧空。偶巖谷之逋客，問夷齊之古風。厚殷紂而薄宗周，曷稱仁智。棄三隅而執一向，可謂昏蒙。且紂以斬脛求歡，剖心取樂。空寰瀛不足以充其欲，罄竹帛不足以編其惡。民驚而萬國崩離，天怒而三光舛錯。肉爲林也，怪山岳之非高。酒爲池焉，笑江湖之易涸。姬乃畋於渭濱，會於盟津。右白旄而左黃鉞，應乎天而順其人。莫不洗塗炭於四海，解仇讎於萬民。著金縢者乃昆乃仲，鈞玉璜者持衡秉鈞。何不吊紂之不德，慶周之有國。而乃助於紂以申謙，怨於周而不食。鴻飛豹隱，亡情於濁浪之湄。蟬腹龜腸，化骨於孤峰之側。逋客曰："夷齊以讓國無爲，求仁立規。何曆數之不究，曷興亡而不知。非不知周之可輔，紂之可殄，所憂者萬紀千齡，所救者非一朝一夕。恐後代謂國之可犯，謂君之可迫。强者以之而起亂，勇者以之而思逆。所以激其時，抗其迹。往者勖而來可懲，義要行而身不惜。"余乃陟彼高岡，遐思耿光。嶺上之松筠抱直，丘中之黍稷非香。未知靈氣何化，身魂曷彰。爲聖賢則孔子顏子，作嘉瑞則麒麟鳳凰。縱天柱折而地軸摧，斯民不泯。任月兔死而日烏銷，厥德愈芳。於戲！鍾其濁則爲佞爲邪，稟其清則爲英爲異。垂名之士餓林藪，飽食之人磈天地。疑是宜徵繪事，而寫高山仰止先賢之志。

原載《全唐文》卷 830

均田賦

嗟阡陌之開兮，肆兼并之不仁。古制不可以卒復兮，迺議田之是均。鬱林林之黎元兮，資稼穡以爲生。既教養之無法兮，宜貧富之不平。繄口分而畫野兮，允經國之大式。必邑地之相參兮，限田萊而有極。土不遺利兮人無■力派頃田於單陌兮,制强宗之侵陵。獲資生之大利兮,免豪右之倍徵。此均田之大略兮,見寫圖之詳悉。將損多而益寡兮,齊民之歸一。相爾疇之紛紛兮,畝爲數其秩秩。露田之四十兮,配桑田之二十。定盈縮於還與受兮,各分牛以自給。强不敢於占奪兮,弱猶得以播殖。圖雖捲之不盈兮,備輿地之所有。桀良策於指掌兮,念生靈其獨厚。懿元魏之文辟兮,獨有志於古制也。苓用夏以變易兮,昭大和之康乂也。唐有臣曰元稹兮,圖均田於德宗。幸皇覽之見收兮,路逶迤而不通。迄柴周之顯德兮,迺留心於務農。頒積圖於諸鎮兮,均境內之租庸。雖不能伯仲於魏之君兮,亦拔萃於五季也。視貞元之聚斂兮,誠何足與議也。慨圖遠而名存兮,異索駿之丹青。儻按圖以取則兮,吾固知其有誠。伊李泌之震書兮,與斯圖其表裹。當中和而進獻兮,務本之深意。彼輿地非元圖兮,徒經營乎版籍。豳風之亦有圖兮,欲勤勞夫稼穡。豈若名田之與限兮,猶總總其可行也。實醇儒之良計兮,均井田之一平也。亂曰:均田有圖,積所作兮。厥制初行,魏之度兮。桑井既復,孰詥其故兮。索空圖於實效兮,庶幾太平之助兮。

原載《全唐文》卷 830

朱虛侯唱田歌賦

　　國不危無以見英智,智不周何以珍奸詭。當漢室之架亂,有劉章之崛起。於是謳甫田,拍清徵。當其呂氏窺鼎,劉宗履冰,社稷騫崩,邦家替凌。或呂氏必興,劉氏不勝。雖諸將之賈勇,終按劍以未能。鯨躍海以須斬,狐居城而暫驚。旋聞玉殿窮嘆,瓊筵命酒。貂瑠皆戚里豪貴,冠蓋盡臺階賓友。賢愚但委其天命,綱紀定輸於誰手。章欲刮其瑕,滌其垢,摧其凶,破其醜。掌握於龍圖鳳歷,已斷言前。縱橫其地軸天樞,猶歸太后。朱虛乃誓遏頹波,平妖剗訛。得則赫功名於日月,失則化齏粉於干戈。在其誠而不在其衆,言於我而不計於他。於時玉爵驟,朱顏酡,直氣仰接,昌言切磋。曾專執耒之功,多能鄙事。粗續貫珠之韻,請唱田歌。歌曰:"舜之耕兮稷之植,廓民天而知稼穡。疏其苗而固其蒂,法於家而象於國。"又曰:"沮之耕兮溺之耘,灌粢盛兮除莸芬。抶螽賊兮多稼穑,剪榛蕪兮嘉穀分。取厥類兮去非類,諭於臣而象於君。"想其傾海未竭,轉喉未閡,衆愉怡而詭譎,我憤惋而剛烈。怒聲徹天地,托雅調以成聲。熱血煎肺肝,瞬明眸而潰血。且以酒不罰無以肅否臧,令不正無以決存亡。宣酒令而爲軍令,假樂章而行國章。犯令者涔爾宮而鬼爾族,亡酒者肉爾膾而血爾漿。我唱也不在深耕淺種,我志也克在乎帝業皇綱。俄而烹一呂,禁陸梁,侍坐者汁滴膽碎,傍觀者心顛魄狂。呂之强倏爾而弱,劉之弱欻爾而强。不日計之取,兵之舉,帝諸劉,虜諸呂,有若乎摧枯拉朽,反似乎平秦破楚。故得告功於聖祖,削平乎子孫。安子孫而總英傑,故能復宗社而正乾坤。向若口不能唱,唱不能言,則國豈定而家豈存者也?余欲編田歌於樂府,上聞於至尊。

原載《全唐文》卷 830

樊噲入鴻門賦

沛中之智兮勇鵬翻,舞陽侯兮威曷論。冒死而嘗輕白刃,匡君而直入鴻門。卮酒彘肩,豈讓匹夫之膳。朱輪畫轂,能扶萬乘之尊。當其秦鹿無主,項王赫怒。誇楚將於秋鷹,滅沛公於塞兔。天地何小,風雲可步。海蕩山振,龍驚虎懼。鳳歷誰傳,鴻門晝關。湯池命酒,歐劍搖環。氣隆準以斯挫,血重瞳而欲殷。鯢浪鯨波,呀呷於斯須之際。禽籠獸穽,炮燔於咫尺之間。汹汹群心,雄雄壯士。詣闔闈而飛步,怒豺狼而切齒。僕視閽守,掌窺戎壘。嵩衡蓋數撮之塵,溟海乃一泓之水。身輕白羽,蹈烈火以非難。手擘朱扉,信春冰之可履。走電呀雷,金樞洞開。麋鹿奔而貙虎至,燕雀驚而鷹隼來。愚山可徙,藺柱須摧。引龍躍於洪波,豢人徒爾。送鴻翻於碧落,弋者何哉。■

原載《全唐文》卷 830

鮫人室賦

斯室誰見,伊人盡傳。浩渺而洪波有象,深沉而碧浪無邊。異彼鮫人,處乎鯨海。儲晶蓄素,刮銀兔之秋光。蠶浪凝波,刷金烏之畫彩。露洗霜融,涵虛湛空。鑿户牖以非匹,飾椒蘭而不同。度木何人,範環堵於琉璃地上。作嬪誰氏,纖輕綃于玳瑁窗中。鬼瞰終無,神功自偶。雙闕標百尺,岩嶢而貝闕凌前。萬戶列千門,洞達而龍宮在後。光攢琥珀千樹,花折珊瑚萬枝。控巨鯉之真人,方能到此。泛靈槎之上客,莫入於斯。電落窮陰,雲閑大廈。誰為欺暗之士,盡是泣珠之者。霏霏瑞彩,凝成蟠蝀之梁。漠漠飛烟,化作鴛鴦之瓦。鏡瀉盦淪,波澄垢氛。瓊窗而鰲頂均岫,綺棟而壺中借雲。二十四里之漢宮,何曾足數。三十六般之仙洞,未得相聞。允矣神化規模,天然異質。吾欲乾北海而涸南溟,探驪龍於此室。

原載《徐正字詩賦》卷1,《文淵閣四庫全書》

京兆府試入國知教賦

天闢區宇,人尊帝王。國將入於封部,教先知於典章。不宰成功,乃合乾坤之德。無私鑒物,能齊日月之光。多士之操修,六經之楷式。將欲明其教,必在游於國。溫柔敦厚,出風雅之咏歌。比事屬詞,本春秋之黜陟。協彼典教,諧斯禮文。廣博而樂章具有,精微而易象爰分。先王所以總斯御物,體彼為君。遂使足歷四門,親愛之儀已睹。身由萬戶,民從之義皆聞。莫不周覽金湯,潛量王霸。審樂知政以攸類,陳詩觀風而相亞。是以逢耕讓畔,得先人後己之規。察鳥安巢,驗惡殺好生之化。今吾君興帝業,赫皇明,以謙柔而教蠻貊,以樸素而教公卿。以節儉而教百姓,以農耕而教五兵。自然八方走響,六合飛聲。豈俟入乎闤闠,方能知彼規程。其或跋扈未殲,陸梁未向,可使拜天闕而俯聽,趨帝閽而引望。俾其退而補過,警干羽之舞階。進以盡忠,報聖明之在上。士有負書劍,出林巒,謁九門而教化斯仰,瞻百辟而威儀可觀。則知不上泰山,豈覺寰區之大。不浮東海,寧知溟渤之寬。敢不廣義路,懷忠甲,開閶闔以聽聲詩,賀仁沾而恩洽。

原載《徐正字詩賦》卷1,《文淵閣四庫全書》

澗底松賦

碧澗千仞,青松幾年。豈天生之有異,蓋地勢以居偏。挺操彌貞,雖厄巖巒之下,掄材俏鑒,合居樗櫟之前。則知植物之近,不可用而或用。生物之遠,其可貢而誰貢。伊彼良木,何慚其青竹成龍。工未我求,且伴其高梧宿鳳。翠鎖山椒,心凌碧霄。生風而虎豹唅嘯,拂衣而龍蛇動搖。安得伴磊磊之石,因離離者苗。奚三公之夢猶阻,豈萬乘之封尚遥。何殊孔明之先主未迎,空懷良策。呂望之文王非獵,不到終朝。今則希匠斤,采溪壑。如拔之於高岸邃谷,可營之於帝宮仙閣。澗底松兮才不才,候般輸之所度。

原載《徐正字詩賦》卷1,《文淵閣四庫全書》

江令歸金陵賦

陳祚以世六十年,毒奢淫而忘險難。運去而蠻奴北面,時來而江總西還。傷心而昨是今非,三台禄位。觸目而人非物在,一片江山。初其君但期天■國無盤石。詩成而咏雪嘲風,酒惑而迷魂蕩魄。昌言直諫,朝朝而惟列七人。列蠟燒蘭,夜夜而長留十客。一旦雷卷隋軍,驚風坐聞。龍顔入井以魚伏,鳳閣離居而豆分。於是嗟覆轍,嘆浮雲。抛建業之山河,來朝魏闕。捧金陵之日月,送與隋文。斯人以鳥戀南巢,萍流遠道。還吳而喜遂歸骨,入境而鞠爲茂草。心感存没,淚橫襟抱。慘淡而烟迷遠渡,杏浦波生。蕭條而葉散悲風,金檀樹老,廢壘蕪城,行行復行。霜凌夜葉壯心碎,屬國窮歸華髮生。中臺將黃閣皆空,苟池鳳去;甲第與朱軒不見,謝墅狐鳴。茂苑濤聲,秦淮月色。終史溥之前夢,嘆東昏之舊國。雖信天命,宜慚衮職。豈不聞三秦甲馬,已過乎泲水之陽。二謝韜鈐,克珍於壽山之北。則知翌輔者,在乎外撫四夷,中扶萬機。建其策而安邊却敵,致其君而端冕垂衣。安得三閣天高,但縱殷辛之酒。萬兵雲集,未知蓬瑗之非。果令位失家亡,君移國徙,前恩不及於民庶,晚歲却還於舊里。金陵旺氣索然空,唯見碧□涵淥水。

原載《全唐文》卷830

豐年爲上瑞賦 以"年穀豐盈,用此爲瑞"爲韻

聖祚開國,文皇應天。以豐穰之有歲,作祥瑞於當年。重彼粢

盛，五稼而誠宜在上。方諸圖牒，四靈而莫得居先。當其衆類呈祥，明君建議。將垂萬世之範，迴出百王之智。爲其三農百穀，普爲四海之資。鷺鷟騶虞，空表一人之瑞。於是別示休禎，羲農教行。調風雨則桑田自稔，重龜鶴則倉廩寧盈。我貴嘉禾。朱草之庭前謾吐。我資甘澤，慶雲之天際休呈。四序和平，三時播種。蓋將何寶而爲寶，不以無用而爲用。且夫寒暑相從，成霖順風。如雲之稼穡千畝，擊壤之歌聞四聰。斯則家給人足，時和歲豐。縱鳳不止于高梧之際，麟不游于靈囿之中。又豈能損民力，虧朕躬。至如歷候不常，陰陽反是，甫田屢失於刈穫，庶物不勝其殘毀。菜色咸若，豆分於此。縱然出醴泉而浪涌波翻，降甘露而珠英玉蕊。然而不濟饑饉，何足倚依。豈若敬奉天時，從其所宜。昇合穎秀歧之事，冠素雀神烏之爲。罷畢沾濡，麗日之重輪在下。如茨委積，華芝與玉秀俱卑。偉哉！以年爲瑞者富於生靈，以物爲瑞者詭於耳目。欽哉！以我后之元德，承太宗之景福。士有觀大國之光輝，敢謳謠於邦國。

原載《全唐文》卷 830

口不言錢賦 以“息心秘口，欲作窮言”爲韻

言者三端之本，錢者百貨之源。反其本以行己，失其源而不言。如逢貫朽之資，我辭遽默。自負不貪之寶，吾道常存。昔王衍以東晉季年，金陵薄俗。恨朝野以爭侈，競緡錢而縱欲。化爲糞土，填巨壑以難盈。涌作波瀾，灌漏卮而不足。豈惟紫閣名臣，紅窗美人，有私而盡切藏賄，無德而何嘗潤身。夷甫乃怒於彼而心誓，忿於時而氣振。所以塵尾高談，肯説五銖之號。鶴裘換酒，同思四壁之貧。泉貨寧懷，樞機永秘。何曾之食萬休述，和嶠之癖多罷議。賓階砌下，誰云苔點之圓。貨殖傳中，諱却金錢之字。衆多愛兮積聚奢淫，我所愛兮唯財於金。在心所惡以言寢，可以觀言而見心。任銅臭以驚時，豈論崔烈。任雨飛而滿屋，靡説黄尋。且夫巨萬奚若，仁銷義鑠。豈不見一惡而懼百非，口非言而心嫉惡。金相馬埒，休詢王濟之奢爲。山積鹿臺，莫問殷辛之禍作。蓋傷其濁世澆風，貪婪莫充。無苟得者猶寡，終不言而曷同。斯時也，道德銷盡，錢刀削空。斯人則與世垂範，

端身固窮。手近青蚨，先納雌黄之口内。眼觀榆莢，預緘枝葉於胸中。則知不立殊規，寧議衆醜。他拭目而余目昏，彼鑹金而此金口。異哉！不談人過，不語怪神，與斯人而善偶。

原載《全唐文》卷 830

衡賦 以"儀止泰一，無淺觀業"爲韻

搜聖人之垂象，伊兹衡之可觀。材徑挺以繩直，星連綿而珠攢。惟用也畎庶不能以多少隱，惟平也輕重不能以詐僞干。故得萬人，便於廛里。物或紛競，可以定黍累之圭撮。利其分毫，可以觀低昂之容止。執中以告，無或不喜。則夫衡之爲物，其用甚大。四方正而域中平，七政齊而天下泰。動而無欲，任之故絶私。益而無方，行之固不害。然能思無不踐，應倉舒刻舟之深淺。問無不知，表張重度骨之威儀。若乃均其神道，形其事業，聖人因之以平施，邊鄙賴之而不怯。豈欲決其差謬，明其有無，小人取之以作則，君子見之而交孚。則有王臣謇謇，宰職秩秩。洞鑒人才，神無隱質。諒兹衡之攸媲，故守之而勿失。倘陳平之見知，宰州縣之如一。

原載《全唐文》卷 830

寒賦 以"色悴顔愁，臣同役也"爲韻

壬子歲，大雪濛濛，繁雲鏁空。白日光没，樵蹊脉窮。地洞沍而履不得，天颷飀而飛不通。庭蘭落翠，禁樹催紅。安處王乃去廣殿，即深宮，獸炭呀焰，狐裘禦風。頻謂左右曰："寡人今日之寒斯甚，曷與下民而同？"憑虚侯進言曰："大王自恐嚴凝，罔憂邦國。下民將欲凍死，大王未有寒色。"王曰："下民之理，聞之可得？"對曰："只如負禦三邊，彌年不還。戍遠燕嶺，衣單雁山。鐵甲冰徹，金刀血殷。風刮衰力，砂昏少顔。大軍之生死頻決，上國之英豪甚閑。今則凍平遼水，雪滿蕭關。此戰士之寒也，王曷知其險艱。至若荷鍤田里，勞乎農事，草荒而耒耜無力，地冷而身心將悴。賦役斯迫，鋤耰何利。凍體斯露，疏蕘莫庇。東皋孰閔其耕耘，北闕但争其禄位。今則元律將結，元冬已繼。此農者之寒焉，王曷知其憂愧。復有萬里辭親，求名

進身。韜玉待價,燃金食貧。賀清平於四塞,冒霜霰於三秦。北户無席,冬衣有鶉。幸偶乎勛華爲主,同思乎伊吕稱臣。今則顓頊威至,元冥令臻。此儒者之寒焉,王曷知其苦辛。別有苦寒之者,不能殫寫。在臣説矣,恐王煩也。於時陽氣收,陰氣浮,火井滅,朔風愁。千山之凍樹頻折,八水之凝波不流。王乃閔征戰之勞,命偃乎兵革。念農耕之苦,命蠲乎徭役。知儒者之寒,命選於宗伯。"

原載《全唐文》卷 830

雷發聲賦以"起龍驚蟄,天道式空"爲韻

化不可識,春之倏生。神不可測,雷之忽鳴。表陰陽之大信,發天地之希聲。俄青律之未分,寰區曷變。俄洪音之一播,品彙須驚。豈不以上縮天樞,下司地紀。陰之變兮將伏,陽之開兮欲起。搰雲鼓雨,殷南山而過北山。火轂風輪,震百里而越千里。浩浩閫閾,神驚鬼顛。冥濛而烏兔將墜,動蕩而山河欲遷。須臾走電,赫飛霆聯。霹靂俄奔,八表謂衝開下土。轟輘繼作,九州疑裂破青天。烈缺威催,豐隆令急。晴陽照兮冰凍洗,甘澤滂兮衰朽濕。幾處脅韶光淑氣,振折群芳。數重呀地户坤約,驚醒百蟄。燭煜洪濛,聲掀碧空。香籠麗景,翠染東風。去年之積冷凄寒,皆令變暖。昨日之枯株槁木,盡使駢紅。則知春之榮,雷於春而禀德。秋之落,雷於秋而授職。不然者,何以動於此以爲準,止於彼而作式。聲之發也,星辰將歷候咸移,聲既收焉,蠢動與芳菲並息。駕電驅風,高凌九重。日兮月兮還我化,天兮雲兮塗我踪。時時而遠谷陰霾,旮崩疊嶂。往往而寒湫烟雨,吼拔潛龍。則知雷發無遺,春光自早。發聲而歲歲長在,光景而人人自老。不能火僭逆而霹奸妖,攸攸兮天道。

原載《全唐文》卷 830

人生幾何賦以"歸心主樸,福履何容"爲韻

葉落辭柯,人生幾何。六國戰而謾爲流血,三神山而杳隔鯨波。任誇百斛之明珠,豈延遐壽。或有一卮之芳酒,且共高歌。豈不以天地爲爐,日星爲紀。雖有聖而有智,不無生而無死。生則浮萍,死則

流水。七十戰争如虎豹,竟到烏江。三千賓客若鴛鴻,難尋朱履。擾擾忽忽,晨雞暮鐘。命寧保兮霜與露,年不禁兮椿與松。問青天兮何慘何舒,拘人否泰。嘆白日兮東生西没,奪我顏容。可惜繁華,堪驚倚伏。有寒暑兮促君壽,有鬼神分蠹君福。不覺南鄰公子,緑鬢改而華髪生。北里豪家,昨日歌而今日哭。夢幻吞侵,朝浮夕沉。三光有影遺誰繫,萬事無根何處尋。易服猛獸,難降寸心。眼看西晉之荆榛,猶經白刃。身屬北邙之狐兔,尚惜黄金。亦何荒色嗜音,雕墻竣宇。君不見,息夫人兮悄長默,金谷園兮闃無睹。香閣之羅紈未脱,已別承恩。春風之桃李方開,早聞移主。丘壠纍纍,金章布衣。白羊青草只堪恨,逐利争名何太非。嘗聞蕭史王喬,長生孰見。任是秦皇漢武,不死何歸。吾欲挹元酒於東溟,舉嘉肴於西嶽。命北帝以指榮枯,召南華而講清濁。飲大道以醉平生,冀陶陶而返樸。

原載《徐正字詩賦》卷1,《文淵閣四庫全書》

止戈爲武賦 以"和衆安人,是爲武德"爲韻

　　書契天設,文明日新。將究止戈之義,式彰爲武之仁。足還太素,壽我生靈。志肅三軍,欲致理而臻乎至理。論歸八法,見古人而教以今人。昔者楚莊,薄諸晉國。小臣請築乎京觀,厥王乃陳乎道德。謂臨戎制敵,勝不在乎干戈。示子傳孫,事宜歸於翰墨。且武也者,戰而不陣,歸惟在和。考其字以因明所自,止其戈而焉用其戈。願劍戟而器於農耕,賢哉若彼。問軍旅而對以俎豆,聖也如何。矧乎伏羲畫卦以窮微,蒼頡造書而允中。能會意以無怠,實臨文而可諷。下破山而加點,理絶乘危。上擬成以無人,誠爲動衆。以五兵爲武者,非武之資。合兩字爲武者,是武之奇。當用究言其不用,有爲詎及於無爲。鳥迹斯驗,人情可窺。亦冑普〔疑〕而明焉,其儀不昧。秋懸心而愁矣,厥義咸知。是宜遵史籍之文,贊昇平之主。兩階屢舞以稱聖,七德交修而曰武。亦何異威而不猛,宥刑而夏楚寧施。捨之而藏,得象而筌蹄奚睹。今我后洞窮經之旨,知爲君之難。功不宰而八蠻自服,書同文而萬國咸安。列聖摧凶,我則懷遠而柔邇。前王伐罪,我則去殺而勝殘。故得文物重新,妖氛自弭。廬人之百鍊寧問,

呂望之六韜可委。士有偶明，試而賦上獲贊皇風而之是■。

原載《全唐文》卷830

御溝水賦 以"月苑花隄，遙濟東渭"爲韻

陸海之中，昆明以東，御爲溝而有自，溝注水以無窮。縈紫閣之千峰，清辭玉洞。瀉銀河之一派，冷入瑰宮。我西都也，地正三秦，天連五緯。不知此水之出，但見斯溝之貴。既非減灞以分溠，又匪疏涇而鑿渭。是何飛下雲霓，沿高走低。潺湲乎元豹岡北，繚繞乎靈龜岸西。豈因水伯穿地維，通來玉甃，必是神龍爲天子，吐灌金隄。上繞蓬瀛，中侔溟渤。涵暮景於瓊殿，倒晴光於絳闕。色入天池遠不遠，兩岸垂楊，聲喧金屋眠不眠，六宮明月。迴瀉岩嶢，高連碧霄。朝宗而鳳沼將近，習坎而龍宮不遙。漱今古之雄都，干門水鏡。截東西之大道，幾處虹橋。豈不以決泄年長，泉源地遠，青蕪濯翠兮宵雨霽，紅杏飄英兮春日晚。堪歌聖代，浮通其德澤恩波。莫問當時，流破其秦宮漢苑。香徹天涯，先來帝家。重輪而瑞蘸紅日，五色而光搖彩霞。時時而翡翠隨波。飛穿禁柳。往往而鴛鴦逐浪，銜出宮花。其或赫日流金，輿人望歲，咸憂地利以將失，願假天波而下濟。分紫禁以餘潤，作黔黎之大惠。則禹濬川也，不爲己而爲人。農擊壤焉，不荷天而荷帝。玉堂金殿兮知不知，敢進芻蕘於此際。

原載《徐正字詩賦》卷1，《文淵閣四庫全書》

白衣入翰林賦 以"玉闕承恩，速臣名德"爲韻

天寶詞人，李謫仙兮誰能論。出白屋而謁明主，脫布衣而爲侍臣。唯誇其麗藻清辭，將承寵渥。不待乎腰金拖紫，便掌絲綸。則知人不英無以動乎邦國，主不聖無以振乎儒墨。二美相契，千齡所刻。愚聞白之始也，宅岷峨，鑠羽翼，待風雲，伸道德。金門玉殿兮掛魂夢，乾象坤儀兮羅胸臆。雲情鶴態，歌劍嶺之秋光。月夜烟朝，釣錦江之春色。俄而入洛游京，懷珠袖瓊。塵中獨步，酒肆陶情。烏栖曲兮金石奏，蜀道難兮神鬼驚。小隱乎林壑，大隱乎帝城。賀秘監兮薦英秀，韓荆州兮誇盛名。於是鳳詔搜揚，洪名振發。長裾似雪兮出圭

寶,縫掖如霜兮入禁闕。冰姿玉貌,別巢許之林戀。醉眼慵心,豁唐虞之日月。走騎飛軒,街談巷言。青雲得路兮肌骨換,白日昇天兮朝市喧。縞素麻衣,朝雜庶人之伍。龍攄虎變,夕蒙天子之恩。彩筆摛文,彤庭步玉。碧山之傲逸猶在,紫禁之繁華乍束。往往而紅筵對酒,宦者傳觴。時時而後殿操麻,宮娥捧燭。夫如是,則才德須憑,簪纓自勝。起布素之卑位,陟蓬瀛之上層。白鳳辭高,青帝之春華不若。金鸞寵異,皇王之密旨先承。豈不以天假良時,神資景福。草元之客兮進何晚,題柱之人兮望何速。曷若我不忮不求,脫布衣而食天禄。

原載《全唐文》卷 830

山瞑孤猿吟賦 以"吟起殘暉,客顏悄惻"爲韻

　　白日光沉,青山影深。伊萬籟以俱寂,有孤猿而忽吟。隔樹初傳,切切而來當暮景。隨風更遠,聲聲而飛下烟岑。當其疊嶂凌空,微陽送晷。攀條之響俄發,命侶之音迴起。揚清引濁,如含莊舃之愁。吐怨流哀,不爲養由之矢。增悵望兮動辛酸,建陽小兮凝晚寒。逾絕壑兮度鳴湍,悲風颯兮零雨殘。潤草萋綠,谿花隕丹。此處則臨岸爱笑,攀蘿永嘆。幾多之去棹來舟,驚迷島嶼。無限之離魂雖緒,飛掛林巒。感東西而怨行役,三峽山光峭空碧。冒懸流而躋絕壁,苦露結兮寒烟白。望帝冤魂,萇宏悵魄。此處則抱樹驚曉,號風向夕。峨嵋高兮劍峰綠,愁殺巴人。錦江暮兮箏竹秋,悲纏楚客。山隱隱,水渺渺,孤猿吟兮何悄悄。野駭麇鹿,林栖群鳥。往往於松蘿谷口,嘯得烟昏。時時向薛荔峰前,啼摧月皎。斷續相催,聲長韻微。千林之紅葉雖墮,萬嶺之愁雲不飛。嘹嘹噭噭休未休,如迎靜夜。歷歷啾啾起又起,似送殘暉。足令掩耳傍偟,吞聲太息。何彼韻之增起,欲我聽之暫息。則知邊城雁兮高柳蟬,未若聽吟猿而慘惻。

原載《全唐文》卷 830

歌賦 以"氏信命事,聲辭有傷"爲韻

　　楚襄王以魂夢初驚,高堂賦成,因命酒以將飲,遂聽歌而適情。

於時白雪音屬，陽春調清。命宋玉之雄藻，賦貫珠之妙聲。玉乃避席而起，請陳其志曰："臣聞樂以象其聲，歌以陳其事。樂也者，六律不得不正。歌也者，五音不得不備。是宮不亂而爲君，商不亂而爲臣。徵不亂以爲事，角不亂以爲民。羽不亂以爲物，五音備以爲真。如此則天地同和，陰陽代順。一謳而王道敦化，再唱而民心端信。逆氣亡象，奸聲匿韻。三光普照而不昧，萬物以類而相振。然後君臣序而父子親，五音隆而四瀆濬。斯爲治世之音，可同休於堯舜。至如宮之亂兮君荒，商之亂兮臣亡，徵之亂兮事失，角之亂兮民傷，羽之亂兮物匱，五音怪而改常。如此則寒暑失時，邦家自咎。唱予而毒慘諸夏，和汝則灾生九有，鬼神不享，社稷非久。乾坤之紀綱潛紊，麟鳳之禎祥莫偶。然後孛彗皎而夷狄驕，兵革飛而戎車走。斯爲亡國之音，可同風於桀紂。其爲音也，不在乎玉管朱絲。其爲歌也，不在乎燕娥趙姬。隔巴濮，采聲詩。樂府陶匏，自本黃鐘之律。姑蘇麋鹿，誰聽白苧之辭。"王曰："斯賦之盛，珠輝玉映。可以發昏蒙，佐明聖。爲前古之楷式，作後來之龜鏡。百寡人之所知，敢不承天之命。"

原載《全唐文》卷 830

毛遂請備行賦以"才高德修，明決失人"爲韻

上客縱橫，毛公不爭。既藏器以待用，遂陳辭而請行。幾載和光，利刃之深機但秘。一朝效勇，囊錐之奧義斯明。當其久陟朱門，長謙末德。昆吾韜切玉之鋒，丹穴戢凌雲之翼。懷才抱器，何趙國之足匡。日往月來，笑平原之未識。俄而羽檄交催，秦兵四來。邇近而君臣就辱，逡巡而家國傾摧。平原乃入楚求救，招賢共裁。列簪纓而議也，簡文武以行哉。恨同心而同德，求其濫者。何貴耳而賤目，棄我全才。於是奮發雄辭，敷求大志。今行侶以將闕，輒愚夫而敢備。當時維縶，騰驤之步誰知。今日彌縫，穎脱之鋒可試。然後得繼英豪，彌輕爾曹。瞻鄢郢以神厲，出邯鄲而器高。明明特立之試，斯期必克。蠢蠢同行之輩，應爲徒勞。及其見楚國之君，説秦兵之孽，自旭旦以將論，至日中而未決。遂乃足玉砌以必動，手霜戈百氣折。儻

一夫之有惜，不肯扶危。則五步之非遥，立當流血。故得楚國君臣，來言盡力。師旅大加於東趙，干戈日却於西秦。名遂功成，辱殺三千之客。解紛排難，慚生十九之人。則知士也者，不可以貧欺。馬也者，不可以瘦失。何待客以無鑒，幾遺賢於此日。伊毛生也，重於九鼎之功，非狗盜雞鳴之匹。

原載《全唐文》卷 830

隱居以求其志賦 以"得志明時，賢人野悦"爲韻

　　小人之見兮，見以求利。大人之隱兮，隱以求志。索其居而棄世捐俗，達其義而伺時藏器。莫不濯足溪影，掛冠山翠。不游徑而得康莊，不出户而窮天地。上自英君，傍惟哲人。偕伴鳳而藏羽，盡規龍以蟄鱗。恭聞舜雷澤而遯迹，漢芒碭以潛身。板築胥靡，熊羆渭濱。芝歌商嶺以誰聽，瓢掛箕山而曷鄰。雷澤之志兮，志於聖也。芒碭之志兮，志於天下。得之則宅乎寰海，求之必通乎岩野。所以賓四門而總百揆，揖遜皇王。斬白帝而烹楚君，巍巍宋社。渭濱之志兮，國傅王師，胥靡之志兮，匡君佐時。然後神契畋獵，天開夢思。三十八代之承桃，韜鈐自有。五十六年之救旱，霖雨常滋。商嶺之志兮以全真，箕山之志兮於高節。逃秦輔漢以無失，友帝朋巢而自悦。蓋聞析心以智，光乎聖哲。志也者，寂與心通。隱也者，憑乎志成。并於心兮，故可以通造化，貫幽明。成於隱兮，或可君兆庶，爵公卿。志不立兮，吾息則隱，志苟通兮，吾道斯行。君不見，西棘乘風，上擊雲霄之路，蟠泥得水，高驤天漢之程。奔塵競路以彌惑，絶迹深局而有得。惑之者惑於澆濁，得之者得於幽默。虯捫西華以持衡，龍卧南陽而輔國。珞珞雲林之士，方器岩廊。攸攸市井之徒，誰懷道德。亦由擇梁棟於□山，索珠璣而在淵。采綠蕙於樊圃，刈嘉禾於甫田。其道要，其理元。嘗聞降蒲輪於草澤，天子求賢。

原載《全唐文》卷 830

朱雲請斬馬劍賦 以"越寫嘉詞，辱君鋒刃"爲韻

　　朱公以紫殿之下，明誠洞寫。仗心劍而上請神劍，非斬馬而不除

害馬。則知堂堂者多,謂謂者寡。是何抗萬乘而不失,覺千官而盡瘂。昔張禹以軒冕巍峨,爲王者師。攀龍附鳳於炎漢,陰慘陽舒於片詞。不畏神怒,惟專詭隨。中於人兮若酖若蠱,潰於物而如膏如脂。合彈者誰是簪筆,合諍者何人措辭。雲則早奮忠貞,誓邪曲,有刃當斬,對君必辱。於時開九門兮,左日右月。朝百揆兮,鏘金佩玉。鴛鷺方駢,雲龍乍矚。於是演折角之宏辨,趨逆鱗而上觸。乃曰:"不諫非臣,容奸匡君。臣聞上有厥劍,利無與群。不爭乎刜鍾切玉,不並乎倚天抉雲。蓋是吹大宛之毛,刲渥洼之骨。君幸頒賜,臣非僭越。既將伸明代之朝命,斷佞臣於大闕。今太傅以抗傲三公,昏蒙九重。陷君子於虯龍化犬,進小人則蛇虺成龍。固請刑於廣肆,血被鋙鋒。"帝忽色怒,雲乃氣衝。死爲尸諫,生寧面從。將軍匡■以稽首,天子逡巡而改容。義匪伏蒲,志大而諸侯瑣瑣。芳流折檻,名高而四海喁喁。胡大淬辭爲鋒,礪志爲刃。拂訛濫以將退,麾賢良而與進。何必趨劍■將求,竟伊人而莫擯。設若寶鍔將授,昌言是嘉。又何以見仲尼之紀綱,誅正卯之奸邪? 則王莽之偷宗社,又安得聞耶?

原載《全唐文》卷 830

義漿得玉賦 以"仁德達天,錫奇如己"爲韻

　　義漿殊賤,玉唯至珍。有楊元之立德,果陰騭以酬仁。豈非惻隱天資,不爲恩而自感。明誠日皎,不望報而自臻。所以悲其遠道長征,窮途未達。感朔風而千里遐阻,爍火景而四郊空闊。堪嗟其自北自南,每想其再飢再渴。一瓢漿水,能頒歧路之間。數仞朱門,誰顧風塵之末。於是博施無偏,壺漿湛然。清若元酒,甘如醴泉。既日日以將日,復年年而一年。注以何窮,問東流於巨海。浸而無息,瞻北斗於遼天。莫不椒桂飄香,雲霞艷色。行人欣塞路之美,戰士豁鹽梅之惑。無冬無夏,不酌水以酌心。暮往朝來,非飲漿而飲德。寒暑相移,精神罔虧。人不報而神代報,世未知而天已知。俄而垂感應,降瑰奇。被褐懷來,五飲之家獲寶。盈疇種罷,連城之價驚時。寧異瑞頒,俄同珪錫。凝雪彩於三徑,貫虹光於四壁。則知矯其施者恩絕,竊其珍者禍積。嗟來致食,寧招蒙袂之人。再獻爲心,謾剖輝山之

石。且夫濟人渴者，尚報非虛。薦人善者，厥報何如。渴之濟兮，小恩小惠。善之報兮，開慘開舒。可以慶其邦國，高彼門閭。克裔於簪纓爵祿，豈惟瓊玖璠璵。事在何人，道歸君子。陰其德而德於心，陽其報而報於己。昭然貽厥於孫謀，不並義漿之理。

勾踐獻西施賦 以"紅顏艷色，返以昏哉"爲韻

惑人之心兮，惟巧惟僭。破人之國兮，以妖以艷。當勾踐之密謀，進西施而果驗。昔者二國相吞，陵卑恃尊。殊不知卑則自亡而固存，尊則爲明而反昏。烏喙年年，誓啄夫差之肉。稽山日日，拜聽范蠡之言。言曰："伍員之賢，東吳之德，伯嚭之佞，東吳之賊。德之盛兮越可憂，賊之興兮吳可殄。臣以夙夜而計，機謀偶得。欲狂敵國之君，須中傾城之色。待其聲色內伐，君臣外惑，自然紂妲己以亡宗，晉驪姬而亂國。今苧蘿之山，越水之灣，恐是神仙之化，忽生桃李之顏。波淺丹臉，鴉深綠鬢。顰翠黛兮慘難效，浣輕紗兮妖且閑。楊柳羞弱，笑蓉耻殷。可以變柳惠於貞莊之際，悅荊王於魂夢之間。臣請進焉，王今何以？"王乃豁若而喜，矍然而起。曰："此蓋神假卿之奇畫，天雪越之前耻。"乃命寶馬騰龍，香車碾風。迎織女於銀漢，聘姮娥於月客。炫燿雲外，喧闐洞中。妝成而瑞玉凝彩，服麗而朝霞翦紅。昨宵猶賤，今晨不同。寧期大國之君，流恩下及。堪恨鄰家之婦，謂妾常窮。曉別越溪，暮歸吳苑。越慮計失，吳嫌進晚。歌一聲兮君魄醉，笑百媚兮君心卷。坐令佞口，因珠翠以興言。立遣謀臣，棄洪濤而不返。勾踐乃走電驅雷，星馳箭催。投醪而士卒皆醉，嘗膽而胸襟洞開。虎噬骨碎，山崩卵摧。楚腰衛鬢化爲鬼，鳳閣龍樓燒作灰。於是命屠蘇之酒，上姑蘇之臺。伊霸業以俄去，我英風而聿來。嗚呼！殺忠賢而受佳麗，欲弗敗其難哉。

斬蛇劍賦 以"仗劍斬蛇，金鋩水鍔"爲韻

磨霜礪雪兮，熒煌錯落。伊逐鹿之英聖兮，有斬蛇之鋒鍔。蓋以

麾正乾坤，劃分善惡。楚國之奸雄徒爾，烹若窮鱗。常山之首尾胡爲，斷如朽索。斯劍也，上應君臨，舒陽慘陰。有其道則威若身兮靈若心，無其道則鉛其刃兮木其鐔。惟上德之在火，協紅爐之躍金。莫不龍活三尺，霆飛半尋。是何靈覘之異，天啓之始。而乃振戎衣，授秋水，匣辭乎豐沛之邑，腰入乎崤函之里。日月方暝，雲雷未起。有大蟒以橫路，礙潛龍之舉趾。於是上較天意，下量地紀。視銛鋒而何斯違斯，擊怪物而宛其死矣。然後挫七雄，削多壘。豈惟仗之翦長蛇而戮封豕，蓋將提之令諸侯而禪天子。得非秦毒之奢，變作長蛇。漢德之儉，化爲神劍。奢以儉陷，蛇以劍斬。道在晦而須顯，事有增而必減。果聞哭白帝之亡，符赤帝之昌。雖行大義，亦假雄鋩。莫不龜文龍藻，玉鏤金裝。世亂將用，時清則藏。十二年兮加我淬，七十陣兮摧爾剛。空山吞象之鱗，豈鉶蓮鍔。大澤銜珠之血，不污星光。然後歷興亡，繼得喪。漢之滅兮魏之受，魏之衰兮晉之仗。晉火起兮高飛，豈混烟煤之狀。

原載《徐正字詩賦》卷 1，《文淵閣四庫全書》

過驪山賦 以"陵摧國殁，永紀窮塵"爲韻

六國血於秦，秦皇還化塵。塵驚而爲楚爲漢，路在而今人古人，但見愁雲黯慘，疊嶂嶙峋。時遷而金石非固，地改而荆榛旋新。愚聞周衰則避債登臺，秦暴則焚書建國。貴螻蟻於人命，法豺狼於帝德。兩曜昏瞖，九圍傾側。扶桑幾里，我鞭石以期通。溟海幾重，我驅山而要塞。慘慘元穹，嗷嗷七雄。三農百穀以休務，淬鐵磨金而獻功。九州病，萬室空。韓趙魏以交滅，楚燕齊而坐窮。家有子兮誰得孝，國有臣兮孰致忠。九野分將，爲作兆民之主。諸侯吞盡，方行天子之風。星隕九霄，城長萬里。血染草木，肉肥蛇豕。將欲手挂天刃，足挑地紀。拙虞舜而短唐堯，污殷辛而長夏癸。禍從殃催，川搖嶽摧。金陵之王氣頓起，蓬島之宮娥不來。黔首求主，蒼昊降災。天漢之龍髯倏斷，沙丘之鮑臭誰猜。魑魅諸夏，腥羶九垓。於是宅彼岡巒，兆斯陵闕。猶驅六宮以殉葬，豈言蔓草之縈骨。嫌示儉於當時，更窮奢於既殁。融銀液雪，疏下地之江河。帖玉懸珠，皎窮泉

之日月。嶪嶪層層，不騫不崩。斯高之喉舌方滑，劉項之雲雷忽興。軹道一朝，璽獻漢家之主。驪山三月，火燒秦帝之陵。今則草接平原，烟蒙翠嶺。想秦史以神竦，吊秦陵而恨永。華清宮觀鎖雲霓，作皇唐之勝景。

原載《徐正字詩賦》卷1，《文淵閣四庫全書》

鄭昌士

閩國官員，泉州仙游（今福建仙游鯉城）人。任威武軍節度掌書記、檢校右散騎常侍、兼御史大夫。

唐扶天保大忠孝功臣威武軍節度使開府儀同三司檢校太師守中書令福州大都督府長史閩王（延鈞）夫人故燕國明惠夫人彭城劉氏（華）墓志并序

威武軍節度掌書記檢校右散騎常侍兼御史大夫賜紫金魚袋鄭昌士撰

承議郎檢校尚書水部郎中賜紫金魚袋王倓書並篆額

昔周姜后脫簪之諫，則載籍稱焉；魯夫人在手之文，則春秋書也。固是善司彤管，妙掌青編，垂不朽之嘉名，示無窮之懿範。今有歷茲多代，紹彼貞規。爲邦國之殊祥，作人倫之具美，獨燕國明惠夫人焉。

夫人諱華，字德秀，其先世居彭城。洎乎晉祚中興，百官南渡，遂波流一派，而家於五羊，今爲封州賀水人也。曾祖諱安，其始則荷巾蕙帶，揖讓三徵；其終則鶴侶鴻儔，優游萬壑。大中、咸通之際，繼有恩命而褒贈焉。祖諱謙，字內光，卓犖宏材，經綸偉望。龍紀中，自諸衛將軍拜封州刺史，終於所任。皇考諱隱，字昭賢，起家世襲爲封州刺史、檢校司徒，入署爲清海軍節度行軍司馬。太尉齊公寢疾之際，委以兵馬留後。遣表上聞，遂即真拜。後加中書令，進封南平王。儀形磊落，器度汪洋。初則標隼旆而駕熊車，後乃豎白旄而仗黃鉞。分趙佗之茅土，兼馬援之封疆。襦袴之謠，方騰闕下；棟梁之嘆，遽眹民間。今燕國明惠夫人，即故南平王之仲女，太夫人嚴氏之所生也。夫人娶宿淪精，素娥垂耀，誕慶雖陳於巾帨，儲休豈謝於熊羆。峻節可以敵松筠，温容可以喻瓊玖。加以風騷屬思，徽毫留心。佛典常觀，仙書亦覽。機梭有製，蘇家之錦綉斕斒；刀尺無虧，孟氏之衾裯闊大。年二十有二，適於琅琊王氏閩王，即忠懿王之令嗣也。實謂潘楊茂族，秦晉名邦，今古雖殊，衣冠不異。其嘉慶也，則鸞鳳昭彰乎象象，星辰輝焕乎門庭。好仇合咏於周詩，嘉偶宜褒於魯史。其禮教也，則入專箕箒，出具蘋蘩，事舅姑而唯孝唯忠，於伯叔而唯恭唯敬。其柔順也，或籌茲一事，或措彼一言，未常不宛轉遵承，雍容接對。閩王以龍韜豹略，早繼弓裘；鶚視鷹揚，亟隆勛業。渙汗而君恩帝澤，聯翩而駔騎星軺。首登齋戒之壇，次佩彤祐之錫。九州侯伯，雖無計以趨風；八表英豪，長有心而迴席。言政理則龔、黃避路，定旌傑則廉、藺藏鋒。以前修而孰可差肩，以後達而誰能比迹。夫人母儀夙著，婦道逾光。述箴規而矻矻裨匡，披史籍而孜孜輔弼。漢祖以延鄉之賞，齊侯以石窌之封，亦不加夫人郡國之尊，亦不若夫人縷綬之盛。閨門共仰，内外咸稱，可以兼束素於妍詞，可以混蠡斯於雅韻。魚軒赫弈，既同踐於修途；鶴算延長，合共臻於遐壽。奚斯美疹，鐘我賢人。霜露不留，英華倏萃。享年三十有四。長興元年龍集庚寅春三月寢疾，至五月一日，終於府宅之皇堂。莫不痛切君王，悲纏左右。美櫍纔詢於往制，頌琴俄委於幽裝。從親至疏，人皆嘆惜；自邇逮邇，誰不淒凉。嗚呼！夫人寢疾之辰，閩王搜訪良醫，煎調至藥，或清宵輟寢，或白晝停餐，仍聞服食之時，更切吞嘗之勸。其次蓮宮杏觀，魚梵洪鐘，焚修之會聯翩，課誦之聲響亮。況復蕩狴牢而釋囚繫，寬賦斂而貸逋懸。蓋以救療之所殷勤，祈禱之所臻至。繄何陽報，却昧陰功。禍福難原，精爽何往。閩王哀傷益甚，哽咽殊多。爰令彩繪之工，重寫平生之貌。一回瞻矚，兩袖泛瀾。而又散以縑繒，分於乳藥。還夫人未亡前弘願，度夫人已亡後真僧。是何恩愛之情，始終之義，若此者也！

夫人有令子四人、女二人：長子曰繼嚴，檢校尚書戶部員外郎、賜紫金魚袋。次曰繼鵬，泉州軍州副使、檢校尚書金部郎中、賜紫金魚袋。次曰繼韜，監察御史、賜緋魚袋。次曰繼恭，試大理評事、賜緋魚袋。莫不骨器俱奇，年齡相次，或耽於文籍，或閱以武經。豈惟兩驥

雙珠,抑亦荆枝棣萼,並皆絶漿忘味,泣血茹茶。信乎純孝至忠,是謂
國珍家寶。女二人:或已當成立,或猶在幼冲,號慟之聲,曉昏相續。
然皆令淑,况盡韶穠,他日必慶王門,大光公族。夫人布惠流恩而宏
遠,憐孤恤幼以劬勞。是何方履中途,遽辭昭代。然則良緣勝果,早
已栽培;六洞三清,不難歸去。閩王追思愈切,修薦彌堅。蓬山之方
士何之,漢殿之香魂不還。爰遵禮制,載考蓍龜,復土非遥,嘉城是
閉。即以其年八月七日,卜葬於閩縣靈山鄉寧棋里楊坑原,禮也。得
不以震兑區分,坎離推步。水向天門撲下,嗚咽可聽;山從地户奔來,
崛奇堪畫。何止福流藩閫,固應慶洽子孫。蓋蓄至靈,獨標千古。閩
王慮乎桑田或變,岸谷斯遷,閴然而地下黄埃,黯爾而人間白日。貞
珉可勒,芳烈能存。昌士夙忝招弓,叨司載筆,莫不披文相質,覃思研
機。固無愧於後人,誠有慚於昔者。敬爲銘曰:

二氣將分,三才具陳。紀諸嶽瀆,總乎星辰。禎祥所萃,宛屬賢
人。陰陽所配,信得其倫。其倫既得,其儀不忒。胤堯之後,分漢之
族。是曰穠華,誠爲令德。桃李芳菲,芝蘭芬馥。六禮纔呈,三星繼
明。絲蘿永附,鸞鳳和鳴。顯彰嘉慶,克表光榮。至忠純孝,丹心素
誠。蘋蘩可采,箕箒罔愆。夫貴婦榮,婦敬夫愛。家國之寶,人倫之
最。竹帛宜編,鼎彝合載。爰膺鳳詔,遂陟魚軒。雖銜帝命,實荷王
恩。唯族唯親,乃軍乃民。能贊能佐,時康俗阜。仁加勳植,澤至飛走。
后。能贊能佐,時康俗阜。仁加勳植,澤至飛走。壽合延長,福宜豐
厚。粒非龍虎,病入肌膚。莊盆遂鼓,劉杖俄扶。令子哀疚,泣血茹
茶。樓中鳳去,鏡裏鸞孤。從高至卑,自邇并邇。痛惜殊多,悲凉莫
止。愁寄洛川,恨流湘水。天道寧論,人生到此。十洲三島,絳關丹
田。渺茫歸路,已矣終天。風月凄然,廢管遺弦。烟花悄然,殘香碎
箋。考彼龜蔡,擇兹封樹。溪壑周環,崗巒克附。掩映西來,潺湲東
注。草色方秋,松聲欲暮。嘉城鬱鬱,長夜冥冥。千年蒿里,萬古松
扃。含飋帶飀,走碧欑青。情誰不感,涕誰不零。芳猷如此,貞規若
彼。天地何窮,日月無已。慮乎陵谷,而有遷徙。嗚呼貞珉,可勒
可紀。

長興元年太歲庚寅七月壬戌朔二十有一日壬午置。

威武軍節度衙前虞候林歡鐫字。

原載《福建出土〈唐故燕國明惠夫人彭城劉氏墓志〉考釋》

林同穎

閩國官員。撰此記時署中散大夫、守中書舍人、柱國、賜紫金魚袋。

□□崇妙保聖堅牢塔記

永定參臣仙登

中散大 夫 守 中 書舍人柱國賜紫金魚袋臣林同穎奉敕撰

右街神光寺文章應制□慧太師賜紫臣僧無逸奉詔書

夫古之塔者，兒童聚沙，授記聞諸金仙子，鬼神碎寶，成功歸彼鐵輪王。今之塔也，非寶非沙，彌堅彌大，鑿鞭來之巨石，狀涌出之浮圖。是故人但有心，物亦無體。心以不貪爲戒，寶即同沙。體以不磷爲名，石還勝寶。我當今睿明文廣武聖元德隆道大孝皇帝君臨城內，佛在王中。雖日總萬幾，且躬行十善。嘗曰：“植福靡因乎地，賦命弗自乎天。猶吾基構之肯承，亦我梯梁之夙設。而今而後，念茲在茲。”永隆三年歲次辛丑冬十一月，上視朔之暇，顧謂南面城中，西來山左，林繁薈蔚，種滿國以馨香，草偃苾蒭，占度年之蒼翠。可安之窣堵，鎮此高崗。是月八日，峻址環開，貞姿片合，層一至九，樣獨無雙。暨某年某月，良工告成，凡一十六門七十二角，并隨層隱出諸佛形像，共六十二軀。繇是影籠千室，猶趨潤礎之隅。勢入重霄，已戴補天之色。壯矣哉！壽嶽因之永固，他山爲之一空。設使王曰毗沙，擎應不動，臺稱壘土，比則非牢。作之者莫與爭功，目之者自然生善。臣叨承出綍，俾屬受辛。瞻八面之貞明，相高垂德，舉一隅之磨琢，略類微才。將何確論宏規，虛忝堅令善志。却於文罷，特地魂驚。蓋不容揖讓洪儒，雕鐫翠炎。唯深幸矣，敢直言之。

永隆三年歲次辛丑十一月日記。

神光寺長講兩經三論大德賜紫臣文於篆。□□□□□□林勸鐫。□□□□□□□□大孝皇帝王曦之。

堅牢塔名碑側

功德主,睿明文廣武聖光德隆道大孝皇帝王曦爲自身及皇后、宮□眷屬、文武臣僚、六軍兆庶,發心敬造。在碑左

永隆三年歲在辛丑十一月八日建,監臨扈聖指揮使、儀仗使、檢校司空、開國男、食邑三百户臣劉懷進,勾當捧聖軍將、檢校右散騎常侍、兼御史大夫臣鄭可端、吳逢泰,布置造塔,控鶴官、兼侍御史臣丘長超、長樂府令史臣黃裳。在碑右

堅牢塔題名八段

大閩皇曦爲自身、家室、小男、愛女、内外眷屬、臣僚、五州管界人民士庶,乞保平安。在石塔第一層

女弟子大閩國后、李氏十九娘,爲自身伏願安處六宮,高揚四教,上壽克齊於厚載,陰功永福於長年。在塔第二層

弟子閩王王亞澄並室中越國夫人余氏十三娘,各爲自身伏願顯甲觀之儲休,保宜家之懿範,椿松比壽,蘭蕙齊芳。在塔第三層

女弟子福清公主王氏二十六娘,駙馬守司徒、同中書門下平章事陳文質,伏願天宮降福,仙掖迎祥。蕣華永茂於容儀,柳絮恒資於賦咏。在塔第四層

弟子節度副使王繼潛、宮苑副使王繼源,伏願望殿承顔,游雷蘊譽,注福涯於四海,顯禄位於萬邦。在塔第五層

女弟子順昌公主王氏二十七娘、建安公主王氏二十八娘、同安公主王氏二十九娘,各爲自身伏願月娥偕美,星婺同休。雅彰麟趾之風,顯播鳳臺之譽。在塔第五層

女弟子賢妃尚氏十五娘,爲自身伏願竺乾諸聖,長開植福之門;蓬島群仙,每降延齡之籙。在塔第六層

戴君匡國燮理功臣、特進、守太傅兼門下侍郎、同中書門下平章事、上柱國、萊國公、食邑二千户李真,妻趙國夫人陳氏。推忠竭節匡濟功臣、西面經略使、特進、檢校太尉兼侍中。同中書門下平章事、使

持節泉州諸軍事、行泉州刺史、上柱國、下邳郡開國公、食邑一千五百戶余廷英、妻閩興長公主王氏。輸忠竭節效順匡濟功臣、左軍使、驃騎大將軍、檢校太尉、兼御史大夫、上柱國、韓國公、食邑二千戶張再榮、妻太原郡君王氏。輸忠竭節效順匡濟功臣、右軍使、匡國大將軍、特進、檢校太尉兼御史大夫、上柱國、蔡國公、食邑二千戶程宏緯，妻太原郡君王氏。定亂威勇效列忠節功臣、左龍虎統軍兼莊宅使、判権鹽事、特進、檢校太尉兼御史大夫、上柱國、滕國公、食邑二千戶黃紹頗、妻梁國柔德夫人張氏。推誠叶力保定竭節翊佐功臣、右龍虎統軍、東上閤門使、控鶴都指揮使、守左驃騎大將軍、特進、檢校太尉、上柱國、兖國公、食邑二千戶連重遇、妻宋國□□夫人朱氏。推誠叶力保定竭節翊佐功臣、左龍武統軍、威烈效節都指揮使、守左驍騎上將軍、特進、檢校太尉、上柱國、鄧國公、食邑二千戶朱文進、妻楚國貞範夫人王氏；輸忠竭節效順匡濟功臣、左神武統軍監、左金吾使、特進、檢校太尉兼御史大夫、上柱國、徐國公、食邑二千戶尚保殷、妻鄒國夫人孫氏。忠勇揚威竭節功臣、左龍武統軍、右金吾使、特進、檢校太尉兼御史大夫、上柱國、虞國公、食邑二千戶許宏欽、妻平陽縣君賈氏。忠勇揚威竭節功臣、右神武統軍監、左扈從都、光禄大夫、檢校太傅兼御史大夫、上柱國、開國侯、食邑二千戶林守諒、妻武昌縣君殷氏。威烈效節、內扈駕小牌都指揮使、金紫光禄大夫、檢校太保、守左千牛衛上將軍兼御史大夫、上柱國、開國男、食邑五百戶劉懷遂、妻太原郡君王氏。西上閤門使、軍器使、金紫光禄大夫、檢校司徒、守右千牛衛上將軍兼御史大夫、上柱國、滎陽縣開國子、食邑五百戶鄭懷通、妻陳留郡君□氏。內外弓箭指揮使、內承旨都行首、右鈐轄事、金紫光禄大夫、檢校司徒、守左千牛衛上將軍、濟南縣開國子、食邑五百戶林宏直、妻弘農郡君楊氏。御輦使兼左鈐轄事、金紫光禄大夫、檢校司空、守左千牛衛上將軍兼御史大夫、上柱國、太原縣開國子、食邑五百戶王思俊，妻弘農郡君楊氏。明威殿使、金紫光禄大夫、檢校司空、守左驍衛大將軍兼御史大夫、上柱國、上黨縣開國男、食邑五百戶連懷義、妻吳郡縣君朱氏。進宮使、金紫光禄大夫、檢校司空、守左驍衛大將軍兼御史大夫、上柱國、上黨縣開國男、食邑五百戶連懷俊、妻濟南縣

君林氏。<small>在塔第七層</small>

　　右各爲自身家室等,伏願千靈萬聖,降難盡之休祥,八節四時,納無疆之福壽。家室康泰,男女安和。長承聖主之恩,永保朝廷之慶。甲辰歲正月十五日記。<small>在塔第七層</small>

原載《閩中金石略》卷2

詹敦仁

　　閩國官員,固始(今河南固始)人,避亂入閩。閩康宗王昶欲留其爲參軍,拒不從命。清源節度使留從效再度辟之,乃求監小溪場。後請求昇場爲縣,然後退隱佛耳山,自號清隱。

清隱堂記

　　清源之西,逾百餘里有地曰清溪,去邑之西又逾百餘里,有山曰佛耳。峭絕高大,遠跨三鄉。有田可耕而食,有山水可居而安。予既卜而築之,爰取清幽之義,榜所居之堂曰"清隱"。若夫烟收雨霽,雲捲天高,山聳髻以軒騰,風梳木而微動。殆若曉妝,睹鏡夜籟沉聲,寒泉聒耳,戞玉鳴琴。非宮非羽,五音不調而自協;不絲不桐,五弦不撫而自鳴,此其所以爲清者也。然與其適於耳目之外,孰若得之胸襟之内。春而耕,一犁雨足;秋而斂,萬頃雲黃。饑餐飽適,遇酒狂歌。或咏月以嘲風,或眠雲而漱石。是非名利榮辱得喪,皆不足爲身心之害。此又所以爲真清者也,宜平斯堂,以清目之。

原載《福建通志·金石志》卷5

初建安溪縣記

　　夫萬户而置郡,千户而置邑,古制也。泉之爲郡古矣,小溪場西距汀漳,東瀕溟海,乃泉之一鎮守也。地廣二百餘里,三峰玉峙,一水環回,黄龍内顧以驤騰,朱鳳後翔而飛翥。土之所宜者,桑麻穀粟;地之所產者,麞麈禽魚。民樂耕蠶,冶有銀鐵,稅有竹木之徵,險有溪山之固。兩營之兵額,管二千餘人,每歲之給經費六萬餘貫。地實富饒，是豈不足以置縣歟？敦仁奉命以來，視事之始，既嘉山川雄壯，尤喜人物夥繁，思築而縣之。乃以狀請於郡太守，未幾而報可之令下，增割南安近地，新揭清溪美名，敬奉以還大懼，弗稱矧新邑。發罔自乾亥而來，轉勢從辛兌而入。向丙巳以奉離明之化，流寅甲以伸震疊之威，左環右接，如抱如懷前拱。後植若揖若拜，析爲四鄉一十六里，通計一邑，幾二千餘戶。梓列以圖，卜契我龜，當三農收歛，餘暇適二營番戍，休閒便近之，戶役止三日，而民不告勞；築作之工，計不逾年，而兵不憚用。崇門竪樓，所以嚴其勢，繩廊周宇，所以處其吏，屋不華而加壯，寢僅足以爲安。居民鱗次，雍雍然以和官廨，翼如濟濟而有辦，由陸而至者，必出其塗，自水而運者，會流於下。坐肆列邸，貿通有無，荷畚執筐，各安職業。土沃而人稠，風淳而俗樸，真東南形勝之地，實疆場衝要之區也。初經營于顯德，大火之首冬，遂落成于明年小春之下，澣苟完苟美不至侈矣。曰庶曰富，又何加焉！其奈地華人質，業儒者寡，是豈教有未及者歟，殆亦有待而化者歟。豈知夫秦奢魏褊，俗若未易以轉移，伯清惠和，聞者尚能以興起。顧在上之人，所以作之者何如耳。敦仁不能遠引古者之說，以爲喻請以鄉邦之事，而昌言之可乎？爾閩之初，人未知學，自常公觀察以來，有歐陽四門者出，豈曰彼能而我否，孰謂昔有而今無，蓋未然者，猶有所待而然未至者，當有所勉而至。齊變至魯，魯變至道，盛事鼎來，以答山川之靈，雄名日起，以續龍虎之號。曰教之令，固不敢不勉，而從之教爾。邑之人當交相勸勉，以副令之願望，猗歟休哉。丙辰十月甲辰記。

王　瞻

閩國官員，鄉貢進士。

高蓋名山院碑

　　神仙變化，非靈洞而不栖。祖佛修行，非聖岳而不憩。故王子晉騰身於緱嶺,能大師示迹於曹山,雖出凡之路斯然,而達命之元不爾。是謂控鶴驂鸞之客,以九仙六洞爲家。出生離死之人,以八道三界爲宅。或金骨化而烟霞停影,空閑古壇。或色身謝而水月回光,却歸化世。豈可以凡目識予去住,豈可以凡心測彼變通哉!大閩國西岳名山者,初有神仙以變化,次有祖佛以修行。聖迹畫興,在於唐朝之初。其山中分六合,高冠二儀。巖根而吼出雷聲,峰首而戛横斗柄。寒生六月,峰起五天。上有列仙聚會之壇,中有志士修真之室。

原載《福建通志·金石志》卷5

張　紹

五代閩國人,仕宦情況不詳。

冲祐觀銘

太始未形,混沌無際,上下開運,乾坤定位。日月麗天,山川鎮地,萬彙猶屯。三才始備,肇有神化,初生蒸民,上惟立德,下無疏親,皇風蕩蕩,黔首淳淳。天下有道,誰非聖人,開源嗜欲,澆漓俗盛。賢者避世,真人華命,八極神鄉,十洲異境,翠阜丹丘。潛伏靈聖,唯彼武夷,寔曰洞天,峰巒黛染,巖岫霞鮮,金房玉室,羽蓋雲軿。莽日風雨,會有神仙。國步多艱,皇綱中絶,四海九州,瓜分幅裂,稔禍陬隅,阻兵甌越。寂寞元風,荒凉絳闕,赫赫烈祖,再造丕基,拱揖高讓,神人樂推。明明我后,允協昌基,功崇下武,德茂重熙,睿哲英斷,雄略神智,拓土開疆,經天緯地。五嶺來庭,三湘清澈,四海震威,群生懷惠,猶勞宵旰,猶混馬車,貪狼俟静,害馬方除,淹留駿馭。想像鶉居,心懸真洞,夢到華胥,乃眷民山,追惟聖迹。内庫頒金,元侯奉職,一境求規,五靈取則,跨谷彌□。張霄架極,珠宮寶殿,璇臺玉堂,鳳翔高甍,龍轉回廊,銷落金碧。拾瓏璧瑤,雲生林楚,雷繞藩墙,七聖斯嚴,二君如在,八景靈輿,九華神蓋。清霄莫胥,明霜匪對,彷彿壺中,依稀物外。衆真之□,擬之無倫,會仙之類,名之維新。高峰爲塹,區谷成堈,皇獻頌聲,永絕緇磷。

原載《福建通志·金石志》卷5

闕　名

故安國宗一大師塔志

　　大師諱師備,生緣福州城南十里外江南溫泉鄉歸化里,俗姓謝氏。唐咸通二年,入芙蓉山出家,得度受戒,後住梅溪場玄沙山。經一十九載,至光化元年,蒙府主令公大王請於城北住安國院,兼發章表申奉,蒙天恩賜,號宗一大師,並頒紫衣。冬夏參徒七百餘衆。梁開平二年冬,忽示微疾,至十一月二十七日五更時,奄然歸寂。春秋七十四,僧臘四十五。梁開平十二月十一日,靈龕窆於茲地,故記。

原載《福建通志·金石志》卷5

烏石山鱗次臺題字

　　鱗次臺,通文元年沈泥象、黃囗書。

原載《八瓊室金石補正》卷80

南　漢

南漢主劉晟

南漢皇帝（920—958）。初名弘熙，殤帝劉玢之弟，封晉王。光天二年（943），派人殺殤帝，百官諸王莫敢入宮。越王弘昌率諸弟迎弘熙即皇帝位，改名晟，改元應乾。晟極慘酷，信林延遇讒言，諸弟自弘昌以下，被殺者十三人。顯德三年（956），周世宗平江北，劉晟開始恐慌，想遣使於周，爲楚所隔，晟憂形於色，自感日暮途窮，爲長夜之飲。乾和十六年（958）春，自選葬地於興王府北，八月，劉晟卒，尊曰文武光聖明孝皇帝，廟號中宗，陵曰昭陵。

遺馬希隱書

武穆王奄有全楚，富强安靖五十餘年。正由三十五舅、三十舅兄弟尋戈，自相魚肉，舉先人基業，北面仇讎。今聞唐兵已據長沙，竊計桂林繼爲所取。當朝世爲與國，重以婚姻，睹茲傾危，忍不赴救！已發大軍水陸俱進，當令相公舅永擁節旄，常居方面。

原載《資治通鑒》卷 290

南漢後主劉鋹

南漢皇帝（942—980），中宗劉晟長子。初名劉繼興，即位後改今名。性格暴虐。劉晟病死後即位，在位十四年，任用奸佞，寵信宦官，昏瞶無能，荒淫無度，賦稅繁重，民不聊生。開寶四年（971），北宋大將潘美統兵滅之。劉鋹被俘至汴梁，宋太祖授其爲右千牛衞大將軍同正員，封恩赦侯。數年後卒於汴梁，歸葬於韶州越王山。

興王府千佛寶塔贊

大漢皇帝以大寶十年丁卯歲，敕有司用烏金鑄造千佛寶塔一所，七層并相輪蓮花座，高二丈二尺，保龍□有慶，祈鳳歷無疆。萬方咸底於清平，八表永承於交泰。善資三有，福被四恩。以四月乾德節設齋慶贊，謹記。

原載《池北偶談》卷 9

薛　絳

南漢官員。撰此志時署集賢殿學士、文林郎、守尚書户部郎中、史館修撰。

大漢太中大夫守御史中丞兼尚書兵部侍郎上柱國賜紫金魚袋隴西李（紓）府君墓志銘并序

集賢殿學士文林郎守尚書户部郎中史館修撰賜紫金魚袋薛絳撰

龍梭顯雷澤之征，鵲印示孝侯之貴。鐘兹嘉瑞，非英則賢，雅繼伊人，惟隴西府君而矣。公諱紓，字文達，唐朝申王追贈惠莊太子五代孫也。曾祖棟，朝散大夫、京兆興平縣令。祖翩，朝散大夫、鳳、嘉二州牧、宗正少卿、衡州刺史。父弘實，許州録事參軍，賜緋魚袋，贈工部郎中。母河東縣君柳氏，有淑德而歸於許州。府君生三子，長曰戀，次曰絢，公則府君之季子也。公生叶幽詩之夢，幼有孝成之風，未弱冠，舉宗正寺明經。期年辟天德防禦推官，試秘書省校書郎。尋屬朔□搔擾，公舉家南游。聖上藩邸潛淵，廣招賓彦，首辟公爲觀察支使、試大理評事。俄遷國子廣文博士，賜緋魚袋，次任諸道供軍指揮判官。泊我朝授命上玄，奄有中夏，拜給事中判尚書刑部事，轉右諫議大夫判太常寺事，加左諫議大夫判甌使，遷御史中丞兼户部侍郎，尋轉兼兵部侍郎。公義路康莊，情田浸潤。玉蘊十德，居□（然）瑩澈之容;松挺四時,靄有清凉之韻。器貯達人之量,道弘君子之儒。榮名高踵于蘭成,振舉□從於蓮幕。始芸香而踐位,□棋服以承榮。爰自赤雀啓符,黃龍瑞我(?),汪洋渥澤,揚歷階資。□□之蘭□申威,栖日之鳥群著羨慕。舜誥而方咨注唱(?),莊椿而忽嘆凋零。劉禎初困於卧漳,陶侃俄悲於吊鶴,以大有元年四月十四日薨于京師之里第,享年五十有三。皇情軫悼,朝野纏哀,豈比夫秦□不相其眷,鄭郊獨□□織。以其年八月窆於興王府咸康縣石子徑,禮也。夫人馮翊嚴氏,禮叶雞鳴之側,□□□躍之風。生一男二女,男景胤,左拾遺,天上石麟,謝家王□,□公之羔也,逾月不解其帶。洎公之薨也,一慟幾至於終,泣血寢苦,槁形骨立。長女適左補闕寶光裕,人之師表,士之準繩。鵠節鳩彈,早擅貫心之譽;龍墀鏘佩,咸推造膝之謀。次女未及笄年,皆有父風,俱明女則。初,公之遘疾也,而謂其親族曰:余始自從知,驟登朝列,位既高矣,身亦貴焉,雖不享年,瞑目何恨? □公之知天達命,其孰方之? 焉得不慮谷變陵遷,聲沉響滅,憂甞不以,絳才非金鏘,譽愧鐵錢,稱命爲文,乃爲銘曰:

英英府君,偉量難測,朱絲之弦,比公之□;虹氣之玉,配公之德,令尹子文,喜愠無色,北宫文子,威儀可則,蓮府從事,蘭台莅官,□容嶽峙,雅操霜寒,禍福返掌,榮枯走丸,天不愁孝,朝野含酸,人之云□,里巷沉瀾,鬱鬱蒿里,蕭蕭松塢,仙鶴指地,靈禽銜土,□□□樹,□□如岵,瘞公貞魂,千古萬古。

原載《廣州新出南漢〈李紓墓志銘〉考釋》

利 郘

南漢官員。任節度左押衙、充府墙池内外副指揮使、都教練使、檢校尚書右僕射、使持節端州諸軍事、守端州刺史、御史大夫。

清泉禪院鐘款文

第子節度左押衙充府墙池内外副指使攝使并都教練使銀青光禄大夫、檢校尚書、右僕射、使持節、端州諸軍事守端州刺史、御史大夫、上柱國利郃，去天復二年十月廿三日，鑄造洪鐘壹口重壹阡斤，於清泉禪院供養，永乞爵位高遷，家眷寧謐。此時設齋慶贊訖，久未得題號。今專差匠人周匡往鐫字，開平五年六月三日重記。

原載《唐文續拾》卷 7

何　松

南漢時人，撰此志時署鄉貢進士。

梁故嶺南東道清海軍隨使元從都押衙金紫光祿大夫檢校司空前使持節瀧州諸軍事守瀧州刺史御史大夫上柱國吳公（存鍔）志墓銘并序

鄉貢進士何松撰

夫道著三才，人居中氣，遂有稟岳瀆英靈之粹，叶熊羆卜夢之祥。而乃符契一千，間挺五百，負乎才器。匡正邦國。緬考史書，世濟貞懿。今於公而見之矣。

公諱存鍔，字利樞。本出於秦雍，世瞻於軒裳。或龍闕以昇班，或鳳翔而授職。洎乎薦昌嗣胤，不絕簪裾。遂辭北京，適茲南海。高祖諱敬，皇前守左武衛長史。曾祖諱巨璘，皇前鳳翔節度左押衙、右威衛將軍。考諱太楚，皇嶺南東道鹽鐵院都巡覆官、並南道十州巡檢務、試左武衛兵曹參軍。寬雅洽衆，禮讓出群。綽蘊機籌，洞該玄奧。博覽典實，以矜時人。時有默識者曰：“此乃非凡人，其後裔必能盛哉。”遂娶扶風馬氏。公則參軍之長子也。幼服先訓，克習令德。惟忠惟孝，能武能文。年未弱冠，常言曰：“我備閱家譜，屢祥祖先，但列官資，予獨何脱？”於是時也，乃唐朝中和之三載，遂入職。其年，節度使鄭尚書值聖駕幸於西蜀，因遣公入奏。亟遷數階。洎達行闕，却回府庭。以公勤勞，復進數級，授秩殿中侍御史。逮龍紀之元載也，留後唐尚書統府事，亦進數階，加御史中丞。景福、光啓、文德、大順之歲，公進奉相繼，節效殊尤。一載之間，不啻四五階也。於時景福三載，是節度使陳相公鎮臨是府。賀江鎮劉太師聞公强幹，屢發牒簡，請公屬賀江，持委奏報之任，不虧前勞，益申精至。逮乾寧、光化、天復之際，公由賀江從節度使南海王就府秉節制，凡厥供奉，皆仗於公。遂陟隨使押衙，乃上都邸務，押詣衙進奉到闕。恩旨加御史大夫、守勤州司馬。泊梁朝新革，時開平元年，又加康州司馬、守勤州刺史。其年，加兵部尚書、守瀧州刺史。公詳明政事，招茸閭里。所治之郡，民俗舊一歲而得膏雨也。於是南海王重公有妙術，以雷州獷悍之俗，雖累仗刺舉，而罕歸化條。又委公臨之，由是繾及郡齋，宛然率服。至於乾化元年也，又賚進奉入京，復加金紫光禄大夫、尚書右僕射、守瀧州刺史，赴任。乾化五年，本府節度使南越王統軍府，思公舊勛，乃署元從都押衙，委賚進奉並邸務。至貞明三年丁丑歲，梁朝以公爲主竭忠，無不精切，乃加檢校司空。公位望愈高，揮執彌固，未嘗頃刻而踞傲也。奈何修短之□理，□□難明。以其年四月廿日遘疾，廿六日終於梁朝闕下，春秋六十九。閏十月十五日，靈櫬自京歸於廣府故里。

公娶於黄氏，封江夏縣君。長子延魯，充客省軍將。次子蟲子。延魯娶霍氏，有二女：長名胡娘，次名小胡。唯一女名娘珠，早嫁於陸氏。公即以其年十一月一日改號乾亨元年丁丑歲九日，葬於南海縣地名大水崗。嗚呼！生則立功立勛，懷才懷義。内睦閨闈，外揚名譽。終壽之日，凡預知己及其親戚，無不哀慟也。松謬靡才，監當叙事。搜揚不盡，愧赧何言。銘曰：

乾坤覆揚，英哲立志。寧民治俗，匡國輔君。其一。

禍福罔測，幽顯難明。歸於原地，永卜佳城。其二。

原載《新發現的後梁吳存鍔墓志考釋》

故靖海將軍陳公墓磚

白龍元年三月十四日，故靖海將軍陳公之墓。

原載《南漢金石記補徵·金石補遺》

芳華苑鐵盆款識

供奉芳華苑永用，大有四年冬十一月甲申塑造。（陰文）

參號（陽文）

原載《南漢金石記補徵·金石補遺》

承宣使邵公冢磚

承宣使邵公冢磚（磚面）

大有十四年辛丑三月十六日（磚側）

原載《南漢金石記補徵·金石補遺》

趙　□

南漢官員。撰此志時署將仕郎、檢校尚書虞部員外郎、守寧王府記室參軍。

朔州順義軍節院使張府君（正嵩）墓志并序

將仕郎檢校尚書虞部員外郎守寧王府記室參軍賜緋魚袋趙□撰

伏以文俾彩水，記陵遷谷變之期；字石幽泉，紀地久天長之事。生之限也，鑒颷思景，爍電輕淪，死之約乎。碎珠折玉，晞露風燈，感情而述矣。清河府君瑞鳩傳裔，靈劍得學，宰晉相韓興蜀霸漢。德源自遠，良派爰多。善不泯於春秋，事亦豐於典榮。府君考諱諫，南瀛州。河間縣人也。學備張車，才盈曹斗。從師泗北，授士開西。校武則搏虎埋輪，不輸祖業；摛文則懷蛟夢鳳，無讓先賢。旋值我北朝大聖皇帝初創乾坤，才歷日月。變家為國，授軒轅以稱美，取地為疆，執黃圖而作帝。公以因隨折杖，俄遂揮鞭，遂步龍沙，皆歸鳳闕。時讓國皇帝在儲君時，携筆從事。雖非拜傅，一若師焉。自後讓皇帝入漢，天授潛龍，公為王府郎中，重元臣也。天授帝龍飛，公授密直學士，轉給事，除朔州順義軍節度使、檢校太保。到任後，甘雨隨軒，靈珠赴浦，民謠五袴，家給千箱，素扇風清，庾樓月朗，滋王澤也，增民事也。公苡勤得替，匪敗政也。後以天順皇帝登大寶，公授左威衛上將軍，為入班節度使班首。先塋夫人丁氏，有子四人焉。長曰正炭，為通事舍人。舌辯如川，儀溫似玉。年過壯室，在職而殂。次子正巒，俱為通事舍人。禮備執珪，儀合束帶。次子正嵩，為朔州順義軍節院使，即府君也。小子正峰，後塋夫人氏子也。有女一，嫁西臺御史大夫鄭藉。府君生懼四知，長無二惑。令嚴訓子，禮厚睦親。娶博陵崔氏女,有子五人。長曰思睿,婚而不禄。次曰思恭,辯李有知,觀星得學,娶永和縣劉令女,有子二人,幼不書焉。次子思敬,幼而早亡。次二幼,韓七、韓八。女二:長適天水趙司空小男,一在室。府君榮限而終,歿期俄及。既纏豎禍,曷免豐端。墮艷難留,輕淪自返。春秋四十有八,葬於霞山之陽原,禮也。既傷去箭,復悼藏舟。意而書之,謹爲銘曰:

閱世閱川,繼生繼死。石火風燈,浮漚逝水。壽不永而皆傷,榮不長而可毁。誰謂府君,道匪齋論。其來寧曉,其去如□。貞妻在室,賢子當門。針不煞于二豎,藥不奪于三魄。既失藏舟,難留去箭。死誰不傷,生誰不羨。禄定非改,善永可薦。已達幽關,又何悲戀。爲槨工石,穴山飾金。確乎不拔,緣古貞今。巳年子月,慶厚祥深。天長地久,永保徽音。

乾亨三年十一月八日記。

原載《全唐文補遺》第六輯

光天元年買地券

今有龍山壹所,坐向南北,憑中買到在泥城之北厢荷子崗,東至三元里,西至彩鳳嶺,南至大鵝山,北近甘溪。四至所到,龍脉正中,飛鵝彩鳳,左右相逢。由白鶴仙師作主,點明吉穴山泉,雲夢真人送冢於金元帥家安葬。封罡日,天地合息,五星照明堂,憑此立□石□富貴大吉昌,太上老君急急如律令。光天元年三月甲□朔,立券。

原載《南漢金石記補徵·金石補遺》

梁 嵩

南漢官員,龔州平南(今廣西平南)人。白龍元年(925),舉進士第一,仕至翰林學士。

倚門望子賦

蒼蒼茫茫道遠,倚倚望望情傷。念蕩子之久別,投慈心於遠方。

渺渺何之，動幽懷於眷戀。滔滔不返，向上國以觀光。當其截髮投師，操心托迹，遙望帝都，俯登紫陌。囓臂於衛國門前，題柱於昇仙橋側。擔簦日久，希寸祿以資榮。負米程遙，仗何人而請益。征輪蓬斷，別騎塵飛。睇眄眷眷，凝思依依。欲歷而既升雲路，遙憐而獨倚柴扉。汩没難明，我則每晨昏而悵望。宗支有托，汝曷無早晚以言歸。常曠望於烟霄，每凄涼於蓬蓽。杳杳兮故鄉，寂寂兮舊室。幾行雁陣空來，萬里家書難述。水聲遽驚懷古之恩，別恨惟對秋風之夕。眷戀徘徊，愁心靡開。抑鬱之情恒自切，湮淪之事有誰哀。駕一葦於津涯，誠難去矣。聽孤鴻於碧落，得不悲哉。想彼淹留，傷乎離索。躊躇兮不止，優游兮何托。盈庭之萱草徒榮，滿目之蘆花自落。楊朱陌上蕭條，而恨淚潸潸。漢武臺邊宛轉，而殘霞漠漠。恨陸海之高深，念行役以難尋。憶昔伯俞之志，寧無泣杖之心。見月而常憐獨坐，聞蛩而每憶寒吟。勤兹懷土之思，惟憑蜀魄。觸爾還鄉之計，暗托秋砧。嗟夫！峩峩仲丘，殷勤士子。獻書之數復何如，干祿之心幾時止。遣我日日望紅塵，未見此心終未已。

原載《粵西文載校點》卷1

盧　應

南漢官員。撰此文時署翰林學士承旨、銀青光禄大夫、行尚書左丞、知制誥、上柱國、范陽開國縣男。

高祖天皇大帝哀册文

翰林學士承旨銀青光禄大夫行尚書左丞知制誥上柱國范陽縣開國男食邑三百户盧應奉敕撰并書

維大有十五年歲次壬寅四月甲寅朔，二十四日丁丑，高祖天皇大帝崩於正殿。粵光天元年九月壬午朔，二十一日壬寅，遷神於康陵，禮也。符印金而叶運，紹斬蛇之開基。覆同乾建，載并坤維。法成周而垂範，稽世祖而作則，構大業而云終，偃巨室而不惑。嗣主仁孝，俛俯祚階，抑情登位，感結疢懷，動尊遺詔，詎躋俄頃。六府三事，肅然修整,億兆乂謐,家國鍾慶。痛深茹慕,啓引神皐,銜恤頒詔,命臣摛毫。伏維高祖天皇大帝,日月孕靈,星辰誕聖。爰本玄符,式隆景命,經天緯地,武庫文房。搓堯拍舜,邁禹超湯。君臨萬國,星躔三紀。四海鏡清,九州風靡。開物成務,知機其神。光宅寰縣,司牧蒸民。惠施五車,葛洪萬卷,聽朝之餘,披覽罔倦。損益百氏,笙簧六經,東西飛閣,周孔圖形。命鴻儒以臨蒞,選碩生而讎校,鄙束晳之補亡,陋鄭玄之成學。奮藻兮魏文收譽,揮毫兮齊武藏名。品量舛謬,別白重輕。禁暴戢兵,謳歌獄訟。龍韜虎韜,七擒七縱。扼腕北顧,中原多事,吊伐在懷,未伸睿志。炅炅王業,巍巍皇猷,三王可擬,五帝難儔。天縱聰明,凝情老釋,悉箧淵微,咸臻壺奧。譚玄則變化在手,演釋乃水月浮天。神游閬苑,智洞竺乾。若乃陰陽推步,星辰曆數。仰觀俯察,罔失常矩。此外留情藥品,精究醫書。或南北臣庶,或羽衛勤劬,疾瘵所縈,御方救療。名醫拱手,稽顙神妙。將聖多能,視民如傷,朝野忙蹈,億兆歡康。多才多藝,允文允武。戡難夷凶,櫛風沐雨。嗚呼哀哉!天機秀異,蘊藉風流。繕營苑囿,想象十洲。鶴立松巔,鶯穿花塢。水石幽奇,樓臺回牙。萬機之暇,翠華爰處。花朝月夕,嬉游輦路。灾纏陽九,不裕中春。針石藥餌,備盡精臻。晨昏問豎,拱默而退。有加無瘳,導揚遺制。爰命嗣王:守位成祧,彝倫弗紊。祖述唐堯,遠法成周,近遵孝惠。懿範俱存,丕訓罔替。中外庶務,悉稟謨猷。嗚呼哀哉!玉音在耳,大漸彌留,億兆號天,如喪考妣。攀髯不及,摧殞而已。叶從龜筮,先遠有期。玄宮將閟,龍輀在兹。休列耿光,與天攸久。刻諸貞珉,萬年不朽。其詞曰:

帝堯貴胄,豢龍受氏。豐沛建旗,南陽倔起。

代不乏聖,乾亨紹位。澤被八埏,鏡清三紀。其一

開物成務,知機其神。龍飛紹漢,虎視窺秦。

勵兵秣馬,睿志未伸。梯山航海,募義歸仁。其二

嚴敬在躬,先敦柴燎。列聖立祠,禮同九廟。

祖考來格,靈鑒洞照。美矣孝思,光遠有耀。其三

鑽研百氏,蹂躪六經。對峙飛閣,周孔圖形。

乙夜披覽,循環罕停。群儒愓息,悚懼靡寧。其四

王業艱難，開基定霸。櫛風沐雨，早朝晏罷。

經營四方，牢籠九野。事出機先，策無遺者。其五

損益三代，商較百王。重輕黍累，剖析毫芒。

風馳雄辯，電疾雌黃。至鑒罔測，至智難量。其六

將聖多能，博通術數。君臣藥品，陰陽推步。

太史膽折，和緩色沮。宣詔敷揚，拱默無語。其七

聖文英武，帝業王猷。黃石三略，洪範九疇。

志期席卷，牧馬休牛。睿志未就，大漸彌留。其八

嗚呼哀哉，逸致高情。風流蘊藉，齊武藏名。

魏文減價，不世英才。挺生王霸，青史已編。

淺辭曷寫。其九

嗚呼哀哉，龍輴啟引，將閟玄宮。

式揚文德，爰紀武功，福流嗣主。

車書混同，刻石獻頌，永播無窮。其十

原載《廣州南漢德陵、康陵發掘簡報》

陳十八郎

南漢乾和時人。

尊勝經石幢記

（經文略）

　　□漢乾和三年太歲乙巳三月六日壬寅，□亡考陳十八郎敬贖造□□加□佛頂尊勝陀羅尼幢一座，追薦幽途，□□物□，并乞自身清吉□□□長於羅浮□□□禪院供養，設齋慶贊訖。

原載《南漢金石記補徵》卷1

陳　億

南漢官員。乾和中，歷任雄武軍節度副使、禮部郎中、祠部郎中、

知制誥。

漢容州都嶠山中峰石室五百羅漢記并序

前雄武軍節度副使奉義郎檢校尚書禮部郎中賜紫金魚袋陳億撰

思政殿使銀青光禄大夫檢校工部尚書兼御史大夫上柱國楊珞書，并捨一佛二菩薩。

粤以睹史，天宫降净飯王至尊稱十號。教闡五乘，闢法界之乾坤；佛道貞觀，開釋天之日月。覺路貞明，指二地因視化城；喻與聲聞，記蒭教菩薩法焉。故經云：我諸弟子威儀具足，其數五百，皆當授記，即五百大阿羅漢也。洎乎祇樹韜輝，雙林奄耀，諸尊者明慧炬而乾愛海，秉法刃而破邪山。即心傳心，厥爲化主，斯之所謂歟？伏惟當今皇帝轉金輪而演慶，治玉諜以調元。龜鏡玄解之宗，澄湛真空之本。恢無爲而致理，契有道以乘時，所謂翔泳知歸，草木教化。有匡達禪大德，容山覺樹，合浦道源。邈爾空宗，超然釋性。早得在衣之寶，久乘出宅之車。常曰報以四恩，崇之十善，虔贊二儀之大，少裨兩曜之明，即無先大阿羅漢也。雖燃臂灰軀，鍊心爐體，所弗能□也。迺屆京師，陳之善悃，一之月而二之月；喜捨雲屯，半之年而期之年。壇□□□，其阿羅漢也。或琢玉成身，鎔金作體；或碾之貞石，削以金檀。毳服乾陀，六銖□□。□衣相器，金襴九條。目净而廣若紺蓮，毫騰而白如珂月。重環掛錫，峻座□□□□□之半千。畢浩因之翌日。匡達大德以當府都嶠山寶玄峒中峰石室者，□□□□□象神秀，松栽烟骨，排道樹以森森；石界水湄，漱法泉之森森。有之靈□□□□□□具奏，聞乞，將五百尊者於兹地焚修，奉恩敕俞允。其榮也，三無并大；其福也，九有齊寬。咸資臨□□□□□□□□延洪之祚。既播無邊之績，誓成不竭之功。猥訪鄙辭，刊之翠□。湛湛無爲，空空無著。德滿真如，功圓正覺。入無量義，説大乘經。□□□□，□□□□。住聲聞地，得菩提記。無漏半千，正法一味。屈伸應請，皇王化□。□□□□，□□□□。五百法身，定兹蓮宇。必净必清，無毁無譽。容山禪客，向□□□，□□□□。帝道克昌，皇明允焕。綿長兮五蓮同輪，悠久兮三□□□。時乾和四年歲次丙午八月□□□十五日癸未，住持禪大德。

原載《中國西南地區歷代石刻彙編》（廣西博物館卷）

都嶠山造佛像殘碑

■祠部郎中、知制誥、賜紫金魚袋陳億撰

翰林書詔孔目官、將仕郎、試秘書省著作郎楊懷信書

■像教始儲休於西域，次流慶於中華，海岳寰區，神都會府，棋布靈迹■，即容管三神境之一焉。粵有監管大德智音挺生法性，向鼓靈源■此山以爲駐錫。堂廟遍葺，殿宇皆崇。以佛像未嚴，歸儀有闕，伏以■等觀菩薩，至文殊師利法王，成其數矣。十六羅漢者，即執師子國■其往住名號，云受佛付屬，不入涅槃，爲世福田，作人利益，我智■化出心，勸衆聚之，一毛半甲，尺素寸金，未度期年。遽成諸相，堂堂■覺之位，人天福聚寰宇因緣，又造十六粹容相儀圓畢莫■於洪崖岣。奇功既就，殊善克周，將鎮名藍，永溫勝地。今■珠界内，泛滔滔之覺海，勾漏峰前，齊地久以天長。固河清■殊慶綿法王之寶命，遐調御之正文，是言菲寸，勒於貞石，謹爲銘曰：

■法屑千年，地爲金地。園作祇園，都嶠名峰。神仙秀陵，□台表正。爰造粹容，勸諸喜捨。五十二聖，十六尊者。□□□藍，擁千花座。鎮七葉嚴，乃崇乃敬。無北無南，無相無爲。非空非色，比堅勒石。綿綿何極。

■建

■計銅錢伍拾貳貫文。

原載《南漢金石記補徵・金石補遺》

鍾允章

南漢官員，番禺（今廣東廣州）人。進士及第，累遷至中書舍人、工部郎中、知制誥，擢尚書左丞、參知政事。因與宦官交惡，被誣陷，族誅。

碧落洞天雲華御室記

大漢享國之三十有三祀，龍集己酉季冬，冀開十四葉。上以萬幾有暇，四海無波，時屬祈寒，節當冬狩。九卿扈駕，百司隨鑾。□巡英州，舍於閬石。翌日，排仙仗，整翠華，羽衛星羅，旗幢雲布。嶽靈敬蹕，風伯清塵。上衣龍章絳袍，曳鳳文翠綬，佩流黃流金之劍，御飛靈凌崖之輿，幸兹盤龍石室者也。

伏惟大聖文武元德大明至道大廣孝皇帝陛下，聖惟天縱，功格帝堯。味道探元，奉真元之化。端拱垂衮，返淳樸之風。百度惟貞，九圍承式。因訪清虛之景，爰追汗漫之游。斯山之勝概也，得非元化興機，巨靈運智。丹臺璿室，真爲上帝之居。乳竇芝房，宛是長生之境。白犬吠而壺天晝永，幽禽語而洞壑雲深。神草含華，元泉瀉瑞。於是拂石床而設御，停玉輦以凝旒。遂感龜鶴呈祥，河宗效器。

俄頃，有一道流，衣短褐，斂容而至，自稱野人，本無姓名。云：“昔時葛先生於此石室煉丹砂，藥成息焰，蹕雲而舉，令野人且伏火延神，秘丹於靈府。并云：‘後五百載，當有真人降此。子宜以其還丹呈獻。’昨略算之，起重光單閼之歲，訖屠維作噩之年，將四百九十祀。果合金德主來，幸驗真君之言明矣，野人因匍匐而來。”上喜聞所陳，問仙者：“靈丹何在。”野人曰：“咫尺耳。”遂捫蘿於峭壁中，取出一小石函。函上有金書古篆，題“九蛻之丹”四字。内有神丹七粒，大如黍粟，光彩射人。仙者開函取丹，躬自持獻。野人遽旋踵隱入石縫間，罔知厥止。

時有近臣奏曰：“聖上德契元微，感兹靈異。尚以兆民係念，四海爲心。雖獲還丹，未宜輕服。”上然所奏，遂屏左右，乃召從臣吳懷恩，捧丹隨御於石室深邃處，鑿石秘之，眾莫知曉。擇日亟命道衆，設壇場，陳齋醮，以申告謝靈貺。繇是龍顏開豁，圓蓋舒晴。緩撫瑤琴，弄流泉之激越。親灑宸翰，奮睿思之縱橫。奏九成之簫韶，烟霞縹緲。感百獸之率舞，洞府喧闐。群后子來，皆朝於禹會。衆仙萃至，競祝於堯齡。

微臣榮列紫垣，獲隨鑾輅。紀仙靈秘奧之事，愧乏好辭。頌盛朝煥赫之功，慚無麗藻。拜承綸旨，伏積兢惶。時乾和七載記。

原載《南漢金石志補徵》卷1

羅漢融

南漢官員。乾和十三年（955），爲桂州招討軍兵戈。

羅漢融造陀羅尼幢

良工雕鐫偈滿嚴□周圓敬舍於容州都嶠山中峰五百羅漢院，永充供養。奉爲資薦先考府君羅十七郎□度生界，伏願先父承兹功德，沐此良因，永離幽途，早超净域。伏以漢融立身宦路，歷綰職司，恒保禎祥，克加寧謐。次願母親壽禄乞保延長，妻子福田益增永遠。仰係佛力，俯賜蔭庥。漢融不任稽首瀝懇虔切之至，謹白。

南贍部洲大漢國弟子、右龍虎軍子將、行右龍虎軍司案、執行桂州招討軍兵戈羅漢融，同母女弟子蕭十二娘建造。弟子羅貴寬書。

（經文略）

惟乾和十三年歲次乙卯十月乙未朔廿七日辛酉，於桂林特發心贖造佛頂尊勝靈驗加句陀羅尼幢一座，今□。

原載《南漢金石記補徵·金石補遺》

吴懷恩

南漢宦官。乾和十六年（958），爲萬華宮使、桂州管内招討使、特進、行内侍、上柱國。

感報寺鐘款

維大漢乾和十六年太歲戊午閏六月庚辰朔十六日己未，弟子萬華宮使、桂州管内招討使、特進、行内侍、上柱國吴懷恩，鑄造鴻鐘一口，重五百斤，置於梧州雲蓋山感報寺，永充供奉。上資當今皇帝龍圖永固，聖壽萬春。謹記。

原載《南漢金石志補徵》卷1

雷 岳

南漢官員。大寶元年(958)，爲御書院給事郎。

雲門山匡真大師塔銘

御書院給事郎雷岳撰

祥夫水月定形，覺浮生之可幻；火蓮發艷，知覺性之宜修。故妙果圓明，寂爾而不生不滅；真如常在，湛然而無去無來。袪其華，則是色皆空；存其實，則衆魔咸折。亦由山藏白玉，泥塗不能淤其珍；沼出青蓮，塵垢不能染其實者也。故匡真大師業傳西裔，性達南宗，戒珠朗而慧日融光，覺海揚而慈霖普潤。示非法無法之説，若電翻輝；應真空不空之談，如鐘遂扣。以心惟清净，道本慈悲，嘗挑智慧之燈，洞照昏衢之路。將使化周有截，終期證後無爲。故我釋迦如來，厭綺羅絲竹之音，痛生老病死之苦，逾金城而學道，依檀寺而修真。六載成功，萬法俱熟，爲四十九年慈父，演八萬四千法門，現百億化身，遍婆娑世界。説多多緑起，開種種導門。誓化迷淪，令超正覺。於時，求法寶者是諸沙數，得果道者於意云何。小則證須陀洹斯陀舍，大則超阿羅漢闢支佛。捲舒自在，蓮花中藏十二音聲；變現無窮，芥子内納三千國土。爾後化緑。將卒，未滅雙林，即以法衣傳於迦葉，葉傳阿難，難傳商和那修，修傳優婆鞠多。如此展轉相傳，俾令常住世不滅矣。

洎至曹侯溪大圓滿至真起覺大師，是爲第三十三世祖。若只認達摩禪師傳衣法，至於曹溪，則中華推爲第六祖焉。故西來智藥三藏駐錫曹溪，云："一百七十年後，當有無上法寶肉身菩薩於曹溪興，化學道者如林。"故號"曹溪"爲"寶林"。自祖師成正覺後，現一百六十九□。生身菩薩，遍在諸方行化，爾後得道，莫知其數，皆曹溪之裔也。故匡真大師嗣於一葉焉。

師諱文偃，姓張氏，晉王冏東曹參軍翰十三代孫也。翰知世將泯，見機休緣，徙於江湘，故胤及我祖，生於蘇州嘉興縣。師幼慕出塵，乃栖於嘉興空王寺，志澄律師下爲童。凡諸經，無煩再閱。及長，落髮具足於常州壇。後侍澄公講，數年，領家數，分指歸。乃辭澄，謁睦州道宗禪師，則黄檗之派也。一室常閉，四壁惟空；或復接人，無容仁思。師捲舒得志，徑往扣門，禪師問：“誰？”師曰：“文偃。”師關門，云：“頻頻來，作什麼？”師云：“常人己事不明。”禪師曰：“秦時𨍏轢鑽。”以手推出，閉門。師因是發明。又經數載，禪師以心機秘密，關鑰彌堅，知師終爲法海要津，定作禪天明月，因語師云：“吾非汝師，莫住。”師遂入閩。才登象骨，直奮鵬程，因造雪峰會，三禮欲施，雪峰乃云：“何得到詰麼？”師不移絲髮，重印全機，雖等截流，還同戴角。由是學徒千餘，凡聖莫審。師昏旭參問，寒燠屢遷。摳衣惟切於虛心，得果冥輸於實腹。

因有僧問雪峰，云：“如何是觸目不見道，運足焉知路？”雪峰云：“蒼天。”僧不明，問師，師曰：“三斤麻，一匹布。”僧後問於峰，峰云：“嘻，我常疑個布衲。”師於會裏，密契元機，因是出會，遍謁諸山尊宿，頗有言句，世所聞知。

後雪峰遷化，學徒乃問峰：“佛法付誰？”峰云：“遇松偃處住。”學徒莫識其機。偃者，蓋師名也。至今，雪峰遇誡，不立尊宿。

辛未，禮於曹溪，旋謁靈樹故知聖大師，以心機相露，膠漆契情。歲在丁丑，知聖大師一日召師及學徒曰：“吾若滅後，必遇無上人，爲吾茶毗。”至戊寅，高祖天皇大帝巡狩韶州，幸於靈樹。知聖遷化，果契前約。敕爲爇之，獲舍利，塑形於方丈。於時，召師入見，特恩賜紫。次敕師於本州廳開堂。師於是踞知聖筵，説雪峰法，實謂禪河汹涌，佛日輝華。道俗數千，問道應響。郡守何公希範禮足，曰：“弟子請益。”師曰：“目前無異草。”有人問：“如何是本來心？”師云：“舉起分明。”別有《言句録》行於世。爾後，大師心唯恬默，奏乞移庵，奉敕俞允。

癸未，領學志開雲門山，五載功成，四周雲合。殿宇之檐楹翼翥，房廊之高下鱗差。邃壑幽泉，挫暑月而寒生户牖；喬松修竹，冒香風而韻集宫商。近於三十來秋，不減半千之衆。歲納地方之供，日豐香積之厨。有殊舍衛之城，何異靈山之會。院主師傅大德，表奏造院畢功。敕賜"光奏禪院"額及朱記。

至戊戌歲,高祖天皇大帝詔師入闕,問:"如何是禪?"師云:"聖人有問,臣僧有對。"帝曰:"作麼生對?"師云:"請陛下鑒臣前語。"帝悅,云:"知師孤戒,朕早欽敬。"宣下,授師左右街僧録。師默而不對。復宣下,左右曰:"此師修行,已知蹊徑,應不樂榮禄。"乃詔曰:"放師歸山,可乎?"師欣然,山呼萬歲。翌日,賜内幣、香藥、施利、鹽貨等回山,并加號曰"匡真"。厥後,每年頻降頒宣,繁不盡記。

恭惟我當今大聖文武元德大明至道大廣孝皇帝歲在單閼,運聖謨而手平内難,奮神武而力建中興,恩及八紘,道宏三教,乃詔師入内,經月供養,賜六銖衣一襲,香藥施利等而回。并御製塔額,預賜爲"寶光之塔""瑞雲之院"。

師自從示衆,卓爾宗風,凡在應機,實當奇特。常一時見衆集久,乃云:"汝若不會,三十年莫道不見老僧。"時有三僧,一時出來禮足,師云:"三人一狀,有問禪者,則云'正好辯';有問道者,則云'透出一宗';有問祖師意者,則云'日裏看山';有才跨門者,則以杖打之。有時示衆云:'直下無事,早是埋没也,迷緣不已,豈是徒然'。"略舉大綱,將褝往代。師以法無定相,學無准常,每修一□□用酬二□□。師一坐道場,三十餘載。求法寶者,云來四表;得心印者,葉散諸山。則知覺路程開,雙林果滿,諸漏已盡,萬法皆空。雖假卧譚,未少妨於參問;終云虛幻,乃示寂以韜光。侍者奉湯,師付碗子,曰:"第一是吾著便,第二是汝著便,記取修表,祝别皇王。"乃自札遺誡曰:"吾滅後,汝等弗可效俗,教著孝服、哭泣、喪車之禮,則違佛制,有紊禪宗也。"付法於白雲山實性大師、志庠師,會下已匡徒衆。己酉歲四月十日子時,師順世。

嗚呼!慈舟壞兮輪回失渡,法山摧兮飛走何依。緇倫感薤露之悲,檀信動式微之咏。宋雲遇處,但携隻履以無還;慈氏來時,應召三峰而再出。

月二十有五,諸山尊宿具威儀,道俗千數,送師於浮圖,靈容如昔。依師訓,塔於當山方丈内。法齡七紀二,僧臘六旬六。於日,行雲斂態,隴樹無春。覬岳孤猿,啼助哀傷之苦;穿林幽鳥,聲添惜别之愁。吊客掩襟，佇立以泣。在會參學小師守堅，始終荷贊。洞契無爲，門人凈本大師常實等三十六人知事，皆明佛性，雅得師宗也。在京弟子、報恩寺内供奉七十餘人，皆出自宮闈，素精道行，敕賜與師爲弟子。法經内僧録六通大師，教中大法師道聰，洞容本門，尤精外學也。嶽鏤冰藝，薄映雪功。疏自愧裴然，濫承厚闕，編成實性，紀彼貞珉。銘曰：

師歸何處？超然寂然。愛河萬頃，涉若晴川。
恩超四果，難降衆魔。迷則衆劫，悟則刹那。
是色非色，真空則空。如水涵象，如燭隨風。
雖云有佛，難窮於佛。如地有芽，逢春自出。
菩提無種，覺花無子。妙果如成，有何生死。
是法非法，恍惚難尋。無内無外，即心傳心。
劫名成灰兮，丘陵潛毀；大海爲田兮，人倫斯改。
紀師實性兮，刻於貞珉；龍華會開兮，師踪如在。
漢大寶元年歲次戊午十二月一日建。

原載《南漢金石志補徵》卷1

鄭敬贇

南漢宦官。大寶二年（959），爲給事郎、守内侍省内府局令、都監樂昌防遏諸都、並兼樂昌縣事。

寶林禪院銅鐘款

粤維大寶二年太歲己未七月甲辰十九日壬戌，樂昌黄連山寶林禪院住持長老明徽大師，賜紫沙門義初，召衆緣鑄造銅鐘一口，重四百斤。勸首弟子、給事郎、守内侍省内府局令、都監樂昌防遏諸都、並兼樂昌縣事、賜紫金魚袋鄭敬贇，以七月二十八日設齋慶贊，永充供養。奉敕鐫題黄連山銅鐘一口。

原載《南漢金石志補徵》卷1

劉崇遠

南漢官員。大寶二年(959)，任御承旨都監容州管內都制置鐵發運等務，並白州永置院點檢義勝等都、承務郎，賜紫金魚袋。

新開宴石山記

御承旨都監容州管內都制置鐵發運等務並白州永置院點檢義勝等都承務郎賜紫金魚袋劉崇遠撰

蓋聞住非聲而去，非色而滅。無生，視不見而聽不聞，而物有像。三空俄顯，一德爰彰。善念必通，勤行可學。明明宗旨，歷歷程途。實有路以堪躋，匪無門而可入。自是心源不透，智筏未征。達彼岸以何由，湊元關而莫造。崇遠自親禁掖，厚忝渥恩。凡睹靈踪，悉虔俗志。冀精勤於一善，上報答於九重。

宴石山者，在白州博白縣之西鄉，與馬門灘伏波公之祠鄰近。《圖經》云："昔有神人稱陳越王，今有古宮基址，見在廉州合浦縣界。王曾宴於此山，故以爲名焉。"其山也，西枕清波，南連翠嶂。曉則輕雲簇白，晝則遠樹攢青。石罅泉噴，點點而斜飛皓雪。澗邊花秀，漾漾而密綴紅綃。左紆右迴，前龜後鶴。蔬足果足，松寒竹寒。

昔曾有人臨水鑿石作佛像，約高五丈餘，未窮其年代者矣。又有壬向石室一所，唐咸通中，高相座諱駢，統十道兵師，禦八蠻疆境，經行之際，於此室塑造佛像。今尚存焉。崇遠因監製運，遂切經營。乃命良工闢爲精舍，一山迴蠹，兩室相鄰。由是以黑金鑄釋迦瑞像，設於東室。又鑄釋迦牟尼佛一座，兼別鑄五百阿羅漢。十六羅漢設於西室。其次有石引廊、齋堂、僧房等，在於室外，請僧師肇道志，惟敏惟忠，住持焚修。尋則飛章聞奏，皇澤爰頒。賜額號於鷲峰，爲覺果之禪院。所謂覺乃大覺之路，果乃勝果之門。覺與果齊，果因覺集。皇明無外，天鑒洞臨，致去石嵐，永爲勝地。

又別有東峰石山一座，中有東西南北四室。巍峨若畫，礧礧如鎪。直疑乎造化宛開，又恐是神仙斲出。多景多致，惟烟惟霞。亦以黑金鑄玉皇道君、老君、天、地、水三官，并塑左空右元真人、玉童、玉女、左右龍虎君、元中大法師，設於室內，卓爾威儀，森然侍衛。請道士廖德崇、劉守清、盧守和等，別建道院，住持焚修。

以乾和十五年丁巳歲八月二十三日起建，迄於大寶元年戊午歲十二月二十七日畢功。建置道場，設齋慶贊訖。莫不青蓮金柱，如忉利以初來。錦舌蒼肝，似藥珠而乍降。繇是命乎緇侶，招彼羽人。金爐燒炷以馝熅，銀炬宵燃而炫燿。用全因果，上贊修明。俾來四海之朝宗，盡類衆星而拱極。功既畢矣，願且周焉。可以齊嵩華之堅，可以并江河之永。靈基勝迹，萬古千秋。

時大漢大寶二年太歲乙未九月癸卯朔二十四日丙寅記。

晨輝殿使、知白州軍州事、都管勾容州管內都制置鐵發運等務、朝請郎、檢校尚書工部員外郎、柱國、賜緋魚袋樊匡嗣，榮秉郡符，同崇勝祉。

左靜波指揮使、南面行營軍□□□□□都部領將、金紫光禄大夫、左領衛將軍、檢校刑部尚書、兼御史大夫、上柱國蔡彦宏。寧遠軍節度、衙前兵馬使、充制置務、表狀孔目官麥昭書。

制置務、客司軍將李道員鑄。

原載《中國西南地區歷代石刻彙編》（廣西博物館卷）

龔澄樞

南漢宦官，廣州南海（今廣東廣州）人。歷任內給事、知承宣院、兼內侍省、兼龍德宮使、萬華宮使等官。後主劉鋹嗣位，遷左龍虎軍觀軍容使、內太師，軍國之務皆決於澄樞。後被誅殺。

西鐵塔記

玉清宮使、德陵使、龍德宮使、開府儀同三司、行內侍監、上柱國龔澄樞，同女弟子鄧氏三十二娘，以大寶六年歲次癸亥五月壬子朔十七日戊辰鑄造，永充供養。入緣弟子內給事、都監韶州梁延鄂。

原載《南漢金石志補徵》卷 2

盧保忠

南漢白鶴觀道士。

靈景寺慶贊齋記

太上三五正一盟威弟子、南瞻部洲大漢國左静波指揮使、南面討捕軍并海門防遏防拓等軍都部領將、金紫光禄大夫、檢校工部尚書、守右監門衛將軍、□御史大夫、上柱國蔡斑，捨己俸銅錢貳伯貫文，於容州都嶠山靈景寺塑造釋迦牟尼佛、彌勒下生佛、無量壽佛、阿難、迦葉菩薩、獻花善神，共壹拾叁軀，上資當今皇帝聖祚無疆，龍圖永固。

同會弟子管臽指揮使李彦暉、李延賞、陳延嗣，高品梁廷玉，都知兵馬使蘇廷蘊，西頭殿前承指裴輿，英羅回圖院陳延進，女弟子阮氏六娘，女弟子劉氏六娘等九人，捨錢玖拾貫文。

同會弟子討捕軍管隊、中軍大將楊彦興、李清、吳承欽、陳諸、黃延嗣、黃彦通、楊雲、趙匡□、阮行思、王志□、曾匡效、龐法住、伍彦謀、鄒政、蔣魯、徐承道、甘婆錫、陳敬惠、王昌嗣、秦軍、梁定、陳英進、梁承宥、伍齋、龐幼憨、李匡惠、梁道宣、鄭延保、茅承恩、鄧紹遷、龐願效、鄧金保、楊佛相、馮延慶、李保通、李光□、陳得革、李師保、梁崇信等叁拾玖人，捨錢壹拾捌貫叁佰文。

漢大寶七年太歲甲子二月□□朔二十一日，勸首監寺大德賜紫沙門智昔。

住持、賜紫智聰，僧智通、義誠、義海、義涵、義真。

管内道門道正、栖真觀焚修、賜紫王歸一。

太上三王正一盟威道士、白鶴觀焚修盧保忠書，弟子□□□□□陪戎校尉□□□鐫。

原載《南漢金石志補微·金石補遺》

李　托

南漢宦官,封州封川(今廣東封開縣南)人。歷任內府局令、內侍、秀華宮使等官。後主劉鋹即位後,改玩華宮使、內侍監兼列聖、景陽二宮使,擢甘泉宮使兼六軍觀軍容使、行內中尉,遷驃騎上將軍、內太師。入宋後被斬殺。

東鐵塔記

大漢皇帝以大寶十年丁卯歲,敕有司用烏金鑄造千佛塔壹所七層,并相輪蓮花座,高二丈二尺,保龍躬有慶,祈鳳曆無疆,萬方咸使于清平,八表永承於交泰。然後善資三有,福被四恩,以四月乾德節設齋慶贊。謹記。

□□□□□□□□軍容□□□□□陽宮使、秀□□□華宮使、□□□□□□□□使、宮闈□□□番點檢□□□上將軍、行內□□□□□□、開國伯、食邑七百戶、□□□□□。

教中大法師、內□□監□□□□□□□大夫、檢校工部尚書、□法師沙□臣□□。

教中大法□□□□□□□□□□□大夫、檢校□部尚書、□□□□沙門臣□□。

教中大法師、內供奉、講經首座、金紫□□□夫、檢校工部尚書、寶法大師、沙門臣□□。

內殿大僧錄、教中大法師、金紫光祿□□、檢校工部尚書、曉真大師、沙門臣道。

原載《南漢金石志補徵》卷2

陳守中

南漢官員。大寶七年(964),任西御院使、集賢殿學士御前承旨、太中大夫、行左諫議大夫、知太僕寺事。

大漢韶州雲門山大覺禪寺大慈雲匡聖宏明大師碑銘并序

西御院使、集賢殿學士、御前承旨、太中大夫、行左諫議大夫、知太僕寺事、上柱國、賜紫金魚袋臣陳守中奉敕撰。

原夫真空無相，劫火銷而性相何來。妙法有緣，元氣剖而因緣何起。造化莫能爲關鍵，元黃不可爲種根。凡乎十號之尊，出彼三祇之劫，增莫知而減寧睹。詎究始終，望不見而名無言，孰明去住。不有中有，不空中空。匪動匪搖，常寂常樂。拘留孫之過去，釋種圓明。毗婆尸之下生，元符合契。繇是修行道著，相好業成。爰受記於定光，迺度人於摩揭。自是一音演説，二諦宏宣。開八萬法門，化三千世界。大乘六而小乘九，慧業難基。欲界四而色界三，昏波易染。所以興行六度，接引四生。求真者競洗六塵，修果者咸超十地。盡使昏衢之内，俱萌捨筏之心。大蔭人天，俾居浄土。其後衣纏白氎，屐脫金沙。示無住之身，現有終之理。於是迦葉結集，阿難證真。遞付心珠，住持法藏。象教遠流於千輿，覺花遍蒲於十方。馬鳴興護法之功，龍樹顯降魔之力。師師相受，法法相承。大化無窮，不可思議。而自我祖承運，明帝御乾，符聖夢以西來，圖粹容而東化。金言玉偈，摩騰行首譯之文。鹿苑鷄林，佛朔遂身游之化。迨於魏晉，迄至隋唐，達理者甚多，得道者非少。其如歷帝歷代，有廢有興，未若當今聖明欽崇教相者也。

伏惟睿聖文武隆德高明宏道大光孝皇帝陛下德參覆載，道合照臨。叶九五之龍飛，應一千之鳳歷。承帝嚳有堯之慶，鴻業勃興。體下武繼文之基，聖功崛起。每念八紘紛擾，九土艱虞。耀干戈弧矢以宣威，救生靈塗炭。用文物聲明而闡教，致寰宇雍熙。櫛沐忘勞，鑿大禹之所未鑿。造化不測，開巨靈之所未開。慶雲呈而甘露垂，嘉穀生而芝草出。其於儒也，則石渠金馬，刊定古今。八索九丘，洞窮淵奧。其於道也，則探元抱樸，得太上之妙門。寶籙靈符，授虛皇之秘訣。於機暇既崇於儒道，注宸衷復重於佛僧。是以奉三寶於虛空，福萬民於寰宇。紺宮金刹，在處增修。白足黃頭，聯辰受供。而乃頻彰瑞感，顯應昌期。矧以韶石奧區，漕溪勝地。昔西來智藥三藏，駐錫於曹溪。曰："一百七十年後，當有無上法寶，肉身菩薩，於此錫興，化學道者如林。"故號漕溪曰"寶林"也。二十八祖之心印,達摩東傳;三十三代之法衣,祖師南授。洎六祖大師登正果之後,所謂學者如林,天下高僧,無不臻湊者矣。大慈雲匡聖宏明大師者,則別穎一枝也。

大師澄真不渾,定性自然。馳記蒴之高名,躡迦維之密行。慧燈呈耀,智劍發硎。六根净而五眼清,不染不著。四果證而三明朗,自悟自修。啓禪門而定水泓澄,搜律藏而戒珠瑩澈。水上之蓮花千葉,清净芬芳。空中之桂魄一輪,孤高皎潔。機無細而不應,道有請而必行。固得百福莊嚴,萬行圓滿。盡諸有漏,達彼無爲。

大師諱文偃,姓張氏,吳越蘇州嘉興人也。生而聰敏,幼足神風。不雜時流,自高釋性。纔逾丱歲,便慕出家。乃受業於嘉興空王寺律師志澄下爲上足,披經譯偈,一覽無遺,勤苦而成,依年具尸羅於常州戒壇。初習小乘,次通中道。因聞睦州道踪禪師關鑰高險,往而謁之。來去數月,忽一日,禪師發問曰:"頻頻來作什麼?"對曰:"學人已事不明。"禪師以手推出,云:"秦時轑轢鑽。"師因是發明,微而有理。經數載,策杖入閩,造於雪峰會下。三禮之後,雪峰和尚頗形器重之色。是時千人學業,四衆咸歸。肅穆之中,凡聖莫測。師朝昏參問,寒燠屢遷。昂鶴態於群流,閉禪扉於方寸。因有僧問雪峰曰:"如何是觸目不見道,運足焉知路?"雪峰曰:"吽。"其僧不明,舉問師,此意如何,師曰:"兩斤麻,一匹布。"僧又不明,復問何義。師曰:"更奉三尺竹。"僧後聞於雪峰,峰曰:"噫!我常疑箇布衲。"其後頗有言句,繁而不書。乃於衆中密有傳授,因是出會,游訪諸山。後雪峰遷化,學徒問曰:"和尚佛法付誰?"峰曰:"遇松偃處住。"學徒莫測。偃者,則師之法號也。遺誡至今,雪峰不立尊宿。

辛未,屆於漕溪,旋謁靈樹,故知聖大師如敏長老,以識心相見,静本略同,儔侶接延,僅逾八載。丁丑,知聖忽一日召師及學徒語曰:"吾若滅後,必遇無上人爲吾茶毗。"及戊寅歲,知聖大師順寂。恰遇高祖天皇大帝駕幸韶陽,至於靈樹,敕爲焚爇,果契前言也。師是時奉詔對揚,便令説法,授以章服。次年,又賜於本州爲軍民開堂。師據知聖筵,説雪峰法。牧守何希範禮足曰:"弟子請益。"師曰:"目前無異草。"是日問禪者接踵,其對答備傳於世。師爾後倦於延接,志在幽清,奏乞移庵,帝命俞允。癸未,領衆開雲門山,構創梵宮。數載而畢,莫不因高就遠,審地爲基。層軒邃宇而涌成,花界金繩而化出。曉霞低覆,絳帷微襯於雕楹。夕露散垂,珠網輕籠於碧月。匝匝盡奇峰秀嶺,迤地皆潑黛堆藍。泉幽而聲激珠璣,松老而勢拏空碧。由是裝嚴寶相,合雜香厨。摳衣者歲溢千人,擁錫者雲來四表。菴羅衛之林畔,景象無殊。耆闍崛之山中,規模匪異。院主師傅表奏造院畢功,敕賜額曰"光泰禪院"。

至戊戌歲,高祖天皇大帝詔師入闕,朝對有容。因宣問曰:"作麽生是本來心。"師曰:"舉起分明。"帝知師洞韞元機,益加欽敬。其日欲授師左右街大僧録,遜讓再三而免。翌日,賜師號曰"匡真大師",延駐浹旬,賜内帑銀絹香藥,遣迴本院。厥後,常注宸衷,頻加賜賚。尋伏遇中宗文武光聖明孝皇帝纘承鴻業,廣布皇風。廓静九圍,常敬三寶。復降詔旨,命師入於内殿,供養月餘,乃賜六銖衣錢絹香藥等,却旋武水,并預賜塔院額曰"瑞雲之院""寶光之塔"。

師禪河浩淼,聞必驚人。有問禪得,則云"正好辨";有問道者,則云"透出一字";有問祖師意者,則云"日裏看山";凡所接對言機,大約如此。了義元遠,法藏幽微。化席一興,歲華三紀。

師於生滅處,在色空中。來若鳳儀,作僧中之異瑞。去同蟬蛻,爲天外之浮雲。於屠維作噩之歲,四月十日,寢膳微爽,動止無妨,忽謂諸學徒曰:"來去是常,吾當行。"□□命侍者奉湯。師付湯碗於侍者曰:"第一是吾著便,第二是汝著便。"亟令修表,告別君王。乃自札遺誡曰:"吾滅後,不得敺俗著孝衣哭泣。備喪車之禮,則違我□□也。"付法於白雲山寶性大師志庠。其日子時瞑目,怡顏疊足而化。

嗚乎!化緣有盡,示相無生。端然不壞之身,寂爾歸真之性。惠海雖乾於此界,法山復化於何方。峰雲慘澹以低垂,衆鳥悲鳴而不散。學徒感極,瞻雁塔以銜哀。門客戀深,拜禪龕而雪涕。以當月二十有五日,諸山尊宿,四界道俗,送師入塔。壽齡八十六,僧臘六十六。香飄數里,地振一隅。護法龍神,出虚空而閃爍。受戒陰騭,現髣髴之形容。其後諸國侯王,普天僧衆,聞師圓寂,競致齋羞。

　　而後一十七年，我皇帝應天順人，垂衣御極，順三靈而啓聖，紹四葉之耿光。大振堯風，中興佛法。至大寶六年歲次癸亥八月，有雄武軍節度推官阮紹莊，忽於夢中見大師在佛殿之上，天色明朗，以拂子招紹莊報云：「吾在塔多時，汝可言於李特達秀華宮使特進李托也，托他奏聞，爲吾開塔。」紹莊應對之次，驚覺歷然。是時李托奉敕在韶州，於諸山門寺院修建道場。因是得述斯夢，齋修事畢，迴京奏聞。聖上謂近臣曰：「此師道果圓滿，坐化多年，今若托夢奏來，必有顯現。宜降敕命，指揮韶州都監軍府事梁延鍔，同本府官吏，往雲門山開塔。如無所壞，則奏聞迎取入京。」梁延鍔於是准敕致齋，然後用功開鑿。菩薩相依稀旋睹，蓮花香馥郁先聞。須臾，寶塔豁開，法身如故。眼半合而珠光欲轉，口微啓而珂雪密排。髭髮復生，手足猶軟。放神光於方丈，晃耀移時。興瑞霧於周迴，氤氳永日。即道即俗，觀者數千。

　　靈異既彰，尋乃具表聞奏。敕旨宜令李托部署人船，往雲門修齋迎請。天吳息浪，風伯清塵。直濟中流，俄達上國。敕旨於崛崍步駐泊。翌日，左右兩街，諸寺僧衆，東西教坊，四部伶倫，迎引靈龕，入於大內。螺鈸鏗鏘於玉闕，幡花羅列於天衢。聖上別注敬誠，賜昇秘殿。大陳供養，疊啓齋筵。排內帑之瑰珍，饌天厨之蘊藻。列砌之麗珠斛滿，盈盤之虹玉花明。浮紫氣於皇城，炫靈光於清禁。聖上親臨寶輦，重換法衣。謂侍臣曰：「朕聞金剛不壞之身，此之謂也。」於是許群僚士庶，四海蕃商入內庭，各得瞻禮。瑤林畔千燈接晝，寶山前百戲聯宵。施利錢銀，不可殫紀。以十月十六日乃下制曰：「定水澄源，火蓮發艷。夙悟無生之理，永留不朽之名。萬象都捐，但秘西乾之印。一真不動，惟餘南祖之燈。韶州雲門山證真禪寺匡真大師，早契宗乘，洞超真覺。雖雙林示滅，十七年靡易金軀。隻履遺踪，數萬年應迴葱嶺。朕現膺曆數，纘嗣丕圖。洎三朝而并切皈依，乃一心而不忘迴向。仰我師而獨登果位，在冲人而良所嘆嘉。宜行封賞之文，用示褒崇之典。可贈大慈雲匡聖宏明大師，證真禪寺宜昇爲大覺禪寺。」重臣將命，治奠坤儀。太常行禮於天墀，綸誥宣恩於雲陛。固可冥垂慈眂，密運神通。資聖壽於延長，保皇基於廣大。

　　師在內一月餘日，聖澤優渥。七寶裝龕，六銖裁服。頒賜所厚，今古難倫。當月二十九日，宣下李托部署，却迴山門。有參學小師雙峰山長老廣悟大師賜紫竟欽、温門山感悟大師契本、雲門山上足小師應悟、大師常寶等，同部署真身到闕，亦在內庭受供，恩渥異常。其諸上足門人常厚等四十餘人，各是章衣師號，散在諸方。或性達禪機，或明高長者。在京小師悟明，大師都監內諸寺賜紫常一等六十餘人，或典謀法教，或領袖沙門。

臣才異披沙，學同鑄水。虔膺鳳旨，紀實性以難周。愧匪雄詞，勒貞珉於不朽。乃爲銘曰：

於穆大雄，教數百億，亭有二儀，提携八極。不滅不生，無聲無色，卓爾神功，昭然慧力。其一

化無不周，道無不備，法既流分，教既布矣。爰示滅樂，歸乎妙理，實性真宗，枝分風靡。其二

祖祖傳心，燈燈散燭，詮諦騰鑴，聖賢交躅。種種津梁，門門杼軸，正覺廣焉，尋之不足。其三

厥有寶林，重芳一葉，布無上乘，登無上檝。法炬朣朧，尼珠煒燁，拯溺迷津，救焚塵劫。其四

南北學徒，摳衣朝夕，無醉不醒，無昏不釋。示其生焉，來彰慧績，示有滅焉，歸圓真寂。其五

湛然不動，塔韞寶光，玉毫彌赫，金相彌莊。時乎未來，我則晦藏，時乎至矣，我則昭彰。其六

爰於明朝，現茲法質，如撥障雲，重舒朗日。瑞應皇基，福隆帝室，聖覽禎祥，恩頒洋溢。其七

三翼沿溯，千里請迎，迎來丹闕，請在三清。金銀羅列，瓊璧堆盈，俄生紫氣，潛覆皇城。其八

日陳供席，夜奏笙歌，施億寶貝，捨萬綺羅。神傾蒼蔔，天降曼陁，前佛後佛，顯應斯多。其九

明明聖君，仁仁慈主，聖比和風，仁同甘雨。祚與天長，教將地固，勒之貞珉，永芳千古。其十

維大寶七年歲次甲子四月丁未朔。

熊克明

南漢官員。乾德二年（964），爲惠州府正堂。

草墟村熊氏宗族碑

　　竊惟吾始祖熊秉璋公，乃江西南昌府豐城縣江里上村人也。於唐時天祐二年莅任來粵，特授廣西鹽道使司。育桂子三枝，長曰國棟，次曰國梁，居住桂林，三曰國材，辭仕歸農，移居東鄉湖塘。國材公育四子，名曰家福、家禄、家禎、家祥。則家禄公育六子，名曰康富、康貴、康榮、康華、康興、康旺。於後晉時天福元年，家禄公帶同六子又移至此地居住，故稱名爲大熊村。厥後，兄弟六人分枝，各擇其地而居之。而吾祖康榮公擇居文昌村。生二子，長曰寧忠，次曰寧恕。忠育四子，名曰克明、克理、克道、克德。恕育四子，名克文、克武、克顯、克達。然忠、恕兄弟二人分居，吾祖康榮公即將置買之田園、屋宇、山場等產業，派爲二股均分。寧忠分居文昌村，寧恕分居草墟村。所有寧忠、寧恕兄弟二人分佔各樣產業，計開於後，刊諸於石，俾日後忠、恕二人後代子孫永遠遵守，各管各業，不得説長論短，藉故侵争，務宜念其同氣連枝之誼也。是爲紀。

　　特授廣東惠州府正堂熊克明敬録。

　　時宥宋乾德二年歲在甲子春二月，熊寧恕、忠同立，各存一塊爲記。

原載《廣西石刻總集輯校》

闕 名

古劍文

　　丁與水同宫，王將耳口同。尹來居口上，山岫護重重。（陳楗《羅浮山記》）

　　後唐天成中，僞漢欽州羅浮山民掘得古劍，有篆文，曰："己與水同宮,王將耳口同。尹來居口上,山岫護重重。"以獻僞主劉陟,國人莫知辨。及平廣南,競傳其言,知者云:"太宗以己亥年降誕,是己水同宮也;於文,耳口王爲聖,尹口爲君,重山爲出。蓋己亥年聖君出也。"(馬端臨《文獻通考》)

原載《南漢金石志補徵》卷 1

大有五年經幢

時大有壬辰中,元寶玄峒帔素行者梁守仁,特□南■加句□□佛頂尊勝陁羅尼■。

(經文略)

■息岑道通林瞻□吳瓊、盧惠登、謝潘安、甘欽、梁簪、梁□□、梁少溫、梁陳、□訓、梁傅、陳黃珠、覃順、黎最、沈合昱、劉藹、蘇□、蘇溫、駱□、馬善意、鄔□壽、李珍、黎篆、楊璿、鄔郜、伍□、章彥琿、■女弟子林十三娘、楊靈十八娘、靈廿娘、楊靈廿三娘、林十四娘、麥潘三娘、梁九娘、林一娘。

勸首表嘆大德可諲,梁珍書,李懷廣鐫。

原載《(光緒)容縣志》卷 24

長慶禪院銅鐘款

漢乾和十五年歲次丁巳十一月一日癸未朔,二十日壬寅,雲母山長慶禪院沙門神坦普勸衆緣,鑄造洪鐘一口,重八百斤。上資國祚,普及四恩;下濟三有,永充供養。

原載《南漢金石志補徵》卷 1

昭陵乾和磚刻

乾和十六年□■興寧軍□■好也。

陳懷甫

張徊

六月十三日張匡玖

原載《南漢金石志補徵·金石補遺》

王氏造像記

粵維大寶二年七月十五日,王氏爲亡夫敬造藥師佛像一軀,願亡魂早登仙界。

原載《南漢金石志補徵·金石補遺》

拓路記

以大寶三年庚申歲,月在仲冬,開拓此路,爲留題記。

原載《南漢金石志補徵》卷 1

修慧院鐘款

修慧院,在東莞縣東監。南漢大寶三年,內承宣使劉廷威鑄鐘二百五十觔置院中。後改慧雲寺。

原載《南漢金石志補徵》卷 1

諸天聖衆碑

諸天一切聖衆,梵王帝釋、曼荼羅神、婆羅門神仙、天龍二十八部神衆、散昭大將守壇護界護伽藍神衆、四天王、四天王、金剛密迹、堅牢地神、護法善神、護法善神。內勾檢司使、銀青光禄大夫、行內侍省內常侍、上柱國梁懷徹、□□□內僧録內供奉曉真大師,賜紫□□□□造,□□□□七十二賢菩薩二十軀。漢大寶四年□□歲正月十五日記,□□女弟子鄧懷貞、鄧廿五娘等。

原載《(光緒)容縣志》卷 24

梁懷義造佛像碑

內勾檢司使、銀青光禄大夫、行內侍省內常侍、上柱國梁懷義造。此行在第一層佛像之右,佛像旁均題佛號。不録。

內僧録內供奉曉真大師、賜紫金□□□造。此行在第三層佛像之右。

漢大寶四年□□歲正月十五日記。此行在第一二層佛像之左。

女弟子鄧懷貞、鄧廿三娘等。■此行在第三四層佛像之左。

原載《南漢金石志補徵·金石補遺》

三乘寺鐘款

銅鐘,在三乘寺,重千五百斤,聲聞數十里。

大漢大寶四年九月辛酉制。

原載《南漢金石志補徵‧金石補遺》

乾亨寺銅鐘款

維大漢大寶四年歲次辛卯九月辛酉朔二十五日乙酉,鑄造銅鐘一口,重一千五百斤,於乾亨寺內永充供養。

僧正大德崇愍,都監大德行超,監寺大德都維那僧楚彤,住持從義、楚澄、繁然、戒詮、智暹、知亮、宏遇,西頭供奉官、都監賀州防拓應援等軍并監賀州事、徵事郎、守內侍省內府局令、賜紫金魚袋梁延康,管甲指揮使全友誠、劉處詳,佐遷內承旨黃遵鐔,指揮使陳匡遠,左雄勇指揮使、都監賀州應援軍、銀青光禄大夫、檢校刑部尚書、兼御史大夫、上柱國郭達,西頭高品譚文定,西上閤門使副、權錄事參軍梁延福,郭居弟子楊德威、廖師進、宋居訓、黃進乂、詹延達、鄧承潤、王延猷、梁承選、蕭彥鐺、黃仁祚、李延亮、孟漢璿、劉意琅、黃少璘、陳延福、胡延翠、蕭彥湘、王景起、莫少宣、陳進清、孟漢陸、孟意通、陳德用、姚宏雅、黃仁裕、虞從慶、丘鄰、倫延綬、嚴匡演、楊燦、李常溫、廖延通、李延意、莫楷、虞才訓。

女弟子:蔣氏六娘、黃二娘、徐十四娘、李十四娘、虞二十一娘、陳二娘、歐陽十八娘、陶五娘、李二十八娘、馮一娘。

高品、銀青光禄大夫、檢校國子祭酒、兼侍御史、柱國莫道贊,翰林□待詔、文林郎、試大理評事王師訓。

衆緣:應援軍十將盧法住、龐保定、楊僧、羅法寧、劉光美、李善能、楊象。

封笋:陳令簡、鄧會、陳道情、梁雪、羅貴、楊道意、楊公海、覃延義、潘廷美、馮金、劉迢、何匡韻、龐婪兒、伍僧會、潘楚規、楊軍朗、梁瑤、盧嫩、龔硯、楊知、蘇蘊、黃延集、楊虔、吳采、龐奴、寧舍、梁彥通、梁幼、余戀、寧光、包郜兒、冼初、鍾添、唐勝、梁雲慶、堯保成、劉史、乾亨寺住持僧寵遇、善儒、志寬、善慧寺監寺大德緣集法喜、正惠禪院監院大德志堅、西山聖果寺監持大德惠長寺主契真、仁王寺監寺大德善德、峽山寺大德從惠、審依，東南道靈化寺大德延浦。

鑄造匠人：梁道崇、顏位、鄧珠。

書人：區煜。

鐫字匠人：齊公延、齊公握、阮仁興、田從訓。

衆緣弟子：馬軍郭道崇、陳延嗣、何懷堅、李懷進、梁道崇、李延真、區彥從、錢珦、唐緒、顏位、陳彥詳；防拓軍十將何肱、聶軻、王畋、成行柔、阮敬之、張利保、區珍、陳廷桂、李辛、宋從順、楊廷懿、蘇全志、植昌歲、陳豐、陳癸、黎小錐、陳保得、吳寧收、區昱、鄧珣、楊延慶、凌孟益、羅敬文、黎匡充、黎崇徵、陳法善、梁觀音、林光嗣、禤慶衆、張僧養、林讓、梁匡錫、陳廷智、何佛養、陳延壽、梁保志、馮僧保、李文明、陳潘久、蘇亞、張料六、梁何綏、何廷泛、劉道誠、梁敬遷、梁度、嚴留、梁光嗣、吳佛保、陳公遠、區延志、聶再隆、陳延嵩、梁和尚、莫宋、張佛、王老、徐嫩、植崇保、梁懷徹、盧延保、區紹、陳承鄹、黃知道、王期、陳師、黎佛念、鄧法護、冼光嗣、李張、盧郇、封善修、盧從蘊、陳思憲。

女弟子：陳三娘、區四娘、宋九娘、李八娘、陳二娘、任八娘、簡十娘、王一娘、劉二娘、李九娘、廖二娘、趙十六娘、徐九娘、任一娘、陳一娘。

左廂都押衙、知桂嶺縣事歐陽敬忠，右廂都押衙梁存忠，防城都押衙黃延靜，四界兵步都虞候、知馮乘縣事孟漢璀，馬步都虞候莫慶，承典議郎、守連山縣程崇珪，捕賊官陳子勛、虞承繞、馮令琄，軍事孔目官、知寶城場務虞延憨，鼓鑄都句孔目官、知富川縣梁珠，軍事押衙官、句蕩山縣科敬楊蘊，讀示孔目官鍾全美，廳句孔目官陳昌，鼓鑄孔目官鍾慶眇、曹都、鍾仁，英州司孔目官虞保忠、陳承保、黃承畔，表奏孔目官費沆、虞仁贊、王廷規、虞仁祚，倉督廖仁亮，臨賀縣都行、耆壽虞師岳、陳子璩、歐陽續，桂嶺縣都行、耆壽李罕餘，富川縣都行、耆壽王漢膺、董仁興，馮乘縣耆壽何仁富，蕩山縣耆壽黎霜層，寶城場行首寶華祚。

原載《南漢金石志補徵》卷1

崇福寺鐘款

　　大漢桂陽監敬鑄造鐘一口，重二百五十斤，謹舍於崇福寺，永充供奉。特冀殊因，上資國祚，次及坑鑪民庶，普獲利饒。

　　大寶四年太歲辛酉十一月二十四日，設齋慶訖。謹記。

原載《南漢金石志補徵‧金石補遺》

昭州光孝寺銅佛識

　　銅佛識在昭州報恩光孝寺。殿仁銅佛一軀，趺坐蓮花中，僞劉時所鑄，高一丈二尺，闊六尺，座高七尺，縱高一丈，巨拇指圍五寸，他稱之。金蘭寶幛，皆銅所範，妙極精巧。後有識云：“維大漢大寶四年。”（《輿地紀勝》）

原載《南漢金石志補徵》卷1

馬二十四娘買地券

　　維大寶五年歲次壬戌十月一日乙酉朔，大漢國内侍省扶風郡歿故亡人馬氏二十四娘，年登六十四命終，魂歸后土。用錢玖萬玖仟玖伯玖拾玖貫玖百玖拾玖文玖分玖毫玖釐，於地主武夷王邊，買得左金吾街咸寧縣北石鄉石馬保菖蒲觀界，地名雲峰嶺下坤向地一面。上至青天，下極黄泉，東至甲乙騏驎，南至丙丁鳳凰，西至庚辛章光，北至壬癸玉堂。陰陽和會，動順四時。龍神守護，不逆五行。金木水火土，並各相扶。今日交券，應合四維。分付受領，百靈知見。一任生人興功造墓，温葬亡人馬氏二十四娘。萬代温居，永爲古記。願買地内侍省扶風郡歿故亡人馬氏二十四娘券。賣地主神仙武夷王，賣地主神仙張堅固。知見神仙李定度，證見領錢神仙東方朔，領錢神仙赤松子。量地神仙白鶴仙。書券積是東海鯉魚仙，讀券元是天上鶴。鶴上青天，魚入深泉。崗山樹木，各有分林。神仙若問何處追尋。太上老君敕青詔書，急急如律令。

原載《（同治）南海縣志》卷11

長壽寺銅鐘款

　　大漢皇帝維大寶七年歲次甲子正月一日戊寅,鑄造洪鐘一口,重銅壹任貳佰陸拾斤,於長壽寺永充供養。

原載《南漢金石志補徵》卷2

修慧寺千佛塔銘

　　敬勸衆緣,以烏金鑄造千佛塔七層於敬州修慧寺。創塔亭,供養虔,繫歸善土,望皇躬玉歷千春,瑤圖萬歲,然願郡壇□□□□康平,禾麥饒豐,民寧□□,雨順調□境歌咏,□□□□□方隅。次以九宵三途□□□,樂亡魂滯魄,咸證人天□□周圍,常隆瞻敬。以大寶八年乙丑歲大呂之月,設贊慶齋。

原載《南漢金石志補徵·金石補遺》

知桂嶺縣事歐陽公冢磚

　　大寶十年太歲丁卯,故左厢都押衙、知桂嶺縣事歐陽公冢。

　　大吉。

原載《南漢金石志補徵·金石補遺》

鎮象塔記

　　以大寶□□□□□月乙卯朔六日庚申,□□□□□面招討使、行內侍監、上柱國邵□□,■地一段收■及諸寺院僧尼,鑄造佛頂尊勝□□尼□□,■大白衣觀□□□薩尊□□■塔五層,四面龕室,裝嚴佛像,又拾黑□□■老僧延嗣住持焚修。

　　伏以所崇妙善,蓋□□□□□□□群象踏食百姓田禾,累奉敕下,命人采捕驅括,入欄烹宰,應瞻軍□□,其帶甲披□□□負末之□□□,遺骸滯魄,難超捨去。□□■良因,免涉幽局之苦;速承濟渡,永辭異類之徒。■

　　鎮象塔在東莞,南漢禹餘宮使邵廷琄建。(吳萊《南海古迹記》)

原載《南漢金石志補徵》卷2

閻廿五娘造陀羅尼殘幢

（經文略）

■佛頂尊勝心陀羅尼尊勝陀羅尼幢一所，率爲三世冤家，夙世冤家，奉爲今世冤家，過去未來冤家。

■八月一日庚午朔，女弟子閻廿五娘造幢一所，永充供養。

原載《南漢金石志補徵·金石補遺》

廣州石讖

人人有一，山山值牛，兔絲吞骨，蓋海承劉。

廣南劉龑初開國，營構宮室，得石讖，有古篆十六字，其文云云。解者曰：“人人有一，大人也。山山，出也。值牛者，龑建漢國，歲在丑也。兔絲者，晟襲位。吞骨者，殺諸弟也。越人以天水爲趙；蓋海，指皇朝國姓也；承劉者，受劉氏降也。”

原載《南漢金石志補徵》卷1

懿陵碑

陵山，劉氏之墓也，在郡東北二十里。漫山皆荔子樹，龜趺石獸，歷歷具存。昔有發其墓者，其中皆以鐵鑄之。予嘗至此，摩挲斷碑，不見始末，但見其詞，皆葬婦人墓志。考之僞史，疑是懿陵也。他尚有數處，如南海縣宣風鄉及番禺黃陂，新會上台、玉環、丫髻山等，皆有之。（方信孺《南海百咏》）

原載《南漢金石志補徵》卷2

韜真觀碑

出白沙洞而西，左右皆小峰相對，山北平疇，孤烟落照，茅茨篁竹間，始有人居，曰道村。其東南諸峰，間見層出，寒松古樾，蓊鬱杳藹，有洞掩映期間，曰韜真觀。中有石碣，記南漢時中官陳君所經營。及今今近二百年，醮場道院故址，盡没榛莽。左右二石室，其深四五尋。其一狹而長，捫壁度穴，直抵玉虛洞後山而出。讀其碣，云：“岩洞多嵌空，或深數尺，遂積土以實之。”予陋之曰：“凡石，以嵌空爲奇，政欲

空所有,安可實所無哉!"(吳元美《十洞記》)

韜真觀在北流縣北句漏山,南漢時建。(《明一統志》)

原載《南漢金石志補徵》卷 2

玉圭銘文

慎修厥德,無愧己職。

原載《南漢金石志補徵·金石補遺》

南　平

釋齊己

　　南平僧人(860—約943)，益陽(今湖南益陽)人。俗姓胡，名得生。父母早逝，七歲即爲大潙山寺放牛。後出家大潙山同慶寺，轉住衡岳東林，自號衡嶽沙門。曾多次出游江南名山勝水，尋詩覓友。後梁貞明七年(921)應蜀僧邀入川，止於江陵，南平王高從誨慕其名，邀任江陵龍興寺僧正。後病卒於江陵。齊己擅長吟咏，爲當時著名詩僧，有《白蓮集》10卷傳世。

君子行

　　聖人不生，麟龍何瑞；梧桐不高，鳳凰何止。吾聞古之有君子，行藏以時，進退求己，榮必爲天下榮，耻必爲天下耻，苟進不如此，退不如此，亦何必用虛僞之文章，取榮名而自美。

原載《白蓮集》卷10，四部叢刊初編

粥疏

　　粥名良藥，佛所贊揚。義冠三檀，功標十利。更祈英哲，各遂願心。既備清晨，永資白業。

原載《全唐文新編》卷921

凌雲峰永昌禪院記

　　五老東西，有凌雲峰，巉崒聳峭，上插空碧，下吞江湖，飛湍激瀨，連接絕壑,孰究其本？古老相傳曰：“昭德源也。”中有秦公,遍扣南宗。既決心要,周由聖迹,過於山前,倚錫而望,疑爲栖宴之場。俄有一叟,自源而出。乃問曰：“君不當此山之主乎？”叟曰：“斯國家名山,某王者百姓。然樵於上,耕於下,取諸利,輸諸官爾。”師曰：“予欲廬於其間,可乎？”叟曰：“天下大嶽大川,唯釋氏廟之,玄元祠之,固亦多矣！士有抱浩然之氣,韞清净之德,渾於麋鹿,狎於禽猿,絶聖棄智,大忘世間,何有不可哉？”師曰：“予雖匪其人,竊慕久矣！”叟於是引師躡屬擁錫,撥草而進。則左眄右視,怡然莞爾。謂其叟曰：“予其終焉於斯矣！”時則芟蕪伐莽,夷石疏泉。初自一丘一庵,一榻一席,韜光味道,影不出谷。累積歲時,野俗相響,始覺鳥徑,漸通人烟。雲游上流,來往或擁,避之不可,復廣其堂。隱之既難,乃居其額,則天祐五年,前使隴西公所給,用旌其名。況乎樹植芳貞,掩映巖岫,梨橘既實,松檉欲偃,所謂荆棘殖而珍卉華,蕭艾除而忍草茂。矧夫處如是之方,作如是之事,又安可堅守自得之趣,無有利他之望哉？

　　予歷於二林,達於幽致,耳飫天籟,神融山光,忘歸之心,邈矣塵外。因詢其始,乃見諸末,遂命筆硯,不俟請而紀之。曰光化己未歲,迄於天祐丁丑年,一十八載矣。

原載《全唐文新編》卷 921

孫光憲

　　南平官員(？—968),陵州貴平(今四川仁壽)人。自號“葆光子”,家世務農,少好學。唐末爲陵州判官。唐亡,避地江陵。後唐天成元年(926),因梁震之薦,爲荆南高季興所器重,任爲掌書記。歷從誨、保融、繼冲三世,累官荆南節度副使、檢校秘書少監、御史大夫。宋建隆四年(963),勸荆南節度使高繼冲獻三州之地。入宋後,授黄州刺史。乾德六年(968),宰相薦其爲學士,未及召而卒。光憲博通經史,勤於著述,有《荆臺集》30 卷、《筆傭集》3 卷、《桔齋集》2 卷、《北夢瑣言》30 卷、《蠶書》2 卷等,集多佚,《北夢瑣言》尚存,亦非全帙。

白蓮集序

風雅之道,孔聖之刪備矣。美刺之説,卜商之序明矣。降自屈宋,逮乎齊梁。窮詩源流,權衡辭義。曲盡商榷,別成格言,其惟劉氏之《文心》乎?後之品評,不復過此。有唐御宇,詩律尤精。列姓字,掇英秀,不啻十數家。丹陽殷璠,優劣昇黜,咸當其分。性之深於詩者,謂其不誣。顧我何人,敢議臧否。苟成美有闕,得非交游之罪耶?禪祖齊己,本胡氏子,實長沙人。家邇潙山,慕大禪伯,悟入頓門,落髮擁毳,游方宴坐,宿念未忘,存乎篇咏。師趣尚孤潔,詞韻清潤。平淡而意遠,冷峭而 格高 。□□□□□□□□□□□。鄭谷郎中與師□□□□□□敲門誰訪□□客即□。師云:應是逢新雪,高吟得好詩,格清無俗字,思苦有蒼髭。諷味都忘倦,抛琴復捨棋。其爲詩家流之稱許也如此。晚歲將之岷峨,假途渚宮,太師南平王築净室以居之,捨净財以供之。雖出入朱門,而不移素履。議者以唐末詩僧,惟貫休禪師骨氣渾成,境意倬異,殆難儔敵。至於皎然、靈一,將談禪者并驅於風騷之途,不近不遠也。江之南,漢之北,緇流以儒業緣情者,靡不希其聲彩,自非雅道昭著,安得享兹大名!鄙以旅官荆臺,最承款洽。較風人之情致,賾文士之旨歸。周旋十年,互見閫域。師平生詩稿,未遑刪汰。俄驚遷化,門人西文併以所集見授,因得編就八百一十篇,勒成一十卷,題曰《白蓮集》。蓋以久栖東林,不忘勝事。余既繕寫,歸於廬岳,附遠大師文峽之末。□□□□□,遞爲輝光,其佳句、全篇或對偶,開卷輒得,無煩指摘。濡毫梗概,良深悲慕。天福三年戊戌三月一日序。

原載《五代詩話》卷8

北 漢

荆 浩

五代畫家(約 850—?),沁水(今山西沁水)人。隱居太行山洪谷,號洪谷子。擅畫山水,常携筆摹寫山中古松;作雲中山頂,能畫出四面峻厚的雄偉氣勢。嘗言"吴道子畫山水有筆而無墨,項容有墨而無筆,吾當采二子之所長,成一家之體"。將水暈墨章的山水畫技法推向成熟,爲北方山水畫派的創格者。關全、李成、范寬均受其影響而各開生面。著有《筆法記》,提出"氣、韻、思、景、筆、墨"的山水畫"六要"説。存世《匡廬圖》相傳是他的作品。

畫山水賦

凡畫山水,意在筆先。丈山尺樹,寸馬豆人。遠人無目,遠樹無枝。遠山無皴,隱隱似眉。遠水無波,高與雲齊。此其訣也。山腰雲塞,石壁泉塞。樓臺樹塞,道路人塞。石看三面,路看兩蹊。樹觀頂顙,水看岸塞。此其法也。凡畫山水,尖峭者峰。平夷者嶺,峭壁者崖。有穴者岫,懸石者巖。形圓者巒,路通者川。兩山夾路者壑,兩山夾水者澗。注水者溪,泉通者谷。路下小土山者坡,極目而平者坂。若能辨別此類,則粗知山水之仿佛也。觀者先看氣象,後辨清濁。分賓主之朝揖,列群峰之威儀。多則亂,少則慢。不多不少,要分遠近。遠山不得連近山,遠水不得連近水。水要縈迴,山要迴抱。古木茂林,寺觀可安。斷岸頹堤,小橋可置。有路處人行,無路處林木。岸斷處古渡,山斷處荒村。水闊處征帆,林密處店舍。臨岸古木,露根而藤纏。臨流石岸,嵌空而水痕。凡作林木,遠則疏平,近則高密。有葉者枝柔,無葉者枝硬。松皮如鱗,柏皮纏身。生於土者修長而净直,長於石者拳曲而伶仃。古木節多而半死,寒林扶疏而蕭森。凡畫山水須要四時,春景則霧鎖烟籠,樹林隱隱。遠水拖藍,山色堆青。夏景則林木蔽天,緑蕪平坂,倚雲瀑布,近水幽亭。秋景則水天一色,簌簌疏林,雁橫烟塞,蘆裊沙汀。冬景則籍地爲雪,老樵負薪,漁舟倚岸,水淺沙平,凍雲黯淡,酒簾孤村。風雨則不分天地,難辨東西。行人傘笠,漁父簑衣。有風無雨,樹葉斜披。有雨無風,枝葉垂下。雨霽則雲收天碧,薄霧霏微。山光添翠,網曬斜暉。曉景則千山欲曙,霧靄霏霏。朦朧殘月,曉色熹微。暮景則山銜殘日,帆卸江湄。路人歸急,半掩柴扉。或烟斜霧橫,或遠岫雲歸。或秋江晚渡,或古冢斷碑。或洞庭春靄,或瀟湘霧迷。筆法布置,更看臨期。山形不得犯重,樹頭不得整齊。樹借山爲骨,山借樹爲衣。樹不可繁,要見山之秀麗。山不可亂,要顯樹之精神。若留意於此者,須心會於元微。

原載《畫史會要》卷5

筆法記

太行山有洪谷,其間數畝之田,吾常耕而食之。有日,登神鉦山,四望迴迹,入大巖扉,苔徑露水,怪石祥烟,疾進其處,皆古松也。中獨圍大者,皮老蒼蘚,翔鱗乘空,蟠虬之勢,欲附雲漢。成林者,爽氣重榮;不能者,抱節自屈。或迴根出土,或偃截巨流,掛岸盤溪、披苔裂石。因驚其異,遍而賞之。明日,携筆復就寫之,凡數萬本,方如其真。明年春,來於石鼓巖間遇一叟,因問,具以其來所由而答之。

叟曰:"子知筆法乎?"曰:"叟,儀形野人也,豈知筆法耶?"叟曰:"子豈知吾所懷邪?"聞而漸駭。

叟曰:"少年好學,終可成也。夫畫有六要:一曰氣;二曰韻;三曰思;四曰景;五曰筆;六曰墨。"

曰:"畫者,華也,但貴似得真,豈此撓矣!"

叟曰:"不然,畫者,畫也。度物象而取其真。物之華,取其華。物之實,取其實,不可執華爲實。若不知術,苟似可也,圖真不可及也。"

曰:"何以爲似? 何以爲真?"

叟曰:"似者,得其形遺其氣;真者,氣質俱盛。凡氣傳於華,遺於象,象之死也。"

謝曰:"故知書畫者,名賢之所學也。耕生知其非本,玩筆取與,終無所成,慚惠受要,定畫不能。"

叟曰:"嗜欲者,生之賊也。名賢縱樂琴書,圖畫代去雜欲。子既親善,但期始終所學,勿爲進退。圖畫之要,與子備言:氣者,心隨筆運,取象不惑;韻者,隱迹立形,備儀不俗;思者,刪撥大要,凝想形物;景者,制度時因,搜妙創真;筆者,雖依法則,運轉變通,不質不形,如飛如動;墨者,高低暈淡,品物淺深,文采自然,似非因筆。"

(叟)復曰:"神、妙、奇、巧,神者,亡有所爲,任運成象;妙者,思經天地,萬類性情,文理合儀,品物流筆;奇者,蕩迹不測,與真景或乖異,致其理偏,得此者,亦爲有筆無思;巧者,雕綴小媚,假合大經,強寫文章,增邈氣象,此謂實不足而華有餘。

"凡筆有四勢:謂筋、肉、骨、氣。筆絕而斷謂之筋,起伏成實謂之肉,生死剛正謂之骨,迹畫不敗謂之氣。故知墨大質者失其體;色微者敗正氣,筋死者無肉,迹斷者無筋;苟媚者無骨。

"夫病有二:一曰無形,二曰有形。有形病者,花木不時,屋小人大,或樹高於山,橋不登於岸,可度形之類也。是如此之病,不可改圖。無形之病,氣韻俱泯,物象全乖,筆墨雖行,類同死物,以斯格拙,不可刪修。

"子既好寫雲林山水,須明物象之源。夫木之生,爲受其性。松之生也,枉而不曲遇,如密如疏,匪青匪翠,從微自直,萌心不低。勢既獨高,枝低復偃,倒掛未墜於地下,分層似疊於林間,如君子之德風也。有畫如飛龍蟠虬,狂生枝葉者,非松之氣韻也。柏之生也,動而多屈,繁而不華,捧節有章,文轉隨日,葉如結綫,枝似衣麻。有畫如蛇如素,心虛逆轉,亦非也。其有楸、桐、椿、櫟、榆、柳、桑、槐,形質皆異,其如遠思即合,一一分明也。

"山水之象,氣勢相生。故尖曰峰,平曰頂,圓曰巒,相連曰嶺,有穴曰岫，峻壁曰崖，崖間崖下曰岩，路通山中曰谷，不通曰峪，峪中有水曰溪，山夾水曰澗。其上峰巒雖異，其下岡嶺相連，掩映林泉，依稀遠近。夫畫山水無此象亦非也。有畫流水，下筆多狂，文如斷綫，無片浪高低者，亦非也。夫霧雲烟靄，輕重有時，勢或因風，象皆不定。須去其繁章，采其大要。先能知此是非，然後受其筆法。"

曰："自古學人，孰爲備矣？"

叟曰："得之者少。謝赫品陸之爲勝今已難遇親踪；張僧繇所遺之圖，甚虧其理。夫隨類賦彩，自古有能，如水暈墨章，興吾唐代。故張璪員外樹石，氣韻俱盛，筆墨積微。真思卓然，不貴五彩，曠古絕今，未之有也。麴庭與白雲尊師，氣象幽妙，俱得其元，動用逸常，深不可測。王右丞筆墨宛麗，氣韻高清，巧寫象成，亦動真思。李將軍理深思遠，筆迹甚精，雖巧而華，大虧墨彩。項容山人樹石頑澀，棱角無蹈，用墨獨得玄門，用筆全無其骨。然於放逸，不失真元氣象，元大創巧媚。吳道子筆勝於象，骨氣自高，樹不言圖，亦恨無墨。陳員外及僧道芬以下，粗昇凡格，作用無奇，筆墨之行，甚有形迹。今示子之徑，不能備詞。"

遂取前寫者《異松圖》呈之。叟曰："肉筆無法，筋骨皆不相轉，異松何之能用。我既教子筆法。"乃齎素數幅，令對而寫之。叟曰："爾之手，我之心。吾聞察其言而知其行，子能與我言咏之乎？"謝曰："乃知教化，聖賢之職也，禄與不禄，而不能去，善惡之迹，感而應之。誘進若此，敢不恭命。"因成《古松贊》曰：

"不凋不容，惟彼貞松。勢高而險，屈節以恭。葉張翠蓋，枝盤赤龍。下有蔓草，幽陰蒙茸。如何得生，勢近雲峰。仰其擢幹，偃舉千重。巍巍溪中，翠暈烟籠。奇枝倒掛，徘徊變通。下接凡木，和而不同。以貴詩賦，君子之風。風清匪歇，幽音凝空。"

叟嗟異久之，曰："願子勤之，可忘筆墨，而有真景，吾之所居，即石鼓巖間，所字即石鼓巖子也。"曰："願從侍之。"叟曰："不必然也。"遂亟辭而去。別日訪之而無踪。後習其筆術，嘗重所傳，今遂修集以爲圖畫之軌轍耳。

原載《筆法記》

閻　煦

北漢官員。撰此志時署忠武軍節度掌書記、前代州防禦判官、朝議郎、檢校尚書□□員外郎。

大漢故保安宣力功臣前汾州防禦使金紫光禄大夫檢校□□□御史大夫□□彭城縣開國男食邑三百户劉(珣)公墓志銘并序

忠武軍節度掌書記前代州防禦判官朝議郎檢校尚書□□員外郎賜緋魚袋閻煦撰

竊聞麟鳳龜龍合明時,而應瑞江河淮濟,緯下土以朝宗,一則以毛羽殊常,一則以源流有異。古今猶著簡册,尚恒存而□,神授英雄天資間,氣拔龍泉而虎淪深谷,引鳥□而雁落長空。爲一人股肱,作專城禎幹,恩加與物,功聳與時。得不顯立,豐幽藏志石,以防陵谷,永備高深焉。公本姓何,諱廷斌,代州崞縣薛安鄉蘇魯里人也。後蒙惠宗皇帝賜姓更名,今諱珣焉。遐究所宗,征厥乃周文王之華裔,是唐叔虞之後昆,食菜(采)于韓,因邑命氏,逃難去國,變姓爲何。遠祖岩,因官到江(河)東,營家於代州崞縣,今鄉貫是也。曾祖彦環,祖贊,父敬審,或果毅無雙,時稱飛虎,或放曠不仕,世號卧龍。公即□□□□也。幼閑弧矢,□□著龜,蒙安令公以鄉黨故舊,初任河東都軍,便令驂從。及秉當京節制,相□轉資,洎乎移鎮徐宗(宋)二州留司,洛伊一任,咸加美職。頗越彝倫,後轉改奏授西京隨使押衙、銀青光禄大夫、檢校太子賓客、殿中侍御史、雲騎尉。至令公薨,背穸靈柩畢儀,縣是徑赴鴻都筮仕,先聖蒙惠宗皇帝□□泉躍,疊降綸恩,命總親軍,委以關鎮。或擢昇職列,賜以姓名。□□玉樹之芳枝,接銀河之巨派。去天福十二年九月,内潛龍御,署授北京隨使押衙。至乾祐元年三月,内御署授散員行首。至四月,内御署兼授鷹揚軍使。至二年八月,中蒙恩賜以國姓,兼改本名。至三年十月,内御署授廳直第二指揮使。爰自龍潛,疊膺重委。洎當鳳舉,繼沐鴻私。去乾祐四年□月,中蒙惠宗皇帝宣授檢校尚書、左僕射。當年三月,内宣授護衛第一指揮使,權都指揮使。至七年十月,内宣授保衛右厢都指揮使,并賜保安宣力四字功臣,兼轉授銀青光禄大夫、檢校司空、□御史大夫。□資□秩,繼承先聖之恩,送往事居疊,荷新君之澤。至乾祐八年九月,内蒙聖上宣授保衛左厢都指揮使、□□金紫光禄大夫、檢校司徒。至十二月,内兼授使持節虢州諸軍事、虢州刺史,進封彭城縣開國男,食邑三百户。既提虎旅,兼授□符,爵邑進封,乾□等惠。至九年三月,内聖上以軍功益著,眷渥顯臨,除授使持節石州諸軍事、石州刺史。□遂行程,□歌來暮。至天會元年七月,内軍州官吏僧道百姓,共欽德政,詣闕舉留,尋奉敕書,特加□□飾□。天會二年三月,内密奉紫詔入覲彤庭,僧道攀轅,耆老卧轍,相隨□闕,再乞歸州。聖上以酬獎□□勸□道廣,移授汾州防禦使。至四年二月,得替赴京。尋奉宣監押兵士,□□□□巡警。至四月,内昭義向化,□大駕□征,奉宣充行營馬軍都監,監護貔琳,先臨澤潞。及抽回兵士,乃後殿大軍。至六月,内奉詔方離職,□□□驛□□,奉宣東山四縣,上下巡檢。出統雄師,狼烟既息,入朝鳳闕,虎旅咸寧,相次出入,不可備紀。至五年六月,内奉宣部領兵士,文水縣□□遽雲夢奠,忽染沉痾,尋逼大期,□□遐壽,即以天會五年七月廿七日殁于王事,福也。公傾誠竭命,善始令終,聖上俯念忠勤,特加優異,尋命□□扶護,至京西千佛院權窆,兼賜孝糧服制,逐日祭奠酒飯。兼差散員都頭執□巡警,并營辦葬儀,并依法度,幽顯之恩厚矣,君臣之道美焉。夫人三人,初曰郝氏,雖爲始嫡,早已淪亡。次曰李氏,隴西縣君。次曰鄭氏。皆令淑有聞,雍和振譽,道光四德,禮備三從。有子四人,才長曰延榮,前汾州親事都頭。次曰延福,驍勇功臣、散指揮使。次曰延貴,面頤供奉官。季曰延德,前汾州衙内都虞候。已依□高援未過□期,皆孝悌秉節,文武通材,超簡氏□八龍,掩賈家之三虎。有女二人,長先適汾州司户參軍趙允熙,夫歸家幼,在室或能修婦道,或善習箴規。孫男三人,喜哥、翁憐、重喜,年雖尚幼,志已英雄。孫女三人,伴姐、小伴、石姐,已閑箴訓,備習閨儀。新婦三人,陳氏、張氏、王氏,咸遵禮法,備習婦儀。妹一人,適佐聖□厢都指揮使揚海萬。咸曰:勿久權儀,早期安厝,即以天會五年十一月十二日扶護窆于晉陽縣桐圭鄉豐全里敕置塋域，禮也。煦□散員僕射，早忝獎知，令書事實，謹爲銘曰：

漢祚興隆，天產英雄。有始有終，盡孝盡忠。其一也

爲聖王股肱，作郡城龜鏡。□仰風教，咸推善政。其一也

掃蕩狼烟，撫安白屋。捍難方切，大期何速。□□□□，□簡册刊，貞石兮備陵谷。

原載《太原五代墓志釋考》

朱仲武

北漢官員。撰此志時署前太子通事舍人。

故左武衛中郎將石（映）府君墓志銘并序

前太子通事舍人朱仲武撰并書

公諱映，字先進。其先樂安人，後世家於京兆，今則京兆人也。晉將軍苞之慶冑，衛純臣碏之靈苗。祖□，考守珍。皆公侯繼業，鐘鼎傳門，載藉昭彰，其來自遠。公策名委質，夙著令聞。孝以承家，忠以奉國。故得鄉黨稱悌焉，朋友稱義焉。可謂不伎不求，有典有則者也。頃以方事之殷，燧火不息，而能率先義勇，克集茂勛。累遷至左武衛中郎將，前朝賞有功也。公志懷敦素，性守謙冲，不以榮顯介情，但欲優游晦迹而已。所冀神降其福，天與之齡。何圖兆夢泣瓊，藏舟棄壑。哀哉！以歲次十一月十四日，遘疾終于私第，春秋六十有八。夫人孫氏，夙稟坤儀，素傳內則。皷琴瑟而有節，主蘋藻而知禮。嗚呼！蕣華早凋，瓊枝遽折。天不慭遺，先公數稔而亡。今以歲次甲子四月庚午，葬公于長安龍首原，夫人祔焉，禮也。嗣子清士、冕岳、嵒湊、岫秀等，蓼莪在疚，欒棘其形，泣血於苴麻，竭力於窀穸。恐時遷陵谷，事或幽封，爰命揮毫，敬刊貞石。詞曰：

性質温温，神儀洸洸。職參禁衛，位列中郎。流芳後代，秉義前王。冀保永終，曷其云亡。卜兆吉辰，素車薄葬。爰遷嘉偶，及此同壙。魄散泉局，神游繐帳。後背重崗，前臨疊嶂。聊紀世載，式昭

問望。

原載《全唐文補遺》第三輯

裴自成

北漢官員。撰此志時署朝散大夫、行尚書工部員外郎、知制誥。

大漢 故齊國太夫人贈太惠妃墓志銘并序

朝散大夫行尚書工部員外郎知制誥柱國臣裴自成奉敕撰

翰林待詔朝散大夫太子右贊善大夫臣達奚真奉敕書

辛未歲孟秋月十有三日，皇上恭臨便殿，遽詔詞臣，謂之曰：朕有保母，夢奠殷楹，災罹晉豎。藥虧瞑眩，疾致彌留。俄從逝水之游，共悼終天之訣。自當奄棄，恒切淒凉。乃興封樹之工，用報劬勞之慶。仍欲刊其遺烈，秘于佳城。貴全北首之儀，豫擬東陵之變。於是臣俯伏承命，退而述云：粵若婺女騰英，儼朝天極。常娥凝質，高步桂宮。仰在户以何偕，諒結縭而莫比。徵斯盛事，雅屬貞規。夫人姓王氏，世爲燕人。許史豪家，鼎鐘貴族。蘊珪璋之令德，嘉柔肅雍；挺芣苢之芳姿，婉娩淑慎。暨逢亨運，爰列掖庭。夙宵伸奉上之勤，動静展逮下之惠。克扶内政，獨異中閫。求賢審官，志可符於卷耳；尊師重傅，禮甚洽於葛覃。雖位未正於四妃，且功寔超於十亂。洎皇上繼登大寶，紹統中區，彌陳鶯翼之謀，務贊龍興之祚。懿範具標於肜管，殊庸迥震於金鋪。皇上乃命出綸，俾行啓國。即於天會十二年，授齊國太夫人。顯拜分封之袟，蓋酬鞠毓之恩。慈訓六宮，出處儀同於啓母；恭迎萬乘，揖讓禮别其周姜。無何，方偶休期，倏嬰美疹不周之風既至，待晞之露寧存。即去天會十五年七月一日，薨於中寢，享年五十有七。蕙謝蘭殂，徒延令趾。鐘鳴漏盡，莫復遺音。共切茹荼，咸停相杵，皇上輟視朝三日。即以其年七月二十八日，遷葬於晉陽縣晉安鄉，禮也。仍追贈太惠妃，素車白馬，嬪御如雲。列樹豐碑，山川共古。既盡飾終之禮，宜傳不朽之辭。乃爲銘曰：

有邦媛兮惟坤之靈，作傅母兮炎漢之庭。令儀克符兮四德，貞操

宛異兮三星。可同休兮天禄,宜永配兮地寧。豈疾在兮膏肓,致躬謝
兮窈冥。丹鳳已歸兮仙域,六珈空掩兮泉扃。

原載《晉陽古刻選》

鞏伯壎

北漢官員。天會十五年(971),任尚書虞部郎中、權知藁城縣事。

奇石山摩崖記

獲鹿自漢以來,號稱名邑。邑西北奥,有含滋吐潤,濃翠如勻,不
險不夷,獨秀而野。按之《圖經》,實所謂奇石山也。環邑皆山,而山
之大者,青嶂碧巘,雲岫烟嵐。峨峨萬疊,一帶屏列。而危巔峻嶺,又
且連亘重複,有弗絶者。宜睥睨此山,迤邐而不足道。然境勝地靈,
特爲逸人高士所愛,固異乎他山也。里人好事者曹人劉清,於山之阿
穴石爲二洞,命其名曰"純陽"、曰"修真",學道者居焉。洞之頂有地
爽塏,坦然如砥平,廣袤百步。冠褐之侶,因議其所以,起建三清殿,
以崇奉高真。其徒五六人,與夫掌化緣者,分遣四方。未幾,邑境鄰
封,人皆輻輳。信心喜施,財無所惜。而富者車載,貧者肩擔。沓沓
而來,惟恐其後。由是鳩材僝工,閱數月告成。巍然突兀,屹立於上。
衆所欽戴也,顧不偉與? 初於殿廡下其無草水如屺,道衆手植數樹,
力於栽培。柔枝弱幹,今漸扶疏。掩映緑陰,頗增氣象。然則殿之建
也,豈徒示甍桷之壯麗,赭堊之藻飾,以爲衆人觀美哉? 蓋使之登其
庭,瞻仰繪像,而咸起好善之心焉。先是殿之始基也,其種種靈迹,所
以信於人者,固難以縷陳而悉數之,試概舉其略以表希異。游民有張
氏者,乃富農也。榆數株方茂,許施其一,以爲之材。後靳吝,竟不副
所願。化緣渠長欲以錢易之,亦不肯售。越三日,急電迅雷,駭人耳
目。大風飄屋,雨霍如傾。轟然霹靂,不知其所從來。拔張氏所許
樹,髠去枝條。其家驚惶,遽載而施焉。洎涓日之良,役夫以構,則適
當務農之時。從事東作者,頃刻弗得息。欲借人以助役,至是辭以無
暇。道衆彷徨四顧,茫然失措者久之。方慮勝緣艱阻,不旋踵濃雲布

野,雨亦隨降,而執耕布種者不能趨田畝。於是竭蹷以赴期會,人遂雲集。隆棟巨梁,成於肇造,既構則天乃開霽。變化之道,孰能測究哉！工作之興也。先於南坡下取土,以供其用。人之登躋疲勞,方苦其難,忽有一褒衣老叟謂其人曰:“此山之鞍,其上有土甚廣,何必遠去,以空困爾力。”遂以杖指示,叟導而前,乃至其所,剷去蕪根,果得厚壤。十數步内,亦無拳石。蓋惟土功之大,自起址以至於塗塈杇墁,因是取足。力不乏而倍,以省虆梩之役,美哉斯事也。道衆欣然,共延於座。方烹茗以謝其意,俄失所在,衆皆奇之。

法師龐居仁子安,以道行住持,率其徒成此善緣。躬自董功,勞且不憚。至誠所動,有感必通。是故始於繕營,則有賴人爲。及其畢事,則致獲神助。其於真荃正教,又能宣揚之。而通元究微,深造本原。細繹冲科,廣敷大範。而以之開悟衆人,而使趨向也。一爐香火,安寘清壇。幡蓋具陳,花燈間列。吟咏清祝,執幡行道,而持誦之力,垂惠一方。期於無天灾,無物癘,雨暘時叙,五穀豐穰。俾人人多種福田,而咸集壽域,顧豈小補哉！蓋余曩時與龐爲學校友,而縣令王公都官亦有同的年契,因殿之落成也,欲刊諸崖石而記之,以垂永遠。來請余記,義不得辭。余昔爲布衣時,長邑庠者殆數歲矣。每因暇日,歷覽此山之勝,故余喜道其事,而爲之文也。

原載《全唐文》卷900

李　惲

北漢大臣(916—988),開封陽武(今河南原陽東南)人。漢乾祐中舉進士。北漢建立,授知制誥、翰林學士,累至司空、平章事。入宋後,歷任殿中監、司農卿,連知許、孟二州。端拱元年(988)卒。

大漢英武皇帝新建天龍寺千佛樓之碑銘并序

推誠佐命保祚功臣特進守尚書左僕射兼中書侍郎平章事上柱國隴西郡開國公食邑三千户臣李惲奉敕撰。

帝宅之西,五里而遠,群山邃谷,延袤縈擁。北自乾坎,南距申酉,蒼崖峭壁,怪石靈泉。薜蘿蔭乳,寶以夏寒,叢桂嚮晴,暘而冬緑。澗溜清泚,自激輕音。蔓草芄茸,本無毒螫。洞穴窈窕,烟嵐閉虧。隔雲聞鷄犬之聲,度嶺接樵蘇之徑。大哉！氣通斗極,崆峒帶多武之鄉;地劃參墟,晉野樂深思之俗。況乎刑政之經不紊,霸王之器具存。紀都邑即天下之浩穰,養士馬即域中之精勇。往者北齊啓國,後魏興邦。雖未臻偃伯之稱,且咸正事天之位。時或倦重城之晏處,選面勝之良游。各營避暑之宫,用憩鳴鑾之駕。亦猶秦之阿房,晉之虒祁。楚之章華,漢之未央。古基摧構,往往存焉。年歷寖遠,率多改作。蓋以翼翼都會,豪右富民,因舊圖新,增制惟錯。於是乎金人塔廟,老氏宮觀,星布於巖石矣。懿哉！坤維之上,一舍之遥。群木陰翳,奇峰嶕崒。上有平址,東西僅五十步。北倚石壁,有彌勒閣。内設石像,侍立對峙。容旨温□,其鐫磨之巧,代不能及。昔睿宗皇帝再加添飾,功用宛然。次東有池水甚潔,澄湛凝碧。睹之恐聳,國人儼其堂宇,偶以神位。每角亢方中,雷雨未施,即霑禱咸萃矣。馴嶺西下,□□約三百步,有高寺榜曰"天龍"。故《易》義云:"夫龍者,潛即勿用,飛即在天。""天命□"之名,固其宜矣。今英武皇帝應千齡之運,居九重之尊,比自舞象執經,齒胄學優於庠序;問安侍膳,□□□□於庭闈。動叶咨詢,行符典則。負對日之辯,似不能言。□秤象之智,果而勿伐。肅肅然,煌煌然,偉量知幾,深不可測。立德在間平之右,承家繼文武之基。自非道濟艱危,孝安宗社,孰能與於此乎？天會中,睿宗皇帝以道□□□□□□□□□□□出閣,授檢校司徒、歸義府都督。時年尚幼冲,躬親官次,寡辭敏德,務簡刑清,吏不敢欺,府無留事。嘗以公退休暇,與叔季諸王,方駕接軫,禮謁精藍,一歲之中,□□□數。上獨於東序塑觀音像一堂,其内幡花鬘蓋,供飾之用,靡不嚴潔。於兹日新,每具齋禱,罔不乾乾惕惕,潛發明誠。所志者,延鴻祚於邦家,弭灾氛於區宇,因心愛敬,不忘斯須。□□甚嘉,群論歸美。攸是罷解公府,特恩加檢校太保,授右金吾衛大將軍,充大内都點檢。貞幹服勤,中外嚴敕。宣威敬事,動叶聖謨。及皇帝踐祚,加□□太師、行太原尹。階勛爵邑,悉稱公台。尋領侍衛親軍事。未幾,值倉卒之變,震駭非常。上獨執雄斷,入平内難,時戊辰秋九月。

嗣昇宸極，立定傾危，赫然大□，垂裕終古。自是潔念，恒切歸依。每屆良辰，必親行幸。至壬申年十二月二十二日，詔有司於大殿後正面造重樓五間，尋遣良冶鑄賢劫，自拘留孫如來已降，鐵佛千尊，□範金審，像□□容，光相圓明，等無差別。如是勻分龕室，各安上級。時詔宣徽北院使、永清軍節度使、檢校太保范超自始監修，應期成就。基砌柱礎，廣檻飛甍。丹彩相望，□□□□。巍乎窗扉下瞰於雲端，棟宇勃興於地表。金爐曉炷，惟聞蒼蔔之香；玉磬晨鳴，不假蓮花之漏。議者曰：“樹超世之果，圖不朽之功，必依惟睿之謀，宜享終天之祿。豈比夫望祭□□□□禱之宮，駕騁瑤池，徒縱盤游之樂者哉？”

上御宇之八年乙亥歲，天贊□□義敦天性，禮叶彝章，泊春末夏初，累飛詔示，必以備物典冊，將加徽號洪名。□□君親之恩，敬修迎受之禮。至夏六月十六日，果降貴近，昭宣□容。尋於正殿□□英武皇帝兼頒龍衣玉帶，駟馬雕鞍，別賜神旗鼓吹，殊私異將，眾心悅隨，群后稱慶。寶函金簡，揚命舜命禹之書；馭朽持盈，盡為子為臣之敬。禮之大者，帝載無窮。先是英武皇帝以今歲攝提，建月青風，□□□□□昇，寒氣將退，嚴整儀衛，親率公卿，駕蒼虬之駸駸，衣赭袍之熠熠。雲韶寅導，和樂□□□□□曲之居，誤屆初禪之境。臣幸陪天仗，親奉德音，既成□福，□□□□□□之佑。遐茲承詔，俾志勝緣。將紀洪猷，潛思秘祝。所冀龍華佛會上，側聆善囑之言。星宿劫中，遍睹青蓮之相。歡心有待，謹作銘云。

覺皇遞興，大教垂世。成位有期，壞空相繼。大哉賢劫，千佛重光。六度萬行，軌躅相望。浩劫迢遙，一念可攝。勿謂難逢，聲塵相接。惟彼陶唐，上列參墟。莓莓沃野，煌煌帝居。天啓亨會，神輸瑞圖。英武定難，后來其蘇。聖人有作，撫寧邦域，治民事天，允釐庶績。金像玉樓，伊帝之力。普濟蒼生，永尊皇極。

廣運二年歲次乙亥八月庚子朔二十二日翰林書令史劉守清書
翰林書令史王廷譽篆額

原碑現藏於太原市天龍山聖壽寺，錄文據《金石萃編》卷122校

張崇訓

北漢將領。累從征伐，有大功。後以贊言，被殺。

禁私鹽用新舊法上請奏

兩鹽池周圍極遠，以棘爲籬，別無城壁。其巡警牙官，數百步一人。向未立法，猶有犯禁。近奉九月十日條流，雖不該制置鹽場務司，亦已曉諭。今來未審依舊法，用新條。

原載《册府元龜》卷 494

王尚賓

北漢時人，撰此志時署鄉貢進士。

故文(祁)公墓志銘

鄉貢進士王尚賓撰

進士師唐書

前進士王世臣篆

鄉貢進士文祁，以天會八年正月十八日，卜葬其先於汾邦之南孝臣里祖塋之側。前期泣告于予而請爲銘，予曰：春秋之義，死葬必書，而銘乃論述先之德善，子能以禮營葬，求爲銘刻，不没先君之實，子之志足嘉矣，安得而辭。公諱京，字善長，西河人也。其先爲敬氏，出嬀姓，虞舜之後，避石晉名諱，賜爲文姓。曾大父、岳大父素皆隱德不仕。父預，官至承奉郎。公幼而力學，喜孫吳術，會中使王昭宣統御將兵，大入西域，募良家子于麾下。公慨然擲筆，有萬里封侯之志。因仗劍從軍，擢次第六，謂功名可力致上將，矜伐不得，效其尺寸，議者惜之。公弱冠克家，生業滋殖，閨門之内，怡怡肅肅。遠近慕其家行，尤號孝友，與兄弟義居終身。凡四娶，閻氏、王氏、張氏、權氏，子四人，閻氏所出也，曰祐、曰祥、曰祁、曰惠才，祐、祥先公而卒，惠才爲僧。祁博學通今古,中三舍遴選,貢于上庠。又善幹蠱,雖遭大軍之後,而能保有生貲,誠公餘波也。孫男三人,曰綺,先卒。曰紳、曰徽,習進士舉。孫女一人,喜娘,幼。於天會丙午仲冬初三日,以疾終,享年七十三。越三年,兵軍偃息,人民乂安,慎終之禮可行,于時因具棺椁,衣衾之美,非奢非儉,以從厥志云。

欲奮功兮功未遑,迺克家兮家以昌。得賢嗣兮禮以藏,刻幽銘兮示不忘。

張天民刊。

原載《三晉石刻大全》(呂梁市汾陽市卷)

闕　名

大漢故段(實)府君墓志銘并序

若夫二儀交泰,爰□清濁之宗;□德遞遷,乃立君以之位。爾後義皇出現,靈龜負圖,運動乾坤,然彰□代,即是段府君之謂焉。君諱實,字歸真,本梁州武威郡人也。承高契之胤緒,是李老君之苗裔。其孫段干木有德行,爲魏文侯之師,封於段地,因爲氏矣。自後更移蓋影,分枝葉於八紘;弁轉星暉,派宗姻於九郡,即爲汾州西河人也。君大亮弘深,爲人敦直,□經武略,善曉軍機。後乃到家,罔虧辰省,節儉奉親。郡邑仰其規模,鄉黨欽其□譽。何期四蛇催逼,二鼠來侵,降疾縈身,救方靡效。遂去同光三年四月十七日,奄歸大夜,春秋五十有八。可謂松芳失色,百鳥悲鳴,兒女停食,鄰里號慟。夫人武氏,容儀婉約,婦道成家,□外叶□,□姻所重。遂去乾祐四年歲次辛亥三月十二日,寢疾歸於泉路,春秋八十有三。即以其年四月壬辰朔三日甲午,合葬於村西南二里。其地前臨平案,後連子夏之高崗;東接文湖,西對萬戶之靈廟。長子□□,次子□武、敬思等,并哀纏罔極,痛貫五情,絕漿不逾於曾□,泣血寧虧於高氏。新婦嚴氏、任氏、李氏,本望長爲指誨,不憚□□。□□□歸,攀哀頃絕。孫子奉榮道焉,□遇與父等,將山銷海變,□石更移,刊石雕文,永彰萬代。

原載《三晉石刻大全》(呂梁市汾陽市卷)

故清河張府君神道之銘并序

聞生養死葬，人子恒□規，□□存安，先賢舊則。瞿曇設教，以生死爲能。静想沉思，豈能□俗，□施死禮，□置荼毗，佛尚歸之，敢亡大體。公之祖，本清河人，□□承相子房之一葉。遠先載史，書□代修，不煩叙述。曾諱□，任鄜州鄜水縣令。祖諱溶，任石州方山縣令。并以字人得譽，理俗多方，上應國租，下調畎俗，所有勛業，例編考書。遂於太平鄉宿静里置薗業地宅，嗣承子孫爾。父諱存方，不仕，以禮樂修身，文章深得適意。歸於吴境，□誤清朝。墜鵲雖落□塵，扉敢欺白日化。冀松榛保壽，金石耆年，豈期二竪忽狂，一灾□降，時甲辰歲二月二十日終堂上。夫人劉氏，嗣子迁鎬，前攝□□□長史，名彰半刺，行契三熊，仁孝爲基，温恭□稱。□姊二人，長□扶風馬氏，次曰，適昌黎郡韓氏，皆令族之門也。新婦郭氏，孫男沙沙，孫女郭郎婦、敬郎婦，孫男新婦王氏，孫子梁七，女醜羅、小羅、鍾兹，大若無以自勝，泣淚過高柴，絶醬如子輿。生事既備，葬禮何逾。遂命郢匠龜師擇良時吉日修葬禮，立丘塋，應世之所，宜物無具。於大漢乾祐四年十一月十四日，遷靈閫祔於本莊西北，禮也。是日雪霏霏，風颼颼，禽鳥週遮，□雲遟，淚滴冰成，旌飛火燧。伏慮歲華差易，陵阜遷移，刊石匠文，用彰厥後。銘曰：

陽威陰全，人之莫守。非但光榮，無論繼後。但變爲塵，勿能長久。傳示佳聲，用彰厥後。

原石藏於汾陽市博物館

大漢李（章）府君墓志銘并序

落日西沉，逝川東注，光陰遠改，寒暑遞遷。睹浮世之榮枯，若人生之聚散，盛衰分定，熟能免哉。君章，其先隴西一主□。□商皇之苗裔，桓公之胤宗，斯迺累葉芳榮，枝分里族，今爲西河人矣。曾、祖并以先塋禮葬，更不備載。君神姿迥方，鳳彩孤標，英明而似冰鏡無瑕，節操而如檜松有韻。況久親班烈，奉公而上下無私；深達時機，處衆而高伉和睦。去天會五年正月廿三日，棄於夜臺，春秋七十。夫人太原王氏，恭勤盡禮，儉節成家，雍穆風儀賢和。全德闓達而有方，誠誨敬順而有序。尊卑郇何,大限有期,沉没泉壤。去天會八年八月十七日,終於鴛室,春秋七十有七。君有嗣子四人,長曰德,次進,智略宏深,籌謀高遠,執金任□,輔佐□王,勇猛英雄,□雲間彙。次貴,可以武縱七擒之術,文功九流之才。弓□兩臂,□懸箭發也,天邊鷹落。次□,紛婦魏氏,不終侍奉,早棄人倫。後□任氏,次新婦任氏,新婦王氏,新婦田氏。出侍女任郎婦,侄女孟郎婦。孫男五住,婆□、婆兒、休姑、聲娘、不怜、小怜,嗣二子等,各以禮□束身,仁風備秀,明彰公理,行蘊丁蘭。嗟考姒而不孟,始終恨己身。三牲忝遂,志在旱心。願申葬禮,以天會九年十月十三日己酉,葬於西南庚上封塋,禮也。其塋東臨大泊,西壓長坐。前窺汾灣,後瞻子夏。是日山川霧暗,原野變昏,楚挽臨途,哀聲響喧。備慮時千代革,變改桑田,故勒貞珉,以旌不朽。其詞曰:

英賢一去泉臺客,神魂杳杳千秋隔。明月夜夜照孤墳,唯有悲風悰松柏。

原載《三晉石刻大全》(呂梁市汾陽市卷)

大漢故南陽郡張(福)府君墓志銘并序

原夫陰陽罕測,變化無窮,大限有期,輪迴不息。或延或折之,命出於自然,生事死葬之猷,古今同也。君迺姬姓,黄帝之苗裔,累代霸都。其後相於漢朝張良之緒也。祖諱説,考□麟,妣李氏。君諱福,爲人潔素,懷玉石之心,誠立性清,高□寒之節操。隱身不仕,遜迹居常,道涉先宗,德光後緒。享年五十,去天福五祀建辰之月,數終之日,限歸玄夜。夫人李氏,興心耿介,稟行柔和,箴誨不群,規儀迥著。君有男漢榮,施仁秉信,常懷克己之心;重義輕金,素蘊雅人之道。長女適王氏,次適王氏。新婦郭氏,並迺三從備體,四德傳名,善睦家風,克明婦道。孫女適梁氏。次小妹、迎兒。荆山總玉,滄海皆珠。南國芳姿,東鄰令彩。生事死葬,古往今來。地卜州之乾宮一里,買温誼地壹畝貳分,内封此闕。東臨青龍之水,前有詞林;西接白虎之崗,後□丘冢。四神俱備,八卦皆全,刊文而用記年華,□□而以彰不泯。時天會十年歲次丙寅十一月辛卯朔十二日壬寅,有是禮也。

銘曰：

　　堂堂□□，皎皎餘輝。露凝寒草，月照孤圍。青龍永流嗚噎，白
虎風助聲悲。植松柏而千年有准，刊志石以萬代□□。

原載《三晉石刻大全》(呂梁市汾陽市卷)

大漢歿故趙（結）府君墓志銘并序

　　若夫天成氣象，萬物以通光，地稟坤儀，載群額而含育，仁倫之
道，寧越此焉。趙氏之先，起自秦州天水郡趙文子之後，至下子孫，今
即住汾州孝義縣懷義鄉麻家莊，而立桑梓也。三世考妣具載，斯名内
外繁重，不復再言。高祖諱讓，婆婆武氏。曾祖諱謚，婆婆傳氏。父
諱幸實，德亮寬弘，仁風迴遠。藝同李廣之雄，孝並謝安之清。結君
停停高悚，孤立不群。成家茇於六親，繼世永安於九族。君夫人張
氏，三從不闕，四德無虧。貞心而綾母難同，净意而孟家莫比。訓男
忠，誨女清廉，禮家勵節，熟得遐彰。君嗣子三人，長曰重德，次重敢，
次重興。忠貞繼代，孝謹純深，恨虧曾子之心，有枕孟宗之志。新婦，
長曰郭氏，次王氏。適女侯郎婦，張郎婦，楊郎婦，小楊郎婦，梁郎婦。
義全孝道，鋤魚笋於北堂；灑洫骨襟，同遷貶於陌上。孫男，長曰仁
美，婆奴大宗、小宗。孫女，張郎婦、陳郎婦、胡女、小女。□□房淑，
長曰守澄，敬豐，敬超，敬斌。以天會十一年歲次丁□□十月丙辰朔
廿九日甲申，葬在莊前，立新營，禮也。其地四神咸備，慮恐年大謝，
海變桑田，刊石鐫文，以章千古。

原載《三晉石刻大全》(呂梁市汾陽市卷)

李府君墓志銘并序

　　天會十一年十二月十二日重舉墳圍

　　隴西郡人也。自顓頊帝後，案先世之□□，□之胤嗣。累繼崇
勛。曾祖諱□，翁諱□，□諱立。□□義重，匪求榮禄之名；□蘊仙
風，養性丘園之志。以奄私弟。祖婆□准，歿後逾年，並不申詞。故
亡妣智氏，享年五十有九。去天成四年正月八日，癉瘵纏身，藥餌無
禎，歿于正寢。鄰春不想，内外咸悲。尊婆段氏見存，嗣子重進，新婦

武氏。女三人,孟女嫡韓氏,仲女嫡任氏,季女嫡任氏。並恭傳孝,養訓誨班氏之規;節食孤貞,禮有曹家之敬。至孝等與婆□、阿姊、新婦同義,卜其宅兆□棺椁,惟聞膝下之泣,盡驚雷之淚。時長興元年歲次庚寅十二月庚寅朔一日庚寅,爲考妣葬在汾州城西約二里。於張邊買地貳畝,內封圍一所,敬庀龍崗平原,禮也。慮恐海變桑田,井邑遷移,歷世年多,刊斯貞石。其詞曰:

寂寂孤魂瘞九泉,居世幼化記如殫。青青松柏荒□外,長辭一別至暮天。

後於郭邊左前,□畝二分買宅圍,去□五十已來,女葬吉。

李府君記。

原載《三晉石刻大全》(呂梁市汾陽市卷)

遼

邢明遠

契丹國人，仕宦情況不詳。

大契丹國東京太傅相公墓志銘并序

薊門邢明遠撰并書

夫欲建皇極，扇薰風，必資棟梁之材，更籍鹽梅之士。其或非熊應兆，臥龍見稱。時推命世之賢，代許間生之傑，股肱王室，經營霸圖。昇壇則四海具瞻，拜幕則三軍稟令者，其唯太傅相公歟！公諱羽之，姓耶律氏，其先宗分佶首，派出石槐，歷漢魏隋唐已來，世爲君長。曾祖諱勤德迭列，夷離菫，北大王，九領節鉞，十全功勛。祖諱曷魯匣麥，夷離菫，兩奉王猷，控制藩屛。列考諱漚思涅烈，夷離菫，金雲大王，劍履承家，旌麾顯世。皇妣夫人邈屈耐奇，叔盡宰相之女也，賢方衛女，德比樊姬。生六男六女，公即金雲大王弟四息也。長兄曷魯，於越、北大王。次兄污里整，前北大王、東丹國大内相。季兄涅烈神子，舍利。弟護之、術寶、舍利，并早亡。姊妹六人，皆適高門望族之家。

公星辰誕粹，河岳降靈。德符九三，賢當五百。幼勤事業，長負才能。儒釋莊老之文，盡窮旨趣；書算射御之藝，無不該通。咸謂生知，亦曰天性。事有寓目歷耳者，終身不忘；言有可記堪録者，一覽無遺。博辯洽聞，光前絶後。比及大聖大明昇天皇帝收伏渤海，革號東丹，册皇太子爲人皇王，乃授公中台右平章事，雖居四輔之末班，獨承一人之顧命。尋授鉞專討，克致大功，旋加太尉，招撫邊城。比至班師倒載，又加太傅、判鹽鐵，封東平郡開國公，食邑一千户。天顯二年丁亥歲，遷昇左相，及總統百揆，庶績咸熙。以天顯四年己丑歲，人皇王乃下詔曰："朕以孝理天下，慮遠晨昏，欲效盤庚，卿宜進表。"公即陳："遼地形便，可建邦家。"於是允協帝心，爰興基構。公夙夜勤恪，退食在公。民既樂於子來，國亦期年成矣。天顯十三年戊戌歲，嗣聖皇帝受大晉之册禮也，即表公通敏博達啓運功臣，加特進階，上柱國、食邑二千五百户。身爲冢宰，手執國鈞。於輔政之餘，養民之暇，留心佛法，耽味儒書。入蕭寺則蕩滌六塵，退廟堂則討論五典。而又爲政尚於激濁，舉士不濫掄材。朝推正人，國賴良相。

　　無何，禍罹夢奠，釁起涉洹。人之云亡，邦國殄瘁。以會同四年歲次辛丑八月十一日戊戌，薨於官，春秋五十有二。於戲！皇上軫悼，僚屬歔欷！痛天道之不仁，於忠良而降禍，哀詔爰下，有司備儀，送終之禮既伸，易號之彝無廢，謚曰文惠公，禮也。以壬寅年三月六日庚申，葬於裂峰之陽。夫人重衮，故寔六宰相之女也，昇天皇帝之甥。淑德傳芳，柔儀顯譽。深諧澣濯之規，頗叶絲蘿之義。始自相國薨後，痛孤鸞之獨處，增別鶴之悲傷，日夜哀號，殆將滅性。洎營葬具，用盡身心。因兹積氣成疴，內攻腠理，雖加醫藥，漸至沉綿。去相國葬後一十八日戊寅，傾逝。嗚呼！生死之期，榮瘁之分，在修短而不定，於因緣而或差，未有如相國與夫人同緣同會者焉。即以當年五月十一日甲午，祔葬於舊塋。夫人生子一十人，諸夫人生子四人。嫡子佛奴，幼年謝世，其餘諸子，并有仁孝，俱懷器能。女四人，二人早亡，二女皆幼。仲子闋等於哀酷之餘，攀號之際，慮人移世改，谷變陵遷，徽猷不振於將來，盛德篋聞於遠裔，乃勒貞石，用傳不朽。銘曰：

　　偉哉天道，玄妙莫窮。降生旄傑，以正時風。爲闋爲士，立德立功。宰割區宇，制御英難。其一。吾皇應運，君臨東丹。徵求輔相，保乂國艱。公叶卜兆，乃登禮壇。風雲會合，魚水相歡。其二。位居冢宰，禮絶百僚。於寵思辱，在上不驕。公平無黨，義均更昭。養民以惠，扶俗不勞。其三。卓爾相國，懷文懷武。歸敬釋門，遵行孔矩。了果知因，明今識古。壽限何差，華年不與。其四。良人才逝，哲婦又殂。生既同樂,死願共居。爰遵古制,祔葬舊墟。兒女雖慟,銘志宜書。其五。積善無應,天禍屢鍾。馬鬣長往,鳳池永空。君親慟哭,僚寀失容。貞珉紀德,來裔欽風。其六。

原載《遼代石刻文續編》

王 曉

契丹官員。撰此志時署中散大夫、守太子詹事、賜紫金魚袋。

大契丹國故後唐德妃伊氏玄堂志并銘

中散大夫守太子詹事賜紫金魚袋王曉撰

述夫鳥飛出海,兔走沉山。暑往寒來,龜鶴可延於壽算;風淒露結,松篁未免於凋傷。而況朝槿非堅,春蕣易隕。既有成川之喻,寧逃過隙之悲。至若早陟公宮,旋昇帝間。擅殊歡於綺閣,專厚寵於椒房。享天上之輝榮,極人間之貴盛。是憑柔翰,聊紀芳猷。故後唐德妃伊氏,其先山陽人也。自古甲門,中朝右族。相殷負鼎,弼諧迥建,旋鳴懸伍,多來䩤拜。起夙□□令,□□爪難,繫橋柚多,遂世爲晉陽人也。曾祖諱慎,奉義軍節度使、檢校尚書左僕射、南充郡王。壯志凌雲,精誠貫日。大曆年,哥舒晃亂常嶺表;建中年,梁崇義效逆襄陽。公親統王師,累膺朝守。大震會運之勢,克平梟獠之徒。尋授守尚書左僕射。朝廷特獎勛勞,令書史册。追贈太子太保。祖諱宗守,太原府少尹,清貞著美,寬猛適時。遷瀘州刺史,惠政如春,仁德德草。考滿歸闕,授刑部尚書。烈考諱廣,光祿大夫、檢校司徒、上柱國、臨汾縣開國伯、食邑七百户。又除忻州刺史,考滿又除汾州刺史。襄帷布政,遂扇宣風。俗譽多袴之謠,人有生氂之咏。乾寧年,從太祖武皇帝問罪幽薊,經陣不回。莊皇帝追贈太保。德妃即公之女也,姑射殊姿,關雎令德。獲佳名於南國,奪美譽於東鄰。惠敏非常,聰巧難絆;婦儀克備,女德無虧。玉管朱弦,乃得生知之妙;寶刀金尺,咸推神助之奇。而又別蘊智謀,好攻詞術。世重解環之見,時成賦雪之辭。莊皇帝當在藩宣,聞其令淑,有慕姬姜之德,遂成牢醴之歡。

自後凡有出征，無不同迴。適值大燕背義，全晉興師。數載攻圍，一朝屠下。旋當振旅，爰義鍾恩，遂加燕國夫人。自此出坐魚軒，入專虔幄。忌管弦而不聽，貴示忠規；服澣濯以去奢，潛修陰教。遂致莊皇帝雄圖漸熾，霸道彌隆。捨恨懷來，吊民伐罪。悉平蛇豕，方定寰區。復大唐之朝綱，獲有梁之神器。既畢郊燔之禮，爰修典册之儀，尋立爲德妃。由是服擬褘褕，位隆宮壼。虔修内則，克保和鳴。嬪嬙共仰於雍柔，嘗袮能臻於嚴潔。後以京師喪亂，主上崩殂。嗣後唐明皇帝表受深恩，特頒睿澤，令歸汾晉，厚給俸資。雖家國殊前，而事體仍舊。德妃始願披戴，永棄榮華。霞帔星冠，虔奉焚修之事；忘情滌慮，期歸清净之門。爰因大晉帝石敬瑭，方在并、汾，忽遭攻伐。屢馳馹騎，上告天庭。乞興貔虎之師，以救阽危之患。大駕親提鋭旅，徑解重圍，乃將德妃來歸上國。於是特修宮苑，俾遂優游厚有。又特令充瞻給，降鴻私而迴異，方故國以無殊。其奈疾起膏肓，風摧桃李。望明時而難戀，指厚夜以俄歸。以會同五年十一月二十日薨於懷美州本宮之正寢，享年六十一。近貴奏聞，皇情彌悼，爰頒詔命，俾創松楸。内密典喪大臣，藏事依中朝之軌式，表上國之哀榮。以會同六年七月六日葬於州東三十里。慮以陵谷遷移，桑田改變。覬遺芳而不泯，勒貞石以長存。將叙德馨，謹爲銘曰：

相殷道著，仕蜀名揚。分茅播美，露冕騰芳。
根深葉茂，源濬流長。珠生合浦，玉産崑崗。
譽掩東鄰，聲馳南國。桃有慚容，蓮多愧色。
克稟閫儀，尤彰女德。媛淑難偕，賢明可則。
巧妙殊衆，聰惠無倫。苗飛似活，芬紫咸祭。
撫弦調別，下筆辭新。重生謝女，終作虞嬪。
閫範遐彰，藩侯來聘。鳳凰於飛，螽斯常咏。
伐叛同征，主紀克敬。國號爰加，君恩愈盛。
前殿龍化，後宮鸞飛。燔告總畢，典册斯歸。
榮居中臺，尊爲正妃。適逢喪亂，遂别宮闈。
願捨榮華，誓思披戴。金湯見圍，鑾輿遠屆。
是逐車徒，北來朝拜。自達九重，旋經七載。

宮苑深邃，俸給豐盈。縈霜隕蕚，急景凋英。

堪嗟香魄，永閟松扃。叙生存之懿範兮，將琬琰以斯銘。

弟：鄧州節度副使、光禄大夫、檢校司徒兼御史大夫、上柱國承傑

妹：張郎婦三十三娘子

侄男：迺哥、稅哥、塞哥、十一哥、顯哥

妹婿：金紫光禄大夫、檢校尚書左僕射兼御史大夫、上柱國張繼員

外甥：張仁寶，道門判官劉知遠

元隨姨媪：押衙軍將、内知密梁□恩、留住、榮哥、小女、女子、記記、阿李

師姨志堅

都押衙、銀青光禄大夫、檢校工部尚書兼御史大夫、上柱國王敬珣

知宅使、銀青光禄大夫、檢校兵部尚書兼御史大夫、上柱國張彥郡

押衙張廷海

軍將李從寶

小底十一、趙九、三閏

厨使辛彥軍

原載《契丹學論集》（第二輯）

志　願

契丹僧人，天禄三年（949）爲仙露寺講經論大德。

仙露寺葬舍利佛牙石匣記

講經論大德志願録并書

達摩禪師遠涉流沙，登雪峰，得釋迦舍利辟支佛牙，授與先師。先師諱清珣，閩川人。自會同五載仲秋齋舍利佛牙到此，於八年季春

月冥凋十一葉染疴而逝。臨遷化時,將舍利佛牙付仙露寺講維摩經
比丘尼定徽建窣堵波。尋具表奏聞,大遼皇帝降宣頭一道、錢三百
萬,以充資助。於天禄三年歲次己酉四月十三日安葬。施主名具鐫
於後。

原載《遼代石刻文編》

張　明

契丹官員。爲盧龍軍節度掌書記、太中大夫、兼監察御史。

盤山上方感化寺故辛禪師舍利塔記

盧龍軍節度掌書記太中大夫兼監察御史賜緋魚袋張明記

粵惟開示悟人,四義昭然,達此真垂,深信禪理,心非心所繫,法
無法所宣,萬有都亡,一言頓悟,復三祇而精進,觀四智以通明,即我
感化寺辛禪師者矣。禪師諱智辛,俗姓王氏,金臺三河人也。昔有成
周,而分玉胄,慶流嶽嶺,世保淮源。祖讓,積德彌高,厭榮不仕。父
從,遺風益著,守道居閒。禪師氣稟淳和,性惟沉靜。爰從佩韘,便悟
出塵。神穎不群,風鑒高邁。糠粃仲尼之典,錙銖老子之言。考彼兩
宗,伏膺大教。年十有五,憤悱違親,禮創兹寺降龍大師門人徹禪師。
落髮金刀,灰心玉滫,精勤求法,夙夜澄神,乾寧一載本寺依年受具。
夏滿游方,檢聲聞之密行;情深濟物,運無欲之慈心。訪真侶於江南,
禮名山於湖外。一參□要,悉悟玄機。繇是覽大藏經,明諸佛行,□
飛金錫。曾届青州,爲四衆以開禪,乃五侯而請益。歸依轉甚,珍重
彌增。禪師泊傳六祖之衣,將付一真之理。故山却返,法席重開,而
有達人,請居都邑。寓崇國寺,參般若市(有殘缺),來往如雲。禪師
去天禄五年仲秋中旬末,絶粒數日,忽爾剃髮著衣,告門人曰:吾來也
久,其去也常,各了真空,共成佛道。言訖,示微疾,至廿四日坐化。
瞑如習定,□似安禪。咸想鶴林,宜歸火葬。至廿九日,幡花□□,道
俗悲號,闍葬於燕城之北。碧岫雲愁,寒郊水噎。門人崇德、崇信、崇
美、崇益、崇閏、崇廣、弟子瓊習、瓊進、瓊貞等九人,并師資恩重,孝敬

情深,絕曾子之漿泣,高柴□之血□。□舍利以應曆二年歲次壬子十月甲申朔廿五戊□□於茲寺東嵽,起塔供奉。請書琬琰,俱紀□□,□□□□□□□徽猷而不泯,請僧□□□塔□□□□□寺□□□□□□□□。

石匠馬士一刊。

原載《遼代石刻文編》

李 筠

契丹官員。撰此志時署前成德軍教練使。

大契丹國故前使持節涿州諸軍事行涿州刺史金紫崇禄大夫檢校司徒上柱國陳（萬）府君墓志銘并序

前成德軍教練使李筠述

夫天□地載之中,四序巡還之內,皆稟純氣,方備形儀,禍福死生,不能逃也。□□□從貴盛長自朱門,閱禮敦詩而多勇智,如斯英彥惟司徒。司徒諱萬,大燕景城縣人也。故齊州防禦使諱輪,陳太保之子,母□氏夫人。太保惟生一子,司徒相也,虬髮鶴頷,猿臂虎形。少抱英奇,長□□□□□火□減烟塵,累積殊勛,不能備録。司徒年廿而婚,安氏夫人□□□□□□安長官之女。夫人芳姿有態,雅質無儔,承恩寵五十餘春,□□年□十餘歲。每奉箕帚,相敬如賓,謂之當世賢女也。司徒年卅,爲左□□□□使。年卅五,莊宗皇帝除授涿州副使。年卌,奉大聖皇帝宣命□□從故國舅相公入國。尋授聖旨,除豪刺軍使。年卌五,從皇帝東□渤海國,當年收下。年卌七,又從嗣聖皇帝伐神歡二州,當年又下。年五十五,皇帝知司徒戰伐功高,改軍爲豪州,除司徒爲刺史,加司空。後大行皇帝除涿州刺史官,加司徒。年七十,司徒乃恤孤獨,省徭役,使展以時,野無凶黨,門戶不扃,四人樂業,無不善也。秩滿,却來入國。司徒七兒五女,長子延煦,素敦詩禮,夙蘊仁人,官清不犯於秋毫,威愛有同於冬日,見任豪州提舉使,官左僕射;次子延貞,夙姿雅淡,形質恢悟,有上和下睦之規,持出儉入廉之德,前燕京青白軍使,檢校司空;次五子并閒;女四已從人,一女在室。司徒善也足可稱紀,其勛也絶,其功也立,可謂光前絶後耳。豈其疾瘵俄臨,良靡醫□,謚然宿於天上,喪英傑於人間。年七十七,於應曆五年六月七日薨,櫂曆在堂,至當年十月九日大葬於豪州西南,禮也。嗚呼!痛切苦兮永別,骨肉興哀,淚竭繼血。筠仞親儒道,長就武資,自揣匪才,安敢措筆,再三□命,辭退尤難,謹以實録而爲銘曰:

　　□哉司徒,輔贊皇都。扶危定難,幹建良圖。弓開漆扎,日射丸烏。每平狂寇,似火焚毛。方當盛哉,遄降禍來。皇天振怒,損害賢才。堪嗟英彥,福臨何乖。苦兮一去,永隔泉臺。千秋萬古,金聲不遺。雖身殞滅,名標史籍。具禮相送,悲慟情極。平生功業,刊之於石。

　　統和貳拾柒年選定大通,合葬尊翁耶娘灰骨,於十一月三日遷殯後立。孫男并重孫名諱,五人孫男:希胤、希贊、希葷、希祐、希祚。壹拾肆人重孫:仲文、仲敏、仲聿、仲朋、仲璘、仲湟、仲温、仲旻、仲舀、仲鷟、仲修、仲絹、丑謨、周九。

原載《遼代石刻文編》

劉　贊

　　契丹官員。任將仕郎、守磁州司馬。

承進爲薦福大師造幢記

　　(漫漶十一字)盛□陀羅尼。前攝遼興軍觀察巡官王進思額并刻字

　　(漫漶十二字)大□敬造尊勝陀羅尼幢記

　　(漫漶不知幾字)□州司馬劉贊述

　　(漫漶二十一字)後來以文武才能燕國(漫漶二十一字)曰若生女不可於塵(漫漶約三字)生即大□也。(漫漶十一字)哉,十三樂出家,值太原蓮花(漫漶五字)住持(漫漶九字)(下空)大師(漫漶九字)天祐三年,始受學法,將鄰二載,乃具尸羅念戒。□時(漫漶九

字)於時燕□□嘗□□□名聞近大臣官長執持禁(漫漶十二字)。故司徒令公衣錦晝行,聞名敬喜,齎簡副(漫漶三十一字)重價誠難遇於高名。天禄中(下空),(漫漶約十五字)闍梨□□□貴主染衣禮爲和尚忍□更□於法苑,惡風轉扇於佛宮。寺衆以□□□□悲傷瞻敬,請爲殿主,實仗其大師乃特力添粧,迴謂精粹,聿修闕德,咸與□新。及(下空)我后駕幸幽都,躬選名行,敬加師號薦福。滿□自是漸捨衣盂,設僧尼大會,請僧轉大藏經一遍,供養洞中羅漢一筵,□□□□北雪南金又何以比大師快利乜。又造七寶瓔珞及銀如意,上施奉福寺文殊真容。蓋與同伴尼瓊深□□□尼,先大師之七年歸净土矣。同心同德,有始有終。且非智力超於□□□□□如是之行願乎?更塑□□寺□下功德一龕,甚爲稀有。暇日忽語□者□□□佛殿,雖親自添補,修飾砌□,尚慮未足爲周備矣。言訖置之欄楯□(漫漶約六字),大師(漫漶約八字)莊嚴者也。於戲!内持八法,外讓七支。□□□□□三界即學無學□未離捨此生□因緣矣。即以應曆七年六月二(漫漶約五字)疾,奄化於本院之主堂,春秋□十三,夏臘五十四。門人副員大德承進(漫漶約八字),次曰承□□□□□□□□□□並秀金石齊堅稟法無雙。(漫漶約二十二字)地,浹日依印度法□□(漫漶約二十二字)葬之勝地,金鈴響亮□(漫漶約二十二字)托刊斯文行業繁多直(漫漶約二十字)日壬午丁時□,(下空)

原載《遼代石刻文編》

劉 京

遼國大臣。遼穆宗時,任翰林學士、朝散大夫、守尚書兵部員外郎、知制誥。遼聖宗時歷給事中、禮部尚書、參知政事、大同軍節度使、同平章政事等官。

遼故盧龍軍節度使太師中書令北平王贈齊王天水趙公(德鈞)夫人故魏國太夫人贈秦國夫人種氏合祔墓志銘并序

門吏翰林學士朝散大夫守尚書兵部員外郎知制誥柱國賜紫金魚

袋劉京撰

　　夫人姓种氏，其先河南人也。袞龍補職，仲山建緒於周詩；金蛇上言，伯暉馳名於漢室。輝華簡册，雜沓英豪。本大所以枝繁，源清於是流潔。曾祖諱敏，字繼儒，不仕。平居樂道，遵養怡神，王湛置易以何言，姜肱圖形而不顧。大父諱覿仙，字道昇，唐衛州刺史、司徒。藹然素履，穆乃清風，拔薤抑其强宗，去珠還於舊浦。烈考諱居爽，字遜明，滄州馬步軍都指揮使、左領衛大將軍同正、德州刺史、太保。拊髀誓志，投傅成身，□表伸威，善稟將軍之令；褰帷布政，克揚太守之風。辟乃高門，資乎積慶。夫人即太保之長女也。初從稚歲，蔚稟奇姿，蔡邕喜對南風，辛毗問以儲嗣，芳儀内備，淑問外□。齊王方負壯圖，志求嘉偶，執贄而言觀超乘，簪笄而爰奉結褵。中饋是司，雅得家人之道；外言匪入，顯遵姆母之規。洎齊王附翼皇唐，策勛清廟，纔建牙於滄海，旋推轂於燕山。共瞻晝行，咸推内助，由河南郡夫人封鄭國夫人。時齊王身居藩翰，手秉樞衡，千里封疆，四海瞻望。桴鼓不鳴於砥路，穿墉息訟於棠陰，既咏鵲巢，實稽鳳兆。進封燕國夫人，從夫尊也。良人奄逝，失道俄嘆于李陵；令嗣克興，托足竟期於周顗。夫人從子是念。貽孫有懷，荷麻但訴於天窮，詢禮豈聞於夜哭。

　　長子樞密使、中京留守、成德軍節度使、太師、守侍中、兼政事令、大丞相、燕王延壽。道隆歸漢，志在霸秦。大遼嗣聖皇帝執手相勸，付以大任，沃心議報，錫乃真封。終開襲爵之榮，遂被及親之寵。詔封魏國太夫人，由子貴也。然夫人生平之際，才鑒過人，周氏奉表，豈悋財産，憲英誡子，克保家門。及大丞相歸賞措踪，旋悲封篋。夫人追思堂構，□念庭蘭，詎割慈憐，難忘永嘆，矧當暮齒，復結沉哀。十載之間，五喪相繼。積變襄□之狀，長懷孤苦之情。構疾彌留，俄臻大漸，於應曆七年五月二十二日薨於燕京隗台坊之私第，享年七十有四。今皇帝聖情傷悼，賻□□加，漏浸澤於重泉。俾追榮於大國，特贈秦國夫人，旌懿範也。即以來年四月十九日祔於燕京薊北縣使相鄉勛賢里齊王之塋，禮也。有子三人，次曰延密，河陽軍節度使，起復雲麾將軍、左金吾衛將軍同正太尉。資宗許國，稟訓承家，侍疾憂深，居喪哀毀，念寒泉而增慟，痛幽隴以長扃。次曰延希，左監門衛將軍、司徒，早卒。苗而不秀，徒興子雲之悲，逝者如斯，共結宣尼之嘆。

有女適歸德軍節度使、太師、同政事門下平章事劉敏，封天水郡君，先夫人而終。陳平美儀，終調金鉉，劉事令範，空餘玉台。

有孫四人，長曰匡贊，河中護國軍節度使、太尉。次曰匡符，金吾衛將軍、司徒。次曰慈氏留，曾孫福、孫哥，皆鯉庭聞禮、鳳穴得毛。或開玉帳於遐方，或執金吾而早世。中帷友愛，足大門閭。夫人玉性含貞，蘭儀擢秀，爲女以賢著，爲婦以孝聞。至於衽席輔佐之勤，閨門訓誨之道，二南美化，本於小君。吾原善政，資於令教，備推邦媛，咸號母師，而覆燭難尋，藏舟不固。爰用西階之禮，徒追北堂之容。京，門吏也，孝子太尉慮泯芳猷，俾揚實錄。嗚呼，陶侃宅内，既觀客吊之言；劉瓛墓中，共表妻尊之美。

詞曰：夫尊而重，子貴之榮。典章寔在，湯沐攸膺。猗歟夫人，優集芳聲。生有餘美，壼德賢明。歿有餘訓，家風肅清。追崇大國，祔葬先塋。鄭鄉邵樹，桑水燕城。母儀婦道，永播斯銘。河陽軍隨使揮衙□□□刻。

原載《北京文物精粹大系·石刻卷》

焦 習

遼國官員。撰此志時署隨帳郎中。

故駙馬贈衛國王（沙姑）墓志銘

竊以乾坤初闢，以清濁分上下之萬（下殘）無差。物類生殖以殊途，人倫貴賤而異品。法端後代，道繼前賢。生存以爵顯（下殘）没貴賤，於是尊卑不昧，愚智可明。繼踵□綿，古今常式。即有先代祖翁大王諱實失郎，基隆盛業，館□□邦。蘊忠貞而匡佐□□，布恩威而勵安士庶。功崇破敵，討遠除凶。勇冠古今，□□踵迹。次有祖翁大王諱格落，紹□□□□，□撫緝□□，威行率土賓依，德重□□□□□。熊韜豹略，素閒人□□□；虎據鯨吞，立見安危之術。次有（下缺）彰後代，勛高（下殘）明（下缺）天子之恩，權總（下殘）推忠奉國功臣、安國軍節度使邢洺管内觀察處置等使、同政事門下平章、開國公、食邑二千戶、實封二百戶、衛國王沙姑,先王之仲子也。(下缺)接龍顏,出陪恩□□□□□於詞談,韓白難齊於籌略。以大聖皇帝、應天皇后(下殘)伏蒙聖澤,雨□□□□莫愜於皇情,迥一人而方當於聖旨。尋垂詔命,禮納□□岳於當年孟秋月戊申日掩閉訖。以(下缺)末歲春季□時染疾,遂致身薨,壽五十有二尋。早勤女訓,素曉坤儀。家國咸謠,士良共贊。悲思則(下殘)有更,計日雲臻。穿壙通泉,封□□□。二子:長子達妲阿鉢,次子徒魯斯阿鉢,并懷志操,(下缺)環之(下缺)榮。次有四女,長女諧里末肌,閨幃禮訓,婉娩姿容。明皇禮(下缺)傷(下缺)幃立德,寰海揚名,今古稀聞,邦家贊美。次女那里末肌,貞姿罕匹,舉止(下缺)越世。次有二女,温睹末肌、次德朦哥,並已姿容絕代,德行超時。處宮幃而從父母之規,每邕和□□□□□首。一家禮樂,超逸難同。立教人寰,彰名宇宙。前功已著,盛德宜揚。刊石鎸銘,標題不朽。乃爲贊曰:

累代垂休,超商越周。功名遠著,德行方流。風行萬國,威伏千侯。太祖興霸,化及明幽。爰及駙馬,承上勛庸。允文允武,能孝能忠。超群妙略,蓋代神功。捲舒夷夏,懾服頑凶。敕爲功高,□□□□。上連帝戚,下接權豪。以恩及衆,使民忘勞。匡弼爲國,道繼唐堯。庶彙茫茫,冬雪秋霜。堅貞松柏,寒歲凋傷。玉石俱燼,火炎昆崗。八節更換,萬物興亡。廣振殊勛,身殀名存。堯傷八凱,武嘆十人。墳藏金體,祭饗明神。一扃棺椁,萬萬冬春。

應曆九年七月五日,隨帳郎中焦習撰。

志蓋:衣服二十七封、銀器一十事、鞍一十三面、驄馬一匹、白馬一匹、驃尾黑大馬一十四、小馬二十一匹、牛三十五頭、羊三百五十口。

原載《遼代石刻文編》

王鳴鳳

遼國官員。撰此志時署朝奉郎、守司農少卿、范陽郡開國男。

三盆山崇聖院碑

大都崇聖院碑記

朝奉郎守司農少卿范陽郡開國男食邑三百户賜緋魚袋王鳴鳳撰

涿州學廪膳生員盧進達書

大覺垂慈,聖人利物。是故發源西國,則優填創其始;移教東域,則漢明肇其初。導四生於寶所,運三有於大乘。巧使現權之教,以救未來蒙迷。時有范陽僧人惠誠,俗姓張,母孫氏。艸歲禮惠華寺玉藏主爲師,授以天台止觀,携錫縱游,徑過此處,地名三盆山崇聖院。見其山明水秀,地傑人豐,林樹鬱茂,果株滋榮,殿宇頹毀,古迹猶存。石幢一座,乃晉唐之興修,實往代之遺踪。惟見一僧,耆年老邁,病患相仍,嘆之不已,嗟之不息。遂乃發心,募化衆緣。郡公王希道、張仲劍、蕭名遠、楊從實等,同發誠心,各捨己資。於大遼應曆二年戊辰歲三月内興工,至應曆八年甲戌歲八月仲秋,營理大殿三間,中塑釋迦牟尼佛,左大智文殊師利菩薩,右大行普賢菩薩。兩梁懸山應真一十八尊羅漢,東西伽藍祖師。三堂兩廊,僧舍二楹。鐘鼓二樓,晨昏梵唄。用宣佛化,引導群迷。上祝皇王鞏固,帝道遐昌,佛日增輝,法輪常轉。今則殿宇一新,金碧燦爛,山門廊廡,俱已充備。厥此真石,永爲千古之叢林,萬代之不磨者矣,是爲記。銘曰:

應曆年間重修,多虧衆信施財。殿宇金碧交輝,聖意燦爛争鮮。鐘聲朗朗響山川,鼓韻鏨鏨□霄漢。碑石萬劫不磨,英名古代留傳。人人瞻禮福無邊,鷲峰靈境不换。

大遼應曆十年丙子歲四月吉日立碑,主持惠誠,同徒清良、清真、清寶、清實、清□、清彤。

徒孫净叢、净受、净鐸、净山、净海。

檀越芳名:王希道、妻李氏,張仲劍、妻劉氏,蕭名遠、郝氏,楊從實、盧氏,李伯通、韓氏,□字來、胡氏,郝少達、錢氏,盧進學、崔氏,王古文、盛氏,田福通、康氏,崔福銘、樂氏,史永成、高氏。

鎸字石匠段得聰

原載《北京遼金元拓片集》

牛藏用

遼國官員。歷任盧龍軍節度推官、將仕郎、守右拾遺、吏部郎中、知制誥、樞密直學士等官。

大契丹國故晉王(重貴)墓志銘并序

盧龍軍節度推官將仕郎守右拾遺牛藏用奉命撰

王姓石氏,諱重貴,趙王勒之裔,晉高祖之嗣也。天福七年,高祖崩,即皇帝位於柩前,改元爲開運。初,高祖之龍飛晉陽也,苦於清泰之兵,有懸釜析骸之窘,殆將不振。大契丹嗣聖皇帝排大難,而帝之於中夏。高祖德之,擔以子道自居,世世不絶。至六載,王惑於奸權之説,有大恩不報之義,乃棄約而息貢。嗣聖皇帝再耀武於夷門,遂遷王於遼左之東京。暨天授皇帝徙居建州而城之。天順皇帝策爲晉王,名其城爲安晉焉。以天贊皇帝保寧六年六月十八日遘疾,薨於寢,享年六十有一。皇上軫悼,贈賻加等,喪葬之事,一以官給。敕著作郎馮偁致祭,兼監護焉。詔用王者之禮,以其年閏十月十一日葬於安晉城之坤原,后馮氏祔焉。惟王鍾日月之光,踐辰極之位,寬仁大度,齋聖廣明,數載之間,繼民是賴,然而運丁百六,身播國□,蓋曆數之未終,非德義之不足也。嗣子延煦,右驍衛上將軍、檢校太師,棘人之毀,孺子之慕,擢選陵谷,有同冥寞。大丞相秦王懷舊君之義,命某吏直書其事,而志於墓石,銘曰:

□鍾應鍾,歲直泰茂。□落雲□,蕭瑟封樹。逝水無迴,長夜不寐。萬代千秋,晉主之墓。

原載《後晉石重貴石延煦墓志銘考》

文 秀

遼國僧人。撰此志時署文章大德、賜紫沙門。

大契丹國武威石公(延煦)墓志銘并序

文章大德賜紫沙門文秀撰

詳夫乾坤至大申歸滅壞之期,日月至明,尚克消磨之限,聖凡有異,生死無殊,察至理於千途,諒興亡於一致者也。公諱延煦,本中朝大晉高祖聖文彰武明德孝皇帝之孫,嗣晉皇帝之長子也,曾祖宪祖皇帝。高祖明宗之駙馬都尉,徽猷邁古,器量不群,忠貞則重印寒松,威勇則金欺□大,功至大,德業可稱。敕縉太原,兼中書令化行風霆,道正人廉,政民則似子恕,奉上則披露。瞻清泰惑其佞媚,舉兵刃以諸鋤。高祖乃乍應天機,俄昇大器,改元天福,草靡萬方,以晏駕助兵之恩,乃以報子父之德。後膺七祀,高祖昇天,嗣帝稱尊,繼其大業,奈何奸國,時乃水木將分,朝無白馬之臣,庭有書□之禍。帝躬元各曆數有時,晏駕親征,徙於上國,天順皇帝置王府以安之。公自本國供奉出身,歷大將軍、皇城使、齊、鄭等州防禦使、單州、陝府節度使、特進、檢校太傅,上國授建州節度使。爲政輔國□□□□□□重□負□之。保寧元年,躬伸朝觀。又授推誠奉國功臣,保靜軍節度管內觀察處置等使、特進、檢校太師、使持節建州諸軍事、行建州刺史、兼御史大夫、上柱國、武威郡開國伯、食邑七百戶。至四年,授右驍衛上將軍、開國侯,食邑三百戶。至統和元年,又加食邑三百戶。雖當重委,日慕恬神。罷鎮虛懷,居閑養素。才臨耳順,俄染膏肓,以統和五年正月八日薨於行寢。夫人趙氏,早構凶罹。其六月廿日,□□□□□□平地□□□□□。公有子三人,長弘佐,前保靜軍都知兵馬使、銀青崇祿大夫、檢校兵部尚書、兼御史大夫、上柱國。侄二人,長弘美,銀青崇祿大夫、檢校左僕射、兼御史大夫、上柱國。鄭八早亡,次弘順,充鼓角使。有女三人,長適王氏,次適趙氏,次在家。子以昊天興感,有慮谷變陵,和祔於晉城之辛地嗣主之塋。銘曰:

骨□□□□□,□□□□□埃起。川東注兮日西消,日易清兮川□止。自古曾知有幾□,□□□□□□□。

統和五年九月廿四日故記。

原載《後晉石重貴石延煦墓志銘考》

闕　名

大王紀結親事碑

　　天贊二年五月十五日,記穪免下娉女及求婦據,下却羊馬牛等具隨頭下,分折如後。大王言我年老,我從十六上別父,我弟穪吒年小,并不得父母悉婦。我成長後,遂與弟下羊馬牛等,求穪免并兒郎悉婦,并是我與六畜求到。其弟把父母大帳,有好弱物,并在弟處,我處無。記娉安祖哥女與契丹素舍利,所得諸物并在弟穪吒處,合與他者,并還他訖。又記與婁呵阿拔作親,先娉與女掘劣,所得羊牛馬頭匹,并是弟穪吒受却據,女掘劣死後,弟穪吒合更與他續親女,又爲自無續親女與他,我雖是弟兄,我另坐其,婁呵阿不欲絕親情,遂言與大王羊三百口,牛馬卅頭匹,求女蘇乎酌。大王言,所與我羊馬,便准取前掘劣女奧渠呂,元如此言定。昨赤眼年舉去來,婁呵阿言,不曾與大王羊馬牛,遂却。右赤眼年舉與來人眼年窅舍利,同去問蘇古阿撥,其蘇古阿撥言,實與他大王羊三百、牛馬卅頭匹,尋大王實言折取前女奧渠呂,今回何諱稱不知,如此政對定,遂拈鼻子與瞎年窅舍利把爲據。又記娉穪免女撓回折與袍都夷離己,得羊六百口、牛馬六十頭匹,尋與他金腰帶及較具銀、衣服綾彩并隨女去,諸物并一一還足,并不欠少一件。又記娉囓遐者女與如乎禮太糯羊,得羊五百、牛馬五十頭匹,合與伊硬軟物,衣服綾彩并還足,一無欠少。□□□□□□□□下却羊三百口、牛馬卅頭匹,合得金腰帶一條、較具二、衣服綾彩廿件,并不缺。□□□□□□求穪免下却羊三百、牛馬卅頭匹,合得金腰帶一條、較具二,衣服綾彩廿件,并不缺。又記與兒□□□□□婦與奧輦賣羊七百口,牛馬七十頭匹,元商量却,還以川錦五匹,又錦五匹,銀煉銀五定,脚銀一定,較具二副,重綾一十匹,吳綾一十匹,襖子卅領,并冬夏衣,并不得來。不依元商量。□□□□□□□於轄刺瞎處求到,用却大王床子買到牛卅。又記與□□□□官人求婦於阿束忽處,下却羊五百口,牛馬五十頭匹。第二□□於□□哥處,用却大王床子買到牛廿頭,求朝撥。又記□□□□□□於袍古舍利處下却羊三百口、牛馬卅頭匹，欠金腰帶一，較具二，衣服一十件。又記□□□□□於□□舍利處下却羊三百口，牛馬卅頭匹。又記與□□□□□作親得羊三百口，牛二頭，應合與硬物三件，衣服絹帛廿件，并與他足。又記與□□□□□□□得羊牛，應合與他硬軟物并還他後與伊別腸女。又記大王□□□□官人下羊馬牛等，與實失郎王下撒蟒官人求葛揚徒□蘇，母名掘劣兔，其指疑官人偷，皇帝審着軟物與自家充下羊馬酬答，遂破車帳，子孫莫忘。據此事我也眼不見，身不泛來，只是我母曾向我道，我肚裏不忘却，遂記石上。

原載《遼代石刻文續編》

會同中建陀羅尼經幢紀

夫六道循環，五蘊虛假，融情□而成獄，流渴愛以爲河。擾擾焉若投焰之蟲，忙忙焉如濡沙之獸。不有至道，其孰能拯救者哉？則我大覺慧珠，空王密藏。妙用遐周於沙界，神功廣被於人天。巍巍乎可得而言，蕩蕩乎無遠不屆。至如釋塵芳境，除七返之輪回；入解脫門，破四魔之顛倒。津梁五濁，利濟三途。救火宅之焚燒，導苦海之沉溺者，莫尚乎佛頂尊勝陀羅尼經咒也。明文具載，奕世傳芳。其或安在高樓，置於窣堵。或資敬仰，用廣瞻依。俾蹈焰者罪滅福生，使沾塵者□□後樂。其他設造，永契殊因。粵有□□□□，□□貞閒，性惟明慧，雖□俗爲累，常體道存心。捐情於美服豐粧，屬意於□佛□。顧□□之易滅，知水月以非堅。爰自卯年，不食薰茹。遐瞻勝概，□□崇發。□□心建宏益事，而乃毀周身之服玩，減實腹之資儲。召募良工，□□□□。式刊真諦，屹立危幢。儼鎮地之崇基，聳參雲之逸勢。成因積用，詎假□求。庶集福之有期，與□生之共處。陵移谷變，標勝置以無窮；日往月來，垂善□□□□，□□□□，□□□□。

時會同九祀龍集敦牂歲玄月二十一日謹記。

原載《遼代石刻文編》

宋暉造像題記

會同十年歲此丁未四月八日，弟子宋暉法願造阿彌陀佛一尊。

又願合家長幼□灾,一心供□。宋暉、男留兒、小留、孫男莕兒、萬通及合。

原載《遼代石刻文編》

嗣晉皇太妃墓志銘

太妃姓安氏,太原人也。於天禄三年四月十六日遇疾薨,壽享年六十二。至五年八月庚寅朔十七日丙午,以斯告辰,葬於此地。

原載《遼寧朝陽縣發現遼代後晉李太后、安太妃墓志》,《邊疆考

古研究》第 16 輯

嗣晉皇太后墓志銘

太后姓李氏,太原人也,去天禄四年八月十三遇疾薨,壽享年五十五,至五年辛亥八月庚寅朔二十三日壬子,以兹吉辰,葬於此地。

原載《遼寧朝陽縣發現遼代後晉李太后、安太妃墓志》,《邊疆考

古研究》第 16 輯

北鄭院邑人起建陀羅尼幢記

青白軍使兼西山巡都指揮使銀青崇禄大夫檢校尚書右僕射兼御史大夫上柱國陳延貞。

一郎君李五、菩薩留。

石經寺主講經論大德謙諷,都維那院主僧惠信,門人僧審紋,門人僧審因。

盧龍軍隨使押衙兼衙前兵馬使充營田使劉立欽。

邑録丁仁德、邑人鄭景章、邑人田在章、邑人梁繼謙、邑人郭居禮、邑人鄭景辛、男彦福。維那鄭景遇,邑人鄭景約、邑人王進殷、邑人許師太、邑人晉審殷、邑人都加進、邑人劉□殷。

維那王定章,邑人鄭景存、邑人鄭彦温、邑人胡思文、邑人杜内殷、邑人禄在章、邑人陳簡言。邑人。

維那王思曉,邑人王進暉、邑人張行存、邑人許行福、邑人馬行賓、邑人孫加進、邑人程再遇。邑人。

維那劉彦珪、邑人王進奇、邑人程方紹、邑人李唐之、邑人楊希輦、邑人張敬超、邑人王進章、邑人晉紹立、邑人王進希、邑人李瓊之、邑人董仁超、邑人趙思德、邑人馬寶興、邑人王令欽。邑人。

在村女邑：高氏女小喜、嚴氏、苑氏、傅氏、李氏、劉氏、李氏女、劉七喜、李氏、高氏、田氏、李氏、王氏、李氏、禄氏、王氏、李氏、王氏、田氏、韓氏、劉氏、王氏女、貴師王氏、鄭氏、張氏、任氏、史氏、盧氏、喜□、郭氏。

鄭進超弟胡僧，村人王溫，妻鄭氏，男貴，次男都兒、次男小神奴。

義軍軍使程再硅。

攝順州司馬都加進、母張氏、妻綦氏、男興哥、霸哥、□哥、女九娘子、十娘子。

佛頂尊勝陀羅尼真言并序

（經文略）

佛頂尊勝陀羅尼真言

（經文略）

維應曆伍年歲次乙卯肆月己亥朔八日丙午巳時建陀羅尼幢，常友文鐫。

晉任七、邑人鄭亡冂、王之母李氏，小弟彦溫、弟彦進、弟□友，村人王帥□、妻鄭氏。

北衙栗園莊官王思曉、妻都氏。北衙栗園莊官許行福、妻張氏、男重霸。

前攝順州長史鄭彦周、母王氏、妻李氏、男馬五、馬六、忙兒。

書經人溫囿超、溫譚超，鄉貢學究韓承規。施石花座溫德進。村人趙友德，男君霸。

義掖十將王從德、兄從殷。王從進，母鄭氏、杜神如、奴許三。

邑録丁仁德、母劉氏、男張七、次男和尚奴、次男寶留。鄭彦從、弟彦殷。劉氏、王氏。軍將劉在榮。晉任七、周王三、小二。邑人鄭彦信、母李氏、弟彦溫、弟彦進、弟彦友。村人王帥□、妻鄭氏。

原載《北京遼金元拓片集》

劉存規墓志

存規,字守範,河間王二十四代孫。大遼間,屢著奇功,拜積慶宮都提轄使、金紫榮禄大夫、檢校司空、兼御史大夫、上柱國。應曆五年卒,葬密雲縣嘉禾鄉。子五:長繼階,攝順義軍節度衙推;次繼英,永康府押衙;次繼昭,山河都指揮使;次繼倫,定遠軍節度衙推。

原載《遼代石刻文編》

朝鮮半島

高麗王王建

高麗王朝的創建者（太祖）（877—943），朝鮮半島漢州松嶽郡人。889年，新羅爆發了農民大起義。王建參加貴族弓裔領導的起義軍，深得弓裔賞識，被委任爲松嶽城主和鐵原太守，兼統帥西南海域水軍。東征西討，勢力日強。後梁貞明四年（918），興兵滅弓裔建立的泰封國，自立爲王，改國號高麗，定都開京。後唐清泰二年（935），新羅敬順王歸降高麗；次年滅後百濟，統一朝鮮半島。後唐長興中，册其爲大義軍使、特進、檢校太保、使持節玄菟州都督、上柱國、高麗王。後晉天福六年（941），加授開府儀同三司、檢校太師。開運二年（945）卒。

詔諭八首

天授元年六月丁巳詔曰："前主當四郡土崩之時，剿除寇賊，漸拓封疆，未及兼并海内，俄以酷暴御衆，以奸回爲至道，以威侮爲要術。徭煩賦重，人耗土虛。而猶宫室宏壯，不遵制度，勞役不止，怨讟滋興。於是竊號稱尊，殺妻戮子，天地不容，神人共怨！荒墜厥緒，可不戒乎？朕資群公推戴之心，登九五統臨之極，移風易俗，咸與惟新，宜遵改轍之規，深鑒伐柯之則。君臣諧魚水之歡，河海協冥清之慶，内外群庶，宜悉朕懷。"

辛酉詔曰："設官分職，任能之道斯存；利俗安民，選賢之務是急。誠無官曠，何有政荒？朕叨膺景命，顯馭丕圖，顧臨涖以難安，念庸虛之可懼。惟慮知人不明,審官多失,俾起遺賢之嘆,深乖得士之宜,寢興載懷,職此而已。內外庶僚,并稱其職,則匪獨今時之致理,足貽後代之可稱,宜其登庸列辟,歷試群公,勉務精選,咸使僉諧。自中及外,具悉朕懷。”

乙丑詔曰:“爲國當務節儉,民富倉實,雖有水旱饑饉,不能爲患。所有内莊及東宮食邑積穀,歲久必多朽損。其以内奉郎中能梵爲審穀使。”

戊辰詔曰:“朕聞乘機革制,正謬是詳,導俗訓民,號令必順。前主以新羅階官郡邑之號,悉皆鄙野,改爲新制行之,累年民不習知,以至惑亂。今悉從新羅之制,其名義易知者,可從新制。”

辛亥詔曰:“前王視民如草芥,而惟欲之從,乃信讖緯,遽棄松嶽,還居斧壤,營立宮室,百姓困於土功,三時失於農業。加以饑饉薦臻,疾疫仍起,室家棄背,道殣相望,一匹細布,直米五升,至使齊民賣身鬻子,爲人奴婢。朕甚閔焉!其令所在具録以聞。”

又詔曰:“人君運佐時之奇略,樹蓋世之高勛者,錫之以分茅胙土,褒之以峻秩崇班。是百代之常典,千古之宏規也。朕出自側微,才識庸下,誠資群望,克踐洪基。當其廢暴主之時,竭忠臣之節者,宜行賞賚,以獎勛勞。其以洪儒裴元慶、申崇謙、卜智謙爲第一等,給金銀器、錦綉綺被褥、綾羅布帛有差。堅權、能寔、權慎、廉湘金、樂連珠、麻煖爲第二等,給金銀器、錦綉綺被褥綾帛有差。其第三等二千餘人,各給綾帛穀米有差。朕與公等欲救生民,未能終守臣節,以此爲功,豈無慚德?然而有功不賞,無以勸將來,故有今日之賞,公等明知朕意。”

十五年五月甲申,諭群臣曰:“頃完葺西京,徙民實之,冀憑地力,平定三韓,將都於此。今者民家雌雞化爲雄,大風官舍頹壞,夫何灾變至此?昔晉有邪臣,潛畜異謀,其家雌雞化爲雄。卜云:‘人懷非分,天垂警戒,不悛其惡,竟取誅滅。’吳王劉濞之時,大風壞門拔木,其卜亦同,濞不知戒,亦底覆亡。且《祥瑞志》云:‘行役不平,貢賦煩重,下民怨上,有此之應。’以古驗今,豈無所召?今四方勞役不息,供費既多,貢賦未省,竊恐緣此,以致天譴,夙夜憂懼,不敢遑寧。軍國貢賦，難以蠲免。尚慮群臣不行公道，使民怨咨，或懷非分之心，致此變異，各宜悛心，毋及於禍。"

十七年五月乙巳，幸禮山鎮。詔曰："往者新羅政衰，群盜競起，民庶亂離，暴骨荒野。前主服紛爭之黨，啓邦國之基，及乎末年，毒流下民，傾覆社稷。朕承其危緒，造此新邦，勞役瘡痍之民，豈予意哉？但草昧之時，事不獲已，櫛風沐雨，巡省州鎮，修完城柵，欲令赤子得免綠林之難，由是男盡從戎，婦猶在役，不忍勞苦，或逃匿山林，或號訴官府者，不知幾許。王親權勢之家，安知無肆暴凌弱，困我編氓者乎？予以一身，豈能家至而目睹？小民所以末由控告，呼籲彼蒼者也。宜爾公卿將相食祿之人，諒予愛民如子之意，矜爾祿邑編戶之氓。若以家臣無知之輩，使子祿邑，惟務聚斂，恣爲割剝，爾亦豈能知之？雖或知之，亦不禁制，民有論訴者，官吏徇情掩護，怨讟之興，職競由此。予嘗誨之，欲使知之者增勉，不知者能誡。其違令者，別行染卷，猶以匿人過爲賢，不曾舉奏。善惡之實，曷得聞知？如此寧有守節改過者乎！爾等遵我訓辭，聽我賞罰。有罪者不論貴賤，罰及子孫，功多罪小，量行賞罰。若不改過，追其祿俸，或一年二三年五六年，以至終身不齒。若志切奉公，終始無瑕，生享榮祿，後稱名家，至於子孫，優加旌賞。此則非但今日，傳之萬世，以爲令範。人有爲民陳訴，勾喚不赴，必令再行勾喚，先下十杖，以治違令之罪，方論所犯。吏若故爲遷延，計日罪責。又有怙威恃力，令之不可觸者，以名聞。"

原載《全唐文》卷 1000

上南唐烈祖賀即位箋

今年六月内當國中原府入吳越國使張訓等回，伏聞大吳皇帝已行禪禮，中外推戴，即登大寶者。

伏惟皇帝陛下道契三無，恩涵九有。堯知天命已去，即禪瑤圖；舜念曆數在躬，遂傳玉璽。建夙惟庸陋，獲托生成，所恨沃日波遙，浮天浪闊。幸遇龍飛之旦，用申燕賀之儀。無任歸仁戴聖鼓舞激切之至。

原載陸游《南唐書》卷 18，《五代史書彙編》

答後百濟王甄萱書

伏奉吴越國通和使班尚書所傳詔書一道，兼蒙足下辱示長書叙事者。伏以華輶膚使，爰致制書，尺素好音，兼承教誨，捧芝檢而雖增感激，闢華箋而難遣嫌疑。今托回軒，輒敷危衽。

僕仰承天假，俯迫人推，過叨將帥之權，獲赴經綸之會。頃以三韓厄會，九土凶荒，黔黎多屬於黄巾，田野無非於赤土，庶幾弭風塵之警，有以救邦國之災。爰自善鄰，於焉結好，果見數千里農桑樂業，七八年士卒閑眠。及至酉年，維時陽月，忽焉生事，至於交兵。足下始輕敵以直前，若螳蜋之拒轍；終知難而勇退，如蚊子之負山，拱手陳辭，指天作誓，今日之後，永世歡和，苟或渝盟，神其殛矣。僕亦尚止戈之武，期不殺之仁，遂解重圍，以休疲卒，不辭質子，但欲安民，此則我有大德於南人也。豈謂歃血未乾，凶威復作，蜂蠆之毒，侵害於生靈；狼虎之狂，爲梗於畿甸。金城窘迫，黄屋震驚，仗義尊周，誰似桓文之霸；乘間謀漢，惟看莽、卓之奸。致使王之至尊，枉稱子於足下，尊卑失序，上下同憂，以謂非有元輔之忠純，豈得再安於社稷！

以僕心無匿惡，志切尊王，將援置於朝廷，使扶危於邦國。足下見毫釐之小利，忘天地之厚恩，斬戮君王，焚燒宫闕，葅醢卿士，虔劉士民。嬪姜則取以同車，珍寶則奪之稛載，元惡浮於桀紂，不仁甚於獍梟。僕怨極崩天，誠深却日，庶效鷹鸇之逐，以申犬馬之勤，再舉干戈，兩更槐柳，陸戰則雷馳電擊，水攻則虎搏龍騰。動必成功，舉無虛發。逐尹邠於海岸，積甲如山；擒鄒祖於邊城，伏尸蔽野。燕山郡畔，斬吉奐於軍前；馬利城邊，戮隨晤於纛下。拔任存之日，邢積等數百人捐軀；破青州之時，直心等四五輩授首。桐藪望旗而潰散，京山銜璧以投降，康州則自南而來歸，羅府則自西而移屬。

侵攻若此，收復寧遥？必期泜水營中，雪張耳千般之恨；烏江亭上，成漢王一捷之功。竟息風波，永清寰海，天之所助，命將何歸？況吴越王殿下德洽包荒，仁深字小，特出綸於丹禁，諭戢難於青丘。既奉訓誨，敢不尊奉！若足下祗承睿旨，悉戢凶機，不惟副上國之仁恩，抑亦紹東海之絶緒。若不過而能改，其如悔不可追。

原載《全唐文》卷1000

訓要十首

朕聞大舜耕歷山,終受堯禪;高帝起沛澤,遂興漢業。朕亦起自單平,謬膺推戴,夏不畏熱,冬不避寒,焦身勞思,十有九載。統一三韓,叨居大寶,二十五年,身已老矣! 第恐後嗣縱情肆意,敗亂綱紀,大可憂也! 爰述訓要,以傳諸後。庶幾朝披夕覽,永爲龜鑒。

其一曰:吾國家大業,必資諸佛護衛之力,故創禪敎寺院,差遣住持焚修,使各治其業。後世奸臣執政,徇僧請謁,各業寺社,爭相換奪,切宜禁之。

其二曰:諸寺院皆道詵推占山水順逆而開創。道詵云:"吾所占定外,妄加創造,則損薄地德,祚業不永。"朕念後世國王公侯后妃朝臣,各稱願堂,或增創造,則可憂也! 新羅之末,競造浮屠,衰損地德,以底於亡,可不戒哉!

其三曰:傳國以嫡,雖曰常禮。然丹朱不肖,堯禪於舜,實爲公心。若元子不肖,與其次子,又不肖,與其兄弟之衆所推戴者,俾承大統。

其四曰:惟我東方,舊慕唐風,文物禮樂,悉遵其制,殊方異土,人性各異,不必苟同。契丹是禽獸之國,風俗不同,言語亦異,衣冠制度,慎勿效焉。

其五曰:朕賴三韓山川陰祐,以成大業。西京水德調順,爲我國地脉之根本,大業萬代之地,宜當四仲巡駐,留過百日,以致安寧。

其六曰:朕所至願,在於燃燈八關。燃燈所以事佛,八關所以事天靈,及五嶽名山大川龍神也。後世奸臣建白加減者,切宜禁止! 吾亦當初誓心,會日不犯國忌,君臣同樂,宜當敬依行之。

其七曰:人君得臣民之心爲甚難,欲得其心,要在從諫遠讒而已。從諫則聖,讒言如蜜,不信則讒自止。又使民以時,輕徭薄賦,知稼穡之艱難,則自得民心,國富民安。古人云:"芳餌之下,必有懸魚。重賞之下,必有良將。張弓之外,必有避鳥。垂仁之下,必有良民。"賞罰中則陰陽順矣。

其八曰:車峴以南,公州江外,山形地勢,并趨背逆,人心亦然。彼下州郡人參與朝廷,與王侯國戚婚姻,得秉國政,則或變亂國家。

或銜統合之怨,犯躒生亂。且其曾屬官寺奴婢,津驛雜夫,或投勢移免,或附王侯宮院,奸巧言語,弄權亂政,以致灾變者,必有之矣! 雖其良民,不宜使在位用事。

其九曰:百辟群僚之禄,視國大小以爲定制,不可增減。且古典云:"以庸制禄,官不以私。"若以無功人及親戚私昵,虚受天禄,則不止下民怨謗,其人亦不得長享福禄。切宜戒之。又以强惡之國爲鄰,安不可忘危,兵卒宜加護恤,量除徭役。每年秋閲,勇鋭出衆者,隨宜加授。

其十曰:有國有家,儆戒無虞。博觀經史,鑒古戒今。周公大聖,《無逸》一篇,進戒成王,宜當圖揭,出入觀省。

原載《全唐文》卷1000

喻群臣詔

朕慮諸道寇賊,聞朕初即位,或構邊患,分遣單使,重幣卑辭,以示惠示之意。

原載《唐文拾遺》卷69

又

平壤古都,荒廢雖久,基址尚存,而荆棘滋茂。蕃人游獵於其間,因而侵掠邊邑,爲害大矣。宜徙民實之,以固藩屏,爲百世之利。

原載《唐文拾遺》卷69

待蕃人詔

北蕃之人,人面獸心,饑來飽去,見利忘耻。今雖服事,向背無常。宜令所過州鎮,築館城外待之。

原載《唐文拾遺》卷69

定徵賦詔

泰封主以民從欲,惟事聚斂,不遵舊制。一頃之田,租税六碩,置驛之户,賦絲三束,遂使百姓輟耕廢織,流亡相繼。自今租税徵賦,宜用天下通法,以爲恒例。

原載《唐文拾遺》卷 69

收百濟令

渠魁既納款,無犯吾赤子。存問將士,量才任用。

原載《唐文拾遺》卷 69

高麗國王王金堯

高麗國國王(?—949),太祖王建次子。後晉開運三年(946)立,後漢隱帝乾祐二年(949)卒。謚曰定宗。

褒獎王式廉詔

式廉三代元勳,一邦柱石,量吞海岳,氣運風雲。昨者當先王疾篤之秋,是涇渭未分之際,懷忠秉義,表節歲寒,翊戴眇冲,嗣臨軍國。尋有奸臣暴逆,結構凶頑,忽自蕭墻,俄興變亂。卿玉入火而彌冷,松冒雪以轉青,按劍衝冠,忘生徇難,凶狂瓦解,逆黨伏誅,朝納欲墜而復興,宗社將傾而再整。若非公之效死,予曷致於今辰?可謂板蕩識誠臣,疾風知勁草。昔聞斯語,今見其人,縱加萬石之封,并授九州之牧,豈足酬兹勳績,報彼功名!今賜匡國翊贊功臣號,加大丞崇資,將表予懷,以旌不朽。匪獨展君臣義,惟望共生死同期。予不食言,有如皎日,更希予無忘責躬儉己,公常務知足養廉,愛育黎元,賞罰平中,使國祚而天長地久,貽富貴於百子千孫。

原載《唐文拾遺》卷 69

後百濟王甄萱

後百濟的創建者(?—936),新羅尚州加恩縣人,本姓李。初爲裨將,嘯聚亡命。唐景福元年(892)乘新羅王朝末期動亂,於武珍州起事,攻占半島西南部。光化元年(898)定都於完山州(今韓國全羅北道全州市),稱後百濟王,與弓裔建立的高句麗及新羅形成鼎足之勢,被稱爲"後三國"。後唐清泰二年(935)發生內訌,他逃往高麗。高麗王待以殊禮,號爲尚父。次年病卒。

寄高麗王王建書

昨者新羅國相金雄廉等,將召足下入京,有同鼈應黿聲,是欲鷃披隼翼,必使生靈塗炭,社稷丘墟。是用先著祖鞭,獨揮韓鉞,誓百僚如皎日,諭六部以義風。不意奸臣遁逃,邦君薨變,遂奉景明王之表弟,憲康王之外孫,勸即尊位,再造危邦,喪君有君,於是乎在。足下不詳忠告,徒聽流言,百計窺覦,多方侵擾,尚不能見僕馬首,拔僕牛毛。冬初都頭索湘,束手於星山陣下。月內左相金樂,曝骸於美利寺前,殺獲居多,追擒不少,强贏若此,勝負可知。所期者掛弓於平壤之樓,飲馬於浿江之水。

然以前月七日,吳越國使班尚書至,傳王詔旨:"知卿與高麗久通歡好,共契鄰盟。比因質子之兩亡,遂失和親之舊好,互侵疆境,不戢干戈。今專發使臣赴京本道,又移文高麗,宜相親比,永孚于休。"僕義篤尊王,情深事大,及聞詔諭,即欲祇承。但慮足下欲罷不能,困而猶鬥。今錄詔書寄呈,請留心詳悉。且獱獺送憊,終必貽譏;蚌鷸相持,亦爲所笑。宜迷復之爲戒,無後悔之自貽。

原載《全唐文》卷 1000

後百濟王子神劍

後百濟王,甄萱長子。後唐清泰二年(935)三月,幽其父於金山佛宇,自稱王,發佈教書。六月,甄萱逃出後投奔高麗。次年九月,高麗出兵討滅之。

赦境内教

如意特蒙寵愛,惠帝得以爲君;建成濫處元良,太宗作而即位。天命不易,神器有歸。恭惟大王神武超倫,英謀冠古,生丁衰季,自任經緯,徇地三韓,復邦百濟,廓清塗炭,而黎元安集,鼓舞風雷,而邇遐駿奔,功業幾於重興,智慮忽其一失。幼子鍾愛,奸臣弄權,導大君于晉惠之昏,陷慈父于獻公之惑,擬以大寶,授之頑童。所幸者,上帝降衷,君子改過,命我元子,尹茲一邦,顧非震長之才,豈有臨君之智。兢兢栗栗,若蹈冰淵,宜推不次之恩,以示惟新之政。

原載《唐文拾遺》卷 70

新羅景明王朴昇英

　　新羅國王(？—924)。神德王太子,母義成王后金氏。後梁貞明三年(917)立,後唐同光二年(924)卒。在位八年,諡號景明,弟朴魏膺繼位。

有唐新羅國故國師諡真鏡大師寶月凌空之塔碑銘并序

　　門下僧幸期奉教書

　　門下朝請大夫前守執事侍郎賜紫金魚袋崔仁渷篆

　　餘制

　　余聞高高天象,非維占廣闊之名;厚厚地儀,不獨稱幽元之號。豈栖禪上士,悟法真人,跨四大而游化觀風,遐三端而宴居玩月,遂使假威禪伯,歸魔□離亂之時;追令法王,扶釋教於昇平之際。以至慈雲再蔭,佛日重輝,外道咸賓,彌天率服,持秘印而發揮奧旨,舉元綱而宏闡真宗,唯我大師即其人。大師諱審希,俗姓新金氏,其先住邶王族草拔聖枝,每苦鄰兵,投於我國。遠祖興武大王,鰲山禀氣,鰈水騰精,握文符而出自相庭,携武略而高扶王室。終平二敵,永安兔郡之人;克奉三朝,遐撫辰韓之俗。考杯相,道高莊老,志慕松喬,水雲雖縱其閒居,朝野恨其無貴仕。妣朴氏,嘗以坐而假寐,夢得休□,□後追思,因驚有娠。便以斷其葷血,虛此身心,潛感幽靈,冀生智子。以大中九年十二月十日,誕生大師。異姿瞻發,神色融明,綺紈而未有童心,韶齔而□□佛事,聚沙成塔,摘葉獻香。年九歲,徑往惠目山,謁圓□大師。大師知有惠牙,許栖祇樹,歲年雖少,心意尚精,勤勞則高鳳推功,敏捷則揚烏讓美,俾踐僧□,□離法堂。咸通九年,先大師寢疾,乃召大師云:“此法本自西天,東來中國,一花啓發,六葉敷榮,歷代相承,不令斷絕,曩游中土,曾事百巖,百巖承詞於江西,繼明於南嶽。南嶽則漕溪之冢子,是嵩嶺之元孫,雖信衣不傳,而心印相授,遠嗣如來之教,長開迦葉之宗。汝傳以心燈,吾付爲法信。”寂然無語,自□洹□。大師目語悲深,心喪愁切,尤積亡師之慟,實增絕學之憂。十有九,受具足戒。既而草繫興懷,□飄托迹,何勞跋涉,即事巡游,訪名山而仰止高山,探□□而終尋絕境。或問曰:“大師雖備游此土,遍謁元關,而巡歷他方,須參碩彦。”大師答曰:“自達摩付法,惠可傳心,禪宗所以□者,何由西去,貧道已□□目,方接芳塵。”豈料捨筏之心,猶軫乘桴之志。

文德初歲,乾寧末年,先宴坐於松溪,學人雨聚;暫栖遲於雪嶽,禪額我馳。何往不臧,曷維其已。真聖大王遽飛睿札,征赴彤庭。大師雖猥奉王言,而寧隳祖業,以循途多梗,附表固辭。可謂天外鶴聲,早達于鷄林之畔;人中龍德,難邀于象闕之旁。□因避烟塵,欻離雲水,投滇州而駐足,托山寺以栖心,千里乂安,一方蘇息。無何,遠聞金海西有福林,忽別此山,言歸南界。及乎達於進禮,暫以踟躕。爰有□進禮城諸軍事金律熙,慕道情深,聞風志切,候於境外,迎入城中。仍葺精廬,咨留法軟,猶如孤兒之逢慈父,衆病之遇醫王。孝恭大王特遣政法大德如奐,迴降綸言,遙祁法力,佐紫泥而兼送薰鉢,憑專介而俾披信心。其國主歸依,時人敬仰,皆此類也。豈惟肉身菩薩,遠蒙聖□□尊;青眼律師,頻感群賢之重而已哉!此寺雖地連山脉,而門倚墻根,大師以水石探奇,烟霞選勝,驪游西岫,梟喋舊墟。豈謂果宜大士之情,深愜神人□□,所以創修茅舍,方止□興,改號鳳林,重開禪□。先是,知金海府、進禮城諸軍事、明義將軍金仁匡,鯉庭稟訓,龍闕馳誠,歸仰禪門,助修寶所。大師心憐□□,意有終政,高演元宗,廣揚佛道。

寡人抵膺丕構,嗣統洪基,欲資安遠之風,期致禹、湯之運。聞大師時尊天下,獨步海隅,久栖北嶽之陰,請授東山之法。興輪寺上座釋彦琳、中事省內養金文式,卑辭厚禮,至切嘉招。大師謂衆云:“雖

在深山，屬於率土，況因付囑，難拒王臣。"貞明四年冬十月，忽出門屆
於□輦。至十一月四日，寡人整其冕服，梢净襟懷，延入蕊宮，敬邀蘭
殿，特表師資之禮，恭申鑽仰之儀。大師高拂毳衣，直昇繩榻，説理國
安民之術，敷歸僧□□之方。寡人喜仰慈顏，親聞妙旨，感激而重重
避席，忻歡而一一書紳。此日隨大師上殿者八十人，徒中有上足景質
禪師，仰扣鐘鳴，潛迴鏡智。大師撞擊，聲在舂容，曉日之映群山，清
風之和萬籟。縱容演法，偏超空有之邊；慷慨譚禪，實出境塵之表。
莫知其極，誰識其端。翌日，遂命百僚詣於所止，同列稱□，仍差高
品，上尊號曰法膺大師。此則盡爲師表，常仰德尊，恭著鴻名，以光
元教。

　　其後大師已歸舊隱，重啓芳筵，誨諸學於道灰，俱傳法要；援群生
於塗炭，□施贊慈風。則必忽患微疴，猶多羸色，大衆疑入兩楹之夢，
預含雙樹之悲。龍德三年四月二十四日，詰旦告衆曰："諸法皆空，萬
緣俱寂，言其寄世，宛若行雲。汝等勤以住持，慎無悲哭。"右脅而臥，
示滅于鳳林禪堂，俗年七十，僧臘五十。於時天色氤氳，日光慘澹，山
崩川竭，草悴樹枯，山禽於是苦啼，野獸以之悲吼。門人等號奉色身，
假隸於寺之北嶺。寡人忽聆遷化，身惻慟情，仍遣昭元僧榮會法師，
先令吊祭。至於三七，特差中使齎送賻資，又以贈謚真鏡大師，塔名
寶月凌空之塔。

　　大師天資惠悟，嶽降精靈，懸慈鏡於靈台，掛戒珠於識宇。於是
隨方宏化，逐境示慈，知無不爲，綽有餘裕。至於終世，心牢無瞥起之
情；雖在片時，體正絕塵勞之染。傳法弟子景質祥師等五百餘人，皆
傳心印，各寶髻珠，俱栖寶塔之旁，共守禪林之閟，遠陳行狀，請勒貞
珉。寡人才謝凌雲，學非對□，柔翰敢揚其禪德，菲詞希播其道風，遽
裁熊耳之銘，焉慚梁武；追制天台之偈，不愧隨皇。其詞云：

　　釋迦法付大龜氏，十劫流轉示後來。心滅法流何日絕，道存人去
幾時迴。傳矣哲人憂迷路，生於浮世降聖胎。欲海波高橫一葦，邪山
路險軫三材。方忻宴坐銀花發，忽嘆泥洹寶月摧。霜沾鶴樹悲長悴，
霧暗雞山待一開。

　　龍德四年歲次甲申四月一日建。

門下僧性林刊字。

新羅敬順王金傅

新羅第四十六代文聖王金慶膺（839—857）裔孫，伊湌金孝宗之子。後唐天成二年（927），後百濟甄萱率軍占領新羅都城慶州，殺死新羅景哀王朴魏膺，立新羅前王裔孫金傅爲王。金傅在位八年，935年降於高麗，高麗統一朝鮮半島。

上高麗王建書

本國久經亂離，曆數已窮，無復望保基業，顧以臣禮見。

庾黔弼

高麗人，爲國王王建時的地方官員。944 年建立的《有晉高麗國踊岩山五龍寺故王師教謚法鏡大師普照慧光之塔碑銘并序》碑陰有其題名。其餘事迹不明。

上高麗王王建書

臣雖負罪在貶，聞甄萱侵我海鄉，臣已選本島及包乙島丁壯，以充軍隊，又修戰艦以禦之，願上勿憂。

崔仁渷

朝鮮半島羅末麗初人（868—944），又名崔慎之、崔彥撝。《三國遺事》卷三提及崔彥撝的祖輩曾擔任新羅角幹官職。《高麗史》卷九二有《崔彥撝傳》。《高麗史節要》卷二，高麗惠宗甲辰元年條載曰：

"冬十二月,翰林院令平章事崔彦撝卒。彦撝新羅人,稟性寬厚,自少能文,年十八入唐登科,四十二始還國,拜執事侍郎、瑞書院學士。及新羅歸附,太祖命爲太子師,委以文翰之任,宮院額號,皆所撰定,一時貴游,皆師事之。及卒,年七十七,謚文英。"清人陸心源《唐文拾遺》卷六九載"崔彦撝,初名慎之,本新羅慶州人。少能文。年十八,游學入唐,賓貢及第。四十二,始還國,拜執事侍郎、瑞書院學士。新羅亡,高麗王建命爲太子師,委以文翰之任。官至翰林院令、平章事後晉開運元年卒,年七十七,謚文英。"另據文獻載,崔仁渷爲朝鮮半島漢文學鼻祖崔致遠的表弟。

新羅國故兩朝國師教謚朗空大師白月栖雲之塔碑銘并序

門人翰林學士守兵部侍郎知瑞書院事賜紫金魚袋臣崔仁渷奉教撰,金生書,釋端目集。

聞夫真境希夷,玄津杳渺,澄如滄海,運若太虛,智舟何以達其涯,慧駕莫能尋其際。況復去聖逾遠,滯凡既深,靡制心猿,難調意馬,由是徇虛棄實者,俱懷逐塊之情,執有迷空者,盡起趨炎之想。若非哲人出世,開士乘時,高演真宗,廣宣善誘,何以爰扴重玄之理,得歸衆妙之門。潛認髻珠,密傳心印,達斯道者,豈異人乎? 大師是也。大師法諱行寂,俗姓崔氏。其先周朝之尚父遐苗,齊國之丁公遠裔,其後使乎菟郡,留寓雞林,今爲京萬河南人也。祖諱全,避世辭榮,幽居養志。父諱佩,常年登九歲,學冠三冬,長牽投筆之心,仍效止戈之藝,所以繫名軍□,充職戎行。母薛氏,夢見僧謂曰:"宿因所追,願爲阿孃之子。"覺後感其靈瑞,備啓所天,自屏膻腴,勤爲胎教。以大和六年十二月三十日誕生。大師生標奇骨,有異凡流,游戲之時,須爲佛事。每聚沙而造塔,常摘葉以爲香。爰自青襟,尋師絳帳,請業則都忘寢食,臨文則總括宗源。嘗以深信金言,志遺塵俗,謂父曰:"所願出家修道,以報罔極之恩。"其父知有宿根,合符前夢,不阻其志,愛而許之。遂迺削染披緇,苦求游學,欲尋學海,歷選名山。至於伽耶海印寺,便謁宗師,精探經論,統雜花之妙義,該貝葉之真文。師謂學徒曰:"釋子多聞,顏生好學,昔聞其語,今見其人,豈與青眼赤髭同年而語哉！"大中九年於福泉寺官壇受其具戒。既而浮囊志切繫草，情深像教之宗，已勞力學玄機之旨，盍以心求，所以杖策挈瓶，下山尋路，徑詣崛山，謁通曉大師。自授五體，虔啓衷懷，大師便許，昇堂遂令入室。從此服膺，數載勤苦多方，雖至道目擊懇成山之志，而常齊淡薄神疲，增煮海之勞，則知歷試諸難，多能鄙事。每於坐卧，只念游方，遂於咸通十一年投入備朝使。金公緊榮西爰之心，備陳所志，金公情深傾蓋，許以同舟。無何利涉大川，達于西岸，此際不遠千里，至於上都。尋蒙有司特具事由奏聞，天聰降旨，宜令左街寶堂寺孔雀王院安置。大師所喜，神居駐足，勝境栖心。未幾，降誕之辰，敕征入內，懿宗皇帝遽弘至化，虔仰玄風，問大師曰："遠涉滄溟，有何求事？"大師對敕曰："貧道幸獲觀風上國，問道中華，今日叨沐鴻恩，得窺盛事。所求遍游靈迹，追尋赤水之珠，還耀吾鄉，更作青丘之印。"天子厚加寵賚，甚善其言，猶如法秀之逢晉文，曇鸞之對梁武，古今雖異，名德尤同。以後至五臺山，投花嚴寺，求感於文殊大聖。先上中臺，忽遇神人，鬚眉皓爾，叩頭作禮，膜拜祈恩，謂大師曰："不易遠來，善哉佛子，莫淹此地，速向南方，認其五色之霜，必沐曇摩之雨。"大師含悲頂別，漸次南行。乾符二年，至成都府，巡謁到靜衆精舍，禮無相大師影堂。大師，新羅人也。因謁寫真，具聞遺美，爲唐帝導師，玄宗之師。同鄉唯恨異其時，後代所求，追其迹，企聞石霜慶諸和尚，啓如來之室，演迦葉之宗，道樹之陰，禪流所聚。大師殷勤禮足，曲盡虔誠，仍栖方便之門，果得摩尼之寶。俄而追游衡岳，參知識之禪居，遠至漕溪，禮祖師之寶塔。傍東山之遐秀，采六葉之遺芳，四遠參尋，無方不到，雖觀空色，豈忘偏陲。以中和五年來歸故國，時也至於崛嶺，重謁大師，大師云："且喜早歸，豈期相見。"後學各得其賜，念兹在兹，所以再托，扉蓮不離左右，中間忽携缾鉢，重訪水雲，或錫飛於五嶽之初，暫栖天柱，或杯渡於三河之後，方住水精。至文德二年四月中，崛山大師寢疾，便往故山，精勤侍疾，至於歸化，付囑傳心者，唯在大師一人而已。初憩錫於翔州之建子若，纔修茅舍，始啓山門，來者如雲，朝三暮四。頃歲，時當厄運，世屬此蒙，灾星長照於三韓，毒露常鋪於四郡。況於巖谷，無計潛藏。乾寧初，至止王城，薰檐蔔於焚香之寺。

光化末,旋歸野郡,植栴檀於薙草之墟,所恨正值魔軍,將宣佛道,孝恭大王驟登寶位,欽重禪宗,以大師獨步海東,孤標天下,特遣僧正法賢等,聊飛鳳筆,征赴皇居。大師謂門人曰:"自欲安禪,終須助化,吾道之流,於末代外護之恩也。"乃以天祐三年秋九月初,忽出滇郊,方歸京邑。至十六日,引登秘殿,孤坐禪床,主上預净宸襟,整其冕服,待以國師之禮,虔申鑽仰之情。大師辭色從容,神儀自若,尊道説義軒之術,治邦談堯舜之風。□鏡忘疲,洪鐘待扣,有親從上殿者四人,曰行謙、邃安、信宗、讓規,讓景行超十哲,名蓋三禪,探玄鄉之秘宗,論絶境之幽拔。聖人見頻迴塵尾,甚悦龍顔。忽於明年夏末,乍別京畿,略游海嶠,至金海府。蘇公忠子知府及第,律熙領軍,莫不斂袵,欽風開襟慕道,請居名寺,冀福蒼生。十大師可以栖遲暗,垂慈化掃妭烟於塞外,灑甘露於山中。神德大王光統丕圖,寵征赴闕。至貞明元年春,大師遽携禪衆來至帝鄉,依前命南山實際寺安之。此寺則先是聖上以黃閣潛龍,禪扃附鳳,尋付大師,永爲禪宇。此時奉迎行所,重謁慈顔,爰開有待之心,再聽無爲之説。辭還之際,特結良因。爰有女第子明瑤夫人,鷲鳥宗枝,鳩林冠族,仰止高山,尊崇佛理,以石南山寺,請爲收領,永以住持。秋七月,大師以甚愜雅懷,始謀栖止。此寺也,遠連四岳,高壑南溟,溪澗争流,酷似金輿之谷;巖巒鬭峻,疑如紫蓋之峰。誠招隱之幽琚,亦栖禪之佳境者也。大師遍探靈巘,未有定居,初至此山,以爲終焉之所。至明年春二月初,大師覺其不悆,稱染微痾,至十二日詰旦,告衆曰生也有涯,吾將行矣,守而勿失,汝等勉旃,趺坐繩床,儼然就滅。報齡八十五,僧臘六十一。于時雲霧晦冥,山巒震動,有山下人望山頂者,五色光氣衝於空中,中有一物上天,宛然金柱。豈止智順則天垂花,蓋法成則空斂靈棺而已哉。於是門人等傷割五情,若忘天屬。至十七日,敬奉色身,假隸于西峰之麓。聖考大王忽聆遷化,良惻仙襟,特遣中使監護葬儀,仍令吊祭。至三年十一月中,改葬於東巒之頂,去寺三百來步。全身不散,神色如常,門下等重睹慈顔,不勝感慕。仍施石户封閉。大師資靈河岳,稟氣星辰,居縷禍之英,應黃裳之吉,由是早栖禪境,久拂客塵。裨二主於兩朝,濟群生於三界,邦家安太,魔賊歸降,則知大覺真身,觀音後體,啓玄開而敷揚至理,開慈室而汲引玄流。生命示亡,效鶴樹歸真之迹;化身如在,追雞峰住寂之心。存殁化人,始終弘道,可謂定慧無方,神通自在者焉。弟子信宗禪師、周解禪師、林偘禪師等五百來人,共保一心,皆居上足,常勤守護,永切追攀。每念臣海塵飛,高風電絶,累趍魏闕請樹豐碑,今上克纘洪基,恭承寶籙,欽崇禪化,不異前朝,贈諡曰朗空大師,塔名白月栖雲之塔。爰命微臣宜修蓋曰仁渷,固辭不免,唯命是從。輒課菲詞,式揚餘烈,譬如提壺酌海,莫知溟渤之深;執管闚天,難測穹蒼之闊。然而早蒙慈誨,眷以宗盟,唯以援筆有情,著文無愧,强名玄道,將報法恩,其詞曰:

至道無爲,猶如大地。萬法同歸,千門一致。粤惟正覺,誘彼群類。聖凡有殊,開悟無異。懿歟禪伯,生我海東。明同日月,量等虛空。名由德顯,智與慈融,去傳法要。來化童蒙,水月澄心。烟霞匪曜,忽飛美譽。頻降佳名,扶贊兩朝。闡揚玄教,甌破燈明。雲開月昭,哲人去世。緇素傷心,門徒願切。國主恩深,塔封巒頂。碑倚溪潯,芥城雖盡,永曜禪林。

原載《海東金石苑》卷2

崔彦撝

崔仁渷的改名,參見"崔仁渷"小傳。

有唐高麗國海州須彌山廣照寺故教謚真澈禪師寶月乘空之塔碑銘

門人元輔檢校尚書右僕射兼御史大夫權知■元臣李奐相敬書并篆額

昔者肉身菩薩惠可禪師,每聞老生談天竺吾師夫子達摩大師,乃總持之林菀,不二之川澤也。於是遠齋祖法□梁,而又游化魏朝,往尋嵩嶽,非人不授。始遇大弘,因物表心,付衣爲信,猶亦優曇一現,泊于五葉相承,其道彌尊,不令斷絶,格於天鑒,元學咸宗,殊見所生,信衣斯止。是故曹溪爲祖,法水長流,波□滔天浩浩,猶魯公之政,先奉文王、康叔之風,以尊周室。則知當仁秀出者唯二,曰讓曰思,實繁有徒,蕃衍無極。承其讓者大寂,嗣其思者石頭,石頭傳於藥山,藥山傳於雲岩,雲岩傳於洞山,洞山傳于雲居,雲居傳于大師,傳法繼明,煥乎本藉。且曰:大師法諱利嚴,俗姓金氏,其先雞林人也。考其國史,實星漢之苗。遠祖世道凌夷,斯盧多難,偶隨萍梗,流落熊川。父章,深愛雲泉,因寓城之野,故大師生於蓚泰。相表多奇,所以竹馬之年,終無□□。年十二,往迦邪岬寺,投德良法師,懇露所懷,求為師事。自此半年之內,三藏備探。師謂曰:"儒室之顏生,釋門之歡喜,是知後生可畏,於子驗之者矣。"則非久植宿因,其孰能至於此。然則母氏初於有娠,夢神僧來寄青蓮,永為徵信,則知絕塵合契,懷日同符。中和六年,受具足戒於寺道堅律師。既而油鉢無傾,浮囊不漏,桑門記位,不唯守夏之勤;草繫懸心,寧止終年之懇。

其後情深問道,志在觀□,結瓶下山,飛錫沿海。乾寧三年,忽過入浙。後崔藝熙大夫方將西泛,侂迹而西,所以高懸雲帆,遽超雪浪。不銷數日,得抵鄞江。於時企聞雲居道膺大師,禪門之法胤也,不遠千里,直詣元關。大師謂曰:"曾別匪遥,再逢何早?"師對云:"未曾親侍,寧導復來?"大師默而許之,潛愜元契。所以服勤六載,寒苦彌堅。大師謂曰:"道不遠人,人能宏道,東山之旨,不在他人,法之中興,唯我與汝。吾道東矣,念茲在茲。"師不勞圯上之期,潛受法王之印,以後嶺南河北,巡禮其六窣堵波;湖外江西,遍參其諸善知識。遂乃北游恒岱,無處不游;南抵衡廬,無山不抵。謁諸侯而獻刺,投列國以觀風,四遠參尋,遍於吳漢,乃於天祐八年,乘查巨寑,達於羅州之會津,此際大師一自維舟,遍宜捨筏,珍重屏翳,邐迤東征。爰有金海府知軍府事蘇公律熙,選勝光山,仍修堂宇,傾誠願海,請住烟霞。桃李無言,稻麻成列,一栖真境,四換周星。大師雖心愛禪林,遁世無悶,而地連賊窟,圖身莫安,所以亂邦不居,於是乎在。十二年,途出沙火,得至遵岑,永同郡南,靈覺山北,尋謀駐足,乍此踟蹰,緇素聞風歸心者衆矣。

今上聞大師道高天下,聲蓋海東,想對龍頤,頻飛鶴版。大師謂衆曰:"居於率土者,敢拒綸音;儻遂朝天者,須沾顧問。付囑之故,吾將赴都。"所以便逐皇□,來儀帝壤。上重光大業,仰止高山,所以修葺泰興,請停慈蓋。粵以明年二月中,特遣前侍中權説太相朴守文迎入舍郵内院,虔請住持。無何,迴飾蘂宫,高敷蓮座,待以師資之禮,恭披鑽仰之儀。猶如西域摩騰,先陟漢皇之殿;康居僧會,始昇吴主之車。遂以塵尾發揮,龍顔欣悦,其於瞻仰,偏動宸襟。此時魚水增歡,不可同年而語哉!他時乘閑之夕,略詣祥扉問曰:"弟子恭對慈顔,直申素懇。今則國讎稍擾,鄰敵交侵,猶似楚漢相持,雄雌未決,至於三紀,常備二凶,雖切好生,漸深相殺,寡人曾蒙佛誡,暗發慈心,恐遺玩寇之愆,仍致危身之禍。大師不辭萬里,來化三韓,救熱昆崗,昌言有待。"對曰:"夫道在心不在事,法由己不由人。且帝王與匹夫,所修各異,雖行軍旅,且愍黎元。何則?王者以四海爲家,萬民爲子,不殺無辜之輩,焉論有罪之徒。所以諸善奉行,是爲弘濟。"上乃撫機嘆曰:"夫俗人迷於遠理,預懼閻摩,至如大師所言,可與言天人之際矣。所以救其死罪,時緩虔劉,憐我生靈,出於塗炭,此則大師之化也。"

其後大師自栖京輦,頻改歲時,每以注目山川,欲擇終焉之地。隱霧之志懇到,聞□天上,上莫阻道情,潛憂生別,思惟良久,久乃許焉。大師臨别之間,特披悲感云:"仁王宏誓,護法爲心,遥垂外護之恩,永蓄蒼生之福。"所以長興三年,下教于開京西北海州之陽,遂擇靈峰,爲構精舍,寺名廣照,請以居之。是日大師略領門徒,就栖院宇,學流盈室,禪客滿堂,若融歸北海之居,疑惠結東林之社。所以誨人不倦,如鏡忘疲,其衆如麻,其門如市。然則不資分衛,唯免在陳,此乃官莊則分錫三莊,供事則具頒四事。況復近從當郡,傍及鄰州,咸發深心,并修净行。則知花惟蒼蔔,如投寶樹之園;林是栴檀,似赴庵蘿之會。大師先來於踏地,備自餘山,師至魂交,神來頂謁,獻粲輸玉泉之供,披誠指廬阜之居,其爲神理歸依,皆如此類。

大師謂衆曰:"今歲法緣當盡,□徑他方。吾與大王曩有因緣,今當際會,須爲面訣,以副心期。"便挈山裝,旅臻輦下。此時上暫驅龍斾,問罪馬津,大師病甚,虚羸任特,不得詣螭頭留語,入鷄足有期。豈惟昔在竺乾,迦葉別闍王之憾;曾于華夏,伯陽辭關令之嗟而已矣哉!明日肩輿到五龍山,頤使招諸弟子云:"佛有嚴誡,汝曹勉旃!"清泰三年八月十七中夜,順化於當寺法堂,俗年六十有七,僧臘四十有八。於時日慘風悲，雲愁水咽，門下僧等不勝感慕，俱切攀號。以其月二十日，奉遷神座於本山□千寺之西嶺，去寺三百□，雅奉遺教也。士庶闐川，香華溢轂，送終之盛，前古所無者矣。上乃旋在省方，忽聞遷化，爰切折梁之慟，亦增亡鏡之悲。自此特命親官，遥申吊祭。

　　大師風神天假，智惠日新，生知而衆妙會心，宿植而元機藏粹。所以事惟善誘，譚以微言，引彼蒙泉，歸於性海。其奈山輝川媚，秀氣難逃，故始自光山，終於□嶺。可謂栖遟兩地，各分韞匵之珍；庋止三河，俱示摩尼之寶者矣。傳業弟子處光、道忍、貞朏、慶崇，并昇上足，皆保傳心，或早牽尼父之悲，或堅護卜商之業。所憾寶塔雖聳，洪銘未刊，然則扣不朽之緣，於在家弟子，左丞相皇甫悌恭、前王子太相王儒、前侍中太相李陟良、廣評侍郎鄭承休，俱早調夏鼎，常艤殷舟，誠仁國之金湯，亦法城之墻壍。與昭元大統教訓斷金相應，深感法恩，請贈大名，以光禪教。詔曰可，故追謚真澈大師，塔名寶月乘空之塔，申命下臣，式揚高躅。彦撝才慚燕石，學謝螢光，以有限微才，記無爲景行，杳猶行海，難其緣山，潛測高深，莫知涯際。爰有門徒元照上人夙傳金口，親奉玉音，因趣龜文，數臨蝸舍。所以得於無得，聞所未聞，譬涼月之游空，如猛風之掃蕩，唯以敷陳厚旨，齊贊成功。所冀翠碣披文，感國主亡師之憾；豐碑相質，嗟門人絶學之愁。言莫慎諸，直書其事。銘曰：

　　禪宗之胤，代代堂堂。人中師子，世上法王。元關闃閾，覺路津梁。遠從天竺，來化海邦。偉矣吾師，生於遼左。何陋之有，豈論夷夏。冰姿雪膚，言説温雅。乘查兮雪浪中，問道兮雲居下。命之入室，仍以傳心。栖遟道樹，偃仰祥林。□津近棹，忽遇知音。便昇金殿，欽仰殊深。卜地海壖，曹溪接武。唯我導師，謂之慈父。忽嘆泥洹，天收法雨。贈謚兮感法恩，流慈兮光禪宇。

　　清泰四年十月二十日立，刻字軍尹常信。

原載《海東金石苑》卷3

高麗國彌智山菩提寺故教謚大鏡大師玄機之塔碑銘并序

　　大相檢校尚書左僕射兼御史大夫上柱國臣崔彦撝奉教撰

門人正朝上柱國賜丹金魚袋臣李桓榲奉教書兼篆額

釋氏之宗，其來久矣。伽譚日甚，聖道天開，然則八萬度門，重光三昧，莊嚴佛土，成就衆生，最後涅槃之時，付囑之故，獨以法眼，授於飲光迦葉，奉以周旋，別行於世。至於鞠多，偏能守護，彌闡斯宗，目擊道存，不勞口舌，不可以多聞識，不可以博達知。爰有達摩，從此來儀，本求付法惠可，傾誠雪立，熨以傳心，其後法水東流，慈雲普覆。由是漕溪之下，首出門者，曰讓曰思。思之嗣遷，遷之嗣徹，徹之嗣晟，晟之嗣價，價之嗣膺，膺之嗣大師。故其補處相懸，見諸本藉，人能□道，此之謂歟！

且曰：大師法諱麗嚴，俗姓金氏，其先鷄林也。遠祖出於華胄，蕃衍王城，其後隨宦西征，從居藍浦。父思義，追攀祖德，五柳逃名。母朴氏，嘗以晝眠，得其殊夢，驚覺而靈光滿室，未風而娠大師焉。生而能言，弱不好弄，年登九歲，志切離塵。父母不阻所求，便令削染，往無量壽寺，投住宗法師。初讀雜華，屢經槐柳，所貴半年誦百千偈，一日敵三十夫。廣明元年，始具大戒，其於守夏，草繫如因。然而漸認教宗，覺非真實，傾心元境，寓目寶林。此時西向望嵩嚴山，遠聞有善知識，忽携瓶錫，潛往依焉。廣宗大師始見初來，方聞所志，許爲入室，數換星霜。光啓三年冬，大師寂滅。其後不遠千里，邐迤來行，至於靈覺山中，虔謁深光和尚，是大師師兄長老也。早蘊摩尼，人中師子，以爲崇嚴之嗣，學者咸宗，然則桃李成蹊，其門如市，朝三暮四，虛往實歸。

大師師事殷勤，服膺數歲，由是擲守株之志，拋緣木之心，挈瓶下山，沿其西海，乘查之客，邂逅相逢，托足而西，遄凌巨浸，珍重夷洲之浪，直衝禹穴之烟。此時江表假辵，次於洪府，行行西上，禮見雲居大師，謂曰：“戲別匪遥，相逢於此，運斤之際，猶喜子來。”吾師問義不休，爲仁由己，屢經星紀，寒苦彌堅。已抵驪淵，得認探珠之契；仍登鳥徑，方諧采玉之符。大師雖則觀空，豈□忘本，忽念歸歟之咏，潛含暮矣之愁。欲別禪居，先陳血懇。大師謂曰：“飛鳴在彼，且莫因循，所冀敷演真宗，以光吾道，保持法要，知在汝曹。”可謂龍躍天池，鶴歸日域，其於來往，不失其時，以此傳大覺之心，佩雲居之印，重超鯨水，再至鯤岑。

此時天祐六年七月，達于武州之昇平。此際捨筏東征，抵于月嶽，難謀宴坐，不奈多虞，窺世路以含酸，顧人間而飲憾，雖攀依水石，而漸近烟塵。路出奈靈，行臻佳境，望彌峰而隱霧，投小伯以栖霞。爰有知基州諸軍事上國康公萱，寶樹欽風，禪林慕道，竊承大師，遠辭危國，來到樂郊，因傾蓋以祇迎，每攝齊而問訊。歸依禪德，倍感元風，知是鳴鶴在陰，衆雛相應；白雲扶日，佳氣表祥。東望之時，頻窺靈瑞，寧逾數日，謹具聞天。今上聞大師道冠中華，名高兩地，遽飛風筆，征赴龍墀。越一年，欵出巖局，來儀玉輦。上忽披離日，情在下風，鑽仰之深，異於他等，蕭武之尊崇釋教，不可同年而語哉！中間暫自歸山，重修遺址，不久特令貴使，虔請入朝，於是難拒芝泥，再昇蘭殿。披雲之際，奉對龍顏曰：“國富民安，不讓於骨庭之境；堯仁舜德，唯侔于華夏之朝。”上對曰：“三五之時，太平之運，寡人虛薄，何以當之。”仍念故山，去京猶遠，捨菩提寺，請以住持。此際深感聖恩，往而停駕。其寺也，山川勝美，志有終焉。所以從善之徒，不呼而集，誨人不倦，善誘孜孜。有人問大師：“酌盡清流時如何？”師答：“盡後事作摩生？”對曰：“豈同清流者。”大師乃許之。

以同光七年十一月二十八日示疾，明年二月十七日善化於法堂，春秋六十有九，僧臘五十。於時日慘風悲，雲愁水咽，天人痛□，道俗摧傷。況又紺馬騰空，青烏卜地，歸寂之瑞，前古罕聞。上欵聽泥洹，潛增慟哭，特令吊贈，禮重國師。門人僧等以其月十九日，共舉靈龕，入於□之西隅三百餘步，傳業弟子融闡、昕政等五百來人，恭叙遺德，表以上聞，諡曰大鏡大師，塔名元機之塔。噫！大師璞玉呈祥，渾金演慶，志無抵俗，言不由機，終身有布衲之名，後世欽縕袍之譽。游方施化，赴國觀光，然則楚問江萍，便引童謠之答；齊咨海棗，方徵國語之詶。其爲時所歸依，皆如此類也。

此際他山之石，未勒高文，所以門徒每度傷心莫窺，墮淚所憾，泊於入滅，首尾十春。下臣頃歲幸謁堯階，仍居董埜，蓬飄風急，桂老霜沈，豈期捧瑤檢於□□，銘石墳於蓮宇。叨因代斵，恐貽傷手之憂；實類編苫，甘受解頤之誚。雖粗窮故實，莫測高深，而聊著斯文，才陳梗

概。強搖柔翰,深愧斐然。銘曰:

□□立教,迦葉傳心。東山之法,遠迻鷄林。幾經年代,來抵鼇涔。雲居之子,雷振法音。

天福四年歲次己未四月十五日立,弟子京内人崔文尹奉教刻。

原載《海東金石苑》卷3

高麗國溟州普賢山地藏禪院故國師朗圓大師悟真之塔碑銘并序

大相檢校尚書前守執事侍郎左僕射兼御史大夫上柱國知元鳳省事賜紫金魚袋臣崔彦撝奉教撰

沙湌檢校興文監卿元鳳省待詔臣仇足達奉教書

原夫鷲頭岩上,世雄開立教之宗;鷄足山中,迦葉表傳心之旨。則知認於三佛,知有心王,觀空而其道希夷,見性而本源清净。繇是西從天竺,東屆海隅,至人則早縮真宗,禪伯則曾尋元契。驪壑探珠,謂傳黄帝之珠;鵲溪□印,如得法王之印。於是徇虚失實,邅劫而久滯凡間;捐妄歸真,刹那而俄登佛位。

大師諱開清,俗姓金氏,辰韓鷄林人也。其先東溟冠族,本國宗枝。祖守貞,蘭省爲郎,柏臺作吏。考有車,宦游康郡,早諧避地之心;流寓録鄉,終□朝天之志。母復寶氏,魂交之夕,忽得休祥,神僧欻自空來,立於階下,懷裏出木金雙印,示之曰:"何者要之?"母氏脉脉無言,其僧即留金印而去。覺後方知有娠,因斷暈□,肅設仁祠,虔修佛事。以大中八年四月十五日,誕生大師。面如滿月,唇似紅蓮,纔有童心,静無兒戲。八歲而初爲鼓篋,十年而暗效横經。甘羅入仕之年,□窮儒典;子晉昇仙之歲,才冠孔門。此時特啓所天,懇求入道,謂曰:"潛思前夢,宛若同符。"愛而許之,難拒先度。是以即爲負□,□以擔書,既□浮海之囊,遂□□泥之發。尋師於華嚴山寺,問道於正行法師。法師知此歸心,許令駐足。其於師事,備盡素誠,志玩雜華,求栖祇樹。高山仰止,備探鷲嶺之宗;學海栖遲,勤覽猴池之旨。大中末年,受具足戒於康州嚴川寺官壇。既而忍苦尸羅,忘勞草繫,傷鴨之慈心愈切,護鵝之懇念□深。守夏□闌,却歸本寺,再探衆典,以導群迷,超歡喜之多聞,邁顔生之好學。此時遠聞蓬島,中有錦

山,乘杯而欵涉鰲波,飛錫而尋投鹿菀。栖禪之際,偶覽藏經,披玉軸
一音,得金□三昧,十□□□□□正覺之心;三歲飡松,冀證菩提
之果。

勤參之際,忽有老人;瞻仰之中,翻爲禪客。粲然發玉,皓爾垂
□,謂大師宜亟傍窮途,先尋□嶺,彼有乘時大士,出世神人,悟楞伽
寶月之心,知印度諸天□性。大師不遠千里,行至五臺,謁通曉大師。
大師曰:"來何暮矣,待汝多時。"因見趨庭,便令入室,心深求法,禮事
師□。一栖道樹之旁,幾改階蓂之序,所以始傳心印,常保髻珠,不出
巖□,□栖雲水。大師年德皆至,耋期不任,極倦誨人,無疲□客。教
禪師事同法□,勤接來徒,牛頭添上妙之香,麈尾代元譚之柄。可謂
猶如洪州大寂,地藏□誘□之門;有若魯國宣尼,子夏代師資之道者
矣。文德二年夏,大師歸寂,和尚墨□增絕學之悲,恒切忘師之憾,所
以敬修寶塔,遽立豐碑,兼以常守松門,幾遭草寇。詰遮洞裏,惟深護
法之懷;堅操汀邊,志助栖禪之懇。爰有當門慕法弟子閔規閼,飡欽
風志,慕道情深,早侍禪扉,頻申勤款,仍捨普賢山寺,請以住持。大
師對曰:"深感檀那,有緣則住。"逡巡移入,便副禪襟。廣□丘原,遆
邐道路,又以高修殿塔,迥啓門墻,來者如雲,納之似海。深喜吉祥之
地,慧月當軒;共依功德之林,慈雲覆室。亦有知當州軍州事太匡王
公荀息,鳳毛演慶,龍額呈祥,趨理窟以探奇,詣禪山而仰異。人中師
子,扣山陰玩月之門;天上騏驎,投剡縣栖霞之舍。

本國景哀大王聞大師德高天下,名重海東,憾闕迎門,庭中避席,
仍遣中使崔暎,高飛鳳詔,遠詣鴛廬,請扶王道之危,仍表國師之禮。
此際太匡齊攜僚佐,直赴禪門,共陳列賀□儀皆群黎之慶,況後鄰州
比縣,典郡居官,冠□柱石道■大師此時暫移慈蓋。來至郡城,□州
師勤王,贊邑人之奉佛,■□南止觀,長流福慧之泉;嶺外言歸,仰見
清凉之月。纔臻舊隱,忽患微痾,漸□危虛,潛知去矣。以同光八年
秋九月二十四日,示滅於普賢山寺法堂,俗年九十有六,僧臘七十有
二。于時山崩海竭,地裂溪枯,道俗悲哀,人天感慟,門人不勝追慕,
國士徒切憾嗟。其月二十八日,號奉色身,假隸於當寺西峰石室,去
寺三百來步。

大師功成億劫，德值千年，神通則龍樹推□，變化則馬鳴讓美。故得紹興三寶，降伏四魔，道情早冠于燈蘭，心路曾超于安遠。所以欲出迷徒，焚慧炬於□衢之畔；將超彼岸，艤慈航於苦海之中。可謂智慧無礙，神心匝量，一切之導師，生人之先覺者矣。上足弟子神鏡、聰静、越晶、免言、惠如、明然、弘琳禪師等，俱栖慧菀，共守禪局，思法乳以年深，想慈顏而□遠。切恐鯨池灰起，先憂陵谷之遷；鯨海塵飛，忽憾歲年之往。所冀記大師之言説，遠示無窮；流吾道之祖宗，傳於不朽。由是門徒抗表，頻扣金門，眾懇聞天，達於玉宸。今上聖文世出，神武天□，三驅而克定三韓，一舉而齊成一統，今則高懸金鏡，普照青丘。所以振恤黎民，已致中興之運；歸像釋氏，皆披外護之恩。以此錫謐曰朗圓大師，塔名悟真之塔，申命下臣，式揚高躅。彦撝詞林末學，繁菀微臣，叩奉綸言，仰銘禪德。譚劉琨之山高海闊，盧湛焉知；美郭泰之龍聖龜神，蔡邕不愧。重宣前義，乃作銘云：

奥哉正覺，利見迦維。傳心鷲嶺，立教猴池。爰有至人，生於海裔。□山尋師，贊傳元契。賢岫□眾，顯示真宗。高懸法鏡，迴掛洪鐘。方忻宴坐，忽漢歸滅。日慘雲愁，天翻地裂。大君悲咽，門下感傷。燈傳□爐，塔聳雲崗。

天福五年七月三十日立。

原載《海東金石苑》卷3

有晉高麗□中原府故開天山净土寺教謐法鏡大師慈燈之塔碑銘并序

太相檢校尚書右僕射前守兵部侍郎知翰林院事臣崔彦撝奉教撰

沙粲前守興文監卿賜緋銀魚袋臣具足達奉教書

原夫曉月遐昇，照雪于四方之外；春風廣被，揚塵於千嶺之旁。然則木星著明，散發生之元霧；青暈迴耀，浮芳序之法雲。或冱色凝寒，或陽和解凍，聚此太平之美，激於離日之暉。所以二氣相承，三光助化，可謂麗天之影，明望所宗，此則宏之在言，拾此於實。嘗試論之，尺璧非寶，亡羊則唯貴寸陰；宏珠是珍，罔象則真探秋露。故知儒風則詩惟三百，老教則經乃五千，孔譚仁義之源，耼演元虛之得；然而雖念忘□，敢言得理，此則域中之教，方内之譚。曷若正覺道成，知一心之可得；真如性净，在三際之非殊。故知澡慧六通，不生不滅；凝情三昧，無取無行。蓋因方便之門，猶認秘微之義，事情善誘，心在真宗。然而至道希夷，匪稱謂之能鑒；元宗杳邈，非名言之所鈴。於是各守一隅，難通三返，筌蹄之外，慧業所資。而又雖渴鹿趣炎，謂至清池之畔；盲龜游沼，猶逢浮水之中。則知法本不生，因生起見，見其可取，法則常如，然則净零法雨之滋，便清熱惱，虔竭微塵之衆，俄濟迷流，菩提涅槃，法性常往，用此莊嚴佛土，成就衆度生天，人教菩薩，方思妙用，可謂周勤。然則昔者如來爲五比丘説三乘教，化緣已畢，尋以遷儀，臨涅槃之時，以無上法寶，密傳迦葉，流布世間，日護念勤修，無令斷絶。自大迦葉得其法眼，付屬阿難，祖祖相傳，心心共保。爰有應真菩薩，同覺大師，惠□中□非人不授，至唐承襲者，竊惟六人：摩傳可，可傳璨，璨傳信，信傳忍，忍傳能。能其後分而爲二，其一曰讓，其一曰思，其下昭昭，此則何述焉。洎於像末，逾益澆訛，大道雲喪，微言且絶，則非探奇上士，契理真人，何以一匡頹俗，再□法輪。必有涉進元鄉，心行静處，時時間出，代有其人者焉。

　　大師法諱元暉，俗姓李氏，其先周朝閟德，柱史逃榮。苦縣地靈，如有猶龍之聖；郡鄉天寶，昔聞嘆鳳之君。故言匪魯司寇，無以知之者也。遠祖初自聖唐，遠征遼左，從軍到此，苦役忘歸，今爲全州南原人也。父諱德順，尤明《老》《易》，雅好琴詩。當白駒栖谷之時，是鳴鶴在陰之處，高尚其事，素無宦情。母傅氏，假寐之時，須臾得夢。阿姿布施，證鳩摩羅馱之祥；聖善因緣，呈鶴勒夜郍之瑞。殳賢曾爾，唯我亦然。況又在孕之時，十有三月，免懷之際，元正伍時。以乾符六年孟陬之朔誕生。大師生有聖姿，幼無兒戲，行惟合掌，坐乃趺跏。畫墁堆砂，必模像塔；分湌汲水，須給蟲魚。然則因睹牛琗，冀游鰲壑，潛辭塵世，實欲出家。聞於二親，志切且慊。父母謂曰："今思前夢，宛若同符；始覺曩因，猶如合契。汝前佛所度，汝亦度之，任你東西，早登佛位，導師慈父，便是其人。"所以永遂離塵，尋山陟嶺，東西獲投靈覺山寺，謁深光大師，傾蓋如新，忻然自得。追念東山之法，實謂得人，倍切歡娛，寧知昏旭，闡揚吾道，不在他人。所以仰惟祖宗，仍是崇嚴之子，猶認先系，亦爲麻谷之孫也。足見聖道所傳，曹溪爲祖，代代相契，至於大師，所以來自江西，派于海左，海隅聖住，天下無雙。於是許□探元，殷勤學佛，不出蓮宇，常住草堂。大師實勞我心，談不容口，後生可畏，其德維新，自非宿植善芽，生知靈性，其孰能至於此！乾寧五年，受具於伽邪山寺。即而戒珠更净，油盂彌堅。修善逝之禪，靈臺不動；契文殊之慧，照境無□。演三藏之文，解行相應；闡四分之律，勤修兩存。所以問詰絕命，吐言尊道，口不談俗，身猶蘊真，然則窮理在三，體元含一，必能興仁壽域，拯物阽危。此時雖聖運三千，而難期百六，火辰照地，金虎司方，此際風聞南在武州，此中安處，可能避難，修保殘生。所以大師與同侶十一人，行道茫茫，至於其所。果然群黎翕集，所在康寧。然則竊承南海，多有招提，實堪駐足。不久住於彼處，謂云："何以栖遲者爲焉。"居無何，忽遇綠林，潜侵元室，便爲郤剝。俱煞同行訖，次至大師。師臨白刃而神色怡然，志青雲而目光瑩爾，唯悚懼自若從容，魁首觀其風度怡怡，語聲切切，投劍羅拜，請師事焉。至於豺狼革心，寇賊知禮，譬如元奘三藏，拋西域之爲牲；慧忠大師，免南陽之遇禍。夫先聖這之遭難也如彼，我大師之化人也若斯，萬里同風，其歸一揆。

大師其後謂曰："終居此地，必滯前程。"天祐三年，獨行沿海，尋遇乘槎之者，請以俱西。以此寓載凌洋，達於彼岸，邐迤西上，行道遲遲。路出東陽，經過彭澤，遂至九峰山下，虔謁道乾大師。廣庭望座，膜拜方半，大師問曰："闍梨頭白？"對曰："元暉目不知闍梨，自己爲什勿不知。"對曰："自己頭不白，追思別汝，稍似無多，寧期此中。"更以相遇，所喜昇堂睹奧，入室參禪，纔留一句，密付心要。受兹元契，如瀉德瓶，若備中和易直之心，而得昇降周旋之節，於義爲非義，于人爲半人，恭惟世間出世間，皆歸佛性，體無分別，俱會一乘。所以一托松門，十經槐律，獨提瓶錫，四遠參奠，境之幽兮往游，山之秀兮留駐。所以天台仰異，地境觀風。嶺外擔登，虔禮祖師之塔；湖南負笈，遠投禪伯之居。其後況復北抵幽燕，西致邛蜀，或假徒諸道，或偷路百城。

以此偶到四明，忽逢三島，只賫音信，至自東方。竊承本國祁山霧收，漸海波息，皆銷外難，再致中興。迺於同光二年，來歸舊國，國人相慶，歡響動天。可謂交趾珠還，趙邦璧返，唯知優曇一現，摩勒重榮。上乃特遣使臣，奉迎郊外，寵榮之盛，冠絕當時。翌日，延入九重，降於三等，虔心鑽仰，待以國師。大師披霧之時，頻搖塵尾；上乃望風之際，甚悅龍顏。所以大師語路風流，言泉境絕，得所無得，元之又元。忽聽元譚，盡去煩襟之悶；仍承雅況，終懷瑩慮之規。然則大師曰：“群緣體無，眾法歸一。若靈藥毒草，同在林中；甘泉淤泥，共生泉下。能令分別，不有迷之。”上事佛精勤，深求親近，仍于中州凈土蘭若，請以住持。大師自此才涉滄溟，每思幽谷，舍茲奚適，適我願兮。於是便挈山裝，尋凌漢廣，悠悠騫嶺，往以居之。境地偏佳，山泉甚美，當州聞風而悅詣者百千。大師暫駐慈軒，尋鋪禪榻，四方來者，皆滿茅堂，森若稻麻，誨之不倦，所以先難後獲，霧集雲歸。大師誘引學流，敷陳宗旨，理妙詞簡，幾深義精，六度之龜麟，人天之海嶽也。爰有佐丞劉權說者，殷傅說之流也，於國忠臣，在家弟子。鑽仰尼父，必同顏氏之徒；服膺釋迦，須并阿難之頰。特趁禪境，敬禮慈顏，便申避席之儀，深展摳衣之懇。其後下國之賢，求仁所聚；中原之士，慕德成群。祇奉儀形者，白蓮開於眼界；敬聞言說者，甘露降□心源。然則可謂主僧子天君，法法兄曰禪林，禦眾開道，入天子之軒，寶樹居尊，施澆季法王之化者也。而又知上法易，行上法難。修上法易，證上法易，證上法難。或問：“萬行皆空，云何故行？”對曰：“本無苦樂，妄習爲因，眾生妄除，我苦隨盡，更於何處，猶覓菩提。”然則朝廷士流，銜命來往，路出中府，終年幾萬一之流，忙於王事，不踐門閫，以爲大羞。若及虔謁禪關，仰承一眄，每聞曉誨，如洗朝饑。及其撞鐘大鳴，入海同味，觀法無本，觀心不生，惟最上乘，止于中道，涼風既至，百實皆成，汝能總持，吾亦隨喜，由是無上覺路，分爲此宗。大師謂大眾曰：“曾修香火之因于大王殿下，永言付囑，虔托王臣，所以老僧忍病趨風，貪程就日，冀於一訣，不在它求。”以此即至上都，親申誠懇。上答曰：“法由國興，誠不虛語。實願大師安心道念，久護生靈，弟子墻塹法城，金湯祇樹。”大師對曰：“菩薩宏誓，上乘發言，護法爲心，流慈是務，正應如是，今窺聖朝。”又問：“修行功用，遠近當殊？”答曰：“滴水下巖，即知朝海。”又問：“了信相信，先曾暗同，爭奈童蒙，如何勸發？"曰："兒喉既閉，乳母奚爲。"夫金韞於山，則山稱寶嶽；珠藏於水，則水號珍川。其道念茲，亦同於此，此情何已，俱在前言。

此際宴坐禪床，經行慧菀，演心法元元之語，論性根切切之譚，然則真空無象，實際絕言，豈惟慧日光沈，方感泥洹之早；慈雲色斂，忽牽滅度之悲而已矣哉。天福六年十一月二十六日，詰旦告門人曰："去留有期，來往無住，於焉示化，所在如然。汝勉㫋，奉行遺誡，不墜宗旨，以報吾恩也。"未示滅之前夕，弟子問："和尚欲去，付囑何人？"師曰："鐙鐙自有童子點，問彼童子如何，示展日星布青天裏，於中郎得知。"言竟坐滅，俗年六十有三，僧臘四十有一。于時雲日慘凄，風泉鳴咽，山川震動，鳥獸悲啼。諸天唱言，人無眼目；列郡含憾，世且空虛。天人感傷，斷可知矣；聖感靈應，豈誣也哉！弟子闍行等三百餘人，號奉以其月二十八日，窆於北峰之陽，遵像教也。臨終之際，奉表告辭云："老僧不遂素懷，永辭聖代矣。"上乃披覽，皇情悼焉，乃贈諡曰法鏡大師，塔名慈鐙之塔。則知尊師之道悼然，追遠之儀賅矣，於是乎在莫之與京。

惟大師維岳降靈，哲人生世，敷揚釋教，章示禪宗，然則爲物現生，憂人宏道，貌和言寡，饑至飽歸。所以心樹花鮮，法流水净，月明江闊，木落山高。故能蒼蔔神香，醍醐勝味，正道無說，權機有言，由是四方施捨之緣，歸於大眾；一世有無之屬，瞻彼窮人。然則可謂問道楞迦，尋師印度，求深斷臂，志切傳心。遂使人國歸仁，實助帝王之化；千門入善，偏沾黎庶之心。下臣忽捧芝泥，令修齋曰，臣才非吞鳥，學謝聚螢，强措菲詞，式揚禪德。所冀垂於不朽，永示無窮。國主追哀，風㗅彰亡師之慟；門人感慕，龜文表絕學之悲。銘曰：

懿歟大覺，愍我群生。休飲炎水，莫趨化城。色則非色，名惟假名。知惟真實，試是慧明。悼哉至□，麻谷孫子。具體則圓，猶如顏氏。道冠憐鷹，慈超救蟻。□悟真宗，潛傳閟旨。紹隆三寶，□接四依。元情乘運，妙用息機。智流激爽，心□知歸。聞取未聞，得其無得。法無去來，宗判南北。靡見聖心，誰尊禪德。佛戒恒行，師言不忒。心傳靈器，道贊聖朝。化被群惑，威摧眾妖。初從宴坐，屢赴嘉招。惟思惟慮，匪斫匪雕。服煖緹廣，食甘禪悅。大君感傷，真宰思渴。唯喜學人,并無中輟。

天福八年歲次癸卯六月丁未朔五日辛亥立,鐫字僧光乂、壯超、幸聰、行□。

原載《海東金石苑》卷 3

高麗國故無爲岬寺先覺大師遍光靈塔碑銘并序

太相檢校尚書左僕射兼御史大夫上柱國知元鳳省事臣崔彥撝奉教撰

正□□□評侍郎柱國賜丹金魚袋柳勛律奉教書

蓋佛陀出世,鷲嶺開利物之門;迦葉□□,鷄足闔歸全之□。□□□軋去聖,身毒懷仁,傷鶴樹之昇遐,俟龍華之□□□悵□□□隱其風漸衰。豈謂祖祖傳心,當具體而微之侶;師師接踵,有高山仰止之流。至於圓覺深仁,遠居南海,大宏願德,曾□□山□□之心諧於郢匠,一蓮啓處,六葉重光,門徒□上之□□□在雲居之□人能弘道,保□祖宗,惟我大師則其人也。大師法諱迥微,俗姓崔氏,其先博陵冠蓋,雄府棟梁,奉使鷄林,流恩□郡,所以栖心雲水,寓迹海壖,今爲武州□□人,□□□權早閑莊老,□愛琴書,私□□招隱之篇,蕭寺□空門之友。母金氏,魂交之夕,忽得休徵,見胡僧入房,擎玉案爲寄,欻焉驚覺,尋報藥砧。答云:“必生懷寶之兒,先告弄璋之慶。”□後□□室□每有燈輝之□□子之□□□證定光之瑞,以咸通五年四月十日,誕生大師。生有殊相,幼無雜交,洎乎志學之年,潛蘊辭家之念。此時忽垂雙淚,虔告二親曰:“切欲去塵,投其□□。”父母□□□志,惟許□□□□爲山莫恒□□遂乃斜登歧□,直詣寶林,謁體燈禪師。禪師法胤相承,陳田子孫也。和尚雖云一見,便□□之□曰昔稍遥,今來何暮,許□□室□□□兹敬□禪宗□□□□□□□□傾油鉢□□於救蟻,沙彌勤苦增勞,不離左右。至於中和二年,受具戒于華嚴寺官壇,大師□□□□□安坐白虹之氣,來覆法堂,□是□□□□□□□□□□□□□□道知在□人戒珠,敢虧草係之心,尤保尸羅之律。及其夏□往度□山,禮見融堅長□□今□□僧陳□□□何□上追思北海之中,所以□□論傳中霄□□□長□□□□□□

□□黄□□法盍雲□披雲,藥山采藥,老僧恨不隨地西笑,問徑上游,祖塔于曹溪□□□□□□□□□□□□莎莫以因循,時不待人,曷維其已。門屬遠從罔象□□珠□□□□□□□□□□□□鏡於青丘之畔。洎于大順二年春首,忽遇入□□□□□□□□□□□□□朝使車,托足而西,達於彼岸,維舟鏡水,指路鐘□企□□□道膺大師先佛□□□□□□□□□□之兆寶沿付囑之心,行道遲遲,遠經□□□□□□□□□□□□□大師若披皇覺大師謂曰:吾子歸矣,早知汝來。□□曰昇堂□其□□所喜者□□室家之美□□禪教之宗。由是睹奥幽局,探玄理參尋□□□□□□□□□□□□□□□□□豈惟迦維演阿難之獨步釋門,闕里談經,顔子之□□□室而已矣哉!景福三年,覃州節帥馬公□節度副使金公復聞風欽仰,拂霧敬□□□□□□□□□□□□□□□請□□居其爲時所瞻依,皆如此類也。迺於天祐二年,□□□□□□□□□□□此時知州□□王公池本籍承大師,纔諧捨筏,已抵平津,□地□之攀□□□□□□□□□□慈□每以趨塵,如窺慧日。常於四事,遠假天厨,實展□□□□□仍以□□□□無爲岬寺,請以住持。大師惟命是聽,徙居靈境。此寺也,林泉□□□□□□□□□□□□□□□地然則重修基址,八換星霜,來者如雲,納之似海,□□□□□此時□□□□□於□□年,亂甚于曹劉之代。上無聖主,猶鋪猘聚之徒;下□□事,莫□□□之難。□□□□□□□如□四海沸騰,三韓騷擾。至九年八月,前王永平北□□□□□□□□□□□舳艫,親驅軍駕,此時羅歸命屯軍於浦嶼之旁,武府逆鱗,動衆於郊畿之□□□□□□□□□□□□□大王聞大師近從吳越,新到秦韓,匿牟尼於海隅,藏□□於□□□□□飛丹詔,遽屈道竿。大師捧到奔波,趨風猛浪,親窺虎翼,暗縮龍頭。僧□□鑄吳□轉明之□□□□無以加也。其後班師之際,持請同歸,信宿之間,臻於彼岸。遂□□□□□□□□□□供給之資,出於内庫,所恨群□伏衆病莫除,唯奉法以栖真,□□□□□□□今□禍者□枉殺無辜。而乃遭艱者填其雲屯,同歸有罪,然則□□道□敢悛□□之□□□仁慈,寧止赫連之暴。況又永言移國,唯喝喫人□謂多□□□□信以十□□□□□□日大王驟飛鳳筆,令赴龍庭,冀聞絕迹之

譚,猶□□言之理。大師服□□□□主上鷊立當軒,難測端倪,失於
舉措。豈思就日玄高之復□□君無□□□□□□□遭僞□是□謂業
對將至,因緣靡逃,兼崔皓懷奸□□□□□□□□大師曰:"吾師人間
慈父,世上導師,何有存非,不無彼此?"大師方知禍急,罔遲危□□□
□□□□嬰呂僕之謀;仁者懷恩,寧廁商□之惡。然而壹言不納,遷
□以加捨□之時世□□緣,俗年五十有四,僧臘三十有五。于時川池
忽竭,日月無光,導俗吞聲,人天變色,□誨秦原□□□□□□之□
□漢室龍興。當今居尊之際,謂群臣曰:"竊惟故大師道□□十地德
□□□遠出□方,來儀樂土。寡人早披瞻仰,恭□歸依,顧思有得之
緣,常切亡師之痛。"仍於雨泣,實□□□追□□□俾修□□。至明年
三月日,遂召門弟子閑俊、化白等,曰□□之□□□□□之□昭此山
也,山岡勝美,地脉平安,宜爲置冢之崛,必□尊宗祐。可師等與□
□且□修山寺,尋造石塔者,至其日月,先起仁祠,便成高塔,塔成,
師等號奉身遷葬於所建之冢。詔曰:"式旌禪德,宜賜嘉名。賜謚
爲先覺大師,塔名爲遍光靈塔,仍賜其寺額敕號太安。"追遠之榮,
□□□□之□□□下臣謬因宦學,叩□樞機,辭潤色於仙才,謝知
言於哲匠。先是王室獻賦,金榜題名,何期降紫泥於蓽門,銘黃絹
於蓮宇。所冀强搖柔翰,申大君崇法之由;聊著鮮文,慰門下送終
之懇。銘曰:

粤哉靈境,□□□禪。□□爲□,道情是兵。即色非色,惟名假
名。雖云方便,祇爲衆生。爰有僧英,□□禪伯。能使魔軍,克歸□
□。雨中稻麻,霜後松柏。須拜昌言,難欺雅□。動惟佛事,翻被人
□。真衰俗成,法弱□□□□令終道光。無□遺迹,師舊芳□。
德於茲傳,□□不朽。神足傷心,□□□□塔□□□□□□□劫頻
移,天長地久。

開運三年歲次丙午五月庚寅朔二十九日戊午立。

金文元、崔奐規。

原載《海東金石苑》卷3

孫 紹

高麗國人。歷任大相、前守禮賓令、元鳳令，兼知制誥、上柱國、賜紫金魚袋。其他事迹不詳。

有唐高麗國武州故桐里山大安寺教諡廣慈大師碑銘并序

太相前守禮賓令元鳳令兼知制誥上柱國賜紫金魚袋臣孫紹奉教撰

沙粲[前守興文]監卿賜緋銀[魚袋臣□□□奉教書]

若夫繫虛發響，苟應就悟之能，□實藏聲，豈是處迷之術。門縱闊而不可得透，岸雖□而難以獲逾。至理在中，守株者無由見性，真宗非外，窺管者莫以傳心。曩植曠劫之道芽，方鑄多生之法器。是以運開一千甲子，始遇聖明，歷周五百星霜，再逢賢哲。或稟七净而傑出，或蘊十智以挺生，自古既稀，至今爲貴，兩全雙美者，即我大師也。

大師法諱允多，字法信，京師人也。其祖考等，皆族盛簪纓，門專孝義，家記而亂來抛墜，聲譽而耳口聞言。其妣朴氏，受性温和，爲人真潔。自幼未嘗於俗味，長[經]勤修於佛事。迨其嶽降，分娩等閑，由孝感而易爲，若霜菫之出疾。時以咸通五年四月五日誕生。

大師初放蓬矢之日，雙柱絕倫，將辭錦褓之季，三亭轉麗。遨游而居止有方，禮度而顛沛無墜。扇枕之令譽，早著鄉閭，槌灰之捷詞，凤馳遐邇。春秋財當八歲，有志三歸，遽告二親，願別蝸門，要投禪教，父母益爲鞠養倍前，猶是縈紆，未能允許。大師潸然曰："出家修道，利益不無，值饒翁子之錦衣，豈勝山僧之毳衲！"哀鳴重遷，咨告再三，深認求情，固難橫奪，登時一諾，明日辭膝下。步而雲游四海，行駐唯伴孤影，炎凉條歷數年。自此，周迴跋涉於遼東，迤邐遠詣於桐裏，參覲和尚，頻相面目，顧眄形容。數日後侍奉上方，和尚曰："古語'心專石也穿，志切泉俄涌'，道非身外，即佛在心。宿習者覺於刹那，蒙昧者滯在萬劫，如來説諭，爲精鈍則再語，爲根利則略言。汝自好看，不在吾説也。"

於迦耶岬新藪,受具後但擊心猿,無縱意馬,戒瓶方挈,油盞不敧。轉鞭志於晝宵,綱砥心於瞬息,不户不牖見大道,不崑不海得神珠。芳聲既震於四方,法侶遠自於八表。

法祖西堂傳於徹,徹傳於先師如,如傳於吾師,即西堂曾孫也。大師傳法化於西堂,却不勞西學。割世緣於東域,真善誘於東人。學無學之宗,終資祇夜,師無師之旨,必藉修多。遂使弄一心者,能信一音,纏九結者,漸歸九業。多多方便而引導,輕輕威力而折摧,化緣周於緹岑,踪迹遍於桃野。不忘其本,却歸故山。纔經兩霄,忽有山賊入寺,擬劫衣物,直到上方。大師遶然而無鉴,不動禪座。被危鋒之辟惡,扶慧刃之降魔。賊徒無□,衝突大師,自知罪過,言訖禮拜走散。見此模樣,不免思惟。至夜化夢,有一戰將,入於陀那,七軀末座,向大師書是重認兩字而已。睡覺驚訝,起來盥漱,端坐偶言曰:“也大奇！也大奇。白日狐疑了,不料清宵蝶夢成。古人有言:‘一忍得長樂者,一忍住世久好’,重忍兩字,豈徒然哉。”大師因此永獲安禪,久居僧寺。□□□□□□□黄波□如而洞達禪旨,超然聖言。離聲色裏,出是非關,衲子盈門,慕義投仁,雲趍霧聚,參禪學道,虛屆實歸。

孝恭大王趍向谷風,遐飛綸翰,願開慧眼,以祐國祚。於時羅運傾否,兵火頻起,弓裔亂紀,甄萱盜名,天命有歸,國朝新造。背□梗狼烟,往來辛苦於沙門,禅□終無於王。

神聖大王乘時聖主,間代明君,富安邦撫俗之宏機,通護法契理之神術,萬機之暇,留心玄門。自微時飽聆大師之聲價,因遣郎官賚御札,入山而請曰:“仰德日久,願接梵儀。師已老矣,恐難行脚,何妨騎乘,一詣九重。”大師曰:“老僧由來未嘗騎馬,至於齡年,山僧亦是王民,何敢方命”,以錫杖芒鞋,步至輦下。上大喜,令止儀賓寺安頓,數日後召入。上殿勿趨,上下床接之,待以賓禮,群臣竦然。上問曰:“古師雲心即佛,是心如何。”大師答曰:“若到涅磐者,不留於佛心。”問:“佛有何過,即得如此。”答曰:“佛非有過,心自無過”,問曰:“朕受天之佑,救亂誅暴,何以則生民保乂。”對曰:“殿下不忘今日之問,國家幸甚,生民幸甚。”問曰:“大師以何德行化道衆生。”對曰:“臣僧自救不了,何敢解脫他縛。”此日玉音琅琅,不憚雲興之間,大師四辯亹亹,無礙瓶瀉之答。若具載文繁,括而略録。

伏念今上大王,威齊兩曜,蒞政而道葉乾坤,德秀重瞳,治民而令無邪黨。歸依五衍,豈異於中印匡王。尊仰三禪,有同於西天戒日。正法興邦之代,修文植本之君,專美斯今,罕見振古。大師三禮而退,命安置興王寺。黄州院王旭郎君,遥仰清風,互傳尺牘,願爲弟子,冀效從師。遂寂滅而數年,山問而復况。内史令皇甫崇,太常忠良,日監大師之供饋,如執侍者之職,大師益不安。一日諗於上曰:"麋鹿野縱,甘伏丘壑,畏承御命,來往王域,恐懼情深,軒鶴梁鶼,未足諭也。伏望許從微情,俾雲歸古山,魚游深壑,爲賜大矣。"上許之,令歸桐里古山,命本道守相,劃給田結奴婢,以供香積。不忘外護之風,每展八行之禮,差官往來,絡繹於道,崇奉之盛,未曾有也。

大師至開運二年荒落爲辜,二十二日召衆,曰:"生也有限,滅而無定。吾今欲行,各自珍重。佛言'波羅提木叉是汝大師',吾亦以此言囑汝。汝等遵行,吾不死矣!"令焚香念佛,合掌奄然而逝,俗年八十二,僧臘六十六。

於是,緇徒號慟,嘆津梁之已摧,禪伯兹嗟,見法輪之永閉。至於飛禽憫然,走獸凄愴,平日爽耳之潺湲澗水,變作哀聲,多年悦目之鑾巑山雲,皆成慘色。感到蠢植,毫楮寫周。遂以其時事申聞。尋蒙朝命,建塔本山。財出官廩,役以近民,莊嚴周密,雕琢甚妙。上首門人等復告於朝曰:"先師臣某,幸蒙知遇,國恩罔極,生死俱榮,而塔上之銘闕焉。恐先師臣平日樹立之道行,漸至湮没,伏乞睿澤。"□從,許樹豐碑者。爰命微臣,延揚禪化。紹才非七步,學昧五車,直言而否嘆朱生,斤斧而有稱覷襧氏,事不獲已,抑綴爲文。銘曰:

偉哉開士,了達真筌。

法門杳杳,至理玄玄。

化符海外,道尊日邊。

雲歸深洞,月落澄淵。

波瀾意氣,平等心田。

今朝示滅,何處談禪。

鷄山崒崔,鴨水透迤。

土地有緣,栖遲在斯。
解虎道俊,救蟻恩垂。
石臻聽講,樹向來儀。
兩楹忽夢,雙履俄遺。
無法可説,有稱廣瓷。
清净三業,蕩除六塵。
歸栖桐里,際會金人。
依稀提拔,仿佛波輪。
玄談浩瀚,大慧精神。
將登彼岸,劫火焚薪。
介衆安養,哀號蒼旻。
可久可大,萬歲不磷,
爰述不朽,聊記貞瑉。
光德二年歲次庚戌十月十五日立。鐫字文旻。

原載《韓國金石全文》中世上

釋純白

　　新羅國僧人。撰寫的《新羅國石南山故國師碑銘後記》,對羅末麗初朝鮮半島佛教山門傳承,留唐知識人文翰生活頗多了解。其他事迹不詳。

新羅國石南山故國師碑銘後記

　　恭惟我國大師,始自出昭,終放没齒,生緣眷屬,觸事因緣。即門生金長老允正所修録,具門人崔大相仁渷所撰碑述之,今白之所記者。恭以大師於唐新羅國景明王之天祐年中,化緣畢已。明王謚號銘塔,仍勒崔仁渷侍郎使撰碑文。然以世雜人猾,難爲盛事;是以年新月古,未立碑文。至後高麗國凡平四郡,鼎正三韓,以顯德元年七月十五日,樹此豐碑於太子山者,良有良緣者乎?
　　爰有國師之門神足國主寺之僧頭乾聖院和尚者,法諱讓景,俗姓金氏,字曰舉國,爲師而或體或心,爲王而乍耳乍目。將恐芳塵風掃,美迹雲消,黃絹將爛,翠炎弗植,師恩雀報,自立龜碑。和尚王父藹,元聖王之表來孫,憲康王之外庶舅,清廉謠聒於街路,忠孝譽酬於尊卑。内知執事侍郎,外任浿江都護。父訪禮,才兼六藝,學貫五經。月下風前,屬緣情體物之句;春花秋月,呈撫弦韻竹之聲。内至執事含香,外赴朔州長史。和尚始自華色,終於曳身,動止言談,行踪風格,可備別録,此略言焉。且國師碑之與録可記而未記者,曰龍潭式照乾聖讓景鷟口惠希宥襟允正,請龍善現靈長元甫石南迴閑嵩山可定太子本定右九師者。國師存日,羽翼在卵,未翥雲之際;國師没後,角足成體,始游碧海之中。師之在時,法席口牛毛之數;師之入滅,禪座財鐘乳之多。人謂之評曰:"九乳若鐘,養九方之佛子;一面如鏡,正一國之君臣。"古所謂翼衆銑銑,兹焉在焉。其允正長老者,乾聖同胎之弟也。戒高持者,名出有人,存殁言行,門人別録。其母氏夢妊盈之日,日入於寝室,娠季之月,月入於密窟,果誕乾聖與宥襟也,豈翅曇諦母夢二物之徵,慧住阿孃獲二果之瑞而已哉!仁浣者,辰韓茂竣人也。人所謂一代三鶴,金榜題迴。曰"崔致遠",曰"崔仁浣",曰"崔承祐",口國中人也。學圍海岳,加二車於五車;才包風雲,除三步於七步。實君子國之君子,亦大人鄉之大人。是或折桂中花,扇香風於上國;得葱羅域,推學究於東鄉。承大師重席之恩,撰大師鴻碑之記。白也執尺占天,郵終近遠,傾蠡酌海,豈度少多?然則言而不常,默猶不可。後來君子,取之捨之而已。

原載《全唐文》卷 922

金廷彦

　　高麗國人,生卒年不詳。爲高麗前期文臣、學者。高麗光宗在位期間,曾任宰相。958 年官拜通直郎、正衛翰林學士、賜丹金魚袋,擔任高麗王的重要文翰撰寫之任;後任禮部使、門下省參知政事、史館監修國史;975 年,任光禄大夫、太丞、翰林學士、内奉省令等官職。與洞真大師金慶甫有血緣關係。大約在高麗光宗時薨亡。

高麗國光州晞陽縣故白鷄山玉龍寺制諡洞真大師寶雲之塔并序

通直郎正衛翰林學士賜丹金魚袋臣金廷彥奉制撰

門弟子沙門臣釋玄可奉制書

恭惟法身動寂，道體希夷，塵區懸見聖之心，沙界掛求仁之念。大雄西降，真法東傳。於是僧會游吳，摩騰赴漢，佩梵仙之密印，演禪伯之秘宗。遂使學佛化人，習禪濟俗，蓋亦生寶月於楞伽之上，杳想金人，得玄珠於赤水之中，高憑罔象。爰曰默默，只在心心，懸目鏡以西游，苞含眾妙，瑩心珠而東返，攝化群生，釋門高闢於風丘，玄道聿興於震域。佛者覺也，師而行之，大師其人矣。

法諱慶甫，字光宗，俗姓金氏，鳩林人也。父益良，位闕粲，鰲峀降靈，毓光華之餘慶，鷄林誕粹，騰棄葉之彌芳。母朴氏，行葉風清，心花露裏，中饋無非於壺政，內和自是於家肥。於咸通九年相月，哉生明夜，夢白鼠銜青琉璃珠一顆而來，遂人語曰："此物是希代之奇珍，迺玄門之上寶，懷須護念，出必輝光"，因有娠，處心齋戒，如來出世之月二十日誕生。大師誕彌月，以無苹果髫年而有慶，則是法芽尚早，勝果逆修，雖居兒戲之中，猶在童年之上。年登幼學，纔傾鼓篋之心，德貴老成，既有緇門之志，迺告二親曰："願得離塵之請，覬修登地之因。雖乏慧柯，惟期法棟。"父母潸然嘆曰："成已仁也，成物智也，合內外之道也，汝栖禪而美則美矣，我割愛而悲莫悲兮。"大師志在其親，心期即佛，父母迺曰："人所欲者，天且從之，豈昧愛子之因，猶有嚴君之拒"，遂泣而誇，直往夫仁山寺，落采因栖學藪，未樂禪山，迅足空留，它心尚住，魂交之夕，金仙摩頂提耳，迺授之方袍曰："汝其衣之所以衛身而行乎，且此地非心學者栖遲之所，亟去之不亦宜乎。"大師即以形開，因而警戒，以爲道之將行，時不可失。昧爽坐以待旦，挈山裝鳥逝，乃詣白鷄山，謁道乘和尚，請爲弟子。修菩薩道，入如來家，睹奧之眼曾開，知幾之心既悟，以爲非智無以護其法，非戒無以防其違。年十有八，禀具於月游山華嚴寺，忍草抽芽，浮囊濟浪。益驗戒香之馥，孔彰心石之堅。坐雨方終，出雲還似，復往白鷄山，辭大師，師因謂曰："汝其志不可奪，勢不可遏，汝以吾爲東家丘，末如之何。"遂笑而聽去。自尒游有泛覽，學無常師，歷謁聖住無染大師，崛山梵日大師,譚柄纔揮,玄機了見,念言“于以采玉,于以探珠,道遠乎哉”,行之則是。

遂於景福元年壬子春,出山翩翩,并海飄飄,爰傾入漢之心。乃告凌波之客,許之萬載,忻以同行,已過秦橋,旋臻漢地,雲心訪道,浪迹尋師。乃詣撫州疏山,謁匡仁和尚,仁若曰:“格汝鯨海龍子耶。”大師玄言,遂颺秘説,爰咨許以昇堂,因以入室,方資目擊,既得心傳。仁公大喜,因謂曰:“其有東流之説,西學之求者,則可與言道者鮮矣。東人可目語者惟子,誰今執手傳燈,因心授印,汝其盤桃山側,攜佛日以再中,蒸棗海隅,導禪河而更廣,必矣。”自是,僧之真者必詣,境之絶者必搜。去謁江西老善和尚,和尚乃欲聽其言,觀其行。因謂曰:“白雲鑽斷行人路。”答曰:“自有青霄路,白雲那得留。”和尚以大師捷對不羈,颺言無礙,乃送之曰:“利有攸往,時然後行。”

大師以鵬必變於南溟,鶴須歸於東海,思欲罷游華夏,返照桑津,適值歸舟,因而東還。天祐十八年夏,達全州臨陂郡。而屬道虛行之際,時不利之初。粵有州尊都統甄太傅萱,統戎于萬民堰也。太傅本自善根,生於將種,方申壯志,雖先擒縱之謀,暨謁慈顔,倍勵瞻依之志,乃嘆曰:“遇吾師而雖晚,爲弟子以何遲”,避席拳拳,書紳愃愃,遂請住州之離地,南福禪院大師曰:“鳥能擇木,吾豈匏瓜。”迺以白雞山玉龍寺者,是故師爲樂道之清齋,乃安禪之勝踐,雲溪空在,枕漱最宜,遂言於太傅,許之移而住焉。實謂:“筏既捨於歸塘,珠復還於舊浦”,踵慈軒之往轍,繼智炬之餘輝。於是絶學者遂相慶曰:“雖懊頃年泰山有其頹之嘆,且覵今日介衆無安仰之悲。”摳衣者寔繁有徒,曳襱者其麗不億。大師一居雲水,二紀星霜,朗鏡忘罷,洪鐘待扣,循循然善誘于扶桑。

頃及乎清泰三年丙申秋,我太祖神聖大王,躬擐周衣,手提漢劍,襲行天討,丕冒海隅,協和三韓,奄有四郡,加復輯寧君子國,瞻仰梵王家。聞大師雲游西土以有歸,霧隱南山而無悶,栖真絶境,貯福寰區。太祖於是企望清風,遥瞻白月,遽飛芝檢,征赴玉京。及其目睹鳳來儀,耳聞龍變化,雖是歸僧之禮,方同奉佛之儀。大師乃月過蒼天,雲歸碧岫,寂寂葆光於塵外,玄玄施化於域中,所謂不肅而成,無爲而治,競奔馳於善道,俱出入於福門。未幾,龍遽墮髯,魚難在藻,杞國有天崩之嘆,咸池無日醮之光。義恭大王奉以遺風,繼之先志,注精心而亹亹,祈法力以孜孜,奄棄人間,已歸天上。文明大王陟岡致美,萇阼重光,聯華弘天竺之風,握鏡照海邦之俗,仍飛鳳筆,伫降衆軒。

越三年龍集協洽,四月二十日,大師將化往,盥浴已訖,房前命衆悉至于庭,迺遺戒曰:“我既將行,衆其好住。塵俗有貴賤,空門無尊卑。水月澄心,烟霞抗迹。衣必均服,食無異糧,止宜以采薇爲裹糧,以禪悦爲飱味,則是吾徒也,適我願兮。吾道有何觀,行無餘力。介衆致我,塔以藏遺體,碑以紀行事,無以爲也,不亦宜乎。則是瞻玄福於亡師矣。”言畢入房,倚繩床跌坐,儼然而示滅于玉龍上院。嗚呼!存父母體八十春,入菩薩位六十二夏。是晨也,於玄武山嶺頭,有如四五介嬰兒之呱呱者,日慘香庭,風悲寶刹,松柏帶哀哀之色,人靈含惴惴之聲。翌日奉遷神座於白鷄山龕,權施石户封閉機。文明大王聞之震悼,恨不慭遺,乃使馹吊以書曰:“故玉龍禪和尚,片月游空,孤雲出岫,乘桴西泛,掬瑶東歸,慈風吹萬里之邊,禪月照九天之外者,唯實吾師矣。故追謚洞真大師,塔號寶雲。”仍令國工,攻石封層冢,越二年,門人等開龕,睹形面如生,乃號奉色身,竪塔于白鷄山東之雲巖崗,遵顧命也爾。其霞岑屏擁,雲澗鏡清,誠毓慶之神區,乃歸真之秘宅,彼入鷄足山,待慈氏者,聯鑣并軏,非我而誰。

大師出世奇姿,本自天然,以仁由己,以德分人,使禪子莘莘,法孫濟濟,心燈紹焰,行葉傳芳。厥有傳法大弟子泉通禪師等,并執心喪,追攀眼訣,乃相議曰:“吾輩確奉先志,堅守遺言,若不法碣銘勛,禪碑勒石,則無以爲先”,於是乎在,尊祖其所由來,遂抗表,請幼婦之文辭,紀先師之事業,制曰:“可”,豈悟號弓遽值,勒石仍稽,故乃門人等,空悲鷄岫之韜光,哀深擗地,更記虎溪之潛影,聲有聞天。

今上瓊萼聯芳,瑶圖襲慶,聿修祖業,光啓先風,常輸百行之誠,益勵三歸之志,遂詔翰林學士臣金廷彦曰:“故玉龍大師,身生有截,心學無邊,去傳迦葉之玄宗,來化青丘之頹俗,能以静利利人世,不言其所利,大矣哉。以爲將酬大士之恩,立言不朽,須在外孫之作,垂裕無窮。若宜以鴻筆書勛,龜珉紀事,示玄踪於世世,旌景行於生生。"臣汗流浹背,拜稽首遂言曰:"臣載筆無能,編苦有愧,纂色絲而無能爲也,分空縷而不亦難乎,請筆路斯避。"上曰:"仗義而行,當仁不讓。"臣也兹晨承詔,實無賈勇之餘,他日受辛,空取效顰之誚,斯憂傷手,求其剜身,遂絆猿心,强摇兔翰,重宣其義,而爲頌曰:

教無非奧,禪無非空。道何心外,佛即身中。

煦之慧暑,扇以真風。早認予佛,唯我禪公。其一

勝葉扶疏,鉢花薩蕾。休有道光,不因詞彩。

佩印疏山,傳燈碧海。桃李不言,稻麻斯在。其二

説不可説,玄之又玄。化人有赫,弘道無邊。

君臣際會,士庶因緣。洪名絶後,懿躅光前。其三

濟世慈威,寰區美利。月墜禪庭,山頹聖地。

蘁曰屬辭,芥城有備。雖愧斯文,直書其事。其四

顯德五年歲次敦牂八月十五日立,門生釋繼默鐫字。

原載《韓國金石全文》中世上

闕　名

寶相寺片雲和尚浮圖

創祖洪陟弟子,安峰創祖,片雲和尚浮圖。正開十年庚午歲建。

(韓)黃壽永《韓國金石遺文》

忠湛大師碑銘

高麗原州靈鳳山■塔地久天長■臣崔光胤奉教集太宗文■蓋聞微言立教,始開■嗣位至於馬鳴,繼美垂妙法於三乘。龍樹揚芳,見真■相離相,非身是身。降及■聞圓覺,東入梁朝;始見大弘,北游魏室。於是師資所契,■祖法相承,心燈不絶。所以一■者焉。

大師法諱忠湛,俗姓金氏。其先鷄林冠族,兔郡宗枝,■粤以分榮,托乘津而别派。遠祖多■陶潛而不事王侯,希賈誼而寧求禄位,所以考盤樂道,早攻莊□□之書,招隱攀吟,常避市朝之譽。母■之

子,豈無修聖善之心。感此靈奇,求生法胤。以咸通十年□月一日誕
生。大師生有殊相,弱無戲言。■性靈超衆,神悟絶倫。槐市橫經,
杏園命筆。二親嘗邀相者相之,云:若至甘羅之歲,鳳舉難量,終臻賈
誼之■至失於怙恃,唯恨栖遑。

　　爰有長純禪師,是導師修度世之緣■亡父結空門之友,大師隨其
長老,得居■俗塵。方登僧位,尋令昇堂睹奥,入室鈎深。迅足駸駸,
後發先至;覺枝脉脉,前開晚成。所以偃仰禪林,優游■認印度重光,
終至相傳,窺楞伽再闡。迺於龍紀元,受具戒於武州靈神寺。既而習
其相部,精究毗尼,捧■宗論道,謂學人曰:淺溜穿石,同心斷金。鑽
燧之勤,寫瓶之易,皆由積微不已,跬步遄征。俄成學海之功,永就■
釋子忝曰:禪僧此間觀曝骨之墟,見殭尸之處,他山静境,豈無避地之
方。此地危邦,終絶居山之計,所■者,同載而征,達于彼岸。此時,
徑登雲蓋禪宇,虔禮净圓大,大師是栖雲壑之居,佩石霜之印,知大師
遠離■圖南,迴奮垂雲之翼;豫章向上,高揮拂日之枝。大師謂曰:汝
還認其到此階梯,預呈其遷喬■,所以不離寶所,■河東參禪門於紫
嶽,故能初窺聖典,久栖禹穴之旁;始覽靈踪,方到燕臺之畔。迺於天
祐十□年六月中,得達於■□俱於問訊慶抃交深。數月論禪,周年問
法。惟彌天發□,及離日搖唇,量語路之端,酌言■此日揣於兩地,心
■之光,愁見甲兵之色。所以便辭金海,遥指玉京。行道遲遲,□焉
入境。不唯摩勒重敷,兼亦優曇一現,奉迎内殿,尋以■遥,屢吐象王
之説。重重避席,恭披弟子之儀;一一書紳,德以王師之禮。翌日請
移■於光■之水净,精廬永玄■術大師遠從丹慊,再至京畿,所以別
飾玉堂,令昇繩榻。問大師曰:寡人少尚威武,未精學■不曉先王之
典,寧■存亡之志,所喜不勞漢夢,仍睹秦皇。世宗之遇摩騰,梁武之
逢寶志,無以加也。生生世世,永修香火之因;子子孫孫,■吉祥之
地。尚論往美,更知近福之庭。志有終焉,心無悔矣。然則遂於此
地,高敞禪局,■者如雲,學人似霧,依舊瑠璃■聞興法之談,不受大
師之誨者,處處精舍,其徒擯之。終日了無與言,一宵堅不留宿。豈
期大師素無疾疹,富有■五年七月十八日詰旦,告門人曰:萬皆空,吾
將去矣! 一心爲本,汝等勉旃。顔如常,寂然坐滅。俗年七十有二,

僧■悲盈四部，天人增絕學之哀，寧惟慟徹諸方，士庶泣亡師之痛。寡人忽聆遷化，尤慟于懷，追切洪德，洹不能已已，特■萬壽之遐長，乖群情之敬仰。今則果雖核矣，室可修焉。然則先忻於水積魚歸，後恨於林傾鳥散。所冀早儀明禮正當■之塔。惟大師雪山成道，烟洞澄心。傳十八代之祖宗，統三千年之禪教。則知浹洽浮世，舉其廣則誰曰黃輿周■忘機，仍引狎鷗之興。幾多肦蠁，無限昭彰，可謂闡揚身毒之風，敷演竺乾之法者矣。門徒弟子五百■成田，陳情而特請龜文，瀝懇而頻干鳳德。所冀顯無爲之化，留在水雲；期不朽之緣，刻於金石。■之心；歸美柏臺，旌國士追攀之志。乃爲銘曰：

□□認已，藏寶知印。慈航没浪，慧炬沉光。銀燈石□。

原載《八瓊室金石補正》卷129

有晉高麗國踊岩山五龍寺故王師教謚法鏡大師普照慧光之塔碑銘并序

蓋聞鷲嶺開宗，標立教無爲之化；鷄山入定，止傳心有待之風。或先□微言，或始□善□，所以別行法眼，深問全軀。無非解脫，□□□□□□□□□□，仰呈雪立之誠；唯知道存，方駐雲游之志。所以英靈間出，祖孫相承，其道日新，遍公天下，今猶古也，代有人焉！

大師法諱慶猷，俗姓張氏。其先南陽冠族，大漢宗枝。遠祖偶涉鯨波，來栖兔郡。父曰未榮，□知禮樂，□□聰明，侍□孔聞詩□，老□學道，□□□□□，□□□□□，守道奉公，終身從事。母孟氏，嘗於假寐，忽得禎祥，驚覺之時，自知有娠，常知净念，便斷葷辛。以咸通十二年四月十一日誕生。

大師生有法相，凤懷菩提，甘羅入仕之年，五行俱下；子晉昇仙之歲，三克便成。其後志切離塵，心求坐西。咨於父母，□托宗師。二親囑曰："莫以因循，彌招苦果以此。"先是，雙峰□徹禪師，□□□□□□歸寂滅。冢子訓宗長老，部署門徒，不出松門，頻經槐律。此際大師年纔十五，志冠期□，所願超門閥，□終禪扃，終修□道。所以玄關開□□所參□□□□□。遂令削染，許於入室，猶剩迎門，光啓四年,受具於通度寺靐宗禪師。

　既瑩戒珠,言歸慈室,聞一知十,德成教尊。然則空轂釣魚,易緣木求魚之□,□山□□,□守株待兔之時。所以挈瓶出門,飛錫遵路。所冀因待朝天之使,偶逢泛葉之時,西南得朋,邂逅□過。大師虔陳素思,涕泗交流,專介疑聽,深信厥功,奉□□□,□□□□,遄達西津。此時華亭繫舟,桂苑尋徑,望東林之侍境,瞻北渚之樂郊。仄企聞雲居道膺和尚,道冠楞伽,功高善逝,爲寶樹之王者,作禪株之主人。□□□□□,慶猷、迴微、麗嚴、利嚴,共所謂海東之四無畏大士也。和尚曰:"聞言識士,見面知人,萬里同風,千年一遇。"所以四賢,情深避席,感切□堂。以後蘊素筌蹄,□□□□,不勞口舌之契,暗詣目擊之符。於是潛付慈燈,密傳法要,遂曰:"吾道東矣,慶猷一人。起予者商,於是乎在。"所謂廣弘佛道,何謂貴賤之家,遐演禪宗,豈□□□之□。□□□力,何假他心。

　閑睹此門,本離文字,每思心境,終拂客塵。憫彼偏方,迷於得理,好佩雲□之印,期蘇日域之流,是則真宰免旃,道人勞止,忘其□□,□□□□,□□□周,應忙返魯。乃於天祐五年七月,達于武州之會津。

　此時兵戎滿地,賊寇滔天,三佛所居,四郊多壘。大師深藏岩穴,遠避烟塵,與麋鹿同□,逢□□□□。[所以]珠冲水媚,當大溟映月之時;玉透山輝,是深洞聞風之處。

　先王直從北發,專事南征,徇地之行,逃天者少。待差華介,先詣禪扃,奉傳詔書,令赴軍壁也。大師欸聆帝命,寧滯王程,及其方到柳營,便邀蘭殿,留連再三,付囑得疊,"寡人遽回龍斾,□鳳儀",大師難趨乘輿,續起□□,□□□□,□□□□。然則曾覯藏經,仍窺僧史。宋武平敵,覺賢遂附鳳之誠;隋史省方,法瓚膺從龍之願。一心重法,千載同符。豈期神器將傾,國綱始墜,君臣□□,父子□□,□□□□之凶,翻劉忠貞之佐,凌夷之漸,實冠夏殷。此時共憾獨夫,潛思明主。無何,群凶竟起,是秦朝鹿死之年;大憝皆銷,唯漢室龍興之歲。

　今上西鐘定議,北極居尊,懸聖日于桑津,掃妖氛於棗海。忽聞大師,久窺惠日,曾聽玄風,巨浪乘杯,中華問道。上乃略軀車,驚□

詔□，□□□□，□仰尤深量海，而欽承愈切。每回稽首，恭申舍瑟之儀；常以鞠躬，猥罄摳衣之禮。所以屢祈警誡，更切歸依，待以王師，助君臨之□。其子□□□□□□□□□，太弟太匡王信，便取摩納袈裟一領，鍮石鉢盂一口。上乃登時遆捧，跪獻大師。然則敬佛之心，尊師之道，元魏奉僧祠之月，大□□□□之時，□□□□□□，如斯之盛也。然則栖遲柰苑，宴坐蓮扉，來者如雲，納之如海，稻麻有列，猶如長者之園，桃李成蹊，亦若仙之市。

貞明七年三月廿三日，子□□□□□□□，仍聞刀戰之聲，則是奉迎之騎，示滅於日月寺法堂，俗年五十有一，僧臘三十有三。於時天昏地裂，霧黯雲愁，山禽悲啼，野□□□，□□□□□，□□□□，□□□懷。至明年正月十九日，遷神座於踊巖山之東峰，去寺三百來步。

惟大師天資志氣，岳降英靈，探幽而衆妙會，□□而□□□，□□□□，□□□□，□□四魔，冠薰修於正覺，超應化於真如。況又曾聽玉音，凤傳金口，可謂禪出蘊美，□資□輔之風，慧水□慈，□助□王之化，□□□□，□□□□，□□□□，□奉聖心，恭承汲引之譽，正受流傳之旨。

上乃仍飛丹詔，以慰門人曰：“懿彼雙峰法孫，□爲一國慈父，今則□難□矣。□□□□□□□□□□□，□□□訓，用報法恩，正當追福之辰，宜舉易名之典。”乃賜謚曰法鏡，塔名普照慧光，申命下臣，式揚洪烈。辭而不克，率爾成章。□□東□□□，□□□□，難□□□之復，莫尋荆岫之高，所以聊著斯文，雖集褒稱之美，直書其傳，憾非雅麗之工。其詞曰：

偉矣吾龜氏，堂堂到處春。

可畏囊中寶，唯知席上珍。

倬哉元教主，生我海東濱。

曹溪□祖塔，□□□□□。

日□□□□，□□□□□。

□□□□□，□□□□□。

君王重舍瑟，宰輔屢書紳。

學徒探法要，來者結良因。
宴坐方注目，泥洹忽傷神。
寶月沈□□，□□□□□。
□□□□□，□□□□□。
□□□□□，□□□□□。
天福九年龍集甲辰五月壬申朔十九日庚子立。
石匠□□□。
碑陰：
檢校都□□事僧釋定□
第一座僧釋奘玄□
院主僧釋□希
典座僧釋神榮
都維那僧釋繼希
直歲僧釋虛允
專知碑事僧釋湛洪
專知地理事大德聰訓
修道使者：
佐尹康守英
廣評省吏王翼
在學弟子官位姓名皆於後左
神聖大王
康公□太匡兼夫人朴氏
黔弼太匡
王□太匡
劉權説佐丞兼夫人金氏
王濡佐丞
崔彥撝
韓桂逢元甫　兼夫人黔氏
鄭□元甫
韓憲邕元尹

韓平侍郎

□□□□□□□□□□□□□□□□□□□□□□□□□□□□
□□□□□

□□

□□□□□□□□□□□□□□□□□□□□□□□□□□□□
□□□□□□□□□□□□　□□□□□□□□□□□□□□□
□伏惟

神聖大王太□□□□□□氏別演禪宗因□□子曰

故法鏡大師□□初祖□□□□□□□□□□□□之□□□雨
□之□□□□護祐

□□無孫□□佛□□□□□□七月十三日忽　詔□□□□□
□□□□□□□□

僧當□會□□□□□□僧選□□滿禪□□□□□□□□□
□□□□□□□□

□於□山□□□□□□峰□□爲□□□□□□□□□
□□峰□□□□□□

以□周備□殘□□□□□□□□□既通□□□□□□□□
□□□□□□□□□□□□□

東方□□□□□□□□□□　王□□□□□□□□□
□□□□□□□

大王謂曰如□□□□□嶺境□□居□□□太□□入□山晚爲如
革□□□□□躬尋萬

墍面對千巖□石上名此山曰踊　巖號此寺以五龍禮也□□門□
□名□承　教□□

願前之□　聖上因思　禪化感恩□□□□□□□之禪師□□
□僧大統禪大德

允然華□業大德□□□所化□　鳳詔□頒而龜文未備此□□□
□□□□□□□□□□

大王欽仰真宗早承玄旨□□□□□□豈□□北山於宜□□□□
□□爾□□□無窮而又僧□□　詔曰□□□□□刻之□下□□□銘

□□□□□□□□地難□

□□□□□□□上人與□引□良□□責□□□□□□□□□□□□□□□□□□

□何携州使□□□集□郡縣人去□□□□□□□敬□山林□□□□□　　　□□□□□□

簡來月創得碑板龍□□□□此仍出其縣□□□致□□□□□□□□□□□□□□□□□

事宜兼按□□　大王稍深□無□□勞□□□□□□□爲□有□□□□□□□□□□□

請長老□□都船司郎中□直□押大□□□□□□□□□之法經□□□□其月

十三日平早得達于□□大王□□□□□□□□□□□□□□□□□□□□□□□

□入當□□即日到碑賞□訖此□□□□大□□□□□可謂□□□□□□□□□□水之

□□□□□之□□然則□□□□□□□□□□□名之大□□□□□□□□□□□□□

□□□□□□□至院□□□上人□□　聞□□□□□□□□□□□□□文□□□□□□□□

□上□□□□□□□□　□□□□□□□□□□鳳遂□□□□□□此洪

□□□□□□□□□　□□□□□□然則□表裏□□□□□□膿□□□□□□□

□希□□□□□□□□□□□□□□□□□□□□□□共作忘年之□論□末□爲永代之

□□□□有□□□□□□。

原載《譯注羅末麗初金石文》

吴越國王錢弘俶八萬四千銅塔銘

吴越國王錢弘俶敬造八萬四千寶塔，乙卯歲記。

注:(臺座)又有"德"字銘。

原載《韓國金石全文》(中世上)

退火郡大寺鐘記

退火郡大寺鐘表

夫鐘者三身總名也,静如金山忒則天雷。猗哉大□,曉度三界之群迷。女弟子明好子正朝壽剛者,上求菩提正路,下濟郡生昏衢。敬造洪鐘,仰歸梵磬。伏願今上皇帝德被有裁,次願國內安泰,法界芒芒,咸登彼岸。

維顯德參年太歲丙辰正月廿五日記。

弼造都領佐丞鄭暄達公,

禁教指揮都領釋慧初釋能會,

都監典村主明相卿庚順,典吉貞□能達,釋能寂、景如、幹如、良吉。

諸般事使用道俗并三百許人。

原載《朝鮮金石總覽》

《五代十國文獻叢書》總目